Heibonsha Library

中世哲学の射程

平凡社ライブラリー

In memoriam
Professor Klaus Riesenhuber † 31 March 2022

Heibonsha Library

中世哲学の射程

ラテン教父からフィチーノまで

K. リーゼンフーバー著
村井則夫編訳

平凡社

本書は平凡社ライブラリー・オリジナルです。

目次

序にかえて……10

第一部　中世思想の構造

第一章　ラテン教父の思考様式と系譜……16
第二章　ラテン中世における教父神学の遺産……53
第三章　被造物としての自然――教父時代および中世における創造論……84
第四章　中世における自己認識の展開――近代思想の歴史的源泉をめぐって……145

第二部　中世の思想家たち

第五章　ボエティウスの伝統――プラトン主義とアリストテレス論理学の中世への継承……202
第六章　信仰と理性――カンタベリーのアンセルムスにおける神認識の構造……257

第七章　サン＝ヴィクトルのフーゴーにおける学問体系……280
第八章　人格の理性的自己形成――トマス・アクィナスの倫理学の存在論的・人間論的構造……317
第九章　知性論と神秘思想――十三・十四世紀スコラ学の問題設定……390
第十章　神認識における否定と直視――クザーヌスにおける神の探求をめぐって……474
第十一章　否定神学・類比・弁証法――ディオニュシオス、トマス、クザーヌスにおける言語の限界と超越の言表可能性……523
第十二章　マルシリオ・フィチーノのプラトン主義と教父思想――キリスト教哲学の一展望……589
解題　理性の歴史――超越論哲学と否定神学　村井則夫……645
編訳者あとがき……673
索引……701

凡例

一　本文および註において、〔　〕の箇所は、著者あるいは訳者による補足、ないし補註である。引用文中の中略は、「……」で示した。

一　本文中の人名の生歿年データは、原則として各章の初出時に、本文中に挿入した。

一　本ライブラリー編入にあたり、各論文の註の形式に変更を加え、表記に統一を図ったところがある。詳細は編訳者あとがきを参照されたい。

一　註では、引用原典の既訳のデータも可能な限り併記した。既訳の訳文は変更している場合がある。

中世哲学の射程——ラテン教父からフィチーノまで

序にかえて

本書は中世哲学研究の碩学である哲学者クラウス・リーゼンフーバー（Klaus Riesenhuber 一九三八—二〇二二年）の論考を編集して一書としたものである。本書ではとりわけ著者の中世哲学解釈を特徴づける代表的な論考を選定した。上智大学中世思想研究所所長を務め、自身の著作のみならず、中世思想関係の多くの書物を公刊し、なかでも『中世思想原典集成』（全二〇巻・別巻、平凡社、一九九二—二〇〇二年）の編纂という鴻業を実現した著者は、古代から中世哲学の全域に通じるばかりか、近・現代哲学に関する並々ならぬ学殖を有し、執筆した論文の主題も多岐にわたる。今回はそのなかより、著者の専門である中世哲学の論考を精選し、中世哲学全体を概観できるような主題を選んで時代順に配列した。

本書でいう「中世哲学」は、世界史的な意味で限定された中世ではなく、ヨーロッパ文明の基底をなすキリスト教文化を大枠とする思想の領域全般を指す。通例は古代ローマ帝国滅亡以降の六世紀頃から宗教改革の十六世紀頃までを大きな区切りと見る歴史上の時代区分でいえば、本書が扱うのは古代末期から近世初頭ということになるが、この間の一五〇〇年に及ぶ時期におけるヨーロッパの思想・哲学は、キリスト教を基軸に、その実践的・学問的取り組みを通して展開された。かつて高名な中世哲学研究者E・ジルソンが主張した「キリスト教哲学」という表現がどれほど厳密に適用しうるかはともかく、複雑に絡み合いながら近代へと続く中世哲学の流れは、もとよりキリスト教の理解なしにはその根本から把握することはできない。そして、ヨーロッパ哲学全体の創造的思考もまた、キリスト教との緊張や総合のなかで活性化され、哲学が哲学である所以を自ら実現していくというのが、おそらくは著者の学問的確信であったと思われる。本書の標題を「中世哲学の射程」としたのは、中世哲学のある特定の本質や定義ではなく、現代にまで到達するその思考の可能性を、哲学の展開の潜在力とともに示すことを願ったためである。

第一部「中世思想の構造」では、まず導入として、古代末期におけるキリスト教思想の成立を理解するために、西方キリスト教文化を築いたラテン教父の思想を概観する論考（第一章「ラテン教父の思考様式と系譜」）、そして、神学・哲学・文学全般にわたり、古代末期からスコラ学の発展までその変遷を辿る論考（第二章「ラテン中世における教父神学の遺産」）を配置した。この二篇は、アウグスティヌスを頂点とするラテン教父において、古代ギリシア哲学の遺産を引き継ぎながらキリスト教の理論化が図られ、中世哲学が形成される経緯を叙述するものである。ついで中世哲学の世界観・人間観を総合的に描き出す二篇によって、広義の中世哲学の根本的な主題について展望が得られるようにした。第三章「被造物としての自然」においては、キリスト教の根幹をなす創造論、およびそれにもとづく自然理解が、そして第四章「中世における自己認識の展開」では、神の似像《イマーゴ・デイ》として造られた人間と神との関係、および人間の魂の根本的なあり方が論じられる。特に理性の「自己認識」をめぐる論考は、古代から中世の魂論・知性論が、やがて近代思想における「自己」や「意識」の思想へと繋がる過程を簡勁《かんけい》な筆致で描いており、著者自身の中世哲学観の構図を提示するものとなっている。

第二部「中世の思想家たち」では、古代末期から近世初頭・ルネサンスにいたるまで、代表的な思想家を論じた個別論考《モノグラフ》を時代順に配した。まず古代の学知を中世に伝え、とりわけアリストテレスの論理学の翻訳によって中世哲学の方法を大きく規定したボエティウス（第五章「ボエティウスの伝統」）、信仰を理性的に論じることを目指す十二世紀以降のスコラ学の定礎者たるアンセルムス（第六章「信仰と理性」）、アウグスティヌスの伝統を汲みながら学知の総合的展開を試みたサン＝ヴィクトルのフーゴー（第七章「サン＝ヴィクトルのフーゴーにおける学問体系」）など、代表的な思想家たちを扱った諸論考によって、中世哲学の基本的路線が示される。十二世紀には、イスラーム思想との接触によって、アリストテレスの著作群が新たにラテン世界に導入されることで、キリスト教思想の世界が大変革を迎える。その衝撃を受け止め、従来のプラトン主義的哲学との統合を図り、大伽藍のようなスコラ学の体系を築き上げたのが、十三世紀スコラ学の思想家たち、とりわけトマス・アクィナスであった（第八章「人格の理性的自己形成」）。パリ大学ではラテン・アヴェロエス主義のアリストテレス解釈に対する禁令が発布されるなど、キリスト教世界ではその急進的な思想への反撥も大きかったが、その緊張の中から、「能動知性」という理性の働きが注目され、中世末期にかけて、特にアルベルトゥス・マグヌスの衣鉢を継ぐ神学者たちがその独自の展開を果たしていく（第九章「知性論と神秘思想」）。このような理性の自己理解の深化はやがて中世を越えて、近代の自我論や意識論のみならず、ドイツ観念論、現代の現象学へと繋がるものと捉えられており、その見取り図はまさしく著者独自の哲学的洞察によって支えられたものである。

こうした理性の自己解明という超越論哲学的な主題とともに、著者にとって主要な関心となっていたのが、五世紀の逸名著者ディオニュシオス・アレオパギテスに始まる「否定神学」の伝統である。神の言表不可能性という議論に端を発するその思考は、神的な超越に対する理性の限界を自覚させ、理性が自身を突破する地点にまで理性を導いていく。神秘思想の底流をなすその自己超越の動機は、ヨーロッパ神学の歴史を通じて深い思索を惹起し、その精華は初期ルネサンスのクザーヌスにおいて「知ある無知」の思想に結実している（第十章「神認識における否定と直視」）。この否定神学の伝統と、トマスに代表されるプラトン主義的類比・分有の思想、およびクザーヌス的弁証法との関係を論じた章は、著者自身の哲学的思弁が顕著に現れたものとなっている（第十一章「否定神学・類比・弁証法」）。そして歴史的にも、イタリア・ルネサンスの主導者となったフィチーノがディオニュシオスの翻訳を手掛けるなど、否定神学の伝統は脈々と近代にまで流れ込んでいる。それとともに、一般的にはプラトン主義の復興と理解されるルネサンスが、多くの点で初期ラテン教父の継承の一環であったことが最終章で論述される。ここでは、いわゆる「異教的ルネサンス」とは異なる「キリスト教的ルネサンス」というようなルネサンス観を見ることができる（第十二章「マルシリオ・フィチーノのプラトン主義と教父思想」）。

本書ではこのような見通しのもとに一二篇の論考を配置することで、著者の中世哲学観、および「リーゼンフーバー哲学」というべき著者の哲学的思考が全体として浮かび上がるように心がけた。ただしそれぞれの論考は、もともと独立して執筆・発表され、単独で完結したものでもあるため、読者は関心の赴くままに、どの章からでも読み進めることが可能である。論文という形式の模範ともいうべき上質な論考群によって、中世哲学の創造性と現代性が示され、著者一級の哲学的思弁が姿を現すことを期待する。

編訳者

第一部　中世思想の構造

第一章　ラテン教父の思考様式と系譜

序　教父の思考様式

教父学は、教義史のための資料集成や中世哲学への導入の役割を越えて、現代においては独立した研究領域をなすにいたった。この分野での研究の進展は、古代末期の教父時代におけるキリスト教思想の歴史的完結性にもとづくだけでなく、さらに深い意味で、教父たちの思索における構造的・内容的な一体性によって根拠づけられる。確かに教父の思想は、個々の思想家の民族的また個人的な性格によってだけではなく、時代や教義上の立場によって、時には対立し合うほどの広がりと多様さを示している。しかしこの緊張は、ある意味で共通の考え方や、互いに密接な関係をもつ現実把握を背景としている。その固有の現実理解は、古典古代の伝統とも、中世のスコラ学とも異なる独自のものであり、それがまた教父研究のもつ比類なき魅力となっている。

厳密な学問の理想や論理的証明の課題、専門分野の特殊化などによってはまだ限定されていないがゆえに、教父たち——特にギリシア教父——の思考においては、啓示と理性認識の根源的相関性、さらには信仰と思弁、神学と哲学、教義と観想の一致に対する確信がその支柱となっている。そこでは、神学的には聖書釈義と聖伝・教会の教えとの一致が保持されるばかりでなく、より広い領域では、（啓示の）歴史と知的理解、信仰と現実体験、理論と生の相即関係が求められ、そこから教義と司牧との一致が要請される。このような種々の次元は、聖書のもつ多層的な意味を読み説く釈義学が示しているように、その共通の根を、具体的に示された神の言葉のうちに有している。神の言葉は生きるための指針であり、救いの言葉であると同時に、創造的行為でもあるからである。その際、聖書の言葉が唯一なる真理の究極で完全な告知であると理解されることによって、人間の理解に対して真理そのものの包括的な意味空間が開かれる。この唯一の真理には、その形態と深さの違いはあれ、すべての人間が認識と生を通してすでに本性的に関与しているのである。

さてこの神的な真理は、ロゴスの啓示に結びついているため、人間の有限な合理性によって制限されることがない。またグノーシス主義が真理を単なる自己認識へと解消しようとするのに対して、教父思想ではナザレのイエスにおける真理の顕現の歴史的現実性が堅持されるのに対して、さらに、真理を歴史的事実性に限定しようとする傾向に対しては、イエスのうちに明らかになった超越の神秘を通して、無尽蔵の霊的意味へと打ち開かれる。こうして、段階的に上昇する動的な真理理解という考えは、まずその根源と核心を、神的なロゴス、あるいは真理の現存としてのイエスのうちに見出し、ここから霊に導かれる観想的登攀――すなわち肯定、否定、そして沈黙のうちに行われる超越への参与――を通して、神の神秘に向けて展開されるが、それは同時に、人間存在を神的原型の似像へと作り変えるべく、理性的・倫理的に下降していく過程でもある。このようにロゴスは原型的な真理として、人間に対し、イエスのうちに人となった神の真理に同化するというその本質的な使命を教えると同時に、絶対的な根源的現実の自己言明として、神の秘密を解明し、その中へと導いていく。こうしてロゴス＝キリスト論は、教父の思想において、現実体験また思考様式の一体性を根拠づけるとともに、真理の認識と神理解、受肉と神化、人間の似像性と自己超越といった最も中心的な主題に対する鍵を提供してくれるのである。

このような存在論的・神学的な真理概念の力は、神論のうちに確認される。つまりまず、神的精神の根源的自己遂行として神に内在し、かつ世界内的な自己言明として歴史を形成する三位一体の思想において確認されるのである。さらにこの真理理解の力は、ギリシア的思惟と聖書的経験との共鳴を通して、離在すると同時に間近に現存する神の一なる本質を捉える試みを可能にする。すなわち真理自体が、存在そのものの顕現にほかならない限り、「私はあるところの者である」（出エジプト記三・一四）という、歴史を動かす自己言明は、存在そのものの不変の自己同一性をめぐるギリシア的な洞察と合致する。また、人間がただその方だけを全身全霊を込めて愛することのできる主の唯一性は（申命記六・四―五）、あらゆる多様性を根源的一者に向けて還元する新プラトン主義的思弁によって理論的に示される。そして、善を第一かつ最上の原理とするプラトン的考察は、ただその方のみが「善い」と呼ばれるに値する神（マルコ一〇・一八）の、イエスによって証しされた愛への信仰において完成する。

このような包括的な総合において、教父たちは、人間の思考力が、精神を照らす根源的一者の光に培われたものであるということ、そして人間の精神は、超越的な純粋さにおいて讃美しうるのみで言表しえないその神秘に向かって、自らを絶えず超え出ていくということを洞察していた。そのため彼らは、自らの思考にとって主導的な神学的・存在論的地平において、人間の理性能力が真理に与っていること、そして同時に、有限な思考と言語が自己否定と隠喩を通してのみ根源的な真理を語りうることを自覚した。主にギリシアの文化圏内に発展してきたこうした思考様式は、キリスト教に対する迫害が終息した四世紀以降、ラテン西方世界に影響を与え、もともと司牧的・護教論的責任感と倫理的・修徳的関心に導かれていたラテン西方の神学と霊性にとってその思想的背景をなすにいたる。そしてアウグスティヌス（三五四―四三〇年）は、真理に対する理解を一人ひとりの自己認識に結びつけた。アウグスティヌスのこうした思考は、真理でありまたその教師であるキリストの受肉者としての呼びかけが、個人の心との関わりにおいてその使命を全うすることを示すものとなった。だがそれは、人間の主観性をこのようなかたちで発見することによって、それと付随して真理を存在論的客観性の次元から解き放ち、ギリシア教父たちの理解地平を凌駕して、神を愛する心の内面性のうちに真理を生じさせることにもなったのである。西方教会においてラテン教父によって展開されたそうした信仰理解が、後の西方中世の文化の直接の源流となり、その基盤を与えたことに照らすなら、ラテン教父の歩んできた道を概略的に辿ることは、西方中世思想の背景を理解するために有意義であろう。

一　初期キリスト教時代の教父たち

(一) ラテン語への転換

初期キリスト教は、自らが「神の民」(一ペトロ二・一〇) ないしは「真のイスラエル」であるとの自負のもとに旧約聖書の遺産を受け継ぎながらも、ユダヤ教的伝統の単なる継承というよりは、基本的にはすでにパウロにおいてそうであったように、「野蛮人とギリシア人とユダヤ人」とは異なる「新たな民」(アリスティデス〔一一七／三八年頃活動〕『弁明論』一六・二参照) を自任するものであった。キリスト教思想はすでにその揺籃期から、ギリシア語、それとともにまたヘレニズム文化を仲立ちとして自らを表現している。旧約聖書は、初代教会において、そのギリシア語訳である「七十人訳聖書《セプトゥアギンタ》」によって読まれ、またギリシア語の聖書の中には、ギリシア思想に強い影響を受けた「知恵の書」のような文書も含まれていた。さらに新約聖書のすべての文書はギリシア語で書かれ、とりわけ「ルカによる福音書」、「使徒言行録」、およびパウロの名のもとに記されたもろもろの手紙には、ギリシア文芸とギリシア的宗教心の痕跡を見ることができる。福音宣教、要理教育、典礼、その他初代教会の文献は、新約聖書の時代を過ぎても、ヘレニズム文化の環境においてギリシア語で、しかも――無自覚で自然な場合も、意図的な場合もあったが――ギリシア思想を同化しながら展開された。こうした経緯ゆえに、四―五世紀の四大公会議(ニカイア、コンスタンティノポリス、エフェソス、カルケドン) においても、キリスト論・三位一体論に関する信仰箇条もギリシア語で公布されたのであり、その信仰箇条の内容そのものも、「本質《ウーシア》」についての古典的なギリシア的問題に対して、ギリシア的存在論と聖書にもとづくキリスト教的「位格《ペルソナ》（人格）」理解を結びつけることによって解答を与えるものであった。しかしすでに大公会議の時代においても、ギリシア的特色をもつキリスト教と並んで、キリスト教のラテン的理解が存在しており、これはまさに時を同じくして、アウグスティヌスの著作において、中世と宗教改革を通じて現代にまで影響を及ぼす古典的な思想形態を取ったものである。「ローマ精神《ロマニタス》」に刻印されたキリスト教教会は、精神的・文化的波及力、および世界史的影響力の点においてギリシア的なキリスト教を凌駕するようになったが、それでもなおそこでは、ギリシア教父の思想を常に新たな仕方で吸収する努力がなされている。たとえばアンブロシウス（三三九頃―三九七年）におけるギリシア語著作のラテン語翻案から始まって、初期中世におけるギリシア教父の文献のラテン語詞華集の作成、トマス・アクィナス（一二二四／二五―七四年）におけるギリシア教父の聖書註解に関する研究、初期近世の人文主義におけるギリシア教父の広範な受容、さらには現代のフランス・ドイツ・イタリアの研究によってほぼ汲み尽くされた観のあるギリシア文献の校訂および神学的研究などが挙げられる。

　ギリシア的キリスト教からラテン的キリスト教への転換は、教父時代においても、けっして翻訳の作業だけに終始するものではなく、福音の教えの理解を新たに形成する創造的活動をも含んでいる。そのような営みは、キリスト教霊性の諸形態に対してのみならず、文化的環境全般に対しても持続的な影響をもたらした。キリスト教思想のこうした最初の画期的変容は、二世紀後半のローマおよび北アフリカに見ることができる。テルトゥリアヌス（一六〇以前―二二〇年以降）の発言、また彼のいくつかの著作が元来ギリシア語で著されたという事実からわかるように、キリスト教信仰は、地中海世界の他の地域全体と同様に、北アフリカ西部でも、もともとはギリシア語で伝えられた。ラテン的キリスト教の最初の証言、すなわち一八〇年にアフリカで著されたラテン語の『スキリウム人の殉教』（一二人の殉教者を産み出した裁判の議事録）において、被告は「義しい人パウロの文書と書簡」を携えていると証言しているが、ラテン語を母語とするこれらの殉教者のあまり高くない教育程度から考えるなら、これはおそらく、パウロの書簡のラテン語訳のことを指しているのだろうと思われる。この直後には、一九三年頃にキリスト教信仰を受け容れたテルトゥリアヌスが、聖書全体のあるラテン語訳に批判的に言及しているし、二五〇年頃にはキュプリアヌス（二〇〇／一〇―二五八年）が、自ら信頼できると認めた聖書の翻訳を用いている。ヒエロニュムス（三四七―四一九／二〇年）以前のこれらの古ラテン語訳聖書（Vetus Latina）は、かなり雑多なものであり、全体にわたって俗語の要素を多分に含み、文体的には粗削りなものである。四世紀の終わり頃まではこうしたことが、教養ある人々にとって――アウグスティヌスの例が示しているように――キリスト教への改宗の妨げとなっていたのである。

教会においてラテン語が普及していく様子は、ローマにおいて顕著な仕方で跡づけることができる。紀元前一四六年のコリントス占領と滅亡で完結したローマ人によるギリシアの征服以降、ギリシア語はローマ帝国において「共通日常語《コイネー・ディアレクトス》」となり、それを承けてキリスト教もまた、ローマにおいて紀元後三〇年から四〇年のあいだにすでにギリシア語で布教されるようになっていた。ローマの住民の大半とキリスト教教会の大多数がギリシア語を母語とする東方世界の人々だったからである。しかし二世紀の中頃には、当時ローマでギリシア語で著された一種の黙示録『ヘルマスの牧者』の言語上の性格から窺えるように、ラテン語の俗語が教会においても、また一般的な日常語としてもギリシア語と交えて用いられるようになった。対立教皇にして殉教者たるヒッポリュトス（一七〇以前—二三五年）などは、二三〇年頃のローマにおいていまだにギリシア語で執筆してはいるものの、二五〇年頃にはラテン語はローマ教会の公用語となった。こうして、たとえば二五〇—五一年のローマの聖職者団の公式の手紙や、教皇コルネリウス（在位二五一—二五三年）やステファヌス（在位二五四—二五七年）のいくつかの手紙だけでなく、二四〇年頃に書かれたノウァティアヌス（一九〇／二一〇年頃生、対立教皇二五一年）の『三位一体論』のような教義上の著作も、ラテン語で記されるようになったのである。典礼の場でラテン語がギリシア語に取って代わるのは、それより一世紀ほど後、教皇ダマスス一世（在位三六六—三八四年）のもとでのことであった。著名な「ローマ市の弁論家」マリウス・ウィクトリヌス（二八一／九一—三六五／八六年）のキリスト教改宗（三五五年頃）や、アンブロシウスの受洗および司教叙階（三七四年）に続くこの数十年間において、ラテン教父思想はその最盛期に達したのである。

(二) ニカイア公会議以前の教父たち

ギリシア語を用いていた教会のある大都市、たとえばアレクサンドレイア、アンティオケイア、のちにはコンスタンティノポリスなどにおいては、さまざまな神学的傾向をもった特色あるキリスト教の学派が形成されていたが、西方キリスト教の中心地としてその威光を東方キリスト教世界にまで放っていたローマでは、神学の学派や独特の形態の神学思想などが産み出されることがなかった。むしろニカイア公会議（三二五年）以前のラテン教父の方向を定めたのは、その時々に教会が直面している苦境に照らしながらそれぞれ独自の仕方で信仰の問題を考え抜いた北アフリカの神学者たちであった。ニカイア公会議以前の四人の傑出した北アフリカの教父――テルトゥリアヌス、キュプリアヌス、シッカのアルノビウス（二五〇以前―三一〇年頃）、ラクタンティウス（二五〇頃―三二五年頃）のうち、司教としてその教会のために司牧の責務を担ったのはキュプリアヌスだけである。アルノビウスとラクタンティウスは平信徒にとどまり、テルトゥリアヌスに関しては、ヒエロニュムスによって彼に冠される司祭という称号が歴史的にどれほどの信憑性があるのかは疑問である。しかしながら彼らの著作には、教会の運命への積極的な関与が見られ、それとともに護教論的・司牧的傾向が、その共通の特色として見紛いようもなく現れている。こうした特色のうちには、倫理的・社会的責任を考慮しながら現実に関わろうとする、ラテン世界独特の実践的関心が顕著に示されており、この点で、形而上学的かつ思弁的で、しばしば観想的特徴をもつギリシア教父の信仰理解とは際立った対照を見せている。またそこには、キリスト教信仰が急速に広まったために残虐な迫害をも受けることになったアフリカの教会の状況も反映している。すでに触れた『スキリウム人の殉教』を筆頭に、いくつかの弁明書を著したテルトゥリアヌスや、迫害の際の「背教者」に対する赦しと「教会の一致」に苦慮するキュプリアヌス、さらにディオクレティアヌス帝（在位二八四―三〇五年）の迫害の只中にあって伝統的な多神教を批判したアルノビウス、そして異教徒からの非難に対してキリスト教を擁護したラクタンティウスなど、これらの著者たちは、キリスト教信仰にもとづいた教会での生活が何の妨げもなく営めるような自由の領域を獲得しようと努めたのである。

(a) テルトゥリアヌス　今挙げたなかで最初の思想家、カルタゴのテルトゥリアヌスが神学上の傑出した意義をもっているということは、彼が二〇七年頃、預言的・忘我的、終末論的・厳格主義的なモンタノス（二世紀）主義に移っていったにもかかわらず、たとえばのちに非正統的との烙印を捺されたオリゲネス（一八五頃―二五四年頃）の場合とは異なり、その膨大な著作の大部分、つまり一九六年から二一四年のあいだに書かれた三一著作が保存されていることからも容易に窺い知ることができる。のちのキリスト教の教義にとっては、神的「実体《スブスタンティア》」の一性と「位格《ペルソナ》」の三性という規定、およびキリストという一なる人格のうちの二つの「状態《スタトゥス》（本性）」という理解を提示したという点で、テルトゥリアヌスは重要な意味をもっている。それというのもこうした理論においては、のちの公会議の諸規定が正確に先取りされているからである。キリスト論と三位一体論に関するこのような見解は、テルトゥリアヌスがモンタノス主義に移ってからも変わらずに保持された。しかしテルトゥリアヌスは教義上の体系を作り上げることも、聖書註解の著作を著すこともなく、もっぱら異教、およびユダヤ教と異端の教えに逆らって、「キリスト教の真理」を擁護することに全力を注いだ。彼のすべての著作の論争的で時に辛辣な調子は、キリスト教の真理に対する情熱的な確信に由来する。彼はまたこうした真理を、殉教によって一身を捧げて証しするだけの覚悟を固めており、その著作『殉教者たちへ』においては、殉教者たちに英雄的な毅然さをもって臨むように勧めている。

キリスト教の真理に関しては、たとえばストア学派、特に「しばしばわれわれのものであるセネカ〔前四／後一―六五年〕」（テルトゥリアヌス『魂について』二〇）が行っているような、合理的な議論が有益であるのはもちろんであるが、それでもやはりキリスト教の真理は、根本的にあらゆる議論を超えている。なぜなら、キリスト教を根拠づけるのは哲学ではなく、啓示だからである。そしてその啓示は、「信仰の規範」の中に保たれ、使徒伝承を通じて「女主人にして母たる教会」（『殉教者たちへ』一）によって権威あるものとして受け継がれるのであり、聖書を個人的に解釈することによってはじめて見出されるといったものではない。ところで哲学以前の「魂の証言」、すなわち自然と湧き上がる言葉において一なる神の存在と本質を証しし、死後の生を確証するものは、このような啓示と一致する。そこでテルトゥリアヌスは、哲学的な証明によってではなく、修辞学と文芸、とりわけ法律についての傑出した知識を総動員することで、論敵に抗してキリスト教を勝利に導こうとするのである。その際に彼は、論敵の議論の薄弱さと彼らの倫理的な弱点を衝き、キリスト教の教えとキリスト教にもとづく生活の至高の純粋さをこれに対置する。テルトゥリアヌスの著作における論題の選択も、このような護教論的で倫理的・修徳的な目的に対応している。つまりそれらの著作では、偶像崇拝、兵役、観劇、婦人の宝飾が拒絶されるなど、ローマの文化・宗教・風習との批判的対決が行われ、これに対して、独身と一回限りの結婚が推奨され、人間の身体性が尊重されている。また、殉教に直面しても復活への希望が語られ、悔悛と祈りが勧められる。さらに洗礼と堅信の意味も説明されており、その点に関して彼が著した著作は、ニカイア公会議以前で秘跡を論じた唯一のものである。またテルトゥリアヌスが、部分的には聖書の最も古いラテン語訳に拠りながら創出したラテン語の神学用語は、西方教会にとって失われることのない遺産となった。

(b) **キュプリアヌス**　テルトゥリアヌスの思想は、半世紀を隔てて、司教にして殉教者であるキュプリアヌスの著作に対して神学的基盤を提供することになった。ヒエロニュムスによれば、キュプリアヌスにとってテルトゥリアヌスは「師」そのものであり、「テルトゥリアヌスを読まずには、夜も日も明けない」(『著名者列伝』五三) ほどであった。キュプリアヌスは、修辞学に関する傑出した教養を身につけてはいたが、テルトゥリアヌスほどには、思弁的深みや激烈な熱情、さらには言語上の表現力に恵まれていなかった。キュプリアヌスの著作はむしろ、魅力的な親しみやすさと誠実な率直さを具え、賢明で均整の取れた彼の人柄を表している。司教として活動したおよそ十年のあいだ (二四八／四九—二五八年)、相継いで起こる危機の渦中で、カルタゴ教会と北アフリカのすべての教会に対する責務を十分に果たし、信徒たちの多大の信頼と支援を受け、聖職者からの反対にもかかわらず巧みに自らの道を貫き通した。八一通 (そのうち六五通が彼自身の手になる) の書簡集は、一世紀におけるパウロの手紙、二世紀初頭のアンティオケイアのイグナティオス (一一〇年頃歿) の手紙と並んで、三世紀のキリスト教徒の生活についての最も重要な史料であるだけでなく、当時の教会の運営法を現代にまで生き生きと伝える証言となっている。

キュプリアヌスの思想はもっぱら教会の司牧的指導という実践的な必要から産まれたものであるが、彼はテルトゥリアヌスとは異なって、司教の教導職がもつ教会における指導的役割という明確な考えを展開している。つまり、デキウス帝（在位二四九―二五一年）による二四九―五一年のキリスト教迫害に際して離教した多くの者が、再び教会に受け容れられることを願い出て、裁判と拷問に耐えてキリスト教信仰を守り抜いた「証聖者たち」（confessores）からの和解の手紙を望んだとき、キュプリアヌスはその著作『背教者について』で、証聖者たちの霊的威光による権能を有和の執り成しの役割だけに制限し、赦しを与える力をただ司教にのみ認めている。こうしてキュプリアヌスは、背教者をただちに再度受け容れる無節操に陥ることなく、また赦しを拒む厳格主義にも反対し、当時のローマ教会と同様に、背教者の受け容れに際してそれに見合っただけの悔悛の時間を課したのである。それと同時にキュプリアヌスは、ローマ教会およびカルタゴ教会の中の分裂に際して、『カトリック教会の一致について』において、キリスト自身、そして使徒たちの共同体、また――信徒にとって救いに必要な――司教との一致に根差した教会の統一を掲げている。そのためキュプリアヌスは、教皇ステファヌスに反対して、聖霊はただ教会においてのみ働くという理由から、異端者によって授けられた洗礼には有効性を認めていない。このような慎重な処置と神学的思想は、彼の司牧活動と対をなしている。二五二年にカルタゴで疫病が猖獗《しょうけつ》を窮めたとき、キュプリアヌスは献身的に病者の看護に当たり、キリスト教徒に対して、「善行と施し」が罪の赦しにいたる道である旨を説くと同時に、約束された永遠の命を思うなら死に赴くことはなんら恐るべきことではないと励ました。キュプリアヌス個人の信仰は『主の祈りについて』と『忍耐の賜物について』のうちに吐露されている。またそれらの著作において彼は、テルトゥリアヌスに拠りながら、祈りや忍耐をキリストの模範にもとづいて教えているのである。

(c) ノウァティアヌス　アフリカの教会は常にローマ教会の方針に則り、しばしばローマ教会を自らの母教会であるかのようにみなし、そこからの指示を仰いでいた。それと同じく、キュプリアヌスも、デキウス帝による迫害の際に身を隠した理由をローマに対して弁明し、背教者たちに対する処置を説明した。この際、二五〇年にはローマの聖職者にとって指導的存在であった司祭ノウァティアヌスが、キュプリアヌスに宛てて、その穏健な態度に同意する旨の三通の手紙を書いている。しかしノウァティアヌスはその翌年にローマ司教に選出されなかったため、自ら対立教皇となり、背教者を排除する純粋な教会を求める厳格な要請を打ち出すことによって、七世紀まで継続する分派教会を産み出すことになった。その著作『カトリック教会の一致について』を見るなら、キュプリアヌスはノウァティアヌスの神学を知っていたと思われるし、ノウァティアヌス自身はその主著『三位一体論』ではテルトゥリアヌスに依拠し、その卓抜な論考『貞操の賜物について』で、テルトゥリアヌスと並んでキュプリアヌスにも拠りどころを求めている。このような依存関係ゆえに、ノウァティアヌスのいくつかの著作は、テルトゥリアヌスやキュプリアヌスのものとして伝えられもしたのである。ノウァティアヌスの人柄のうちには、高度の知性と指導力が個人的な名誉欲と入り混じってはいるものの、それでもやはり『三位一体論』の中で展開された神学は、ラテン西方教会のキリスト論と三位一体論にとって重要な貢献となった。この『三位一体論』は、その第一部ではグノーシス主義に対抗して、父なる神と創造主との同一性を証明しており、第二部ではマルキオン（二世紀中頃）に逆らってイエスを創造主の真の御子として示し、キリスト仮現説を論駁してキリストの受肉の真理を唱え、御子養子説に抗してキリストの真の神性を、また様態論に抗してキリストと父なる神との区別を主張したうえで、最後に位格の区別における神の一性を強調している。主題の包括的で、厳密かつ体系的な取り扱いという点において、また「受肉する」、「自己無化する」、「予定」といった重要なキリスト論的術語の彫琢という点において、信仰の核心に関しても概念的理解を探求しようとするローマ的「理性」の現れを見ることができる。

(d) **アルノビウス、ラクタンティウス**　キュプリアヌス、そして――教会史家ソクラテス・スコラスティコス（三八〇頃―四三九年以降）によれば――ノウァティアヌスもその犠牲となったデキウス帝とウァレリアヌス帝（在位二五三―二六〇年）の迫害ののちは、教会はほぼ四十年間に及ぶ小康状態を享受する。しかし三〇三年には、ディオクレティアヌス帝がローマ帝国全土にわたる最大規模の迫害に着手し、そうした行いをヒエロクレス（二五〇頃―三〇八年以降）のような異教の哲学者の論考によって裏づけることになった。キリスト教徒は世の不幸と禍の元凶であるとする非難に対して、アフリカで修辞学の教鞭を執っていたシッカのアルノビウスは、神学的に徹底したというよりは流麗な雄弁を発揮した『異邦人への駁論』をもって応え、ヒエロニュムスの伝えるところによれば、洗礼を志願する際にその著作を自らの信仰の証しとして提出した。『異邦人への駁論』においてアルノビウスは、キリスト教信仰を擁護するだけでなく、ローマの伝統的な多神教を真の宗教心と倫理に悖《もと》るものとして糾弾し、皇帝の宗教政策を非難する一方で、プラトンの権威にもとづいて、新プラトン主義、とりわけポルフュリオス〔二三四頃―三〇五年頃〕の混淆主義を批判している。

その文体の典雅さに関しては、アルノビウスの弟子のラクタンティウス――イタリア・ルネサンス時代の言葉によれば「キリスト教のキケロ〔前一〇六―四三年〕」（十五世紀において彼の著作集の一四の刊本が公刊される）――はその師を凌駕することになった。しかしラクタンティウスの著作もまた、キリスト教的宗教論『神的教理』においてさえも、キリスト教の信仰の教えの積極的解明よりも、批判者に対する論駁にその価値があるという点では変わらない。『神的教理』は多神教の「誤謬」への反駁から一なる神の洞察、および「真なる賢者の模範」であるキリストにおける啓示の認識という「知恵」を経て、そこから真なる敬虔・正義・徳に向かい、最後は至福なる不死性という終末論的展望を開く。ラクタンティウスは、論敵の思想上および文体上の要求に対して、表現面でも内容面でもキケロに依拠しつつ対応しようとしているため、聖書そのものよりも非キリスト教的な古典古代の著者に多くを負っている。それでもラクタンティウスにあっては、テルトゥリアヌスと同様に、神の（プラトン流の）超越と不可捉性にもとづいて、キリストにおいて与えられる神的啓示のみが真なる宗教の源泉として認められている。ラクタンティウスはキリスト論に関して新たな貢献を果たすことは少なく、また三位一体論を論じていないが、このことはおそらく、論敵が理解できる合理的議論の範囲内に自らの論議をとどめようとした努力のゆえであろう。その著作『神の怒りについて』では、感情をもたない神という合理主義的・エピクロス（前三四一―二七〇年）的な考えや、善であることに尽きるストア学派的な神理解が拒絶され、聖書における神の理解を元に、歴史を動かす神の人格性が強調されている。つまり彼によれば、神は怒りも愛しもするのであり、それゆえに、救いをもたらす神への畏怖を通してこそ、人間は最高の段階としての宗教的尊厳にまで導かれるのである。

二　四世紀の教父たち

(一)　大公会議時代の教父たち

ラクタンティウスその人の生涯のうちには、迫害の時代のローマ帝国から、帝国とキリスト教界の共生の時代にいたる展開が反映している。ディオクレティアヌス帝の迫害が始まったとき、ラクタンティウスは、ニコメディアの宮廷におけるラテン修辞学の教授職を断念することを余儀なくされたが、その約十年後（三一六年頃）には、コンスタンティヌス帝（在位三〇六―三三七年）によって、その息子クリスプス（三〇五頃―三二六年）のキリスト教教育の役目を託されている。ローマ帝国における宗教政策の突然の変更のために、キリスト教はローマ帝国全土で発展し、古代において最大規模の広がりを見せた。ローマ帝国は四世紀に統一されはしたものの、コンスタンティヌス帝による東方の領土の獲得（三二四年）、および東方の首都コンスタンティノポリスの完成（三三〇年頃）以来、ラテン世界とギリシア世界の双方の中心地をめぐって発展し始め、テオドシウス帝（在位三七九—三九五年）の息子たちの代において二領域に分裂することになった。それと並行して、カトリック教会もまた、アレイオス（二五〇頃—三三六年）主義との論争においては統一を保ちはしたものの、ガリアやヒスパニアへの伝播にともなって、伝統的なギリシア的系統と並んでラテン的な伝統をも形成し、五世紀以降、その二つの系統のあいだには大きな溝が生じることになる。ローマ皇帝は教会の発展を促進し、その運営のみならず教義上の問題にまで積極的に関わるようになった。このような協力は教会の側からは歓迎されると同時に、教会の自由のために——たとえばアンブロシウスの場合のように——制限が設けられた。また司教区、小教区といった教会組織の形成や、四—五世紀の教会会議とともに、ローマと教皇の優位が強められ、法律や社会生活のキリスト教化が推し進められた。典礼は発展し、式文も定まり、すでにコンスタンティヌス帝のもとでは、日曜日が安息日にして休日となり（三二一年）、降誕祭や聖人の記念日が祝日として民衆の心を捉え、教会聖堂——とりわけ巡礼地のそれ——の広々とした空間は、聖書の物語を表すフレスコ画やモザイクで飾られた。

四—五世紀の西方キリスト教の思想家たちは、多くは名門出身の司教であり、優れた古典的・修辞学的教養を身につけていた。彼らの努力は、キリスト教に入信した多くの民衆に教会の基礎的教えを授けるために、受洗準備教育や講話を通じて、言葉と書物によってキリスト教信仰を伝えるところにあった。実際、三二五年から四五一年の大公会議の時代のものとしては、三千以上の講話が残されている。真なる信仰をめぐる論争は、四世紀においては、アレイオス主義を論破するにあたってギリシア神学を後ろ楯とするものであった。アレイオス主義は、ギリシア的・思弁的な問題設定にもとづく異端であったが、四世紀末には異端論争は、もっぱらキリスト教の実践に関わるラテン的な異端――たとえば、プリスキリアヌス（三四〇頃―三八六年）派の厳格主義、ペラギウス（三五四頃―四二〇／二七年頃）主義における自由と恩寵の問題、ドナトゥス（三五五年歿）派における秘跡の正当な授け手の問題――に向けられるようになった。ラテン教父は、その著作において、古典古代の文学・哲学、またクインティリアヌス（三五頃―一〇〇年頃）の修辞学など多くの要素を取り込んでおり、その際には、ナジアンゾスのグレゴリオス（三二五／三〇―三九〇年頃）などのギリシア教父よりも、古典古代の文化とキリスト教的完成への追求とのあいだの緊張をより痛切に意識していた。しかし古代の学校教育、とりわけ文法学や修辞学といった形式に関する諸学科の価値はあまりにも明白であったため、キリスト教の学校の創設が真摯に企てられるということはなかった。聖職者の教育に関してさえ、神学の一貫した養成の試みがその形を整える歩みもきわめて緩慢なものであった。ウェルギリウス（前七〇―前一九年）に範を採った六歩格詩《ヘクサメトロス》の叙事詩でキリストの生涯を著したユウェンクス（三三〇年頃活動）の『福音』や、五世紀初頭のスペインの司祭キュプリアヌス（四―五世紀）による旧約聖書の歴史的諸書の韻文による改作のように、道徳的に疑わしい古典古代の文芸を同じ形態のキリスト教的題材によって置き換えようとする試みも単発的になされたのみであり、大きな流れを形作ることはなかった。そのためラテン教父の思考は、古典古代の文化の受容の努力よりも、キリスト教的教養の新たな中心である聖書とその釈義によって大きく規定されている。その聖書解釈は、旧約聖書を予型論的な仕方で新約聖書に結びつけ、寓意的・霊的な意味解釈によってキリスト中心的な信仰理解を目指すものであるが、そうした聖書的信仰理解は——教義に関する論考において試みられたように——神の三一的本質への洞察と無理なく調和するものであった。四世紀のラテン教父は、実践的指針に関わる思想と、信仰の核心に向かう理論的思考との二極のあいだを動きながら、ついにはアウグスティヌスにおいて霊的にも哲学的にも最高の成果に達することになる。

(二) アレイオス主義との論争とニカイア信条

四—五世紀のラテン教父は、その独自の性格が徐々に明らかになってきたにもかかわらず、アレイオス主義との論争をきっかけとして、東方ギリシア世界の高度に発展した聖書釈義や教義学と結びつくことを必要としていた。それというのも、キリストを神の神性と同一本質的《ホモウーシオス》なものとして説くニカイア信条に対して、キリストを神の第一にして最高の被造物にすぎないとするアレイオス主義は、この主張に好意的なコンスタンティウス二世（在位三三七—三六一年）の宗教政策によって西方世界でも、北イタリアやガリアで広まっていたからである。東方ギリシア世界においては、アタナシオス（二九五頃—三七三年）が、度重なる追放にも屈することなく、最終的にはその思想がニカイア信条の承認に寄与するにいたった。西方世界においてはとりわけポワティエのヒラリウス（三一五頃—三六七年）の功績によって、ニカイア信条がアレイオス主義に対して勝利を収めることになった。

(a)　ポワティエのヒラリウス　ヒラリウスは、真理と神認識の探求を通じてキリスト教に向かったのであり、しかもその際のキリスト教とは、彼にとって、また四世紀の教父にとっては、聖書とその研究を意味していた。彼の初期の『マタイ福音書註解』（三五三／五五年）は、テルトゥリアヌス、キュプリアヌス、ノウァティアヌスといったラテン教父に完全に依拠しており、アレイオス主義との論争に見られる神学的議論の精妙さを具えたものとは言いがたい。これに対して、「詩編」を五〇編ずつ三部に分けて、それらを「回心・道徳的上昇・照明」という段階的図式によって整理した後期の『詩編講解』（三六五年頃）は、常にアレイオス主義との論争を念頭に置き、またとりわけオリゲネスの霊的・寓意的解釈に立脚したものである。この二つの著作のあいだに挟まれる時期、ヒラリウスは四年間（三五六―三六〇年）のあいだ、アレイオス主義の一派による東方キリスト教世界（小アジアのフリュギア）への追放処分を受けており、その地で彼はギリシア神学を学び取り、そのギリシア神学を、ニカイア公会議以降の教会会議の決議や諸信条とともに西方世界に伝えている。その際ヒラリウスは、アタナシオスが頑強にニカイア信条に従ったのに対して、より柔軟な神学を展開した。つまりヒラリウスが示そうとしたのは、御子キリストと父たる神の同一本質を一面的に主張するあまり、サベリオス（二六〇年頃歿）派のように両者を同一視してしまう危険を孕んでいるニカイア信条の立場と、父と子の相違を守るために両者のあいだにはただ相似性のみがあるとするアンキュラのバシレイオス（三六四年頃歿）のような相似本質派の見解とは、正しく理解するなら和解が可能であるということであり、それによって彼は、のちに見られる両派の融合に道を開いたのである。アレイオス主義者と、彼らを擁護した皇帝コンスタンティウス二世――ヒラリウスは彼をキリスト教を弾圧したネロ帝（在位五四―六八年）やデキウス帝よりも大きな害を及ぼす者と考えた――に抗して、ヒラリウスはその『詩編講解』や『讃歌』――ラテン教父のなかで最初の、そして実際に典礼で用いられた讃歌――においてと同様に、主著『三位一体論』（三五六―三六〇年）において、キリストの神性に対する、聖書にもとづく信仰を擁護している。

(b) **マリウス・ウィクトリヌス**　アフリカ生まれでローマの最も著名な修辞学者であったマリウス・ウィクトリヌスもまた、大きな反響を巻き起こしたそのキリスト教改宗（三五五年頃）ののちは、その著作においてアレイオス論争を中心的な主題としている。しかしながらその著作は、「弁証論的なスタイルで、きわめて難解な文体によって記され、教養ある者にしか理解できない」（ヒエロニュムス『著名者列伝』一〇一）ものであったため、ヒラリウスの簡潔な聖書解釈とは異なり、さほど大きな影響を与えることはなかった。そのキリスト教改宗以前にウィクトリヌスは、七自由学芸の三学についての著作を著し、アリストテレス、キケロ、ポルフュリオス、おそらくはプロティノス（二〇五頃―二七〇年）をも翻訳し註解している。三五九年以降は、三篇の『讃歌』を含む一二の著作において、御子キリストと父たる神との同一本質を唱えるニカイア信条を擁護している。その際ウィクトリヌスは、ギリシア・ラテン教父よりも、ポルフュリオスの新プラトン主義的神理解により多くを負っている。つまり、プロティノスは、それ自身として無区別の一者からそれに従属するかたちで多なる基体が流出すると考えるのに対して、ポルフュリオスはこの一者を存在と同一視し、発出と還帰によってそれ自身のうちで差異化されるものと理解しており、ウィクトリヌスもポルフュリオスの考え方に従っているのである。こうして、ウィクトリヌスは、絶対的に超越的な神を、御子の発出においては一者の自己表現および生命の下降的な実現形態として、また聖霊の上昇的還帰においては知恵として、自らのうちで差異化と同時に統一を遂行するものと理解している。それゆえにウィクトリヌスにおいては、聖霊が発出する源泉を神の内的本質のうちに求め、諸位格が互いに区別されながらも同等であることを示す哲学的な三位一体論がはじめて明確なかたちを取るにいたったのである。しかしながらパウロの手紙についての後期の註解では、文法学者としてのウィクトリヌスが、信仰にもとづく人間の義化という主題を平明な言葉で論じている。

(三)　聖書研究と修徳思想

(a)　アンブロシウス　マリウス・ウィクトリヌスと同様に、ミラノのアンブロシウスもまた、その改宗に際しては、十分な神学的素養を身につけていたわけではないため、「学ぶことより早く教えること」（『教役者の職務について』一・一・四）を余儀なくされた。しかしながら彼は、シンプリキアヌス（四〇〇年歿）――ウィクトリヌスに信仰を教え、のちにアウグスティヌスの改宗に際しても一役買ったミラノの司祭――の指導のもとで、ギリシア的伝統を修得しようと努め、ヒラリウスとともに、この伝統を西方のキリスト教思想のうちにもたらした。求めるところの少ない勤勉な生活や、身分の高さにもかかわらず親しみやすい人柄、さらに貧者・病者・四人に対する慈愛に満ちた献身ゆえに、アンブロシウスの休むことのない司牧活動は民衆のあいだで豊かな実りを結んだのであり、そのことは彼が皇帝の権力と渉《わた》り合う際に大きな助けとなった。またアンブロシウスは高い見識を有し、西方の神学の語彙を慎重に保持しつつギリシア神学を翻案したために、その聴衆のなかでも優れた教養をもつ人々に訴えかけることができた。説教を母体として産み出されたアンブロシウスの神学的著作の大部分は、旧約聖書、たとえば「創世記」の記述を、フィロン（前二五／二〇頃―後四五／五〇年頃）、オリゲネス、大バシレイオス（三三〇頃―三七九年）にならった仕方で解釈するものであるが、これに対してキリスト教において初の包括的な倫理的著作『教役者の職務について』（三八八／八九年）では、キケロに拠りながら、四枢要徳というギリシアの考えが、聖職者にとっての生き方の指針にまで展開されている。アンブロシウスは、自らの個人的な信仰心にもとづいて、純潔の身分についての五つの著作を著しており、これは西方のマリア論にも大きな貢献を果たすことになった。

(b)　**ヒエロニュムス**　アンブロシウスの魅力的な人柄、またギリシア的要素とラテン西方的要素を結び合わせ、古典古代の遺産とキリスト教とを融合させようとするその調和の取れた総合と比べるなら、禁欲的思想家ヒエロニュムスは、論争に傾くその情熱や、ラテン文化についての最高の素養と聖書の素朴な信仰とのあいだの内面的緊張という点で、アンブロシウスとはまったく対照的に映る。実際、ヒエロニュムスが行った数多くの論難のうちの一つは、アンブロシウスがオリゲネスや盲目のディデュモス（三一三頃―三九八年頃）といったギリシア思想を断りなく借用しているところに向けられていた。またアウグスティヌスや、オリゲネスの翻訳者ルフィヌス（三四五頃―四一〇／一一年）との論争においても、翻訳技法の問題が俎上に載せられた。ヒエロニュムス自身、文法学・修辞学・文学についての自らの傑出した知識を十分に活用してキリスト教文献の翻訳活動に当たっており、翻訳の意味や技術についての理論的考察をも行っている（『書簡集』五七参照）。ヒエロニュムスによって翻訳されたギリシアの著者としては、カイサレイアのエウセビオス（二六三／六五頃―三三九／四〇年）、ディデュモス、パコミオス（二九〇頃―三四六年）、そしてとりわけオリゲネスが挙げられる。オリゲネス論争（四〇〇年頃）の際には、ヒエロニュムスは釈義家としてのオリゲネスを誉め讃えたが、その教義の点では距離を取ることになった。何よりも、ヒエロニュムスが四〇六年までに行った聖書全体のラテン語翻訳――十三世紀以来「ウルガタ」版と呼ばれ、ごく最近まで用いられていた翻訳――は、それまでの翻訳に比べて文体面ではるかに受け容れられやすく内容的にも信頼の置ける原典として、西方キリスト教世界の基礎となった。さらにヒエロニュムスによる詳細な聖書註解、とりわけ「詩編」、預言書、「マタイによる福音書」への註解では、神学的思弁に入り込むことなく、歴史的・自然学的事実に関する広範な知識と霊的解釈とが結び合わされている。スエトニウス（七〇頃―一三〇年頃）の『著名者列伝』にならって名づけられた同名の著作では、キリスト教の思想家一三五名を挙げた一覧の最後に自らの名前を挙げているところから、ヒエロニュムスは自らの学問的業績に相当の自負をもっていたものと思われる。しかし、そのような学問的な功名心を抱いてはいたものの、彼の心はそれ以上に修道的禁欲の理想に向けられていた。このような理想を彼は、（おそらく創作にもとづく）三人の修道士についての伝記——アタナシオスの『アントニオス伝』と肩を並べる著作——で描き出すのみならず、自らそれを実践し、ローマにおける女性の信奉者たちをその理想に馴染ませようと努めた。

三　五世紀の教父たち

(一)　キリスト教文学と聖人伝

アウグスティヌスの死によって終わる五世紀初めの三〇年間においては、ラテン教父の思想は聖書釈義にとどまらず、散文と詩文において豊かに花開いた。すでに新約聖書の時代においても、旧約聖書の詩編の伝統はキリスト教的詩文によってさらに展開されていたが、アレクサンドレイアのクレメンス（一五〇頃—二一五年以前）やオリュンポスのメトディオス（三一一年頃歿）はいくつかのギリシア語の讃歌を著している。ラテン語の世界では、テルトゥリアヌスがキリスト教的歌謡の存在を伝えている。ラテン語によるキリスト教的詩人として知られている最古の人コモディアヌス（二五一／六〇年頃活動）は、その『弁明の詩』において異教の神々を揶揄し、迫害の際の背教者たちに対して、悔悛のうえで教会に戻るように忠告し、神・キリストの受肉・最後の審判に対するキリスト教的信仰を書き記している。このような個別の先行的功績に続いて、ヒラリウスと、とりわけアンブロシウスの讃歌は、五世紀前半におけるラテン語によるキリスト教的詩文芸の最盛期の礎石を築いた。この時代のものとしては、十五人あまりの詩人、それに加えて作者不詳の若干の詩と歌（古典古代の詩人からの引用の組み合わせによる作詩）が知られている。これらのキリスト教的詩人たちは、古代末期の一般的な詩論に倣って、古典古代、特にウェルギリウス、そしてホラティウス（前六五―前八年）、オウィディウス（前四三―後一七年）、ルクレティウス（前九四頃―五五年頃）、テレンティウス（前一九五頃―一五九年）の詩作規則と韻律法に範を採ってはいたが、そうした形式を通じて、讃歌や教訓などのキリスト教的な内容を表現していた。

平信徒の神学者プルデンティウス（三四八―四〇五年以降）は、国家の要職から離れて以降は、詩作によって「主を歌い、異端と戦い、公同《カトリカ》の信仰を宣べ伝える」（『プラエファティオ（序言）』三八―三九行）ことを自らの課題とした。そこで彼は、キリストを真なる光にしてあらゆる光の授け手として讃え、殉教者の揺らぐことのない信仰を讃美し、徳と悪徳の戦いを描いた寓意的作品『プシュコマキア（魂の争い）』では、人間の魂をめぐって、偶像崇拝に対して信仰を、情欲に対して純潔を、怒りに対して忍耐を、傲慢に対して謙遜を、快楽に対して節度を、貪欲に対して慈善を、争いないし異端に対して和合を戦わせ、『アポテオシス（キリスト頌歌）』においてキリスト教的な三位一体とキリストについての正統的な教えを異端に対して擁護している。プルデンティウスの詩作は、韻律と詩的形象の豊富さと、純粋な抒情的・劇的な感情を特徴としている。

ノラのパウリヌス（三五三／五四―四三一年）もまた、国家の要職から修道生活へと転じた人物である。彼は熱烈に崇敬していた聖人ノラのフェリクス（三一一年以前頃歿）の墓所に引き籠り、巡礼者の修養のために、洗礼者ヨハネなどの聖書の人物、そしてとりわけフェリクスの生涯と奇跡を讃える歌を作った。その修道生活の時代においても、友情に満ちた交友を求める深い希求から、パウリヌスはアンブロシウスや、トゥールのマルティヌス（三三六頃—三九七年）とその伝記作者スルピキウス・セウェルス（三六〇頃—四二〇年頃）と友誼を結び、さらには正反対の性格で時には対立もしたヒエロニュムスとルフィヌス、アウグスティヌスとペラギウスとも親密な交流をもった。パウリヌスの早い時期の修辞学の師で著名な詩人でもあったアウソニウス（三一〇頃—三九三／九四年）はパウリヌスが世俗を棄てたことに落胆したが、パウリヌス自身はこの歩みを、自らの詩的創作活動と同様に、「われわれの全存在、われわれの心、われわれの口、われわれの時を要求する」（『歌謡』一〇・六三—六四行）キリストへの完全なる帰依にもとづくものと弁明している。

ヒエロニュムスの修道者伝と、プルデンティウスやパウリヌスの詩歌からもすでに明らかなように、四世紀の半ば以降は、聖人崇敬が徐々に高まり、そのために聖人伝という文学類型が好まれるようになっていった。三世紀頃までは、ただ殉教者のみが聖人として崇敬されるにとどまった。そうした崇敬に応える文献としては、殉教録——歴史的に信頼できるものもあれば、単に修徳を目的として書かれたものもある——や殉教物語、また殉教者の記念日に行われる説教などが挙げられる。しかし三世紀初頭以降は、「殉教者」という言葉も、殉教することはなくとも信仰に命を捧げた「証聖者」や、禁欲的生活を送る修徳修行者にまで拡げられるようになる。アタナシオスの『アントニオス伝』（三五七年頃）は、隠修的・修道的生活の模範的姿を描き出したものであるため、この著作は東方でも西方でも感動をもって迎えられ（ラテン語への翻訳は三七五年以前になされている）、のちのあらゆる聖人伝の典型となった。修道士たちと並んで、ほぼ同じ頃には、その修徳によって傑出した司教たちが聖人として崇敬され、その伝記が書かれることになる。たとえば、スルピキウス・セウェルスによる『聖マルティヌス伝』（三九六年）、ミラノのパウリヌス（四一七年以降歿）による『聖アンブロシウス伝』（四二二年）、ポッシディウス（四三七年以降歿）による『アウグスティヌス伝』（四三二／三九年）などがそれである。西方世界におけるのちの聖人伝の基盤となる『聖マルティヌス伝』は大部分がマルティヌスの生前に記され、のちに三通の手紙（三九七／九八年）と『対話録』（四〇三／〇四年）によって補われた。その際にスルピキウスは文学的にはスエトニウスの『皇帝列伝』から着想を得て、マルティヌスの偉大さを表すために、民衆の嗜好に従って文学的創作を駆使し、さまざまな奇跡物語を歴史的事実と混ぜ合わせている。スルピキウスは『アントニオス伝』からの影響を受けはしたものの、『対話録』では、西方の修徳修行者はその徳と禁欲に関して東方の先駆者に劣るものではないことを示そうとしている。

修徳的・修道的理想が大きな魅力をもったことは、修道制が速やかに発展していったことや、『アントニオス伝』や『聖マルティヌス伝』が多大な反響を呼んだところからも明らかである。その魅力はとりわけ、都市において多くの人々がこぞってキリスト教に改宗したところから生じた倫理的荒廃への反撥にもとづくものであった。

(二) ペラギウス論争

倫理的・宗教的生活のこのような堕落に抗して、ブリタニア出身で、倫理的に非の打ちどころのない厳格さを具えていたペラギウスは、三八〇年代の初頭から、同じ頃ヒエロニュムスが行っていたのと同様に、自らの周辺に敬虔な信徒を集め、その人々を純粋なキリスト教的生活へと導く努力を始めていた。そのためにペラギウスは人間本性の自由に訴えかけている。つまり人間本性は、創造の恵みによって、神の似像として作られ、神に対する信仰を決断し掟に従うことができる。またアダムの罪は後続の世代にまで伝わるものではなく、単に罪の原型ないし罪への唆《そそのか》しにすぎないのであり、人間はその倫理的自由ゆえに、キリストの模範に従って、罪への誘惑に抗うことができるとされるのである。ペラギウスによれば、人間が神の恵みに達するのは、このような倫理的功徳によるのであり、洗礼によってではない。恵みは善なる行いを可能にするものではなく、ただそれを助けるのみであるとみなされる。このような教えは、『デメトリアスへの手紙』（三一三／一四年）――ペラギウスの名のもとに伝えられる多くの著作のうち、パウロの手紙の註解と並んで、確実に真作と言える唯一の著作――において萌芽的に現れている。教義的というよりも倫理的に構想されたペラギウスの思想の背景としては、ストア学派の通俗哲学とともに、神が自由な人間を救いに導く教育の歴史として救済を理解するオリゲネスの思想からの影響を認めることができる。ペラギウスの教えは、ローマでは取り立てて嫌疑を招くことはなかったが、ペラギウスがその弟子カエレスティウス（四―五世紀）とともに四一〇年頃、西ゴート族のアラリック（在位三九五―四一〇年）のローマ侵攻に先立って北アフリカに逃れてのち、四一一／一二年以降アウグスティヌスによってはじめて、人間の自己救済を主張する試みとして理解された。つまりその教えは、幼児洗礼を含むすべての秘跡だけでなく、贖いとしてのキリストの受難すらが、人間の救いにとっては本質的に必要でないものと捉えられたのである。このようにして口火が切られた論争は、アウグスティヌスの死後、エフェソス公会議（四三一年）によってペラギウス主義が断罪されるにいたるまで継続した。その論争においてアウグスティヌスは、人間本性はアダム以来継受される原罪によって損なわれ、それゆえ神と掟の遵守へと向かうには、先行する無償の恩寵が必要であると考え、そうした理解に則って、掟と恩寵の関係、および自然と恩寵の関係を説明している。自然本性と区別されるこのような意味での恩寵は、キリストの模範のみならず、その受苦にもとづくのであり、人間に対しては洗礼によって分かち与えられるものとされるのである。

(三) アウグスティヌス

四一三年にはヒエロニュムスも加わったこのペラギウス論争においてアウグスティヌスは、それ以前のマニ教の二元論との論争や、アフリカのドナトゥス派――聖職制よりも霊的賜物にもとづく純粋な教会という思想――との論争、さらに、アレイオス主義を信奉したゲルマン人の諸部族がイタリアとアフリカに侵入することによって息を吹き返したアレイオス主義との論争においてと同じく、教会にとって指導的な神学者としての役割を果たした。アフリカ生まれの古代最後の大神学者アウグスティヌスの百点を越える著作の大部分、さらには現存する二八〇通ほどの手紙とおよそ六百の説教は、具体的な状況をきっかけとして成立したものであり、彼が常に気にかけ積極的に関わろうとしていた教会内部の問題や議論への応答なのである。修辞学と弁証論を通じて鍛え抜かれたアウグスティヌスの知性は、神の奥義を愛し探求する熱意と分かちがたく結ばれたものであったし、また彼はその奥義を教会の伝える信仰と彼自身の内的経験から学び取った。アウグスティヌスの思索においては、「信じるために知解し、知解するために信じる」（『説教』四三・九）という彼の言葉にあるように、信仰と理性、聖書におけるキリストの言葉と新プラトン主義的な精神論・神理解とが互いに絡み合いながら、哲学的であると同時に聖書的な神学へと創造的な仕方で高められている。最も好んで読まれた（『再考録』二・六）と彼自身が語っている著作である『告白』において魅力的な仕方で神を讃美しているように、アウグスティヌスはキケロによって目覚めさせられた真理への探究から出発して、マニ教と懐疑主義を経て、精神の光に対するプロティノス的な洞察、および聖書の霊的意味に辿り着いた。回心ののちの彼の内面の歩みは、ほぼ完全に哲学的な信仰解釈——しかしここで今やキリストの名前は重大な位置を占めている——から、パウロの書簡の註解（三九四／九五年）と「ヨハネによる福音書」の註解（四一四—四一七年）へ、そしてついには後年のキリスト中心的な恩寵論へと進む。それと並行して、司教への叙階（三九五／九六年）以降は司牧活動に身を捧げ、四一〇年におけるローマの陥落などの目前の状況や、異端によって惹き起こされた教義や聖書釈義の難題、ないし歴史神学的・倫理的・人間論的問題を神学的に解明することに精力的に携わっている。このように多様な課題に直面していたにもかかわらず、アウグスティヌスはエルサレムの原始キリスト教会の方向に沿った修道生活の理念に忠実であり続けた。その点に関しては、『（聖アウグスティヌス）修道規則』として歴史的に大きな影響を及ぼした著作が証ししている。多くの論争を経ながらも、アウグスティヌスは精神の自由を保ち、『三位一体論』に見られるような神の三一性という中心的信仰箇条──しかも単に救済史的な意味のみならず、神に内在する三一性の理解──を提示し、記憶・知解・意志の三肢的構造を有する人間精神の自己遂行を神の三一性の似像として哲学的に解明することによって、ギリシア神学とは根本的に異なる三位一体論の教えを展開したのである。

アウグスティヌスの同時代の思想家たちは、アウグスティヌスの存在によって影の薄いものになりがちだが、彼に続く時代の思想家たちは、ほとんどアウグスティヌスの影響のもとにある。すでにアウグスティヌスの存命中の四一八年から、北アフリカのハドルメトゥム（現スース）の修道者たちのもとでは、神により自由な予定において与えられるというアウグスティヌス的な意味での恩寵は、倫理的・修徳的努力や修道者同士の道徳的な励まし合いを余計なものとしてしまうのではないかという懸念が生まれ、アウグスティヌスの恩寵論・予定論に対して疑惑が抱かれた。これに対して、恩寵は人間の自由な決断を可能にしてそれを担い、堕罪ののちは人間同士の勧告を通して働くというアウグスティヌスの回答は、北アフリカの修道者たちを満足させはしたものの、レランスやマルセイユといった南ガリアの修道者たちのもとでは、四二六年以降、これが激しい反論を引き起こす元となった。十六世紀以降「半ペラギウス主義」──あまり適切ではないが──と呼ばれたその反論に対して、アウグスティヌスは二つの著作（四二九／三〇年）において、人間の自由な決断なしには神の予知と予定は人間の運命を自由に操ることはないと応答したが、その反論を論破するにはいたらなかった。

アウグスティヌスの歿後も、高い教養をもつ平信徒の修道士でのちにレオ一世（在位四四〇─

四六一年）の協力者となったアクイタニアのプロスペル（三九〇頃―四五五年以降）と、修道院の創設者で五世紀のガリアにおいて最も著名であった霊的著述家ヨハネス・カッシアヌス（三六〇頃―四三〇／三五年頃）とのあいだで、数年間この論争が続けられた。カッシアヌスは、その『霊的談話集』の第一三談話（四二七年）においては確かにペラギウス主義からは明確に距離を取ってはいるが、形而上学的・教義的観点というよりは心理学的・経験的立場から、一面的な予定説には反対し、人間が信仰へと向かうその最初の発心においても、神の恩寵だけでなく人間の自由な活動が必要とされると主張している。それに対しプロスペルの関心はもっぱらアウグスティヌスの思想の擁護と普及にあったため、彼はカッシアヌス、ついでレランスのウィンケンティウス（四五〇年以前歿）を批判し、まず厳格な予定説――つまり神の救いの意志はかならずしもすべての人に及ぶわけではないという考え――を擁護した。しかし四三二年以降、『全民族への招きについて』においてプロスペルは自らの主張を和らげ、神はあらゆる人間に恩寵を差し出すだけでなく、すべての人間を救いへと呼び出し、しかも神の恩寵と人間の自由意志とは排除し合うものではなく、共に働き合うものであるという考えにいたっている。

(四)　修道制の成立

予定論と恩寵論をめぐるこの論争は、十六世紀の宗教改革の時代において再び取り上げられるまでは、古代キリスト教世界ではこれ以上に波及することはほとんどなかった。それに対して、エジプトの独居隠修士についてのカッシアヌスの記録は、西方修道制の霊的形成という点で、中世末期まで基本的な役割を担い続けた。カッシアヌスはスキュティア（現ハンガリー）の教養あるキリスト教の一家に生まれ、ベツレヘムでの最初の修道生活（三八〇年頃）ののち、ほぼ二十年間（三九九年頃まで）エジプトの独居隠修士たちのもとで暮らした。そのためカッシアヌスはその『共住修道制規約および罪源の八つの矯正について』（四一九―四二六年）において、修道士たちの生活と祈りの形態を描き出すとともに、彼らの神学上の指導者エウアグリオス・ポンティコス（三四五頃―三九九年）に従って、自分たちの徳・悪徳論を伝えることができ、さらには二四巻からなる『霊的談話集』では彼らの霊的教えを幾分自由なかたちで描写することができたのである。修道士の霊的道程において、共住修道制と独居隠修制とに共通する「活動的知」という最初の段階では、悪徳とそれを克服する方法についての知によって心の平安と純粋さが得られるが、独居隠修士にのみ可能な第二の段階では、不断の観想的「燃える祈り」において愛を通じて神と内的に一致することが目指される。西方教会での修道院の建設者たち、つまりトゥールのマルティヌス（三六一年修道院建設）、アンブロシウス（三八六年修道院建設）、アウグスティヌス（三八八年修道院建設）、レランスのホノラトゥス（四二九／三〇年歿。四〇〇年頃修道院建設）、またアイルランドにおいてパトリキウス（四世紀末／五世紀―四六〇／九〇年頃）は、独居隠修制よりも共住修道制のほうを高く評価したが、アルルのカエサリウス（四六九／七〇―五四二年）やヌルシアのベネディクトゥス（四八〇頃―五四七／六〇年頃）などは、その修道規則においてはカッシアヌスからの影響を受け、カッシアヌスの著作の繙読を勧めている。

南ガリアの修道制における霊的教えとアウグスティヌスの恩寵論とのあいだの緊張は、六世紀における最も重要な司教で、社会的活動にも携わった民衆説教家アルルのカエサリウスにおいて再び前面に現れる。カエサリウスは、アウグスティヌスの恩寵論を（半ペラギウス的な意味で）批判する陣営の中心であったレランスで修道士としての養成を受けたが、のちにはアウグスティヌスの神学の支持者へと転向していった。そこでカエサリウスは自らの著した『修道女のための戒律』において『（聖アウグスティヌス）修道規則』に依拠するのみならず、五二九年の第二回オランジュ教会会議において、自由と恩寵についてリエのファウストゥス（四一〇頃―五〇〇年以前）によって主張された南ガリア的な教えを、司教としての立場をもって断罪した。

四―五世紀のラテン教父がいかに西方教会の将来に対して多くの具体的指針を与えたにせよ、霊的教えと教義の両面に関して、東方から西方への影響が一方的に及んでいることを見逃すことはできない。なぜなら、修道制の禁欲的な教えがエジプトや小アジアからもたらされただけでなく、西方教会は、キリスト論と三位一体論に関する教義も、ギリシア的東方において開催された四大公会議（ニカイア、コンスタンティノポリス、エフェソス、カルケドン）から受け取っているからである。逆に西方世界からギリシア的東方世界へと影響が及んだおそらく唯一の例外としては、教皇レオ一世の場合がある。コンスタンティノポリスの学識乏しい修道者エウテュケス（三七八頃―四五四年頃）の極端な単性論がキリスト論の問題を新たに再燃させたのち、レオ一世は、荘重な『コンスタンティノポリスのフラウィアヌスへの手紙（レオのトムス）』において、キリストにおける二つの本性についての西方的教えを優れたかたちでまとめ上げ、それによってカルケドン公会議におけるキリスト論の決定に大きな貢献を果たしたのである。大部分はキリストの存在と業《わざ》に関する古典的な典雅さを具えた一四三通の手紙と九七の説教において書き記されたレオ一世の思想もまた、アウグスティヌスの恩寵論からの深い影響の痕をとどめている。しかしレオ一世はアウグスティヌスの寓意的・霊的聖書解釈を受け容れることがなく、キリストの受肉の思想に導かれて、教会における秘跡の行いのうちに救いが現存するという教えを強調している。そうすることでレオ一世は、ローマ的精神に則りながら、受肉に見られる世界との積極的関わりを尊重し、典礼を重視するという特色を、中世から近代にいたるまでの西欧のキリスト教に対して付与することになった。そしてこれはまさに、ギリシア的遺産とアウグスティヌスの精神とを独自の仕方で変容させるものであったのである。

第二章　ラテン中世における教父神学の遺産

一　中世における古代の三源泉

西ローマ帝国の滅亡から盛期スコラ学の誕生にいたるおよそ七百年間のあいだ、修道院は文化の中心的担い手であり、また古代の学問と教養の伝統を黎明期の西欧へと橋渡しする役割を果たしていた。[*1] かつて教父神学は、ギリシア・ローマ文化の精神風土のうちで聖書の使信にもとづいて形成されたが、いまや修道院が、その教父時代の神学と霊性との継承者を自認することになる。それゆえ、修道院思想、そしてまた初期中世全般の思想的源泉を教父思想のうちに求めるとするならば、その系譜は自ずから三本の支脈へと枝分かれすることになる。その第一の源泉であり、それとともに中世、特に修道院の思想の中心的な主題となったのは聖書である。[*2] しかも十二世紀のスコラ学の時代にいたるまでは、神学といえばもっぱら聖書解釈、すなわち「聖なる書物の教授」(doctrina sacrae paginae)、「聖書の理解」(intelligentia Scripturarum) のことと理解され、また実際にもそのように行われていたほどである。そして修道院の著作家たちは、聖書註解を中心とした教父たちの著作のうちに聖書解釈のための指導的方向を求めた。それゆえこれらの教父の著作が、修道院思想の第二番目にして最も広大な源泉である。第三には、異教的古代の著作群が古代後期の教父神学の伝統とともに、またそれと相重なるかたちで中世文化のうちに流れ込んでいるという事情がある。[*3] これらの著作群は、批判的に距離を取ろうとする幾多の試みにもかかわらず、中世文化のうちに広く受容されていた。そしてアイルランド・ルネサンスからカロリング・ルネサンスを経て十二世紀ルネサンスまで繰り返し現れた古代精神の復興も、学問の完成度と言語表現の豊かさという点ではるかに優れた古典古代の源泉が、新たに掘り起こされ、すすんで受容されたところから生じたのである。

本論では、中世、それも特に修道制の発展過程において、教父思想が受容・継承された際の基本的要素とその発展段階を素描することにしたい。

二　教父受容の基本的傾向

(一)　後期教父神学の特徴

四・五世紀における教父神学の創造力に溢れた営為から発し、それ以降数世紀に及ぶ修道院文化への移行は、西ローマ帝国の政治的・社会的崩壊の時代と重なり、その強力な影響のもとに成し遂げられた。それにもかかわらず、その移行は断絶や変革というものではなく、後期教父思想自体の基本路線に沿うものでもあった。教義の形成にあたっては、四・五世紀の四大公会議が、争点となったキリスト論と三位一体論に対して以降一千年間以上も公認される結論を与えた。こうしてギリシアおよび東方における教父思想の精神的活力は豊かな実りをもたらしたが、それはラテン的思想、特にアウグスティヌス（三五四―四三〇年）の思弁のうちに結実し、さらなる発展を見た。これに続く時代では、神学的思想は、このような豊かな遺産を霊的生活または司牧活動に有益なかたちで要約・集大成することに向かった。[*4] また古代末期のラテン西方においてギリシア語の知識が衰退したことにともなって、ギリシア教父の膨大な著作がラテン語に翻訳され、これが中世の教父思想の形成に大いに貢献することになったのである。ラテン教父のなかでは、アウグスティヌスはすでにその存命中から桀出した権威と認められていたため、ルスペのフルゲンティウス[*5]（四六二／六七頃―五三二年頃）やクラウディアヌス・マメルトゥス（四七四年頃歿）といったローマ末期の人々は、アウグスティヌスの思想に魅了され、彼の著作から霊的教化や信仰生活への導きに役立つものを抜粋し編集した。それゆえ、修道制の伝統全般の形成にとって重要な意義を担った教父の文章の「詞華集」（florilegium）は、すでに五世紀にその発端を求めることができる。これにはたとえば、アクイタニアのプロスペル（三九〇頃―四五五年以降）の編纂による、教義を中心としたアウグスティヌスの四百ほどの簡単な抜粋がある。さらに古代末期には、セビリャのイシドルス（五六〇頃―六三六年）が、『命題集三巻』において、プロスペルよりも体系的に、彼の同時代の教義的知識（第一巻）と道徳的知識（第二巻、第三巻）を、アウグスティヌスおよび大教皇グレゴリウス（在位五九〇―六〇四年）からの引用句集というかたちで集約した。彼の著作は、のちのサラゴサのサムエル・タイウス（六〇〇頃―六八三年以前）の著作と並んで、神学上の「命題集」[*6]という形態の典型をなすものである。この命題集は、十二世紀のムランのロベルトゥス（一一〇〇頃―六七年）やラン学派において大発展を閲し、ついにはペトルス・ロンバルドゥス（一〇九五／一一〇〇―六〇年）の『命題集』が流布することで、盛期スコラ学にとって「大全」（Summa）につぐ基本的形態になった。

古代の世俗的知識に関しては、イシドルスの二〇巻からなる『語源』が中世における無尽蔵の源泉であった。[*7]とりわけ中世の百科全書家たちはこれを典拠とし、ボーヴェのウィンケンティウス（一一九〇頃―一二六四年）もまた『大きな鏡』（十三世紀中葉）ではこれに依拠しているほどである。しかもイシドルスの『語源』は、言語的知識を元にして、事実的・実用的知識に関してすでに採取されていた資料を中世へと伝承するだけにはとどまらなかった。最初の三巻で古代の学問区分を導入し、三学（trivium）と四科（quadrivium）の内容をまとめることによって、『語源』は初期中世に、世俗的学問研究、特に自由学芸の研究[*8]の気風を刻印したのである。この動向にはマルティアヌス・カペラ（五世紀）の『文献学《フィロロギア》とメルクリウスの結婚』と、影響力で劣るとはいえ、カッシオドルス（四八五頃―五八〇／八二年）の『聖俗文献綱要』が貢献している。神学的教説と世俗的な一般教養の集約としてはさらに、来るべき時代にプラトン＝アリストテレス哲学の翻訳および体系的註解を提供しようという、ボエティウス（四八〇頃―五二四年頃）の試みを挙げることができる。その際に中世初期には、ボエティウスによるアリストテレスの『カテゴリー論』と『命題論』、さらにはポルフュリオス（二三四頃―三〇五年頃）の『エイサゴーゲー』の翻訳と註解のみが知られるにとどまったが、これらの論理学的な基礎知識は、アリストテレスの著作全体が知られるようになった十二世紀の半ばまでは、哲学教育の基礎を提供することになった。しかもそれだけではなく、この論理学の知識は、十一世紀から十二世紀への変わり目に起きた普遍論争においては、思惟と実在を両者の差異と一致の構造に関して哲学的に反省する機縁を与えることともなったのである。

教父時代末期に成立した以上の諸著作は、中世の教養の重要な源泉となったばかりではない。ここからはのちに多種多様な諸分科や文献群が発達したところから見ても、これらは修道院の諸世紀にとっても礎石となるものであった。もちろん、ゲルマン民族が西ローマ帝国の心臓部を蹂躙したことによって、文化の荒廃や質の低下が生じたうえに、少なくとも一時的には古典古代の無数の著作が散逸し、一般的教養の水準が後退したという事実を見逃すことはできない。しかしこうした政治による断絶にもかかわらず、神学的文献のみならず世俗的文献という点に関しても、修道院の文化は、細心の配慮をもって、教父時代との連続性を保っていた。古典教育は、キリスト教神学の教育に含まれながら、またそれと並存するかたちで、北方からのたび重なる異民族の侵入にもかかわらず、ガリア南部では七世紀後半まで存続した。また他方イタリアでは、古代の教養はカロリング期にいたるまで、学校組織を基盤としない非組織的なかたちで受け継がれていった。[※9] しかし五世紀に西洋の修道院が創設されたとき、特に六世紀前半のベネディクト会による修道院生活の設立とともに、文化の新たな担い手はすでに形成されていたと言える。この担い手は、ローマ的精神、エジプト的共住修道制の伝統、そしてギリシア・ラテンの教父神学に育まれながら、自らキリスト教的教養の薫陶の場となり、さらに古代と中世の文化の掛け橋ともなったのである。

(二)『聖ベネディクトゥス修道規則』による霊的読書

中世初期の西洋の修道院において、特に九世紀以来、『聖ベネディクトゥス修道規則』は、その時々の混合形態において徐々に一般に取り入れられるようになった。この規則は「慣習規定」[*10]（Consuetudines）において細目にわたって具体化され、またそれが状況に応じて用いられた。さらに影響力の点ではクリュニーとシトー会のものに代表される再度の修道院改革の渦中で、その規則の厳守がたびたび促された。『聖ベネディクトゥス修道規則』は、カッシオドルスが彼の修道院学校ウィウァリウムのために『聖俗文献綱要』という研究計画を記したのと異なり、なんら研究計画を意図したものではなかった。その規則は、古典研究にも言及せず、また修道院が全体としては「主の奉仕のための学校」[*11]（dominici schola servitii）と規定されるとはいえ、修道院学校についても記述していない。しかしこの規則では、そのためにも学校教育が必要とされるはずの読み書きを、修道者がすでに身につけているということが前提になっていた。[*12]さらにそこでは、修道院付属図書室の成立も前提とされている（規則の中では「典籍」[bibliotheca] という表現は聖書にのみ限定されているとも考えられる）[*13]。なぜならば、修道者には、「霊的読書」（lectio divina）すなわち教父の書物の熟読翫味が義務づけられているからである。[*14]霊的読書の目的と範囲は、全面的に修道者の霊的生活の深化にあり、それによる神学的教育の理念は西洋修道院のうちに本質的要素として組み入れられることになった。なるほどこの教養の理念は、アウグスティヌスの『キリスト教の教え』の教育計画やカッシオドルスによるその応用に従ってはいたが、それでも世俗的知識の素養を拒否するものではなかった。これに続く数世紀のあいだに見られる、聖職者の教養水準の向上[*15]や、神学的文献の発展と充実は、少なくとも十一世紀の初期スコラ学の時代までは、ベネディクト会の読書教育の以上のような制度化を原動力としているのである。

(三) 学校制度

修道院の教育熱から、アイルランドの修道院においては修道院学校[*16]が成立した。これは当初修道志願者のためのものではあったが、他の子弟の通学をも許していた。カロリング朝になると、アニアーヌのベネディクトゥス（七五〇頃―八二一年）の影響のもとで八一七年に作成されたアーヘンの「規定」(Capitulare) によれば、修道院は「院外学校」をもつことを禁じられていたにもかかわらず、「院内学校」と並んで、貴族の子弟やその周辺の人々のための「院外学校」が一般化していた。[*17]こうした二種類の修道院学校のほかに、すでに古代末期のガリアでは、小教区学校が、読み書きや教会歌唱の初等教育の任に当たっていた。またさらに司教座聖堂付属学校は、聖職者の養成を課題として、かなりの水準に達していた。そのうえすでに六世紀以来成立していた宮廷学校はカロリング朝に最盛期を迎え、包括的な教育改革の出発点になった。修道院学校は、教育と教授を通じて教父思想の継承を行っていたが、早くも十世紀のクリュニー改革のときから、修道者たちは教授の役割を教区司祭の手に委ねるようになり、十二世紀半ばには観想生活の刷新と深化のため教育活動から遠ざかるようになった結果、院外学校は衰退していったのである。しかしそれと並行して、都市の勃興にともなって内容的にも数量的にも成長してきた司教座聖堂付属学校が、学校制度のみならず学問全体に関しての指導的地位を担うことになった。そこでグレゴリウス七世（在位一〇七三―八五年）は、司教座聖堂付属学校を奨励する旨の教令を一〇七九年に布告し、すでに普及していたこの学校制度を支持した。[*18] この発展過程の中では、十二世紀の「学校」（schola）といえば、まずこうした司教座聖堂付属学校と都市の学校とを意味したのである。[*19]

司教座聖堂付属学校にとっては、修道院学校の教授内容《カリキュラム》が数世紀にわたって模範となった。その教授計画に従えば、生徒は始めラテン語の読み書きを教授され、その際には語義や「語尾変化（動詞の変化をも含む）」（declinatio）や文法規則が、具体的な文章の逐語的分析によって説明されていた。[*20] このような註解と語彙註釈の方法は、文法的なことから内容的なものへ力点が移行するという違いはあるにしても、聖書全体のより高度の研究にまで一貫していたのである。そしてこの方法は、十二世紀にラン学派において成立した聖書の『標準的註解』（Glossa ordinaria）にいたって完成をみる。メロヴィング朝では、「詩編」の文章の分析を通してラテン語の基礎知識の習得がなされた。さらにラテン語の知識に対する需要が増したことから、カロリング朝においてはアルクィヌス（七三〇頃―八〇四年）などによる完成度の高いラテン語教科書が用いられるようになるとともに、修道院学校の初等教育の教材に古典古代の著作が採用されたため、それらの著作は、初学者の若い修道者の記憶に深く刻まれるようになった。カロリング朝の図書目録から明らかなように、修道院の図書室には、学校教育を終えた修道者のために教父の神学的著作が所蔵され、一方、修道院学校の図書室には、修学中の修道者のために世俗的な古典的著作が用意されていたのである。[*21]

修道院学校では、ラテン語文法の基礎教育の修了後は、三学、また比較的重要度は低かったとはいえ、四科（聖書研究に役立つ限りは、博物学も含まれる）を通じて指導を行った。修道院学校の教育はこの段階からより高度の学問、特に神学にまでいたるのだが、そこでは教父による註解を手引きとしての聖書解釈が中心になっていた。世俗的な古代の著作と学問のそれ以上の研究は個々人の関心に任せられていた。しかしそれに過度に没頭することが再三再四戒められているところから見ると、これらの著作にはかなりの関心が集まったようである。すでに大教皇グレゴリウス、そして修道院全体の伝統が彼の権威を借りて要求していたように、神学研究は霊的読書へと向かい、それによって神との観想的な一致に奉仕すべきとされていた。そのため、修道院神学とそこでの教父受容においては、ギリシア・ラテン教父の思弁的な著作は背景に退き、それらはほんのわずかが知られるのみとなり、ギリシア神学の主要部分にいたってはまったく知られていなかったのに対して、聖書註解や道徳的・修徳的著作群は相当に重視されていた。このような教父の一面的伝承と受容は、すでに古代末期にその根をもつ。ここからたとえば、アウグスティヌスの『詩編註解』のほうが彼の教義学的著作より広く読まれた理由が、また教父神学の詞華集のなかでは大教皇グレゴリウスの修徳的・神秘的遺産がアウグスティヌスの著作群についで多いことの理由が理解できるのである。[*22]霊的完成度の高いオリゲネス（一八五頃―二五四年頃）の聖書註解、特にその『雅歌註解』[*23]、さらにヒエロニュムス（三四七―四一九／二〇年）の修徳的著作やカッシアヌス（三六〇頃―四三〇／三五年頃）の『霊的対話集』が長らく読み継がれていたということは、観想的著作に対する修道者たちの要求を反映している。そのうえ聖書研究、ならびに典礼の意味と起源に関する興味は、歴史的関心をも涵養し[*24]、そのため三学を「歴史」（historia）に結びつけて考えることになった[*25]。

文献的関心と歴史的関心が共鳴したことにもとづいて、中世全体を通じて修道院では、聖人伝の叙述や、修道院の歴史をめぐっての編年史ないしは年代記から始まって、神学的にも重要な盛期中世の世界年代記[*26]にいたるまでの、豊かな歴史記述が展開される[*27]。これらの歴史記述は、一方でリウィウス（前六四／五九—後一二／一七年）やサルスティウス（前八六頃—前三四年）から取られた古代の世俗的な歴史知識を無批判に受け容れており、また他方ではオロシウス（四一八年以降歿）の世界史の四領域の図式に補強されながら、アウグスティヌスの救済史的・聖書的な図式のうちを動いている。そうすることで歴史記述は、古典古代の他の学問領域では容易に達することのできなかったような、世俗的知識と聖書的知識、世俗的過去とキリスト教的現在との神学的綜合を可能にしたのである。その際、世俗的な著作に対しては、たとえば「著者への手引き[*28]」（accessus ad autores）という、世俗的古典的著者——古典ラテン語ゆえに多く読まれたオウィディウス（前四三—後一七年）やホラティウス（前六五—前八年）など——への文学史的入門という装いのもとで、それらのもつ異教的・世俗的性格を弱め、それらを道徳的に解釈するという努力が払われた。しかし修道院文化の全体は、根本資料や強調点の置きどころにかなり一貫したものをもちながらも、始めから完成したものではなく、これから見るように、さまざまな変化を被りながらその歴史的発展の過程を辿るのである。

三　教父および古典古代の文献受容の歴史的諸段階

(一) アイルランドの修道院

ヨーロッパ大陸では七世紀に精神的荒廃が起こっていたのに対して、同じ頃のアイルランド修道院では、クロナルド、モヴィル、ケルズ、ドゥローなどに見られるように、コルンバヌス(五四三頃―六一五年)や『聖ベネディクトゥス修道規則』のもとに、活潑な文化的活動が行われた。七・八世紀の多くの聖書註解は、[*29] ギリシア語の初歩的教養の一部とヘブライ語のいくつかの単語についての知識から窺えるように、聖書の字義通りの意味の解明に努めていた。それに対して九世紀以降の聖書釈義は特にアウグスティヌスと大教皇グレゴリウスを拠りどころとしたベーダ(六七三/七四―七三五年)が影響を及ぼしたために、聖書の霊的意味が優先されるようになった。この霊的意味はさらに、比喩的(道徳的)意味、寓意的(キリストや教会を表す予型論的)意味、神秘的または終末論的意味へと分かれる。[*30] アイルランドの神学者によって引用された教父の著述家のなかでは、ヒエロニュムス、アウグスティヌス、大教皇グレゴリウスが群を抜いており、キリスト教以前の作家ではウェルギリウス(前七〇―前一九年)が特別視されていた。[*31]

(二) 初期アングロ・サクソンの修道院

七世紀末以降は、精神的指導権は、状況に応じて多少の変更を加えた『聖ベネディクトゥス修道規則』に従う[*32]イングランドの修道院に移りつつあった。[*33]カンタベリー、マムズベリー、ヨーク、ジャロウ、リンディスファーンの学校では、写字処の活動を通じて立派な図書室が形成された。ヨーク[*34]とカンタベリー[*35]では神学と並んで、ローマ法、詩学、算術、そして天文学がそれ相応の古典的文献を使って教育された。図書室にはウェルギリウス、ルカヌス（三九―六五年）、ユウェナリス（六〇頃―一四〇年頃）、ユウェンクス（三三〇年頃活動）や古代末期の文法学者の著作が常備されていた。ここにはさらに、多数の聖人伝と、ルフィヌス（三四五頃―四一〇／一一年）などによるギリシア文献のラテン語訳を含む教父の基本的著作が加わる。イングランドの学問的成果は八世紀のベーダを白眉としたが、彼の執筆活動は、三学や四科のための著作から始まって数多くの聖書註解、さらに有名な『イングランド国民の教会史』にいたるまで、当時の知的分野すべてに及んでいる。[*36]彼の著作は、原典批判を含めて明確な判断力を具えたほぼ非の打ちどころのないラテン語で記されるとともに、セビリャのイシドルスを始めとしてナジアンゾスのグレゴリオス（三二五／三〇―九〇年頃）のようなギリシア教父をも含めておよそ百人の著作家の二百の書物からの引用によって内容的に充実したものとなっている。それゆえ彼に続く世代は、彼を「最後の教父」と呼び、アウグスティヌスや大教皇グレゴリウスに匹敵する権威とみなしたのである。[*37]このような評価のために、教父の文章を周到に配列しながら註釈を加えた彼の著作は、十二世紀にいたるまで教父の文章の解釈と普及に際して主要な役割を果たし続けた。

(三) カロリング・ルネサンス

七世紀にはヨーロッパ大陸での教父と古典的文献の旺盛な継承は下火になったが、その後までアイルランドの伝道師、続いて文法学者ボニファティウス（六七二／七五―七五四年）などのイングランドの修道者たちが神学研究と古典研究を再びヨーロッパ大陸に持ち来たした。[38] カロリング・ルネサンスの産みの親の一人であるアルクイヌスなどは、ヨークで教育を受けている。そうして八世紀半ばから九世紀半ばまでの一世紀のあいだに、大陸での修道院文化は盤石の体制を固め、はじめて王家の奨励と庇護を受けたため、十二世紀にいたるまでヨーロッパの精神的伝統の基盤となる整備された教育制度を築き上げることができたのである。

カール大帝（在位七六八―八一四年）は、平信徒に対しても開かれた宮廷学校[39]を積極的に促進し、また約五十の主要な修道院学校や司教座聖堂付属学校では積極的な相互交流が行われていたこともあり、[40] これらの場所では、ラテン語の洗練化とも相俟って、書物刊行量が増大するとともに教養水準も向上した。カロリング時代に公にされた書物のうち現在にまで伝えられているものは約六千点[41]に及ぶが、これでも実際に当時刊行されたものの概算五パーセントにすぎないのである。

当時の教育区分は、カッシオドルスの学問論に従って、教父の著作にもとづく神学・聖書研究と、たいていは古典古代の著作を利用した世俗的研究――主に三学と四科――とに分かれていた。古典的著作家は、キリストの知恵にいたる予備的段階として学習計画に組み入れられていたとはいうものの、実際のところそれらは独自の関心の対象となっていた。しかもカール大帝の教育改革[42]はエリートの養成に向けられていたわけではなく、むしろ社会一般の信者の読み書き、「ローマ的速記法」（nota）、「計算」（computus）や歌や信仰の基礎的教養といった初歩的能力の広範な普及を目標としていたように、その教育改革は神学と古典古代研究という区別以前のところで行われていた。文書による伝承に依存している文化や宗教を確立するには、聖書研究と典礼のために、言語的に――つまり文法的・正書法的に――正確で模範的な基礎文献を作ることが必要であった。聖書の文章はテオドゥルフス（七六〇頃―八二一年）やとりわけアルクイヌス[*43]によって再度の校訂を受け、九世紀にはこれらにさらに四つの校訂が加わった。これらの校訂によって「古ラテン語」版（Vetus Latina; Vetus Itala）が言語的貧弱さゆえに数世紀前から徐々に顧みられなくなり、九世紀には完全に使われなくなったのちに、あらためて「ウルガタ訳聖書」の正確な本文が原典批判を通して再現されることになった。

学問活動においては、「文法学」がラテン語の読み書きの確実な知識の習得として、また神学を含めたあらゆる研究への通路として評価された。そのため文法学は、十二世紀のサン＝ヴィクトルのフーゴー（一〇九六頃―一一四一年）の影響多大だった『ディダスカリコン（学習論）――読解の研究について』のうちで規定されるような、基礎的かつ予備的な位置にはとどまらず、もちろん神学に従属するかたちではあるが、それ自身中心的な地位を占めることになった[*44]。文法学の学習者は、註釈書がふんだんに書かれたドナトゥス（四世紀中頃）やプリスキアヌス（六世紀初頭）や、内容的にも教授法として整った同時代の書物に取り組んだ。こうして古典古代の知識は普及し、それとともに多くの古典の文献が知られるようになった。ラテン神学の伝統に関しては、アンブロシウス（三三九頃―三九七年）、ヒエロニュムス、そして何よりもアウグスティヌスと大教皇グレゴリウスという四大教父と、セビリャのイシドルスとベーダが支配的であった。さらに図書目録には、ギリシア・東方の三十人ばかりの著者名が記載され、そのなかでもオリゲネス、アタナシオス（二九五頃―三七三年）、バシレイオス（三三〇頃―三七九年）、ナジアンゾスのグレゴリオスが別格であった。これらの文献のうち、あるものは古代末期に作られたラテン語訳がすでに存在し、またあるものは、ディオニュシオス・アレオパギテス（五〇〇年頃）の著作のように、カール禿頭王（在位八四三―八七七年）の庇護のもとにラテン語へと翻訳された。[*45]

このようにして教養の基礎文献が確定していくことによって、のちの全ヨーロッパにおける研究に対して数世紀にわたる統一的性格を与えるような重要な成果が生じた。[*46]この時代の学問は――ヨハネス・エリウゲナ（八〇一／二五―八七七年以降）のような例外もあるが――ほとんど古代の文献の受容に終始していた。権威による証明が重要な役割を果たしていたこともあり、また著者同士の齟齬を調停する必要からも、著者の格づけと優先順位とを明確にする必要があった。著者の重要性を判断するための基準について一般的な合意――正式な認定ではないにせよ――が成り立つことによって、そのような目的を達することができたのである。このような基準の一例として、修道士アイメリクスが一〇八六年の『読書法』にまとめた一覧表が挙げられる。[*47]これはけっして遺漏のないものではないが、典型的なものであり、後期カロリング時代の基準を示すものである。そこではキリスト教徒と異教の著者が区別され、上位のものから順に配列されている。

(A)　キリスト教の著者

一、聖書正典とミサ奉献文。

二、アンブロシウス、ヒエロニュムス、アウグスティヌス、グレゴリウスなどの大教父と「結婚の祝福文」(benedictio coniugum)。

三、ベーダ、セドゥリウス（五世紀前半活動）、プルデンティウス（三四八―四〇五年以降）、アラトル（五〇〇以前―五五〇年頃）、そして「復活祭の蠟燭の祝別文」(benedictio cerei)。

四、殉教録、聖人伝、オリゲネス。

(B)　異教の著者

一、七自由学芸、テレンティウス（前一九五頃―一五九年）、ウェルギリウス、ホラティウス、オウィディウス、サルスティウス、ルカヌス、スタティウス（四五頃―九六年）、ユウェナリス、ペルシウス（三四―六二年）。

二、プラウトゥス（前二五〇頃―一八四年）、エンニウス（前二三九―一六九年）、キケロ（前一〇六―四三年）、ウァロ（前一一六―二七年）、ボエティウス、ドナトゥス、プリスキアヌス、セルギウス（五一五年頃活動）、プラトンの『ティマイオス』（カルキディウス〔四〇〇年頃活動〕の翻訳による）。

三、カトー（三世紀）、ホメロス（ラテン語訳『イーリアス』）、マクシミアヌス（六世紀中葉）、アウィアヌス（四〇〇年頃）、アイソポス（前六世紀）。（つまりラテン語の基礎教育のための著者群）。

カロリング朝の学問的活動は、これらの膨大な教養の遺産を受容することによって生じる課題から出発した。古典古代の著者に関しては、たとえばオウィディウスの場合のように、[*48] 道徳的・

寓意的解釈や語義と事象の解説とが必要とされたが、それらは行間に書かれる註釈というかたちで行われた。古典古代の著者に対する態度は常に賞讃と拒絶に分裂していた。そこで、テレンティウスのような道徳的でないとみなされる著作家の代わりに、ジャンルと文体に関してはそこから着想を汲みながらも、キリスト教的喜劇を創作しようとするガンダースハイムのロスヴィータ（九三五頃―一〇〇〇年以降）の試みは、後継者も見出せず、成功も収められなかった。またキリスト教の文献、特に聖書の諸書も説明を要した。そのためカロリング朝にはおよそ二四〇点の聖書註解書が存在する。[*49] アニアーヌのベネディクトゥスによって支持された『聖ベネディクトゥス修道規則』は、修道院に義務づけられ、校訂がなされるとともにはじめてその註解書が著された。[*50] 聖書解釈の手引きとしては教父のテクストが利用されたが、これらはあまりに包括的であるばかりか、部分的にはあまりに難解でもあったため、かならずしも聖書釈義や説教、司牧活動や霊的読書に直接役立てることはできなかった。このような難解さゆえに、方法的にはギリシアの「聖書解釈集《カテーナ》」に類似している詞華集が多数現れることになった。[*51] これらの詞華集は教父の文章の無差別な寄せ集めではなく、特定の観点のもとに集約されたものであったため、このなかには萌芽的にではあるが、すでに創造的な神学思想――選別を行い、基本線を際立たせ、矛盾を解決する試みを含み、それによって体系的問題設定への道を拓くような神学思想――が芽生えつつあった。これら詞華集は二つに大別される。一つは修徳的・教化的目的、特に霊的読書に役立つものであり、これが修道院で作成された文献の多数を占める。この場合、それに引用される教父の文章には、編者の霊的な感情を吐露する文章が割って入る。もう一つは、主に都市学校に由来するものがそうであったように、体系的区分が明瞭に見て取れ、一つの命題の証明のために権威ある著者たちの文章が集められているものである。ここでは、たとえばアウグスティヌスの文章などを手掛かりとして、聖体論や救済予定説といった神学的問題が、詞華集という形式のうちで体系的に論じられ、さまざまな解答が与えられた。この種の詞華集が狭義の修道院神学の教化的目標設定を踏み越えていくことによって、ここにスコラ神学の端緒が開かれたのである。批判的に類別し、組織化された全体性を目指すような思惟の営みは、三学のなかで文法についで第二の位置を占める弁証論の研究によって促された。その一方では、八世紀以来飛躍的に注目されるようになった古典的詩人やキリスト教的詩人への没頭、また韻律法の研究を元にして詩を創作するという傾向は、修道院の観想的思考形態と結びついている。[*52] この時代のラテン語による広範なキリスト教的詩作と並んで、九世紀には、タティアノス（二六五年以降頃活動）の『四福音書和合《ディアテッサロン》』にもとづく『救世主《ヘーリアント》』のような、俗語による最初の詩作が現れたが、これもまた修道院の教父神学受容の成果と言えるものである。[*53]

(四) アングロ・サクソンの修道院改革

古典古代のより多くの著者がますます知られるようになりながらも、カロリング朝の精神的文化は十一世紀の初頭までほぼ確固不動の地歩を保っていた。イタリアはアイルランド同様に、この文化の間接的な影響下にあるのみで、九世紀になっても北方にあったような主要な修道院学校はほとんど見られず、古典的・キリスト教的文化は小規模なサークルによって継承されていた。[*54]

しかしアイルランドから研修旅行に出た人々は、ヨーロッパ中を踏破し、特にイタリアからは古典的著作の知識を得ようとした。イングランドでは、十世紀の半ばから十一世紀初頭にかけてのアングロ・サクソン修道院改革が、新たな精神的開花をもたらすまでになっていた。[*55] 精神的自立性と生産性が、修道院文化のこの新たな段階を特徴づけている。ほぼ一千点に及ぶ現存の写本[*56]のうちには、古典古代の著作が比較的少ないのに対して、ラテン語から古英語への入念な翻訳が多数含まれている。[*57] その翻訳のうちには『聖ベネディクトゥス修道規則』もあり、ここには古英語を言語的に標準化しようという試みが窺える。また修道者たちによる古英語による詩作品は、一部より早い時代に遡るものもあるが、大半はこの時代に成立したものであり、このことは修道院が土着文化に定着したことを確証するものとなっている。

(五)　十一世紀初頭における新たな動き

九世紀末から準備されていた大陸での経済的・社会的変革は、十一世紀に入って顕著なかたちで現れ、精神的状況に影響を及ぼすようになった。農業技術の発展、都市の成立、専門化した手工業と商業の拡大、社会的変動の高まり、教区司祭や平信徒の役割の急速な拡大という事情が相俟って、法学、医学や技術といった世俗的学問の分野でも高度な専門知識が求められ、それに加えて、精神的伝統の批判的識別や発展的形成が要求されるようになってきた。神学的領域での発展は、教会文化が徐々に、狭義の修道院文化と、緒に着いたばかりのスコラ学へと分離するというかたちで行われた。九世紀から十三世紀初頭にかけて、真の意味での修道院神学の著者は、数量的には前スコラ学および初期スコラ学の著者を凌駕することほぼ三倍に及んでいる。[*58] しかも十一世紀の司教座聖堂参事会の改革はしばしば修道院的思考様式・生活様式への接近を促した。しかしその間に諸都市の司教座聖堂付属学校もその重要さを増し、質・量ともに充実することで、スコラ学の流れがいっそう際立ってきたのである。ボエティウスによるアリストテレスの翻訳・註解によって論理的知識が獲得され、[*59] そのために、いまだ未熟なかたちではあるが、十一世紀の弁証家の活動のうちに、権威ある伝統に対抗して論証的思考力を解放する試みが見られるようになった。この試みはまた、修道院神学の側から反弁証論というかたちでの反動を招き、[*60] 哲学的・神学的活動の内的分裂を明らかにしたのである。

(六) 十二世紀ルネサンス

十一世紀に現れた新たな発展の萌芽は、十二世紀にいたって、傑出した修道院神学の神秘思想のうちに、また普遍論争、さらにはシャルトル学派の自然哲学やサン＝ヴィクトル学派の学問論や観想理論のうちに豊潤な実を結んだ。教父や古典古代の著作[*61]を新たに取り上げることによって、教養に必要な文献についてのカロリング朝の基準文献表を拡充し、その力点を移す試みがなされた。その際、都市学校において現れるスコラ学的な知識欲がますます学問的活動のあり方を規定するようになった。たとえばボエティウスは、修道院の風潮の中では、特に彼の『哲学の慰め』とその神学的諸著作ゆえに名声を博していたが、その一方では彼の古代論理学の伝達者としての意義が注目されてもいたのである。同様にして、教父の神学的著作のなかでもアウグスティヌスの聖書註解と並んでその思弁的な哲学的・神学的著作がいっそうの注目を集めるようになった。ただしこれらの著作の読書に際しては、読者が修道院神学とスコラ学のどちらの流れを汲むかによって、その強調点はかなり異なるものになった。たとえばアウグスティヌスの『告白』は、修道院の霊的読書では神との神秘的な関係という観点から受け取られ、スコラ学の視点からはマニ教などに対抗する哲学的議論の集大成として理解された。[*62] また別の例として、旧約の「雅歌」は、修道院の伝統一般を完成にもたらしたクレルヴォーのベルナルドゥス（一〇九〇―一一五三年）によっては、個々人の魂の神への探求として読解され、またスコラ学の著者によっては、キリストと教会の関係についての論考、さらに普遍的な啓示の一般的な理論として解釈されたのである。[*63]

十二世紀におけるこれら二つの方向は、一概に真っ向から対立するものとは言えないが、その担い手や彼らの生活様式、思考の方法や目的、さらに教父神学の受容の仕方などが著しく異なるため、ここでは二つの相互に独立した神学の形態について語ることができるであろう。そしてそれらの相違は、カンタベリーのアンセルムス（一〇三三／三四―一一〇九年）のような卓越した稀有な精神によってのみかろうじて綜合にもたらすことのできるほどのものだったのである。[*64]

十二世紀の修道院神学においては、『聖ベネディクトゥス修道規則』に従う修道院を刷新し、観想中心の霊的生活を目指したシトー会が主流となった。[*65] 児童を修道志願者として受け容れ教育を施していたそれ以前の修道院とは異なり、シトー会は一五歳以上の、古典の教養の基礎学習を終えた志願者のみを迎えた。シトー会は十二世紀中葉以降は院外学校をも放棄したために、シトー会の修道院生活の中では世俗的な古典の研究の制度上の場が失われていたとはいえ、個々の修道者は、基礎学習の段階で、以前の時代に比べれば古典的著作家により親しんでいたと言える。

霊的読書のための文献は、教父時代の神学的・修徳的著作、特にアウグスティヌスとオリゲネスへと集中し、それに対して大教皇グレゴリウスの司牧関係の著作の意義は徐々に低下していった。またギリシア教父が西欧の修道院の理念とその伝統に近いものと理解されたため、世紀の半ば以降はこれらの著者の作品のいくつかがラテン語に翻訳され、精力的に読まれていた。[*66] たとえば十一世紀のある文献には二六人の修道制の創設者のうち、ラテン系の著者が四人しか挙げられていない。[*67] こうして修道院神学は、アントニオス（二五一頃―三五六年）、パコミオス（二九〇頃―三四六年）、マカリオス（三〇〇頃―三九〇年頃）、バシレイオス、エウアグリオス（三四五頃―三九九年）、エフライム（三〇六頃―三七三年）またはヨアンネス・クリュソストモス（三四〇／五〇―四〇七年）の聖書註解のような、ギリシア・東方の優れた精神性に惹かれていったが、またその一方ではスコラ学のほうへと向かった体系的・思弁的神学者たちもまたギリシア的志向を積極的に受容した。

ディオニュシオス・アレオパギテスの著作は、すでに九世紀のヨハネス・エリウゲナの翻訳があったとはいえ、その思弁的性格ゆえに、それまでの修道院神学の中ではほとんど顧みられなかったものだが、[*68] いまやサン゠ヴィクトルのフーゴーがその『天上位階論』についての詳細な註解を著すまでになった。また十二世紀半ば以降は、ダマスコスのヨアンネス（六五〇頃―七五〇年頃）の神学のラテン語訳がスコラ学に対して及ぼした影響も大きかった。[*69] 総じて十二世紀には、四三人のギリシア・東方の著作家が完全なかたちで、あるいは抜粋を通じて知られていたのである。十三世紀のスコラ学では、さらに多くのギリシア教父のテクストが翻訳され、詳細に研究されていたが、そのなかでも特にディオニュシオス・アレオパギテスは、ボナヴェントゥラ（一二一七／二一―七四年）、アルベルトゥス・マグヌス（一一九三／一二〇〇―八〇年）、トマス・アクィナス（一二二四／二五―七四年）による註解を通して受容された。このようなギリシア・東方の教父的伝統の受容は、ラテン神学にとって真の刺激となった。こうしてトマス・アクィナスは、ギリシア教父の思想をより包括的にラテン神学、たとえば三位一体論のうちに導入するために、いくつかのギリシア語の文献のラテン語訳を依頼したのである。[*70] しかし当然のことながら、ラテン教父の伝統は、十二・十三世紀の修道院神学とスコラ神学の両方にとって相変わらず支配的であった。

(七)　黎明期のスコラ学の特徴

比較的均質で伝統に忠実であった修道院神学は、修徳的・神秘的あるいは救済史的・典礼的枠組みのうちで思索を行った。その考え方と語彙の点では教父の権威と密接に結びついており、彼らの文献を文法的・文献学的方法で解釈していた。神学は観想や霊的経験と密着した神認識の助けとなった。[*71] これに対してスコラ神学は、十二世紀の司教座聖堂付属学校、時代が降っては十三世紀のドミニコ会・フランシスコ会および大学、つまり積極的な司牧活動のための教育のうちにその「生活の座」をもっていた。それまで見られなかった知識欲、新約聖書に記されているような「使徒的生活《ウィタ・アポストリカ》」への憧れ、司牧と伝道の情熱といったものが、神学の課題と方法とを新たに規定した。[*72] 大学の教師は、もはや個人的な読書ではなく講義を指す「講読」(lectio)、十二世紀には神学的な真理探究と教育の訓練となっていた「討論」(disputatio)、神学研究において獲得されるものの伝達である「説教」(praedicatio)において、信仰知を公に体現する者でなければならなかった。人間の尊厳や自然の秩序、理性的思索力に対する新たな意識が芽生えたことで、十一世紀の後半以降は古典ラテン語文学の精神的価値が、そして十二世紀後半から十三世紀半ばにかけては古代哲学の新たな意義が発見されるにいたり、神学的「権威」(auctoritas)と並んで哲学的「理性」(ratio)が強く賞揚されるようになった。ここでは神学は、内的に経験可能な知恵への欲求によってというよりも、むしろ言語的に伝達可能で、論証上説得力のある知への意欲によって駆り立てられたのである。それに応じて「論証」(argumentum)、「区分」(distinctio)、「解答」(responsio)、「解決」(solutio)といった言葉が方法上の基礎概念となる。学問的、つまりスコラ学的方法を特徴づけ、一二〇〇年以降の神学的「大全」を生み出したものは、文献の逐語的註釈である「註解」(glossa)ではなく、あるテクストと問題を体系的に取り上げ、弁証論的方法を通じて解決に導くような「問題」[*73](quaestio)なのである。すでに十二世紀には、『標準的註解』や『グラティアヌス教令集』やペトルス・ロンバルドゥスの『命題集』が、包括的で概括に簡便な手引き書の需要に応えていた。また十二・十三世紀の浩瀚な百科全書は、内容的には若干保守的で、教父や古典文献の利用の仕方の点では修道院の伝統に近かったとはいえ、分析的で利用可能な知識への要求を証すものとなっている。[*74] スコラ学の思考方法は、十二世紀の後半以降、アリストテレスの自然学・形而上学・倫理学の目覚ましいまでの受容を可能にしたが、これが十三世紀の前半を運命づけることになるのである。しかし一方で、個々の字句や問題に拘泥するスコラ学の分析的方法は、十三世紀に教父の原典研究が背景へと退く原因の一つとなった。そのため教父の教育的・人間的価値そしてその神学的価値が新たに獲得されるには、イタリアおよびドイツのルネサンスにおけるキリスト教的人文主義、たとえばロッテルダムのエラスムス（一四六六／六九―一五三六年）を俟たなくてはならなかったのである。[*75]

註

*1――M. A. Galino, *Historia de la educación. Edades antigua y media*, 2a ed. Madrid 1973, c. 27: El monje, educador de Europa, pp. 421-436. 本論では主に次の文献を参照した。M. Grabmann, *Die Geschichte der scholastischen Methode*, 2 Bde., Freiburg 1909-1911; R. R. Bolgar, *The Classical Heritage and its Beneficiaries*, Cambridge 1954; J. Leclercq, *Initiation aux auteurs monastiques du moyen âge*, 2e éd. Paris 1957〔J・ルクレール『修道院文化入門――学問への愛と神への希求』神崎忠昭・矢内義顕訳、知泉書館、二〇〇四年〕; M. L. W. Laistner, *Thought and Letters in Western Europe, A. D. 500 to 900*, (1931), new ed. London 1957; *Il Passagio dall'antichità al medioevo in occidente*, Spoleto 1962; A. Zimmermann (Hg.), *Antiqui und Moderni. Traditionsbewußtsein und Fortschrittsbewußtsein im späten Mittelalter*, (Miscellanea Mediaevalia, 9), Berlin/New York 1974; W. Treadgold (ed.), *Renaissances before the Renaissance. Cultural Revivals of Late Antiquity and the Middle Ages*, Stanford 1984; A. S. Bernardo and S. Levin, *The Classics in the Middle Ages*, New York 1990.

*2――C. Spicq, *Esquisse d'une histoire de l'exégèse latine au Moyen Age*, Paris 1944; B. Smalley, *The Study of* *the Bible in the Middle Ages*, 2nd ed. Oxford 1952; R. E. McNally, *The Bible in the Early Middle Ages*, Westminster, Maryland 1959; H. de Lubac, *Exégèse medievale*, 2 vols. in 4, Paris 1959-1964; *La Bibbia nell'Alto Medioevo*, Spoleto 1963; W. H. Lampe (ed.), *The Cambridge History of the Bible*, II: *The West from the Fathers to the Reformation*, Cambridge 1969; P. Riche et G. Lobrichon, *Le Moyen Age et la Bible* (*Bible de tous les temps*, 4), Paris 1984; K. Walsh and D. Wood (eds.), *The Bible in the Medieval World*, Oxford 1985.

*3——B. M. Olsen, *L'Étude des auteurs classiques latins aux XI*^{e} *et XII*^{e} *siècles*, 3 vols. in 4, Paris 1982-1989.

*4——H.-I. Marrou, *St. Augustin et l'augustinisme*, Paris 1955, pp. 149-161; E. B. King and J. T. Schaefer, *Saint Augustine and his Influence in the Middle Ages*, Sewanee 1988.

*5——"Augustinus abbreviatus": J.-J. Diesner, *Fulgentius von Ruspe als Theologe und Kirchenpolitiker*, Stuttgart 1966, S. 30.

*6——M. Grabmann, *op. cit.*, I, S. 143-147.〔M・グラープマン『スコラ学の方法と歴史（上）——教父時代から12世紀初めまで』保井亮人訳、知泉書館、二〇二一年〕

*7——B. Bischoff, Die europäische Verbreitung der Werke Isidors von Sevilla, in: *Isidoriana*, León 1961, S. 317-344; J. Fontaine, *Isidore de Seville et la culture classique dans l'Espagne wisigothique*, 3 vols., Paris 1983.

*8——J. Koch (Hg.), *Artes Liberales. Von der antiken Bildung zur Wissenschaft des Mittelalters*, Leiden/Köln 1976: D. L. Wagner (ed.), *The Seven Liberal Arts in the Middle Ages*, Bloomington 1983.

*9——P. Riché, *Écoles et enseignement dans le Haut Moyen Age. Fin du V*^{e} *siècle - milieu du XI*^{e} *siècle*, (1979), Paris 1989, pp. 14-25.〔P・リシェ『ヨーロッパ成立期の学校教育と教養』岩村清太訳、知泉書館、二〇〇二年〕

*10——K. Hallinger (ed.), *Corpus Consuetudinum Monasticarum*, Siegburg 1963-1985.

＊11——Benedictus, *Regula*, prologus, 45.〔ベネディクトゥス『戒律』古田暁訳、上智大学中世思想研究所編訳／監修『中世思想原典集成』五「後期ラテン教父」、平凡社、一九九三年、所収〕

＊12——*Ibid*. c. 9, 5; c. 55, 19.〔『戒律』〕

＊13——J. Leclercq, *op. cit*., pp. 19s.

＊14——Benedictus, *op. cit*., c. 42; c. 48, 5; c. 73, 2-5.〔『戒律』〕

＊15——Hrabanus Maurus, *De institutione clericorum*〔ラバヌス・マウルス『聖職者の教育について』鈴木宣明訳、『中世思想原典集成』六「カロリング・ルネサンス」、一九九二年、所収〕; Fr. Brunhölzl, Zur geistigen Bedeutung des Hrabanus Maurus, in: R. Kotje und H. Zimmermann (Hgg.), *Hrabanus Maurus. Lehrer, Abt und Bischof*, Mainz 1982, S. 11f.

＊16——H.-I. Marrou, *Histoire de l'éducation dans l'Antiquité*, Paris 1948, pp. 472-484; M. A. Galino, *op. cit*., pp. 437-452; Riché, *Éducation et culture dans l'occident barbare. VIe - VIIIe siècle*, Paris 1962, pp. 499-547.

＊17——M. M. Hildebrandt, *The External School in Carolingian Society*, Leiden 1992.

＊18——J. D. Mansi, *Sacrorum conciliorum nova et amplissima collectio*, Paris 1899-1927, XX, Sp. 529.

＊19——J. Ehlers, Monastische Theologie, historischer Sinn und Dialektik. Tradition und Neuerung in der Wissenschaft des 12. Jahrhunderts, in: A. Zimmermann (Hg.), *op. cit*., S. 72.

＊20——R. R. Bolgar, *op. cit*., pp. 110-117; J. Leclercq, *op. cit*., pp. 116s.; J. Ehlers, *art. cit*., S. 68f.

＊21——J. Leclercq, *op. cit*., pp. 110s.

＊22——*Ibid*., pp. 30-39.

＊23——*Ibid*., pp. 83-86.

＊24——L. Arbusow, *Liturgie und Geschichtsschreibung im Mittelalter*, Bonn 1951.

＊25——H.-W. Goetz, Die "Geschichte" im Wissenschaftssystem des Mittelalters, in: Fr.-J. Schmale, *Funktion und Formen mittelalterlicher Geschichtsschreibung*, Darmstadt 1985, S. 176-178.

＊26――K. H. Krüger, *Universalchroniken* (Typologie des sources du moyen âge occidental, 16), Turnhout 1976, S. 23-30.

＊27――J. Ehlers, *art. cit.*, S. 70f.; 77; *La Storiografia Altomedievale*, 2 vols., Spoleto 1970.

＊28――J. Leclercq, *op. cit.*, pp. 112-116; E. A. Quain, The Medieval Accessus ad Auctores, *Traditio* 3 (1945), pp. 215-264.

＊29――M. L. W. Laistner, *op. cit.*, p. 146; L. D. Reynolds and N. G. Wilson, *Scribes and Scholars. A Guide to the Transmission of Greek and Latin Literature*, (1968), 2nd ed. Oxford 1974, p. 77.〔L・D・レイノルズ／N・G・ウィルソン『古典の継承者たち――ギリシア・ラテン語テクストの伝承にみる文化史』西村賀子・吉武純夫訳、国文社、一九九六年〕

＊30――Littera gesta docet, quid credas allegoria,/ moralis quid agas, quid speras anagogia: Augustinus de Dacia (ca. 1260); E. Franceschini, La Bibbia e i Padri nell'Alto Medioevo, in: *Il Passagio dall'antichità al medioevo in occidente*, loc. cit., p. 301による引用。

＊31――M. L. W. Laistner, *op. cit.*, pp. 148s.

＊32――G. H. Brown, The Anglo-Saxon Monastic Revival, in: W. Treadgold (ed.), *op. cit.*, pp. 102; 106; 109.

＊33――R. R. Bolgar, *op. cit.*, pp. 95-106.

＊34――*Ibid.*, p. 105.

＊35――M. L. W. Laistner, *op. cit.*, p. 153.

＊36――*Ibid.*, pp. 156-166.

＊37――G. H. Brown, *art. cit.*, pp. 102; 195 n. 8.

＊38――J. Boussard, Les influences anglaises sur l'école carolingienne des VIIIe et IXe siècles, in: *La Scuola nell'occidente latino dell'Alto Medioevo*, Spoleto 1972, pp. 743-766.

＊39——M. L. W. Laistner, *op. cit.*, pp. 197-202.

＊40——J. J. Contreni, The Carolingian Renaissance, in: W. Treadgold (ed.), *op. cit.*, p. 72.

＊41——*Ibid.*, p. 66.

＊42——Carolus Magnus, *Admonitio generalis* (789), in: *Monumenta Germaniae Historica*, *Capitularia*, I, pp. 61-62; id., *Epistola de litteris colendis*, in: *ibid.*, p. 79〔カール大帝「学問振興に関する書簡」大谷啓治訳、『中世思想原典集成』六、所収〕; id., *Epistola generalis*, in: *ibid.*, p. 80.〔同「一般書簡」大谷啓治訳、同所収〕

＊43——M. L. W. Laistner, *op. cit.*, pp. 205s.

＊44——A. S. Bernardo and S. Levin, *op. cit.*, pp. 344-350; J. Leclercq, *op. cit.*, pp. 41-43.

＊45——W. Berschin, *Greek Letters and the Latin Middle Ages. From Jerome to Nicholas of Cusa*, Washington, D.C. 1988, pp. 118-125.

＊46——G. Glauche, Die Rolle der Schulautoren im Unterricht von 800 bis 1100, in: *La Scuola nell'occidente latino dell'Alto Medioevo*, loc. cit., pp. 617-636; J. J. Contreni, *art. cit.*, pp. 71; 190 n. 54.

＊47——E. Franceschini, *art. cit.*, pp. 323s.

＊48——S. Viarre, *La survie d'Ovide dans la littérature scientifique des XII*^{e} *et XIII*^{e} *siècles*, Poitiers 1966, pp. 55-69.

＊49——E. Franceschini, *art. cit.*, pp. 314s.

＊50——Ph. Schmitz, L'influence de saint Benoît d'Aniane dans l'histoire de l'ordre de saint-Benoît, in: *Il monachesimo nell'alto medioevo e la formazione della civiltà occidentale*, Spoleto 1957, pp. 401-415.

＊51——M. Grabmann, *op. cit.*, I, S. 183-188; J. Leclercq, *op. cit.*, pp. 175-178; E. Franceschini, *art. cit.*, p. 302.

＊52——M. L. W. Laistner, *op. cit.*, pp. 330-361; P. Godman, *Poetry of the Carolingian Renaissance*, London

1985.

＊53——E. Franceschini, *art. cit.*, p. 320; M. L. W. Laistner, *op. cit.*, pp. 362-386.

＊54——R. R. Bolgar, *op. cit.*, pp. 119-121.

＊55——D. Parsons, *Tenth-Century Studies. Essays in Commemoration of the Millenium of the Council of Winchester and 'Regularis Concordia'*, London 1975.

＊56——G. H. Brown, *art. cit.*, p. 110.

＊57——A. S. Bernardo and S. Levin, *op. cit.*, pp. 47s.; G. H. Brown, *art. cit.*, pp. 111s.

＊58——J. Leclercq, *op. cit.*, p. 71.

＊59——L. Minio-Paluello, Nuovi impulsi allo studio della logica: la seconda fase della riscoperta di Aristotele e di Boezio, in: *La Scuola nell'occidente latino dell'Alto Medioevo*, loc. cit., pp. 743-766.

＊60——J. Marenbon, *Early Medieval Philosophy (480-1150). An Introduction*, London 1983, pp. 90-93.〔J・マレンボン『初期中世の哲学』中村治訳、勁草書房、一九九二年〕

＊61——L. D. Reynolds and N. G. Wilson, *op. cit.*, pp. 86-94; B. Munk Olsen, *I classici nel canone scolastico altomedievale*, Spoleto 1991.

＊62——J. Leclercq, *op. cit.*, p. 97.

＊63——A. Matter, *The Voice of My Beloved. The Song of Songs in Western Medieval Christianity*, Philadelphia 1990, pp. 86-150; A. W. Astell, *The Song of Songs in the Middle Ages*, Ithaca/London 1990.

＊64——J. Leclercq, *op. cit.*, pp. 10s.; 106; 187s.

＊65——L. J. Lekai, *The Cistercians. Ideals and Reality*, Kent State UP, s. d., pp. 227-247.〔L・J・レッカイ『シトー会修道院』朝倉文市・函館トラピスチヌ訳、平凡社、一九八九年〕

＊66——W. Berschin, *op. cit.*, pp. 201-242.

＊67——J. Leclercq, *op. cit.*, p. 88.

＊68——*Ibid.*, pp. 90s.

＊69——M. Grabmann, *op. cit.*, II, S. 93f.

＊70——M.-D. Chenu, *Das Werk des hl. Thomas von Aquin*, Heidelberg/Graz 1960, S. 280f.

＊71——J. Ehlers, *art. cit.*, S. 62; 72.

＊72——M.-D. Chenu, *La théologie au douzième siècle*, Paris 1957, pp. 252-273.

＊73——B. Lawn, *The Rise and Decline of the Scholastic 'Quaestio disputata'. With Special Emphasis on its Use in the Teaching of Medicine and Science*, Leiden 1993, pp. 6-17.

＊74——M. De Gandillac et al., *La pensée encyclopédique au moyen âge*, Neuchatel 1966; M. T. Beonio-Brocchieri Fumagalli, *Le enciclopedie dell'occidente medievale*, Torino 1981.

＊75——Ch. Béné, Les Pères de l'Église et la réception des auteurs classiques, in: A. Buck (Hg.), *Die Rezeption der Antike. Zum Problem der Kontinuität zwischen Mittelalter und Renaissance*, Hamburg 1981, S. 41-53; Ch. Béné, *Erasme et saint Augustin*, Genève 1969.

第三章　被造物としての自然――教父時代および中世における創造論

一　問題設定

「被造物としての自然」という考え方において、ギリシアの世界経験と聖書にもとづく信仰はきわめて独自の仕方で絡み合っている。なぜなら、ソクラテス以前の自然哲学者からアリストテレスを経てストア学派にいたるまで、ギリシアにおける哲学的思索は、世界において生成する存在の総称である「自然」（φύσις）という根本概念をめぐって展開されているのに対して、超越的な神へのキリスト教的信仰は、神の力による創造を告白する信仰箇条において表明されているからである。この二つの視点の相互交流は、教父時代から始まって中世末期にいたるまで活潑に行われたが、その際には、西洋思想全体を貫く現実解釈の二つの潮流が浸透し合いながら互いに触発を繰り返すにとどまらず、その両者の結合を通じて、根源的かつ多面的な可能性を秘めた独自の哲学的問題の核が形成されていった。そして、中世思想における他のいかなる哲学的・神学的主題にもまして、被造物としての世界という理解は、教父と中世の思想家全体を規定することになる。それというのも、被造物としての世界という理解においては、人間の日々の生きられた世界関係と根本的な現実経験とが、その究極的意味に照らして解釈されるからである。したがって創造の理解は、単に個別的論点としてではなく、思想形態そのものまでをも定めるような構成的な根本的特徴として、中世キリスト教思想の了解地平のうちに属すのであり、この精神的な地平においてこそ、中世思想における個々の思想家のさまざまな創造論は、一つの複合的な全体として相互に結び合うのである。それゆえに、中世の創造理解を解明するにあたっては、個々の思想家の考察に限定せず、より広い視点に立って、教父・中世思想を一望することが望まれる。そこで本論においては、中世の傑出した何人かの思想家を通じて、創造論における哲学的に重要な要素を取り出すことにする。

二　教父時代——創造主の業《わざ》

(一)　二世紀——護教論家たち

新約聖書、および二世紀半ばまでのキリスト教的著作家——『クレメンスの第一の書簡』[*1]、『十二使徒の教え（ディダケー）』[*2]、『ヘルマスの牧者』[*3]、さらにアリステイデス[*4]（一一七／三八年頃活動）およびユスティノス[*5]（一〇〇頃—一六五年頃）といった護教論家——は、旧約聖書「創世記」（第一—二章）における創造の記述にもとづいて、神による無からの全存在者の創造について語り、それを讃嘆すべき神の力・威厳・その把握不可能な超越を啓示するものとしている。世界は神の言葉、すなわちその語りかけによって無から呼び出されたものである以上、世界の諸要素に対しては、神にのみふさわしい崇敬を向けるのは適切ではない。[*6] アリスティデスが一三五年頃、世界および世界内の存在者の運動から、第一動者としての神を導出し、[*7] それをデミウルゴス、つまり全存在者を制作する者と呼んだとき、[*8] 彼の念頭にはプラトンの『ティマイオス』の宇宙論があったのであろう。ユスティノスははっきりと、プラトン＝アリストテレスの『ティマイオス』を聖書における創造の記述に一致するものとみなし、『ティマイオス』が聖書を拠りどころにしているとの見解を示した。[*9] こうして、ギリシア哲学とキリスト教信仰との対話が緒に着いたが、それは、一なる神的ロゴスがその双方において――ただし哲学者においては不完全な仕方で、ナザレのイエスにおいては完全な仕方で――顕現したという理解にもとづいたものであった。[*10] そこで、ユスティノスの高弟であるタティアノス（一六五年以降頃活動）は、一六五年頃に、創造されることのない質料を想定するプラトンの二元論的世界理解に逆らって、質料といえども神でない以上は始まりをもつのであり、したがってあらゆる存在者の唯一の制作者《デミウルゴス》たる神によって造られたものであるとの主張を行った。[*11] これによって、「無からの創造」という伝統的な定式が、無前提の創造を表すテーゼとしてはじめて明確に確立された。また同時にそれにより、創造されることなく永遠に存在する宇宙《コスモス》を神的なものとして絶対視する傾向や、神を自然秩序の一要素と捉える思想、さらにグノーシス主義における質料の蔑視などが徹底的に批判され、神のみによる世界統治[*12]（monarchia 単一支配）の思想が提示されたのである。このようにして質料・形相というギリシア的思考形態が根本から打破されるとともに、神の意志と全能[*13]が示されることによって、無からは何も生じないという伝統的な哲学的命題[*14]が疑問に付された。そこからアンティオケイアのテオフィロス（一八一／八八年歿）が「神はあらゆるものを無から存在へともたらした[*15]」と記したように、創造は存在の根拠づけとみなされることになったのである。さらにテオフィロスは初代教会最初の註解者として、聖書の創造の記述を註釈するに際して[*16]、プラトン的な世界生成論から離れて、創造の記述を救済の業《わざ》との類比において解釈している。すなわち彼は、六日間にわたる神の創造の業の最初の三日間を、神・言葉《ロゴス》・知恵《ソフィア》の「三項対」の象徴として、また第二の三日目の仕事において約束された繁生を復活の象徴として理解することによって、自然に具わる象徴作用を神学的に根拠づけ、それを救済史のうちに組み入れたのである。ついでエイレナイオス（一三〇／四〇―二〇〇年頃）による救済史の神学は、神の慈愛溢れる自由な業を創造と救済史の共通の根拠と捉え、それによって被造物の偶存的あり方と神の創造行為の自発性を確証するだけでなく、神が人類との交わりを目指して行うその「人類の教育[*17]」において、自然の果たす積極的働きを認めることになった[*18]。

(二) 三世紀――オリゲネス

創造は神の自由と慈愛にもとづく以上、創造をその事実において確認するだけではいまだ十分とは言えない。そこでオリゲネス（一八五頃―二五四年頃）は、自由意志がそのうちで発露される意味連関から創造を把握することを自らの課題とした。神は自らの善性において自足し、世界を通じての媒介を必要としないため、その創造は最初には物質的自然にではなく、自由で自立的な精神に向かう。物質ないし被造的世界は、その意味に関して問われることによって、有限的で被造的な精神との関連において理解される。被造的な精神は、神から背いた場合に、その罪の程度に応じて、物質、つまり肉体と感覚への拘束へと陥る。[※19]しかしながらこの物質は被造的精神によって成立したものではなく、人間によって損なわれた正義の回復のために、その罰の場所としてよりも、むしろ神自身によるその浄化と教育の場として、精神に対して神が創造したものである。なぜなら神は、人間を段階的に神へと立ち返らせるのに有効な特性を物質に付与したからである。そこで神は、被造的精神、とりわけ人間のために、人間同士の互いの助け合いが可能であるような一つの共通な世界を創造し、[※20]その摂理により、世界を自らの救済意志の道具として用いる。[※21]このような救済史の理解は、宇宙論的な思弁を支え、それを包含する。なぜなら、有限的物質にとっては精神との関係が構成的ではあるが、だからといって物質は観念論的に主観の対象化作用に解消されるわけではない以上、物質、すなわち自然と歴史は、その二面性において人間の自己疎外と同時に自己遂行の契機として、神の終末論的な救済意志のもとに服し、神の慈愛をそのつど新たに発見するための場となるからである。

(三) 四世紀——カッパドキアの教父たち

オリゲネスが物質界の創造を人間の精神から思弁的に理解しようとした際には、その聖書解釈学における歴史的・事実的意味と道徳的・霊的意味の関係の場合と同様に、ともすると物質が精神のうちに解消される傾向があった。そしてこの難点は、オリゲネス自身にとって、神へ向かう精神の終末論的還帰において、最終的に物質の独自の存在が保たれるか否かという問題として浮かび上がる。しかしながら聖書における創造の記述は、可視的世界の構造に立ち入るものであるがゆえ、四世紀のカッパドキアの教父たちは、創造の記述をその自然学的知識の点で信頼に足るものとして証明するために、被造的世界をその霊的意味に関して解明するだけでなく、創造の業《わざ》を自然学的事実との関係で理解しようとした。すなわち、バシレイオス（三三〇頃―三七九年）は、六日間の創造の業の解釈において、[22]人間の創造までは進んでいかなかったが、その弟であるニュッサのグレゴリオス（三三五頃―三九四年）は、自然物としての人間存在を主題としている。[23]こうして信仰者の意識が、感覚的に与えられた世界へと関心を示すことによって、信仰はグノーシス主義的な内面性と彼岸への憧れから救い出されると同時に、事実的世界そのものが信仰にとっての理論的・実践的確証の場として開示されることになった。バシレイオスは『ヘクサエメロン（創造の六日間）』において、多くの自然哲学的な理論とともに植物学的・生物学的・天文学的資料を収集しているが、その際に彼は、信仰と自然学との一致を示すという護教論的関心に動かされているだけでなく、むしろ自然現象の多彩な豊潤さを喜び、それに身を委ねているのである。

(四) アウグスティヌス

このような伝統においては、感覚的に経験可能で理性的に認識可能な自然を示唆している創造の記述を文字通り受け取ろうとする態度と、創造の思想に秘められた人間論的・存在論的・神学的意味を精神的・霊的に解釈する方向とのあいだに緊張が見られたのであり、この緊張関係はアウグスティヌス（三五四―四三〇年）の創造理解をも規定している。『創世記註解――マニ教徒駁論』（三八八―三九〇年）、『未完の創世記逐語註解』（三九三／九五―四二六年）、『告白』第一一―一三巻（三九七／四〇四年）、『創世記逐語註解』（四〇一―一〇／一三―一五年）、『神の国』第一一巻（四一六年）やいくつかの説教において、[24] アウグスティヌスは常に新たな試みを行ったが、その際に彼の思索は「創世記」の冒頭、つまり「始めに神は天と地を創造された」という章句をめぐって展開されている。霊的解釈によって「創世記」のこの言葉の重みを減じる傾向に逆らって、アウグスティヌスは、異教の自然学からの問い（たとえば、より重い水が軽い空〔空気〕よりも元来上方に位置するという「創世記」の記述に対する疑問）に対して司牧的・護教的見地からの解答を与えるばかりでなく、まさに神による世界創造への信仰にもとづいて、創造の記述を自然学的に確固たる仕方で解釈する可能性を堅持したのである。その限り、アウグスティヌスにとって自然学的問題は、有限的存在者と絶対的存在の関係についての存在論的問いの、いわば副産物にすぎないとも言える。

アウグスティヌスは、創造に際しての神の動機を「その善さゆえに」[25]（quia bonus）、また「意欲したがゆえに」[26]（quia voluit）として規定した際には、可視的創造を蔑視するマニ教と、自由な創造行為を本性にもとづく必然的な流出へと平板化する新プラトン主義に対抗して、自らの創造論独自の方向性を打ち出した。創造の時間的な始まりも、神の自由な創造行為の表現であり、創造に対してはいかなる無時間的な質料性も基盤となることはないのと同様に、いかなる時間も創造の先行的地平としてそれに先立つということはないのである。

さらにアウグスティヌスは、「創世記」における六日間の業の記述を踏み越えて、「瞬間における創造」[*27]（creatio in instanti）を主張し、創造以降の新たな存在者の発生を説明するために、創造の瞬間において植えつけられた「種子的理拠」[*28]（rationes seminales）からの生成という説を提唱したが、ここからは、アウグスティヌスの関心が、神の意志の全き優位性を示すところにあったことが窺えよう。

世界が無前提的に「無から」（ex nihio）創造されたということは、あらゆる世界内の存在者に共通の傾向、すなわちその可変性から確証される。[*29] なぜなら、時間の延長（distentio）において存在者が消滅するという事実には、その存在論的な無性が現れているからである。創造の業はその始まりにおいて完成しているとはいうものの、被造物は存在、または神の永遠なる言葉における創造的イデアの分有を憧憬をもって目指す一方で、それはいつでも無・他性・創造主との「非類似」（dissimilitudo）に陥る傾向をもっている。[*30] それゆえ被造物は存在と無の中間に位置しているのである。そこで存在者は、自己自らへと帰入し、自己を通して創造主へと「向き直ること」（回心 conversio）によって、自らに固有の同一性を、永遠なる「同一なるもの」（id ipsum）の分有として獲得する。こうして創造は、被造物を回心へと導き、その回心において遂行され認識される。被造物はこのように創造主へと向かうことによって、その存在の内奥において神の呼びかけの啓示に応じるとともに、永遠なる言葉におけるイデアに呼応しながら、神によって自己集中を促され、自己として形成・完成（formatio）されるのである。[*31]

創造の中心は、被造物を「非類似の領域」[*32]（regio dissimilitudinis）から呼び出し、創造主との類似にいたらせるところにあるため、創造は第一義的には、「神の似像」[*33]（imago Dei）としての人間の創造である。アウグスティヌスはオリゲネスと異なり、宇宙論的・救済史的枠組みにおいて人間を対象化することがなく、むしろ人間を、神の内的声を通じて創造の真理が露わになる場として捉えている。そのためアウグスティヌスは『告白』第一二巻において、神が創造した「天と地」という言葉の意味を論じた際には、神の真理からの呼びかけのもとでの内的な理解にもとづいて、「地」を形態・形相のない不可視の質料として、また「天」を「知性的天」、ないしは愛において神に結びつき神を認識する最高の精神的被造物として解釈している。[*34]これによって「天と地」という表現は、創造の可視的領域を超えて、被造的現実をその両極において示すものへと拡張されるとともに、人間精神に対して、その世界理解と自己理解の最も幅広い次元が開かれることになった。このように、物理的意味での創造は聖書の言葉において明らかになり、さらに聖書の言葉は、人間の魂が神の呼びかけのもとで把捉する内的真理を通じて、その本質において洞察可能になるのである。このように、創造の感覚的な対象性は、その存在論的諸原理（単なる質料、完成した知性的形相）へと止揚されると同時に、それを通じて人間も自らの本質――すなわち、質料と同様に「ほとんど無」または「無に近いもの」[*35]ではあるが、愛を通じての神の直観という完成へと招命されているというその尊厳――を認識しうる内的真理において現象することになる。被造物が神の「かくあれ」（fiat）という呼びかけによって自らの存在において成立するように[*36]、人間存在自体は「私の背後からの」[*37]（post me）神の呼びかけによって根源へと呼び戻され、創造の言葉の「驚くべき深さ」[*38]（mira profunditas）に聴従することによって、その存在は「畏敬に満ちた感嘆と愛による震撼」[*39]（horror honoris et tremor amoris）にいたるほど、神に向かって打ち開かれるのである。

三　カロリング・ルネサンス――神現としての自然

アウグスティヌスがすべての教父と同様に、創造主と被造物との区別を出発点としてその創造論を展開し、ついで創造主への被造物の還帰を示したのに対して、カロリング・ルネサンスにおけるヨハネス・エリウゲナ（八〇一／二五―八七七年以降）は、アウグスティヌス、新プラトン主義、およびディオニュシオス・アレオパギテス（五〇〇年頃）や証聖者マクシモス（五八〇―六六二年）などの後期ギリシア教父からの強い影響を受けながらも、その著作『ペリフュセオン（自然について）』（八六四―八六六年）では、被造物の存在を神の自己解釈と捉えるまったく独自の方向を採っている。標題にある「自然《フュシス》」は、「存在するものおよび存在しないもの全体を意味する一般的名称」[*40]として導入されたうえで、「第一に創造し創造されない自然、第二に創造され創造する自然、第三に創造され創造しない自然、第四に創造せず創造されない自然」[*41]へと区分されるが、これはそれぞれ、創造主としての神、創造的な根本諸原因、被造的可視的世界、被造物の創造主への還帰における神を指している。神は自らの超越にもとづいて、あらゆる理性的・範疇的理解と、その対象である存在者の存在を凌駕する以上、「存在」よりはむしろ「無」と呼ばれるにふさわしい。[*42]このような「無から」（ex nihilo）、すなわち自ら以外のいかなる前提にももとづくことなくただ自分のうちから、創造的な根本諸原因が造られ、それを通じてさらに世界が創造される。しかしながら、存在ないし神の外には何も存在しないため、被造物は神のうちにとどまるのであり、神と分離された自立性を獲得することはない。したがって被造物たるものは、神の存在の分有においてはじめてそのものたりうるのであり、[*43] それゆえ神と被造物は「二」として並立するのではなく、むしろ「一」として考えられるべきなのである。[*44] 神の無限性は被造物においてて自らを制限し、それによって自らを現象へともたらすため、あらゆる被造物は神現《テオファニア》、[*45] すなわち神の現象なのであり、神自身は被造物において自らを現れるものとして実現する。[*46] このように神は被造物を創造することにより、その「三一的なる善の、存在者に向かう言表不可能な下降」[*47] を通して、有限的存在者において自ら自身を現出するものとして造り出すのである。[*48]「われわれが存在する限りわれわれは、神のうちに永遠に現存する、われわれ自身の根拠にほかならない」。[*49]

第一の自然、つまり神の存在は、あらゆる被造物を超越しそれに先行するが、神は被造物――まずはそのイデアないし根本原因――を、自らに安らう存在と一致している運動を通じて、神自らのうちに、神自らのうちから発出させる。その際に人間のイデアは、人間より低次の物質的被造界全体を包括するため、[*50] 物質的被造物は、観念実在論的な仕方で、人間において認識可能になるのである。こうしてエリウゲナは分有の形而上学を徹底化し、被造物と創造主との差異を、世界において自ら現出する同一性へと還元することによって、被造物と創造主とを汎神論的に同一視することなしに、自然を神的存在そのものの現象として、すなわちそこにおいて神的存在そのものが現象する場として捉えることができたのである。思弁的洞察を含んだ彼の思索の試みは、十二世紀の思想家、たとえばシャルトルのティエリ（一一五六年以降歿）などに若干の痕跡を残し、盛期スコラ学において新たに議論されたのち、マイスター・エックハルト（一二六〇頃―一三二八年）によって創造的に取り上げられることになった。

四　初期スコラ学――神的範型と被造的類似

(一) 十一世紀――カンタベリーのアンセルムス

エリウゲナは、新プラトン主義的存在論の枠組みにおいて、具体的自然の根本問題に立ち入り、空間の構成[*51]や身体[*52]および人間の性別[*53]などの問題を論じたが、こののちの数世紀における修道院神学では、自然の経験的現象はほとんど顧みられることがなかった。十一世紀においては、アリストテレスの論理学とボエティウス（四八〇頃―五二四年頃）による「四科」（quadrivium）の著作が研究されることにより、論理的・学問的認識形態への要求が高まるとともに、そのような論理を通じて、世界はその存在諸原理に関して露わになるものと期待された。

カンタベリーのアンセルムス（一〇三三／三四―一一〇九年）は、このような論証的論理学とアウグスティヌス的な創造論とを綜合し、神と被造物の関係に関する透徹した存在論を築き上げた。「本性」は「本質」（essentia）と等置されたうえ、[*54]矛盾律を根本原理とする論理学を助けとしながら、思考の可能性に即しつつ明確に考察されている。「存在するものはすべて、何ものかによって存在するか、無によって存在するかのいずれかである。しかしながら無によってはいかなるものも存在しない。というのは、いかなるものも、何ものかによって存在するのではないというのは考えられえないからである。それゆえ、いかなる存在するものも、何ものかによってでなければ存在することがない」[*55]。存在するものは、それ自身によって存在するか、他のものによって存在するかのいずれかである。「およそ他によって存在するものは、他のすべてのものを自己によって存在せしめ、ひとり自己によってのみ存在しているものよりは、小である」[*56]。このような実在的な論理学は、アンセルムスの神の存在証明、および無からの創造の証明をも支えているものであるが、その背景には、創造者の力と知恵を反映している世界の美とその整然たる構造に対する純粋な驚嘆が働いている。「この最高の本質は、この堅牢な多くのものを——かように多量に、かように美しく形作られ、かように多様な秩序を保ち、かように適切な配置をもつものとして——ただ自己自身によって無から造り出したということは、何よりも明らかである」[*57]。自然は、「それがそこから造られたという、その何ものかが存在しない」[*58]という意味で、無から創造されたものである。しかし「造るものの理性のうちにあらかじめ、造られるべきものの何らかの範型、あるいはより適切には形相や類似や規則といったものが存在しなければ」[*59]、自然は十分な根拠を有することはない。

こうして、続く十二世紀思想の中心的モティーフとなる基本概念（範型・形相・類似）を通じて、自然の被造性の可能根拠、すなわち自然の理解可能性への問いが展開されることによって[*60]、神の内なる思惟、あるいは神の内なる言葉への洞察がもたらされた[*61]。それゆえ神は、「制作者がのちに業において精神の想念を実現するところのものを、あらかじめ精神において把握しているのと同様の仕方で」[*62]創造を行う。もとよりこのような比較においては、類似よりも不一致のほうが大きいということをアンセルムス自身が十分に知っていたとはいえ、[*63]この制作者の例においては、十二世紀における自然と創造の理解の典型的形態が示されている。しかしアンセルムスが、被造物は存在し続けるためには、創造するのと同じ神の力によってたえず保持されねばならないと主張した際には、[*64]神的制作者の作品において、創造し育む無限性が現れるということが主題化されることになったのである。「これ〔最高の本質〕がないところには、いかなるものも存在しないという帰結が導かれる。したがってそれはどこにでも、すべてのものを通じて、すべてのもののうちに存在する。いかなる被造物も、それを創造し育むものの無限性の外に出ることはできないが、それと同様に創造し育むものは被造物全体の外に何らかの仕方で超え出ることができないとするならば、それは不合理である」[*65]。

(二) 十二世紀――シャルトル学派

十二世紀前半には、プラトン主義と自然観察の再興が見られるが、それは修道院外の人々、とりわけシャルトル学派と総称される学匠たちのもとで始められた。これらの学者たちは、もはや自然をその最も普遍的な存在論的諸原理に関して解明するにとどまらず、具体的自然を自然学的に考察し、自然法則を理性的根拠にもとづいて解明しようとしたのである。コンシュのギヨーム（一〇九〇頃―一一五四年頃）は、その『（宇宙〔世界〕の）哲学』において、第一原因としての神から始めて、もろもろの元素や、天体・動物・人間の発生を扱い（第一巻）、ついで天体の諸現象と惑星・太陽・月について（第二巻）、さらに気象現象と海について（第三巻）、そして最後に大地・地理・人間、および人間の生殖・食物・諸感覚について（第四巻）論じている[*66]。このような自然学的関心は「知恵」（sapientia）への努力として理解されるが[*67]、その知恵は物事の根拠についての理性的問いによって獲得される。「ところでわれわれは、すべてのものについて、見出される限りの根拠が探求されるべきだと言う」[*68]。その際にギヨームは、哲学者は必然的真理を認識するのに対して、自然学者の認識は蓋然性の領域にとどまることを明確に理解していた[*69]。ペトルス・アベラルドゥス（一〇七九―一一四二年）のような論理学者は、自然に対して関心を払うことなく[*70]、またサン＝ヴィクトルのフーゴー（一〇九六頃―一一四一年）のような修道院の学者は、自然学的思考の限界を指摘したが[*71]、このことは、存在者をその合理的・可知的構造に関して解明するこの試みが当時目新しいものとして受け取られていたことを示している。そこで、同じく修道院の学者であるサン＝ティエリのギヨーム（一〇八五頃―一一四八年）もまた、コンシュのギヨームにおける自然学的な創造解釈とは一線を画し[*72]、教父たちが行った寓意的・道徳的解釈を根本的に承認している。それに対してシャルトルのティエリは、創造の六日間の業についての自らの解釈にあたっては、創造の記述を「自然学的かつ字義通りに」解釈しようとしている。「私は、七日の日と、六つの業の区別について、〈創世記〉の第一部を自然学に従って、また字義通りに解明することにしたい。まず、著者の意図と本書の有用さを前もって述べたい。そしてのちに私は、文章の歴史的意味に従って解説していこうと思い、そのため、聖なる博士たちによって明白に実現された寓意的または道徳的解説を全面的に斥けることにする」[*73]。

しかしながらここにおいて目指された自然認識は[*74]、方法論的には、古代の文献――とりわけ「創世記」の最初の二章、およびカルキディウス（四〇〇年頃活動）による未完の翻訳によって伝えられたプラトンの『ティマイオス』――の解釈という伝統に負っている。プラトンについで、医学・天文学・生物学についての他の文献も参照されたにもかかわらず、十二世紀の前半において自然認識といえば、ただちにプラトン研究を意味することがほとんどであり、そのプラトンの知識でさえも当時はまだ『ティマイオス』のみに限られていた。その場合、シャルトル学派においては、『ティマイオス』はキリスト教に即して解釈されている。このことはとりわけ、シャルトルのティエリの解釈――すなわち、プラトンは質料が神と同様に始まりをもたないものとみなしたのではなく、それを神によって創造されたものと理解しているとする主張[*75]――に顕著に表れている。このようにシャルトル学派においては「三学」（trivium）において「雄弁」（eloquentia）を目標としながら営まれた文献研究と、「四科」（quadrivium）の対象である現実についての知識とが結びつけられているのであり、この特徴がその自然研究の方法をも規定しているのである。こうした文献解釈を通じて、『ティマイオス』からあらゆる知識を読み取らねばならなかったため、たとえばコンシュのギヨームは、単なる字義の「覆い」[*76]（integumentum）のもとに隠された豊かな知恵を探求する寓意的解釈を活用した。

このように自然認識が文学的手法に即して展開されたために、自然それ自体が、詩想豊かに彩られた文学的主題とみなされることにもなった。そこで十二世紀の中頃、ベルナルドゥス・シルウェストリス[*77]（一一〇〇頃―六〇年頃）はその『コスモグラフィア（世界形状誌）』において、擬人化された自然とヌースあるいは摂理によって、天の理性であるウラニアと生命原理であるフュシスの助けを借りながら、世界と人間を第一質料の無定型のカオスから産み出すありようを叙述している。同様にして、アラヌス・アブ・インスリス[*78]（一一一六頃―一二〇二／〇三年）の『自然の嘆きについて』と『アンティクラウディアヌス』において、女性として寓意化された自然――すなわち神的知恵、ボエティウスの哲学、プラトンの宇宙魂の擬人化――が創造的力、および倫理的・社会的行為についての忠告者として語っているように、ここでの自然は人間に対して規範となるものとして示されている。そして、物理的自然秩序を通して明らかに現れる「自然の正義」が、十二世紀後半以降、徐々に社会的・政治的秩序の基盤、すなわち倫理的・法的に規範としての「自然法[*79]」（lex naturae）となっていった。

シャルトルのティエリは、コンシュのギヨームの『プラトン註解』における『ティマイオス』の寓意的解釈を非離することによって、自然解釈の詩的傾向を根本的に拒絶していたところから窺えるように、ティエリにとっては、自然認識において「理性」（ratio）という原理を純粋に貫くことが重要であった。この「理性」は、ピュタゴラス学派・新プラトン主義の伝統に棹差し、何よりもボエティウスの『算術教程』を通して研ぎ澄まされたものであるため、「理性」においては、存在と思惟の基本原理としての数がその根幹をなしていた。数は秩序の原理である限り、ここにおいて創造理解の重点は無からの「創造」（creatio）についてのアウグスティヌス的な分析から、宇宙《コスモス》の「装飾[*80]」（exornatio）すなわちその合理的秩序の美の考察へと移っていった。秩序は直接には諸元素の自然法則的な運動によるものであるが[*81]、それはただ偶然からではなく、設計する思惟によって成立するのであり、しかも世界は人間より以前に存在していた以上、この思惟は人間のそれではない。[※82] このようにして、合理的理解はもろもろの根拠と原理を探し求めるものであるため、世界の秩序の探求はその第一原理、すなわち創造主にまで進んでいく。実際にコンシュのギヨームは語っている。「こうして日々出会われる秩序を通じて、われわれは神的知恵へ進んでいくのと同様に、知恵を通して神的実体へ向かっていく」[※83]。神の創造は「制作者」（faber）および「芸術家」（artifex）との類比において語られるが、その背景としては、プラトンの制作者《デミウルゴス》の思想のみならず、当時の社会における手工業の地位の向上、および、サン＝ヴィクトルのフーゴーによってなされた、学問体系のうちへの「技術的学芸」（artes mechanicae）の導入を挙げることができる。[※84] 制作の過程においては、その物理的力が強調されることはなく、むしろ制作者の精神に前もって具わっている制作のための認識、すなわち作品のイデアが重視される。[※85] それと同じく、自然は理性に適ったその秩序を通して、イデアおよび神的知恵の表現の類似物なのであり、さらにこの知恵は神の像として、その本質においては把捉不可能な神性、すなわち「それに帰すべき述語を知らない当のもの」[※86] の現象なのである。「神的知恵は、神性の徴《しるし》あるいは像と言われる」[※87]。こうして、人間の無力を忘れることなく、世界における神性の比喩に驚嘆することにより、ペトルス・アベラルドゥスは、『ティマイオス』に完全に同調し、世界を可能な限り最善の世界とみなすことができた。「神は実際造ったよりもよい世界を造ることは一切できなかったということを証明するプラトンの最も真なる論証は、以上のことに由来する。〔プラトンが〕『ティマイオス』で語っているように……」[※88]。

神と世界の関係を原像と模像の関係を通じて理解することによって、世界の構造から神の本質を開示し、また逆に神の側から創造の構造を導出するという体系化の試みが可能となる。[※89] すなわち、世界秩序における作用因性からは力としての父なる神が、形相因性ないし範型因性からは像または神の知恵としての子たる神が、また目的因性からは善および愛としての聖霊が示唆されるのである。[※90] さらにシャルトルのティエリは、アウグスティヌスに従い、[※91] またボエティウスの算術論の精神に即しながら、神からの下降の過程を辿り、神の一性からその三一的構造（一性 unitas、相等性 aequitas、調和・結合 concordia/connexio）を導き出している。[※92] そこにおいては再び、質料の原像が神の一性のうちに、形相の原像がそれと同等な御子のうちに、また精神の原像が聖霊のうちに求められているのである。[※93] しかし一性は無限定な数の系列の比類なき原理であるのと同様に、神の一性は世界の創造の原理である。「諸数の創造はもろもろの事物の創造である」。[※94] こうして世界はその存在論的・理性的構造において神の三一的本質に即応するため、最終的にティエリは、エリウゲナの精神に従って、あらゆる事物のうちに神の現前を認めることになった。「それゆえ神は全体として本質的に、いかなるところにも存在することが真に主張される」。[※95] なぜなら被造物は、神との類似性にもとづいて、神に対する純粋な受容可能性を有するからである。「実際に、神性は個々の事物にとってその存在の形相となるものである。すなわち、あるものが光によって明るくなり、熱によって熱くなるように、個々の事物は神性によって自らの存在を獲得する」。[※96]「神性の現存は個々の被造物にとって全体的で唯一の存在であり、さらに質料自体さえも神性の現存によってその実在性をもっているほどである」。[※97] しかしティエリはこのことを、汎神論的にではなく、分有の形而上学の意味で理解するという点で明確である。すなわち神は形相としてのその現存においても、けっして世界の一部分ではないのである。「神性は個々の事物にとって存在するための形相であるとわれわれが言うとき、……神性が質料において存在を保持する何らかの形相であるという意味において言っているのではない」[*98]。

被造物と創造主との包括的一致、すなわち具体的自然学と思弁的神学との合致という思想は、プラトン的存在観に基礎をもつものであるが、十二世紀後半以降は、アリストテレスの自然学・形而上学関係の著作が次々とラテン語に翻訳されることによって、このプラトン的世界像は解体を余儀なくされる。とはいうものの、シャルトル学派の学匠たちの思索に見られるような、自然の現実に対する繊細な感覚は、経験にもとづいた自然研究の要求を増大させ、またさらにはこのような関心が、アリストテレスの著作の吸収を促すことになったのである。

五　盛期スコラ学――自然哲学と創造論とのあいだ

(一)　アリストテレス受容の三潮流

十三世紀におけるアリストテレスの全著作の受容によって、自然観のみならず、さらに現実理解全体の危機が引き起こされたが、歴史的に見るならこれには主に三つの原因を挙げることができる。すなわち第一には、プラトン哲学とアリストテレスの形而上学との混同であり、第二にはアラブ人思想家のアリストテレス受容に見られる特定の傾向であり、最後には、アリストテレスにおけるいくつかの命題とキリスト教の世界理解とのあいだの緊張である。

アリストテレスの主要著作は、シチリアのパレルモとスペインのトレドを経由してイスラーム圏より受容されたのであり、その際にはまず最初はアヴィセンナ（イブン・シーナー　九八〇―一〇三七年）によるプラトン主義的解釈が、また一二二五年頃以降は、アヴェロエス（イブン・ルシュド　一一二六―九八年）によるテクストにより忠実な解釈がともに西洋世界に流れ込むことになった。また同時に『アリストテレスの神学』や『原因論』などの新プラトン主義の著作がアリストテレスの名のもとに流布することによって、両者の思考様式の混同が生じるにいたった。そして（新）プラトン主義の思想に即した、模像と原像との力動的・有機的一致という思想が、対象的次元を扱うアリストテレスの思考様式に従って、論理学的・実在的無区別として理解され、また絶対的無限性と分有による無限性との区別が無視されたことによって、汎神論的な極端な解釈が生じることにもなった。そこで一二一〇年頃、ディナンのダヴィド（一二〇六／一〇年歿）は、無限性という点において共通するとの理由にもとづいて、第一質料と精神と神を同一視したため、[*99] アリストテレスの自然学および形而上学に対して疑念が抱かれ、その結果一二一〇年と一二一五年には、アリストテレスのこれらの著作を講義で用いることを禁ずる禁令が公布されたのである。[*100] しかし、とりわけトマス・アクィナス（一二二四／二五―七四年）による、アリストテレスの思考形態の理解と、アリストテレス自身の著作を彼に帰せられた偽書から区別する批判的吟味によって、このような誤解の根は取り除かれることになった。

これよりもさらに深く、また長期にわたって、アリストテレスの自然理解の直接的把握を妨げたのが、イスラームの哲学者たちの世界理解であった。[*101] アヴィセンナからガザーリー（アルガゼル　一〇五八―一一一一年）を経てアヴェロエスにいたるイスラームの思想家たちは、世界が神のたえざる創造行為によってその存在において保持されるものとみなす限りで、世界の被造性を認めていた。しかしながら彼らは、世界が時間的に始まったとするなら、神の作用も時間的な始まりをもち、それによって変化を被ることになるとの理由で、[*102] 世界の時間的開闢を否定するとともに、始まりをもたない世界というこの主張において、自分たちの説がアリストテレスと一致するものとみなした。またアヴィセンナとガザーリーに見られるように、神の行為の必然性という同じ理由にもとづいて、神は現に存在するこの世界とは異なった世界を造ることはできなかったという見解が示された。[*103] そして神の創造作用のこのような自然主義的ないしは決定論的理解は、世界内の因果連関の全体にまで拡張されている。すなわち神は、宇宙の秩序のより高次の地位であるもろもろの知性体あるいは諸天体を通してのみ、より下位の地上の領域に働きかけることができるとされるのである。[*104] こうして、月下界のあらゆる出来事は、創造の際に世界のうちに組み入れられた計画に従う天体運動の必然的結果として理解され、同時に被造物と創造主との直接的な関わりは不可能なものとして斥けられることになる。[*105] このような階層的な世界秩序において、確かに世界は形式的には被造物として承認されはするものの、神と人間との自由で歴史的な関係は、宇宙論的な決定論に支配されるにいたる。こうしてアリストテレス的な世界理解に具わる自然主義的な傾向は、形而上学的な必然性にまで徹底されたのである。

アリストテレス自身の世界解釈の試みにおいては、宇宙は、運動の原理である神の影響を受けはするものの、それ自体で自足する完結した全体として理解される。神は自由な創造主でも制作者でもなく、「愛されるもの」[*106]すなわち目的として、自ら世界を知ることなしに世界を動かす。質料ともろもろの種を具えた世界は始まりも終わりもなく存続し、そこにおけるあらゆる変化は、世界内に与えられた諸原理にもとづく生成と消滅である。そして変化あるいは運動の原型は、天体における完全な円環運動にある。それゆえ世界は、普遍的かつ永遠なるイデアにおける原像へと向かって自らを超出する模像などではなく、感覚的で個別的な実体をその唯一の現実とする。アリストテレスの人間理解もまた、この同じ自然的秩序の中で展開されている。すなわち「(能動)知性」(intellectus agens)は、個々の人間の能力としてではなく、なるほど個々の人間において働きはするものの、個々の人間に固有のものとして属するわけではない普遍的な原理として理解される可能性をもつ。アリストテレスがここにおいて未解決にしておいた問題に対して、アヴェロエスは明確な結論を下し、それによって宇宙論的・普遍的知性という方向を強調することになった。[*107]

(二)　ラテン・アヴェロエス主義の危機

パリ大学を知的中心とする十三世紀のラテン世界の自然理解は、アリストテレス受容をめぐる論争によって支配され、哲学的問題意識によって規定された。なるほどオックスフォード学派のロバート・グロステスト(一一七〇頃―一二五三年)とロジャー・ベーコン(一二一九頃―九二年頃)は、アウグスティヌス＝ディオニュシオス的な光の思弁の伝統を継承し、同時代の光学の知見に依拠しながら、物体と世界を光の現象として把握し、さらにその数学的構造を記述することを試みている。[*108] またアリストテレスの影響のもとで、数量的規定が不可能な自然現象に対する関心もすでに芽生えており、アルベルトゥス・マグヌス（一一九三／一二〇〇―八〇年）は、鳥の博物誌的記述やその生態などについての包括的な経験的観察を行っている。[*109] しかし世界観形成のうえで重要な論争は、何よりもアリストテレスの自然概念をめぐって、特にそれがキリスト教信仰にもとづいて築き上げられた現実理解に適合するか否か、またその受容の限界はどこにあるかという論点をめぐって展開された。一二二〇年代以降手探り状態のまま進められた折衷的な試みののち、五〇年代にはその本格的な受け容れが始まった。パリ大学学芸学部では、一二五五年には、アリストテレスの主要著作に関する講義を毎年開講するという学則が定められ、[*110] またアルベルトゥス・マグヌスは同じく五〇年代より着手した膨大な註解を通じて、当時のアラブとユダヤの学問を援用しながら、アリストテレスの全著作を解説した。[*111] そして五〇年代の後半には、アリストテレス受容は三方向へと分岐した。[*112] すなわち、第一に、ブラバンのシゲルス（一二四〇頃―八一／八四年）やダキアのボエティウス（一二七七年以前活動）を師と仰ぐパリ大学学芸学部における急進的アリストテレス主義、ないしはラテン・アヴェロエス主義であり、第二には、ボナヴェントゥラ（一二一七／二一―七四年）を中心とするフランシスコ会学派に見られる保守的な留保の態度であり、第三には、アルベルトゥス・マグヌスとトマス・アクィナスにおける積極的・選択的な受容である。

司教エティエンヌ・タンピエ（一二七九年歿、パリ司教在位一二六八―歿年）によって一二七七年に断罪された諸命題[*113]に見られるように、パリ大学学芸学部の急進的アリストテレス主義者の主張には、アリストテレスの自然概念がラテン世界に受け容れられる際の妨げになったすべてのテーゼが含まれている。すなわち、神は自らと異なるものを認識せず[*114]、常に作用しているか、あるいはけっして作用しないかであり[*115]、必然的に行為し[*116]、その作用において先在的な質料を前提するとともに[*117]、神はそれ自体において一なるものであり、その作用によって多様性を造り出すことはないため[*118]、新たな何ものかの創造、すなわち無からの創造は不可能であり[*119]、もろもろの中間原因を介することによってのみ働きかけることができる[*120]。また、なるほど世界は、本質については無から創造されたが、時間的順序によってはそうではないのであり[*121]、それゆえ神は世界を本来の意味で創造したのではなく、ただ保持しているにすぎない[*122]。そこで世界は終わりも始まりもなく永遠であり[*123]、したがって人類もその世代の連続を通じて永遠である[*124]。さらに世界内の存在の授与は、理性的魂を造り出すより高次の知性体[*125]から始まって、天体の媒介を通じてより下位の知性体に降っていくのであり[*126]、それゆえあらゆる形相の直接的原因は天界にあるため[*127]、神は質料をも天体の助けを借りてのみ創造することができた[*128]。

急進的なアリストテレス主義者たちは、二重真理説によってではないにせよ、これらの命題をアリストテレスの説として、また単なる理性にもとづいて理解する限り到達する見解として示すことによって、自然を被造物として捉えるキリスト教的理解とのあいだの緊張を避けようとした。しかしながら、これらの急進的な命題においては、創造は、先在的な質料に対して神が及ぼす遠隔的・間接的作用へと還元されるばかりか、その自然に対する考察の視点自体が、いくつかの限られた問い――すなわち、作用因性への問い（ただし範型因や目的性への問いはおろそかにされる）、直接的に、または天体によって媒介された月下界の存在の根拠づけ、[*129] 世界の時間的始まり、[*130] 形相と質料との関係への問い――へと狭められたため、その思想は、問題設定の鋭さにもかかわらず、主題の面ではそれに先立つ数世紀よりも貧しいものであった。

(三) ボナヴェントゥラ

このような対象的な世界考察に逆らって、ボナヴェントゥラは、伝統的な創造理解の多様な富を回顧し、それを新たな頂点へと導く努力を果たすとともに、世界観のうえでは比較的中立的な形而上学の基本概念のみをアリストテレスから受け継いだ。ボナヴェントゥラの思索は、シャルトル学派の新プラトン主義よりも、むしろアウグスティヌス、ディオニュシオス・アレオパギテスを権威とし、カンタベリーのアンセルムスとサン＝ヴィクトルのフーゴーに代表される修道院神学により多くを負っている。

ボナヴェントゥラは、世界をその事実的存在と因果性による根拠づけに関して問題にするというよりも、むしろ世界を人間のための意味の構造、すなわち「創造の書物」ないしは「神へいたる精神の道程」として観想的に思索した。[*131] こうして彼は、存在を個別的実体において現実態化されたものとみなすアリストテレス的な問題設定を根本から拒否することによって、創造を通じての直観的な「神への上昇」[*132]（ascensus in deum）を人間に対して開こうとしているのである。「魂はこれ〔被造物〕を見るとき、影から光へ、道を通して目的地へ、痕跡を通して真なるものへ、書物を通して、神のうちに存在する真なる知識へと超えていくべきだと魂には思われる。この書物を読むことは、至高の観想者に属するのであり、事物の本性のみを知り、それを痕跡としては理解することのない自然哲学者に属するものではない」[*133]。自然の象徴的解釈において、ボナヴェントゥラの根本的な関心は、神学的諸前提と観想的思考形態を保持すること、すなわち神学的・キリスト論的に規定された世界観の統一を貫くことにあった[*134]。哲学はただ神学の内部においてのみ自らの真理を得るが[*135]、それのみでは不可避的に誤謬に陥る[*136]。そこで哲学者たちは無からの創造を認識せず、神を創造者としてではなく制作者とみなしたのである[*137]（ここにおいてボナヴェントゥラは、他の箇所[*138]ではアリストテレスを論駁するために用いたプラトンの『ティマイオス』を念頭に置いている）。「すなわち、ある人が知恵を探究するために好奇心によって被造物を調査するなら、そのとき彼は知恵からますます遠ざかることになる」[*139]。そのため自然は、神を認識することによって、はじめてその被造的本質を明かすのである。「そのものが何によって造られたかを知らない限り、被造物の認識に達することはできない」[*140]。

こうした考えに立脚して、自然に対する捉え方は、創造主への信仰にもとづいて規定される。「そのもの〔世界の被造物〕に関して、全体として以下のことを支持するべきである。つまり世界という機構の全体は、第一の、唯一にして最高の原理によって、時間的に無から造られたのであり、こうしてこの原理の力は無限であるにせよ、すべてを一定の目方、数、尺度に従って配置した」[*141]。ボナヴェントゥラは、信仰にもとづいて、被造物の時間的始まりを哲学的に説得力ある仕方で証明しようと試みた[*142]。また信仰者にとっては、自然はその神との類似性において露わになる。

「いかなる被造物も……神に類似している。したがっていかなる被造物を通しても神を知るにいたる」[*143]。しかしながらこのような類似性は、エリウゲナやシャルトルのティエリの場合とは異なり、数的同一性とは明確に区別される。「というのは事物は、それが数的に一つであるほどには、自らの類似との同一性をもたないからである」[*144]。ボナヴェントゥラはこのような類似性を、有限者の存在においてだけでなく、その多様な諸側面や諸原理のうちにも認めるが、それらは常に三項からなる組に配置され、それによって神的な三位一体を反映している。それゆえ、たとえば質料・形相・合成、あるいは実体・能力・働きといった三一的構造に見られるように[*145]、いかなる被造物も神の「痕跡」(vestigium)なのである。こうした被造的世界は、宇宙あるいは最高の天体を頂点とするのではなく、「他のものを表現し、それを模倣するものは似像と言われる」[*146]限りで神の似像である人間をその最高段階とするのである。なぜなら神は、造られたものによって認識され愛されるために、人格的関係を目的として、創造を行うからである。「もし〔芸術家が〕、自らを愛し認識するような結果を造ることができるなら、当然にそのようにするであろう」[*147]。その際には、神による直接的な創造こそが、被造物の神に対する受容性、および被造物の神との同型化の可能根拠となっている。すなわち被造物は、「彼へと直接に方向づけられているがゆえに、彼を受容できるのであり、また逆のこともある。そして彼を受容できるからこそ、彼と同じ像《すがた》になるような本性をもっているのである」[*148]。

(四) トマス・アクィナス

自然についてのボナヴェントゥラの考察は讃美と言えるほどに神中心的なものであったのに対して、トマス・アクィナスの創造論[*149]は、極度の明晰さを具えた、ほとんど装飾のない体系をなしている。トマスは創造の問題を厳密に哲学的に、すなわち純粋に存在論的に扱うために、創造の主題を『ティマイオス』、さらに――引き続いて簡潔な仕方で註解を行うとはいえ[*150]――「創世記」の記述からさえも区別している。有限的存在全体はそれ自体として存在そのものではなく、存在を分有しているものであるため、それは全体として存在自体を原因としている[*151]。それゆえ存在者をその存在全体において造り出すことこそが、創造の本質をなしているのである。「神、すなわち存在者全体の普遍的原因に由来するのでないものは、存在者のうちには何もない[*152]」。こうして、存在者そのものについての形而上学そのものの問いがはじめて、全体としてかつ根本的に、創造への問いにおいて展開されることになった[*153]。有限者の被造的存在の構造は、たとえば時間的変化などによってではなく、存在の完全性を分有するその段階性によって規定される。「存在を分有するさまざまな仕方に従ってさまざまに分化し、それによって、完全性のより強いものとより弱いものは、すべて、最も完全な仕方において存在するところの、一なる第一存在によって原因づけられているのでなければならない[*154]」。こうして、プラトン的に捉えられた分有は、存在一般の地平において、流出の概念を介して[*155]、主にアリストテレスの概念をさらに発展させた原因性[*156]への洞察へといたった。存在者はその存在全体において根拠づけられたものである以上、質料もまたともに創造されたものである[*157]。それゆえ創造は、先在的な質料を前提とするアリストテレス的な生成の概念によって総括することはできない[*158]。存在者の存在全体の根拠づけにおいては、いかなる存在者もこのような意味で「何も」（nihil）創造に先行することはないということが含まれているのである[*159]。

創造は有限的存在者とその存在そのものに関わるものであるが、その際には、形相と質料の結合によって成立する事実的実在が考えられているわけではない。むしろあらゆる存在者にとって最も内的なところであるそれ自らの存在は、質料・形相という原理の区別に先立つのであり、この内的次元においてこそ、存在者は神の純粋な存在によって根拠づけられる。「存在は、何ものにあってもその最も内的なるもの、何よりも深く内在するものである。それは、……事物において存するあらゆるものについてその形相という位置にあるものだからである。こうして神は、すべての事物においてあり、しかも最も深くその内奥にあるのである[*160]」。このような、自らの存在における神の最も内的な現存を通して[*161]、存在者はその自立性において確立される。「厳密な意味で造られたのは自存する事物であり、それは何であってもそうである[*162]」。このような神の最高の内的現存、あるいは被造物の側から言うなら、その実在的な依存関係を通して、存在者はその実体的な存在を自ら自身のものとして与えられている。「創造とは、被造物においては、その存在の根源としての創造主への一種の関係であるほかはない[*163]」。しかも「被造物の神への関係は、実在的な関係である[*164]」。それゆえ純粋存在たる神へと向かう被造物の超越との関係は、被造物の最も内的な存在において根拠づけられる。こうして、被造物の内的自己超越の基盤が据えられたのであり、この主題はエックハルトにおいてさらに展開されることになる。

　ところで被造物の有限的存在は神の行為によって根拠づけられ、さらに行為は行為者の存在に由来するものであるがゆえに、神は自らの存在を通じて被造物を根拠づけると言ってよい。なるほど、創造行為とその作用の多様な側面は、アウグスティヌスを踏まえて、固有の仕方で神の三位格《ペルソナ》に帰せられ[165]、それゆえに信仰者は被造物において三位一体の痕跡を認めることができるとはいうものの[166]、存在論的に見るならば、神は、三位格に無区別に共通な一なる自らの存在を通じて行為するのである。「創造するということは、神の存在に即して、神に属する。だが神の存在は、神の本質にほかならず、神の本質は三つの位格に共通のものである。それゆえ、創造することは、ある一つの位格に固有のものではなく、三位格全体に共通のものである[167]」。

　このような神の創造の一なる原因性は、存在者における結果に応じて、作用因・範型因・目的因という三契機に分化するが[168]、そのうちでは作用因的な存在の根拠づけが創造の本質をなしている。「創造するとは存在を付与することである[169]」。また存在はそのつど形相的に規定されるため、被造的存在の原因である神は、その本質そのものの原因であり、神自らの存在への分有の可能な形態としてのイデアの認識を通じて、「あらゆるものの第一の範型因[170]」でもある。さらに行為は目的によって導かれており、行為者の目的は同時に、その受容性の構造を通じて、働きかけられたものの目的ともなるために、神は被造物の目的因でもある。ところで神は、自由な行為を通してであるが、可能な限り自らを分け与える純粋な現実態《アクトゥス》として[171]、「もっぱら自らの完全性、すなわち自らの善性を他に伝達することを意図する[172]」。それゆえあらゆる有限的存在者は本性的に、「何らかの善を欲求することによって、神を目的として欲求する。……〔それはすなわち〕神の類似を分有する限りにおいて〔である〕」。[*173] しかし有限的な完全性は無制限に増大しうるために、最善の世界という概念は自己矛盾に陥る。[*174] 神の創造行為は、有限的存在者の存在を根拠づけ、また純粋存在のみが存在そのものを造り出しうるため、創造行為全体は有限的な中間原因を介さずに直接個々の有限的存在者と関わり、その直接的な関わりは物体にまで及ぶことになるのである。[*175]

以上の存在論的基盤においては、原因性の構造が解明されると同時に、被造物が自立的存在・形相・固有の作用を付与されているということが強調されており、それによってトマスは、アリストテレス受容にともなって引き起こされた哲学的問題に対して応えていると言えよう。これに対して世界の時間的始まりについての問いは、トマスにとっては付随的な意味をもつにすぎなかった。トマスは、世界の時間的始まりを論破するアリストテレスの議論が有効でないことを示す一方で、[*176] 時間的始まりを理性的に認識可能なものとする（トマス自身はその名を挙げてはいないが）ボナヴェントゥラのさまざまな論証に対しては、知性の対象たる何性と、時間・空間とのあいだには何の関係もないことを原理的考察によって証明し、その説を斥けている。[*177] こうしてトマスはこの問題を、哲学的には決定不可能なものと理解し、世界の時間的始まりの命題を純粋に信仰上の命題とみなしたのである。[*178] このように、トマスの哲学的創造論においては、哲学的理性の最高の可能性が展開されていると同時に、ただ信仰においてのみその意義が把握される事実的・歴史的現実を前にして、単なる理性は自らの限界に直面するのである。

六　後期スコラ学――超越との関係における自然

(一) ウィリアム・オッカム

世界の時間的始まりについての問いは、一三〇〇年頃[*179]、たとえばドミニコ会士メッツのヤコブス[*180]（一三〇〇/〇四年頃活動）によって議論され、さらに十四世紀においては、ランゲンシュタインのハインリヒ[*181]（一三四〇頃―九七年）に見られるように、「創世記」の記述の自然学的解明を通して創造の問題に接近しようとする新たな試みがなされた。しかしながら自然学と聖書における創造の記述を統一的に捉える伝統的理解は、十四世紀において経験的・合理的な物理・天体理論が確立するにともなって、その信憑性と意義とを失っていった。こうして自然認識と創造思想は根本的に分離することになった。

ウィリアム・オッカム[*182]（一二八五頃―一三四七年）は創造を理解するに際して、伝統に依拠しながら、被造物がその実在に関して神に依存することとして創造を捉えている。「私は以下のように言う。すなわち、創造とはただ被造物の実在を指すばかりではなく、神的本性が実在しなければ被造物は存在できないということ、そしてその逆ではないということを意味するものなのである[*183]」。被造物としての有限的存在者は、創造主としての神への実在的関係を有する[*184]。有限的存在者が神にその直接の原因をもつという事実は、その原因づけにおける神の自由[*185]と同様に、ただ信仰においてのみ確証されることであり、理性的な証明の対象となるものではないが、世界内にはまた部分的で中間的な諸原因が存在するため、その事実は間接的な道を通して納得しうる。「第二のことについて私はまず、神はあらゆるものの間接的ないし直接的原因であると言う。このことは証明されえないにしても、私は権威と理性にもとづいてこれを納得させるのである」[*186]。オッカムは、時間的始まりをもたない創造、すなわち「永遠からの」(ab aeterno)世界というのは矛盾を含むものではなく、それゆえ現実に可能であるとみなしているため[*187]、ここにおいて無からの創造の概念[*188]と継続的な保持という概念が一致することになる。「私は言う。すなわち、造ることすなわち創造と、保持とは、神に関しては異なったものではない。なぜなら何ものも、神によって保持されることなしには、神によって造られえないからである」[*189]。本性による必然性ではない自由な創造の業において、神の「絶対的能力」(potentia absoluta)が示される。それというのも創造の業は、世界内のいかなる二次的な原因をも必要とせず[*190]、またその業はそこにおいて事実的に造られたものに尽きるわけではないため[*191]、創設された世界秩序ないし「秩序づけられた能力」(potentia ordinata)は、新たな自由な意志の業によって改変されうるからである[*192]。

(二)　マイスター・エックハルト

創造という事実に重点を置くオッカムの見解に対してマイスター・エックハルトは、根源に遡るという「帰属の類比」[*193]の徹底的な解釈を通して、神と被造物、特に人間との関係を解明することを自らの課題とした。エックハルトによれば、神は外へと向かうのではなく、自らにおいて創造するため[*194]、被造物は、その有限的存在としての固有性において対象化されない限り[*195]、神に対して独立した存在をもたないという存在論的な無性[*196]を通して、唯一かつ純粋な存在としての神への指示となる。[*197]人間には自らの魂の根底においてこの存在論的関係が開示されているがゆえに[*198]、有限的存在者の自己超越[*199]は、それ自らの知性の根底において、神の造られざる現存という、創造に先立つ領域へと達する。[*200]自らの超越の運動におけるその被造的存在の遂行によって、人間は神からの誕生[*201]、すなわちその救いと神化を実現する。こうして、三位一体内の御子の誕生・創造・救いは[*202]、時間的差異を度外視するかたちで[*203]、しかしそれらの存在論的な区別を保ちつつ、同一の構造をもつものと認められる。しかも被造的存在と救済の恩寵の授与は、その根底においてただ一つの出来事として、神の絶対的先駆性を際立たせながら、神と人間の相互的な一致[*204]の可能性を開くのである。

註

＊1——「彼はその偉大な言葉によって万物を構成したが、また言葉によってそれらを破壊することもおできなのだ」: Clemens Romanus, *Epistula ad Corinthios* I, 27, 4.〔『クレメンスの手紙——コリントのキリスト者へ 一』小河陽訳、『使徒教父文書』講談社文芸文庫、一九九八年、所収〕

＊2——「すべてを支配される主よ。あなたはあなたの御名のゆえに万物を創造されました。あなたは人間に食物と飲み物を与えて楽しませてくださいました。それは人間があなたに感謝して祈るためです」: *Didache* 10, 3.〔『十二使徒の教え』杉崎直子訳、上智大学中世思想研究所編訳／監修『中世思想原典集成』一「初期ギリシア教父」、平凡社、一九九五年、所収〕

＊3——「何よりもまず、万物を造られ、秩序づけられ、万物を無から有へと造られ、万物を包容したもうが、御自らは包容されることのない方でありたもう神を、信じなければならない」: *Pastor Hermae*, Mand. 1, 1.〔『ヘルマスの牧者』「第一のいましめ」荒井献訳、『使徒教父文書』所収〕

＊4——Aristides, *Apologia* 1; *ibid.* 4; 15.〔アリスティデス『弁証論』井谷嘉男訳、『キリスト教教父著作集』一二、教文館、二〇一〇年、所収〕

＊5——Justinus, *Apologia* I, 10.〔ユスティノス『第一弁明』柴田有訳、『キリスト教教父著作集』一、一九九二年、所収〕

＊6——「それではさらに、王よ、それらの構成要素そのものへと話を進めましょう。そうするのは、それらの要素について、それらが神々ではなく、死滅するもの、変化するものであり〔ロマ一・二三〕、真に神である方の命令により存在しないものから導出されたものであること、他方、真の神は不滅、不変、不可視であること、を示したいがためです」: Aristides, *op. cit.* 4.〔『弁証論』〕

＊7——「〔世界の構成要素は〕死滅するもの、変化するものであり、……真の神は不滅、不変……であること」: *ibid.*〔同〕

＊8——「〔というのもキリスト教徒は、〕万物の創造者にして制作者なる神を〔知っており〕……」: *ibid.* 15.〔同〕

＊9——Justinus, *op. cit.* I, 20, 4〔『第一弁明』〕; *ibid.*, 59, 1-5.〔同〕。Cf. G. May, *Schöpfung aus dem Nichts. Die Entstehung der Lehre von der Creatio ex nihilo*, Berlin/New York 1978, S. 124.

＊10——*Ibid.*, S. 46; Justinus, *Apologia* II, 6.〔ユスティノス『第二弁明』柴田有訳、『キリスト教教父著作集』一、所収〕

＊11——「質料は、神と同じように始まりがないということはないし、始原を有すことのない神と同等の力をもつわけでもない。実際に質料は、他の何ものかによって創造されたのではなく、ただ宇宙の創造主によって造り出されたものである」: Tatianus, *Oratio ad Graecos* 5.

*12——「プラトンと彼に従う人々は、神が造られたものではなく、宇宙万物の父にして造り主であると同意している。さらに彼らは神と質料は造られたものではないと仮定し、質料は神と同時に存在したと言っている。しかし、もし神が造られたものではなく、質料も造られたものではないならば、プラトン主義者に従えば神は宇宙万物の造り主ではないし、彼らに従う限り、神の単一支配は示されない」: Theophilus, *Ad Autolycum* 2, 4.〔テオフィロス『アウトリュコスに送る』今井知正訳、『中世思想原典集成』一、所収〕

*13——*Ibid*. 2, 4〔同〕; *ibid*. 2, 13.〔同〕

*14——ex nihilo nihil fit. Cf. G. May, *op. cit*., S. 166.

*15——「神はあらゆるものを無から存在へともたらしたが、それは、彼の偉大さがその業を通して認識され、知られるためであったのである」: Theophilus, *op. cit*. 1, 4.〔『アウトリュコスに送る』〕

*16——*Ibid*. 2, 9-33.〔同〕

*17——Irenaeus, *Adversus haereses* III, 11, 8〔エイレナイオス『異端反駁』三、小林稔訳、『キリスト教教父著作集』三／一、教文館、一九九九年〕; *ibid*. IV, 11-14.〔『異端反駁』四、同訳、『キリスト教教父著作集』三／二、二〇〇〇年、所収〕

*18——Cf. G. May, *op. cit*., S. 167-182.

*19——Origenes, *De principiis* I, 5, 3.〔オリゲネス『諸原理について』小高毅訳、創文社、一九八五年〕。Cf. L. Lies, *Origenes' 'Peri Archon'. Eine undogmatische Dogmatik. Einführung und Erläuterung*, Darmstadt 1992, S. 68-90.

*20——Origenes, *op. cit*. II, 1, 2.〔『諸原理について』〕

*21——*Ibid*. II, 1, 3.〔同〕。Cf. P. Heimann, *Erwähltes Schicksal. Präexistenz der Seele und christlicher Glaube im Denkmodell des Origenes*, Tübingen 1988, S. 150-152.

*22——Basileius, *Homiliae in Hexaemeron* 1.〔バシレイオス『ヘクサエメロン（創造の六日間）』第一講話、出

村和彦訳、『中世思想原典集成　精選』一「ギリシア教父・ビザンティン思想」、平凡社、二〇一八年、所収〕。Cf. Stig Y. Rudberg, Les homélies sur l'Hexaéméron. Quelques aspects sur leur contenu, in: *Basilio di Cesarea. La sua età, la sua opera e il Basilianesimo in Sicilia*, (Atti, 1979), vol. 1, Messina 1983, pp. 381-391.

*23――Gregorius Nyssenus, *De hominis opificio* 6-7.〔ニュッサのグレゴリオス『人間創造論』秋山学訳、『中世思想原典集成』二「盛期ギリシア教父」、一九九二年、所収〕

*24――Cf. M.-A. Vannier, "*Creatio*", "*Conversio*", "*Formatio*" *chez S. Augustin*, Fribourg 1991, pp. 206-211.

*25――「〔何のために造ったかと問うならば〕〈神は言われた、光あれ、すると光が成った〉と答えられる。〈何のために造ったか〉と問うならば、〈その善さゆえに〉と答えられる。神に優る制作者はなく、神の言葉よりも力ある術知はなく、善い神によって善いものとして造られる以上に善い原因はないのである」: Augustinus, *De civitate Dei* 11, 21.〔アウグスティヌス『神の国』上、泉治典訳、『キリスト教古典叢書』教文館、二〇一四年〕。Cf. id., *Confessiones* 13, 4, 5; 12, 7, 7.〔同『告白』三、山田晶訳、中央公論新社、二〇一四年〕

*26――「なぜ神が世界を造ろうとされたのかを問う者は、神の意志の原因を問うているのである。しかし、どの原因も働きかけるものである。働きかけるものはすべて、働きかけられるものに勝っている。ところで、神の意志ほど偉大なものはない。したがって、その原因を求めるのは不要である」: id., *De diversis quaestionibus LXXXIII*, 28.

*27――「かの時にはすべてを同時に造られ、その業において、潜勢的、原因的に生えいでさせておられたのである」: id., *De Genesi ad litteram* 6, 4, 5.〔アウグスティヌス『創世記〔逐語〕注解』一、片柳榮一訳、『アウグスティヌス著作集』一六、一九九四年〕

*28――*Ibid*. 5, 4, 9; 6, 10, 17; 10, 20, 35.〔『創世記〔逐語〕注解』二、片柳榮一訳、『アウグスティヌス著作集』一七、一九九九年〕

＊29――Id., *Confessiones* 11, 29, 39.〔『告白』三〕。Cf. M.-A. Vannier, *op. cit.*, pp. 141-144.

＊30――「ところで、それ〔可変的なもの〕はいかなる仕方で存在したにせよ、あなたによって存在したことに間違いありません。およそ存在するものはすべて、存在する限り、あなたによって存在するのですから。しかしあなたに類似する度合いが少ないほど、それだけあなたから――空間的にという意味ではなく――遠ざかります。そこで主よ、別のときに別のものであるとか、別のときに別様であるとかいうことがなく、いつも同じもの、同じものである……あなたは何ものかを無からお造りになった」: Augustinus, *Confessiones* 12, 7, 7.〔『告白』三〕

＊31――「〔水がその形相を受け取ったのは、神が〕〈天空のもとにある水は集まれ〉〔創世記一・九〕と言ったときであり、集まることがつまり形成されることであったとすれば、天空の上にある水については何と答えるべきか。その水はまだ無形のものだったから、そんな立派な地位を占めるに値するものではなかったし、それがいかなる神の声によって形成されたか、〔聖書には〕記されていないのである」: *ibid.* 12, 22, 31; cf. id., *De Genesi ad litteram* 1, 2, 4-6.〔『創世記〔逐語〕注解』一〕

＊32――「私はいたく驚くとともに燃え上がります。いたく驚くのは、私がそのものに類似していないからであり、それにもかかわらず燃え上がるのは、私がそのものに類似しているからです」: id., *Confessiones* 11, 9, 11.〔『告白』三〕

＊33――「この転向と形成において被造物は、おのおの仕方で、御言葉なる神、つまり自身と御父とを一つにしているその全き類同性と等しき本質によって常に御父に結合している御子たる神に倣うのである。ところが創造者に背を向け、無形相的で未完なままにとどまるのであれば、それは御言葉のこの形相を模倣するものではない」: id., *De Genesi ad litteram* 1, 4, 9〔『創世記〔逐語〕注解』一〕; cf. id., *De Genesi contra Manichaeos* 2, 7, 9.

＊34――「〔創造のとき〕たしかにこの地は、目には見られず整わず、何かしら深い淵のようなものであり、その上には光がなかった。それは何の形ももっていなかった。……この無形の質料にあなたが形を与え

区別する以前には、何ものもなかった……ということを教えてくださったのはあなたではありませんか」: id., *Confessiones* 12, 3, 3〔『告白』三〕;「そしてまた主よ、あなたは強い声で私の内なる耳に向かいおっしゃった、自然の世界に実在しているもので、あなたが存在すると同じ仕方で存在してはいないが、それにしても存在しているものはすべて、あなたがお造りになったと」: *ibid.* 12, 11, 11〔同〕;「〔天地が何番目の日に造られたか聖書で語られていないのは〕一つには〈天の天〉〔の無時間性〕のゆえと理解します。これは知性的天のことであり、そこにおいては知性は同時に知ります。部分的にではなく、謎めいた仕方でなく、鏡を通してでもなく、全体的に、露わに、顔と顔を合わせて知ります」: *ibid.* 12, 13, 16.〔同〕

＊35――「ところがあの地の全体は、ほとんど無に近いものでした。……あなたは世界を無形の質料からお造りになりましたが、その質料をほとんど無に近いものとして、無なるものから造られた。それは質料から、私たち人の子らが驚嘆するすばらしいものをお造りになるためでした」: *ibid.* 12, 8, 8.〔同〕

＊36――「このほとんど無に近いものから、この世界のすべてのものをあなたはお造りになるはずでした。そのすべてのものから、変動する世界は成り立っているが、〔不変として〕成り立っているのではない。この世界のうちには可変性が認められるのです」: *ibid.*〔同〕

＊37――「おお真理よ、わが心の光よ。わが闇をしてわれに語らしめたもうな。私はこの世のものに流れ落ち、暗くなっていました。しかしそこにおいてもあなたを深く愛していたのです。私は迷っていましたが、それでもあなたのことを覚えていました。戻ってくるようにと呼びかけるあなたの声を、私の背後から聞きました」: *ibid.* 12, 10, 10.〔同〕

＊38――「あなたの御言葉の驚くべき深さ」: *ibid.* 12, 14, 17.〔同〕

＊39――「その深さを見つめていると恐ろしくなってきます。それは、畏敬に満ちた感嘆と愛による震撼です」: *ibid.*〔同〕

＊40――「教師　それでは、述べたように、自然というのが存在するものと存在しないものすべての一般的な名

称なのだね。／弟子　確かにそのとおりです。」: Johannes Eriugena, *Periphyseon* I (PL 122, 441A).〔ヨハネス・エリウゲナ『ペリフュセオン（自然について）』今義博訳、『中世思想原典集成 精選』三「ラテン中世の興隆 一」、二〇一九年、所収〕

＊41——「自然を分割すれば、四つの差異によって四つの種に分けることができると、私には思われる。それらのうち第一は創造し創造されない自然、第二に創造され創造する自然、第三に創造され創造しない自然、第四に創造せず創造されない自然である」: *ibid*. I, 1 (PL 122, 441B).〔同〕

＊42——「それゆえ、理性と知性によって把握されうるものは存在すると言われるのは正しく、それに対して、すべての理性と知性を超えているものは存在しないと言われるのも同様に正しいのである」: *ibid*. I, 7 (PL 122, 447A).〔同〕

＊43——*Ibid*. II, 2〔同〕; ibid. III, 3-4.〔同〕。Cf. J. Moreau, Le Verbe et la création selon S. Augustin et J. Scot Érigène, in: *Jean Scot Érigène et l'histoire de la philosophie*, Paris 1977, pp. 201-209.

＊44——「したがって、われわれは神と被造物を、それ自体から離れた二つのものとして理解するのではなく、まったく同一のものと理解しなければならない」: Johannes Eriugena, *op. cit*. III, 17 (PL 122, 678C).

＊45——「実際、神の存在だけが神と言われるのではなく、知性的被造物と理性的被造物に対してそれぞれの能力に応じて、神が自分自身を示すある仕方もまた、聖書においてしばしば神と呼ばれているのである。ギリシア人がテオファネイアと呼び慣わしているもの、つまり神の顕現なのである」: *ibid*. I, 7 (PL 122, 446C-D)〔『ペリフュセオン』〕;「確かに、神の本性の創造、すなわち何かあるものにおける顕現は、すべての存在するものに対する存在付与なのだから」: *ibid*. I, 13 (PL 122, 455B).〔同〕

＊46——「なぜなら、被造物は神の中に存在しており、神は驚くべき言表不可能な仕方で被造物の中に創造され、自らを現し、不可視のものを可視的に、把捉不可能なものを把捉可能に、隠されていたものを明らかに、未知のものを既知にするからである」: *ibid*. III, 17 (PL 122, 678C).

＊47——「私がここで言わんとするのは、御言葉の受肉や托身についてではなく、一性であり、最高にして三一

的なる善の、存在者に向かう言表不可能な下降である。この下降によって最高の三一的なる善は、最高のものから最低のものにいたるまですべてのうちで、常に永遠に、常に存在し、それ自身に即してそれ自体において永遠に存在するようになる」: *ibid*. III, 17 (PL 122, 678D).

＊48――「万物の創造主は万物の中で創造され、万物の制作者は万物の中で造られ、永遠不動となり始め、万物の中で動き、万物の中で万物となる」: *ibid*. III, 17 (PL 122, 678C).

＊49――*Ibid*. III, 8 (PL 122, 640A-B).

＊50――「人間に理解できない被造物は存在しないため、通常、すべての被造物は聖書の中で名前が与えられている。実際、福音書にはこう書かれている。〈すべての被造物に福音を宣べ伝えよ〉〔マルコ一六：一五〕」: *ibid*. II, 9 (PL 122, 536B). Cf. M. Cappuyns, *Jean Scot Érigène, sa vie, son œuvre, sa pensée*, (1933), Bruxelles 1969, pp. 356s.

＊51――Johannes Eriugena, *op. cit*. I, 27-45.

＊52――*Ibid*. I, 46-61.

＊53――*Ibid*. II, 7〔『ペリフュセオン』〕; 9; 14.

＊54――「私はここで本性と本質を同じものと理解している」: Anselmus, *Monologion* 4.〔アンセルムス『モノロギオン』古田暁訳、『中世思想原典集成』七「前期スコラ学」、一九九六年、所収〕

＊55――*Ibid*. 3.〔同〕

＊56――*Ibid*.〔同〕

＊57――*Ibid*. 7.〔同〕

＊58――*Ibid*. 8;「何ものかが無から造られるということの第三の解釈は、確かに何ものかが造られはしたが、それがそこから造られたという、その何ものかが存在しないと理解する場合である」: *ibid*.〔同〕

＊59――「なぜなら、あるものによって何ものかが理性的に造られるには、造るものの理性のうちにあらかじめ、造られるべきものの何らかの範型、あるいはより適切には形相や類似や規則といったものが存在しな

ければ、それはまったく不可能だからである」: *Ibid*. 9.〔同〕。Cf. R. Javelet, *Image et Ressemblance au douzième siècle. De saint Anselme à Alain de Lille*, 2 vols., Strasbourg 1967, I, pp. 125-157; 169-245.

＊60――「何ものかであるものが無を通して存在するなどけっして理解できないことだから、この本性は無を通して存在するものではない」: Anselmus, *op. cit*. 6.〔同〕

＊61――「私がここで精神あるいは理性の言表と言うのは、もろもろのものを意味する言葉を考えることではなく、もろもろのもの自身を、それが将来存在するにせよ、すでに存在しているにせよ、思考の眼をもって精神のうちで凝視することである」: *ibid*. 10.〔同〕

＊62――「制作者がのちに業において精神の想念を実現するところのものを、あらかじめ精神において把握しているのと同様の仕方で、最高の実体はまず自分のうちで全被造物を言い表し、その上で前述の内的言表に従い、またそれを通して創造することは確実である」: *ibid*. 11.〔同〕

＊63――「しかし私にはこの類似性のうちにも多くの相違が見られる」: *ibid*.〔同〕

＊64――「そして、造られたものはすべてこの〔最高の〕本性によって無から造られて現在あるところのものであるが、一方、それが存在している限り、この同じ本性によって支えられて存続し、また存在を保持しているということは、不条理な精神以外には疑問の余地はありえない」: *ibid*. 13.〔同〕

＊65――*Ibid*. 14.〔同〕

＊66――Cf. H. Flatten, *Die Philosophie des Wilhelm von Conches*, Koblenz 1919, S. 100-146; D. Elford, William of Conches, in: P. Dronke (ed.), *A History of Twelfth-Century Western Philosophy*, Cambridge 1988, pp. 308-327.

＊67――Cf. Guillaume de Conches, *Philosophia (mundi)* I, 1; 7 (Wilhelm von Conches, *Philosophia*, hgg., übers. und komm. von Gr. Maurach, Pretoria 1980).〔コンシュのギヨーム『宇宙の哲学』神崎繁ほか訳、『中世思想原典集成』八「シャルトル学派」、二〇〇二年、所収〕

＊68――*Ibid*. I, 45〔同〕;「しかし、私は彼らがこう主張するであろうことを知っている。〈われわれは確かに

それがどのようなものなのかは知らないが、神がそれをなすことが可能であるということは知っている〉。なんと哀れな。〈なぜならば神はそれをなすことが可能であるから〉と、こう主張することよりも哀れなことがあろうか。それがどのようであるかを見もせず、どのようにしてそれがそのようなのか、その理由を持ち合わせもせず、またそれが何に向かっているのか、その必要性を示しもせずに。なぜならば、神は可能な限りのすべてをなし給うたわけではないからだ。農夫の言葉を引けばこうだ。〈神は木の幹から仔牛を創ることだってできる〉と。しかし、神は今までにそんなことをなさったか。だとすれば彼らは、そのようであることの理由や、何に向かっているのか、その必要性を示すか、もしくは凍った水がそこにあるとか、それらの上にも別の水があるとかいうことを主張することをやめるかすべきである」: *ibid.* II, 5.〔同〕

＊69――「目に見えるものについて論じる際、蓋然的であるが必然的ではないもの、あるいは必然的であって蓋然的でないものを論じるからといって、そのことで非難を受けないよう願いたい。というのも、われわれは哲学者としては、仮に蓋然的でないとしても必然的なものを措定し、自然学者としてはむしろ仮に必然的でないとしても蓋然的なものを付加するからである」: *ibid.* I, 19.〔同〕

＊70――「アベラールは、一貫して物質世界の問題には関心を示さず、自然をただ啓示の伝達手段としか観なかった」: W. Wetherbee, Philosophy, cosmology, and the twelfth-century Renaissance, in: P. Dronke (ed.), *op. cit.*, p. 38. Cf. J. Jolivet, Elements du concept de nature chez Abélard, in: *La Filosofia della natura nel medioevo* (Atti del terzo Congresso Internazionale di Filosofia Medioevale, 1964), Milano 1966, pp. 297-304; D. E. Luscombe, Nature in the Thought of Peter Abelard, in: *ibid.*, pp. 314-319.

＊71――「つまり魂は身体的な諸情念によって意識を朦朧とされ、感覚的形態によって自分自身から離れ、自分が何であったかを忘れ、自分が別の何かであったことを失念してしまうために、自分は見えるもの以外の何ものでもないと信じてしまっているのである」: Hugo de Sancto Victore, *Didascalicon* 1, 1〔サン＝ヴィクトルのフーゴー『ディダスカリコン（学習論）――読解の研究について』五十旗頭博治訳、

『中世思想原典集成』九「サン＝ヴィクトル学派」、一九九六年、所収〕; cf. *ibid.* 1, 5〔同〕; *ibid.*, 2, 5.〔同〕。Cf. R. Baron, L'idée de nature chez Hugues de Saint-Victor, in: *La Filosofia della natura nel medioevo*, loc. cit., pp. 260-263; Ph. Delhaye, La nature dans l'oeuvre de Hugues de Saint-Victor, in: *ibid.*, pp. 272-278.

＊72――「次に、彼は最初の人間の創造を哲学的に、いやむしろ自然学的に描写して、まず人間の肉体は神から造られたのではなく、自然から造られたものであり、彼に魂が神から与えられ、しかる後に肉体そのものがダイモーンと呼ばれる霊たちと星々とによって造られたと言う。……女の創造については、いかに愚かしく、いかに慢心して神的権威による記述を、すなわち神が人の肋骨から女を造るために最初の人を形作ったことを嘲笑しているかはすべての読者に明らかである。このことを自然学的意味で解釈して、あまりにも高ぶり、……記述の真理より自分の発見を誇示しているのである」: Guillaume de Saint-Thierry, *De erroribus Guilelmi de Conchis*, PL 180, 339-340.〔サン＝ティエリのギョーム『コンシュのギョームの誤謬について――ベルナルドゥスへの手紙』高橋正行訳、『中世思想原典集成』一〇「修道院神学」、一九九七年、所収、三九五―三九六頁〕

＊73――Thierry de Chartres, *Tractatus de sex dierum operibus* 1 (ed. N. M. Häring, 1971, p. 556).〔シャルトルのティエリ『六日の業に関する論考』井澤清訳、『中世思想原典集成』八、所収〕

＊74――Cf. T. Gregory, L'idea di Natura nell filosofia medievale prima dell'ingresso della Fisica di Aristotele. Il secolo XII, in: *La Filosofia della natura nel medioevo*, loc. cit., pp. 28-65.

＊75――「〈初めに、神は天地を創造された〉とは、時間の第一の瞬間に質料を〈創造された〉ということである」: Thierry de Chartres, *op. cit.* 5 (ed. N. M. Häring, p. 557)〔『六日の業に関する論考』〕; cf. *ibid.* 6 (ed. N. M. Häring, p. 558).〔同〕

＊76――E. Jeauneau, L'usage de la notion d'integumentum à travers les gloses de Guillaume de Conches, *Archives d'histoire doctrinale et littéraire du moyen âge* 24 (1957), pp. 35-100.

*77——Cf. W. Wetherbee, *art. cit.*, pp. 43-48.

*78——Cf. S. Arcoleo, La filosofia della natura nella problematica di Alano di Lilla, in: *La Filosofia della natura nel medioevo*, loc. cit., pp. 255-259.

*79——T. Struve, The Importance of the Organism in the Political Theory of John of Salisbury, in: M. Wilks (ed.), *The World of John of Salisbury*, Oxford 1984, pp. 303-317; id., *Die Entwicklung der organologischen Staatsauffassung im Mittelalter*, Stuttgart 1978, S. 123-148; W. Wetherbee, *art. cit.*, p. 42.

*80——「世界の構成と装飾から、創造者の力能、知恵、寛大さが人間の理性によって認識されうるのであり、それに従って、われわれが言ったように、神の中で三つの位格が区別される」: Petrus Abaelardus, *Expositio in Epistulam Pauli ad Romanos* 1 (PL 178, 804).

*81——「そしてこのようにして、星の運動と熱から水の中に動物の発生が始まった。ところが、水を媒介にして、この動物の発生は陸にまで達した。そして、物体的なものを創造するこうした方法以外に、天においてであれ地においてであれ、いかなる方法も他の残りのものにはありえなかった」: Thierry de Chartres, *op. cit.* 15 (ed. N. M. Häring, p. 561).〔『六日の業に関する論考』〕

*82——「つまり、配置されたものは、賢明に配置されているものである。したがって、それは何らかの知恵によって配置されている。……ところで、その知恵は人間に属するものか、あるいは神に属するものであるかのいずれかである。だが、事物を生かし話すようにさせる知恵は、人間に属するものではない。……したがって、そのような業をなすのは、神的な知恵である」: Guillaume de Conches, *op. cit.* I, 7.〔『宇宙の哲学』〕

*83——*Ibid.*〔同〕

*84——Cf. Hugo de Sancto Victore, *op. cit.* 2, 1〔『ディダスカリコン』〕; *ibid.*, 3, 1.〔同〕

*85——Cf. John of Salisbury, *Metalogicon* IV, 35.〔ソールズベリーのヨハネス『メタロギコン』甚野尚志訳、『中世思想原典集成』八、所収〕

＊86——「それゆえまた、神に関して、それが存在するということをわれわれはまったく知らないわけではないが、それに帰すべき術語を知らない当の者について、われわれは完全には知ってもいないのである」: Guillaume de Conches, *op. cit.* I, 5.〔『宇宙の哲学』〕

＊87——*Ibid.* I, 7.〔同〕

＊88——Petrus Abaelardus, *Introductio ad theologiam* [*Theologia 'Scholarium'*] III, 5 (PL 178, 1094A).

＊89——Cf. N. M. Häring, The creation and creator of the world according to Thierry of Chartres and Clarenbaldus of Arras, *Archives d'histoire doctrinale et littéraire du moyen âge* 22 (1955), pp. 137-216.

＊90——Cf. John of Salisbury, *Policraticus* VII, 5 (PL 199, 645); Petrus Abaelardus, *Expositio in Epistulam Pauli ad Romanos* I (PL 178, 803); Thierry de Chartres, *op. cit.* 2 (ed. N. M. Häring, p. 555).〔『六日の業に関する論考』〕。Cf. J. M. Parent, *La Doctrine de la création dans l'école de Chartres*, Paris/Ottawa 1938, pp. 69-81.

＊91——Cf. Augustinus, *De doctrina christiana* I, 5.〔アウグスティヌス『キリスト教の教え』加藤武訳、『アウグスティヌス著作集』六、教文館、一九八八年〕

＊92——「実際、もし一性の等性が存在の等性であり、ものの存在の等性がそのものを存在させ、何らかの法、つまり存在の永遠の規準のごとく、ものの存在そのものに境界を画し、限定するのであれば、一性の等性そのものはすべてのものにとっての存在の形相であり形相因であり、永遠の工作者はそれに従ってすべてのものに存在の尺度を設立するのである。この点に疑いはない」: Thierry de Chartres, *op. cit.* 45 (ed. N. M. Häring, p. 574).〔『六日の業に関する論考』〕

＊93——Cf. J. M. Parent, *op. cit.*, pp. 76-81.

＊94——「さて、一性はすべての数を造るのであるから——一方、数は無限である——一性がその可能性の限界をもたないことは必然である。したがって、一性はさまざまな数を造り出すという点においては全能である。ところが、諸数の創造はもろもろの事物の創造である」: Thierry de Chartres, *op. cit.* 36 (ed.

N. M. Häring, p. 570).〔『六日の業に関する論考』〕

＊95――「それゆえ、神は全体として本質的に、いかなるところにも存在することが真に主張される。ゆえに、一性は個々のものにとって存在するための形相である」: *ibid*. 31 (ed. N. M. Häring, p. 569).〔同〕

＊96――*Ibid*. (ed. N. M. Häring, pp. 568s.).〔同〕

＊97――*Ibid*. 32 (ed. N. M. Häring, p. 569).〔同〕

＊98――「とはいえ、神性は個々の事物にとって存在するための形相であるとわれわれが言うとき、三角形性とか、四角形性とか、あるいはそれに似た何かのように、神性が質料のうちに存在を保持する何らかの形相であるという意味で言っているのではない。〔そうではなく、質料でさえも〕神性の現前から存在を保持するということであり、〔その形相は、〕それ自身によりあるいはそれ自身における神性そのものではない、ということである」: *ibid*.〔同〕

＊99――「したがって、あらゆる物体のみならず、またあらゆる霊魂の実体はただ一つであること、またその実体は神そのものにほかならぬことは明らかである。すなわち、あらゆる物体がそこから生ずるその実体はヒュレーと言われ、あらゆる霊魂がそこに由来するその実体は、理性あるいは精神と言われるがゆえに、神はあらゆる霊魂の理性であり、あらゆる物体のヒュレーであることは明らかである」: *Davidis de Dinanto Quaternulorum fragmenta*, ed. M. Kurdzialek, p. 71.〔ディナンのダヴィド『クアテルヌリ（小四部作）――区分について』塩田睦訳、『中世思想原典集成』一三「盛期スコラ学」、一九九三年、所収、「結論」〕。Cf. M. Kurdzialek, David von Dinant und die aristotelische Naturphilosophie, in: *La Filosofia della natura nel medioevo*, loc. cit., pp. 407-416. 次註参照。

＊100――「アリストテレスの論理学書は、新・旧ともに、通常の授業で読まれるべきであり、課程には含まれていない。……祝日であれば、哲学者や修辞学者、四科や破格文法〔ドナトゥス〕、倫理学、さらには『トピカ』第四巻は読んでもよい。アリストテレスの形而上学や自然哲学についての書物、またはそれらの梗概、ディナンのダヴィド師や異端者アマルリクス、マウリキウス・ヒュスパヌスの教説は読ん

ではならない」: Robertus (de Courçon), 1215, mense Augusto (H. Denifle [ed.], *Chartularium Universitatis Parisiensis* I, Paris 1899/Bruxelles 1964, pp. 78s.).

＊101——M.-Th. d'Alverny, *Avicenne en Occident*, Paris 1993; H. S. Lang, *Aristotle's Physics and Its Medieval Varieties*, Albany 1992.

＊102——Cf. I. A. Bello, *The Medieval Islamic Controversy between Philosophy and Orthodoxy. Ijmāʿ and Taʾwīl in the Conflict between Al-Ghazālī and Ibn Rushd*, Leiden 1989, pp. 83-110.

＊103——Cf. R. M. Frank, *Creation and the Cosmic System: Al-Ghazâlî and Avicenna*, Heidelberg 1992, pp. 63-77; 84.

＊104——Cf. H. A. Davidson, *Alfarabi, Avicenna, and Averroes, on Intellect. Their Cosmologies, Theories of the Active Intellect, and Theories of Human Intellect*, New York/Oxford 1992, p. 13.

＊105——「月下界のあらゆる出来事は、創造に際して世界の体系へと組み入れられた不可変の計画に従って、その体系の働きを通じた多くの二次的な諸原因の働きによって原因づけられている」: R. M. Frank, *op. cit.*, p. 83.

＊106——*κινεῖ δὴ ὡς ἐρώμενον*: Aristoteles, *Metaphysica* Λ 7, 1072b3.〔アリストテレス『形而上学』下、出隆訳、岩波文庫、一九六一年。「愛されるものが動かす」〕

＊107——Cf. H. A. Davidson, *op. cit.*, pp. 295-298.

＊108——Cf. J. McEvoy, *The Philosophy of Robert Grosseteste*, New York 1982; K. H. Tachau, *Vision and Certitude in the Age of Ockham*, Leiden 1988, pp. 3-26.

＊109——Albertus Magnus, *De animalibus* XXIII. 英訳としては以下のもの。Albert the Great, *Man and the Beasts. De animalibus (Books 22-26)*, trl. by J. J. Scanlan, Binghamton 1987.〔アルベルトゥス・マグヌス『動物論』（第二三巻）小松真理子訳、『中世思想原典集成』一三、所収〕

＊110——Cf. H. Denifle (ed.), *Chartularium Universitatis Parisiensis* I, loc. cit., pp. 277-279.

*111——Cf. G. G. Meersseman, *Introductio in Opera Omnia B. Alberti Magni O.P.*, Bruges 1931, pp. 1-80; W. Fauser, *Die Werke des Albertus Magnus in ihrer handschriftlichen Überlieferung*, Teil I: *Die echten Werke*, Münster 1982, S. 1-211.

*112——Cf. F. Van Steenberghen, *The Philosophical Movement in the Thirteenth Century*, Edinburgh 1955; id., *Thomas Aquinas and Radical Aristotelianism*, Washington, D.C. 1980.

*113——H. Denifle (ed.), *Chartularium Universitatis Parisiensis* I, loc. cit., pp. 543-555; P. Mandonnet, *Siger de Brabant et l'Averroïsme latin au XIIIme siècle*, IIme partie: *Textes inédits*, Louvain 1908, pp. 173-191〔パリ司教エティエンヌ・タンピエ『一二七〇年の非難宣言／一二七七年の禁令』八木雄二・矢玉俊彦訳、『中世思想原典集成 精選』六「大学の世紀 二」、二〇一九年、所収〕; R. Hissette, *Enquête sur les 219 articles condamnés à Paris le 7 mars 1277*, Louvain/Paris 1977; K. Flasch, *Aufklärung im Mittelalter? Die Verurteilung von 1277. Das Dokument des Bischofs von Paris*, Mainz 1989. 以下、命題の番号に関しては、ドゥニフル版〔マンドネ版〕に従う。

*114——「三〔一三〕、神は自身とは別のものを認識しない」: H. Denifle (ed.), *op. cit.*, p. 544.〔同〕

*115——「五二〔一八〕、神のように自己自身にもとづいて限定されているものは、常に作用しているか、あるいはけっして作用しないかである。そしてこのような多くのものが永遠的なものとして存在する」: *ibid.*, p. 546.〔同〕

*116——「五九〔六四〕、神は、上位の物体の運動の、そして星において生起する結合と分割の必然的原因である」: *ibid.*, p. 547.〔同〕

*117——「四六〔一〇八〕、作用者なしには質料から何かが生じることはありえないが、これと同じように、質料なしに作用者から何かが生じることもありえない。そして神は、質料の可能態のうちに存在をもつものに対してでなければ作出因であることはない」: *ibid.*, p. 546.〔同〕。「五五〔三〇〕、第一のものは自身とは別のものを造り出すことはできない。なぜなら、作用者と造られるものとのあいだにある差

異は、すべて質料によるものであるからである」: *ibid.*〔同〕

＊118——「四四〔二八〕、一つの第一作用者からは多数の結果が存在することはありえない」: *ibid.*〔同〕

＊119——「四八〔二二〕、神は新たに造られるものの原因であることはできないし、新たに何かを造り出すこともできない」: *ibid.*〔同〕

＊120——「四三〔六八〕、第一原理がここ下界における造られたさまざまなものどもの原因でありうるのは、ただ他の諸原因を媒介としてのことである。なぜなら、変化させるものは、自らが変化させられることなく、さまざまな仕方で変化させることはないからである」: *ibid.*〔同〕。「六三〔六九〕、神は、二次的原因によってのみ、二次的原因の結果に関わりうる」: *ibid.*, p. 547.〔同〕

＊121——「九九〔八三〕、世界は確かに無から造られたものであるとしても、しかし新たに造られたものではなく、また世界が非存在から存在へといたったものであるとしても、しかしその非存在は持続において存在に先行しているのではなく、ただ本性上先行しているにすぎない」: *ibid.*, p. 549.〔同〕

＊122——「六二〔二五〕、神は無限の力をもつが、それは神が何かを無から造るからではなく、神が無限の運動を持続させるからである」: *ibid.*, p. 547.〔同〕

＊123——「四〔八七〕、始原の側で永遠でないものは何であれ、終端の側で永遠ではない」: *ibid.*, p. 544.〔同〕。「八七〔八五〕、世界は、その内に含まれたすべての種に関して永遠である。また、時間は永遠であり、運動も質料も作用者も作用の受容者も永遠である。なぜなら、それは神の無限な能力によって存在しており、原因における革新なしには結果における革新はありえないからである」: *ibid.*, p. 548.〔同〕。「八九〔八九〕、第一のものの意志は両立不可能な矛盾を含んでいると言うのでもない限り、世界の永遠性についての哲学者〔アリストテレス〕の議論を解決することはできない」: *ibid.*〔同〕。「九八〔八四〕、世界は永遠である。なぜならあるものがそれによって未来の全体にわたって存在することが可能になるような自然本性をもつならば、このものはそれによって過去の全体にわたって存在していたということが可能になるような自然本性をもっているからである」: *ibid.*, p. 549.〔同〕

＊124——「九〔一三八〕、最初の人間というものはいなかったし、最後の人間と言えるものもいないであろう。むしろ常に人間から人間が生じたし、また常に生じるであろう」: *ibid*., p. 544.〔同〕

＊125——「三〇〔五八〕、上位の知性実体は理性的霊魂を天の運動なしに創造するが、これに対して、下位の知性実体は栄養的霊魂と感覚的霊魂を天の運動を媒介にして創造する」: *ibid*., p. 545.〔同〕

＊126——「六七〔三六〕、端的に動かされえない第一のものは、何らかの動かされるものを媒介してでなければ〔他のものを〕動かすことはない。そして、この種の動かされえない動者は自らにもとづいて動くものに属している」: *ibid*., p. 547.〔同〕

＊127——「一〇六〔八一〕、すべての形相の直接の作出因は天球である」: *ibid*., p. 549.〔同〕

＊128——「三八〔一〇七〕、神は天体を媒介とすることなしには第一質料を造ることができなかった」: *ibid*., p. 545.〔同〕

＊129——Cf. Z. Hayes, *The General Doctrine of Creation in the Thirteenth Century, with special emphasis on Matthew of Aquasparta*, München 1964, pp. 64-68.

＊130——Cf. J. B. M. Wissink (ed.), *The Eternity of the World in the Thought of Thomas Aquinas and his Contemporaries*, Leiden 1990.

＊131——Cf. W. Rauch, *Das Buch Gottes. Eine systematische Untersuchung des Buchbegriffes bei Bonaventura*, München 1961, S. 28-171. Bonaventura, *Itinerarium mentis in Deum*.〔ボナヴェントゥラ『魂の神への道程』長倉久子訳・註解、創文社、一九九三年〕

＊132——「神への上昇には二通りのものがありうる。一つは〈現前するものを見渡す〉という限りにおいてであって、この意味ではどんな被造物も神へと導く性質を具えている」: id., *Commentaria in librum primum Sententiarum* [=*I Sent.*] d. 3 p. 1 a. un. q. 2 ad 4 (*Opera omnia* [=*Op.*] I, 72).〔ボナヴェントゥラ『命題集註解』（全巻序言から第一巻第三区分まで）須藤和夫訳、『中世思想原典集成』一二「フランシスコ会学派」、二〇〇一年、所収〕

*133――Id., *In Hexaëmeron* 12, 15 (*Op*. V, 386).

*134――「中央から始めなければならない。それはキリストである。彼こそ神と人間の仲介者であり、万物の中心である」: *ibid*. 1, 10 (*Op*. V, 330).

*135――「最高の実体にまで及ぶほどの自然学と形而上学の知識を人間が獲得し、そこに到達して安息を得ることは不可能である。信仰の光によって助けられなければ、人間は誤りに陥らざるをえない」: id., *De septem donis Spiritus Sancti* 4, 12 (*Op*. V, 476).

*136――「以下のことを真理と言わなければならない。すなわち、世界は存在するために創られたのであり、しかも全体としてだけでなく、内在的原理に従って創られた。その原理は、他のものからでなく、無から創られた。――この真理はいまやあらゆる信徒にとって明白であり、明瞭である一方で、哲学的知恵に対しては隠されている」: id., *Commentaria in librum secundum Sententiarum* [=*II Sent*.] d. 1 p. 1 a. 1 q. 1 concl. (*Op*. II, 16).

*137――「プラトンは自らの魂を制作者に捧げたが、ペトロは自らの魂を創造主に捧げた」: id., *In Hexaëmeron* 9, 24 (*Op*. V, 376).

*138――Cf. id., *Commentarius in Evangelium Ioannis* 1, 13 (*Op*. VI, 249); id., *Commentarius in librum Sapientiae* 14, v. 3 (*Op*. VI, 196); id., *Commentarius in librum Ecclesiastae* 9, v. 12 (*Op*. VI, 77). Cf. É. Gilson, *La philosophie de saint Bonaventure*, Paris 1953, p. 86.

*139――Bonaventura, *In Hexaëmeron* 2, 21 (*Op*. V, 340).

*140――*Ibid*. 1, 10 (*Op*. V, 331).

*141――Id., *Breviloquium* p. 2, c. 1 (*Op*. V, 219). 〔ボナヴェントゥラ『神学提要』関根豊明訳、エンデルレ書店、一九九一年〕

*142――Cf. id., *I Sent*. d. 44 a. 1 q. 4 (*Op*. I, 787-789); id., *II Sent*. d. 1 p. 1 a. 1 q. 1 et q. 2 (*Op*. II, 14-24). Cf. P. Van Veldhuijsen, The Question on the possibility of an eternally created world: Bonaventura and

Thomas Aquinas, in: J. B. M. Wissink (ed.), *op. cit.*, pp. 20-38.

＊143――「いかなる被造物も痕跡として、ないしは似像として神に類似している。したがっていかなる被造物を通しても神を知るにいたる」: Bonaventura, *I Sent.* d. 3 p. 1 a. un. q. 2 fund. 4 (*Op.* I, 72).〔『命題集註解』〕

＊144――「というのは事物は、それが数的に一つであるほどには、自らの類似との同一性をもたず、また類において異なるほどには差異をもたないからである」: *ibid.* d. 3, p. 2, a. 1, q. 3, concl. (*Op.* I, 86).〔同〕

＊145――「創造されたすべての実体には質料、形相、合成があり、源泉となる原理や基礎、形相的な補完物や接合要素を有する。それは実体、能力、働きをもっている。――そしてこれらのうちに三位一体の神秘が表されている。すなわち始原たる神、似像たる御子、媒介たる聖霊である」: id., *In Hexaëmeron* 2, 23 (*Op.* V, 340).

＊146――Id., *I Sent.* d. 31 p. 2 a. 1 q. 1 concl. (*Op.* I, 540).

＊147――Id., *De reductione artium ad theologiam* 12 (*Op.* V, 323).〔ボナヴェントゥラ『諸学芸の神学への還元』伊能哲大・須藤和夫訳、『中世思想原典集成』一二、所収〕

＊148――Id., *II Sent.* d. 16 a. 1 q. 1 concl. (*Op.* II, 395).

＊149――L. Elders (ed.), *La Philosophie de la nature de Saint Thomas d'Aquin* (Actes du Symposium, 1981), Roma 1982; J. Aertsen, *Nature and Creature. Thomas Aquinas' Way of Thought*, Leiden 1988; L. Dümpelmann, *Kreation als ontisch-ontologisches Verhältnis. Zur Metaphysik der Schöpfungstheologie des Thomas von Aquin*, Freiburg/München 1969.

＊150――Thomas Aquinas, *Summa theologiae* I qq. 67-74.〔トマス・アクィナス『神学大全』五、山本清志訳、創文社、一九六七年〕

＊151――「けだし、もろもろの事物において、何らかの善・真・高貴が、多と少の度合を異にしつつ、見出されるのであって、その他のこうしたことがらについてもこれと同様である。しかるに、種々の場合につ

いて多と少とが語られるのは、何らか最高度においてあるところのものに近づいている仕方の種々異なるに従ってなのであって、……だからして、ここに、何らかのものがあって、このものが、……最高度における存在であるのでなくてはならない。……ところで、何らかの領域において最高度のかくかくのものと呼ばれるところのものはその領域に属するところのあらゆるものの因をなすのであって……」: *ibid*. I q. 2 a. 3 c.〔『神学大全』一、高田三郎訳、一九六〇年〕

＊152——*Ibid*. I q. 45 a. 2 c.〔『神学大全』四、日下昭夫訳、一九七三年〕

＊153——「ここからさらに進んで、一部の人々は存在である限りにおける〈存在〉を者察するという高みにまで達したのである。……〈存在〉である限りにおいてのもろもろの事物の因であるところのものは、だからして、……いかなる仕方においてであれ、これらのものの存在に属しているところのもの全体に即しての因たるのでなくてはならない」: *ibid*. I q. 44 a. 2 c.〔同〕

＊154——*Ibid*. I q. 44 a. 1 c.〔同〕

＊155——「いまわれわれが語っているのは、これに対して、存在の普遍的な根元からの流出ということに関する限りにおける事物についてなのである」: *ibid*. I q. 44 a. 2 ad 1〔同〕;「われわれは、……神という普遍的な因による存在全体の流出を考察しなくてはならない」: *ibid*. I q. 45 a. 1 c.〔同〕

＊156——「何ものかが分有によって〈存在〉であるといぅまさにそのことから、それが他者によって原因されたものなることが帰結する」: *ibid*. I q. 44 a. 1 ad 1.〔同〕。Cf. L. Dümpelmann, *op. cit.*, S. 17-35.

＊157——「かくしてわれわれは、第一質料もまた、もろもろの〈存在〉の普遍的なる因によって原因されたものであるとなさざるをえないのである」: Thomas Aquinas, *op. cit*. I q. 44 a. 2 c.〔『神学大全』四〕

＊158——「創造は、その到達点が事物の全実体なるがゆえに、生みとか質的変化よりもより完全なるもの、より先なるものなのである。出発点と解されるところのものは、端的な意味での〈存在ではないもの〉でしかないのであるが」: *ibid*. I q. 45 a. 1 ad 2.〔同〕

＊159——「無とは、しかるに〈いかなる存在でもないもの〉と同じである。したがって、ちょうど、〈人間〉の

出生が〈人間ならぬもの〉という〈存在ではないもの〉からのそれであるごとく、同様に、全存在の流出である創造も、やはり無という〈存在ではないもの〉からのそれでなくてはならない」: *ibid*. I q. 45 a. 1 c.〔同〕

＊160――*Ibid*. I q. 8 a. 1 c.〔『神学大全』一〕

＊161――「すべてのことから明瞭にわかるように、事物の固有の存在が事物自体と密接であるのと同様に、神はそれぞれのものと密接であり、それは神の働きを通してでなければ始まりも存続もできない。この働きを通して、事物は神と結びつき、存在することができる」: id., *Scriptum super libros Sententiarum* [=*In I Sent*.] d. 37 q. 1 a. 1 c.

＊162――Id., *De potentia* q. 3 a. 1 ad 12.

＊163――Id., *Summa theologiae* I q. 45 a. 3 c.〔『神学大全』四〕

＊164――*Ibid*. I q. 45 a. 3 ad I.〔同〕

＊165――Cf. *ibid*. I q. 45 a. 6 c.〔同〕

＊166――「痕跡の表現は、固有のもろもろの属性に即して看取される」: *ibid*. I q. 45 a. 7 ad 1.〔同〕

＊167――*Ibid*. I q. 45 a. 6 c.〔同〕

＊168――「神はあらゆる事物の作用因・範型因・目的因なのである」: *ibid*. I q. 44 a. 4 ad 4.〔同〕

＊169――Id., *In I Sent*. d. 37 q. 1 a. 1 c.

＊170――Id., *Summa theologiae* I q. 44 a. 3 c.〔『神学大全』四〕

＊171――「あらゆる行為《アクトゥス》の本性は、自らを可能な限り伝えることである」: id., *De potentia* q. 2 a. 1 c.

＊172――「しかしながら、純粋に能動者でしかない第一能動者には、何らかの目的の達成のために働くということは適合しないのであって、もっぱら自らの完全性を、すなわち自らの善性を他に伝達することを意図する」: id., *Summa theologiae* I q. 44 a. 4 c.〔『神学大全』四〕

＊173――「万物はいずれも何らかの善を欲求する――その欲求が知性的欲求であるか、感覚的欲求であるか、あ

るいはまた認識を伴わない自然的欲求であるかを問わず――ことによって、神を目的として欲求するのである。事実、何ものといえども、神の類似を分有しない限り、善とか望ましきものとかいった性格をもちえないのである」: *ibid*. I q. 44 a. 4 ad 3.〔同〕

＊174――「宇宙は、そこに見出されるこうしたもろもろの事物を前提する限り、より善きものたることはできない……とはいえ、神は他の事物を造ることが、ないしは現に造られているこうした事物に他のものを加えることができないわけなのではなく、かくては、そうした宇宙は、より善き宇宙たるであろう」: *ibid*. I q. 25 a. 6 ad 3.〔『神学大全』二、高田三郎訳〕

＊175――「諸事物の産出にも一つの秩序が存在する。だが、それは、一つの被造物が他の被造物によって創造されるといった秩序ではなく――こうしたことは不可能なのである――、かえって、神の知恵に基づいて、種々異なった段階が被造物のあいだに設定されるといった、そうした性質の秩序なのである」: *ibid*. I q. 65 a. 3 ad 1.〔『神学大全』五〕; cf. *ibid*. I q. 65 a. 3 c.〔同〕

＊176――「世界は、神がそれの存在することを意志する、まさにそれだけのあいだ存在する。……世界が常に存在しているということは、それゆえ、必然的な事柄ではない。だからして、それはまた、論証的に証明されることのできない事柄なのである」: *ibid*. I q. 46 a. 1 c.〔『神学大全』四〕

＊177――「世界の創始性というものは、まず世界そのものの側から論証を受け取ることができない。けだし、論証の出発点はものの〈何たるか〉にある。しかるに、いかなるものも各自の種的特質における限り〈ここ・いま〉を捨象しているのである。……だからして、人間にせよ、天にせよ、石にせよそれが常に存在していたものでないということは、論証されることのできない事柄なのである」: *ibid*. I q. 46 a. 2 c.〔同〕。Cf. J. A. Aertsen, The eternity of the world: the believing and the philosophical Thomas. Some comments, in: J. B. M. Wissink (ed.), *op. cit*., pp. 9-19.

＊178――「世界が常に存在していたものならぬことは、ただ信仰によって把持されるのみであり、論証的に証明されることのできない事柄なのである。……こうしたことを考えておくことは次のようなことのため

に有益である。すなわち、もしかして何ぴとかが〈信仰の事柄〉をさかしらに論証しようとして必然的ならぬ論を導入し、……かえって不信者たちに嘲笑の材料を与えるようなことになってはならないからである」: Thomas Aquinas, *Summa theologiae* I q. 46 a. 2 c. 〔『神学大全』四〕

＊179——Cf. R. C. Dales, *Medieval Discussions of the Eternity of the World*, Leiden 1990, pp. 178-198.

＊180——Cf. L. Ullrich, *Fragen der Schöpfungslehre nach Jakob von Metz O.P., Eine vergleichende Untersuchung zu Sentenzenkommentaren aus der Dominikanerschule um 1300*, Leipzig 1966, S. 103-125.

＊181——Cf. W. H. Steneck, *Science and Creation in the Middle Ages. Henry of Langenstein (d. 1397) on Genesis*, Notre Dame/London 1976; F. Alessio, Causalità naturale e causalità divina nel "De habitudine causarum" di Enrico de Langenstein, in: *La Filosofia della natura nel medioevo*, loc. cit., pp. 597-604.

＊182——Cf. W. Vossenkuhl, Vernünftige Kontingenz. Ockhams Verständnis der Schöpfung, in: W. Vossenkuhl und R. Schönberger (Hgg.), *Die Gegenwart Ockhams*, Weinheim 1990, S. 77-93; A. Ghisalberti, Gott und seine Schöpfung bei Wilhelm von Ockham, in: *ibid*., S. 63-76; E. Colombo, Guglielmo di Ockham e il dibattito sull' eternità del mondo, *Medioevo* 11 (1983), pp. 113-135.

＊183——William Ockham, *Reportatio* II q. 1 (*Opera Theologica* [=*OTh*] V, 10).

＊184——Cf. *Ordinatio* d. 30 q. 5 (*OTh* IV, 385).

＊185——「あることを信じるように保持しなければならないが、それは誰かが不信心者として反論できる理由によって証明できないためである。しかし、それでも説得することができる」: *Reportatio* II qq. 3-4 (*OTh* V, 55). 「神が偶発的な事物の作用の原因であるとは、自然本性的な理性によっては説明されえない」: id., *Ordinatio* d. 43 q. 1 (*OTh* IV, 636).

＊186——Id., *Quodlibeta septem* III q. 4 (*OTh* IX, 215). 〔オッカム『「七巻本自由討論集」註解』III、渋谷克己訳註、知泉書館、二〇〇八年〕

＊187——Cf. *ibid*. II q. 5 (*OTh* IX, 128-135) 〔同〕; id., *Quaestio disputata: Utrum mundus potuit fuisse ab aeterno per potentiam divinam* (*OTh* VIII, 59-97). Cf. A. Ghisalberti, *Guglielmo di Ockham*, 2a ed. Milano 1987, pp. 174-179.

*188――「なぜなら、それは端的に純粋な無から造られているのであり、質料に関してそれに先行するものは何もなく、その産出にかならずしも質料を必要としないからである」: William Ockham, *Reportatio* II q. 1 (*OTh* V, 72s.).

*189――*Ibid*. II q. 8 (*OTh* V, 158).

*190――「神が二次的な原因を媒介して生み出すものは何であれ、神は二次的な原因なしで直接に創り出し、保持することができる」: id., *Quodlibeta septem* IV q. 22 (*OTh* IX, 404). Cf. id., *Reportatio* II q. 1 (*OTh* V, 72s.).

*191――Cf. id., *Ordinatio* dd. 42-44 (*OTh* IV, 610-661).

*192――「自由な原因はその作用によって、現実とは異なることを偶発的になすことができる」: *ibid*. d. 43 q. 1 (*OTh* IV, 617);「しかしながら、絶対的能力によって、〔神は〕自らの創造物を何ら損なうことのないまま、それに反することができる」: id., *Reportatio* IV qq. 3-5 (*OTh* VII, 45).

*193――J. Koch, Zur Analogielehre Meister Eckharts, in: id., *Kleine Schriften* I, Roma 1973, S. 367-397; R. Manstetten, *Esse est Deus. Meister Eckharts christologische Versöhnung von Philosophie und Religion und ihre Ursprünge in der Tradition des Abendlandes*, Freiburg/München 1993, S. 305-374.

*194――Cf. Meister Eckhart, *Prologus generalis in opus tripartitum* 17 (*Die lateinischen Werke* [=*LW*] I, 160-162)〔エックハルト『三部作への全般的序文』中山善樹訳、『中世思想原典集成』一六「ドイツ神秘思想」、二〇〇一年、所収〕; id., *Expositio libri Genesis* 7s. (*LW* I, 190).

*195――「〔内的な目をもつ〕そのような人は誰でも、一切の想像されたものから解放され……一切の〔自分とは〕異質のもの、一切の被造物から解放されている」: id., *Predigt* 11, S. 203 (10; *Die deutschen Werke* [=*DW*] I, 165).〔エックハルト『ドイツ語説教集』「説教一〇」植田兼義訳、『キリスト教神秘主義著

作集』六「エックハルト 一」、教文館、一九八九年、所収〕。エックハルトのテクストに関しては、クヴィントの現代ドイツ語訳とその箇所を挙げ、括弧内に校訂版による説教の番号と原文の箇所を記す。(Meister Eckehart, *Deutsche Predigten und Traktate*, hgg. und übers. von J. Quint, 6. Auflage München 1985).

＊196――「すべての被造物は純粋な無である。天使たちも被造物も何かあるものではない」: id., *Predigt* 5, S. 175 (5a; *DW* I, 80).〔同「説教五a」〕

＊197――「しかし私が、神はいかなる存在でもなく、存在を超えるものであるといったとき、これによって神に対して存在を否定したわけではない、というより、神のうちで存在を高めたのである」: id., *Predigt* 10, S. 196 (9; *DW* I, 146).〔同「説教九」〕

＊198――「さて、〈彼は内的にみつけられた〉といわれている。内的にとは、魂の根底に、魂の最内奥に、知性のうちにいるという意味であり、そこから外に出ない、〔外の〕いかなるものにも目もくれないことである」: id., *Predigt* 11, S. 207 (10; *DW* I, 173).〔同「説教一〇」〕

＊199――「被造物が終わるところで、神が存在し始める。あなたが被造物的あり方から自分自身を脱却し、あなたのうちで神が神にならなければ、神はあなたから何も望まない。……神のために自分を脱却しなさい、そうすれば神もあなたのためにご自身をまったく脱却されるのである。両者が脱却するところにあり続けるものは、一つの単純な一である」: id., *Predigt* 6, S. 180; 181 (5b; *DW* I, 92; 93).〔同「説教五b」〕

＊200――「神が魂に、それが非被造的なものとして、また創造することもできないものとして触れた、そして〔永遠に〕触れている最初の出会いにおいて、魂は神との接触により、神ご自身と同じように高貴なのである」: id., *Predigt* 11, S. 206 (10; *DW* I, 172).〔同「説教一〇」〕

＊201――「そこ〔完全な一日〕には、神の日があり、ここで神は永遠の日、本質的な今にある。そこに父は現在の〈今〉、神の独り子を生み、そして魂は再び神のうちに生まれるのである。この誕生が起きるごとに、

これに応じて魂は独り子を生む」: id., *Predigt* 11, S. 204 (10; *DW* I, 166).〔同〕

*202——Cf. L. Hödl, Naturphilosophie und Heilsbotschaft in Meister Eckharts Auslegung des Johannes-Evangeliums, in: *La Filosofia della natura nel medioevo*, loc. cit., S. 641-651.

*203——「神の贈物はまったく単一で、完全で、分割はきかない。時間の中になく、常に永遠に〔だけ〕ある。そして次のことを真に確信しなさい。すなわちこのように彼から受け入れるためには、時間を超越して、私たちは永遠のうちにいなければならない」: Meister Eckhart, *Predigt* 5, S. 174 (5a; *DW* I, 77f.).〔同「説教五ａ」〕

*204——「人が与える愛には、二〔つまり二重性〕はなく、一と合一しかない。愛においては、私は私自身にあるよりずっと神である」: id., *Predigt* 5, S. 175 (5a; *DW* I, 80).〔同〕。「ここにおいて、神の根底は私の根底であり、私の根底は神の根底である」: id., *Predigt* 6, S. 180 (5b; *DW* I, 90).〔同「説教五ｂ」〕（*199参照）

第四章　中世における自己認識の展開——近代思想の歴史的源泉をめぐって

一　問題設定

哲学は、全体とその根拠への問いを通じて、存在者を存在との関係において把握するものであり、しかもその問いが普遍的な問いである以上、自己言及的に問いそれ自体にも関わるところから、哲学の中には当然、その問いを立てている知性と人間そのものも包含されることになる。その場合、知性への問いと人間への問いの両者は、完全に一致するわけではないにしても、互いに分かちがたく結びついている。実際に、存在への問いは常に知性への問いをともなって展開され、また人間への問いは、存在と知性への二重の問いの成果を手がかりとしながら、問いそのものの実存的・超越論的源泉へと遡及していくものであることがわかる。

近代の思考は、哲学的問いの自己言及性の発見を特徴として、(アリストテレス的・古典的)形而上学を純粋理性の(超越論的・観念論的)理論、すなわち純粋理性の批判、知識学、論理学、意識の経験の学へと転換したところから、存在の明証性は、自己反省的な主観の「われ思う《エゴ・コギト》」によって正当化されることになった。これは、歴史的観点からは、古典的・中世的伝統の断絶、あるいは存在から主観へのコペルニクス的転回と理解されるものだが、その転換の射程や限界は、この変革を引き起こした洞察そのものを、その内容と重要性やその意味から捉えることによってはじめて見定めることができるだろう。

そのためには、近代の哲学的運動の源泉と意味とを、歴史と内容の両側面から、中世スコラ学の思考との関連で捉え直すことが不可欠となる。その場合、中世と近代の境界線をどこに引くのかという問題、たとえばその境界線を十四世紀初頭のイタリア初期人文主義に見るのか、あるいは十五世紀のプラトン主義に求めるのか、または宗教改革によるキリスト教界の分裂や、三十年戦争後のヨーロッパの新体制を重視すべきであるのかといった問いは、それほど大きな意味をもたない。とはいえこれらの出来事は、何らかの新たな歴史的世界が局所的に形を取った典型的事例である以上は、それを仮説的な定点とみなして、その可能条件や動機や影響関係の面から──もとより、その必然性の論証や演繹という意味ではなく──それらがいかにして歴史的な効力をもちえたのかを考察することは有意義だろう。したがって、近代を単なる断絶や新たな始まりと規定するだけでは不十分なのであり、むしろ近代がそれ自身乗り越えていったはずの中世の世界と、その根底でいかに密接に関わっているかを見抜くことが重要なのである。

近代の思考の基礎となり、それを動かしているもろもろの要素は、近代の哲学的思考の特徴をひとしく表している一連の関連概念と絡み合っている。そのすべてを枚挙しないまでも、関連概念としては、理性・自由・人格・主観、あるいはそれらの関連語彙である自我・自己・意識・自律などを挙げることができる。近代的思考の中枢がこうした一連の概念群に代表されるということは、生の哲学、構造主義、分析哲学、精神分析学など、二十世紀の思想的潮流が形成され、近代との連続性よりも——重点の差はあるにしても——近代からの離反が強調された際、とりわけ焦点となったのが個的主観への批判であったという点からも窺えることだろう。

ここでは、近代の思考の基盤となった概念の展開を、中世スコラ学における前提と予備的段階に照らして追跡することで、スコラ学の思考から（初期）近代の思考形態への移行を理解するようにしたい。そのために、古代ギリシアにおける発祥以来、哲学的思考の基底となり、その意味を変容させながら近代にまで及ぶある概念を出発点とする。一見すると、「主観」の概念こそが、近代哲学の中心概念の役割を果たすように思えるが、この概念はあまりに近代の刻印を強く帯びているため、その起源と前史は明確に想定できるわけではない。神学的・哲学的な「人格〔位格〕」（persona）概念に関しては、その成立と展開を一貫して辿ることはできるが、中世末期には主要な力を失ってしまうため、のちに「人格的」の語に集約される近代的な人間存在の理解とは落差があり、近代を理解する概念としては不十分である。そこでここでは、考察の手引きとして「自己認識」の概念を取り上げることにしたい。なぜならこの概念に現れる思考こそ、すでに暗示したように、哲学本来の課題に根差して哲学的思惟を構築したものだからである。その意味でこの思考は、中世全体を通じて十八世紀後半・十九世紀初頭の頂点にいたるまで、そのさまざまな形態に即して追跡することができる。十七世紀、そして特に十八世紀後半において、その成果は、精神の能動的な自己関係をめぐって、言語的にも事象的にも親近性をもつ一連の新たな語法において示されている。すなわち、自己触発、自己主張、自己支配、自己省察、自己規定、自己意識、自己形成、自己表現、自己思惟、自己感情、自己反省、自己愛、自己配慮、自己執着、自己忘却、自己実現、自己目的といった語がそれである。[*1] 特に自己認識が哲学的体系の構築において果たした意義は、総じてこの概念が、認識論・形而上学・倫理学・理性的魂論・宗教哲学といった哲学的諸部門、さらには経験的諸学において担った中心的役割から推察できることだろう。そこでまずは、自己認識の理論の展開を簡潔に概観することにしたい。近代哲学の礎をなすさまざまな要素は後期スコラ学によって形成されるため、ここでは特に、後期スコラ学での議論に重点が置かれることになるだろう。[*2]

二　古代における基礎づけ――「汝自身を知れ」

古典古代の文献から中世を経てドイツ観念論にいたるまでいつの時代も、自己認識の哲学的探求に際しては、「汝自身を知れ」（*Γνῶθι σεαυτόν*）という、デルフォイのアポロン神殿（前九／八世紀）入り口の壁に刻まれて来訪者を迎えた銘句が言及されている。それによれば自己認識とは、人間が聖なるものに接近することを望むときに神が課す要請に由来するということになる。その呼びかけによって人間は自己に目覚め、神的なものへの関係と同時に自己への関係のうちに身を置くのだが、それは二重の仕方で行われる。古代の多くの註釈が示すように、人間はまず、神的なものとの相違に気づき、自らの不完全性や可死性、および可能性の有限性を悟らなければならないが、その洞察は、「度を越すことなかれ」（Μηδὲν ἄγαν）という指示とも対応している。自らの限界へと立ち返ることで、人間が思い上がりや傲慢から解放されるとき、人間の精神と神的なものとの本質的な類縁性が観取され、それとともに自らの尊厳についての認識が現れる。こうして自己認識は、自己謙遜と自己超越によって、人間を神的なものとの正しい関係へと導き入れるものであるため、真なる自己認識の模範であるソクラテスこそ、人間のなかで最高の賢者とみなされるのである。とはいえ自己認識は、自らの知と無知の境界に関する形式的な反省にすぎず、またそれが認識であるとするならば、そこにおいて主観と客観は分離されていることになるため、プラトンにおいては、自己認識を一貫して実現する可能性も疑問視される。それに加えてプラトンにとっては、知についての知にすぎないものよりも、善についての知のほうが価値があり有益であるとされるため、人間にとっての自己認識の価値も限定的に捉えられている。[3]

　アリストテレスもまた、倫理的慣習の形成にあたって、自己認識の重要性を強調している。なぜならそこには、たとえば友人との出会いにおいて、自らのより完全な姿や、理想的なあり方を悟る場合があるように、ここでの自己認識とは、反省のみに限定されるものではない。[4] そのため最高の自己認識は、自らの純粋な活動性にもとづいて自己のうちで自己自身を——つまり思惟の思惟というかたちで——洞察する神の精神に帰せられる。人間の倫理的自己認識の根底においては、このような神の完全な自己認識が、その存在論的・神論的原像として模倣される。この遂行的な自己同一性とは異なり、人間固有の自己認識は、その実現のためには、対象認識によって媒介されざるをえない。それというのも、『自然学』によれば自然界には純粋な自己運動は存在しえないのと同様に、人間の精神の領域においても、無媒介的な反省や直接的な自己観取はありえないからである。人間は、たしかに対象と関係する認識においても随伴的に自己自身を経験しているとはいうものの、自己自身を主題として捉える際には、「ちょうど思惟されるもののように」[*5]認識せざるをえない。すなわち、認識対象から、認識作用を通じて、その根底に働く能力に遡及するというかたちで、自己認識はあくまでも対象的なあり方にとどまるのである。

プラトンとアリストテレスにおけるこれらの考察によって、自己認識の問題がその後に展開される領域がおおまかに描かれたことになるだろう。それと同時に、この根本的な出発点においては、神的根底への還帰としての自己認識（プラトン）と、世界内的な存在者の現実との関係に随伴する自己意識という意味での遂行的な自己認識（アリストテレス）との緊張関係が示されたわけだが、これらはその後、競合するさまざまな思考へと分岐して展開されることになる。

三　ストア学派と新プラトン主義の展開――自己認識と自己超越

ヘレニズム期の哲学は、世俗的で実践的・実用的な認識を蓄積することを主眼とした当時の学問全般の傾向に従っていたため、自己認識の主題にはあまり関心を払っていない。人間の倫理的使命を自然との一致に求める古ストア学派の理論にもとづいて、クリュシッポス（前二八〇頃―二〇七年頃）は、世界の哲学的認識は自己認識と関係づけられるとの結論を導き出している。こうしてストア学派においては、自己認識は自然認識と結び合うように見えるため、感覚的認識の確実性を疑うなら、それは同時に自己認識にも波及するといった懐疑的な考えが引き起こされることにもなる。

キケロ（前一〇六―四三年）、およびキケロを継承したローマの皇帝時代の哲学においてはじめて、自己認識の問題はストア学派的な宇宙論的背景から独立し、デルフォイの銘句、とりわけ（偽）プラトンの『アルキビアデスI』におけるその解釈に立ち返ることで、自己認識の神学的な深層次元が注目されることになる。キケロにとって自己認識は、課題としてだけでも神託に由来するものと理解されるべきであり、その実現は、人間の魂に具わる神的性格の認識のうちに求められる。「したがって、あなたは自身が神であると理解しなさい」[*6]。セネカ（前四／後一―六五年）、エピクテトス（五〇頃―一三五年頃）、マルクス・アウレリウス（一二一―一八〇年）といった後期ストア学派の思想家たちは、自己認識を、倫理的自己教育のための卓越した道とみなしている。なぜなら自己認識においては、自己の弱点が認識され、自らの内面へと沈潜させることで、運命と社会的状況による拘束から解き放ち、神的なものとの親近性を理性に想起させるからである。デルフォイ神殿の神官であったプルタルコス（五〇以前―一二〇年以降）は、『〈汝自身を知れ〉および魂の不死性について』を著し（ただし現存せず）、また多くの著作の中で、自己認識の倫理的有用さを示唆し、デルフォイの神託のさまざまな哲学的解釈に言及している。二世紀のグノーシス文書・ヘルメス文書にあっては、デルフォイの銘句は、身体的・感覚的外面性から精神を浄化し、真の自己へと上昇するための第一歩とみなされる。なぜなら、神を観取した者は、神のうちに自らを神の似像として見て取り、自身の使命を自覚するからである。

プロティノス（二〇五頃—二七〇年）の新プラトン主義においては、グノーシス主義の非合理的・神話的思考が批判されるとともに、自己認識の哲学的理論が存在論的・神学的基盤にまで深められる。[*7] たしかに感覚的認識と、感覚に関わる論証的・悟性的思考の段階では、認識は主観と客観の区別から逃れられないために、完全な自己認識は不可能であるが、プロティノスが懐疑主義の批判に抗して示すように、論証的悟性は段階を高めることによって直観的精神と合致しうるのであり、それによって魂の自己認識が実現されるのである。精神それ自体は、主観・客観分裂に妨げられることなく、自身のうちで自らを完全に認識するが、このような存在論的な自己関係において、精神は自らの本質を通じて神的根拠にまで突き進み、この根拠を介して、一者たる善という絶対的に単一なる根底——つまり認識の次元での自己遂行の可能根拠にして源泉であるところ——にまでいたる。こうして自己認識は、一者への内的上昇を通じて、魂の神的根源への結合に繫がるのである。

プロティノスに依拠しながら、ポルフュリオス（二三四頃—三〇五年頃）は、神的根源への魂の上昇を、人間の知性が自己自身を区別することとして、つまり真なる自己と内的人間を身体や外的所有物から切り離し、人間における一過的なものから不死なるものを分離することと理解した。古代哲学の末期において、プロクロス（四一〇／一一—四八五年）は、自己認識の諸原理を、それらの存在論的連関に即して展開している。非物質的な存在者はどれであっても、自己自身への転向が可能であり、それによって自己を認識する。根源から発出した存在者は、非物質的である限り、自己への還帰を通じてその根源的原理へと立ち返り、それによって自己のみならず、その根源としての神をも認識するのである。この精神形而上学は、『原因論』におけるその要約によって、盛期スコラ学の思想家たちに影響を及ぼすことになった。

四　古代のキリスト教――自己への還帰と自己性の構造

絶対的原理へ向かう精神の上昇という、（新）プラトン主義の存在論的・神学的思考は、教父たちによって、聖書における人間観やキリスト論の解釈に援用され、これが多様で少なからず重要な変容を経ながら中世から初期近代におよび、自己認識に関する修徳的・神秘的理論の背景となっていった。

ユダヤ人神学者であるアレクサンドレイアのフィロン（前二五／二〇頃―後四五／五〇年頃）はすでに、モーセ五書においては、デルフォイの神託と同様に、自己自身への注視が繰り返し呼びかけられているという指摘を行っている（出エジプト記二三・二一、申命記一五・九、二四・八）。それゆえ人間は、太陽・月・星辰といった自然の世界に目を奪われるのではなく、内面化を推し進めることで、自己自身を自覚しなければならないとされる。感覚的世界から内面へと目を転じることによって、人間は自らの虚無性と自身の知の限界を知り、それによって傲慢な思い上がりから浄化され、その力において一切を超える「万物の父」たる「一者」を認識することができるのである。

フィロンによる聖書の寓意的解釈は、アレクサンドレイア学派を通じて、ギリシア思想との交流の中、ギリシア教父にも影響を与えた。アレクサンドレイアのクレメンス（一五〇頃—二一五年以前）は、デルフォイの銘句を『アルキビアデスI』篇やグノーシス主義によるその解釈に即して取り入れているが、その場合、とりわけ自身の罪の自覚と、信仰と神に対する従順への転向が、知性の課題とみなされている。オリゲネス（一八五頃—二五四年頃）はデルフォイの神託を、七十人訳聖書での「雅歌」（一・八）を手がかりとして解釈し、神と人間との婚姻の愛という聖書的な枠組みに沿って理解している。つまり魂（そして教会）の神的花婿は、「もしあなたがあなた自身を認識しないなら」、魂を見放しかねないのである。こうして自己認識は、神的愛の呼びかけに対する応答と理解されることによって、知的独白や、不可捉の超越に向かう一方向的な上昇という性格を超えて、対話的関係の一契機となる道が拓かれる。すなわち自己認識は、オリゲネスにおいては、自らの「尊厳」を神の精神を映す鏡として認識することと捉えられ、十二世紀の修道院神学では、キリストと魂のあいだの愛の神秘主義として展開されることになる。

オリゲネスと同様に、四世紀のカッパドキア三教父もまた、『アルキビアデスI』篇でのプラトン的理解に即して解釈されたデルフォイの銘句を、自己自身への注視という聖書的な要請（申命記一五・九、雅歌一・八〔七十人訳〕）と結びつけている。バシレイオス（三三〇頃—三七九年）は、ただちにラテン語に翻訳された二著作において、動物的な本能と区別して、自己自身への注視を知性の課題として説明している。魂は神の似像として創造されたため、知性は神を自らの原像として認識し、魂にとって有益である諸徳を、害悪の源である悪と区別することが可能であり、神が自らのうちに宿ることを自覚することができる。バシレイオスの弟であるニュッサのグレゴリオス（三三五頃―三九四年）は、自己認識の限界を強調しはするものの、他方ではパウロとともに、「内的人間」――すなわち自己自身への還帰――のうちに、神という鏡によって、あるいは聖書という鏡によって、世界を超えた魂の美を把握する能力を認めている。同様の仕方でナジアンゾスのグレゴリオス（三二五／三〇―三九〇年頃）においても、魂は内面への還帰を通じて、自己自身、および魂の鏡としての神と結びつくものとされる。これに対してヨアンネス・クリュソストモス（三四〇／五〇―四〇七年）では、彼に先立ってフィロンがそうであったように、自己認識は、自らの虚無性、および神との無限の隔絶を悟らせ、それによって謙遜を促すものと考えられる。こうした異なった方向にもかかわらず、自己認識は、ニュッサのグレゴリオスにおいても、ヨアンネス・クリュソストモスにおいても、自身を通じてすべての存在者を判断する能力へと繫がることに変わりはない。五世紀末のディオニュシオス・アレオパギテス（五〇〇年頃）は、ギリシア教父たちの倫理的・霊性的思想を十分に咀嚼し、とりわけプロクロスの存在論的秩序の考えを基盤として、自己自身への還帰を、自己超出的に神的愛の圏域へといたる脱自的上昇の出発点とみなしている。

四・五世紀のラテン教父たちは自己認識の主題を、東方のギリシア文化圏、とりわけバシレイオスとオリゲネスから受容する一方で、キケロやセネカの関連著作や、プラトン、およびプロティノスとポルフュリオスの新プラトン主義における自己認識の哲学的基礎づけをも知悉していた。アンブロシウス（三三九頃―三九七年）は、バシレイオスと同様に、単に自己に属するだけの感覚や身体、あるいは外的所有物と区別して、精神ないし魂を本来の自己とみなしている。精神は自己自身へと目を向けることによって、自身を神の似像としてその美しさのままに把握するが、それでも身体と切り離されることはなく、むしろ身体を精神のうちへと組み込んでいくのである。

アウグスティヌス（三五四―四三〇年）はさらに厳密な意味で自己認識の解明に努め、最初期の著作から後期にいたるまでその議論をますます深めていった。その際にアウグスティヌスはストア学派の問題意識と新プラトン主義の原理を活用しているが、その場合も、世界霊魂や宇宙的実体としての精神から考察を始めるのではなく、個人的な自己経験を内省的に追求し、その構造を理解しようとしている。精神は感覚との結合から離れ、自己自身へ向き直ることで、一者にして不可変の永遠者、すなわち神における自らの根源へと立ち返ることができる。「外へ出るな、あなた自身のうちへ帰れ。真理は内的人間のうちに住まう」[※8]。自己自身との合致によって、精神は至福を享受することが可能になるが、その至福そのものは、まさに神的根源との合致においてこそ成り立つ。つまり、物質的外界から精神的自我への第一の転換が行われたのち、自我はさらにそこから、人間精神を超えた不可変の真理のうちに理性の根源を発見する第二の転換へと向かうのであり、このような二段階的な自己認識において、人間は同時に、秩序づけられた構造体《コスモス》としての宇宙を理解する根源に達することになる。そして、記憶による過去の現在化と、予期による将来の先取りとしての現在化とが、現在の直接的注視において「魂の延長」（distentio animi）として把握されることで、根源における永遠の現在への参与である時間経験が、その起源に即して洞察される。

自己認識の機縁は、神の言葉と内的光によって与えられるのであり、これによって人間は、外面的なものへの散漫な関わりや、自己忘却、あるいは神からの遠ざかりや、自己についての無知から解き放たれ、自己自身の内面へと還帰する。それゆえに、自己認識の内面性は、本質的に神的光の超越へと向けて開かれるが、それにもかかわらず、神は自己のうちに隠れた仕方で住まい、しかも――ストア学派の場合とは異なり――人間が追いつくことができないほど卓越しているため、神と人間とは明確に分かたれる。なぜなら人間の理性は、認識のいかなる遂行においても、自らの根源にして運動根拠である真理を規範とするからである。このような区別があるにもかかわらず、自己認識と神認識は、相互に条件となるかたちで関係し合っている。それというのも、ただ自己認識のみが神認識への直接的な道を拓くのであり、また神認識は自己認識を、顕在的な思惟として明らかにし、完成させるからである。「常に同一である神よ、私に私を知らしめよ、私にあなたを知らしめよ。これが私の祈りです[※9]」。神認識は、精神の根底における、神の隠れた――しかし露わな――現存にその根拠をもつ。「あなたは私の内奥よりもさらに内にあり、私にとって至高なるところをさらに超えている[※10]」（『告白』三・六・一一）。「告白」という文学形態は、反省的な一人称的表現と、神に対する讃美と告白という対話的関係の結合として、このようなアウグスティヌスの思考の二重構造とその根源的統一を如実に反映しているのである。

アウグスティヌスにおける自己認識への関心は、その宗教的な最終目標に先立って、確実な真理認識を熱望する問題意識によって動機づけられている。「自己にとって自己よりも身近に現前しているものはありえないため[※11]」、精神の直接的な自己所与性は、認識や真理に対するいかなる懐疑的疑念によっても反駁されることはない。認識論的な問題設定は、ついで、精神的生の三一的構造の探求へと深まる。精神は、存在・生・真理理解といった認識の三段階において遂行されるが、さらにより深く進むことで、根源的な自己存在である「記憶」、反省的・対象的把捉である「知解」、そして内在的に超越する意志である「愛」という三契機の共鳴にまで、段階的に自己を展開していく。精神のこのような自己遂行においては、どの契機も、それ自身と他の二つの契機、そしてまた全体そのものを包括するため、自己認識のモデルは、三位一体内の諸関係の理解に寄与するが、それは精神の三一的な遂行は何よりも、自己認識の次元を超えて、神認識において完成されるためにほかならない。経験可能でありながら、なおかつ概念化されたこのような人間精神の理解のうちには、多様な問題設定と複数の契機が調和しながら重なり合っている。

こうしてラテン西方世界の思想においては、初期中世から近代にいたるまで、アウグスティヌスの精神理論が指標となって、精神形而上学と認識論、修道院霊性とスコラ神学、超越論的反省と主観性の理論、文学的自己表現と心理学的分析が——それぞれ重点の差があるにしても——複合的に展開される。これに対して、たとえばボエティウス（四八〇頃—五二四年頃）の場合、擬人化された女性像としての「哲学」によって、獄中での悲嘆の原因が、自らの人間本性に対する忘却にある点を指摘されることで、自己集中を促される。「いまや私〔哲学〕は、あなたの病のもう一つの、そして最大の原因を理解した。すなわち、あなたはもはやあなた自身が何であるかがわからなくなっているのだ」[*12]。しかしボエティウスのような自己認識の勧告は、アウグスティヌス的な自己意識論にもとづく精神論に比して、ラテン西方では二次的なものにとどまった。

五　教父からスコラ学へ——自己への注視と脱自

カロリング期において、ヨハネス・エリウゲナ（八〇一／二五―八七七年以降）は、ニュッサのグレゴリオスの『人間創造論』での似像《イマーゴ》論に依拠しながら、否定神学的思考を人間理解に活かすことで、人間の自己認識の深さを明確にしている。人間は他の動物と違って、自己自身を探究するように定められている。なぜなら人間は、「最高に確実な」自己認識を通じてのみ、神的原像の観取にいたることができるからである。とはいえ人間の魂は、なんら対象的なものではなく、神の似像であるため、その本質は、限定された対象として確定的に把握することはできない。「神については、それが何であるかが定義されず、存在のみが語られるのと同様に、人間の魂については、その存在は知られるにしても、それ自身と他の被造物はそれが何であるのかを把握できない」[*13]。人間の魂は、神の似像として、神の超本質的なあり方を分有する。「神が存在するということが被造物から推察される限りでは、神は把握可能であるが、人間や天使のいかなる知性にも、また神自身にも、神が超本質的であり、何ものかであることはないため把握できないのと同様に、人間の精神には、自分が存在するのを知ることだけが許されており、それが何であるかを知ることは許されていない」[*14]。ディオニュシオスの否定神学の意味で、魂についての知の否定は、まさにその本性からしても、魂を認識するためのより適切な形態なのである。「人間の精神は、その知においてよりも無知において賞讃に値する。人間の精神において、自らが存在することを知るよりは、自ら何であるかを知らないことのほうが賞讃に値するということは、神の本性の賞讃には、肯定よりも否定のほうが優れており、適切であるのと同様である」[*15]。

初期スコラ学において、カンタベリーのアンセルムス（一〇三三／三四―一一〇九年）は、「信仰の理拠」[*16]を「理性の必然性」[*17]によって、つまり「理性のみにもとづく」[*18]「論拠」によって証明する課題を自らに課したところから、『モノロギオン』と『プロスロギオン』において、自我の自己経験に依拠することなく、厳密に客観的な叙述を貫いている。しかしながらその考察は、「自分を相手に未知の事柄を沈黙のうちに探究する」[*19]「黙想」[*20]に根差すものである。神を直接に観取しようという熱望ゆえに、精神は自らの内面へ、つまり「精神の個室」[*21]に入っていくが、そこでは神との直接的関係への希求は満たされることはない。なぜなら精神は、「私の奥深く、……私の内心で」[*22]「〔神に向かって進んだが、〕自分自身だけに突き当たり」[*23]、求められた平安ではなく「苦慮と悲嘆を見出してしまう」[*24]からである。しかしながら、このような不充足ゆえに、理性的な洞察への熱意が掻き立てられ、「私の心が信じ愛するあなたの真理を少しでも理解すること」[*25]を望むようになる。（アウグスティヌス的な）心の熱望は、内容的にも理性的探究を先導する。それというのも精神は、神への憧憬において、神の三一的な似像であることが明確になるからである。「あなたを思い出しながら、あなたを考え、あなたを愛するように、私のうちにあなたの似像を造られたことを私は感謝します」[*26]。こうして精神の明示的な根本遂行である思考は、「自らを証明するために、それ自身以外ほかのものを必要としない一なる論拠」[*27]であることが示される。つまり信仰の知解は、「それよりも偉大なものは何も考えられえない何ものか」[*28]の解明として理解され、しかもその当のものは、思考の自己探求にもとづくのである。ここにおいてアウグスティヌス的な自己の省察は、理性の超越論的な自己探求の原理となる。

それと同時に、ここで獲得される神認識には、神の観取や、愛による神との関係の予備的段階という体系上の位置が与えられる。「それゆえ、理性的精神が自己を知るように熱心に努力すればするほど、〔最高の本質の〕認識へとより効果的に上昇していくことは、何よりも明瞭である」[※29]。自己認識と神認識の媒介項は精神に「授けられた」[※30]「創造者の似像」[※31]に求められる。「したがって最も的確には、それ〔精神〕はいわばそれ自身にとって〈鏡〉のようなものであると言われうる。その鏡のうちに精神は、〈顔と顔を合わせて〉見ることができない方〔最高の本質〕の、いわば似像を見るのである」[※32]。神の似像としての精神の性格は、アウグスティヌスの場合と同様に、まずは「自己を記憶し、知解し、愛すること」[※33]としての自己遂行において見出され、やがてより高次の仕方では、「あの〔神的本質を〕記憶し、知解し、愛すること」[※34]において示される。

自己認識は、〔新プラトン主義的〕反省に照らされ、内的根源からの神的光に導かれつつ、自己自身への観想的沈潜にもとづくものであるため、自己認識を中心とする思考は、十二世紀の修道院霊性、つまりシトー会学派とサン＝ヴィクトル学派において頂点を迎える。これらの学派が活動した同時期のフランスでは、ボエティウスの翻訳と註解によって古代末期からカロリング期へと伝承されていたアリストテレス論理学の研究が、その後の数世紀間、まずは修道院学校で、ついで弁証家たちや都市の学校で育まれ、自立的な学問形態にまで展開されていた。とはいえ、こうした分析的・論証的で、証明による思考法は、内省や観想的な自己超越の感覚を促すものではなかったため、十二世紀において、狭義の初期スコラ学の思想家においては、自己認識という、教父思想に由来する主題は姿を消すことになる。指導的な論理学者ペトルス・アベラルドゥス（一〇七九—一一四二年）は、たしかに「汝自身を知れ」の銘句を自身の倫理学書の標題（『倫理学あるいは汝自身を知れ』）に採用してはいるものの、この著作のどこにもこの銘句そのものの論究は見られない。また彼の自伝『わが災厄の記』や『ロマ書註解』など、この主題が取り上げられるにふさわしいはずの著作においても、自己認識への言及がなされることはなく、それ以外の著作でも事情は変わらない。修道院霊性とスコラ学とでは、その思考形態に大きな相違があり、その隔たりは、アベラルドゥスに対するクレルヴォーのベルナルドゥス（一〇九〇—一一五三年）の辛辣な評言に示されている。「この者は、自分自身の本性から逸脱してしまっている。……天と地にあるすべてに関して、彼は知らないものがない。ただ彼自身を除いては」[*35]。

十二世紀の代表的な思想家クレルヴォーのベルナルドゥスは、アベラルドゥスの論敵にして、シトー会霊性の基礎を据えた人物であるが、彼は、デルフォイの神託と、それに対応する「雅歌」の一節（一・八）にもとづいて、アウグスティヌス、および『聖ベネディクトゥス修道規則』に立脚しながら、常に自己認識の有用さと必要性を強調している。その神的起源を示すために、ベルナルドゥスは、マクロビウス（四世紀後半—五世紀前半）とともに、ユウェナリス（六〇頃—一四〇年頃）の言葉「この一節、〈人間よ、汝自身を知れ〉は、天から降された」[*36]を引用している。自己認識は「謙遜の学校から」[*37]始まるのであり、謙遜において「自身の内に立ち入ることを学ぶ」[*38]。なぜなら「謙遜とは、自己を最も真実に認識することによって、自己自身の無価値さを悟る徳である」[*39]からである。「われわれの内部にあるもの以上に、われわれに近いものは何もない」[*40]ため、自己認識とは、人間にとって第一にして根本的な認識である。「われわれが何であるかということは、われわれにとって第一のことである」[*41]。真の自己認識によって、「われわれは、われわれが何ものでもないということを知り」[*42]、「人間は自身のうちに真理を、あるいはむしろ、真理のうちに自己を見出す」[*43]。「あなたは何であるか」[*44]という、自らの存在への問いにおいて、「自身が何であり、誰であり、どのようなものであるかとあなたが考察するなら、そのあなたの考察は三種に分かれる。すなわち、本性において何であり、人格において誰であり、生き方においてどのようなものであるのかの三種である」[*45]。こうして自己への問いは、まずは「死すべき理性的動物」[*46]という「哲学的定義」[*47]、ついで社会的地位の規定、そして最後に最も中心的なものとして、道徳的性質への考察という三様相に区別される。自らの自己とは、そこからけっして離れることがない堅固な地盤である。「自分自身にとどまり続けなさい。下へ降ろされるのでも、上に揚げられるのでもなく、より遠くへ逃れるのでも、より大きく拡大されるのでもなく」[*48]。それゆえすべての考察は、自らに還帰すべきであり、自己自身において実りを結ぶべきなのである。「したがってあなたの考察は、あなたから始めるべきだろう。それのみならず、あなたにおいて終えられるべきだろう。それがどこへ彷徨おうとも、あなたは救いの実りをもって、それをあなたのもとに呼び戻すだろう。あなたは第一であり、究極なのである」[*49]。

自己認識は、自らが無であることを認識することで謙遜へと導くものであるため、単なる自己観察に終始するものではなく、自己自身を超出し、神の卓越した偉大さの認識へ向かい、神への畏敬を通して、神の愛のうちで自らを完成するにいたる。「それゆえ、神を畏れるためにあなたを知りなさい。同様に、彼を愛するために彼を知りなさい」[*50]。自我は前もって、花婿である神から呼びかけられているため、自己認識は神への希求によって動機づけられている。自己認識と神認識はこのように互いに不可分であるため、一方を知らないことは、必然的に他方を知らないことに直結する。「神に関して無知であることが明らかになった者は、叱正されることになる。それは、神に関して〔の無知〕だろうか、自己に関して〔の無知〕だろうか。疑いもなく、その両者に関してである」[*51]。なぜなら自己認識は、その隠された尖端において、魂の内に住まうその主に対して呼び起こされるためである[*52]。それゆえ魂は自己認識においても、神の認識によってのみ完成されるのであり、神の認識は神との類似化において芽生える。「魂が神に似ていないものとなるところから、魂は自己自身にも似ていないことになる」[*53]。

ベルナルドゥスの友人であるサン＝ティエリのギヨーム（一〇八五頃―一一四八年）もまた、オリゲネスとニュッサのグレゴリオスに依拠し、おそらくプロティノスをも参照することで、自己認識のうちに、「好奇心の虚しさによる」[*54]疎外を癒す方途を見ている。「あなたに専念しなさい。あなたはあなた自身にとって大きな配慮の材料なのである」[*55]。内面の小部屋である「良心」[*56]においていて、精神は自己自身に対して現前し、内的な眼が「自己自身を見ることができ」[*57]、同時に自己を神の似像として発見することができる。「あなたのうちに、あなたは神の国を見出す。神の似像よ、あなたの尊厳を認識しなさい。あなたのうちに造り主の映像が輝くように。……それゆえあなた全体があなたに現前し、あなた全体を、あなたが誰の似像であるかを認識するために用いなさい」[*58]。こうして、浄化された自己認識は、内的に上昇することによって、根源の認識――すなわち人間の最内奥にありながら人間を超えた根源の認識――を含むのである[*59]。孤独への退行は、「精神の一性へと転回させられ[*60]」、「人間の神との合致、あるいは神との相似[*61]」において完成される。

パリのサン＝ヴィクトル学派では、フーゴー（一〇九六頃―一一四一年）は、『ディダスカリコン（学習論）――読解の研究について』において、このような修道的育成の狙いを、学習に従事する者すべてに理解させるための計画を提起している。すべての知において、まずは知恵が求められるべきだが、その知恵は、デルフォイの神託である「汝自身を知れ、すなわち自分自身を認識せよ[*62]」の句に従って、自己認識から始まる。自己認識において精神は、光としての自己自身を、その光によって可視的になり対象として現れる一切のものと区別し、したがってそれ自体としては不可視の自己自身をその不可視性のままに発見する。「〈理性的精神は、自らが存在することを見ていることについて〉――知っている者たちにとっては、……自らが何ものかであるということを知らないでいることができるということ以上に、ありえないことはない。というのは、自らは自らのうちに（すなわち自らの身体のうちに）可視的なものとして見ているもののいずれでもないし、いずれでもありえないことを見るからである。それゆえに〔精神は〕自身を識別し、自らのうちに可視的なものとして見ているすべてから自身を区別する。自らを見ることを見て、しかも自らが見られえないことを見ることによって、自らがまったく不可視であることを見ている」[*63]。

こうして、現実的だが不可視の自我についての知は、不可視なものの承認の「門」であり、それ自身より高次のもの――すなわち純粋な諸精神と神――という不可視の現実への「道」となる。自己認識は、可視的なものから不可視のものへ向かう認識の転換点として、認識の根拠づけにおいて決定的な位置を占める。なぜなら、精神が存在する限り、精神には必然的にそれ自身の認識が具わっており、したがって自らの起源に関して、自身が自身の存在を付与したわけではなく、したがって自らが神によって創造されたものであることを知っているからである。「〈〔精神は〕自らの存在が始まったことを理解していることについて〉――自分について存在していることを疑うことはできない以上（自らを知らないことはありえないのだから）、自らによって、自身がいつか始まったことを覚えているということも信じざるをえない。というのは、自分は常に存在しているわけではないからである。なぜなら自分が存在しているあいだは、自らを知らないことはありえないからである」[*64]。精神は、根源的な知にもとづいて神へと向き直る際に、それまで感覚に没入することで忘却していたこと、すなわち一切の可変的なものはそれ自体で無であり、精神の下位に位置するということを認識する。「知恵によって照明された不可死の魂は自らの根源を仰ぎ、自身がそれであることが自身にとって十分でありうるはずなのに、自らの外に何ものかを追究することはふさわしくないことを知るのである」[*65]。

すでに感覚的知覚のうちに萌芽として含まれている自己認識を通じて、精神は自らを超える神に対する従順の義務と、自らの下位にあるものに対する配慮の責務を自覚し、そうした知によって、世界の包括的全体に自らを組み込み、責務を負うことができる。「さらにわれわれは、同一の人間は、その最初の認識から以下のような自己認識を受容したと信じている。つまり、上位のものに対して自らが従順になる義務を認識し、下位のものに対して自らが配慮する義務を知らずにはすまされない。これが自己自身を認識することであり、すなわち状態と秩序、および、自らを超えたものや自らの内にあるものや自らの下位のものへの義務を知らずにすまされないことであり、自らがどのようなものとして造られており、いかに進まなければならないか、何を行い、何に注意しなければならないかなどを理解することである。これらの全体が自己自身を知るということである。これらのことの認識や識別を人間がもっていないとしたら、自己自身を認識することもないし、もし前もってそれらのものの認識のために照明されていなかったのなら、のちにそれらに背くことに責めを負うこともなかっただろう」[*66]。

自己認識の道は、自らの理性を通じて、創造主の認識へといたるため、自己認識は自然認識に優り、優先されるべきである。そして至高のものである創造主への上昇は、内面の最深部への参入と自己自身の貫徹にほかならない。「したがって神へ上昇するということは、自己自身へと侵入することであり、しかもただ自己へと侵入するだけでなく、表現しえない何らかの仕方で、自己の内奥で自己自身をも超出することである」[*67]。魂の眼差しが内面への注視によって研ぎ澄まされ、自らの美しさを愛するようになったとき、この精神的な眼差しは一切の外的に認識可能なものを明晰に識別できるようになる。「それゆえに魂よ、あなたの美しさに注目しなさい。そうすればあなたがどのような美しさを愛すべきであるかがわかるだろう。あなたの顔はあなたにとって見えないものではない。あなたの眼があなた自身を見ないなら、あなたの眼は何ものをもよく見えてはいないのだ。というのも、自分自身をよく見ることができるほどに眼が十分に透明であるときには、外的で自分本来のものではないいかなる類似も真理の漠然とした想像も、眼を欺くことはできないからである」[*68]。

師のフーゴーと同様の精神にもとづきながら、弟子のサン＝ヴィクトルのリカルドゥス（一一七三年歿）は、表現においてより大胆に、「汚れた哲学者」[*69]に逆らって、自己認識の中心的な位置を強調している。「自己を知らない者は、何ごとをも正しく判断することはない」[*70]。自己認識は、高山のように――つまり、キリストが栄光の姿を現したタボル山のように――あらゆる認識を超えている。「完全な理性的精神の認識は、偉大で高い山である。その山は、世の学問の頂きを超えており、一切の哲学、世の一切の学問を高みから見下ろしている。この類いの何ものかを、アリストテレスが、またプラトンが見出しただろうか。なみいる多くの哲学者がこの類いの何ものかを見出しただろうか」[*71]。

自己認識は、自己についての単なる知的直観に限定されることはなく、想像力・理性・知性といった諸能力を貫き、精神的生の全領域を開く集中的な努力を要求する。「ここでまず熟慮すべきは、あなた自身へ戻り、あなたの心の中に入って、あなたの精神を高貴なものとみなすのを学ぶことである。あなたが何であり、何であったか、何であるべきか、何でありうるかを問いなさい。あなたは本性によって何であったかを、あなたはいま負い目によって何であるか、努力によって何であるべきかである。あなたはさらに恩寵によって何でありうるか。それゆえ、あなたの精神から、他のもろもろの精神について何を高貴なものとみなすべきかを学びなさい」[*72]。自己認識への努力において、神の恩寵が時によって退くとき、「人間は自らがどれほど無であり、自分からはどれほど何ごともなしえないかを知る」[*73]が、それによってこそ癒され、新たに生まれるのである。こうして自己認識は、神認識へと導かれる。「理性的魂は、疑いもなく、自分自身が神を観るための主要で卓越した鏡であることを見出すだろう」[*74]。なぜなら精神は、自己認識のうちにとどまってはならないのであり、愛において、自らの根源にして最高の美である神に向けて自己自身を乗り越えていかねばならないからである。「それゆえ、あなた自身へ戻り、そして一切の注意を尽くして、あなたの心を守りなさい。しかしここにとどまるなら、嘆かわしいことである。とどまることを望まず前進し、……神の家にいたるまで通り抜けなさい。ゆえにあなた自身をも通り抜け、あなたの神に向かって進んでいきなさい。……あなた自身を見下しなさい。……それゆえ第一の移行は、まずはこの世に対する軽蔑であり、第二の移行を成し遂げるのは自己に対する軽蔑である」[*75]。

自己認識における自己発見はそれゆえ、魂において、愛における神との合致への根源的な希求を引き起こすため、精神は持続的な自己集中に際して、もはや自己を注視せず、いわば自己を忘れ、自らを脱し、自己所有や自己に対する執着を棄て去り、自らの自己から解放されて神と結びつく。「精神を失った精神であることが、自己自身をすべて外へと、自己自身を超えたところへと注ぎ出すことである。……精神が自己自身から離脱し、自己の存在から離れ、何らか世界を超えた、人間の状態以上のあり方へと超えていくというときに、精神が自己自身をもつことがないと言うのは、なぜ正しくないのか。……こうして、単に主により高く結びつき始めるまさにそのときに、自己がもはや自己でないものであることになる。主に結びつくものは、主と一つの霊である[76]〔一コリ六・一七〕」。

シトー会学派とサン＝ヴィクトル学派のもとで展開された自己認識と神認識の結合の理論は、カルトゥジア会など、修道院霊性の特徴をもった信仰生活においても実践されており、さらに十三世紀になると、ボナヴェントゥラ（一二一七／二一―七四年）に導かれて、キリスト論的観点から受苦の神秘思想の要素によって豊かにされるばかりか、中世末期にはベネディクト会修道院――とりわけカストルのヨハネス[77]（一四〇〇年頃活動）――によって、および民衆の信心においで育まれていった。とはいえすでに十二世紀の知的関心は、シトー会学派やサン＝ヴィクトル学派が警戒していたように、そのような内面性から転じて、感覚的世界との関係に重点を置く哲学へと移行しており、その傾向は十三世紀になると、都市における文化的生活の発展や、大学における諸学の組織的統合、そして何よりアリストテレスの認識論や形而上学の受容によってますます強まることになる。こうして自己認識の問題は哲学的思考の主流から外れていくが、盛期スコラ学・後期スコラ学での展開を経て、やがては反省的自己意識から哲学を根拠づけようとする思考へと受け継がれていくのである。

六　盛期スコラ学――知の構成と個的人格

ボナヴェントゥラは、『四つの精神的訓練についての独語』において自己認識を出発点とした際には、シトー会の伝統に依拠している。「どのように魂は、精神的訓練を通じて、観想の光箭《こうせん》を自己の内奥に向けて転じなければならないかということについて」[*78]。その際にボナヴェントゥラは、クレルヴォーのベルナルドゥスの著作、あるいは彼に帰せられる文献からの引用をふんだんに用いている。修道女に関しても、「第一に必要なことは、自己自身から始め、そうして外的な一切を忘れ、そこで自己の良心の内奥に入り込み、欠陥のすべてを……棄て去り、自らを試し吟味することである」[*79]。しかしながら、ここでもベルナルドゥスやサン＝ヴィクトルのリカルドゥスに従って、この場合の自己認識は、霊的進展の前提となる良心の糾明を深めることに尽きる。「あなたが第二・第三の天に上昇することを熱望するなら、第一の天、すなわちあなたの心を通ることがあなたにとって課題となるだろう」[*80]。これに対して、『魂の神への道程』における自己認識は、神への上昇の第三・第四の段階に位置づけられる。この上昇はすなわち、世界と感覚的認識において、神の「痕跡」を観察することから始まり、魂を神の似像として認識することを経て、一者、次に三位格の神へ向かい、ついには十字架に架けられたキリストの前での神秘的自己超越にいたる。そのためここでは、感覚を通じて世界へと目を向けることが、自己認識に先行している。自己認識の独自の構造は、アウグスティヌスによる精神の三一的理解に即して、簡単に要約されている。「それゆえ、あなたに入り込み、あなたの精神が熱烈に自己自身を愛していることを見なさい。自己を知ることなしに自己を愛することはできないし、自己を想起することなしに自己を知ることはないだろう」[*81]。

魂の上昇に関するこのような新プラトン主義的・アウグスティヌス的な理論と、アリストテレス受容の自然主義的な傾向とのあいだには葛藤が生じざるをえず、パリ大学学芸学部がその論争の舞台となった。[*82] アルベルトゥス・マグヌス（一一九三／一二〇〇―八〇年）は一二五六年頃、アリストテレス『霊魂論』の註解で「われわれがアヴェロエス〔一一二六―九八年〕に反対するような点はほとんどない」[*83] と語ってはいるものの、一二七〇年には「〈人間が知性認識する〉というほど、適切なものは世にありはしない」[*84] と強調している。ラテン・アヴェロエス主義の危機は一二六五年頃には明らかになり、一二七〇年にはその頂点に達している。ボナヴェントゥラはすでに一二六五年には、「世界は永遠であるとみなし、万人において単一の知性が存在すると考えるような哲学者たちの誤謬」[*85] に反対している。ここではアヴェロエスは名指しで言及されていないことから判断すれば、ボナヴェントゥラはこれらの主張は、信仰と神学から独立した哲学に典型的なものと考えているように思われる。おそらく一二六九／七〇年に著されたブラバンのシゲルス（一二四〇頃―八一／八四年）の『霊魂論第三巻註解』によってはじめて、ラテン・アヴェロエス主義は明示的に現れたと言える。「別々の人々であっても知性は単一である。それというのも、知性の実体は単一であり、同様に一つの能力だからである。想像による想念には一つの意味内容があるところから、知性それ自身が一つの能力であることは明らかである」[*86]。

シゲルスのこの著作に対して、トマス・アクィナス（一二二四／二五―七四年）の『知性の単一性について――アヴェロエス主義者たちに対する論駁』は、直接に「アヴェロエス主義者」の名称を用いて、犀利な論法によって反駁を行ったが、それはもっぱら哲学的な根拠にもとづくものであり、道徳的秩序や人間の倫理性に関わる問題はその観点に従属するかたちで指摘されている。「もしすべての人間に単一の知性があるのだとすれば、必然的な帰結として、知性認識するものは単一であることとなり、そのことから、意志するものが単一であること、そして、すべてのものを自らの自由な意志に従って用いるもの――それによって人々が互いに異なるものとなるもの――が単一であることが導かれる。〔これは〕……道徳に関する一切の学と、公共生活に関わるものをことごとく破壊することになる」[※87]。

トマスの論証は、精神形而上学的・認識論的な領域で展開されており、自己認識の主題は、認識を行うことができるのは個々の人間であるという主張の裏づけとなる限りで取り上げられている。「まさに、この個々の人間が知性認識を行うのは明らかである。それは、われわれが知性認識するのでなければ、われわれは知性について問うことはけっしてないからである。またわれわれが知性について問うとき、われわれがそれによって知性認識する原理を問うのであり、それ以外の原理を問うのではない」[※88]。それゆえに知性の本質に関するいかなる考察も、「各人は、知性認識するのは自分自身であることを体験している」[※89]という経験の事実から出発しなければならない。その際に、個別的な身体に結びついている感覚的知覚と、知性の活動が、同じ主体である個別の人間に属しているということが、自己の経験から示される。「自身が知性認識と感覚的認識を行うことを知覚するのは、その同じ同一の人間である」[※90]。このような根拠から、トマスはアヴェロエス主義者に反対し、多くの論拠にもとづいて、「すべての人間の知性は単一ではない」[※91]ことを証明している。さらにトマスは、ラテン・アヴェロエス主義との論争にとどまらず、『真理論』（第一〇問第八項）、およびそれと主旨を同じくする『神学大全』第一部（第八七問第一項）において、自己認識に関する密度の高い理論を展開している。その際にトマスは、基本的な立場としてはアリストテレスに依拠しながら、アウグスティヌスをも参照し、認識理論の基礎づけのために、新プラトン主義の精神形而上学、そして分有の形而上学にまで遡ることになる。

認識の遂行における直接的な自己確認は、認識する魂がその本質において何であるかについての認識とは区別される。「各人は自身のうちで自らが魂を有することを経験し、魂の活動はその者に内在するものである点では、魂に関する知識は最も確実である。とはいえ、魂が何であるかを認識することはきわめて難しいことである」[※92]。しかしながら、知性には世界との関係が本性的に具わっているために、直接的な自己確証は、知性にとって対象認識にともなう契機である。「現実の生の状態に応じて、われわれの知性には、質料的・感覚的なものに関わることが本性的に具わっている。……したがってわれわれの知性は、知解可能なもの自体の現実態である能動知性の光によって感覚的なものから抽象された形象を通して現実態化され、それらを媒介として可能知性が現実態化されることで、自己自身を知性認識するのである」[※93]。

自らの存在についての意識は、魂の本質がそれ自身に対して現前することにもとづき、それによって魂は自己自身を認識することができる。「魂は自らの本質によって自らを見るのであり、それはすなわち、魂は自らの本質が自身に現前することにもとづき、自己自身の認識の活動へと向かう能力をもつということである」[※94]。しかしながらこうした習態的な自己現前は、対象と関わる活動を通じてはじめて現実態化し、意識的に遂行される。「魂は、自己の活動と対象を認識することなしには、自身が存在することを認識することはない」[※95]。このような遂行的な自己認識は、より高次の反省的認識においてはじめて成立するのではなく、すでに自身の活動の認識、および対象認識に随伴している。「魂は、自己から抽象された他の形象によって認識されるのではなく、対象自体の形象を通じて——つまり魂が現に認識している限りその形相となる形象を通じて——認識される」[*96]。それゆえ、対象認識と自己認識は同一の活動において遂行される。「同一の活動によって、また私は知解可能なものを知解し、私が知解することを知解するのである」[*97]。その際に対象認識は、内容的に認識遂行そのものの認識を先行的に先導し、それを担っている。「何ものかを知解することを通じてでなければ、何ものも自らが知解することを知覚することはない。なぜなら、何ものかを知解することは、自らが知解することを知解することよりも先立っているからである」[*98]。たしかに精神としての魂の自己現前によって、自己認識は先行的に可能にされ導かれているとはいえ、人間の認識能力の可能態性と受容性のゆえに、遂行的な自己認識は、対象を通しての感覚と知性の現実態化に従って、外面から内面への道を辿り、対象から認識遂行を介して魂の能力と本質へと向かうかたちで実現されるのである。そのためにトマスは、魂が認識において直接的で、実体的に自己現前するという主張に反対して、アリストテレスにならって、自己認識が志向的な対象認識によって媒介されているとの考えを貫いている。それ自体として可能態にある人間知性は、「自己自身を、他のものを知解する場合と同様に、知解可能な形象を通じて知解する」[*99]。こうしてトマスは、自己認識を一切の認識の超越論的原理とみなす考えを拒絶する。「魂は、それが認識の媒体になる点ではなく、質料的なものが魂の活動によって可知的なものにされるという限りで、他のものが認識可能なものの原理なのである」[*100]。

同様にトマスは、能動知性は単に潜在的に、つまり可知的内容の原理として認識されるのみであるため、能動知性の直接的な確証を否認している。「能動知性の光は、それが可知的なものを実際に可知的なものにすることで、可知的なものの形象の原理となる限りで、われわれによってそれ自体を通して知解される」[*101]。これらの反対異論への応答からは、トマスが『真理論』（一二五六―五九年）を執筆していた時期にはすでに、パリ大学学芸学部におけるアヴェロエス学派の擡頭に先立ち、実体的自己意識としての自己認識が、準超越論的・観念論的意味において認識可能性の源泉として、あるいは能動知性の光に関する直接的な意識として議論され、支持されていたということがわかる。トマスは自己意識を、世界に関わる対象的な認識作用の契機として示すことによって、意識を対象認識に先行する固有領域としてそれ自身のうちで完結させることに逆らうと同時に、質料性によって内的に分散することのない精神の自己現前にもとづいて、自己ないし魂の認識の可能性を明示しているのである。なぜなら能動知性の光は、対象によって提示される内容への知性的洞察によって遂行され、そして精神に本質的に具わる習態としての自己現前は、志向的に与えられた対象との関係を通じて、現実的な自己遂行にいたるからである。

個的な自己のこうした直接的な経験を起点として、認識を遂行する精神の普遍的な本質を問題とするなら、その哲学的考察は、認識される限りの対象から出発して、認識者におけるこうした形相的対象の可能根拠を問わなければならない。「精神は、精神自身の本性がいかなるものであるかを、自らの対象自体の考察から始めるのでなければ知ることはできない」[*102]。そこでの考察は、魂の対象・作用・能力・本質の関係――認識遂行において非対象的な仕方で含まれている関係――を遡及的に辿っていく。そしてこの考察は、精神が根源的に真理と関わるものとして自己自身を知る反省的な自己同一性に対する洞察に達する。「知性は、自己自身へと反省することによって、真理を認識する。……知性的実体のように、存在者のうちで最も完全なものは、完全な還帰によって、自らの本質へと立ち返る。……それにもとづいて、『原因論』〔第一五命題〕において語られるように、自らの本質を知るものすべては、完全な還帰によって自らの本質に立ち返るのである」[*103]。精神が主観的なあり方を超えて、対象的・存在論的な真理把握の能力に即して自己認識を遂行しうる究極的な可能条件は、もはや神における原像を対象的に観取することではなく、アリストテレス的に解釈された新プラトン主義的な分有の形而上学に従って、人間の精神のうちに（存在ないし真理という）神的光への分有が本質的に組み込まれているという点に求められる。そしてこの分有的関係こそ、いかなる認識活動においても、その超越論的に構成的な原理として働いているものにほかならない。「次のように言わなければならない。すなわち、人間の魂は、それを分有することでわれわれが一切を認識する、その永遠の理拠において一切を認識するのである。なぜならわれわれのうちに存する知性の光そのものは、永遠の理拠が含まれている造られざる光の分有された類似以外の何ものでもないからである」[*104]。

自己認識についての、均整がとれながらも多角的なトマスの考察は、アリストテレスの思想にもとづきつつ、自己確証を知性の根源的な自己直観としてではなく、世界との全人間的な関わりにおける、受容的な感覚認識に媒介された志向的な存在関係の契機とみなすものである。ドミニコ会でも、すでに一二七八年〔ミラノ〕、一二八六年〔パリ〕、一三〇九年〔サラゴサ〕、一三一三年〔メッツ〕でトマスの学説を支持する勧告や、拘束力をもつ訓告が出されていたとはいえ、このような立場は、一二七〇・七七年のアヴェロエス的アリストテレス主義の断罪以降、アウグスティヌス的な精神論の復興がなされることで下火になっており、トマス自身の修道会においても、早い時期にロバート・キルウォードビー（一二一五頃—七九年）やメッツのヤコブス（一三〇二／〇四年頃活動）によって反論が加えられていた。反トマスの急先鋒として、ドイツ・ドミニコ会のフライベルクのディートリヒ（一二四〇／五〇頃—一三一八／二〇年）は、アルベルトゥス・マグヌスの着想やイスラーム哲学に媒介された新プラトン主義思想に遡り、能動知性に関するアリストテレスの理論を、「精神の秘所」（abditum mentis）における精神の非対象的な自己現前についてのアウグスティヌスの示唆と結び合わせることで、能動知性の直接的な自己認識を主張している。知性は自己遂行において、自らが神によって成立するという点に目を向けるため、そこにおいて知性は、自らにとって構成的な——とはいえ、対象に関係する可能知性によっては捉えられない——至福を実現することになる。なぜなら能動知性は、実体的存在と作用との統一において、自らを神的根源に由来する知性的な存在受容として、および存在そのものが現前する場所として把握するからである。[*105] 経験と結びついた意識は、いかにして精神にとって本質的な至福に近づきうるのかという問いには、ディートリヒは立ち入ることがない。アルベルトゥスは、可能知性において認識が豊かになることによって、能動知性と受動知性が「獲得的知性」（intellectus adeptus）において結合する点に、その問いへの解答を求めていた。しかしながらドイツ・ドミニコ会学派の神秘思想家たちは、おそらくディートリヒの知性論に依拠することでそれとは逆の方向を辿り、対象との関係からは離脱し、知性をその内的根底へ向かわせることに専心していった。

　マイスター・エックハルト（一二六〇頃―一三二八年）は、思弁的な精神形而上学そのものを主題とすることはないにしても、その説教において、三位一体・創造・受肉、および魂における神の誕生といった信仰の根本的真理を、存在論的・人間論的に掘り下げ、それらの真理を内的生において遂行するように聴衆を導こうとしている。[*106] 神への接近は、まず被造物を考察し、そこから段階的に対象的な概念において神へと上昇するという道を採るのではなく、内面において空間的・時間的多数性に背を向け、利己心の断念と離脱を通して、精神の貧しさと単純さにおいて、知性的な魂の根底――「魂の火花」、「精神の尖端」とも言われるところ――に向かうことによってなされる。自己の同一性に関するこのような非反省的な観取において、精神は自己自身を超え、[*107] 自らの存在の造られざる根底において、[*108] それ自体で無区別の一性へと進んでいくが、その起源からさらに精神は、神の言葉との類似と一致へと誕生することになる。

　上昇に向かうエックハルトの「高貴な人間」とは異なり、ヨハネス・タウラー（一三〇〇頃―一三六一年）は古来の伝統に従って、「自らの無」、[*109] すなわち自らの有限性と罪の認識から出発する。このような自己中心性を無化することによってはじめて、魂の隠れた「無底」（abyssus）――「神そのものが現前するところ」[*110]――への眼差しが開かれる。ハインリヒ・ゾイゼ（一二九五／九七頃―一三六六年）は、教会側からの批判にもかかわらず、エックハルトの内省の神秘思想に忠実に従いながら、神への沈潜においても自己に対して現前する個人的自我を発見している。エックハルトが、「人間の赤裸な本性に従って自己を捉える」[*111] ことを要求し、一切の「自己固有のもの」を捨象して、人間の不変的本質への集中を促していたのに対して、ゾイゼは自己への遡及において、固有の「自我」[*112]へと戻ることを目指す。そのために、ゾイゼ自身の『自伝』が示すとおり、被造物への執着からの解放に際しても、神との関係において個人的・歴史的人格がなおも主題となる。ラテン語・ロマンス語文化圏では、すでにアウグスティヌスにも見られるように、自己のあり方を主に「自己固有のもの」(proprium)によって規定し、普遍的本質との対比によって理解する傾向があったが、いまやゲルマン語文化圏において、ドイツ神秘思想の影響のもと、「自我」や「自己」(「自己性」[Selbstheit]、「自ら性」[Seinheit]、「自我性」[Ichheit]など)に対する積極的な態度を通じて、自己認識は独自の意味合いを獲得し、その結果キリストとの内面的・対話的関係が言語的にも容易になる。

　フランシスコ会は、知性的契機を強調するドミニコ会のアリストテレス主義に対抗して、十三世紀後半に、とりわけペトルス・ヨハニス・オリヴィ（一二四七／四八―九八年）によって、アウグスティヌスの主意主義を継承し、人間精神の反省的自己所与性に関して人格主義的な思想を展開した。[*113]フランシスコ会においてすでに一二七七年以来、批判的に論議され、清貧論争における厳格な「聖霊派」(Spirtuales)を指導したオリヴィにとって、人格とは知性と意志の直接的な反省的性格にもとづくものであった。「人格の概念は、知性と意志がなければ、措定されることも知られることもできないように思える。それというのも人格とは、自分自身に反省するか反省可能であるあり方、あるいは自己自身のうちに完全に自存するあり方ないし至権者を指すと思われるからである」[*114]。たしかにオリヴィも、知性的認識とその対象が認識活動に先行することを承認しはするものの、中立的に観察を行う知性よりも、自由の活動力ないし原理としての意志のうちにこそ、自己存在の中心を求めている。「たとえ意志が自然的には知性の後のものであっても、原理的な仕方で先なるものであり、われわれの魂の内奥に深く触れるものとして、知性に劣ることはない」[*115]。思惟し意志する自我はそれゆえ、内的経験において直接かつ不可疑の仕方で与えられる。「われわれはわれわれ自身のうちで、われわれの精神が思惟と同様に愛を通じて、自らを自らの直接的・無媒介的対象のように、自ら自身を直接かつ無媒介的に反省しそれへと回帰するということを最も明確に経験している」[*116]。認識の諸対象は、この精神的活動にとっては関連点ないし切掛けにすぎないが（「到達点ないし機会のようにしてではあるが、諸対象から発して」[*117]）、それはたとえばトマスにおけるように、知性の本質に対する遡及的な分析の出発点になるという意味ではない。このように内的自己経験が普遍的で無制約的に確実な認識の原理と認められることで、後期スコラ学になると、自己認識はもはや霊的・倫理的な関心ではなく、認識論的な関心にもとづいて、確実な学問的認識、すなわち命題的で客観的な認識についての問いを中心に理解されることになる。「このことを、それよりも何も確実なもののない自らの経験が教えている」[*118]。

七　後期スコラ学——認識の確実性と自己の不可疑性

ドゥンス・スコトゥス（一二六五／六六—一三〇八年）において、ガンのヘンリクス（一二九三年歿）の極端なアウグスティヌス主義との論争を通じて、認識の確実性への問いが先鋭化する。

ガンのヘンリクスは、同一の事物が夢の中で対象としても、覚醒時でその真理においても表現しうるという事実にもとづいて、自然的認識をめぐる懐疑主義を導き出す。ヘンリクスによれば、事物の確実な認識は、ただ神的原像における直視によってのみ達成される。「造られざる原像に即して観取することが必要である」[119]。これに対してスコトゥスは、すでにトマスが行ったのと同じ区別で[120]、あらゆる認識において神は「認識の原理であって、〈認識されたもの〉ではない」[121]以上、確実な認識はなんら神的直視を必要としないと主張する。認識にとって必要なのは確実な明証性のみであり、その明証性は四種の仕方で獲得されうる。すなわち明証性には、その諸概念にもとづいて誰にも知られる第一の諸原理（アリストテレスに従って）、感覚的認識にもとづく理性的推論、自らの内的活動、感覚によって認識される事物といった形態がありうる。このなかの第三の形態である自らの内的活動の認識――たとえば目覚めていることや生きていることの自覚、あるいは「〈自分が生きている〉ことを知っているということを知っていること」、「幸福であることを意志すること」、「誤ることを欲しないこと」[122]――に対して、「第一にそれ自体によって知られる諸原理に対するのと同様な……確実性」[123]が成り立つ。それゆえ偶存的な内的活動は、それ自体で明白な（「それ自体で知られる」）第一の原理として、アリストテレスの第一諸原理と同様の絶対的な確実性を有している。「〈われわれが目覚めていること〉は、証明の原理と同様に、それ自体として知られる。それが偶存的であることは差し支えない」[124]。その確実性は、たとえば同じ活動において事物の知覚が誤っているときですら損なわれることはないのである。「私が外に置いてある白いものを見ているという確実性はないが、……感覚器官の中に幻視が起こっているとしても、私が見ているという確実性はある」[*125]。このような確実性は、高次の反省の反復や「無限進行」[*126]によっても、つまり「第一に知られたものに対してどれほど反省がなされようとも」[*127]解消されることはなく、「〈無限に〉反省しようとも、〈自らが意欲していることを知っている〉こと」[*128]は揺るがない。たとえば「私が知解する」や「私が聴く」[*129]といった自己認識にあっては、不可謬の明証性と確実性が、対象にではなく、それぞれの自らの内的活動そのものにもとづいているため、主観の偶存的な自己経験が根源となり、さらなる確実な認識を演繹できる原理となりうる。自己経験の原理的性格についてのこのような洞察は、確実性についての認識論的問いが、認識根拠と存在根拠の一致という形而上学的主張[*130]――つまり第一諸原理に関するアリストテレス的理論において提起されていた論点――および認識を存在根拠に対する洞察とみなす考え方と分離されることによって可能となる。命題的真理の確実性へと問題が制限されることで、認識は形而上学的な根拠から切り離され、明証的な単なる事実の承認と理解されることになる。問題意識がこのように縮小することで、自己認識は形而上学的・神学的次元にまで追跡されることはなくなり、部分的な意識活動として対象化され、証明可能な諸命題の基盤として論じられるにいたる。それによって、自己意識というものは同時に、主観の自己完結的で反省可能な領域として把握される。こうして、アウグスティヌスを参照しながら、自己意識は学問論的反省において、真理と確実性の源泉とみなされる。唯名論的な後期スコラ学のその後の議論は、このような洞察を基盤として、内的自己経験の構造を問題とすることになる。

オックスフォードのドミニコ会士で唯名論者のウィリアム・クレイソーン（一三〇〇頃―五〇

年頃）は一三三〇年頃に、数学的諸命題と矛盾律に関して、その絶対的明証性を疑う一方で、感覚的認識については、直観作用の点で――その対象の実在に関してではなく――これを確実とみなしている。自らの存在についての洞察は絶対に疑うことができない。「もし何者かが、たとえば〈私は存在する〉というような命題を疑うとするなら、彼が存在することが帰結する。それというのも、私が存在することを疑うがゆえに、私が存在することが帰結するからである。なぜなら存在しない者は、疑うこともないのだから、私が存在することを疑っている以上、私は存在するということになるからである。それゆえ、〈私は存在する〉という命題は、誰も疑うことはできない」[*131]。これと主旨を同じくする「私は疑う、ゆえに私は存在する」[*132]という議論は、のちにデカルトにおいて幾度か用いられることになる。

ウィリアム・オッカム（一二八五頃―一三四七年）は、ヨハネス・ブリダヌス（一二九二―一三六三年）と同様に、依拠可能な確実性への問いにおいて、明証性の段階を区別している。対象の実在性を本質的に含む直観的認識と、対象が消去されたのちにも存立し続ける抽象的認識を区別するスコトゥスの考え方にならって、オッカムはまず、直観とその対象は（経験的認識に見られるように）二つの異なった事象であり、一方は他方がなくとも存在しうる以上、非実在的なものについても「神の絶対的権能によって」[*133]直観的認識が可能であることを示唆する。これに対して、自らの精神的活動の直観的認識は疑う余地がない。「実際、われわれの知性が、……感覚にまったく属することのない可知的なものを、個別に直観的に認識するのは明らかである。……知解や意志の活動、それに続く悦び、あるいは悲しみなどのようなものは、こうしたものである。そのようなものを人間は自らのうちにあることを経験することができる。……これはわれわれによって個別的・直観的に知られることは明らかである。それというのも、〈私が知解する〉ということは私にとっては明証的に知られるからである[*134]。「私が知解する」（ないし「私が愛する」[*135]）という洞察は、その偶存的な事実性に関しては演繹不可能であるが、「経験によって」直観的に明証的である。「このようなもの〔私が愛すること〕は、偶存的なもののなかで端的に第一のものであり、ゆえにそれは、他のより先なるものから明証的に認識されることはできない[*136]」。「経験により、そして聖アウグスティヌス〔『三位一体論』第一五巻第一二章〕によって[*137]」、知性認識（「知解」）の活動における自我の直観的な自己把握は、偶存的な真理の領域にとって第一で根本的な洞察として「最も明証的に[*138]」示されるのである。

オッカムはスコトゥスに従って、このような自己認識を「直観的」認識とみなすところから、この自己認識は反省として、基盤となる作用を対象とする第二の作用のように理解される。そこからは、オッカムの論敵であるオックスフォードのフランシスコ会士ウォルター・チャットン（チャットンのグアルテリウス　一二八五頃―一三四三年）が批判したように、反省作用の無限進行が生じかねない[*139]。オッカムは、対象関係的な直観というスコトゥス的概念の枠組みのうちで議論を展開し、チャットンの弟子であるアダム・デ・ヴォデハム（一二九八頃―一三五八年）がオッカムを支持してはいるものの、オッカム自身は反省の系列が無際限に進行するという反論に応えることができていない（「私にはわからない[*140]」）が、それでも内的な精神活動の明証性は固持し続けている。チャットンもまた、自己の活動に関する知を無制約的に確実とみなしている。「魂にとって、自己の活動に関してよりも、そのものが存在することが確実なものはほかに何もない」[*141]。しかしながらチャットンは、このような明証性は、自己の活動を対象として洞察することによって、つまり反省によって得られるのではなく、主観における内的活動の受容（「受け容れること」）によって獲得されるものとみなしている。「能力は対象を経験するようにではなく、自らの活動を、それを受け容れることで経験する」[*142]。まさにこの点にこそ、主観それ自体の内的経験の固有のあり方が存するのである。「そのように経験するのは、生きた主観が自らの活動を受け容れることにほかならない」[*143]。この一節からは、「スブイェクトゥム」（subiectum）の語が、基体ないし担い手を表す古典的意味から、自己意識的な精神的人格としての「主観」の意味へと移行する流れを読み取ることができる。主観によるそのような受容に際して、作用の対象（たとえば「私は石を見る」という際の「石」）と作用そのもの（「私は石を見る」という際の「私は……見る」）は同じ作用のうちで認取される。「魂は……石の知解を受容するのであり、それだけで諸活動の確実性にとっては十分なのである」[*144]。こうして、自己の活動に関する直観的・対象的観取というオッカムの主張は克服され、それにともない、反省の無限進行という、オッカムの主張から生じた論議も無用のものとなる。「魂は自らの活動を、一切の直観的なものなしに認識する」[*145]。

八　近代への移行——「われあり」の明証性

内的活動の無制約的明証性と確実性の理論は、形而上学的諸原理と等しい位置を占めるものと理解され、十四世紀以降、特に唯名論的傾向をもつ後期スコラ学の諸派で、さまざまな形態をとりながら広く流布していった。ザクセンのアルベルトゥス（一三一六頃—九〇年）もまた、矛盾律に対してと同様に、「われあり」（Ego sum）の命題に対しても、無制約の確実性と「最高の明証性」を認めている。「私にとっては、われありということは明証的である」[*146]。同様の主張は、アウグスティヌス（『三位一体論』第一五巻第一二章）を示唆しながら、ピエール・ダイイ（一三五〇頃—一四二〇年）が、あるいはやや遅れてペトルス・タルタレトゥス（一五二二年歿）、さらにスコットランドの論理学者ジョン・メア（一四六七／六九—一五五〇年）の周辺の人々が提起している。これらとは別に、特に感覚的認識に関して、オッカムやピエール・ダイイ、ロバート・ホルコット（一三四九年歿）は、神（ないし悪霊）は人間を欺いて、誤ったことを明証的であるかのように思い込ませることはありえるのかといった問題を論じている。

ルネサンスへの移行期にあっては、ペトラルカ（一三〇四—七四年）をはじめ[*147]、とりわけニコラウス・クザーヌス（一四〇一—六四年）が、認識論的問題を超えて、自己認識の精神形而上学的な位置づけを刷新し、議論をより深めている。精神はすべての認識へといたる道をそれ自身のうちに有している。「あなたはあなた自身のうちで、一切のものの認識へと進む」[*148]のであり、精神は「自己自身を知ることがなければ、休まることはない」[*149]。自己同一性への探求は精神を導き、自己自身を通じて、その規範と原像たる超越的一者に対する「知ある無知」へと向かわせる。「〔精神は〕一切のことを、自己を知るために行う。〔精神は〕すべてのうちで探求するにしても、それは自らの規範を、一切が一であるところ以外のところで見出すことはない」[*150]。ピコ・デッラ・ミランドラ（一四六三—九四年）は同様の仕方で、プラトン的・ストア学派的思考を援用しながら、自己認識を認識一般の場所と理解し、自由に選択された自己規定の能力のうちに「人間の尊厳」を見ている。「われわれは、われわれが〔自分がそれであろうと〕意欲するところのものになる」[*151]。これに対して、宗教改革の推進者たちは、真の自己認識は「自己自身のうちに」あるのではなく、ただ「神の前に」しか見出されないとして、こうした自己認識のうちで、人間はその惨めさと無性、および罪に気づくものとみなしている。

近代の哲学にとっては、一切の（哲学的）存在認識を「われ思う」によって基礎づけるデカルト（一五九六—一六五〇年）の思想は、根本的で決定的な役割を果たした。歴史的な依存関係を実証的に示せるかどうかは別として、デカルトの『省察』（一六四一年）の着想には、精神的活動における自我経験の無制約的な明証性と確実性をめぐる中世末期の理論と、類似の思考法が現れている。自己認識に関する後期スコラ学の理論は、スペインのイエズス会学派の近世スコラ学を介して、イエズス会が創設したラ・フレーシュ学院で学んだデカルトへと伝わったということは十分に考えられるだろう[*152]。十七世紀初頭の数十年間には、バリャドリードとサラマンカを中心にスペインのイエズス会の神学者たちが、自己認識の理論を含む後期スコラ学の唯名論的傾向を取り入れながら、広く流布した教科書を通じてアリストテレス＝トマス的な哲学を再興している。ペドロ・ウルタード・デ・メンドーサ（一五七八—一六五一年）は、自己の存在の認識に関して、「形而上学的」な——つまり絶対的な——確実性を強調し、それは矛盾律のような形而上学的諸原理[*153]に比べて、「尊厳」（価値 dignitas）の点でけっして劣るものではないと主張している。「同様に、私にとって、私が存在しているということは形而上学的に明証的である[*154]。「私が、確実かつ明証的に私自身によって認識されていることを、誰が否定するだろうか[*155]」。同様の意味で、フアン・デ・ルゴ（一五八三―一六六〇年）にとっても、自己の存在についての知は明証的で必然的であるため、絶対的に不可謬である。「これらの点から、形而上学的な明証性とは何であるかが容易に知られる。それは、奇跡的な仕方でさえもそれに誤謬が含まれることがありえないほどに、その諸概念の必然的な結合にもとづいている明晰さである。それは、私たちが二足す二は四であることを知っている、あるいはそれぞれの人は自分が存在することを知っているなど、その類いの明証性である。このような、あるいはそれと類似の認識は、いかなる場合にも、誤謬と証明されるものではない[*156]」。ウルタードの弟子であるロドリゴ・デ・アリアーガ（一五九二―一六六七年）は、確実性と明証性は、対象から汲み取られるのではなく、内的認識活動から獲得されるものと鮮明に主張している。「確実性と明証性は、対象のうちにあるのではなく、活動そのものにあると私は主張する[*157]」。それを際立たせる例として、信仰の活動が分析される[*158]。こうして、認識の確実性の根拠を対象から精神的活動へと移行させることで、意識と（対象的）存在との関係についてのコペルニクス的転回が準備されるのであり、さらにその転回の形而上学的な帰結が明らかになるのは、ドイツ観念論以降、二十世紀の現象学にいたる近代後期の発展を俟たなければならない。

註

＊1――「自己」（Selbst）を含む造語に関して、以下の事典の諸項目を参照。*Historisches Wörterbuch der Philosophie*, Bd. 9, Basel 1995.

＊2――本稿前半部（初期スコラ学まで）では、以下の文献を参考にした。P. Courcelle, *Connais-toi toi-même, de Socrate à saint Bernard*, 3 vols., Paris, Études Augustiniennes, 1974-75; art. "Selbsterkenntnis" (I. Antike: E.-P. Hager; II. Mittelalter: A. Speer), in: *Historisches Wörterbuch der Philosophie*, Bd. 9, 1995, 406-420. Cf. art. "Autonomie", "Bewußtsein", "Ich", "Person", "Subjekt", "Suppositum", "Vernunft", "Verstand", etc. 後半部に関しては以下のものから着想を得た。G. Mensching (Hg.), *Selbstbewußtsein und Person im Mittelalter*, Würzburg 2005; O. Boulnois (éd.), *Généalogies du sujet de saint Anselme à Malebranche*, Paris 2007. さらに以下を参照。Martin, J. Barresi, *The Rise and Fall of Soul and Self. An intellectual history of personal identity*, New York 1983; L. Blanchet, *Les Antécédents historiques du "je pense, donc je suis"*, Paris 1985; F.-X. Putallaz, *La connaissance de soi au XIIIe siècle, de Matthieu d'Aquasparta à Thierry de Freiberg*, Paris 1991; M. Thuner (Hg.), *Die Einheit der Person. Beiträge zur Anthropologie des Mittelalters. Richard Heinzmann zum 65. Geburtstag*, Stuttgart 1998; B. Meunier (éd.), *La personne et le christianisme ancien*, Paris 2006; B. Wald, *Substantialität und Personalität. Philosophie der Person in Antike und Mittelalter*, Paderborn 2005; P. Remes, J. Sihvola (eds.), *Ancient Philosophy of the Self*, Dortrecht 2008; A. de Libera, *Archéologie du sujet*, I: *Naissance du sujet*, II: *La quête de l'identité*, Paris 2007-2008.

＊3――Cf. Plato, *Charmides*, 164d-176a.〔プラトン『カルミデス』山野耕治訳、『プラトン全集』七、岩波書店、一九八六年、所収〕

＊4――Cf. Aristoteles, *Magna moralia* II, 15, 1213a10-26.〔アリストテレス『大道徳学』新島龍美訳、新版『アリストテレス全集』一六、岩波書店、二〇一六年、所収〕

＊5――Id., *De anima* III, 4, 430a2.〔アリストテレス『霊魂論』山本光雄訳、『アリストテレス全集』六、岩波書店、一九六八年、所収〕
＊6――Plato, *Respublica* VI, 24, 26.〔プラトン『国家』藤沢令夫訳、『プラトン全集』一一、一九八七年、所収〕
＊7――Cf. W. Kühn, *Quel savoir après le scepticisme?: Plotin et ses prédécesseurs sur la connaissance de soi*, Paris 2009; M. Perkams, *Selbstbewußtsein in der Spätantike. Die neuplatonischen Kommentare zu Aristoteles' De anima*, Berlin 2008.
＊8――Augustinus, *De vera religione* 39, 72.〔アウグスティヌス『真の宗教』茂泉昭男訳、『アウグスティヌス著作集』二、教文館、一九七九年、所収〕
＊9――Id., *Soliloquia* II, 1, 1.〔同『ソリロキア〈独白〉』清水正照訳、『アウグスティヌス著作集』一、一九七九年、所収〕
＊10――Id., *Confessiones* III, 6, 11.〔同『告白』一、山田晶訳、中央公論新社、二〇一四年〕
＊11――Id., *De Trinitate* X, 3, 5.〔同『三位一体』泉治典訳、『アウグスティヌス著作集』二八、二〇〇四年〕
＊12――Boethius, *Consolatio Philosophiae* I, pr. 6.〔ボエティウス『哲学の慰め』渡辺義雄訳、筑摩書房、一九六六年〕
＊13――Johannes Eriugena, *Periphyseon* IV, 11.
＊14――*Ibid.* IV, 7.〔エリウゲナ『ペリフュセオン（自然について）』今義博訳、上智大学中世思想研究所編訳／監修『中世思想原典集成 精選』三「ラテン中世の興隆 一」、平凡社、二〇一九年、所収〕
＊15――*Ibid.*〔同〕
＊16――Anselmus, *Proslogion*, prol.〔アンセルムス『プロスロギオン』古田暁訳、『中世思想原典集成 精選』三、所収〕
＊17――Id., *Monologion*, prol.〔アンセルムス『モノロギオン』古田暁訳、『中世思想原典集成』七「前期スコ

ラ学」、一九九六年、所収〕

＊18——sola ratione: *ibid.* 1.〔同〕

＊19——Id., *Proslogion*, prol.〔『プロスロギオン』〕

＊20——Id., *Monologion*, prol.〔『モノロギオン』〕

＊21——Id., *Proslogion* 1.〔『プロスロギオン』〕

＊22——*Ibid.*〔同〕

＊23——*Ibid.*〔同〕

＊24——*Ibid.*〔同〕

＊25——*Ibid.*〔同〕

＊26——*Ibid.*〔同〕

＊27——*Ibid.*, prol.〔同〕

＊28——*Ibid* 2.〔同〕

＊29——Id., *Monologion* 66.〔『モノロギオン』〕

＊30——*Ibid* 67.〔同〕

＊31——*Ibid.*〔同〕

＊32——*Ibid.* (corr.: quam → quem)〔同〕

＊33——*Ibid.*〔同〕

＊34——*Ibid.*〔同〕

＊35——Bernardus Claraevallensis, *Epistola* 193 [ad Ivonem cardinalem] (PL 182, 359C).

＊36——Id., *De diversis*, sermo 40, 3, *Sancti Bernardi Opera* [=*Op.*] VI/1, 236.

＊37——Id., *De gradibus humilitatis et superbiae* VII, 21, *Op.* III, 32.〔クレルヴォーのベルナルドゥス『謙遜と傲慢の段階について』古川勲訳、あかし書房、一九八二年〕

＊38——*Ibid.*〔同〕

＊39——*Ibid.* I, 2, *Op.* III, 17.〔同〕

＊40——Id., *In Ps.: Qui habitat*, sermo VII, 14; *Op.* IV, 423.

＊41——Id., *Super Cant.*, sermo 36, 4; *Op.* II, 7.〔クレルヴォーのベルナルドゥス『雅歌について』二、山下房三郎訳、あかし書房、一九八八年、所収〕

＊42——Id., *In Adventu Domini*, sermo IV, 4; *Op.* IV, 184.

＊43——Id., *De gradibus humilitatis et superbiae* IV, 15; *Op.* III, 27.〔『謙遜と傲慢の段階について』〕

＊44——Id., *De consideratione* II, 6; *Op.* III, 420.〔クレルヴォーのベルナルドゥス『熟慮について——教皇エウゲニウス宛の書簡』古川勲訳、中央出版社、一九八四年〕

＊45——*Ibid.* II, 4; *Op.* III, 415.〔同〕

＊46——*Ibid.*〔同〕

＊47——*Ibid.*〔同〕

＊48——*Ibid.* II, 10; *Op.* III, 426.〔同〕

＊49——*Ibid.* II, 3; *Op.* III, 414.〔同〕

＊50——Id., *Super Cant.*, sermo 37, 1; *Op.* II, 9.〔『雅歌について』二、所収〕

＊51——*Ibid.*, sermo 35, 9; *Op.* I, 254.〔同、所収〕

＊52——Cf. *ibid.*, sermo 23, 4; *Op.* I, 144.〔同、所収〕

＊53——*Ibid.*, sermo 82, 3; *Op.* II, 295.〔同、四、一九九六年、所収〕

＊54——Guillaume de Saint-Thierry, *De natura corporis et animae*, prol. 1.

＊55——Id., *Epistola ad fratres de Monte Dei*, M.-M. Davy (éd.), Paris 1940, n. 51.〔サン＝ティエリのギヨーム『神の山の兄弟たちへの書簡 黄金の書 観想生活について』高橋正行訳、あかし書房、一九八八年、所収〕

＊56――conscientia: *ibid*., n. 50; 52.〔同、所収〕
＊57――*Ibid*., n. 51.〔同、所収〕
＊58――Id., *In Cant*. 66; J.-M. Déchanet (éd), Sources chrétiennes 82, 164.
＊59――Cf. id., *De natura corporis et animae*, prol. 1; id., *Epistola ad fratres de Monte Dei*, n. 52.〔『神の山の兄弟たちへの書簡』所収〕
＊60――*Ibid*., n. 117.〔同〕
＊61――*Ibid*.〔同〕
＊62――Hugo de Sacto Victore, *Didascalicon de studio legendi* I, 1.〔サン＝ヴィクトルのフーゴー『ディダスカリコン（学習論）――読解の研究について』五百旗頭博治・荒井洋一訳、『中世思想原典集成』九「サン＝ヴィクトル学派」、一九九六年、所収〕
＊63――Id., *De sacramentis christianae fidei* I, 3, 7 (PL 176, 219A-B).
＊64――*Ibid*. I, 3, 8 (PL 176, 219B).
＊65――Id., *Didascalicon* I, 1.〔『ディダスカリコン』〕
＊66――Id., *De sacramentis christianae fidei* I, 6, 15 (PL 176, 272A-B).
＊67――Id., *De vanitate mundi* II (PL 176, 715B).
＊68――Id., *Soliloquium de arrha animae* (PL 176, 954C).〔サン＝ヴィクトルのフーゴー『魂の手付け金についての独語録』別宮幸徳訳、『中世思想原典集成』九、所収〕
＊69――Richardus de Sancto Victore, *Benjamin major* III, 6 (PL 196, 112C).〔サン＝ヴィクトルのリカルドゥス『大ベニヤミン――観想の恩寵について』泉治典訳、同、九、所収〕
＊70――*Ibid*. III, 6 (PL 196, 116D).〔同〕
＊71――Id., *Benjamin minor* 75, PL 196, 54A-B.
＊72――Id., *Benjamin major* III, 3 (PL 196, 113A-B).〔『大ベニヤミン』〕

*73——*Ibid*. III, 6 (PL 196, 117B).〔同〕

*74——Id., *Benjamin minor* 72 (PL 196, 51C).

*75——Id., *De exterminatione mali et promotione boni* I, 6 (PL 196, 1077A-B).

*76——Id., *Benjamin major* V, 12 (PL 196, 182B-C).

*77——拙論「中世の修道院霊性における自己認識の問題」、『中世における理性と霊性』知泉書館、二〇〇八年、四〇七―四二七頁、参照。

*78——Bonaventura, *Soliloquium de quatuor mentalibus exercitiis*, a. 1.〔ボナヴェントゥラ『ソリロクィウム 観想録――「霊魂」と「内なる人」との対話』関根豊明訳、エンデルレ書店、一九九一年〕

*79——Id., *De perfectione vitae ad sorores* I, 1.〔ボナヴェントゥラ『修道女のための生活の完成について』印具徹訳、『世界教育宝典 キリスト教教育編』、玉川大学出版部、一九六七年、所収〕

*80——*Ibid*. I, 6.〔同〕

*81——Id., *Itinerarium mentis in Deum* III, 1〔ボナヴェントゥラ『魂の神への道程』長倉久子訳・註解、創文社、一九九三年〕; cf. IV, 1.〔同〕

*82——Cf. A. de Libera, Introduction, in: Thomas d'Aquin, *Contre Averroès*, trad. d'A. de Libera, Paris 1994, pp. 9-73.

*83——Albertus Magnus, *De anima* III, 3, 11; *Alberti Magni Opera omnia* [=*Op*.] VII/1, 221.

*84——Id., *De XV problematibus* II; *Op*. XVII/1, 34.

*85——Bonaventura, *Collationes in decem praeceptis* II, 25.

*86——Sigerus de Brabantia, *Quaestiones de tertium De anima*, q. 9; B. Bazán, 1972, 28.

*87——Thomas Aquinas, *De unitate intellectus contra Averroistas*, c. 4, 87; A. de Libera, 1994, 162.〔トマス・アクィナス『知性の単一性について――アヴェロエス主義者たちに対する論駁』水田英実訳、『中世思想原典集成 精選』六「大学の世紀 二」、二〇一九年、所収〕

＊88——*Ibid*. c. 3, 61; A. de Libera, 134.〔同〕

＊89——Id., *Summa theologiae* I q. 76 a. 1 c.〔トマス・アクィナス『神学大全』六、大鹿一正訳、創文社、一九六一年〕; cf. *Summa contra gentiles* II, 76.〔『トマス・アクィナスの心身問題——『対異教徒大全』第二巻より』川添信介訳註、知泉書館、二〇〇九年〕

＊90——Id., *Summa theologiae* I q. 76 a. 1 c.〔『神学大全』六〕

＊91——Id., *Summa contra gentiles* II, 73; Marietti, 1489.〔『トマス・アクィナスの心身問題』〕

＊92——Id., *Quaestiones disputatae de veritate* q. 10 a. 8 ad 8 in contr.〔トマス・アクィナス『真理論』上、山本耕平訳、『中世思想原典集成』第二期一、二〇一八年〕

＊93——Id., *Summa theologiae* I q. 87 a. 1 c.〔『神学大全』六〕

＊94——Id., *Quaestiones disputatae de veritate* q. 10 a. 8 c.〔『真理論』上〕

＊95——*Ibid*. q. 10 a. 8 ad 5.〔同〕

＊96——*Ibid*. q. 10 a. 8 ad 5 in contr.〔同〕; cf. id., *Summa theologiae* I q. 87 a. 1 ad 3.〔『神学大全』六〕

＊97——Id., *In I Sent*. d. 1 q. 2 a. 1 ad 2.

＊98——Id., *Quaestiones disputatae de veritate* q. 10 a. 8 c.〔『真理論』上〕

＊99——Id., *Summa theologiae* I q. 14 a. 2 ad 3.〔『神学大全』二、高田三郎訳、一九六三年〕。Cf. Aristoteles, *De anima* III, 4, 430a2.（＝＊5）

＊100——Id., *Quaestiones disputatae de veritate* q. 10 a. 8 ad 7 in contr.〔『真理論』上〕

＊101——*Ibid*. q. 10 a. 8 ad 10 in contr.〔同〕

＊102——*Ibid*. q. 10 a. 8 ad 1 in contr.〔同〕

＊103——*Ibid*. q. 1 a. 9 c.〔同〕

＊104——Id., *Summa theologiae* I q. 84 a. 5 c.〔『神学大全』六〕

＊105——拙論「フライベルクのディートリヒの知性論」、『中世における理性と霊性』、二七一—三三〇頁。

*106――Cf. A. M. Haas, *Nim din selbes war. Studien zur Lehre von der Selbsterkenntnis bei Meister Eckhart, Johannes Tauler und Heinrich Seuse*, Universitätsverlag Freiburg (Schweiz), 1971.

*107――us gen: Meister Eckhart, *Predigt* 13a; *Die deutschen Werke* [=*DW*] I, 225.〔エックハルト『ドイツ語説教集』「説教一三a」植田兼義訳、『キリスト教神秘主義著作集』六「エックハルト　一」、教文館、一九八九年、所収〕

*108――absque medio: id., *Liber parabolarum Genesis* III, n. 146; *Die lateinischen Werke* [=*LW*] I, 615〔エックハルト『創世記比喩解』中山善樹訳、『エックハルト　ラテン語著作集』一、知泉書館、二〇〇五年、所収〕; sunder mittel: *Pr.* 15; *DW* I, 250.〔『ドイツ語説教集』「説教一五」〕

*109――Cf. Johannes Tauler, *Pr.* 45; F. Vetter, 1910, 200.〔タウラー『タウラー全説教集』三、E・ルカ／橋本裕明訳、行路社、一九九四年、所収〕

*110――Id., *Pr.* 24; F. Vetter, 101f.〔同、二、一九九一年、所収〕

*111――Meister Eckhart, *Pr.* 24; *DW* I, 420.〔『ドイツ語説教集』「説教二四」〕

*112――Heinrich Seuse, *Büchlein der Wahrheit* 4.〔ゾイゼ『真理の小冊子』植田兼義訳、『キリスト教神秘主義著作集』九「ゾイゼとリュースブルーク」、教文館、一九九五年、所収〕

*113――Cf. Th. Kobusch, Person - die verkörperte Selbstreflexivität. Grundstrukturen der Personenlehre des Petrus Johannis Olivi, in: G. Mensching (Hg.), *Selbstbewußtsein und Person im Mittelalter*, S 67-79.

*114――Petrus Johannis Olivi, *Quaestione in secundum librum Sententiarum* q. 54; B. Jansen, vol. II, 1924, 249s.

*115――*Ibid.* q. 55; B. Jansen, II, 292.

*116――*Ibid.* q. 57; B. Jansen, II, 324.

*117――*Ibid.* q. 73; B. Jansen, vol. III, 1926, 89.

*118――*Ibid.* q. 59; B. Jansen, II, 530.

＊119――Duns Scotus, *Ordinatio* I d. 3, 214; *Opera omnia* [=*Op*.] III, 130.〔ドゥンス・スコトゥス『命題集註解（オルディナティオ）第一巻』第三区分第一部第四問（ヘンリクスの見解）、八木雄二訳、『中世思想原典集成』一八「後期スコラ学」、一九九八年、所収〕

＊120――Cf. Thomas Aquinas, *Summa theologiae* I q. 85 a. 5 c.〔『神学大全』六〕

＊121――Duns Scotus, *Ordinatio* I d. 3, 215; *Op*. III, 130.〔『命題集註解（オルディナティオ）第一巻』〕

＊122――*Ibid*. 227; *Op*. III, 136.〔同〕

＊123――*Ibid*. 238; *Op*. III, 145.〔同〕

＊124――*Ibid*.〔同〕

＊125――*Ibid*. 239; *Op*. III, 145.〔同〕

＊126――*Ibid*. 238; *Op*. III, 145.〔同〕

＊127――*Ibid*. 227; *Op*. III, 136.〔同〕

＊128――*Ibid*.〔同〕

＊129――*Ibid*. 239; *Op*. III, 145.〔同〕

＊130――Cf. Aristoteles, *Metaphysica Γ* 3, 1005b8-10.〔アリストテレス『形而上学』出隆訳、『アリストテレス全集』一二、一九六八年〕

＊131――William Crathorn, *In I Sent*. q. 1 concl. 14; cf. J. Schmutz, L'existence de l'ego comme premier principe métaphysique avant Descartes, in: O. Boulnois (éd.), *Généalogie du sujet de saint Anselme à Malebranche*, p. 236.

＊132――Cf. René Descartes, *Notae in programma quoddam*; AT VIII/2, 354; id., *Recherche de la verité*; AT X, 515; 525.〔デカルト『真理の探求』井上庄七訳、『デカルト著作集 増補版』四、白水社、一九九三年、所収〕

＊133――William Ockham, *Ordinatio* I, prologus, q. 1; *Opera theologica* [=*OTh*] I, 38.〔ウィリアム・オッカム

『命題集第一巻註解（オルディナティオ）』清水哲郎訳、『中世思想原典集成』一八、所収〕

*134——*Ibid.*; *Oth* I, 39-40.〔同〕

*135——*Ibid.*; *Oth* I, 40.〔同〕

*136——*Ibid.*; *Oth* I, 41.〔同〕

*137——*Ibid.*; *Oth* I, 43.〔同〕

*138——「かの知性認識の対象でありうるものどもについての偶然的真理は最も明証的に認識される」: *ibid*.

*139——Cf. F.-X. Putallaz, L'infinité des actes réflexifs, à l'époque de Guillaume d'Ockham, in: G. Mensching (Hg.), *Selbstbewußtsein und Person im Mittelalter*, S. 248-260.

*140——「しかしその洞察において〔われわれの知性が〕どのような段階にあるかはわからない。しかしおそらく第二の洞察の段階にあるだろう」: William Ockham, *Quodlibeta septem* I q. 14; *OTh* IX, 80.〔オッカム『「七巻本自由討論集」註解』I、渋谷克己訳註、知泉書館、二〇〇七年〕

*141——Walter Chatton, *In I Sent.*, prologus q. 2 a. 5; *Reportatio et Lectura super Sententias: Collatio ad Librum primum et Prologus*, ed. J. C. Wey, Toronto 1989, 124.

*142——*Ibid.*; 126.

*143——*Ibid.*; 121.

*144——*Ibid.*; 126-127.

*145——*Ibid.*; 120.

*146——Albertus de Saxonia, *Quaestiones subtilissimae super libros posteriorum Aristotelis* I q. 3; Venetiis 1497/Hildesheim 1986, 4rb.

*147——Cf. P. Geyer, K. Thorwarth (Hgg.), *Petrarca und die Herausbildung des modernen Subjekts*, Bonn 2009.

*148——Nicolaus Cusanus, *De coniecturis* II, 17, n. 180; *Opera omnia* [=*Op.*] III, 180.

*149——Id., *Dialogus de ludo globi* II, 101; *Op.* IX, 127.

*150——Id., *Idiota de mente* IX; *Op.* V, 898.

*151——G. Pico della Mirandola, *De hominis dignitate*; E. Garin, 1942, 110.〔ピコ・デッラ・ミランドラ『人間の尊厳について』大出哲ほか訳、国文社、一九八五年〕

*152——Cf. J. Schmutz, *op. cit.*, pp. 215-268.

*153——Cf. Aristoteles, *Metaphysica* Γ3, 1005b19-22.〔『形而上学』〕

*154——P. Hurtado de Mendoza, *Universa philosophia*, Valladolid 1615, Lyon 1624, *Disputationes De anima*, disp. 8, s. 3, 570a.

*155——Id., *Disputationes de Deo homine sive de Incarnatione filii Dei*, Antwerpen 1634, 4b.

*156——Juan de Lugo, *Disputationes et commentaria in tres libros de anima* [1615], III, s. 9, n. 14; J. Schmutz, *op. cit.*, p. 264.

*157——Rodrigo de Arriaga, *Logica*, disp. 16, s. 5, Antwerpen 1632, p. 232b.

*158——Cf. J. Schmutz, *op. cit.*, p. 249.

第二部　中世の思想家たち

第五章　ボエティウスの伝統——プラトン主義とアリストテレス論理学の中世への継承

一　背景

ボエティウス（四八〇頃—五二四年頃）は、アリストテレスの論理学を形成期のスコラ学へと伝承したことにもとづいて、「中世ヨーロッパの教師[*1]」の名で呼ばれる。十一・十二世紀に盛んに用いられたボエティウスのアリストテレス翻訳書、すなわち「旧論理学」（logica vetus）あるいは「古い術」（ars vetus）は、アリストテレスの論理学関係の著作の一部を含むのみにとどまったとはいえ、ボエティウスの最初の計画では、アリストテレスのすべての論理学書をラテン西方世界に伝えることが意図されていた。そこで彼は、自らの最初の論理学書である『ポルフュリウス・イサゴーゲー註解（第一公刊本）』（*In Isagogen Porphyrii Commenta*, editio prima）の結びにおいて、彼の弟子にして対話相手であるファビウスに、アリストテレスの論理学すべてをボエティウスから学び取りたいとの意欲を語らせている。「私としては本当にこの研究への情熱をけっして失うまいと思います。とりわけ、あなたが教えてくださっている際にはそうで、そのあなたから、アリストテレスの論理学の理論の全体に迫るまでを、生の及ぶ限り捉えたいと思います」[*2]。この当初の計画は早くも、アリストテレスの『命題論』に対する第二のより詳細な註解（*Commentari in librum Aristotelis Peri hermeneias*, editio secunda）において、アリストテレスの全体像、つまり論理学・倫理学・自然学（形而上学をも含む）のあらゆる著作をラテン語のみを解する読者へと伝え、それぞれの著作についての註解を通じてそれらの内容を解説するという膨大な企画にまで発展した。「私は手に入るなら何であれ、アリストテレスの著作をローマの言葉に翻訳し、そのすべての註解をラテン語で著すつもりです。アリストテレスによって、論理学の鋭敏さと倫理的経験知の威厳、そして自然についての認識の叡知にもとづいて書かれたものがあるならば、私はそのすべてを順序通り翻訳し、註解による何らかの光によって照らし出してみるつもりなのです」[*3]。しかしながら、ギリシア哲学の核心を全体として捉える道を拓くために、彼は同時にプラトンの全著作の翻訳・註解をも意図していた。「私は、プラトンの対話篇すべてを、翻訳と註解を通じてラテン語の文章に移すつもりです」[*4]。その際にも、プラトンとアリストテレスの思想は相互に対立するものとして解釈されるのではなく、有機的統一をなすものと理解されることが考慮されている。古代末期の新プラトン主義的特徴を体現するとともに、ポルフュリオス（二三四頃―三〇五年頃）に先例の見られるこの問題意識からは、将来のラテン文化の担い手のために、包括的で調和の取れた哲学を準備しようとするボエティウスの教育的配慮が窺える。「これを完成することによって私は、アリストテレスとプラトンの文章は、多くの人が考えているようにすべての点で対立するどころか、大部分の点で、哲学において最も重要な点において一致することを示し、アリストテレスとプラトンを一なる調和にもたらすのをおろそかにすまいと思います」[*6]。ボエティウスの学問的著作の根底には、個人的・学問的関心を越えて、教育的・政治的責任感が働いており、彼の哲学的営為におけると同様に、五一〇年の「並ぶ者なき正執政官」（consul ordinarius sine collega）着任から五二二年の「政府全官僚の長官」（magister officiorum）という政治家の最高位への任命にいたるその目覚ましい政治的活動においても、その同じ動機が貫かれているのである。五一〇年に彼は書き記している。「すべての時間と十分な努力をこの研究に注ぎ込めないほど、執政官としての公務の苦労がわれわれを煩わしているとしても、それでも著述によって人々に教えを説くこともまた、公務に携わることのもう一つの義務だと思われます」[*7]。

テオドリクス（東ゴート王在位四七一―五二六年）による投獄と処刑によってボエティウスはその計画を全うすることができなくなったのか、またキケロ（前一〇六―四三年）の『トピカ』についての計画外の註解からも察せられるように[*8]、当初の計画に変更が施されたのかはともかく、いずれにせよ彼のアリストテレスの翻訳・註解が論理学関係の著作のみに終わったという事実はなんら変わるものではない。それにもかかわらずボエティウスは、これらの未完成の業績ゆえに中世において高い評価を受け、アルクイヌス（七三〇頃―八〇四年）は彼を「神学のみならず哲学にも通暁した人物」[*9]、さらにペトルス・アベラルドゥス（一〇七九―一一四二年）は「ラテン哲学者のなかで最高の人物」[*10]とすら呼び、ダンテ（一二六五―一三二一年）もまた『神曲』において、最高の神学者に伍する傑出した地位を彼に与えている[*11]。それどころか、プロコピオス（四九〇頃―五六二年以降）が証言しているように[*12]、その処刑後ほどなくボエティウスは、一身を投げ出して、異端者たるアレイオス主義者テオドリクスによる不当な行いに抵抗した殉教者とみなされ――その崇敬はかならずしも普及せず、聖人としての芸術表現も見られないとはいうものの[*13]――中世全体を通じてその殉教者としての評価は続いたのである。そのために、十二世紀において彼の著作に関する多くの註解の冒頭に置かれた簡単な伝記では、彼の徳についての描写がなされている。「いかなる者も打ち砕くことのできない意志の強さ、血統の高貴さと言葉の誠実さがこの著者を飾り立て、生き方の厳しさと惨めな人々に対する思いやりと知恵の充満と徳の輝きが彼を照らし出し、隣人に対する親切な配慮と父のような愛情が彼を推奨している」[*14]。

中世思想の発展に対するボエティウスの影響を正確に確定するためには、彼の著作の伝承史、およびその解釈のもろもろの系譜を辿らなくてはならないが、そのような研究は今日において、写本の研究が進み、ボエティウスの著作の中世における多くの刊本・翻訳・註解が公刊されることによってようやく可能になったものである。

二　ボエティウス受容の諸段階

中世におけるボエティウスの影響史を段階的に検討しようとするなら、まず目につくことは、彼の死からカロリング・ルネサンスにいたるおよそ三百年のあいだ、写本や彼に対する言及、あるいはその思想の影響などのかたちで彼の著作の痕跡を窺わせるものが存在しないということである。わずかな例外としては、ボエティウスの官職の後任であるカッシオドルス（四八五頃―五八〇／八二年）による報告や、それほどの名声を勝ち得なかった詩人マクシミアヌス（六世紀中葉）によって五五〇年以前に書かれた詩の一節（『哀歌第三』四七節以降）およびその詩の措辞に見られる『哲学の慰め』（*De consolatione Philosophiae*）との類似、[*15] また六・七世紀に由来する『算術教程』（*De institutione arithmetica*）の一つの断片が存在するのみである。[*16] またカロリング・ルネサンス以降の写本の伝承史から知られるように、ボエティウスの著作は個々別々に受容されており、全著作集としての伝承は行われていない。たとえば彼の『幾何学』（*Geometria*）が一つの写本のみによって継承されていたのと同様に、『音楽教程』（*De institutione musica*）に関しては、中世におけるこの音楽論のすべての写本が第五巻第一四章の同じ文章の同じ箇所で中断していることから推測されるように、中世にはこの著作の写本がただ一つしか伝わっていなかったようである。ただしカッシオドルスはこの著作を完全なかたちで目にしており、また写本の目次によってこの著作がより大きなものであることは知られていた。[*17] これらの証拠から見て、カロリング・ルネサンス以前の数世紀においてはボエティウスは実質的に知られていなかったと言えるだけでなく、彼の死の直後ですらその著作はかならずしも広範に流布していたわけではないということが推察できる。それゆえ、ボエティウスの死後、彼の個々の著作が誰の手によって散逸から救われ後世へと伝えられたのかという問題提起は、けっして無意味なものではない。[*18]

八世紀末から九〇〇年頃のオーセールのレミギウス（八四一頃―九〇八年頃）にいたる一世紀のあいだ、それまで忘れられていたボエティウスの個々の著作が次々と陽の目を浴び、写本が作られるとともに、行間または欄外の註解が施された。こうして彼の著作活動の全貌、すなわち四科に属する数学的著作から、ポルフュリオスとアリストテレスについての論理学的著作、そしてアウグスティヌス（三五四―四三〇年）に範を採った神学的著作、さらに『哲学の慰め』にまで及ぶ全著作が知れわたり、特にその数学的・論理学的著作群は、カロリング・ルネサンスの学問形成に多大な貢献を果たすことになった。

ついで十世紀初頭から十一世紀末にいたる二世紀間においては、新たな欄外・行間註記や註解書はわずかしか現れておらず、このことはこの時代の文化一般の衰退を反映するものである。しかしながら、この時代でもボエティウス自身の著作の写本の数は増加しているところから見ても[*19]、修道院においてはボエティウスを手引きとして数学および論理学の研究が続けられていたようである[*20]。

十二世紀ルネサンスにおいてボエティウスの思想は新たに広範な影響を及ぼした。その著作は、サン＝ヴィクトル学派において講義され、またシャルトル学派では、もはや欄外・行間註記にとどまらない浩瀚な註解書が著された。その際には彼の論理学とともに、その神学的著作に含まれた存在論も、初期スコラ神学の方法論・術語・教説に多大な影響を与えている。同様に四科についての彼の著作全体が熱心に研究され、また『哲学の慰め』については幾度も註解が書かれている。

十三世紀に大学が誕生し、哲学・神学研究に携わる教師と学生の数が増加するにともなって、ボエティウス研究が少なくとも量的には頂点に達したことは、現存する写本の数からも明らかである。ボエティウスの著作のいくつかは大学教育における必修の教科書とはされたものの、その際にはその叙述を越えてさらなる研究が求められるほど、すでにその思想は一般化していた。

早くも十三世紀においてはボエティウスの神学的著作が、また十四世紀以降はその数学的・論理学的著作もまた背景に退いていった。しかしながら十四世紀から十六世紀にかけて『哲学の慰め』は、市民階級において好評を博し続けた。この著作についての大部の註解書や俗語への翻訳が、古典的・教化的読み物を求める要求に応えるとともに、それによってまたこの著作についての新たな関心が呼び起こされていたのである。

三　個々の著作の受容と解釈

(一) 四科についての著作

(a) 算術

ボエティウスの個々の著作は、個々の学科の代表的学者に依拠しながら古代ギリシアの学問世界を網羅的に解明する全体的構想の部分として理解される。その際にボエティウスにとって基本的な位置を占めたのは、四科、すなわち事象の上ではもちろんプラトンとアルキュタス[*21]（前四世紀前半）に遡るが、ボエティウスによってはじめてその名〔四つの道 quadrivium; 旧い写本では quadruvium〕で呼ばれた諸学科であった。すでに中世初期において四科は三学〔文法学・修辞学・弁証論〔論理学または哲学〕〕とともに、神学の予備学または神学と並ぶものとしての七自由学芸をなしていた。しかしボエティウスの場合には、言葉の上でも内容の上でも三学の理念に当たるものは見られないために、[22] 四科に対しては、哲学の導入部、または——彼ののちの著作によれば——その本質的部門としての基本的な役割が認められていた。

四科としてまとめられた諸学科（算術・音楽学・幾何学・天文学）の共通の主題は、大きさ（magnitudo）と多数性（multitudo）、すなわち量である。量の基本的要素は数であるが、ボエティウスはその理論を『算術教程』において、新ピュタゴラス主義者ゲラサのニコマコス（二世紀初頭）の『算術入門』に立脚しながら展開している。ここにおいて「数」とは純粋に理性的な可知性の原理、すなわち割合（ratio）・比率（proportio）・順序（ordo）の原理を指し、これはボエティウスにおいても中世においても、三・六・七・一〇・一二・一〇〇〇などを特権的な数とする聖書の比喩的数論、つまりいわゆる「神秘数」（numerus myticus）とは区別されている。

ボエティウスの四科または哲学一般についての見解、また中世思想に及ぼしたその影響を理解するにあたっては、ボエティウスが提示したのは実用的な算術ではなく、数と数学的比率の本質についての哲学的解明であったという点が重要である。中世、特に十三世紀以降の思想家たちは、ボエティウスの意図に従って、中世末期まで『算術教程』を基礎として研究されていた理論的・哲学的数学を、計算（computus）、またはアラブ人数学者アル・フワーリズミー（八〇〇以前―八四七年以降）の名に因んで「アルゴリスムス」（algorismus）と呼ばれる実用的な計算法（アラビア数字による加法）とは区別している。また実用的な算術は、商工業によってますます受容が高まっていったところから常に書き変えられていったのに対して、ボエティウスの数の理論は十三世紀以降発展が加えられるどころか、基本的に何の変化も被らなかった。

数という根本原理は、四科に属する四つの学科において順次展開されている。すなわち、数はそれ自身としては算術によって、また他の数との関係あるいは比率においては音楽学によって、ついで連続量の原理としては、まず静的なかたちでは幾何学によって、運動のかたちでは天文学によって考察される。「多数性のあるものは、三、四……のようにそれ自体で存在する。……またあるものは、倍や半分……のように、それ自身では存在せずに、他のものとの関係で存在する。……大きさのうち、あるものは静的で運動を欠き、またあるものはたえざる変化のうちに変転し、止まることを知らない。ところでこれらの種類のうち、算術全体は、それ自身で存在する数多性を考察する。音楽学における音程の測定は、他のものとの関係のうちにある数多性を把握する。幾何学は不動の大きさについての知識を提供する。運動するものについての知識は、天文学の考察が獲得した」[※23]。ここでの四学科の配列は、中世において同様に受け容れられていたマルティアヌス・カペラ（五世紀）の『文献学《フィロロギア》とメルクリウスの結婚』の配列[※24]、すなわち幾何学・算術・天文学・音楽学という、ウァロ（前一一六―二七年）に遡る序列とは異なっている。ただし数学的学科についてのマルティアヌスの解説は粗雑であったため、中世においてはボエティウスのほうがより重要視されていた。

四科を構成する諸学問は、数という原理にもとづいて有機的に区分される全体をなしている。ところで、数はあらゆる思考と存在の第一原理として示される。すなわち他の諸学科、つまり幾何学・音楽学・天文学は、数、すなわち算術を前提とするが、算術それ自身は他の諸学科を前提することはない。それゆえ算術は他の三学科の基底である。さらに数は、人間の認識の原理にとどまらず、あらゆる事物の本質をなし、神の創造的知性における超越的原理である。「自然によって構築されたあらゆるものは、その始まりから、数という原理によって形成されていると思われる。数は創造主の知性の内なる第一の範型であった。四元素の数多性、さらに四季の運行、そして星の運動と天体の回転はそこに由来する」[*25]。それゆえ算術は第一の学問である。「なぜなら世界の堅牢な構造の創造主たる神は、この第一の学科を彼自らの思考の範型とみなし、それに従ってあらゆる事物を形成したからである」[*26]。こうして数は創造主の思考の構造と表現であるため、算術と論理学との原理的な一致が主張される。「作成する理性にもとづいて成り立つすべては、数によって規定された秩序の調和を示す」[*27]。

「あらゆる運動は、静止に対して後なるものであり、本性上静止はより先なるところである」[*28]ため、数は第一の存在論的原理として、不動にして自己同一的で、他のものを必要とせずに自存しているはずである。「本性において、同じような仕方のまま存続する数が存在しなければならず、またそれは多様な要素によって構成されることがあってはならない」[*29]。こうして数の不変の真理は、数を本来の意味で存在するものとして示すことになる。「というのも知恵は、存在し、不変の本質が具わっているものの真理の把握だからである」[*30]。

ボエティウスは、真理と哲学にいたる道はただ四科を通してのみ拓かれるとの見解を繰り返し説いている。「もし探求する者がこれら四つの学科についての知識を欠くなら、彼は真理を見出すことができない。この種の真理の把握がなければ、誰も正しく知ることはできない。つまり真理は、真に存在する事物についての認識と完全な把握である。このような知恵の道を侮る者は、正しい仕方で哲学することはないと私は断言する。まことに哲学が知恵の愛である以上、これら〔四科〕を侮る者は、すでに哲学をないがしろにしたことになろう[*31]」。明らかにプラトンを踏まえながら、ボエティウスは、純粋な知的認識へと導く点に四科の価値を認めている。「誰であれ、これらの事物を無視する者は、哲学の教えすべてを失うことになる。それゆえに、まさに四科によってこそ、われわれは優れた魂を、感覚によって得られた知識から、知性のより確実な対象にまでもたらすのである[*32]」。ボエティウスは『算術教程』の冒頭で、ピュタゴラス（前五八〇頃―五〇〇年頃）の名を挙げながら「四科」という表現を導入している。「いわばこの四重の道《クアドリウィウム》を通してこのような高貴な理解を辿っていくのでなければ、哲学の諸学科の最高の完全性に達しうる者などほとんどありえないであろう[*33]」。

　ボエティウス受容の最古の証言は八世紀末のアルクイヌスのものである。彼はその『文法学』において、先に引用したボエティウスの『算術教程』冒頭の文章からの影響を窺わせるかたちで、七自由学芸を聖霊の七つの賜物と対応させ、それらを学にいたる道とみなすとともに、それを通じてカロリング・ルネサンスにおける学問観の特徴を表現している。「知恵は自由諸学芸の七本の柱によって支えられている。そして、これら七本の柱によるか、あるいは七つの段階によって高められるのでなければ、いかなる方法によっても完全な知識にいたることはない[*34]」。

　ボエティウスの算術論は、一八〇〇を越える数の現存写本が示すように、算術的知識、および哲学・神学にまで関係する中世の数学的思考の基盤となるばかりか、ルネサンスにおいてすら、一四八八年から一五七〇年のあいだにおよそ二五〇刊本が公刊されるほど注目されていた[*35]。それどころか、この著作における比率の理論は、音楽や文学だけでなく、建築や倫理学にまで影響を及ぼしている。[*36]すでに九世紀のカロリング・ルネサンス期には、カール禿頭王（在位八四三―八七七年）のための美麗写本を含む現存の一〇の写本から裏づけられるように、この書物は広い範囲で読まれていた。[*37]古アイルランド語のものも含まれるいくつかの欄外註記においては、哲学的側面とともにボエティウスの生涯に対する関心も認められる。またのちにフェリエール修道院の院長となるセルウァトゥス・ルプス（八〇五頃―八六二年）は八三六年に、宮廷学校の先の指導者アインハルト（七七〇頃―八四〇年）に、書簡でこの著作の難解な箇所についての説明を求めている。[*38]

『算術教程』は基礎文献として学校において読まれたため、十世紀以降はその要約が作られ始めた。アラブの学問に直接触れることによって数学的知識を獲得していたオーリヤックのゲルベルトゥス（九四五／五〇―一〇〇三年。教皇シルウェステル二世在位九九九―歿年）は、『算術教程』の写本を皇帝オットー三世（在位九八三―一〇〇二年）に献呈し、彼からその解釈を懇請された際に、その返書において数の存在論的・神学的意義を強調している。「数の力は、それ自らのうちにあらゆる事物の起源を有するとともに、それ自らあらゆる事物を発出させるものである」。[*39]またガンダースハイムのロスヴィータ（九三五頃―一〇〇〇年以降）が四科について語るところによれば、数と比率の理解を通じて、神によって授けられた世界の秩序に対する洞察が開かれ、それによって魂は神への愛へと飛翔するのである。「神がいかに素晴らしい法則によってすべてを数や長さや目方によって整えたか〔知恵の書一一・二〇〕を認識する者は、それだけますます神への愛のうちに燃え上がるのです」[*40]。

十一世紀以降、論理学的知識が増大し、またカルキディウス（四〇〇年頃活動）によるプラトンの『ティマイオス』翻訳を手掛かりとした宇宙論的思弁が繰り広げられるにともなって、十二世紀においては、少なくとも四種存在した註解が示すように、ボエティウスの著作はより深い仕方で受容されることになった。その際には、天界の諸元素と諸天球の調和とが数学的構造をもつというだけではなく、神による創造、および人間の理解そのものが数学的性格を具えているものとされたのである。シャルトル学派においては、その宇宙論が数学的着想のもとで展開されており、シャルトルのティエリ（一一五六年以降歿）は、三位一体の考察から始めて、ボエティウスを踏まえながら、あらゆる実体的存在の数学的本質を提示している。『算術教程』の序文にあるように、数は、創造者の精神のうちに第一の範型として実存した」[*41]。ボエティウスの『算術教程』の解釈史のために特筆すべきことに、ソールズベリーのヨハネス（一一一五／二〇頃―八〇年）はその主著『メタロギコン』（一一五九年）において、ボエティウスの他の著作をたえず参照しつつ言語・論理学関係の三学に取り組みながらも、そこにおける『算術教程』の唯一の言及の際には、ボエティウスのこの同じ文章、すなわち数学的に解釈されたイデア論に触れているのである[*42]。

『算術教程』はこうして世界と信仰の数学的解釈に寄与する一方で、サン＝ヴィクトルのフーゴー（一〇九六頃―一一四一年）の『ディダスカリコン（学習論）――読解の研究について』および同時代の註解書を通じて、四科は数学のうちに組み込まれた。この数学とは、アリストテレスの学問論が適用されることによって、存在に関わる三つの理論的学――自然学、数学、神学的・

形而上学的神論――の一つとして、七つの技術的学芸、および実践的諸学である倫理学・家政学・政治学の上位に置かれたものである。このようなアリストテレス的な認識論および抽象理論の文脈のうちに位置づけられることによって、ピュタゴラス＝プラトン的かつ合理的性格をもつア・プリオリな数論は、ボエティウスによって認められていた中心としての機能を弱めることになった。しかしながら十三世紀においてトマス・アクィナス（一二二四／二五―七四年）がボエティウスの神学的著作についての最後の大きな註解、すなわち『ボエティウス三位一体論註解』においてこの学問分類の問題に取り組んだ際には、[*43]（光学をも組み込んだ）四科のなかでの第一の地位を算術に当てている。[*44]そのうえトマスは、諸学の事象上の順序を、学習のための教育上の配列から区別し、数学を論理学の後ではあるが、自然学より先に位置づけている。「学習の適切な順序は以下のようである。まず最初に生徒には論理学から教えられる。なぜなら論理学は哲学全体の方法を示すからである。さらに第二に教えられるのは、経験を必要とせず、想像力を超えることもない数学である。第三には自然学に向かう。これはなるほど感覚と想像力を超えることはないにせよ、経験を必要とする。第四に道徳学だが、第一巻にあるように、これは経験と、情動から解き放たれた態度を必要とする。第五に、想像力を超え、強靱な知性を必要とする叡知、または神学に向かう」。[*45]これに対して、同じくドミニコ会士のボーヴェのウィンケンティウス（一一九〇頃―一二六四年）は、同時代の百科全書『大きな鏡』において、抽象の段階に応じて、数学的諸学を経験的自然学ののちに学ぶことを推奨している。[*46]

こうして十三世紀において算術の位置に変化が現れ、パリ大学学芸学部においても、ストア学派の学問分類に従って、哲学の三部門――論理学・倫理学・自然学――を自然学、すなわち存在者についての理論的知に従属させるようになるが、それでもボエティウスの『算術教程』の評価は損なわれることがなかった。この時代の数学の水準に照らすなら、『算術教程』は初歩的ではあるが、数・比率・秩序についてのその哲学的見解ゆえに、なおも大学の基本文献であり続けた。またパリで活躍したネモーレのヨルダヌス(十三世紀前半)による『算術原理』は、ボエティウスの著作を元にした一〇巻にも及ぶ著作である。さらにサクロボスコ(十三世紀前半)はその『アルゴリスムス』において、ボエティウスの算術をアラブの数学と結びつけようとしている。またロバート・グロステスト(一一七〇頃―一二五三年)はボエティウスにならって、幾何学的・数学的方法をあらゆる学問的認識の根底に据えることを要請した。「線・角・図形についての知識の有用性はきわめて大きい。なぜならそれなくしては、自然哲学を知ることは不可能だからである」[*47]。同様に彼の高弟であるロジャー・ベーコン(一二一九頃―九二年頃)も、ボエティウスの『算術教程』第一章を踏まえながら[*48]、数学的知識を、神学をも含む他のあらゆる学問の前提として強調している。

十四世紀以降の中世後期においてなおもボエティウスの『算術教程』の現存写本の数は増大しているものの、この論考が当時活躍した数学者の著作においてはもはや何の役割も果たしていなかったばかりか、哲学的議論の際にもせいぜい出発点として前提されるにすぎなかったことは疑問の余地がない。それに応じて、算術論本文の完全なテクストよりも、むしろその概要書の数のほうが増加するようになった[*49]。アルベルトゥス・マグヌス(一一九三/一二〇〇―八〇年)、ボナヴェントゥラ（一二一七／二一―七四年）やトマス・アクィナスなどの盛期スコラ学の神学者たちは、何らかの特別な解説を加える必要を感じることなく、この著作を活用している。なるほど、イングランド人トマス・ブラドワディン（一二九〇頃―一三四九年）の著名な『比例論』は、ボエティウスから論を起こし、比率の概念を複数の比率間の関係、すなわち比例へと拡充することによって、速度間の関係を数の関係を通じて数学的に記述している。またヨハネス・デ・ムリス（一三〇〇頃―五一年）の『算術論』に見られるように、[*50]算術上の多くの記述は、なおもボエティウスの分類や定義にもとづいていた。しかしながらルネサンスにいたるまで、ボエティウスの『算術教程』は、古典としての歴史的価値を有するにとどまっていたと言えよう。

(b) 音楽学

四科の配列では二番目に当たるボエティウスの『音楽教程』は、算術についての第一の著作をも凌駕するほど、中世の音楽論ほぼすべての基盤となった。この論考は、哲学的原理の考察という点だけでなく、個別の問題に関する体系的詳述という面でも、同じく中世において知られていたマルティアヌス・カペラ、カッシオドルス、セビリャのイシドルス（五六〇頃―六三六年）、さらにはアウグスティヌスの『音楽論』などにおける議論[*51]の水準を凌駕している。『算術教程』とは独立して伝承されたにもかかわらず、『音楽教程』は、何よりもゲラサのニコマコスやプトレマイオス（二世紀）の影響のもとで、ピュタゴラス的な精神に即して、音楽を数学的観点から扱っているために、少なくとも中世の読者はこれを『算術教程』と内容的に一貫性のあるものとして受け取っていた。[*52]こうして音楽は合理的構造をもつために、人間精神は音楽に導かれて真理の認識にまで高まることになる。同時に音楽は感情にも訴えかけるため、人間の道徳的性質にも影響を与える。「四つの数学的学科が存在するが、他の三つは真理の探求に向かうのに対して、音楽学は理論的考察にだけではなく、確かに倫理にも繫がっている。なぜなら甘美な曲に安らぎを覚えたり、反対のものによって刺激されたりすることほど人間本性に固有のものはないからである。……そのためここから、性格のきわめて大きな変化が起こる」[*53]。このような音楽の働きは、人間の身体・精神の構造が、音楽にとって構成的な数学的関係性（比《プロポルティオ》率、論《ロ》理《ゴス》）に対応していることに由来する。「それゆえ、のちの議論で示されるように、調和ある曲がそれによって組み合わされ結合されているのと何らかの仕方で同じ比率によって、われわれの魂と身体の状態が構成されると思われることに疑いの余地はない」[*54]。

このようにボエティウスの音楽論は、音楽演奏についての実用的な考察ではなく、算術論と同様に、合理的・規範的な性格とともに、人間を感覚的満足から抜け出させ、調和的秩序への純粋に理性的な洞察にまで導くという教育的課題をもっている。「以下のすべての考察から、音楽は本性的にわれわれと繫がり、そのためたとえそれを願ったとしても、われわれは音楽から逃れることはできない。この理由から、本性上内在するこの術を知識にもとづいて習得・把握するには、精神の力を集中しなければならない。学識ある者にとっては、色彩や形を見ながらも、その性質を探求しないのは不十分であるのと同様に、音楽的な旋律のうちに快適さを見出しながらも、それがどのような音程の法則によって内的に構成されているのかを知ることがないなら、それもやはり不十分なのである」。[*55] こうして、楽器によって生み出される音楽は、いわば「人間の音楽」の反響である。なぜなら「自らのうちに沈潜する者」は、魂と身体の諸部分のあいだの調和にもとづいて「人間の音楽を知解する」[*56] からである。この「人間の音楽」はさらに、天体の調和ある運動と四季の規則的な移り変わりにおける「宇宙の音楽」に対応している。[*57]

カッシオドルスもセビリャのイシドルスも、彼ら自身の音楽論を起稿する際には、ボエティウスの音楽論を手にしていなかった。[*58] カロリング・ルネサンスまでの数世紀のあいだも、この著作への言及は見られず、アルクイヌスやラバヌス・マウルス（七八〇頃—八五六年）ですらその存在を知らなかったようである。[*59] しかしながら、ベーダ・ウェネラビリス（六七三／七四—七三五年）の名のもとに伝えられていた『音楽理論』（*Musica theorica*）は、ボエティウスの音楽論についてのおそらくイングランドおよびアイルランドに由来する初期（九・十世紀）の註解と欄外註記の集成であることが判明している。[*60] 大陸においてはようやく九世紀中頃、カロリング・ルネサンスの最初の音楽理論家であるレオメのアウレリアヌス（九世紀）がボエティウスの音楽論を抜粋し、ともすると杜撰な仕方ではあるが、それに解説を施した。すでにアウレリアヌスの著書、またそれを内容的に凌駕する『新音楽論』（*Alia Musica*）は、ビザンツの伝統に由来すると思われる比較的自由な和声法をもった古来の八つの教会旋法を、ボエティウスによるはるかに厳密な量的・数学的比率の理論によって表現する試みを行っている。アウレリアヌスは、宇宙の音楽・人間の音楽・楽器による音楽というボエティウスの音楽の三分類とともに、音楽家や作曲家よりも音楽理論家を尊重する態度を引き継ぎ、このような哲学的音楽理解によって、続く数世紀の思弁的音楽理論を準備すると同時に、たとえばアレッツォのグイド（九九〇頃—一〇五〇年頃）が音楽理論家に対して下した高い評価の先鞭を付けた。

音程やテンポに関してボエティウスが展開した複雑な数学は、九・十世紀の著作家たちにとっては相当難解なものであったため、たとえばプリュムのレギーノ（九一五年歿）は、その『和声論教程』においては、オーセールのレミギウスと同様に、もっぱらボエティウスの抜粋にのみ依拠し、それに何の註解も加えていない。[*61] これに対してオーリヤックのゲルベルトゥスのような数学的逸材は、ボエティウスの音楽論についての註解を二種類著している。しかしすでにサンタマンのフクバルド（八四〇頃—九三〇年頃）は、『和声論教程』において、ボエティウスの音楽論をさらに内容的に忠実に解釈し、教会旋法をボエティウスの体系のうちに組み込むことを成し遂げた。ライヒェナウのヘルマン（一〇一三—五四年）の音楽関係の著作『一弦琴について』および『音楽論』は、ライヒェナウの修道者の聖歌演奏に対する実用的な手引きを与えるものではあるが、全体にわたってボエティウスの思弁的音楽論の正確な理解にもとづいていたため、ヘルマンはボエティウスの音楽論（あるいはむしろ彼の写本の伝承）における間違いを最初に指摘することができた。オーリヤックのゲルベルトゥス、あるいは彼に先駆けてフクバルトは、オルガンおよび一弦琴についての詳述の際に、ボエティウスの音楽論を実践的に適用することの限界を認め、それとともに実用的な音楽論と思弁的・哲学的音楽理論の区別を導入していたが、[*62] 十一世紀においては、ボエティウスの厳密な比率理論は、古来の教会旋法における緩やかな和声法に取って代わっていた。ボエティウスの音楽論は、現実の音楽、特に多声音楽《ポリフォニー》に対しては適用できなくなりつつあったとはいえ、またいくつかの学芸学部においてはヨハネス・デ・ムリスの『思弁的音楽』のような摘要がボエティウスのテクストの代わりに用いられていたとはいうものの、それでもやはりその音楽論は、大学における音楽理解の基盤であり続けた。実際、思弁的音楽の部門と理念は、諸大学において十六世紀まで、またオックスフォードでは十七世紀まで引き継がれていくのである。中世末期の音楽理論家は[*64]、テンポの比例的変化の理論においてボエティウスに従い[*63]、それをさらに洗練した結果、その理論は知的に理解できるのみで、耳によっては聴き分けられないものにまでなった。

(c) 幾何学

テオドリクスの手紙の引用を含むカッシオドルスの二つの資料からは[*65]、ボエティウスがエウクレイデス（前三〇〇年頃）の翻訳と、四科の第三の学科についての教科書を著したことが知られている。古代においてはこの『幾何学』（『幾何学一』、『幾何学二』[*66]——ともにエウクレイデスの『幾何学原論』のかなりの部分を収めている）についてそれ以上の証言は残されていないが、中世においては二種類の『幾何学』がボエティウスの名のもとで流布していた。この二つの著作については現存の写本がそれぞれ二五種あまり存在する。これはボエティウスの『算術教程』および『音楽教程』に比べて若干少ないが、他の著名な著作と比較するなら、両著作の相応の普及を窺わせるには十分な数である[*67]。

エウクレイデスのラテン語の最古の諸断片は、フランスのコルビー修道院図書室に保存され、おそらくはそこで作成されたと思われる九・十世紀の三種の写本のうちに収められている。これらのエウクレイデスの翻訳のうちの二種、すなわち『農地計測論』（*Corpus agrimensorum*）とカッシオドルスの『聖俗文献綱要』（*Institutiones divinarum et saecularium litterarum*）の一つの稿本は、明らかに第三の著作、つまり『幾何学および算術』（*Ars geometricae et arithmeticae*〔『幾何学一』〕）から採られたものであるため、この『幾何学一』は、ボエティウスの『幾何学』の最も古い痕跡と考えることができる。『幾何学一』には、『農地計測論』すなわち土地測量法についての論考の一部、ボエティウスの『算術教程』の一部、さらにアウグスティヌスの『魂の偉大』および『ソリロクイア』からの抜粋が含まれている。主要部である幾何学についてのテクストは、エウクレイデスの『幾何学原論』第一部から第四部（ただしエウクレイデスの証明を欠く）、つまりボエティウスの『幾何学』のいくつかの箇所から成り立っている。このように『幾何学一』は、伝承過程において部分的に損なわれたいくつかの文献のかなり粗雑な集成ではあるが、九世紀から十一世紀にいたるまで、コルビーから始まって、特に北フランスと南西ドイツにおいて盛んに読まれていた。十世紀に現れた多くの匿名の『幾何学』（*Geometria*）は『幾何学一』に依拠し、またオーリヤックのゲルベルトゥスもこの著作を利用したのち、十二世紀においてはシャルトルのティエリも『幾何学一』および『幾何学二』に言及している。

より大部の著作『幾何学二』も同様に、主にエウクレイデスの『幾何学原論』の第一部から第四部を収めている。そのテクストは『幾何学一』のものとほとんど重なっているが、それよりもより広い範囲に及んでいるため、それらはともに同一の資料によるものと思われる。その資料とは、初期中世においてはなおも知られていながら、のちに失われた――とはいえおそらくコルビーでは存在していた――ボエティウスの『幾何学』の写本（またはその一部）であろう。さらに『幾何学二』の著者は、測地法のある論考と、オーリヤックのゲルベルトゥスの計算板《アバクス》に関する一〇〇〇年頃に書かれた論文の第二の稿本を利用している。『幾何学二』は、ラテン語テクストの中でアラビア数字を用いた最初のものであり、十一世紀前半、おそらくロートリンゲンで著されたものである。一〇五〇年から一二五〇年のあいだ、この著作の写本は比較的多く作成されたが、そののちの中世では、十五世紀の人文主義者によって再評価されるまでは、『幾何学一』と同様にその写本の作成はほとんど行われなくなった。中世末期においては四科が衰退しただけでなく、[*68]エウクレイデスのテクストがバースのアデラード（一〇七〇頃―一一四二／四六年以降）によるアラビア語からの翻訳、およびその翻訳にもとづいたノヴァーラのカンパヌス（一二二〇頃―一二九六年）の論考によって直接に入手可能になったため、ボエティウスの『幾何学』の二つの不完全な稿本に対する興味は失われていったのである。これに対してアデラードの翻訳は十二・十三世紀、カンパヌスの文献は十四・十五世紀に好んで用いられた。

(d) 天文学

カッシオドルスによって伝えられたテオドリクスの書簡によれば、ボエティウスは四科の第四の学科、すなわち天文学についても、プトレマイオスの翻訳にもとづいて教科書を著していた。「あなたの翻訳のおかげで、イタリア人によって、音楽学者ピュタゴラスや天文学者プトレマイオスが読まれ、算術学者ニコマコスや幾何学者エウクレイデスがローマ人によって語られていま す」[*69]。またボエティウスは、その『算術教程』において天文学の主題について述べている。「天体の運動そのものにも音程の調和が讃えられる」[*70]。そこで天文学は、算術と音楽についての知識を包括し、それらを幾何学の手引きのもとで天体の運動へ適用しなければならないとされるのである。しかし、ボエティウスの同時代においても彼の天文学の著作は確認されておらず、また中世においても、たとえば図書室の所蔵目録などでも、ボエティウス本人に帰せられた天文学の著作は一部たりとも存在していない[*71]ため、この著作については何の手掛かりも得られていない[*72]。

(二) 論理学関係の著作

アリストテレスの全著作をラテン語のみを解する読者に提供するという計画にもかかわらず、ボエティウスは論理学関係の著作だけにとどまったわけだが、それでもその論理学についての著作は、膨大な規模の体系的全体をなしている。ペリパトス学派の論理学についての古典的な入門書として、ポルフュリオスの『エイサゴーゲー』をアリストテレスの著作の前に位置づけ、それについての二種類の註解を著している[*73]。第一の註解は、マリウス・ウィクトリヌス（二八一／九一―三六五／八六年）の翻訳にもとづくものであるが、ボエティウスはパラフレーズの形式によるこの翻訳の不正確さを見抜き[*74]、第二のより詳細な註解にあたっては自らこれを翻訳する労を取っている。アリストテレスの論理学関係の著作の翻訳に際してボエティウスは明らかに、おそらくはポルフュリオスに始まって今日にいたるまで論理学著作群《オルガノン》と呼び慣わされている配列[*75]に従っている。そこで彼はアリストテレスの『カテゴリー論』（二種の稿本）、『命題論』、『分析論前書』（二種の稿本）、『分析論後書』、『トピカ』、『詭弁論駁論』の翻訳を著したが、[*76] このうち『分析論後書』の翻訳に関しては、写本による確証が得られないために推測の域を出ていない。講義のためのメモとして記されたと思われるアリストテレスの論理学関係の著作はもともと極度に密度が高く、飛躍があり理解の難しい表現によって綴られているため、[*77] ギリシア語と比べて言語的に彩りを欠いた生硬なラテン語では原文を不完全な仕方でしか翻訳できない。しかしボエティウスはできる限りテクストに忠実な逐語的翻訳を心がけ、修辞上の装飾を排して、ラテン語の表現力を極限まで酷使するような翻訳を意図的に行っているのである。[*78]

しかし最良の翻訳があったとしても、アリストテレスの論理学関係の著作には解説が必要である。そこでボエティウスは、論理学著作群《オルガノン》の全著作についての註解を著す計画を立てたが、『トピカ』、『分析論前書』、『分析論後書』についての註解は現存していないため、ボエティウスがそれらを実際に著したかどうかは議論の的となっている。[*79] さらにボエティウスは、キケロ自身が『トピカ』をアリストテレスの同名の著作の一稿本として公表し、[*80] ボエティウスもこれをペリパトス学派の論理学の一部と理解したところから、この著作についての註解をも作成した。[*81]『命題論』についての二種類の註解は、個々の難解な箇所についての文献学的解明と、この著作全体の思考の流れについての哲学的解釈とを相互に補い合うかたちで著作を形成するというボエティウスの註解の理想を実現した一対となっている。[*82] しかしボエティウスの註解は、ラテン語のではないにせよ、ギリシア語のアリストテレス註解者に即して書かれているために、そこにボエティウス独自の論理学を見ようとするなら、それは行きすぎということになろう。他方で、ボエティウスの註解はさまざまな著者の欄外註記を多数収めたただ一つのギリシア語写本の翻訳にすぎないとする説に対しては——ボエティウス自身も『分析論前書』の註解においてはそうした写本に言及しているにせよ——また反論がなされてきた。[※83] すなわちキケロの『トピカ』註解は、独自の註解を施すボエティウスの力量を証し立てており、また『命題論』の第二の註解は、考え抜かれた全体的議論という点で、——『分析論前書』の註解のための「予備的なメモ」のような[※84]——註解の単なる集成をはるかに超えているのである。

さらにボエティウスは、これらの翻訳と註解から、第三の著作群である論考ないしは手引き書、つまりアリストテレスの言葉をできるだけ忠実に辿りながらも、明晰な文章によって難解な思想を解き明かし、大部の註解書を簡潔に要約する著作群を計画した。これらの著作は、ペリパトス学派の論理学の全領域に及んでいる。すなわち、入門的著作である『区分について』[※85]、単純な命題にもとづく論理学に関する著作『定言的三段論法について』、および『定言的三段論法入門』のほかに、アリストテレスの解説にとどまらず、「ボエティウスの手によって記された論理学書のうち最も配慮が行き届き細部にわたる」[※86]と評され、古代の論理学的知識にとっては掛け替えのない『仮言的三段論法について』[※87]、すなわち複数の要素命題から成り立つ複合命題を論じた論考、また『さまざまなトピカについて』、つまり分析論とは異なり、証明における中項（媒介項）すなわち論拠を見出す創造的技術として理解されたトピカについての著作が存在する。[※88]

こうした内容的に豊かな論理学的著作群のうち、全般的に見れば十一・十二世紀において、

「旧論理学」、すなわちポルフュリオスの『エイサゴーゲー』の翻訳、アリストテレスの『カテゴリー論』と『命題論』の翻訳のみが、ボエティウスによるその註解とともに知られていたにすぎない。しかしボエティウスのこれらの著作によってアリストテレス論理学がラテン中世に伝えられたことの意義は十二分に評価しなければならない。なぜならこのボエティウスの業績によって、スコラ学の思想のうちに論理学的概念と並んで、実体・本性・形相などの存在論の基本概念がその定義とともに導入されることによって、初期スコラ学の普遍論争を駆り立てる動機となった論理学と存在論との関係をめぐる問いの端緒が与えられたからであり、またそれにともない論理的思考形態そのものに対する方法論的反省が活潑になることによって、六世紀から九世紀の文法的・解釈学的方法やイタリア・ルネサンスにおける文学的・修辞学的形態とは異なる思考のあり方が形成され、これがスコラ学の諸世紀ばかりか西洋的思考一般をも規定することになったからである。

九世紀に入ると、ボエティウスによる『カテゴリー論』の翻訳の完全なテクストが流布し、十世紀には『カテゴリー論』の註解と『命題論』二つの註解が研究された。[*89] しかしすでに八世紀に、[*90]アルクイヌスはその『弁証論について』において、彼がアウグスティヌスのものとしながら実際はテミスティオス（三一七頃—三八八年頃）による著作『一〇のカテゴリーについて』とともに、ボエティウスによる『エイサゴーゲー』と『カテゴリー論』の翻訳を活用している。アルクイヌスは、自らの著作『聖なる不可分な三位一体の信仰について』をカール大帝（在位七六八—八一四年）に献呈する際に、「学習にあたって哲学的認識をおろそかにしていない」者なら誰でも、

「弁証論を学ぶための理由」をアウグスティヌスのうちに見出すと主張している。[*91] なぜならアウグスティヌスはその『三位一体論』において、三位一体の教義の最深の問いはカテゴリー論の精妙さによってのみ解明しうると考えたからである。[*92] このように、カロリング・ルネサンスにおける論理学は、その研究がアウグスティヌスの権威によって正当化され、その意味が最高の神学的問題の解明という側面から捉えられるという特徴をもっている。

アルクイヌスの周辺から始まって、九世紀中葉において弁証論の研究は、ザンクト・ガレンやライヒェナウなどの修道院にまで広がった。[*93] 十世紀初頭にサンタマンのフクバルドによってなされた註釈は、ボエティウスの『カテゴリー論註解』にもとづき、類と種の存在様式への問いなどの、普遍論争において焦点となるその論理学の曖昧な箇所を早くも強調している。一〇〇〇年頃、ノートケル（三世、九五〇―一〇二二年）はザンクト・ガレンにおいて、生徒たちの勉学の手引きとして、ボエティウスの『カテゴリー論』と『命題論』、およびそれらの註解の一部、そして『哲学の慰め』をはじめて古高ドイツ語へと翻訳したことによって、哲学的術語を用いた学問的言語の礎を築くことになった。[*94] また弟子のランスのサン＝ルミのリシェール（九四〇／五〇―九九八年以降）の伝えるところによれば、オーリヤックのゲルベルトゥスは、ランスの司教座聖堂付属学校の指導者（九七二―九九一年）として、ボエティウスの翻訳と註解のほかに、彼が二、三数え上げているボエティウスの論考をも講述している。ゲルベルトゥスおよび彼の同時代の論理学者・数学者であるアッボ（フルーリ修道院院長在任九八八―一〇〇四年）以降、ボエティウス、とりわけその『カテゴリー論』の翻訳と註解は、論理学の権威として基本的著作の位置を占めた。

十一世紀の思想家のなかでは、たとえばガルランドゥス・コンポティスタ[*95]（一〇三〇頃―一一〇〇年頃）やランフランクス（一〇一〇頃―八九年）はともに『弁証論』という同名の書物において、ボエティウスのさまざまな論理学的著作を体系的に要約する試みを行っている。

これらの純粋に論理学的な研究を基礎として、ランフランクスの高弟であるカンタベリーのアンセルムス（一〇三三／三四―一一〇九年）は、一〇七六年以降書かれた自らの諸論考において、ボエティウスの学統を継ぐ論理学を、プリスキアヌス（六世紀初頭）に由来する文法学的考察と結びつけ、それを神学的論争のための有益で優れた手段とすることができた。アンセルムスが一〇九三年頃、存在論的に基礎づけられた彼の論理学を、「普遍的実体を言葉の息（flatus vocis）とみなす異端の弁証家[*96]」、すなわちコンピエーニュのロスケリヌス（一〇五〇頃―一一二〇／二五年）の思想とは対立するものとみなしたとき、普遍論争の口火が切られたと言えるであろう。この論争は、『エイサゴーゲー』の序論においてポルフュリオスが未決定なまま放置した問い――すなわち類と種は実在的に存在するのか思考においてのみ存在するのか、あるいはそれらは物体的であるのか否か、またそれらは自体的に存在するのか知覚対象と一緒になってはじめて存在するのかなどの問題――に端を発する。ボエティウスも、第二の註解において「存在論的には不明瞭な[*97]」抽象理論を提示するにとどまり、結局その二つの註解によってもこの問いを解決しなかった。それゆえ、論理学のみならず、言語論的に確かな基礎をもつ形而上学を築くためにも礎石となるべき問題、すなわち精神の論理的構造と現実の本質との関係についての問いが不明瞭なままにとどまったのである。こうしてボエティウスの「旧論理学」は、普遍論争の渦中にあって、十一世紀後半から十二世紀中頃まで、つまり一一二〇年から一一五〇年にかけて「新論理学」（logica nova）が普及するにいたるまでのあいだ、その歴史的影響力の頂点を迎えた。

初期スコラ学の最も傑出した論理学者であるペトルス・アベラルドゥスは、『ポルフュリウス註釈（イングレディエンティブス）』（『〈入門者〉の論理学』）、『ポルフュリウス註釈（ノストロルム・ペティティオニ・ソキオルム）』（『〈われわれの仲間の依頼による〉論理学』）（一一二〇―二五年頃）といった註解書、さらに『弁証論』（最終稿本一一三五―三七年）において、ボエティウスの註解と論考を十分に活用し、その「旧論理学」に依拠しながら自らの論理学を展開している。「ボエティウスの四部作、つまり『区分について』と『トピカ』、さらに『定言的三段論法について』、『仮言的三段論法について』をわれわれは参考にした。われわれの『弁証論』の文章は、それらすべての内容の集約を最も充実したかたちで含み、それを解明し、読者の利用に供するのである」[*98]。アベラルドゥスはとりわけボエティウスのトピカ、つまり創造的論証の技術を、仮言的推論の論理学にまで拡張したが[*99]、その際には、アリストテレス論理学の背景に潜むプラトン的存在論との連関を断ち切るとともに、その新プラトン主義的解釈をも斥けている。このようにトピカを純粋に論理的な推論の理論と捉える理解は、再び十四世紀においてウィリアム・オッカム（一二八五頃―一三四七年）、ウォルター・バーリー（一二七五―一三四四／四五年）、そしてヨハネス・ブリダヌス（一二九二―一三六三年）によって受け容れられ、展開された[*100]。

十二世紀中葉になると、主にシャルトル学派を筆頭に、「旧論理学」にはまだ含まれていなかったボエティウスの論理学的著作、つまり「新論理学」――すなわちアリストテレスの『分析論前書』の翻訳と註解、『トピカ』、『詭弁論駁論』（または『駁論』）、さらにヴェネツィアのヤコブス（十二世紀前半）の翻訳によるアリストテレスの『分析論後書』――が、学校での教授内容に取り入れられるようになった。すでにソールズベリーのヨハネスの『メタロギコン』においても、「旧論理学」の諸著作は、論理学本来の主要部《コルプス》、つまり『トピカ』と『分析論前書』、『分析論後書』、および『詭弁論駁論』への予備的導入だけのものとみなされるようになった。[*101] またソールズベリーのヨハネスが、伝統を重んじるあまりアリストテレス自身に遡らずにもっぱらボエティウスの註解書に頼る人々を無学な者とみなしたところから、[*102] アリストテレスの著作の直接的受容の必要性が明確に浮かび上がってきた。もっともこの場合ヨハネスは、それまでアリストテレスを知るにはボエティウスの翻訳によるほかはなかったという事実を看過している。いずれにせよ、ボエティウスがその著作においてアリストテレス自身を前面に押し出すことによって、彼自身の著作を次第に不要なものとするということは、ボエティウス独自の業績と言えるであろう。一方で「新論理学」の受容の進展は遅々としたものであった。このことは、十二世紀にはいまだアリストテレスの『トピカ』についての註解がおそらく現れていなかったことから窺える。これに対してその同じ世紀には、同種の主題を扱ったボエティウスの『さまざまなトピカについて』に関してなお一五の註解がなされるとともに、この著作自身は十三世紀においても大学の履修計画の中に取り上げられていたのである。

一二五二年パリ大学において、アリストテレスの『カテゴリー論』と『命題論』については二種の講義を取るべきであるが、ボエティウスの註解に関しては一つの講義で十分であるとの指定がなされ、また一二六八年オックスフォード大学でも同様に、「旧論理学」のすべての書物については二種の講義を取るべきであるが、ボエティウスの著作に関しては一つの講義で十分であると定められたが[*103]、このことは、ボエティウスの権威がアリストテレス自身の権威に比べて後退したことを示している。ボエティウスの論理学的著作は十三世紀中葉において、たとえばロバート・キルウォードビー（一二一五頃―七九年）に見られるように、教育的意義を認められながらも、内容的にはアリストテレスの著作に対するかならずしも本質的ではない補足とみなされた。つまりボエティウスの著作は、「論理学の本性に即するものでないが、よりよく学ぶには有益である。アリストテレスは学自体を主題とするため、〔ボエティウスの著作の存在によってその価値が〕衰えることはないのであり、学習する者のことを考えるなら、ボエティウスが〔アリストテレスの著作によって〕不要になることはない[*104]」。ロバート・キルウォードビーののち、アルベルトゥス・マグヌスですらボエティウスの『区分について』の註解を著しており[*105]、また『さまざまなトピカについて』は、一二五〇年頃パリのニコラウスによって註解がなされている。いまやボエティウスは、そのアリストテレス解釈によって重んじられるというよりも、むしろポルフュリオスまたは新プラトン主義をアリストテレスと結びつけた功績と、それまで未知であったギリシア語のアリストテレスの諸註解からの引用を多数伝えたという点で評価されるようになったのである。

ムールベケのグイレルムス（一二一五／三五頃―八六年頃）によって、シンプリキオス（五世紀後半―六世紀前半）の『カテゴリー論註解』の翻訳（一二六六年）や、アンモニオス（四四五以前―五一七／二六年）の『命題論註解』の翻訳（一二六八年）が公刊されたのちも、これらの古代末期の註解書のためにボエティウスが片隅に追いやられることはなかった。たとえばウィリアム・オッカムも、一三二〇年代にはその論理学において、古代の著者ではなく、むしろボエティウスを頻繁に参照している。ようやく十五世紀のイタリア・ルネサンスにおいて、[*106]ロレンツォ・ヴァッラ（一四〇六―五七年）がアリストテレス論理学と、その註解者ボエティウスに対して苛立ちを表明し、抽象的で、論理的反省に縛られた弁証論の表現形式に対して、自然で内発的な修辞学的表現法を賞揚するにいたる。しかしながら、人文主義によるスコラ学的論理学に対するこのような批判にもかかわらず、ボエティウスの論理学関係の諸著作は、全体としても個別的にも、一四九一年から十六世紀全体を通じて多くの刊本によって読み継がれていたのである。[*107]

㈢　神学的著作

ボエティウスの『哲学の慰め』は、死に直面して、古代的な形式、特にストア学派の「慰めの書」の系譜に棹差すかたちで思索を展開したものであり、その中にキリスト教信仰を支えとした箇所はどこにも見られない。そのため十九世紀においては、ボエティウスの名のもとに伝えられた五篇の神学的小品の真偽が繰り返し論じられ、なかには同名の二人の人物を想定する仮説まで現れた。しかしアルフレッド・ホルダーがライヒェナウ写本の中から見出したカッシオドルスの断章、いわゆる「ホルダー未刊文書」（Anecdoton Holderi 一八七七年出版）[*108]によって、少なくともそれらの小品のうち三篇ないし四篇がボエティウス自身によるものとの確証が得られ、またその他の著作についても言語上の比較によってその著者問題は解決している。それゆえ今日では、

「〈神学論文集〉が真作であることに疑いを挟む余地はない」[109]のであり、それによってまたボエティウスのキリスト教信仰も確実なものとなっている。これらの神学的著作群は共通して、キリスト教の教義を論じるにあたって、哲学的概念と弁証論とを徹底的に適用するという特徴をもっているが、これに相当するものは、中世においてわずかにカンタベリーのアンセルムスに見られるだけである。ボエティウスの「神学論文集」は、哲学的思考法を通して獲得された明晰で客観的、かつ問題の核心に肉迫する表現形態を採っていたため、初期中世の思想においては、アウグスティヌスによるはるかに傑出した包括的な神学的著作に比肩しうる位置を占めているのである。

当時のある文献集成から窺えるように、「神学論文集」は七九〇年頃、宮廷学校の人々に知られていたようではあるが、アルクイヌスはそれへの言及を避けるなど、その著作群に対して慎重な態度を保っていたと思われる。しかしそれから三〇年後の八二〇年頃には、現存する最古の写本においては、それらは公教要理の文脈の中で信仰の正統的な要約として挙げられている。またその一方では、カロリング期におけるその他のほとんどの写本は、その註釈から明らかなように、学校での教材として、つまり古典古代の著作の場合と同様にラテン語の練習のために、また哲学的術語およびその定義に習熟するために用いられていたのである。[110]

九世紀前半、オルベ（またはザクセン）のゴットシャルク（八〇六/〇八―八七〇年以前）は「神学論文集」を神学の展開のために活用したが、彼が提唱した三位格の不可分の一性、および二重予定説は、ランスの大司教ヒンクマルス（八八二年歿）による激しい反論を招いた。しかしヒンクマルスもその論駁書『一にして三ではない神性について』の中で、教父からの多数の引用と並んで、ボエティウスをも典拠として用いている。おそらくこの論証を契機として、この世紀中頃以降「神学論文集」は、図書室における神学上の基本文献とみなされるようになった。たとえばコルビーのラトラムヌス（八七〇年頃歿）は八六五年頃にこれらの著作についての確かな知識を披瀝しており、ヨハネス・エリウゲナ（八〇一／二五―七七年以降）は、『ヨハネ福音書註解』や『ペリフュセオン（自然について）』[*111]において、「最高にして言語巧みな哲学者」[*112]の「神学論文集」を時折り利用するにとどまらず、『ペリフュセオン』の第一巻全体の問題設定のために、神に対するカテゴリーの適用の是非を論じたボエティウスの第一の神学的著作『三位一体論』に範を仰いでいるようである。またオーセールの教師たち、ハイモ（八五〇／六〇年頃活動）ののちに特にヘイリクス（八四一―八七六年頃）とその弟子レミギウスといったエリウゲナの伝統を継承する師たちが指導する学校においては、「神学論文集」全体について、文献解釈と、何よりも哲学的術語の解明を中心とした手堅く均整の取れた最古の註解が成立している。この註解は弁証論の研究を念頭に置いたものであるが、それはザンクト・ガレンのノートケルが、七自由学芸のための翻訳という計画の中で、ボエティウスの『三位一体論』の古高ドイツ語訳を作成したのと同様である。[*113]また十世紀の修道院での養成計画においては自由学芸の講義が中心を占めていたため、神学そのものは――異なった動機によるとはいえ――ほとんど「神学論文集」のみにもとづいて教授されていたと言えるのである。

十世紀から十二世紀初頭にかけて、「神学論文集」は、二百五十年間唯一の註解であったオーセール註解書の解釈とともに、修道院学校および図書室で不可欠の役割を果たしていたが、それが神学研究に対して本質的な貢献を果たすことはなかった。これらの神学的著作はむしろ、教父の詞華集や命題集のうちに採用され、オーセールのギヨーム（一一四〇／五〇―一二三一年）、ヘールズのアレクサンデル（一一八五頃―一二四五年）、サン＝シェルのフーゴー（一一九〇頃―一二六三年）、さらにトマス・アクィナスなどの盛期スコラ学の学匠にいたるまで、ただ証明典拠としてスコラ学において用いられていたのである。また十二世紀においてペトルス・アベラルドゥスは、ボエティウスの論理学関係の著作を高く評価していたにもかかわらず、「神学論文集」には言及するのみにとどめ、それを自らの三位一体論の構築のために参照してはいない。

一一三〇年代以降、パリとシャルトルにおいて思弁的思索が開花するにともなって、「神学論文集」の哲学・神学上の権威が再興されることになった。特に、有限的存在者の実体にもとづく善性を論じたその第三論文『デ・ヘブドマディブス』は、存在および善を扱った哲学的な「公理」の簡潔さと記憶しやすさゆえに、十三世紀にいたるまで教科書として愛用された。[*114] アラスのクラレンバルドゥス（一一八七年頃歿）の報告によれば、彼はシャルトルのティエリとサン＝ヴィクトルのフーゴーのもとで、これらの著作に集中的に取り組んでいた。[*115] また「神学論文集」についての少なくとも三種の註解書がシャルトルのティエリのものとされており、[*116] さらに彼の学派に由来する同種の著作がこれに加えられる。ティエリはその著作において、あらゆる多数性に先立つ神の全き一性を強調している。「神においては異質性はまったくなく、また異質性による多数性が一切ない。なぜなら神においてそれらはまったく無区別だからである」。[*117] そのため彼によれば、モーセに対して神が自ら名乗った名称（出エジプト記三・一四）は、「自体存在」（ipsum esse）というボエティウスの神理解を確証するものである。「存在が固有の意味で神に具わっていることを、哲学者のなかで最も熟練したモーセが証言した。〈在るところの者が私を遣わした〉〔出エジプト記同所〕、すなわち存在が真に具わる神である。それに従って著者〔ボエティウス〕はここで神について、彼が〈自体存在〉であると述べている」[*118]。こうして「神学論文集」を通じて、ボエティウスの新プラトン主義的な存在概念がスコラ神学のうちに流れ込むことになる。

聖書解釈者として名高いギルベルトゥス・ポレタヌス（一〇八〇頃—一一五四年）は、「神学論文集」についての自らの註解において、高度に展開された言語・論理学的認識、また類比の理論を神学的神理解のために役立て、それによって神学を方法的・合理的に組織化することを企てた。一一四〇年代には、クレルヴォーのベルナルドゥス（一〇九〇—一一五三年）を始めとして、他の保守的な神学者から、ギルベルトゥスの信仰の正統性に対して多くの疑念が向けられたが（パリ教会会議〔一一四七年〕、ランス教会会議〔一一四八年〕）、断罪にまではいたらなかった。しかしこれを契機として、「神学論文集」について、神学的には保守的で、修道院の読者により理解しやすい多くの註解が著されるようになり、なかでもアラスのクラレンバルドゥスのものは傑出していた。それにもかかわらず、一一七〇年頃から十三世紀初頭にいたるまで、ギルベルトゥスによる註解には多くの写本が作成されていたことからもわかるように、学問的・方法論的に優れた彼の註解は広く一般に認められていたのであり、十四・十五世紀においても、その著作はそれ以降の註解の基礎となった[*119]。十三世紀には「神学論文集」は教父の証明典拠に属するものとされてはいたものの、もはや教科書として履修計画のうちに組み込まれることはなかった。ただトマス・

アクィナスのみが、『三位一体論』についての大部の註解と、『デ・ヘブドマディブス』についての比較的短い註解[*120]において、先行の註解書に頼ることなく、ボエティウスの学問論と新プラトン主義的な存在論に取り組み、有限的な存在者と存在それ自体である神との関係を存在論的・認識論的に解明する試みをなした。またそののちには、トマスに触発されて、その弟子であるアエギディウス・ロマヌス（一二四三頃―一三一六年）も、「神学論文集」の註解を行っている。十四世紀には、神秘主義的な著作のある集成の中に「神学論文集」のパラフレーズが収められたが、十四・十五世紀の影響史についてはいまだ十分な解明がなされていない。

㈣『哲学の慰め』

ボエティウスの主著『哲学の慰め』は、その対話的・詩的形式、およびボエティウス自身の投獄と刑死という個人的な不運と結びついたその主題のために、彼の冷徹な学問的著作、つまり数学・論理学・神学に関する著作群とは異質なものと映るかもしれない。それにもかかわらずこの著作を彼の学問体系のうちに位置づけようとするなら、論理学的著作は、哲学の導入部ないしは道具《オルガノン》と捉えられていることを考慮して、『哲学の慰め』は純粋な哲学的著作として、論理学的著作の後、神学的著作の前に置くことができよう。実際ボエティウスはこの著作において、キリスト教的語彙とその思想的遺産を用いることなく、また教父や聖書からの引用を（三巻散文一二章二二―二三における「知恵の書」八・一の引用を例外として）差し控えている。それゆえ、中世から現代にいたるまで、この著作をめぐる二通りの解釈の方向が生じることになった。すなわち一方では、新プラトン主義的思想をキリスト教的に解釈し、『哲学の慰め』からキリスト教徒ボエティウスの自己理解を直接に聞き取ろうとする試みがなされ、また他方のよりテクストに忠実な解釈においてはこの著作が純粋に哲学的に読解され、その解釈が推し進められた結果、十九世紀には、『哲学の慰め』の著者がキリスト教徒であったはずはないとの結論が下されることもあった。いずれにしても、『哲学の慰め』のうちに、顕在的であれ潜在的であれ、既成のキリスト教的教説を探し出そうとする試みは実りをもたらさないであろう。しかし同様にそこにおいては、古代末期の異教徒から予想できるようなキリスト教批判を見出すことはできないし、また新プラトン主義の思想のうちでも、古代末期のキリスト教徒にとってはその信仰と矛盾すると思われていたような諸命題は注意深く避けられている。[*121] それゆえ『哲学の慰め』の純粋に哲学的な性格は、哲学と神学とを方法論的に明確に区別するその知的志向、およびストア学派的・新プラトン主義的哲学の価値を後世に伝えようとするその意図にもとづいて理解すべきであろう。[*122]

『哲学の慰め』にはおよそ四百の、しばしば挿画を添えた写本が現存しているように、[*123] この著作は中世において最も広く読まれるとともに、頻繁に註釈の施された作品であった。写本の伝承史についてはすでに研究書が公刊されているので、[*124] ここではその問題の概略を述べるにとどめたい。

数世紀間のほぼ完全な忘却ののち、[*125] 八世紀の終わり頃アルクイヌスは、おそらくイタリアから持ち帰った写本によって、『哲学の慰め』をカロリング・ルネサンスのうちに導入し、広範に普及させることになった。彼はその書簡の中でいくつかの語句や着想を『哲学の慰め』から借用するにとどまらず、カール大帝に対して教育的・政治的提案をするにあたってもこの著作を支えとするばかりか、とりわけ自らの『文法学』においては、自由学芸の構想をそこから汲み取っている。[*126] アルクイヌスはこの著作をキリスト教の観点から読み、それを聖書からの引用によって解説するとともに、女性の姿に寓意化された「哲学」（Philosophia）のうちに神的知恵そのものを見て取っている。このようなキリスト教的解釈のために、また他のプラトン思想の伝統による影響もあって、後世の著者たち――クールセルの挙げるところでは十二世紀までに、シュパイアーのヴァルター（九六七頃―一〇三一年頃）、ベザーテのアンセルムス（十一世紀中頃）、サンタマンのフクバルド、ブルゲイユのバルデリクス（一〇四七頃―一一三〇年）、ベルナルドゥス・シルウェストリス（一一〇〇頃―六〇年頃）、バースのアデラード、コンポステラのペトルス（十二世紀中頃活動）、アラヌス・アブ・インスリス（一一一六頃―一二〇二／〇三年）、セッティメロのヘンリクス（一一九四年以降歿）など――は、時には「神学」や「自然」として転釈された女性像をその著作のうちに登場させるようになった。[*127] 同様のことは『哲学の慰め』の中の「運命」（Fortuna）の形象についても言うことができる。[*128] すでにカロリング・ルネサンス以来、この著作は好んで読まれ、その中のいくつかの詩は修道院学校などにおいて愛唱されたのである。[*129]
　この著作からはヨハネス・エリウゲナが着想を汲んだようであるが、[*130] 早くも九世紀初頭には頻繁に引用され、その言語的形象と言い回しは、詩・聖人伝・説教・学問的著作などのさまざまな目的のために模倣または援用されていた。実際、トゥールにおけるアルクイヌスの修道院に由来する最古の註解を始めとして、『哲学の慰め』に収められた詩の韻律形態についての、フェリエールのルプスによる解説や、補足的な註解を多数加えたアルフレッド大王（在位八七一―八九九年）による古英語訳が現れ、[*131]さらにこれらの一世紀にわたる研究はオーセールのレミギウスの註解（九〇二年以降）において豊かな実りを結ぶにいたるまで、カロリング期以来、『哲学の慰め』に対する一二の註解書が知られている。[*132]

レミギウスはその『哲学の慰め』註解において、カロリング期の教養理念に即して、自由学芸によって獲得される世俗的な学知（scientia）から、知恵への愛としての哲学（philosophia）に導かれて、神的真理または永遠なるものへの洞察である知恵（sapientia）へといたることを目標としている。この目的のためにレミギウスは、テクストをその複雑な文法構造に即して分析し、自由学芸に重点を置きながら、テクストの理解に必要な多くの事実的問題を丹念に解説する一方で、豊かな道徳的寓意を用いて、さらに深くキリスト教的・道徳的意味にまで掘り下げて解明している。この詳細な註解は広く普及し、幾度も改訂され、補足を加えられた。レミギウスはいかなる場合でも、キリスト教の教義と緊張関係にあるボエティウスの発言、すなわち世界の永遠性についてのプラトン的見解の報告や、魂の先在や宇宙魂についての説などを、一貫したキリスト教的解釈のうちに包括しようとする意図をもっていた。これに対して十世紀におけるコルヴァイのボーヴォ（九一六年歿）は、『哲学の慰め』での異教的・新プラトン主義的見解を無批判に受容することに対して警告を発し、その異教的な説を具体的に指摘しようとした。それにもかかわらず、十一世紀初頭におけるユトレヒトのアダルボルト（一〇二六年歿）に見られるように、『哲学の慰め』におけるキリスト教的・新プラトン主義的解釈は支配的な傾向であった。ペトルス・ダミアニ（一〇〇七―七二年）とラウテンバハのマネゴルト（一一〇三年以降歿）、およびその他の反弁証家が世俗的学問研究に反対する論陣を張ったところから、十一世紀には、もはや新たな註解は産まれることがなかった。

十二世紀の思想家たちは、新たにボエティウスの新プラトン主義に惹きつけられていった。主にオーセールのレミギウスの伝統を受け継ぐおよそ八種の匿名の註解書[*133]と並んで、コンシュのギヨームによる「膨大で包括的、かつ学問的で知的に高度な」[*134]註解は傑出したものである。ギヨームは、レミギウスと目的を同じくしながらも、より一貫した明晰な仕方で、テクストを厳密かつ論理的に分析することによって自由学芸への手引きを目指すとともに、同時にレミギウスを越えシャルトル学派の学統に即して、プラトンの『ティマイオス』に従って解釈された「創世記」の創造論をボエティウスのうちにも見出している。このような解釈を通じて、『哲学の慰め』は当時の問題意識の中心に位置し、その哲学的・神学的思想、すなわち地上の財と真の至福、運命と摂理、神の予知と人間の自由意志との関わりについての思索が注目されたのである。

十三世紀になると『哲学の慰め』は顧みられることが少なくなったが、ビザンツのマクシモス・プラヌーデス（一二六〇頃―一三一〇年頃）のパライオロゴス・ルネサンスにおいてギリシア語に翻訳された。[*135]『哲学の慰め』は、ラテン中世においては哲学的議論の場から外れていったが、一三〇〇年頃から、貴族と市民のあいだで古典的な教化的著作として受け取られ、アルフレッド大王とザンクト・ガレンのノートケルにまで遡る俗語への翻訳の伝統の中で再発見されることになった。ノートケルの活躍した十一世紀初頭よりのちのドイツ語圏での翻訳としては、ようやく十五世紀において、一四〇一年のペーター・フォン・カストル、一四六二／六三年のコンラート・フメリ（一四〇五頃―七〇年）、一四七七年頃のニクラス・フォン・ヴィーレ（一四一〇頃―七八年以降）の業績が挙げられる。[*136] また十三世紀から十五世紀のあいだには、一三種の異なったフランス語訳、[*137] それよりはやや少ない数の英訳、また二種類のオランダ語訳が知られている。これらの翻訳者たちは、その序文ばかりでなく、本文テクストを作成するにあたってもしばしばラテン語の註解の助けを借り、テクストをそれらの註解から採った欄外註記によって説明しているところから、俗語による『哲学の慰め』の伝承はラテン語による伝承の上に築き上げられることになった。同時にそれらの翻訳を機縁として、中世後期において新たな註解も産み出される。トマス・アクィナスとロバート・グロステストに帰せられている註解は真正のものではないが、豊富な翻訳をすることができたスペイン[*138]においては、アラゴンのグイレルムス（十三世紀後半―一三二七年以降）の註解は十三世紀にまで遡ると思われる。またグイレルムスによるこの註解は、彼がコンシュのギヨームの註解のうちに認めたプラトン主義の誤謬を、アリストテレスの諸原理に即して論駁している。[*139] これに対してイングランド人のトマス主義者ニコラウス・トリヴェト（一二五八頃―一三三四年以降）は、一三〇七年直前に書き上げられ、大きな影響を及ぼしたその註解においては、コンシュのギヨームに依拠しながらも、ギヨーム自身の哲学的・道徳的意味への問いよりも個々の歴史的事実により強い関心を示すという仕方で、その重点を移行させている。ジャン・ド・マン（一二五〇頃―一三〇五年以前）は、その『哲学の慰め』の翻訳において、トリヴェトの註解を用いつつ、同時に直接コンシュのギヨームの註解をも参照している。中世における多くの著者がそうであったように、ジャン・ド・マンもすでにその『薔薇物語』（一二七七年頃）において、ボエティウスの著作のもろもろの挿話や、その諸註解における解説と補足から触発を受けている。チョーサー（一三四三頃―一四〇〇年）は『哲学の慰め』の翻訳『ボイス』（*Boece* 一三八〇年頃）において、ジャン・ド・マンやトリヴェトを踏まえ、また自らの『カンタベリー物語』（一三八七―一四〇〇年）における「修道士の話」や『トロイラスとクリセイド』（一三八二―八五年）では、それらの註解を通じて『哲学の慰め』の主題を利用している。[*140] ジョン・ウォルトンのよく読まれた『哲学の慰め』の英訳（一四一〇年）もチョーサーの翻訳に影響を受けるとともに、直接にトリヴェトの註解を手引きとしている。[*141] これらの翻訳や十五世紀の少なくとも一二の註解書[*142]の普及によって、古典古代についての豊かな情報だけでなく、ボエティウスの新プラトン主義的世界観と徳論がルネサンスにまで伝承されることになったが、ルネサンスにおいては、ロレンツォ・ヴァッラからエラスムス（一四六六／六九―一五三六年）にいたるまでの人文主義者が、中世の堆積を払拭して真正なるボエティウスを再発見する試みを行うようになる。

註

＊1――E. Reiss, *Boethius*, Boston 1982, p. 159.

＊2――Boethius, *In Isagogen Porphyrii Commenta*, editio prima, lib. 2 in fine (PL 64, 70D).〔ボエティウス『ポルフュリウス・イサゴーゲー註解（第一公刊本）』石井雅之訳、上智大学中世思想研究所編訳／監修

『中世思想原典集成』五「後期ラテン教父」、平凡社、一九九三年、所収。同巻にはボエティウスの作品としてほかに『三位一体論』、『エウテュケスとネストリウス駁論』も収録されている。『哲学の慰め』の翻訳としては、畠中尚志訳、岩波書店、一九三八年／渡辺義雄訳、筑摩書房、一九六六年／松岡一平訳、京都大学学術出版会（西洋古典叢書）、二〇二三年、など〕

＊3——Id., *Commentarii in librum Aristotelis De interpretatione*, editio secunda, lib. 2 in initio (PL 64, 433C-D).

＊4——*Ibid*. (PL 64, 433D).

＊5——A. Kappelmacher, Der schriftstellerische Plan des Boethius, (*Wiener Studien* 46 [1928], S. 215-225), in: M. Fuhrmann und J. Gruber (Hgg.), *Boethius*, Darmstadt 1984, S. 75.

＊6——Boethius, *Commentarii in librum Aristotelis De interpretatione*, edtio secunda, lib. 2 in initio (PL 64, 433D).

＊7——Id., *In Categorias Aristotelis* lib. 2 in initio (PL 64, 201B).

＊8——A. Kappelmacher, *art. cit*., S. 79f.

＊9——Alcuinus, *Libellus de processione Spiritus Sancti,* cap. 1 (PL 101, 76B).

＊10——Petrus Abaelardus, *Introductio ad Theologiam* lib. 2, cap. 10 (PL 178, 1059A); cf. *ibid*. lib. 1, cap. 25 (PL 178, 1034).

＊11——Dante Alighieri, *Divina Commedia*, Paradiso X, 124-129「この聖らかな魂〔ボエティウス〕は神の姿を見ることを喜びとしており、彼の所説に耳を傾ける人に世界の嘘偽りを明示してくれる。／その魂が追われ、魂が抜けた肉体は、チェルダウロ寺の下に横たわっている。彼の魂は流浪と殉教の果てにこの平安にたどり着いた」（ダンテ『神曲』天国篇、平川祐弘訳、河出書房新社（河出文庫）、二〇〇九年）。

＊12——Procopius, *History of the Wars* V, I, 32-34 (Procopius, III, Loeb Classical Library, Cambridge, Mass.

1919, p. 13); cf. H. R. Patch, The Beginnings of the Legend of Boethius, (*Speculum* 22 [1947], pp. 443-445), in: M. Fuhrmann und J. Gruber (Hgg.), *Boethius*, S. 66. パヴィア周辺でのボエティウスに対する崇敬は、一八八三年教皇レオ十三世（在位一八七八—一九〇三年）によって公認された。

＊13——D. Kocks, Boethius, III. Ikonographie, in: *Lexikon des Mittelalters*, II, München/Zürich 1983, Sp. 315.

＊14——Anonymus, *Glosa Victorina*, 69-72, in: N. M. Häring (ed.), *Commentaries on Boethius by Thierry of Chartres and His School*, Toronto 1971, p. 533.

＊15——F. Bertini, Boezio e Massimiano, in: L. Obertello (ed.), *Atti* (Congresso Internazionale di Studi Boeziani, Pavia, 5-8 ottobre 1980), Roma 1981, (=*Atti*), pp. 273-283.

＊16——A. White, Boethius in the Medieval Quadrivium, in: M. Gibson (ed.), *Boethius. His Life, Thought and Influence*, Oxford 1981, (=Gibson [ed.], *Boethius*), p. 164.

＊17——U. Pizzani, The influence of the *De Institutione Musica* of Boethius up to Gerbert D'Aurillac: A Tentative Contribution, in: M. Masi (ed.), *Boethius and the Liberal Arts. A Collection of Essays*, Bern 1981, (=Masi [ed.], *Boethius*), p. 119.

＊18——H. Chadwick, *Boethius. The Consolations of Music, Logic, Theology, and Philosophy*, Oxford 1981: Preservation and Transmission, pp. 254-257.

＊19——O. Lewry, Boethian Logic in the Medieval West, in: Gibson (ed.), *Boethius*, pp. 103s.

＊20——L. Sturlese, *Die deutsche Philosophie im Mittelalter. Von Bonifatius bis zu Albert dem Großen (748-1280)*, München 1993, S. 37-48.

＊21——Plato, *Respublica* VII, 522C; 525A; 526B. 〔プラトン『国家』藤沢令夫訳、『プラトン全集』一一、岩波書店、一九八七年、所収〕

＊22——M. Masi, *De Institutione Arithmetica* in the context of medieval mathematics, in: *Atti*, p. 265.

＊23——Boethius, *De institutione arithmetica* lib. 1, cap. 1 (PL 63, 1081B).

＊24――Martianus Capella, *De nuptiis Philologiae et Mercurii* lib. 6-9; cf. W. H. Stahl, *Martianus Capella and the Seven Liberal Arts*, I: *The Quadrivium of Martianus Capella*, New York/Oxford (1971) 1991, pp. 44-54; マルティアヌスの中世に対する影響については, *ibid*., pp. 55-71.

＊25――Boethius, *De institutione arithmetica* lib. 1, cap. 2 (PL 63, 1083B).

＊26――*Ibid*., cap. 1 (PL 63, 1082A).

＊27――*Ibid*.

＊28――*Ibid*. (PL 63, 1082D-1083A).

＊29――*Ibid*., cap. 2 (PL 63, 1083B).

＊30――*Ibid*., cap. 1 (PL 63, 1079D-1080C).

＊31――*Ibid*. (PL 63, 1081C).

＊32――*Ibid*. (PL 63, 1081D).

＊33――*Ibid*. (PL 63, 1079C-D).

＊34――Alcuinus, *Grammatica* (PL 101, 855C). 〔アルクイヌス『文法学』山崎裕子訳,『中世思想原典集成』六「カロリング・ルネサンス」, 一九九二年, 所収〕

＊35――M. Masi (trl.), *Boethian Number Theory. A Translation of the 'De Institutione Arithmetica'*, Amsterdam 1983, pp. 58-63.

＊36――M. Masi, *De Institutione Arithmetica* in the context of medieval mathematics, in: *Atti*, p. 268.

＊37――*Ibid*., pp. 261-268; id., *Boethian Number Theory*, loc. cit., pp. 23-48.

＊38――P. Kibre, The Boethian *De Institutione Arithmetica* and the *Quadrivium* in the thirteenth century university milieu of Paris, in: M. Masi (ed.), *Boethius*, p. 70.

＊39――Gerbert d'Aurillac, *Epistola* 187 (P. Riché et J.-P. Callu [éds.], Gerbert d'Aurillac, *Correspondance*, II, Paris 1993, p. 484).

*40――Hrotsvitha, *Pafnutius* I, 21 (H. Homeyer [Hg.], *Hrotsvithae Opera*, München 1970, p. 334).

*41――Theodoricus Carnotensis (=Thierry de Chartres), *Glosa super Boethi librum De Trinitate* I, 38 (N. M. Häring [ed.]), *op. cit.*, p. 267).

*42――「形相自体も、ボエティウスが『算術教程』で言うように、質料との接触で変化し、不安定な状態へといたる。ボエティウスは、神に続く第一の本質とみなされるイデアが質料と混じり合ったり変化をこうむるということは否定したが……」: Johannes Saresberiensis, *Metalogicon* IV, 35 (ed. C. C. I. Webb, p. 205).〔ソールズベリーのヨハネス『メタロギコン』甚野尚志ほか訳、『中世思想原典集成』八「シャルトル学派」、二〇〇二年、所収〕

*43――Thomas *Aquinas, Super Boetium De Trinitate*, qq. 5-6〔トマス・アクィナス『ボエティウス三位一体論註解』第五―六問、松田禎二訳、『中世思想原典集成』一四「トマス・アクィナス」、一九九三年、所収〕; Cf. R. McInerny, *Boethius and Aquinas*, Washington D.C. 1990, pp. 97-158.

*44――「数学にはさまざまな部分があり、算術に類するものが主要部分であり、幾何学に類するものは二次的部分である。他のものはこれに従属しており、たとえば遠近法、占星術、音楽のようなものがそうである」: Thomas Aquinas, *In XII Metaph.* IV lect. 2 in fine, nr. 563.

*45――Id., *Sententia libri Ethicorum* VI lect. 7, nr. 1211.

*46――「この学問〔数学〕は自然学の後に読まれるべきものである。なぜなら、自然学は質料における形相に関わるのに対して、数学は抽象的な形相、すなわち知性によって把握される形相に関わるのであり、感覚の把握は知性の把握に先立つためである」: Vincentius Bellovacensis, *Speculum Doctrinale*, Douai 1624 (reprint Graz 1965), cap. 1 in fine, col. 1504; cf. P. Kibre, *art. cit.*, pp. 79-80.

*47――Robert Grosseteste, *De lineis angulis et figuris seu de fractionibus et reflexionibus radiorum*, in: L. Baur (Hg.), *Die philosophischen Werke des Robert Grosseteste, Bischofs von Lincoln*, Münster 1912, S. 59f.

*48――「ボエティウスは、『算術教程』の序論で数学に関して、〈研究者にこの四部門の素養が欠けていれば、

真理を見出すことはできない〉と言っているからである。そして繰り返し、〈この真理の洞察がなければ、誰も正しく知を獲得することはできない〉と述べている」: Roger Bacon, *Communia mathematica*, in: R. Steele (ed.), *Opera hactenus inedita*, fasc. 16 (1940), p. 7; cf. P. Kibre, *art. cit.*, p. 75, n. 45.

＊49——P. Kibre, *art. cit.*, pp. 77-79.

＊50——M. Masi, The Influence of Boethius' *De Arithmetica* on late medieval mathematics, in: M. Masi (ed.), *Boethius*, pp. 82-84.

＊51——K. G. Fellerer, Die Musica in den Artes Liberales, in: J. Koch (Hg.), *Artes Liberales. Von der antiken Bildung zur Wissenschaft des Mittelalters*, Leiden/Köln 1976, S. 33-49.

＊52——しかしピッツァニによれば、『音楽教程』は『算術教程』よりかなり後で、それとは独立して書かれたものである。U. Pizzani, *art. cit.*, p. 106.

＊53——Boethius, *De institutione musica* lib. 1, cap. 1 (PL 63, 1167D-1168C)〔ボエティウス『音楽教程』伊藤友計訳、講談社（講談社学術文庫）、二〇二三年〕; cf. C. M. Bower (trl.), Cl. V. Palisca (ed.), A. M. S. Boethius, *Fundamentals of Music*, New Haven/London 1989.

＊54——Boethius, *De institutione musica* lib. 1, cap. 1 (PL 63, 1171A).〔『音楽教程』〕

＊55——*Ibid.* (PL 63, 1171C).〔同〕

＊56——*Ibid.*, cap. 2 (PL 63, 1172C).〔同〕

＊57——「ところで音楽には三種ある。第一は宇宙の音楽、第二は人間の音楽である。第三はあれこれの楽器、キタラや笛《ティビア》その他、歌謡につかえる楽器に宿る音楽である。第一の宇宙の音楽は、とりわけ天空そのものにあるものらにおいて、あるいは種々の元素の混合の中に、また季節の移り変わりの中に観取される」: *ibid.* (PL 63, 1171D).

＊58——U. Pizzani, *art. cit.*, pp. 98; 118; C. M. Bower, The Role of Boethius' *De institutione musica* in the Speculative Tradition of Western Musical Thought, in: M. Masi (ed.), *Boethius*, pp. 161s.

*59——U. Pizzani, *art. cit.*, pp. 131s.

*60——*Ibid.*, pp. 98; 124s.; 137.

*61——*Ibid.*, p. 134.

*62——A. White, *art. cit.*, p. 172.

*63——*Ibid.*, pp. 185; 188.

*64——中世末期の音楽理論家たちのリストとしては以下を参照。M. Masi, *Boethian Number Theory*, loc. cit., pp. 23s.

*65——Cassiodorus, *Variae* I, 45, 4; II, 6, 3.

*66——M. Folkerts, *"Boethius" Geometrie II. Ein mathematisches Lehrbuch des Mittelalters*, Wiesbaden 1970.

*67——以下のことは次の文献による。M. Folkerts, The Importance of the Pseudo-Boethian *Geometria* during the Middle Age, in: M. Masi (ed.), *Boethius*, pp. 187-210.

*68——H. M. Klinkenberg, Der Verfall des Quadriviums im frühen Mittelalter, in: J. Koch (Hg.), *op. cit.*, S. 1-32; O. Pedersen, Du Quadrivium à la Physique, in: *ibid.*, S. 107-123.

*69——Cassiodorus, *op. cit.* I, 45.

*70——Boethius, *De institutione arithmetica* lib. 1, cap. 1 in fine (PL 63, 1083A).

*71——A. White, *art. cit.*, p. 189.

*72——M. Masi, *Boethian Number Theory*, loc. cit., p. 39; C. M. Bower, The Role of Boethius' *De institutione musica* in the Speculative Tradition of Western Musical Thought, loc. cit., p. 161.

*73——J. J. E. Gracia, Boethius and the Problem of Individuation in the *Commentaries on the "Isagoge"*, in: *Atti*, pp. 169-182.

*74——Boethius, *In Isagogen Porphyrii Commenta*, editio prima, lib. 1 (CSEL 48, Wien/Leipzig 1906), pp. 34-35〔『ポルフュリウス・イサゴーゲー註解（第一公刊本）』、六二—六四頁〕; *ibid.*, p. 64.〔同、九

四頁〕

*75——Fr. Solmson, Boethius and the History of the Organon, (*American Journal of Philology* 65 [1944], pp. 69-74), in: M. Fuhrmann und J. Gruber (Hgg.), *Boethius*, S. 127; 130.

*76——L. Minio-Paluello, Boethius als Übersetzer und Kommentator aristotelischer Schriften (=Les traductions et les commentaires aristotéliciens de Boèce, *Studia Patristica* 2, 2, Berlin 1957, pp. 358-365), in: M. Fuhrmann und J. Gruber (Hgg), *Boethius*, S. 149-151.

*77——Boethius, *In Isagogen Porphyrii Commenta*, editio secunda, lib. 1 (CSEL 48), p. 135.

*78——ボエティウスのアリストテレス著作の校訂版は、*Aristoteles Latinus* I-VI, Paris/Leiden/Bruxelles 1953-1975.

*79——J. Barnes, Boethius and the Study of Logic, in: M. Gibson (ed.), *Boethius*, p. 87, n. 8.

*80——El. Stump (trl.), *Boethius' 'In Ciceronis Topica'*, Ithaca/London 1988, p. 8.

*81——*Ibid.*, pp. 4; 21ss.

*82——Boethius, *In Isagogen Porphyrii Commenta*, editio prima, lib. 1 (CSEL 48), pp. 31-32〔『ポルフュリウス・イサゴーゲー註解（第一公刊本）』、六〇—六一頁〕; cf. J. Barnes, *art. cit.*, p. 78.

*83——J. Barnes, *art. cit.*, pp. 79s.

*84——"preliminary notes": J. Barnes, *art. cit.*, p. 87, n. 8.

*85——L. Pozzi (trl.), Boezio, *Trattato sulla divisione*, Padova 1969.

*86——H. Chadwick, Introduction, in: M. Gibson (ed.), *Boethius*, p. 4.

*87——L. Obertello (trl.), A. M. Severino Boezio, *De hypotheticis syllogismis*, Brescia 1969; cf. id., *Boezio e dintorni*, Firenze 1989, pp. 179-199; D. Z. Nikitas, *Eine byzantinische Übersetzung von Boethius "De hypotheticis syllogismis"*, Göttingen 1982.

*88——El. Stump, Boethius' Theory of Topics and its Place in Early Scholastic Logic, in: *Atti*, pp. 249-262;

id., Boethius and Peter of Spain on the Topics, in: M. Masi (ed.), *Boethius*, pp. 35-50.

*89——L. Minio-Paluello, *art. cit.*, S. 149.

*90——以下のことは次の文献による。O. Lewry, Boethian Logic in the Medieval West, in: M. Gibson (ed.), *Boethius*, pp. 90-134.

*91——Alcuinus, *De fide sanctae et individuae Trinitatis*, Epistola nuncupatoria (PL 101, 12D).

*92——「これは、弁証論があまり有用ではないと考えている人々に、弁証論の訓練の最も崇高な目的を説得するためのものではない。その〔有用性の〕理由は、聖アウグスティヌスが『三位一体論』において、三位一体の教義の最深の問いはカテゴリー論の精妙さによってのみ解明しうるとした点にある」: *ibid.* (PL 101, 12C-D).

*93——O. Lewry, *art. cit.*, p. 92.

*94——*Die Werke Notkers des Deutschen* (Altdeutsche Textbibliothek, Tübingen), Bd. 1-3: *De consolatione Philosophiae*; Bd. 5: *Boethius' Bearbeitung der "Categoriae" des Aristoteles*; Bd. 6: *Boethius' Bearbeitung der Schrift "De interpretatione" des Aristoteles*; cf. J. Jaehrling, *Die philosophische Terminologie Notkers des Deutschen*, Berlin 1969; E. Luginbühl, *Studien zu Notkers Übersetzungskunst*, Berlin 1970.

*95——L. Obertello, *Boezio e dintorni*, loc. cit., pp. 186-188.

*96——Anselmus Cantuariensis, *Epistola de Incarnatione Verbi* I (*Op.* II, 9).〔カンタベリーのアンセルムス『言《ことば》の受肉に関する書簡』矢内義顕訳、『中世思想原典集成』第二期三「アンセルムス著作集・書簡集」、二〇二二年、所収〕

*97——O. Lewry, *art. cit.*, pp. 101s.

*98——Petrus Abaelardus, *Dialectica*, ed. de Rijk, 2nd ed. Assen 1970, p. 146.

*99——El. Stump, Topics: their Development and Absorption into Consequences, in: *The Cambridge History of Later Medieval Philosophy*, Cambridge 1982, pp. 279-299.

＊100——L. Obertello, *Boezio e dintorni*, loc. cit., p. 197.

＊101——「これまでは、この学芸〔論理学〕の準備的段階を取り扱ってきた。この学芸の制作者にしていわば法の制定者〔アリストテレス〕は、経験のないまったくの初心者が、敬意を欠いて、そしてよく言われるように〈汚れた手で〉この学芸の中に入ることを認めなかった。……さて、準備的段階を除外するとしたら、この学芸のいわば本体は主として三つの知識から成り立つ。すなわち、『トピカ』、『分析論』、『詭弁論駁論』である」: Johannes Saresberiensis, *Metalogicon* III, 5 (ed. C. C. I. Webb, Oxford 1929, p. 139).〔『メタロギコン』〕

＊102——「今度は、アリストテレスの優れた書物を排除し、ボエティウスでもっぱら満足する保守主義者に対して批判がなされねばならない。だがこのことでは議論を展開する必要もない。なぜなら、すべての時間と勢力をボエティウスを学ぶことに費やし、結果としてほとんど何も知ることのない者がいかに不十分な知識しかもてないかは、あまねく明らかで、哀れみを惹き起こすほどだからだ」: *ibid*. IV, 27 (ed. C. C. I. Webb, p. 193).〔同〕

＊103——O. Lewry, *art. cit*., p. 114.

＊104——*Ibid*., p. 96 (MS Venezia, Biblioteca Nazionale Marciana, lat. VI, 66, f. 30).

＊105——*B. Alberti Magni Commentarii in librum Boethii De Divisione*, ed. P. M. de Loe, Bonn 1913.

＊106——A. Grafton, Epilogue: Boethius in the Renaissance, in: M. Gibson (ed.), *Boethius*, pp. 410-415.

＊107——O. Lewry, *art. cit*., pp. 121s.

＊108——J. Mair, The Text of the *Opuscula Sacra*, in: M. Gibson (ed.), *Boethius*, p. 206.

＊109——*Ibid*., p. 207.〔ボエティウス「神学論文集」(*Opuscula sacra*) は、『三位一体論』『父・子・聖霊は神性に実体的に術語づけられるか』『デ・ヘブドマディブス』『カトリックの信仰について』『エウテュケスとネストリウス駁論』の五巻〕

＊110——M. Gibson, The *Opuscula Sacra* in the Middle Ages, in: id. (ed.), *Boethius*, pp. 216s.

＊111——Johannes Eriugena, *Periphyseon* V, 8 (PL 122, 877B); cf. G. d'Onofrio, Agli inizi della diffusione della *Consolatio* e degli *Opuscula Sacra* nella scuola tardo-carolingia: Giovanni Scoto e Remigio di Auxerre, in: *Atti*, pp. 343-354.

＊112——Johannes Eriugena, *op. cit.* I, 55 (PL 122, 498B).

＊113——M. Gibson, The *Opuscula Sacra* in the Middle Ages, loc. cit., pp. 219s.

＊114——G. Schrimpf, *Die Axiomenschrift des Boethius (De Hebdomadibus) als philosophisches Lehrbuch des Mittelalters*, Leiden 1966.

＊115——N. M. Häring, *Life and Works of Clarembald of Arras*, Toronto 1965, p. 64.

＊116——Id., *Commentaries on Boethius by Thierry of Chartres and His School*, loc. cit., p. 21.

＊117——Theodoricus Carnotensis (=Thierry de Chartres), *Lectiones in Boethii librum De Trinitate* II, 34 (N. M. Häring, *Commentaries on Boethius by Thierry of Chartres and His School*, p. 166).

＊118——*Ibid.* II, 38 (*ibid.*, p. 167).

＊119——G. Schrimpf, *op. cit.*, S. 147f.

＊120——[Thomas Aquinas, *Expositio libri Boetii De ebdomadibus*.] R. McInerny, *Boethius and Aquinas*, loc. cit., pp. 199-231.

＊121——H. Chadwick, Introduction, loc. cit., pp. 10s.

＊122——P. Courcelle, *La Consolation de Philosophie dans la tradition littéraire. Antécédents et postérité de Boèce*, Paris 1967, pp. 340-342.

＊123——J. Gruber, *Kommentar zu Boethius De Consolatione Philosophiae*, Berlin/New York 1978, S. 45.

＊124——P. Courcelle, *op. cit.*; P. Dronke, Review of: Pierre Courcelle, *La Consolation de la Philosophie dans la tradition littéraire: Antécédents et postérité de Boèce*, (*Speculum* 44/1 [1969], pp. 123-128), in: M. Fuhrmann und J. Gruber (Hgg.), *Boethius*, S. 436-443.

*125——F. Troncarelli, *Tradizioni perdute. La "Consolatio Philosophiae" nell'alto medioevo*, Padova 1981.

*126——J. Beaumont, The Latin Tradition of the *De Consolatione Philosophiae*, in: M. Gibson (ed.), *Boethius*, pp. 279s.; P. Courcelle, Augustinus und Boethius: Über das Nachleben ihrer Meisterwerke (1969) (Saint Augustin et Boèce: la survie de leurs chefs-d'œuvre, 1968), in: M. Fuhrmann und J. Gruber (Hgg.), *Boethius*, S. 427f.

*127——P. Courcelle, Augustinus und Boethius, loc. cit., S. 428; P. Dronke, *art. cit.*, S. 438.

*128——J. C. Frakes, *The Fate of Fortune in the Early Middle Ages. The Boethian Tradition*, Leiden 1988, pp. 64ss.

*129——M. Gibson, The *Opuscula Sacra* in the Middle Ages, loc. cit., p. 216; Chr. Page, The Boethian Metrum 'Bella bis quinis': a new song from Saxon Canterbury, in: M. Gibson (ed.), *Boethius*, pp. 306-311.

*130——G. d'Onofrio, *art. cit.*, pp. 347-349.

*131——W. J. Sedgefield (ed.), *King Alfred's Old English Version of Boethius: De consolatione philosophiae*, (Oxford 1899), Darmstadt 1968; Fr. Fehlauer, *Die englischen Übersetzungen von Boethius' "De Consolatione Philosophiae"*, I. *Die alt- und mittelenglischen Übersetzungen*, Königsberg 1908; L. Helbig, *Altenglische Schlüsselbegriffe in den Augustinus- und Boethius-Bearbeitungen Alfreds des Grossen*, Frankfurt am Main 1961; K. Otten, *König Alfreds Boethius*, Tübingen 1964; F. A. Payne, *King Alfred & Boethius. An Analysis of the Old English Version of the 'Consolation of Philosophy'*, Madison 1968.

*132——J. Beaumont, *art. cit.*, pp. 285-288; G. d'Onofrio, *art. cit.*, pp. 343-354.

*133——J. Beaumont, *art. cit.*, p. 298.

*134——*Ibid.*

*135——A. Pertusi, La fortuna di Boezio a Bisanzio, in: *Mélanges Henri Grégoire*, III, Bruxelles 1951, pp. 301-322.

*136——N. F. Palmer, Latin and Vernacular in the Northern European Tradition of the *De Consolatione Philosophiae*, in: M. Gibson (ed.), *Boethius*, p. 364.

*137——R. Schroth, *Eine altfranzösische Übersetzung der 'consolatio philosophiae' des Boethius (Handschrift Troyes Nr. 898). Edition und Kommentar*, Bern/Frankfurt am M. 1976, S. 12-19.

*138——R. G. Keightley, Boethius in Spain: a classified checklist of early translations, in: A. J. Minnis (ed.), *The Medieval Boethius. Studies in the Vernacular Traditions of 'De Consolatione Philosophiae'*, Cambridge 1987, pp. 169-187.

*139——A. Minnis, Aspects of the Medieval French and English Traditions of the *De Consolatione Philosophiae*, in: M. Gibson (ed.), *Boethius*, p. 314.

*140——M. J. Gleason, Clearing the Fields: Towards a Reassessment of Chaucer's Use of Trevet in the *Boece*, in: A. J. Minnis (ed.), *The Medieval Boethius*, loc. cit., pp. 89-105; A. J. Minnis, "Glosynge is a glorious thyng": Chaucer at Work on the *Boece*, in: id. (ed.), *The Medieval Boethius*, loc. cit., pp. 106-124.

*141——A. Minnis, Aspects of the Medieval French and English Traditions of the *De Consolatione Philosophiae*, loc. cit., pp. 343-345; I. R. Johnson, Walton's Sapient Orpheus, in: A. J. Minnis (ed.), *The Medieval Boethius*, loc. cit., pp. 139-168; H. Cossack, *Über die altenglische metrische Bearbeitung von "Boethius, De Consolatione Philosophiae"*, Leipzig 1889.

*142——P. Courcelle, *La Consolation de Philosophie dans la tradition littéraire. Antécédents et postérité de Boèce*, loc. cit., pp. 320-332.

第六章　信仰と理性――カンタベリーのアンセルムスにおける神認識の構造

序　現代における問題関心

たとえ哲学が神を「純粋理性の限界内」に制限したり（カント　一七二四―一八〇四年）、神を世界との弁証法的関係のうちに置き入れたりしようとも（ヘーゲル　一七七〇―一八三一年）、また神をプラトン主義によって捏造された「背後世界」として暴きたてたり（ニーチェ　一八四四―一九〇〇年）、単なる言語上の問題として排除しようとしても（分析哲学）、「神」という語は、思考を世界内部の相対的な繋がりから、凌駕不可能な次元へと向けて解き放ち、それとともに必然的に、この語によって表されている事柄に関する思考・信仰・認識の可能性への問いを呼び覚ますものである。しかしながら、神に関する考察は、人間の世界理解と自己解釈を出発点とする以上、かならず思想史的に制約された観点のもとで展開され、理解可能性の条件に即して行われるため、この考察の理解に際しては、歴史的・解釈学的な反省が必要となる。世界規模のコミュニケーションが拡がる中、今日の宗教の多元性や文化の複数性といった状況においては、無数の理解地平が解きほぐしがたく絡み合っているのは確かである。とはいうものの、現代の思考を導く傾向の底流には、中心となるいくつかの要請が存するのであり、神への問いといえども――それが今日説得力をもとうとするなら――そうした要請を無視することはできない。このような条件は、異なった立場のあいだでの対話に関してはもとより、信仰理解といった神学内部の議論においても――その信仰理解が、事実的に生きられた真理と現実との関係の基底に触れようとするものであるならば――当然にその基盤になるものなのである。

自由な理性使用によって人間存在の自己根拠づけを図る近代的思考によれば、超越についていかなる主張をしようとも、それはその妥当根拠にまで遡って理性的・批判的に問われなければならないし、それ自身が理性的に洞察可能な内部構造を展開するものでなければならない。もとより一面的な合理性に対しては、ポストモダンの議論を通じて疑念が提示されているが、そうした批判といえども、啓蒙の遺産を乗り越えるものではなく、せいぜいのところ、近代的合理性の狭さを暴露するものにとどまる。しかし他方で、信仰をグノーシス的神話へと転化したり、また逆に、合理的解明を拒絶して単なる歴史的な啓示に依拠することで信仰の正当化を行うような試みは、イデオロギーの嫌疑を逃れることはできない。それゆえ、現代における真理への問いは、おそらくキリスト教が主張する普遍性の結果としても、妥当性に対する要求を理性的に吟味する権利や義務と切り離すことができないのである。

理性の使用は、自由で全き人間存在を保持するという要求を、理性自らによって果たすことによって、その正当性を根拠づける。「人間性」（humanum）を確保するというこの要請は、最近の数十年のあいだに、合理主義とフランス革命における抽象的・個人主義的な権利要求から、多様な脅威に対して人間の尊厳を守ろうとする意識へと深まってきた。こうした関心は当然のことながら、神に対する問いのうちにも響いている。それというのも、宗教、そして超越が、真の人間存在を制限するものではなく、むしろそれを可能にし促進することが期待されているからにほかならない。宗教のもつ救いの意義は、現代においては、人生の個々の困難を克服する助けという面に集約され、同時に矮小化されてもいる。超越は、人間存在を癒す身近なものとして、つまり、幸福への希求や懊悩、孤独や徒労感といった人間にとっての根本的問題に対して、できうる限り具体的・経験的な答えと支えとを与え、さらには一個人の苦しみを越えて、同朋との連帯や社会的共同性を根拠づけるものとして、求められるのである。こうして超越は、人間存在の意味と全体性への追求と再び繫がってくるがゆえに、超越についての思索は、人間の人間としてのありようにに超越がいかなる意味をもつかという問いを引き受けて、自らの正当性を示すことが期待されるのである。

人間存在を癒す神が希求される一方で、現代では、神を何ものかに投影して対象化したり、それを利用したりすることに対しては、反撥する意識も鋭くなっている。神的なるものは、人間をその理性的能力に関して凌駕する解き明かしえない神秘としてのみ、また人間が予見することのできない未来の根源としてのみ信じられるのである。超越を人間中心的に切り詰めてしまうのではなく、むしろ計りがたいものに向けて人間存在を開放していくことこそ、人間の理性と人間存在の遂行とを、目的追求に縛られ機械論的に決定された膠着状態から救い出すことになるだろう。

一　アンセルムスの問題提起

上述の思想的関心を背景として、中世スコラ学を基礎づけた思想家、カンタベリーのアンセルムス（一〇三三／三四―一一〇九年）の思想を、その神理解という問題に関して論じることにしたい。思想史的に見ると、アンセルムスは、都市文化が勃興して世俗化の傾向を促し、アリストテレスの論理学とともに批判的理性が誕生した時代に位置しており、その思想は、自由な交流と討論によって展開される合理性と、教父に範を採った観想的な修道院的霊性とのあいだの緊張関係の中で育まれた。

アンセルムスの初期の二大著作、『モノロギオン』（*Monologion* 一〇七六年）と『プロスロギオン』（*Proslogion* 一〇七七／七八年）では、神認識の問い――つまり神の存在、本質、属性、働きをめぐる認識という主題――が取り扱われている。しかしながら『モノロギオン』においては、「神」（deus）という語が、序文を除くと、最初の章と最後の第八〇章以外では用いられていない。つまり「神」の語が使われているのは、出発点となる信仰から思索を始める場面においてと、思索が理性的思考を通じてこの出発点を取り戻す終局の地点においてのみなのである。信じられた神から出発して、内容的にそれと等しい知解された神にまでいたるこうした道を辿ることで、アンセルムスは、「神性の本質」（divinitatis essentia: *Monologion* 序）を、聖書の権威に拠らず、「平易な文体で、かつ一般向けの立証を用いて」（plano stilo et vulgaribus argumentis: *ibid.*）、ただ「理拠の必然性」（rationis necessitas: *ibid.*）と「真理の明晰さ」（veritatis claritas: *ibid.*）のみに依拠しながら叙述するという、ベック修道院の修道士たちに依頼された「知解を求める信仰」（fides quaerens intellectum: *Proslogion* 序）の課題を果たすことになる。

理性を手立てとして信仰内容を洞察するという目標は、まずは信仰そのものを起源としている。なぜなら、信仰はあるものを、そのものが真であることそのものにおいて理解する以前に、真なるものとして承認するものであり、それと同時に、事象の真理を認識することを踏まえて、愛による観想によって事象そのものを享受するように努め、ついにはそれを直接に直観しようとするからである。「私の心が信じまた愛している真理を、いくらかでも知解することを私は望む」[*1]。こうして真理認識は、それ固有の根本経験を具えた単なる信仰と、情感的な観想において先取りされる純粋な直視のあいだに位置する。「私は、この世において私たちが把握する知解を、信仰と直視のあいだにあるものと理解する」[*2]。しかし、真理認識そのものは、理性によって把握可能で、そのため信仰をもたない者にとっても近づきうるものでなければならないがゆえに、ここから副次的に、信仰をもたない者に対して信仰の真理と理解可能性を納得させるという護教論的課題が生じることになる。「私たちが神とその被造物について必然的に信じていることを、聴いていないか信じていないかのために知らない者がいるとしても、彼がごく普通の能力の持ち主でありさえすれば、その大部分については少なくともただ理性〔推論、理拠［ratio］〕によってのみ納得することができる」[*3]。

二　出発点としての神概念

信仰にとっての中心的な——根本的には唯一の——主題は神そのものであり、神をその一性と三性、創造における働き、人間の救済と永遠の完成における現存という点において認識することである。神が概念的に認識されるべきであるならば、そこにおいては、目的および地平としてその探求の方向を指し示すような、神に関する理解可能な予備概念が必要となる。『モノロギオン』においてアンセルムスは神概念を段階的に辿り、「存在するもののすべてのうちで最善、最大、最高のもの」（quiddam optimum et maximum et summum omnium quae sunt: *M* 1）という基本的な規定から始まり、「本質ないし実体ないし本性と呼ばれる」（essentia sive substantia sive natura dicatur: *M* 3）「事象」（res: *ibid.*）や「何ものか」（aliquid: *ibid.*）としての、「それ自体で存在する一なるものそのもの」（ipsum unum est per se ipsum: *ibid.*）の概念を経て、ついで「個体的霊」（individuus spiritus: *M* 27）、さらに「父」（pater）と「子」（filius: *M* 42）の概念にいたり、最後にこの「最高の本質」（summae essentiae: *M* 80）に対して「神」（deus: *ibid.*）という名称が与えられるのである。その後アンセルムスは、このような証明過程が「多くの論拠が絡み合った連鎖から成り立っている」（*P* 序）ことを欠陥とみなして、『プロスロギオン』では、神存在の証明においてだけでなく、神の本質と属性を展開するにあたっても、「自らを証明するために、それ自身以外にほかのものを必要としない一なる論拠」（*ibid.*）、すなわち「それよりも偉大なものは何も考えられえない何ものか」（aliquid quo nihil maius cogitari possit: *P* 2）という神概念にのみ立脚している。

三　方法としての理性

『モノロギオン』と『プロスロギオン』――そして同様に、後期の著作『神はなぜ人間となったか』（*Cur Deus homo* 一〇九八年完成）――は、信仰を信仰者自身にとって、また他の人々にとって理解可能なものにするその意図において共通している。「それというのも、私は、信じるために知解することを求めるのではなく、知解するために信じるからである」（*P* 1）。しかしながら、「真理を知解すること」（intelligere veritatem: *ibid.*）は「理拠」（rationes）を理解することにもとづいているため、『プロスロギオン』と『モノロギオン』は、『モノロギオン』のもともとの標題が示しているように、「信仰の理拠に関する考察の一例」（Exemplum meditandi de ratione fidei: *P* 序）となっている。ところで、「真理の理拠はかくも広く深遠であるので、死すべき者によっては汲み尽くされえない」[*4]が、「聖書は私たちを理拠の探求へと招き」（*ibid.*）、「明らかに、探求の狙いを知解にまで拡張するように私たちを促す」（*ibid.*）。そして「理拠を洞察するところにまで……上昇する」（*ibid.*）追求が、「理性」（ratio）の本質そのものをなすため、信仰内容を、その理拠の理性的証明を通じてその真理に関して理解可能にするという課題が生じる。理性的推論が思考を「強要する」（cogeret: *M* 序）「必然性」（necessitas: *ibid.*）として「証明する」（probandum: *P* 序）ものは、次に「真理の明晰な光によって知解を照らし出す」[*5]。それゆえ、証明のうちでしばしば用いられる「必然である」（necesse）という表現、またはそれとは逆に「考えられえない」（quod cogitari non potuit: *P* 4）といった言い方には、推論の過程の中では、「真にある」（vere est: *P* 3; cf. *P* 2）が対応している。したがって、真理の知解を厳密に伝えるために、探求は「ただ理性によってのみ」（sola ratione: *M* 1）推し進められなければならない。そこで読者には、「必然的な理拠によって」（necessariis rationibus: *Epistola de incarnatione Verbi* [=*Inc.*] 6〔『言《ことば》の受肉に関する書簡』〕一〇九四年）、「理性の指導のもとで……不条理にも知らずにいることへと、理性的に進む」（*M* 1）ことが求められる。

純粋に理性的な議論を説得力をもって展開するために、アンセルムスは『モノロギオン』と『プロスロギオン』における理性的・論証的部分を、（二人称での）祈りのかたちで記される観想的な部分から切り離し、論証的な部分においては、聖書や教父からの引用にもとづく権威による議論を避けている。このような論究のやり方に関して、アンセルムスは、読者たる修道士たちによって、「そこ〔この考察〕においては、どのようなことも聖書の権威によって説得されることがないかのような仕方で」（*M* 序）展開することが求められていた。アンセルムス自身はこの方法の実現を、『モノロギオン』と『プロスロギオン』で目指された主要目標とみなしている。「それらは主に、神的本性とその諸位格――受肉を除いて――に関して私たちが信仰によって主張していることが、聖書の権威によらずに、必然的な理拠によって証明可能になるために執筆された」（*Inc.* 6）。キリストの受肉の問題はこの二つの著作では取り扱われていないため、アンセルムスは『神はなぜ人間となったか』において、受肉の必然性を方法論的に同じ原則に従って、つまり

「あたかもキリストに関しては何ごとも知られていないかのように」（C序）という原則に則って導出している。それによってアンセルムスは、証明においては神学的伝統に依拠しないばかりか、歴史上の事実を引き合いに出すこともない。「キリストを度外視し、あたかもキリストに関しては何ごともなかったかのように必然的な理拠によって、いかなる人間もキリストなくしては救われえないということを証明する」（*ibid.*）。その代わりにアンセルムスは、『プロスロギオン』では想定された論敵（「愚かな者」insipiens: *P* 2）に神の実在を疑問視する言葉を語らせ、また『神はなぜ人間となったか』では、そこで扱われる信仰箇条の合理性を疑う反論を取り上げることで、その是非に関しては中立的で、信仰をもつ者ももたない者も同一の問題をめぐる論議に関して対話できるような、純粋に理性的な場面を設定しているのである。「私たちの信仰の理拠を究めようとするに際して、理拠がなければ私たちと同じ信仰をけっして受け容れようとしない人々の反論を、私がまず提示するのが妥当だろう。それというのも、その人々は信じないがゆえに理拠を求め、私たちは信じるがゆえにそれを求めるのだが、いずれにしても私たちは一にして同じものを求めているからである」[※6]。こうして前提とされた信仰内容をその理性的な基盤に関して究明することは、推論によって一貫して行われるため、それはまた信仰の護教論、または信仰への導入としての役割をも果たしうるのである。

アンセルムスは、信仰からは独立したかたちで拘束力をもつこのような明証性を、信仰の真理の理性的な再構成、とりわけカントにより不適切にも「存在論的」と名づけられた神の存在証明に関しても要求している。「以前はあなた〔神〕によって与えられて信じていたことを、いまあなたの光に照らされて知解し、そのために、たとえあなたが存在するのを信じることを望まなくても、［あなたが存在することを］知解しないことができない」（P 4）。こうした神証明は、『プロスロギオン』において、二重の意味で中心的位置を占めている。まず第一に、ここで「自らを証明するために、それ自身以外にほかのものを必要としない一なる論拠」として導入される神概念は、この著作において神の本質的特性や働きに関する、それ以降のすべての議論の証明根拠となっている。第二に、この神概念は、定義のうちにそのまま表現されているように、「思考」（cogitare）の必然的構造にのみ依拠しており、そのため理性そのものにもとづいているのであり、それは討論の参加者が、そもそも思考している限りは、その遂行の中であらかじめ認めているものにほかならない。したがってその証明の核心はまさに、その「思考能力」（cogitari potest）にとって根本的で、それゆえに最高の中心点であるところ――すなわち、あらかじめ思考活動を導き、それゆえに一切の思考の根底においてすでにその無制約的な現実性において肯定されている「何ものか」（aliquid）――をめぐって、理性が自己自身を反省するというところにある。[*7] なぜなら、思考そのものが「何ものか」へと関わる限りで、思考には、超越論的・本質的に、現実ないし存在との関係が具わっているからである。しかし存在は、思考において、思考そのものや、その産物、つまり単に思考されただけのものからは区別される。それはあたかも画家が、精神のうちで思い描かれた絵を、現実の絵から区別するのと同様である。それゆえに個々の思考内容の一切に関しては、思考そのものが、それらを存在それ自体という、無制約的で分割不可能な現実との関係で考察する限りでのみ、思考そのものはそれらの内容を思考し、その現実的妥当性に関して肯定したり否定したりすることができる。「そこにおいて思考は、始めや終わりや諸部分の結合を見出すことなく、また端的にいつでもどこでも全体としてしか見出すことができない何ものか」[※8]を考察する。このような無制約的な現実を、思考は否定することができない（「存在しないことが考えられえない」）。なぜなら、否定とは、ある何らかの主語に対して、その現実を拒絶することである以上、それは現実そのものを了解し、ゆえに現実を現実として肯定することのうちでしか成立しえないからである。

したがって、「それよりも偉大なものは何も考えられえない何ものか」（aliquid quo nihil maius cogitari possit: *P* 2）とは、思考の限界として、現実に対する思考の関わりを可能にする超越論的な条件であり、また——確かに対象的に与えられるものではないにしても——あらかじめ肯定されている認識目標である。しかしこのような一なるものは、それが理解されるということそのものによって、たとえば思考の対象面での相関物として思考のうちに解消されるのではなく、反省によっても乗り越えられえない仕方で、端的に思考に先立ち、思考を凌駕するものとして認められるものなのである。「それゆえ、主よ、あなたはそれよりも偉大なものは何も考えられえない何ものかであるだけでなく、考えられうるよりも偉大な何ものかである。このような何ものかが存在することは考えられうることであるから。もしあなたがそのものでないならば、あなたよりも偉大な何ものかが考えられうることになる。しかしそれは起こりえないことである」（*F* 15）。このような凌駕不可能なもの、ないし神への問いにおいて、根拠を探求する理性は、自らの根源であると同時に目標でもあるところへと達する。この問いは、精神がその根源的な自発性という点に関して自分自身を振り返ることによって答えられうるものであり、「したがって最も的確には、それ〔理性的精神〕はいわばそれ自身にとって〈鏡〉のようなものであると言われうる。その鏡のうちに精神は、〈顔と顔を合わせて〉見ることができない方の、いわば似像を見るのである[*9]」。

四　神認識と自己認識

理性は「人間のうちにある一切のものの支配者にして審判者でなければならない」（*Inc.* 1）ため、人間の本質は、無制約的なものへの直接的な方向づけとしての理性のうちに集約される。超越論的反省によるこのような神認識において人間の存在全体はその根底から、神認識と神への関わりのうちへと取り込まれる。そのため、理性はそれに対しては——『プロスロギオン』での「愚かな者」は自己認識の不十分さゆえにそう考えてしまうが——他の否定可能な対象の場合と同じような仕方で、中立的に距離を取るなどということはできない。むしろ神への問いは人間を、「創造主の似像」（imaginem creatoris: *M* 67; cf. *P* 1）としての自己を認識することを通じて、自らの精神の発見へと導いていく。なぜなら、このような問いにおいて、人間が「黙して自分と対話を」（secum tacitus dicat: *M* 1）行い、「あなたの精神の個室の中に入りなさい」（Intra in cubiculum mentis tuae: *P* 1）という呼びかけに耳を傾ける場所があるからである。アンセルムス自身も自らの論考を、「以前気づいていなかったことを、思考によってのみ自分自身と論じ探求する者として」（*M* 序）展開している。

こうして自己との対話と自己認識の内面性において、精神は自らの根源へ向けて開かれ、認識と意志においては、現実そのものとの一致が求められ、「正しさ」（rectitudo）が要請されていることがわかる。それというのも、理性は思考する能力である以上、真理を実現する、すなわち、規範としての現実に自らを合致させていくというその本質に内在する課題を有しているからである。「なぜなら、あるものが存在すること、また存在しないことを考えることができることが私たちに与えられているのは、私たちは、存在するものを存在するものとして、存在しないものを存在しないものとして考えるためにあるからである。したがって、存在するものを存在するとみなす者は、みなすべきものをそうみなし、そしてそれゆえに思考は正しいのである」[*10]。したがって真理は、「精神のみによって知覚されうる正しさ」（rectitudo mente sola perceptibilis: V 11）にほかならない。この正しさを実現する行為において精神は、真理との合致を通じて自ら自身の本質と一致することを自覚していると同時に、その本質に具わる志向性に従うことによって現実そのものに向かって開かれており、真理を実現しているのである。

現実との合致、そして真理との合致の規範性（「すべき」[debet]）は、認識を超えて、意志（V 4）と行為（V 5）にも拡張される。「すなわち、真理をなすことは善くなすことであり、善くなすことは正しさをなすことであるのは確かである」（V 5）。こうして意志は、自らの本質的傾向と一致して規範となる真理との、それ自体のために行われる合致において、「正しさ」を実現し、**内的な正義**（聖書的な意味での無制約的な義 [iustitia]）を獲得する。「なぜなら、正義とは、それ自体のために維持される意志の正しさであることが周知だからである」[*11]。自らの意志を、規範となる真理、つまり現実そのものの要求と合致させたままに保持しうるということが、偶然的な制約に縛られない自由としての意志の本質と完全性であるため、「かの自由意思〔選択の自由〕は、意志の正しさを正しさそのもののために保持するという能力である」(*ibid.*)。

このように、認識、意志、そして自由と行為は、理性や精神に対して課せられる「正しさ」という課題によって本質的に刻印され、内的な真理、ないし自己自身との合致を通じて、存在の呼びかけに応答することへと招かれる。それゆえ理性は、アンセルムスが親しんでいたベネディクトゥス（四八〇頃―五四七／六〇年頃）の『聖ベネディクトゥス修道規則（戒律）』の最初の言葉「耳を傾けよ」(Ausculta) に示されているように、傾聴によって意味を観取する能力として規定されうる。『プロスロギオン』における「愚かな者」ですら、聴くことを通じて、神概念の理解にまでいたるのである。「愚かな者は、〔私の語る、それよりも偉大なものが何も考えられえない何ものかということを〕聴くときに、聴いているものを知解する。そして彼が知解したものは、〔たとえそれが存在することを知解したのではないとしても、〕彼の知解〔知性〕のうちにある」(*P* 2)。それゆえ「正しさ」の概念においては、神への問いに「ただ理性のみによって」着手するという課題が、方法論的な要請や護教論的な動機にとどまらず、理性と存在、「正しさ」と規範との本質的な連関に対する洞察によって根拠づけられていることが示唆されるのである。

五　理性と善

なるほど理性は、創造主の似像としてその原像へと差し向けられ、必当然的・超越論的に現実ないし存在そのものに結びついており、そのため、存在の無制約的な広がりの可能条件が、最高の存在者ないし神のうちに見出される。しかしそれ以上に、理性はそれ自身のうちから、対象との関わりのすべてにおいて、根本的かつ直接的に「最大のもの」、「最高のもの」そのもの、そして最高善を追求する。「私の言っているのは、物体のように空間的に大なるもののことではなく、偉大であればあるほど善で尊厳あるもののことである。……最高に善であるものでなければ、最大ではありえない」(*M* 2)。認識の対象そのものはただ「それよりも大きなもの」に対する先取りによってのみ、それ固有の限定性において対象化され、他の対象に対して区別されたものとして規定され包含されうるのである以上、善に対するこのような先取りは、いかなる対象の把握においても露わになっている。それゆえ、それ自体として肯定も否定も可能な、思考されたいかなる対象も、理性を、この対象よりも大きなもの——したがっていかなる対象にも優るもの——を目指す能力として示すのである。なぜなら理性は、自らによって規定され判定されうるようなものだけでは満足せず、自らによっては規定不可能で卓越的なもの(「それよりも偉大なものは何も……ないもの」[quo nihil maius] *P* 2)を求めており、この卓越的なものは、あらゆる存在者の根源としては、ただ存在として、そして存在者の「偉大さ」の根源と尺度としては、善と名指されるほかはない。

比較を絶した最高にして最大のものである一なる善へと差し向けられることによって、理性は単なる思考という自らの内在的な固有の領域を、現実へと向けて突破していく。なぜなら善とは、ただ現実のものとしてのみ善だからである。こうした善に対する理性の方向づけが、現実全体に向かうこのような開放性において、理性そのものの認識能力をなしている。「そして理性的な本性にとって理性的であるということは、義なるものと不義なるもの、真なるものと真でないもの、善いものと善くないもの、より大いなる善とより小なる善を区別できることにほかならない」（*M* 68）。こうして、人間が洞察するものは何であれ、その実現に関して根本的に、善という観点において認識されるのであり、それはまた、「一なる何ものかであって、その一なるものによってあらゆる善なるものが善であるところのもの」（*M* 1）に対する超越論的な先取りにおいてすでに把握されているものなのである。一切の善において共に認識される善性の源泉（「泉」[fons: *P* 9]）は、それ自体において、それ自体によって成立する善性でなければならず、それゆえに最高善である。「すべての善がそれによってあるのだから、このものはそれ自体で善である。……ゆえに、それ自体で善であるもののみが最高に善である」（*M* 1）。

善に関わる理性的な判断能力も、「真の判別をする判断に従って、その判断したものを愛しまたは斥けるのでなければ、まったく無益で……無用」（*M* 68）であろう。神認識はそうした善の認識すべての源泉として、その本質において実践的な意味をもち、また逆に、「すべての人は、善であるとみなすもののみを享受することを欲するため」（*M* 1）、人間の一切の追求は、善に対する認識の関係、すなわち最高なるものとの関係によって養われている。神の存在をめぐる自覚的な問いかけは、あらゆる認識において共に遂行されている、善に対するこのような方向づけから発するものである。「やがて彼が、善であると判断するからこそ欲するようなものが、それによって善であるところの源を探求することへと、精神の眼を向けるのは容易なことである」(*ibid.*)。

善に対する理性のこのような関わりは――神それ自身のみに関する単なる存在論的な規定ではなく――規範的な「正しさ」の概念の基盤となっているものである。その善との関係は、『モノロギオン』と『プロスロギオン』におけるもろもろの証明にとって共通の地平をなしており、そのことは、「最善で最大で最高のもの」(quiddam optimum et maximum et summum: *M* 1 標題)や「それよりも偉大なものは何も……ないもの」(quo nihil maius: *P* 2)という、証明において中心的な役割を果たす語句が示している通りである。このような証明根拠は外部から思考のうちに持ち込まれたものではなく、思考そのもののうちから汲まれたものである。善性は神の本質として設定されるため、善性に対しては、たとえば神の名称としての存在に先立つような論理的優先が認められるわけではないにしても、そこにはある種の存在論的な根源性が帰せられることになる。こうした意味で、『プロスロギオン』においては、神の存在証明(*P* 2-4)に続いて、神の善性という原理から神の本質的特性を導出することが、「それよりも偉大なものは何も考えられえない何ものか」という神の基本的な定義に従い、「神はそれがないよりもそれがあるほうが善い何ものかでもある」(*P* 5 標題)という基準によって根拠づけられる。「それによってすべての善が存在するところの最高善に、いかなる善が欠けていることがあるでしょうか。あなたは……それがないよりもそれがあるほうが善いすべてのものです」（*P* 5）。こうして最高の善性は、それを超えては何ものも考えられえないような限界であるが、それと同時に、一切の善を認識可能にする光として、思惟行為において常に前提されている「神秘」（secretum: *M* 64）としての神に対する認識を開くものでもある。このような神秘については、それが「人間の知性の才知全体を超えている」（transcendere omnem intellectus aciem humani: *ibid.*）ことは明らかである。「もし精神があなたよりもより善い何ものかを考えることができるとするならば、被造物が創造主の上に立ち、創造主を判定することになるが、これははなはだ不条理なことである」（*P* 3）。

善性の概念のうちには、同時に世界および人間に対する神の関係が含まれている。『モノロギオン』において創造論（*M* 7以降）が、「すべてのもののなかで最高のもの」（summum omnium: *M* 3）が「それ自体を通じてそれ自体によってある」（esse per se et ex se: *M* 6）という神存在の証明の直後、そして神の特性の解明の前に置かれているのは、そのためであろう。神は「全能の善性によって」（per omnipotentem bonitatem: *M* 1）「無からなったもの」（ea quae facta sunt de nihilo: *M* 9 標題）を根拠づけるのであるが、この考えによって全能は善性へと還元されるとともに、人間にとっては、純粋な善性にもとづく自己理解が可能となる。「主よ、あなたの善性が私を創造しました」[*12]。人間の完成もまた、それ自らを伝える最高善にもとづいているものとされる。「最高善は、自らを愛し希求する者に対する報いとして、それ自身以外の何を与えるだろうか」（*M* 70）。こうして最高善を根底に据えることによって、すべての証明が最終的にその真理において理解可能なものとなるのであり、そのことはすでに神の存在証明に関しても言えることである。なぜなら、それ自体において自存する最高善のみが、存在をそれ自身において、「そのうちにすべての善がある一なる必然的なもの」（unum necessarium, in quo est omne bonum: *P* 23）たらしめると同時に、神が「存在しないことは考えられえない」（non possit cogitari non esse: *P* 3 標題）というほどにまで、肯定と否定に対する思考の中立性を克服するからである。この善性の領域において、精神にとっては、希望・愛・至福なる愉悦における自らの「救い」（salus: *P* 24）として、神に対する全人格的で情感を通じての肯定が可能になる（cf. *P* 24-26; *M* 68-80）。こうして、神の自己根拠づけそのもの、および神と人間の完全な相互関係、さらに真理と正義における人間の自己完成を存在論的に担い、同時にこうした全体をその根底に照らして認識可能にするような、一なる原理としての善性が明らかになる。ここにおいては、探求の内容と方法とが、その隠れた根源において分かちがたく一体をなしているのである。

六　信仰における理性的認識の根拠づけ

純粋理性の基盤の上で展開されるアンセルムスの神認識に関する理論は、すでにその当時から、修道士ガウニロ（九九四―一〇八三年以降）の反論（『ある人は愚かな者に代わってこれに対して何を代弁するか』*Quid ad haec respondeat quidam pro insipiente*）のような内容的な批判を受け、その議論に対しては、アンセルムスは再反論を行っている（『本書の編者はこれに対して何と答えるか』*Quid* *ad haec respondeat editor ipsius libelli*）。それればかりか、アンセルムスの以前の指導者であったランフランクス（一〇一〇頃―八九年）によって、その合理的方法に関して疑念を呈されることにもなった。つまり、『モノロギオン』で展開されたことは、「理拠が不十分なところは、神的な権威によって補われるべきである」[*13]というのである。

アンセルムスの思想は、そこで理解された合理性が、最高のものを純粋理性の限界内に制限するものではなく、むしろ逆に理性をその本性と根源の側からそれ自身を超えさせ、「考えられうるよりも大きな何ものか」（quiddam maius quam cogitari possit: *P* 15）へ向けて突破させるものであるという点で、たとえば啓蒙主義ないしカントの意味での合理主義的な宗教理論からは区別される。さらにアンセルムスは、信仰が理性的洞察に対して、決定的な仕方で積極的な役割をもつことを理解していた。「私はまた、〈信じていなかったら知解しないであろう〉〔イザヤ書七・九（ウルガタ訳）〕ということも信じているからである」（*P* 1）。そこで信仰はまずは、理性に対して考察すべき主題を与え、それによって問題意識を呼び覚ます。そのために『プロスロギオン』では、基本的な神概念が信仰に発するものとして導入されるが、その際にはもちろん、信仰の中でなされている神の存在に関する主張が証明のうちで前提されることはない。「それゆえ、信仰に知解をもたらす主よ、あなたが私たちの信じているように存在し、またあなたが私たちの信じている通りのものであることを、……私が知解するように取り計らってください。そして確かにあなたが、それよりも偉大なものは何も考えられえない何ものかであることを、私たちは信じています」（*P* 2）。それゆえ理性は信仰の光の下で、「私は知解するために信じる」（credo ut intelligam: *P* 1）というモットーに従って、その理性的な根拠を探求する。さらに信仰のうちには、将来の神の直視を先取ろうとするかたちで、超越経験の端緒が含まれ、これが再び知解を生育させる。「信じることのない者は、知解することがない。なぜなら、信じることのない者は、経験することがないし、経験したことのない者は、認識することもないからである」（*Inc.* 1）。

さらにアンセルムスが自分自身について、「腰が曲がり足元しか見ることができない」（*P* 1）と述べているように、人間はその罪と弱さゆえ、理性を「正しく」活動させて「上を仰ぐことができるように」（*ibid.*）なるためには、神の助けを必要とする。したがって、『プロスロギオン』などの中に差し挟まれる祈りの部分は、議論の枠を定める修辞的な機能をもつだけでなく、解釈学的な必然性に対応するものである（cf. *P* 2）。「あなたは求めることを与えて、私が見出すようにしてください[*14]」。なぜなら、もろもろの推論は内容的な必然性を主張するものであるとはいえ、アンセルムスはやはり、そのようにして考えられる限りでの議論にはその必然性に関して、誤謬の余地があるのを自覚しているからである。「さて、この点に関して、より大いなる権威が示していないことを私が語ったならば、それらは私に明白と思える諸根拠からあたかも必然的であるかのように結論づけられても、そのためにまったく必然的だというのではなく、差し当たりそう思われうることだと言っているものと受け取ってほしい」（*M* 1）。

こうして、哲学的思弁を誤った歩みから守るものとしては、前提となった信仰だけでなく、神学的伝統に関する広範な知識がその背景となっている。そのためアンセルムスは、権威に依拠するようにというランフランクスの勧告に対して、「正典や聖アウグスティヌス〔三五四—四三〇年〕

が語ったことによってただちに擁護されうると思われるもの以外には、私はまったく何も述べるつもりはありません」[*15]という意図を示しながら、自らの説を擁護している。しかしながらアンセルムスはまた、「他のところで読んだことのないもの、あるいは読んだ覚えのないものを……述べたことがあるとしても」（*Inc.* 6）、規範として承認された教会の信仰とそれが一致することを確信していた。

とはいえ、信仰の役割に関するこうした解釈学的な諸考察は、「ただ理性によってのみ」可能なものの限界にまで完遂され、対話に対して開かれた神論と宗教論の根拠づけという試みを妨げるものではないばかりか、むしろそれを可能にする。そのためにアンセルムスは、ランフランクスの勧告にもかかわらず、その理性的考察を、権威からの引用によって裏づけることを拒んでいるのである。

註

＊1——Anselmus Cantuariensis, *Proslogion* [=*P*] 1.〔アンセルムス『プロスロギオン』古田暁訳、上智大学中世思想研究所編訳／監修『中世思想原典集成 精選』三「ラテン中世の興隆 一」、平凡社、二〇一九年、所収〕

＊2——Id., *Cur Deus homo* [=C], Commendatio operis ad Urbanum Papam II.〔アンセルムス『神はなぜ人間となったか』「教皇ウルバヌス二世閣下への献辞」矢内義顕訳、『中世思想原典集成』第二期三「アンセルムス著作集・書簡集」、二〇二二年、所収〕

＊3――Id., *Monologion* [=*M*] 1.〔アンセルムス『モノロギオン』古田暁訳、『中世思想原典集成』七「前期スコラ学」、一九九六年、所収〕
＊4――C, Commendatio operis ad Urbanum Papam II.〔「教皇ウルバヌス二世閣下への献辞」〕
＊5――「理拠の必然性が端的に強要し、真理の明晰さが明らかに明示する」: *M*, prologus.
＊6――C I, 3.〔この対話篇における「アンセルムス」の対話者「ボソー」の発言〕
＊7――詳細は拙論「存在への精神の自己超越――カンタベリのアンセルムスの『プロスロギオン』第二章にそくして」、『中世における自由と超越――人間論と形而上学の接点を求めて』創文社、一九八八年、四一一―四四五頁を参照。
＊8――Anselmus, *Quid ad haec respondeat editor ipsius libelli* 4.〔アンセルムス『本書の編者はこれに対して何と答えるか』古田暁訳、『プロスロギオン』に収録、二三〇頁〕
＊9――*M* 67. シュミット（F. S. Schmitt）の校訂版の *quam* facie ad faciem を *quem* として読む。
＊10――Id., *De veritate* [=V] 3.〔アンセルムス『真理について』矢内義顕訳、『中世思想原典集成』第二期三、所収〕
＊11――Id., *De libertate arbitrii* 3.〔アンセルムス『選択の自由について』矢内義顕訳、『中世思想原典集成』第二期三、所収。この対話篇における「教師」の対話者「生徒」の発言〕
＊12――Id., *Oratio* 2.〔アンセルムス『祈りと瞑想』古田暁訳、教文館、二〇〇七年、所収〕
＊13――Id., *Epistola* 77.〔アンセルムス『書簡集』矢内義顕訳、『中世思想原典集成』第二期三、所収〕
＊14――Id., *Meditatio* 3.〔アンセルムス『瞑想』古田暁訳、『中世思想原典集成』七／『祈りと瞑想』所収〕
＊15――*Epistola* 77〔『書簡集』〕; cf. *M*, prologus.

第七章　サン＝ヴィクトルのフーゴーにおける学問体系

一　サン＝ヴィクトル修道院

信仰を知解するための努力は、カンタベリーのアンセルムス（一〇三三／三四―一一〇九年）の哲学的神学の動機であると同時に、十二世紀初頭の学問世界の特徴となったものであるが、その営みは、直接にはアンセルムスに由来するのでない四本の支脈へと枝分かれする。言語の論理的分析を通じて、思惟と事物の本質ないし存在との関係を解明しようとする試みは、普遍論争の引き金となり、その渦中にあったペトルス・アベラルドゥス（一〇七九―一一四二年）は、信仰認識を誤謬から守る論理を探求することになった。初期スコラ学において着手された神学のこのような学問化に対して、クレルヴォーのベルナルドゥス（一〇九〇―一一五三年）を指導者とするシトー会の修道院神学は、信仰にもとづく聖書解釈によって涵養された神秘的な神認識と神への愛を強調している。少なくとも言葉のうえでは知恵の探求という同一の目標を掲げながらも、シャルトルの学匠たち、とりわけコンシュのギヨーム（一〇九〇頃―一一五四年頃）とシャルトルのティエリ（一一五六年以降歿）は、シトー会学派とはまったく異なった合理的な認識態度を採り、「三学」（trivium）に従う文献解釈と「四科」（quadrivium）にもとづく数学的思考に立脚して、可視的宇宙の構造と根拠とを探求した。これらに対して、パリのサン＝ヴィクトルの修道院付属学校は、サン＝ヴィクトルのフーゴー（一〇九六頃―一一四一年）を師と仰ぎながら、教父・修道院神学から出発して包括的な知識体系を形成することで、時代の知識欲に応えようとしていたのである。

サン＝ヴィクトル修道院の創設はおそらく、ペトルス・アベラルドゥスが、その師にして、パリの司教座聖堂首席助祭であったシャンポーのギヨーム（一〇六〇以前―一一二二年）を批判したことが原因の一つとなっているものと思われる。ギヨームは、こののち一一〇五年から一一〇八年のあいだ司教座聖堂付属学校で教鞭を執ることを控え、数人の同志とともに、セーヌ河左岸の人里離れたサント＝ジュヌヴィエーヴの丘に引き籠もり、サン＝ヴィクトル聖堂のもとに、「聖アウグスティヌス修道規則」に従う聖堂参事会の修道院を設立した。このような修道生活、あるいは隠修生活への関心は十二世紀における教区司祭の信仰活動の特徴をなすものであるが、ギヨームは、ラヴァルダンのヒルデベルトゥス（一〇五六―一一三三年）の激励を受けて、再び教授活動を開始し、その際には再度ペトルス・アベラルドゥスを自らの弟子として迎え入れている。サン＝ヴィクトル修道院には、一一一三年に国王ルイ六世（在位一一〇八―三七年）の勅許によって国庫から潤沢な資産が当てられたところから、これによってサン＝ヴィクトル学派はその教授・研究活動に際して確かな経済的基盤を得ることになった。[*1] こうして、修道院生活の理念とアウグスティヌス（三五四―四三〇年）の神学、および都市の司教座聖堂付属学校によって触発された学問研究の機運がシャンポーのギヨームを通じて綜合されたことによって、サン＝ヴィクトル学派の学問的活動を深く規定する精神性が築かれたのである。

サン＝ヴィクトル修道院は、フーゴーがその一員に加わったことによって（年代不詳）、教育者および学者として傑出した人物を得ることになった。フーゴーは、スコラ学的思考と神秘的観想との調和の取れた統合を果たし、それによって彼の学派の思考様式を広く規定し、何よりもサン＝ヴィクトルのリカルドゥス（一一七三年歿）、ついで神学者アカルドゥス（一一〇〇以降―七〇／七一年）、詩人アダム（一一四六年頃歿）、聖書解釈者アンドレアス（一一七五年歿）、説教家グアルテルス（一一八〇年以降歿）などのサン＝ヴィクトルの思想家たち、また詩人サン＝ヴィクトルのゴドフロワ（一一二五／三〇―九四年頃）、歴史家ペトルス・コメストル（一一〇〇頃―八七年）、さらに間接的にヴェルチェリのトマス（トマス・ガルス　一二四六年歿）に影響を与えている。

フーゴーの出生と少年時代についてては解明の手掛かりがほとんど残されていない。[*2] 十二世紀の資料では、彼の出生地としてザクセン、フランドル、ロートリンゲンが挙げられているが、現在ではフランドルを採る見解が大勢を占めているようである。[*3] しかしながら東ザクセンとする説[*4]を採るなら、フーゴーが自らの『魂の手付け金についての独語録』（*Soliloquium de arrha animae*）に添えた手紙[*5]にもとづいて、彼はまずハルバーシュタット司教区のハマースレーベンのアウグスティヌス修道参事会と密接な関係にあり、そののちサン＝ヴィクトル修道院にやって来るまでおそらくフランドル、またはロートリンゲン地方にとどまったものとしなければならない。

すでにサン＝ヴィクトル修道院学校での教授時代の始め、おそらく一一二五年以前または以降に[*6]、[*7]フーゴーは『ディダスカリコン（学習論）――読解の研究について』[*8]（*Didascalicon: De studio legendi*）において学問論を叙述し、真の知識を得る目的と方法をめぐっての同時代の議論に深く関わることになる学習綱領を提示している。これに続いてさらに[*9]、『幾何学の実際』（*Practica geometriae*）、『文法学』（*De grammatica*）、『哲学についてのディンディムスの摘要』（*Epitome Dindimi in phiosophiam*）などの入門的著作が著された[*10]。そして、フーゴーの主著にして、揺籃期のスコラ学において神学の最初の体系的展開である『キリスト教信仰の秘跡について』（*De sacramentis christianae fidei* 一一三〇―三七年）は、彼の旧約聖書註解とともに、当時の指導的神学者としてのフーゴーの名を揺るぎないものにした。彼の著名な註解書『天上位階論註解』（*Commentaria in Hierarchiam coelestem S. Dionysii Areopagitae*）は、ディオニュシオス・アレオパギテス（五〇〇年頃）の神秘神学をスコラ学のうちに受容する先駆けとなった。フーゴーはまた司牧者および神秘家として、『ノアの道徳的箱船について』（*De arca Noe morali*）や『この世の空しさについて』（*De vanitate mundi*）などの実践的信仰生活と修徳に関する著作、また『ノアの神秘的箱船』（*De arca Noe mystica*）、『観想とその種類について』（*De contemplatione et eius speciebus*）、『祈りの方法について』（*De modo orandi*）のような霊的生活についての著作を著し、その一部は俗語に翻訳された[*11]。彼は修道院内の学究生活に専念したため、クレルヴォーのベルナルドゥスとモルターニュのグアルテルス（十一世紀末―一一七四年）という、フーゴーと精神性を同じくする二人に宛てられたものを含む一五通の書簡[*12]を除いては、その活動を知る術がほとんどない。しかしサン＝ヴィクトル修道院の参事会員でありのちにユ（Eu ノルマンディー）のノートル＝ダム修道院の院長となった修道士オスベルトゥス（一一八一／九一年歿）は、フーゴーの死の直前の数時間のあいだ彼に付き添い、その臨終の様子を詳細に報告しているが、そこからはキリストに対するフーゴーの心からの帰依を垣間見ることができる。[*13] フーゴーの業績に対する高い評価はクリュニーのリカルドゥス（一一一〇頃―七〇年以降）が彼の死去について記した文章から窺える。「サン＝ヴィクトルのフーゴーは、生前哲学者であり、パリで亡くなった。俊才であり、四科に最も通じていた。彼は同時代において比肩する者のないほど、聖なる書物の理解と知識をもっていた」。[*14]

フーゴーの広範な神学的影響[*15]は、伝統的な神学や十二世紀の歴史記述ばかりか、さらに十三世紀においては何よりも、伝統を重んじるフランシスコ会学派にまで及んでいる。ボナヴェントゥラ（一二一七／二一―七四年）はフーゴーをあらゆる事柄に精通した博学無双の師とみなしている。「聖書全体は、この三つのことを、すなわちキリストの永遠の誕生と受肉、生活の秩序、神と魂の合一について語っている。主に第一のことをアウグスティヌスが、主に第二のことをグレゴリウスが、しかし第三のことをディオニュシウスが語っている。アンセルムスはアウグスティヌスに従い、ベルナルドゥスはグレゴリウスに従い、〔サン＝ヴィクトルの〕リカルドゥスはディオニュシウスに従う。なぜならアンセルムスは推論に、ベルナルドゥスは説教に、リカルドゥスは観想に〔優れているからである〕――しかしフーゴーはこのすべてに[*16]〔通じている〕」。ボーヴェのウィンケンティウス（一一九〇頃―一二六四年）は、自らの『大きな鏡』（一二四四―六〇年頃）の第二部「学識の鏡」[*17]においてフーゴーの学問分類などを取り入れている。ローマンスのフンベルトゥス（一二〇〇頃―七七年）はその学習綱領において、『ディダスカリコン』を修学中のドミニコ会士の必読文献に定めている。[*18] トマス・アクィナス（一二二四／二五―七四年）と同様に、[*19] ダンテ（一二六五―一三二一年）もまた、当時の著名な神学者のうちにフーゴーを加えている。[*20] 十五世紀末においてもなお、ケルンのカルトゥジア会士ヴェルナー・ローレヴィンク（一四二五―一五〇二年）は、フーゴーが「第二のアウグスティヌス」と呼ばれていたことを報告している。[*21] 修道院や教養ある市民層で愛好された修徳的著作群と並んで、フーゴーの思想をのちの世代へと伝えたのは、何よりもその『ディダスカリコン』であり、そのことは十五世紀にいたるまでのおよそ百種の写本が現存している[*22]ことからも窺い知ることができる。

二　『ディダスカリコン』の目的と構成

(一)　思想史的位置づけ

この著作にはギリシア語とラテン語の二重の標題が付されていることからも察せられるように、フーゴーはこの著作において、古代ギリシアの教養理念と中世の教養理念との綜合を意図している。『ディダスカリコン』は、あらゆる学問を総括する修養計画を示すという点で、古代の「包括的教養」（ἐγκύκλιος παιδεία）の伝統を汲み、また「読解の研究」（de studio legendi）すなわち文献解読の案内としては、カロリング・ルネサンス以来積み重ねられてきた基礎的文献の学習という教養形態を引き継ぐものである。フーゴーの教養概念のうちではまた、イソクラテス（前四三六―三三八年）、キケロ（前一〇六―四三年）、クインティリアヌス（三五頃―一〇〇年頃）に代表される修辞学的・人文主義的教養の営為と、プラトン＝アリストテレスに結実する哲学的・学問的な真理探求とのあいだの緊張関係が、全人的教養の目標と、学問的認識様式とのあいだの緊張として継承されている。具体的には、フーゴーはアリストテレスの学問分類を修道院の教養思想のうちに導き入れたと言える。古代の伝統との結びつきは、何よりもフーゴーが七自由学芸を重視している点に現れている。なぜならこの自由学芸の体系は、ソフィストからウァロ（前一一六―二七年）を介してマルティアヌス・カペラ（五世紀）にいたるまで成長し、中世の学問理解を規定したものだからである。

このような古代的教養の伝統と並んでフーゴーは、ラテン教父の教養観に多くを負っていることを自覚していた。[*23] アウグスティヌス（三五四―四三〇年）の『キリスト教の教え』では聖書の研究が、キリスト教的教養の営みの目的と規範、および中心として強調されていたが、その影響は、フーゴーにおいても、『ディダスカリコン』の第二部が聖書解釈の詳細な究明に当てられたところに認められる。カッシオドルス（四八五頃―五八〇／八二年）の『聖俗文献綱要』においては、学問が世俗的学問と神学的学問とに分けられていたが、この分類は、前半の三巻を普遍的教養の規範に、後半の三巻を神学的教養に振り分けるという『ディダスカリコン』の構成に反映している。また、認識の抽象段階に従って学問を体系的に位置づけるボエティウス（四八〇頃―五二四年頃）の着想もフーゴーのうちに見出せる。さらにフーゴーは、学問の歴史の叙述と多くの定義に関しては、セビリャのイシドルス（五六〇頃―六三六年）の『語源』に依拠している。

　こうしてフーゴーは、教父時代末期のあらゆる教養概念を活用しているのに対して、カロリング・ルネサンス期の教育綱領、すなわちアルクイヌス（七三〇頃―八〇四年）の教養理念や、ラバヌス・マウルス（七八〇頃―八五六年）の『聖職者の教育について』、またはさまざまな「君主の鑑」などを典拠として引用することはない。しかしながらカロリング期のこれらの思想は、フーゴーが自らの思想の模範とした教養観の根底にも流れていることは間違いない。またフーゴーは、先行する数世紀間に及ぶ、解釈を中心とした読書文化に強く結びついているところから、彼の著作の叙述もまた、権威ある教父などを踏まえながら、しばしば引用を織り込むという仕方で進められる。

　しかしながらフーゴーの著作を、伝統と保守的・修道院的教養計画からの寄せ集めにすぎないものとみなすなら、この著作の意図と意義を十分に評価することはできないであろう。むしろフーゴーが自らの課題としたのは、当時のさまざまな一面的な学問理解に対抗して、均整の取れた、それでいて広範な領域に及ぶ開かれた中庸の道を切り拓くことであった。たとえば、十二世紀のシトー会は、その修道者養成課程においては、世俗的・哲学的知識を疎《うと》んじるようになり、また院外学校の活動からも遠ざかることによって、一般社会での教育活動や、院外学校で教授されていた古代の遺産との接触を失っていったのに対して、フーゴーは可能な限りのあらゆる知識を修めることを推奨している。「思慮深い読解者は、したがって、あらゆる人々に喜んで耳を傾け、あらゆるものを読解するのであり、いかなる書物も、いかなる人物も、いかなる教学も軽んじることはない[※24]」。このような包括的な視点は同時に、当時の医学・法学研究などにおいて広まっていた専門化の動向に歯止めを掛けるものでもあった。それゆえ、ラバヌス・マウルスの著作が聖職者を念頭に置いていたのとは異なり、フーゴーの著作は、何らかの特定の職業に向けられたものでなく、むしろ人間そのものを中心とする観点にもとづいて、人間が人間である限り修得すべき教養を扱っているのである。また他方で、十二世紀ルネサンスの代表者たちは、プラトンの『ティマイオス』などの古代の文献に対する熱狂のあまり神学研究をおろそかにしていたのに対して、フーゴーは、その著作の冒頭で『ティマイオス』を引用することによってルネサンス的関心に理解を示しながらも、その著作全体においては、古代の文法家のもののような世界観的に中立的な著作のほかには、いかなる特定の古代の著作の研究をも勧めてはいない。

さらにフーゴーは、観想的著作家のように自由学芸を文献解釈と修辞的技法へ還元する傾向、ないしは初期スコラ学の著者のように自由学芸を論証的論理学に限定しようとする三学偏重からは距離を取り、四科における自然学的・実証的知識の意義を認めている。しかしながらフーゴーは、自然学の世界認識を基準にして知恵と知識を規定する――たとえばコンシュのギヨームにおけるような――シャルトル学派の傾向には反対している。「感覚以外には信用を置かない人々」に対するフーゴーの批判は、『ディダスカリコン』のうちにもその明らかな痕跡をとどめている。「それというのも魂は、諸情念によって朦朧となり、感覚的形態によって自分自身を見失い、自らが何であったかを忘却し、また自らが何らか違ったものであったことを失念してしまい、自分は見える以外の何ものでもないと信じ込んでしまっているのである」。またフーゴーは、知性的認識の意義を強調することによって、自らの学習計画を、同じくシャルトル学派のベルナルドゥス・シルウェストリス（一一〇〇頃―六〇年頃）に見られるような、詩的な神話創作の美学的な理想からは区別している。このような「学芸の付属物」は「哲学の領域の外にある何らかの素材を扱う。……詩人の歌のすべてがこの種の付属物に当たる。……寓話と歴史、そして今日、われわれが哲学者たちと呼び慣わしている人々、つまりくだくだと冗長な言葉からごくわずかの事柄を引き出すことを常とする人々の著作などもこの種の付属物に当たる」[*30]。都市学校においてしばしば見られた、学問の世俗化の傾向に反して、明らかにフーゴーは、諸学問の全体系の中に占める神学の中心的地位を際立たせようとしているのである。フーゴーは、実際の論争にほとんど関与することはなかったとはいうものの、彼が目指したのは、同時代のさまざまな議論に耐えうる確固たる体系的な教養理念にほかならない。

(二) 人間論的背景

フーゴーは、さまざまな論争に翻弄されることなく、神学的人間論を根底に据えて自らの教養綱領を構築することによって、その綱領に恒久的な意義を与えようと試みた。シャルトルの学匠たちが「創世記」の冒頭のうちに、自然学的意味での世界秩序の創造の説のみを認めていたのとは異なり、フーゴーは「創世記」の記述を救済史[*31]との連関において考察し、それによって創造に続く堕罪と救いをも視野に納めている。人間は堕罪によって、健全な身体および調和のある精神という、創造とともに付与された恩寵ないし賜物をも喪失してしまったために、神は救いを通じて、神に対する人間の根源的類似性を再び発現させる。こうして神の業《わざ》は、「創成の業」（opera conditionis）と「復興（回復）の業」（opera restaurationis）とに分かたれる。[*32] このような二様の業は、フーゴーの神学一般においてと同様に、彼の学問論においても根本的なものである。「すなわち、事実として造られたあらゆるものが包括される業は二様である。第一は創成の業である。第二は復興の業である」。[*33] 創成は無からの存在の付与である。「創成の業は、存在しなかったものどもが存在するようになるような業である……〔すなわち〕そのあらゆる元素を含めた世界の創造である」。[*34] その際フーゴーは、『ティマイオス』の世界生成説に対しても、またこのプラトンの説を「創世記」の記述に結びつけようとするシャルトル学派に対しても異義を唱え、世界は形相・質料・工作者という三つの原理からではなく、唯一なる原理としての神から創造されたことを強調している。[*35]「われわれの仲間は原理を一なるものとみなすのであり、これはまさに神のみである」。[*36]

しかし復興の業においては、被造物はより高次の存在へと高められるため、救いは、世界に対する純粋に自然学的で、被造物にのみ当てはまる考察によっては捉えられないことが明らかとなる。「復興の業とは、滅びたものどもがより善くなるような業である」。[*37] 復興は、キリストの受肉にその中心を有するが、世界の始まりから終末にいたるまでの神の救済の業すべてを包括する。「復興の業は、御言葉の受肉、またそれにともなうそのあらゆる救いのしるし（秘跡）である――世の始まりからそれに先立ったものであれ、または世界の終末までそれに続くものであれ」。[*38]このような神の業の両面は、実質的には、人間との関係を通して、また人間を介した世界との関係を通して結び合わされている。フーゴーによれば、このように神の業が人間を要としていることとは、救いにおいて示されるだけでなく、人間以外の被造物さえも、人間の理念を通じて、また人間を目指して創造されたというところにすでに現れている。「可視的被造物は理性的被造物に向けて創造された。……可視的被造物のあらゆる運動と方向づけが、理性的被造物に向けられているように。……それゆえ、理性的な被造物は、神的な理性に似せて、いかなるものの媒介もなしに、まず第一に造られたのであるが、物体的な被造物は、理性的な被造物が媒介することによって神的な理性に似せて造られたのである」[※39]。

より根本的な観点から見るなら、二つの業において神の同一の知恵がそれぞれ異なった仕方で啓示されることによって、創造と救い[※40]、それとともに自然と恩寵[※41]、または理性と信仰[※42]は互いに結びつく。人間の認識は知恵の獲得を目指す[※43]以上、それは創造または自然の秩序についての知、および救いないしは恩寵の秩序についての知のうちに成り立つ。それゆえ狭義の哲学、すなわち創造の次元での知に対しては、神学的秩序の枠内においてそれ独自の場所が示される。異教の著者には救いが啓示されることがなかったため、彼らの著作は自然的秩序のみを扱うのに対して、聖書および神学的著作は救いの秩序を扱う。「通俗的・世俗的著作は創成の業をその主題としている。神的著作は、復興の業を主題としている」[※44]。しかしながら、世界の事実上の救いの秩序においては、自然は恩寵による人間の復興との関係なしには存在しないため、狭義の哲学的認識もまた、神学の領域のうちに位置づけられることによってのみ、確実にして完全な真理に到達することができる。

フーゴーは確かに、合理的方法の厳密さとその内容がもたらす知的理解を核心とする哲学の魅力を知悉していた。しかしながらそれ以上にフーゴーは、聖書の目立たない言葉から深い知恵を引き出している。「十分な学識を具えていない人々は、思慮が浅く、このもの〔聖書〕のうちには、知的能力を駆使するほどの精妙な事柄は何も存在しないとみなし、そこから目を転じ、哲学者の著作に向かうのである。なぜなら彼らは、真理の力を知らないがゆえに、そこにおいて単なる文字の表面以外の何ものをも把握することがないためである」[*45]。そもそも哲学的認識は、合理性のもつ輝きにもかかわらず、誤謬に陥ることを避けることができない。「哲学者たちの著作は、あたかも白く塗られた土の壁のように、雄弁の華々しさによって外では有力であるが、もしも彼らの書が真理の見せかけを装うなら、彼らの書は偽りを混ぜることによっていわばある着色された彩りのもとに、誤りの泥土を蔽い隠すことになろう」[*46]。

(三)　知恵の探究の意義

このような神学的認識観は、それ自身がさらに、神的知恵の理解を自らの存在論的基盤とする。世界内のあらゆる事物は、フーゴーが『この世の空しさについて』の中で倦むことなく強調しているように、可変的で消滅するものである。「この世の空しさを一つひとつ論証するのは冗漫である。しかしあなたは、あなたが目にするあらゆるもののうち、何ものも恒久的なものでなく、あらゆるものは移り変わり、それらがそこから生じたところへと戻るということを知るであろう」[*47]。しかしながらそれらの事物のうちから、その真理に関しては変化することのない認識と知恵が得られるのであり、それはすなわち、それらの事物の根底には純粋なイデアが存することによるのである。しかし、不可変的なイデアは、ただ神の精神のうちにのみ成立するがゆえに、あらゆる事物には神の知恵が現れている。この知恵は、「生命に満ち溢れた精神」[*48]であり、「それに似せて万物が形成されている諸事物の第一の根拠」[*49]である。このような知恵は、ボエティウスの『哲学の慰め』[*50]にならって、「そのうちに完全な善の形姿があるもの」[*51]と定義され、さらにオーセールのレミギウス[*52]（八四一頃―九〇八年頃）以来のボエティウス解釈の伝統に棹差し、ためらうことなく、御父が自ら語る神的な言葉と同一視される。人間の言葉がその内的な思想を露わにするのと同様に、世界の事物のうちには、神の内的な言葉が表明されている。「声は感覚のかすかなしるしであり、事物は神的理性の類似物である。……御父が御自身の心から語り出した神的な知恵は、それ自体としては不可視的でありながら、被造物を通して被造物において認識される」[*53]。それゆえ知恵は、論理的または実践的知におけるよりも、存在者についての理論的認識のうちに本来的な意味で見出される。「他方、事物の真理の観照ゆえに、理論的なものだけを、われわれは知恵と名づける」[*54]。しかしながら、自然的認識は事物をそれ自体で、また対象的な仕方でのみ把握するのに対して、聖書の言葉はその比喩的言葉遣いを通して、事物の真の原像を明らかにし、言葉から事物を経て神的知恵の認識にまで導くのである。聖書においては、「声を通して概念へ、概念を通して事物へ、事物を通して思惟へ、思惟を通して真理へと到達するのである」[*55]。

神と世界の関係はこのように、原像と似像の関係として規定されるために、ここに人間の中心的な位置づけが露わとなる。なぜならただ人間のみが、似像を通じて原像を見出し、それによって世界内の存在者の隠れた意味連関を解明することができるからである[*56]。このような認識において、神の似像ないし類似として造られた人間は、自らの本質を実現することになる。[*57]それゆえ人間存在は根底において、認識と意志において完遂される超越との生きた関係である。したがって人間は、神的な原像へと向き返ることによって、すなわち神との類同化によって、それ自身の本質を確たるものとして成就する。ここから罪は、有限的次元を絶対視すること、および永遠の規範に対する承認を拒むところに存するのであり、このような有限的次元にのみとどまることによって人間は、自らの本質の実現、すなわち創造主との類同化が損なわれることになる。こうして堕罪は、ただ人間の身体の弱さを生み出すにとどまらず、知性を無知の闇のうちに閉ざし、意志を欲望へと執着させるのである。[*58]これに対して、救いは人間の尊厳を回復させることを目的とするため、そこにおいては、赦しと神化をもたらす恩寵と並んで、神的原像に対する、人間の自然本性的類似の回復が必要とされる。したがって人間の目的は、ただ生の維持にとどまることではなく、不可変的意味を分有することである。「自然本性が回復され欠如が排されること、これがなされるべきことの一切なのである」。[*59]あらゆる人間は、自然本性的にこの目的へ向かって努力する。「あらゆる人間的な行為の意図するところは、神の像の類似性がわれわれのうちに回復されるようにという目的、またはこの世の生活に必要なものが配慮されるようにという目的に収斂する」。[*60]

精神の二重の志向性に従って、自らの本質的尊厳を回復することを目標とする人間の努力も、真理の探求と徳の追求とに分かれることになる。「人間において神との類似性を回復させるものは二つであり、真理の観照と徳の実践とがそれである。それは、人間が知恵ある者でかつ正しい者であることにおいて神に類似するからである。ただし、人間の場合は変わりうる仕方でそのようなものであるが、神の場合は変わりえない仕方で知恵あるものでありかつ正しいものである」[*61]。「霊的読書」(lectio divina) を育む修道院の伝統を汲む者として、フーゴーは、人間のこの二つの志向性は読書、特に聖書の読書を通して養われるということを熟知しており[*62]、さらに思考を培うためには読書に加えて瞑想における自由な思索が不可欠であるとも考えていた。「霊的読書の果実は二様である。というのは、それは精神を、あるいは学知によって陶冶し、あるいは良い振舞いによって装うからである。それは精神が知るのを喜ぶものを教えるのと同時に、精神が模倣することに資するものを教える。この二つのうちの一方、すなわち学知は、むしろ〔聖書の多様な意味のうち〕歴史と寓意に関与しているが、他方、すなわち良い振舞いの教導は、むしろ転義と関係している。聖書全体はこの目的へと関係づけられる」[*63]。その際に研究と徳の追求は、内的な進歩の程度に従って異なった仕方で相互に補い合う。「前者〔すでに陶冶された人々〕には徳の追求が目標であるが、後者〔これから陶冶されるべき人々〕には当面、読解の修練が目標である。しかしながら、そのようにして後者の人々は徳を欠き、前者の人々はまったく読解を省くというふうであってはならない。というのは、読解によって先立たれない行為は、しばしばいっそう少ない先見の明しかもたず、良い行為によって後を続けられない教学はいっそう少ない益しかもたないからである」[*64]。

こうして『ディダスカリコン』は適切な読解の指示を通じて、人間の究極目的の探求を助けるとともに、徳は認識を前提するという理由から、認識の伝達に重きを置いている。しかし認識のなかでも、不変の意味連関についての真の洞察（知解 intelligentia）は、事実についての対象的な把握やその実践的な応用を目指す単なる知識（学知 scientia）と区別されなければならない。[*65]「ところで、われわれの自然本性の回復に向けてわれわれが努力するときには、それは神的な活動であり、われわれの内なる衰弱に対してわれわれが必要物を配慮する場合には、それは人間的活動である。すべての活動はそれゆえ、あるいは神的なもの、あるいは人間的なものである。われわれとしては前者を、それが上位の世界について得られるものゆえ、適切に〈知解〉と呼ぶことができ、後者を、それが下位の世界について得られ、かついわばある熟慮のうえでの行為を必要とするものゆえ、〈学知〉と呼ぶことができる。ところで、上述のようにもしも知恵が理性から生じる一切の働きを指導するものであるとすれば、今われわれは結論として、知恵がこれらの二部分、すなわち知解と学知とを共に含むものであると言うことができる」[*66]。

ところで、あらゆる学問に先立って日常的に生きられた認識が存在するが、これは合理的な体系化によってさらに解明され拡張される。「弁証論が存在する以前から人々は推論によって偽から真を区別していた。修辞学の存在以前に人々は国法について論じていた。数学が存在する以前から人々は数える知識をもっていた。……ところで学芸知がやって来たが、それはその端緒を慣用から採ったものであるとはいえ、慣用よりも優れたものなのである」[*67]。フーゴーは、学問的認識の領域全体を「哲学」（愛知 philosophia）の概念のもとに包摂するが、その際に彼は、包括的な知識概念を手に入れるために、この語の慣用的な語法を意図的に拡張している。「ところでもしもこれ〔知恵こそが指導すること〕が真実であると確認されるなら、事物の自然本性や倫理学的な学問分野を取り扱う研究ばかりか、あらゆる人間的行為や探求の本質を取り扱うこともまた、哲学に所属するとわれわれが言ってもさしつかえないであろう。この了解にもとづいてわれわれは、哲学を次の通り定義することができる。〈哲学とはすべての人間的・神的事物の根拠を徹底的に探求する学問分野である〉」[68]。あらゆる知はここで、知恵との関連という観点のもとで捉えられる。なぜなら知恵の理念は、人間を衝動への盲目的な固着から解き放ち、人間に固有の行為を可能にするからである。「理性的魂の働きは盲目的欲望によって奪い去られてしまうものではなく、指導者たる知恵が常に先導するものなのである」[69]。ところで人間の知性が知恵へと近づいていくものにすぎない以上、人間の認識は知恵と呼ばれるよりも、むしろ「哲学」の原義に従って、「知恵への愛」と呼ばれるにふさわしい。「実際彼〔ピュタゴラス〕は、真理の探求者を賢者とは呼ばず、適切にも知恵の愛好者と呼ぶのである。なんとなれば、確かに真理全体はおおいに隠れたものであって、精神がそれに対する愛をもっていかに激しく切望したとしても、またいかに活潑に探求したとしても、なかなか真理をあるがままに捉えることはできないからである」[70]。

さらにフーゴーは、自らの著作の計画を詳述する際に、ボエティウスによる哲学の叙述と定義[71]を根底に据えている。「〔ピュタゴラスは〕真に存在する事物、すなわちその不可変の本質を受け取っている事物に関わる学問分野を哲学と定めた。ところで哲学とは知恵への愛とその追求であり、ある意味で知恵への友愛である。ただしこの知恵は、何か鉄の工具や職人の知や知識などに関わるものではなく、何も欠けるところのない生命に満ち溢れた精神としての知恵であり、また諸事物の唯一の第一の根拠たる知恵である。さてこの知恵への愛とは、知解する魂をかの純粋な知恵が照明することであり、またある仕方で魂へと引き退かせ呼び戻すことであるから、知恵は神性の追求であり、神性に対する純粋な精神の友愛のように見られるのである。それゆえこの知恵は、魂のあらゆる領域にその神性の恩恵を与え、魂をその自然本性の固有の力とその純粋さに導き帰すのである。ここから観照と思惟の真理、さらに行為の聖にして純なる道徳が生まれる」[*72]。

哲学、ないしは認識への努力は、人間を神的知恵の分有へと向かわせるため、それはまた、永遠の意味へと自己を超越するものでありながらも罪によって損なわれている人間の自然本性を回復させるものである。「すべての学芸知が取り組み意図するのは、われわれにとって理念であり、神にとっては本性であるところの神的類似がわれわれのうちに回復されるようにということであって、われわれがそれに一致すればするほど、それだけわれわれはより深く知恵を味わう者となる。なぜなら、そのとき神的理性において常に存在したものが、われわれのもとに推移し、神においては不可変のものとしてあるものが、われわれのうちに輝き始めるからである」[*73]。しかしながら包括的な認識は、個々人によってのみ達成されるものではないため、ここで伝統の参照が必要となる。「今や、粗品を売り歩く者たちが、どこからの誇りか私には皆目わからない誇りを覚えつつ、古《いにしえ》の教父たちの単純さを咎めだてして、知恵がかつて自分たちとともに生まれ、自分たちとともに死ぬであろうと信じているのである」[*74]。伝統の継承には読書と講義が必要とされる。しかしながら教授の究極的目的は多くの事実的知識を蓄積することではなく[*75]、人間が自己自身を自らの根源的本質において発見することである。なぜなら、いかなる知識においても被造的存在の永遠の原像が輝き出るように、人間はその知の探求において、限界なく開かれながらも内容的に充実した現実把握、すなわち人間の本性と幸福の充実をもたらす理解にふさわしく形成されるからである。「しかしながらわれわれは、教学によって、自らの本性を悟り、自らのうちに見出すことのできるものを外の世界に探し求めないことを学び取るように回復される。それゆえ、人生における最高の安らぎは知恵の追求であって、知恵を見出す者は幸いであり、知恵を所有する者は至福なる者である[*76]」。

倫理的実践とは異なり、認識は、自らのうちで既存の存在を再構成することであるため、自然の世界を前提とする。自然の真理のこのような受容は、世界に対する開放性にもとづいて精神によって実行される。「このような仕方で一切の事物の類似性によって刻印された精神は、当然ながら、一切の事物であると言われて、一切の事物から複合されるものであるが、それは、精神がそれを自らの部分としてもつという仕方ではなく、潜勢的かつ可能的な仕方に従ってのことである。そしてこれは万人がひとしく自然本性的にもってはいてもひとしく認識しているわけではない、われわれのかの自然本性の尊厳なのである[*77]」。こうして自然（本性）は、知恵に対する人間の関わりにおいて、規範的な役割を果たす。フーゴーは、さまざまな定義の試みをなしながらも、自然の概念は汲み尽くしがたいのを痛感していた。「キケロも言うように、自然《ナトゥラ》（本性）を定義するのは難しいのであるが、われわれは実際たびたびその名を挙げて言及したので、この言葉の意味についてまったく沈黙し無視すべきではないように思う。われわれは欲することとすべてを語れないからといって、できることまで黙って語らないというわけにはいかない[*78]」。

「自然」（φύσις）とはまず第一に、自然学の対象となる物理的世界である[*79]。「自然とは、世界全体を含むものである」[*80]。この可変的な自然の根底には、神における理念を規範として事物の本質を形成する原初的・根源的根拠が存在する。「すべての自然は原初的原因と永久的自存とをもっている」[*81]。自然は事物に対してその本質と「意味」（significatio）を「定めた」[*82]のであり、それゆえ自然においては神の精神が表明される。「前者〔自然〕は人間へ向けられた神の声である」[*83]。さらに人間以外の自然のあらゆる部分は、人間の魂において一つにまとめられているのが見出される。「哲学者のあいだで認められたある見解は、人間の魂が自然のあらゆる部分で構成されていると主張している」[*84]。しかしながら、魂は自然のさまざまな部分の寄せ集めではなく、根源的かつそれ自らとして、自然の充実した全体を含んでいる。「しかしながらわれわれは、事物のあらゆる自然本性に最も通暁した人々が、〔魂の〕単純な本質については、それが諸部分の何らかの量において延長しているものと考えたのだと判断してはならない。むしろ魂の優れた能力をより明らかに示すために、彼らは魂があらゆる自然本性から成り立っていると述べているが、それは〔実際の〕複合によってではなく、複合の意味によってという仕方においてである。というのも、あらゆる事物についてのこの類似はどこか他のところから、あるいは外部から魂にやって来ると考えてはならないからである。むしろ魂は類似を自らにおいて自らに発し、ある生得能力と固有の力によって捉えるのである」[*85]。

こうして自然概念一般は人間の自然本性という概念に収斂することになるが、この人間の自然本性はまさに「自然本性の固有の力とその純粋さ」[*86]として、すなわち人間の根源的・規範的本質として、——十二世紀に復興された倫理的な自然法概念の意味で——神の意志を人間に対して表すものなのである。このような仕方で神の知恵は、人間を自ら自身へと呼び戻すことによって、人間の自然本性を回復させる。こうして多様な外的自然物の認識は、人間を自ら自身の認識へと導く。それゆえ人間は、ともすると感覚的認識のうちに埋没してしまいがちな自然学的知識から抜け出て、自らの内面へと目を向け、自らの精神性と人格的同一性を捉えるという本性上の傾向性をもっているのである。「思うに、今やわれわれは次のことを十分明らかに理解することであろう。すなわち、魂がいかなる物体の表象像によっても暗くされることのない単純な知解の純粋さから、見られうるものの表象像のほうに下降するときに、いかにして〈知解されうるもの〉〔知解行為〕から〈理解されうるもの〉〔表象〕へと下降するかということ、そして再びまた彼らが至福なるものとなるのは、あたかも刻印された最善の形姿のある印章によって良くまとめ上げられたかのように、この散漫から自らの本性の単純な源泉へと自らを結集するときであるということを理解するのである」[*87]。それゆえ、認識の「〔自然への〕前進と〔自らへの〕還帰」[*88]の過程においては、自然の認識の意義が否定されることはないにせよ、その重点は、人間の自己認識に置かれている。

三　諸学の体系

人間論的基礎づけおよび救済論的意味の解明にもとづいて、フーゴーは諸学芸と諸学の体系を展開する[*89]。その際、学一般または「哲学」は根本的に、人間の本質の回復の遂行として理解されると同時に、あらゆる世界内の存在者は人間のうちに集約されるため、そこには現実のあらゆる領域が包括され、自然の秩序に従って配置される。「学科における順序は自然本性に従って考察される」[*90]。

人間のいかなる活動も、生命の維持への配慮と意味の分有に対する努力のどちらかに由来するものであり、また意味は理論的認識ないし知恵、そして正しい意志ないしは徳において獲得されるため[*91]、哲学はその実質において、理論的諸学、実践的諸学、身体的生を昂進する学、すなわち「技術的学芸」(artes mechanicae) の三種に分かれる。理論的学は真の意味での知恵に到達し、理論的学と実践的学は純粋な洞察 (知解 intelligentia) を実現するのに対して、「何らかの配慮を必要とする[*92]」ものである「技術的学芸」は、単なる「知識」(学知 scientia) を獲得するのみである。「知解は真理の探求と道徳的考察に励むものであるから、われわれはこれを二種類に、すなわち理論的知解ないし観照的知解と、実践的知解ないし行動的知解とに分ける。後者は、倫理的知解ないし道徳的知解とも呼ばれるものである。学知は人間的活動を追求し展開するものゆえ、適切にも技術的学知、すなわち〔自然〕模造的学知と呼ばれている[*93]」。このような三種の学問分野は、おのおのに対応する人間的生の三様の悪を取り除く[*94]。「知恵と徳と必需性という三つの事柄がある。知恵とはあるがままの事物の把握である。徳とは自然な仕方で理性に一致した精神の習慣である。必需性とは、それなしにはわれわれが生きることのできないものであるが、〔それが満たされれば〕よりいっそう幸せに生きるであろうものである。これら三つの事柄は人の生がその影下に置かれている三つの悪に対する医薬である。すなわち、知恵は無知に対する医薬であり、徳は悪徳に対する医薬であり、必需性は弱さに対する医薬である。これら三つの悪が根絶されるために、これら三つの医薬が探し求められたのであり、これら三つの医薬が見出されるために、あらゆる学芸とあらゆる学科は発見されたのである」[*95]。

これら三種の根本領域にはさらに、学問的論述の解明の手引きとしての論理学が加わる。「論理学もまた発見されるべきものであった。というのも、正しく真実に論じる推論方式を始めに理解することなくしては、誰も事物について適切に議論することは不可能だからである」[*96]。ここから、「哲学」ないし全学問は四種の領域に区分される。「学知は四種であって他の一切はそれに含まれるとわれわれは述べた。すなわち真理の観照に努める理論学、道徳の規律を考察する実践学、この世のもろもろの活動を扱う技術的学芸、そして正しく語り鋭く論争する学知を供する論理学がそれである」[*97]。これらの四種の学はまた、「観照的」学、「活動的」(「倫理的」、「道徳的」)学、「(自然)模造的」学、そして「言語的」(sermocinales) 学とも呼ばれる[*98]。人間の技に関する学芸を「模造」(adulterina) と名づけるのは、フーゴーがこの語を、「機械」を意味する mēchanē からではなく、「姦通」を意味する moichos から採っているためであり、この moichos によってフーゴーは、人目につくことのない狡猾さを考え、技術的作品の不思議なあり方にその狡猾さの現れを見て取っているのである[*99]。フーゴーは自らの分類法とストア学派の学問体系(論理学・倫理学・自然学)との類似性を認めながらも、そこには技術的学芸が存在しないことを遺憾としていた[*100]。

理論的諸学、実践的諸学、技術的諸学、さらに予備段階としての論理的諸学という、徐々に下降する段階は、その対象の秩序と人間論的根拠から生じるものであるが、それらが学ばれる順序は、教育的・価値論的考察によって定められる。「これら四つの哲学の部門においては、次のような順序が教学において守られるべきである。すなわち、第一に論理学が、第二に倫理学が、第三に理論学が、第四に技術的学芸が置かれるようにすべきである。というのは、雄弁がまず最初に具えられるべきであるからである。ついで、ソクラテスが『倫理学』の中で言うように、徳の追求を通じて心の目を清めるべきであり、次に理論学において、真理の精査に向けて鋭敏なものでありうるようにすべきである。最後に、技術的学芸が続くが、それは、もしも先行する諸学の理法によって支えられるのでないなら、それ自体ではあらゆる場合に無効である」[*101]。このような主要な四種の領域は、さらに下位の個々の諸学へと分化する。

「理論学は神学、自然学、数学に分けられる。神学は不可視的な実体を取り扱い、自然学は可視的な事物の不可視的な原因を取り扱い、数学は可視的な事物の可視的な形相を取り扱う。そして、この数学は四つの学問に分けられる。そのうち第一の学問は算術であり、それは数、すなわち自体的に分かたれた〔不連続〕量を取り扱う。第二の学問は音楽学であり、それは比例、すなわち関係的に分かたれた量を取り扱う。第三の学問は幾何学であり、それは空間、すなわち不可動的な連続量を取り扱う。第四の学問は天文学であり、それは運動、すなわち可動的な連続量を取り扱う。算術の元素は一性である。音楽学の元素は単調音である。幾何学の元素は点である。天文学の元素は瞬間である。

実践学は個人的な実践学、私的〔家庭的〕実践学、公〔共〕的な実践学に分けられる。個人的な実践学が教えるのは、個々人はどのようにして固有の生を立派な日々の行いによって整え、徳によって備えを固くしたらよいのかということである。私的〔家庭的〕な実践学が教えるのは、家庭、また肉の情愛を通じて近しい人々がどのようにして治められるべきかということである。公〔共〕的な実践学が教えるのは、民の全体と民族がどのようにしてその統治者たちによって指導されるべきかということである。個人的な実践学は個々人に関わり、私的〔家庭的〕な実践学は家父たちに関わり、公〔共〕的な実践学は国家の統治者たちに関わる。

技術的学芸は人の業《わざ》を取り扱うのであり、それは七つに分けられる。そのうちの第一の技芸は機織学であり、第二の技芸は兵器学であり、第三の技芸は通商〔航海〕学であり、第四の技芸は農学であり、第五の技芸は狩猟学であり、第六の技芸は医〔薬〕学であり、第七の技芸は演劇学である。

論理学は文法学と論証論に分けられる。論証論は蓋然的論証論と必然的論証論と詭弁的論証論に分けられる。蓋然的論証論は弁証論と修辞論に分けられる。必然的論証論は哲学者たちに所属し、詭弁的論証論はソフィストたちに所属する[*102]」。

フーゴーは個々の学問の内容を具体的に展開しているわけではなく、それらの構造と意味についてのわずかな暗示を与えるにとどまっているため、ここでも若干の註釈を付け加えるだけに満足しなければならない。まず指摘できるのは、フーゴーは古代および初期中世における七自由学芸の体系を解体しながらも、言語に関係する「三学[*103]」（trivium）を実質的内容をもつ諸学の予備学と位置づけ、また「四科」（quadrivium）を数学の下位学問として理論的諸学へと細分化することによって、七自由学芸の内容を保持しているということである。同時に彼は、諸学芸を哲学的洞察へ導く予備段階とみなす一方で、また別の箇所ではそれらを「哲学」の構成要素と考えている。「というのはこれら七つの学芸はいわば、最良の道具であり、最良の礎であって、それらによって、哲学的な真理の十全な学知にいたる道が精神に用意されるのである」[*104]。「学芸は哲学の下に置かれる。すなわち、学芸は哲学のある確かな確定された部分をその素材としてもっている」[*105]。またフーゴーは、天文学に関しては、学問的な天体論と、部分的には迷信的性格をもつ占星術とを区別している[*106]。

フーゴーは、学問体系のうちに技術的・実践的学芸を組み入れることによって、それらを学問研究にふさわしいものとするだけでなく、古代の学問理解そのものの是正を図り、また手作業や技術を人間的生の不可欠の構成要素として人間の自己理解のうちに受け容れることを通じて、古代の学問理解の根底に働く人間観を転換したのである[*107]。しかしフーゴーは、技術的学芸に関して、その理論のもつ教養としての価値という点よりも、人間にとっての生活上の必要性という点にその存在意義を認めている。技術的学芸は、創造的な発明ではなく、自然の模倣をその本質とするが[*108]、フーゴーはそれによって製作される事物に対して讃嘆を惜しまない。「確かに今日見られる人間の営みの最も優れたものは、この理由から発見されたものである。すなわち絵を描く、織物をする、彫刻をする、建築をするなどの無数の種類の営みはこの理由から生じたので、われわれは今や自然の造化とともに技術者自身にも驚嘆するのである」[*109]。技術的諸学芸が七種類挙げられているのは、明らかに七自由学芸との類比を念頭に置いてのことであろう。それら技術的諸学芸のうちに、のちの大学の学部に数えられる医（薬）学[*110]が属するのはやや意外とも思われようが、その位置づけは、医学の対象である人間の身体がすべての技術的学芸の共通の主題であることにもとづいている。それに対して演劇学が最高の段階に置かれているが、それは、演劇の上演や歌、さらにスポーツ（ボクシング）などを含むものとして、人間の身体的必要を満たすだけでなく、その感情に刺激を与えるものだからである。[*111]第三の技術的学芸としての通商（航海）学は、商取引きにおいて「きわめて必要[*112]」である修辞学の一種とみなされ、また人間の共同生活に及ぼす効果という点で高い評価を受けている。「この技芸の追求は諸民族を一致させ、戦争を鎮め平和を強化し、私的な財を万人の共通使用へと置き換える[*113]」。

フーゴーの神学理解にとって示唆的なことに、フーゴーは神学を説明する際に、諸学の体系という枠組みにおいて、キリスト教との連関に触れることなく、神学一般の普遍的概念のみを簡潔に論じている。[*114]また『ディダスカリコン』の第二部（第四巻—六巻）の冒頭において、キリスト教の「聖なる書物」、とりわけ聖書の読解と研究が検討される際には、異教的古代の哲学的神学が、誤謬の浸透した見せかけのものとして排斥されている。[*115]引き続きフーゴーは、哲学を使用する体系的・思弁的神学の可能性に立ち入りはしないものの、聖書の正典と四大公会議を取り扱い、外典の一覧表を挙げ[*116]（第四巻）、ついで聖書の多様な意味とその解釈と並んで、その研究に取り組む正しい態度と方法を論じたうえ（第五巻）、最後に再び詳細に、聖書の歴史的意味、寓意的・霊的または神秘的意味、さらに転義的ないし道徳的意味を解明している[*117]（第六巻）。

このように『ディダスカリコン』という初期の著作におけるフーゴーの神学理解は、伝統的な修道院神学に則ったものであり、信仰の理性的解明をめぐる初期スコラ学の営為をかならずしも考慮したものではなかった。しかしながらそこでは、「瞑想」（meditatio）[*118]、すなわち信仰の内容についての徹底した熟考は、それについて別の大部の著述が必要であるという理由から、意図的に『ディダスカリコン』の計画から外されている。[*119]またフーゴーは、確かな事実の支えを欠いたまま寓意的解釈に向かうことの危険を自覚し、これに対しては、まず最初に聖書の歴史的意味に取り組んで歴史的事実の知識を身につけることが必要であるとしている。「あらかじめあなたが歴史を学び、なされた事柄の真理を、始めから終わりまで、何がなされたか、いつなされたか、どこでなされたか、そして誰によってなされたかを反復しながら、丹念に記憶に委ねる必要がある。実際、歴史においては、これら四つは特に要求されるべきものである。すなわち、人、営為、時と場所の四つである。またあなたが、あらかじめ歴史において基礎づけられているのでなければ、あなたは寓意において完全に玄妙な者となることは不可能であるとも私は思う」[*120]。ただ歴史を通ることによってのみ、聖書のより深い霊的理解への道が拓けるのである。[*121]「しかして聖なる教学の基礎と始原は歴史であり、それについて、あたかも蜜蜂が蜂の巣から取り出されてくるかのように、寓意の真理が表出されてくるのである」[*122]。歴史的事実の知識の獲得をめぐって記されたこの章で、フーゴーは唯一、彼自身の少年期の修学時代を生き生きと回想している。[*123]神学の基礎学としての歴史研究[*124]をこのように詳論することによってフーゴーは、思弁的スコラ学と並ぶもう一つの方向である実証的・歴史的神学の成立を促すだけでなく、当時の歴史記述に対してもその構造解明のための示唆を与えることになったのである。

註

＊1——J. Ehlers, *Hugo von St. Viktor. Studien zum Geschichtsdenken und zur Geschichtsschreibung des 12. Jahrhunderts*, Wiesbaden 1973, S. 6-17.

＊2——J. Miethke, Zur Herkunft Hugos von St. Viktor, *Archiv für Kulturgeschichte* 54 (1972), S. 241-265; R. Baron, *Études sur Hugues de Saint-Victor*, Paris 1963, pp. 9-30; J. Ehlers, *op. cit.*, S. 27-33.

＊3——K. Ruh, Hugo von St. Viktor, in: *Die deutsche Literatur des Mittelalters. Verfasserlexikon*, Bd. 4, Berlin/New York 1983, Sp. 282.

＊4——J. Ehlers, *op. cit.*, S. 30.

＊5——K. Müller (Hg.), Hugo von St. Viktor, *Soliloquium de arrha animae*, Bonn 1913, S. 3; PL 176, 951-952〔サン＝ヴィクトルのフーゴー『魂の手付け金についての独語録』別宮幸徳訳、上智大学中世思想研究所編訳／監修『中世思想原典集成』九「サン＝ヴィクトル学派」、平凡社、一九九六年、所収。「序」〕; J. Ehlers, *op. cit.*, S. 28.

＊6——D. van den Eynde, *Essai sur la succession et la date des écrits de Hugues de Saint-Victor*, Roma 1960, pp. 45ss.; J. Ehlers, *op. cit.*, S. 37.

＊7——J. Taylor (trl.), *The Didascalicon of Hugh of St. Victor*, New York 1961 (1991), p. 3.

＊8——Ch. H. Buttimer (ed.), *Hugonis de Sancto Victore Didascalicon De Studio Legendi. A Critical Text*, Washington, D.C. 1939; 英訳は以下のもの。J. Taylor (trl.), *op. cit.*『ディダスカリコン』〔＝*D*〕からの引用は以下において、巻数と章数のみを記す。邦訳は、『ディダスカリコン（学習論）——読解の研究について』五百旗頭博治・荒井洋一訳、『中世思想原典集成』九、所収。

＊9——D. Lasić, *Hugonis de S. Victore Theologia Perfectiva. Eius Fundamentum Philosophicum ac Theologicum*, Roma 1956, pp. 14-32; R. Baron, *Science et sagesse chez Hugues de Saint-Victor*, Paris 1957, pp. XXIV-XXXI; R. Goy, *Die Überlieferung der Werke Hugos von St. Viktor. Ein Beitrag zur Kommunikationsgeschichte des Mittelalters*, Stuttgart 1976; D. van den Eynde, *op. cit.*; R. Baron, *Études sur Hugues de Saint-Victor*, loc. cit., pp. 31-67.

＊10——R. Baron, *Hugonis de Sancto Victore Opera Propaedeutica. Practica geometriae, De grammatica, Epitome Dindimi in philosophiam*, Notre Dame, Indiana 1966.

＊11——K. Ruh, *art. cit.*, Sp. 286-290.

＊12——Hugo de Sancto Victore, *Epistulae* (PL 176, 1011-1018).

＊13——Osbertus de Sancto Victore, *Epistola de morte Hugonis* (PL 175, CLXI-CLXIII).

＊14——Richardus de Cluny, *Chronica*, MGH SS XXVI, p. 81; cf. J. Ehlers, *op. cit.*, S. 1.

＊15——R. Baron, L'influence de Hugues de Saint-Victor, *Recherches de Théologie ancienne et médiévale* 22 (1955), pp. 56-71.

＊16——Bonaventura, *De reductione artium ad theologiam* 5.〔ボナヴェントゥラ『諸学芸の神学への還元』伊能哲大・須藤和夫訳、『中世思想原典集成』一二「フランシスコ会学派」、二〇〇一年、所収〕

＊17——Vincentius Bellovacensis, *Speculum Doctrinale* lib. 17, c. 27 (ed. Douai 1624).

＊18——K. Ruh, *art. cit.*, Sp. 284.

＊19——Thomas Aquinas, *Summa theologiae* II-II q. 5 a. 1 ad 1.〔トマス・アクィナス『神学大全』一五、稲垣良典訳、創文社、一九八二年〕

＊20——Dante Alighieri, *Divina Commedia*, Paradiso XII, 133.〔ダンテ『神曲』天国篇、平川祐弘訳、河出書房新社（河出文庫）、二〇〇九年〕

＊21——Werner Rolevinck, *Fasciculus temporum*, ed. J. Pistorius Nidanus, Frankfurt a. M. 1584, fol. 75^{v}; cf. J.

Ehlers, *op. cit.*, S. 1.

＊22——J. Taylor (trl.), *op. cit.*, p. 4.

＊23——L. Ott, Hugo von St. Victor und die Kirchenväter, *Divus Thomas* (Fribourg) 27 (1949), S. 180-200, 293-332.

＊24——*D* 3, 13.

＊25——*D* 1, 1. Cf. J. Taylor (trl.), *op. cit.*, pp. 19; 22; 24; 178 n. 6.

＊26——*D* 2, 29.

＊27——J. Châtillon, Les écoles de Chartres et de Saint-Victor, in: *La scuola nell'Occidente latino dell'alto medioevo* (Atti delle Settimane di studio del Centro italiano di studi sull'alto medioevo XIX, 2), Spoleto 1972, pp. 795-839, 853-857.

＊28——*D* 1, 5.

＊29——*D* 1, 1.

＊30——*D* 3, 4.

＊31——J. Hofmeier, *Die Trinitätslehre des Hugo von St. Victor*, München 1963, S. 191.

＊32——Chr. Schütz, *Deus Absconditus Deus Manifestus. Die Lehre Hugos von St. Viktor über die Offenbarung Gottes*, Roma 1967, S. 37-48; St. Ernst, *Gewißheit des Glaubens. Der Glaubenstraktat Hugos von St. Viktor als Zugang zu seiner theologischen Systematik*, Münster 1987, S. 89-93.

＊33——Hugo de Sancto Victore, *De sacramentis fidei* I, prologus 2 (PL 176, 183A).

＊34——*Ibid.* (PL 176, 183A-B).

＊35——H. R. Schlette, *Die Nichtigkeit der Welt. Der philosophische Horizont des Hugo von St. Viktor*, München 1961, S. 25f.

＊36——Hugo de Sancto Victore, *Adnotationes elucidatoriae in Pentateuchon* 4 (PL 175, 33B).

＊37——Id., *De sacramentis fidei* I, prologus 2 (PL 176, 183B).
＊38——*Ibid.*
＊39——Id., *Didascalicon*, Appendix: De tribus rerum subsistentiis (Ch. H. Buttimer, *op. cit.*, p. 134).〔『ディダスカリコン』「付論C　事物の三つの存立〔の仕方〕について」〕
＊40——St. Ernst, *op. cit.*, S. 98-101.
＊41——Chr. Schütz, *op. cit.*, S. 48-59.
＊42——*Ibid.*, S. 342-357; J. Hofmeier, *op. cit.*, S. 197-199.
＊43——R. Baron, *Science et sagesse chez Hugues de Saint-Victor*, loc. cit., pp. 147-166.
＊44——Hugo de Sancto Victore, *De sacramentis fidei* I, prologus 2 (PL 176, 183).
＊45——*D* 5, 3.
＊46——*D* 4, 1.
＊47——Id., *De vanitate mundi* 2 (PL 176, 711A).
＊48——*D* 2, 1.
＊49——*Ibid.*
＊50——Boethius, *De consolatione Philosophiae* III, pr. 10.〔ボエティウス『哲学の慰め』松岡一平訳、京都大学学術出版会（西洋古典叢書）、二〇二三年など〕
＊51——*D* 1, 1.
＊52——H. F. Stewart, A Commentary of Remigius Autissiodorensis on the *De consolatione Philosophiae* of Boethius, *The Journal of Theological Studies* 17 (1916), p. 31; cf. J. Taylor (trl.), *op. cit.*, p. 175.
＊53——*D* 5, 3.
＊54——*D* 2, 18.
＊55——*D* 5, 3.

＊56—J. Hofmeier, *op. cit.*, S. 192-205.

＊57—H. Köster, *Die Heilslehre des Hugo von Sankt-Viktor. Grundlagen und Grundzüge*, Emsdetten 1940, S. 34-40; Chr. Schütz, *op. cit.*, S. 108-130; St. Ernst, *op. cit.*, S. 159-168.

＊58—St. Ernst, *op. cit.*, S. 194-200.

＊59—*D* 1, 5.

＊60—*D* 1, 7.

＊61—*D* 1, 8.

＊62—I. Illich, J. Migon (trl.), *Du lisible au visible: La naissance du texte. Un commentaire du* Didascalicon *de Hugues de Saint-Victor*, Paris 1991, pp. 63-79. 〔*In the Vineyard of the Text. A Commentary to Hugh's* Didascalicon, Chicago 1993. I・イリイチ『テクストのぶどう畑で』岡部佳世訳、法政大学出版局、一九九五年〕

＊63—*D* 5, 6.

＊64—*D* 5, 8.

＊65—Cf. id., *De unione corporis et spiritus* (PL 177, 285-294).

＊66—*D* 1, 8.

＊67—*D* 1, 11.

＊68—*D* 1, 4.

＊69—*Ibid.*

＊70—*D* 1, 2.

＊71—Boethius, *De institutione arithmetica* 1, 1 (PL 63, 1079D); id., *In Porphyrium dialogi* 1 (PL 64, 10D-11A). 〔ボエティウス『ポルフュリウス・イサゴーゲー註解（第一公刊本）』石井雅之訳、『中世思想原典集成』五「後期ラテン教父」、一九九三年、所収、三六頁〕

*72――*D* 1, 2.〔「ところで哲学とは……」以下は、前註ボエティウスのポルフュリオス註解の箇所の引用〕
*73――*D* 2, 1.
*74――*D* 3, 13.
*75――Cf. D 5, 7.
*76――*D* 1, 1.
*77――*Ibid.*
*78――*D* 1, 10.
*79――Cf. *D* 2, 16.
*80――*D* 1, 6.
*81――*Ibid.*
*82――「事物の意味は言葉の意味よりもはるかに卓越している。というのも、後者を定めたのは慣用であるが、前者を定めたのは自然だからである」: *D* 5, 3.
*83――*Ibid.*
*84――*D* 1, 1.
*85――*Ibid.*
*86――*D* 1, 2.（*72参照）
*87――*D* 2, 5.
*88――*D* 2, 4.
*89――P. Sheridan, *Philosophy and Erudition in the Didascalicon of Hugh of Saint Victor*, Fribourg 1962, pp. 43-57; D. Lasić, *op. cit.*, pp. 203-236.
*90――*D* 3, 8.
*91――Cf. *D* 1, 8.（*61参照）

＊92——*D* 1, 8.

＊93——*Ibid*.

＊94——D. Lasić, *op. cit*., S. 151-157.

＊95——*D* 6, 14 (J. Taylor [trl.], *op. cit*., Appendix 1, p. 152).〔『ディダスカリコン』「付論A　哲学に含まれるものの分割」〕

＊96——*D* 1, 11.

＊97——*Ibid*.

＊98——Cf. *D* 2, 1.

＊99——J. Taylor (trl.), *op. cit*., p. 191 n. 64.

＊100——Cf. *D* 2, 16.

＊101——*D* 6, 14 (J. Taylor [trl.], *op. cit*., Appendix 1, pp. 153s.).〔『ディダスカリコン』「付論A」〕

＊102——*Ibid*. (p. 153)〔同〕; cf. *D* 3, 1.

＊103——Cf. *D*. 3, 3.

＊104——*D* 3, 3.

＊105——*D* 3, 4.

＊106——Cf. *D* 2, 10.

＊107——L. Miccoli, Le "arti meccaniche" nelle classificazioni delle scienze di Ugo di San Vittore e Domenico Gundisalvi, *Annali della facoltà di lettere e filosofia*, Università degli studi di Bari, 24, Bari 1981, pp. 73-102; P. Vallin, "Mechanica" et "Philosophia" selon Hugues de Saint-Victor, *Revue d'Histoire de la Spiritualité* 49/3 (1973), pp. 257-288.

＊108——Cf. *D* 1, 9.

＊109——*Ibid*.

＊110――Cf. *D* 2, 26.
＊111――Cf. *D* 2, 27.
＊112――「通商〔航海〕学はまさしく修辞学の一種であって、それはこの職業には弁論術がきわめて必要だからである」: *D* 2, 23.
＊113――*Ibid.*
＊114――Cf. *D* 2, 2.
＊115――Cf. *D* 4, 1.（＊46参照）
＊116――Cf. P. Sheridan, *op. cit.*, pp. 73-85.
＊117――Cf. D. Lasić, *op. cit.*, pp. 356-370.
＊118――*Ibid.*, pp. 50-56.
＊119――Cf. *D* 6, 13.
＊120――*D* 6, 3.
＊121――Chr. Schütz, *op. cit.*, S. 207-216.
＊122――*D* 6, 3.
＊123――「私は、あなたにあえて断言するが、陶冶に関係する何ものもいまだかつて蔑んだことはなかった。他の者たちには冗談や譫妄に類したものに見える多くのことをしばしば学んだのである。まだ学生だったとき、私の目に触れ、あるいは私に使うべく供されたすべての事物の呼び名を知ろうとしていたことを思い出す。当時私は、事物の名をいまだ知らない者は事物の本性の追求などできるものではあるまいとまで考えていたのである」: *ibid.*
＊124――J. Ehlers, *op. cit.*, S. 156-177.

第八章　人格の理性的自己形成——トマス・アクィナスの倫理学の存在論的・人間論的構造

序　問題設定

トマス・アクィナス（一二二四／二五—七四年）に先立つ時代、教父と中世の思想においては、アンブロシウス（三三九頃—三九七年）の『教役者の職務について』やペトルス・アベラルドゥス（一〇七九—一一四二年）の『倫理学あるいは汝自身を知れ』以外には、倫理学についての独立の著作はごくわずかしか存在しない。『神学大全』第二部はこの二著を凌駕し、哲学・神学的倫理学として後にも先にも類例を見ないものであるが、それは分量に関してのみならず、主題の広がりと叙述の徹底さに関しても言えることである。この「一つの倫理神学、および倫理神学の最初の学問的体系の……構想」[※1]は近年のトマス研究においてますます注目を集めているとはいえ、大方の研究はこの全体の中から特定の部分的考察を切り離してそこに関心を集中する傾向にある。ただドイツのトマス研究においては、『神学大全』第二部の基本的意図と全体としての性格、とりわけトマスによって考察された自然法の意味をめぐって立ち入った議論が展開されている。[※2]本論でも同様にまず『神学大全』第二部においてトマス自身が意図した問題設定を取り上げ、ついでその行論の根底に働いている人格としての人間理解を論じ、こうした議論を元に、倫理学の諸問題におけるトマスの思想の若干の本質的特徴を、とりわけ第二部の個別的論考との関係で取り出すことに努めたい。しかしここでは、トマスの倫理思想をその全体的文脈において捉えたり、トマスの思想史上の源泉を解明することが試みられるわけではない。そのため特に、アリストテレスの『ニコマコス倫理学』がトマスの思想にいかなる影響を与えたか、またトマスがどのような点において、アラブ人たちによる註解からは独立して、[*3]アリストテレスを解釈し直しているのかといった問題には――それ自体として重要な論点ではあるが――ここでは立ち入らないことにする。[*4]本論ではトマス自身の倫理学的思考を問題とするが、それはつまり、伝統全体と深く関わりながらも根本的に新しい試みをなし、包括的な哲学的・神学的倫理学を展開することを目指していたトマス自身の意図に即したものとなるはずである。トマスの伝記作者トッコのグイレルムス（一三二三年以降歿）がトマスの教授活動全体についてその新しさを強調していることは、その倫理学に関してもよく当てはまっていると言えるだろう。「彼はその講義において、新たな主題を展開し、問題解決の新たで明確な方法を見出し、その問題解決において新たな証明を挙げた。そのため、彼が新たなものを教えるのを聴き、問題点を新たな証明をもって解決するのを聴いた者は誰一人として、神が彼を新たな光の照明によって照らしているのを疑うことはなかった」[*5]。

一　倫理学の存在論的基礎

(一) 似像としての人間

トマスは、『神学大全』の第二部、とりわけその前半（第二部の一）においてなされるべきことについて、第二部の一の序文において原理的な予備理解を述べている。[*6] これは重要なものであるため、ここでその全文を引用し、個々の点について解釈を加えておきたい。「人間は神の似像にかたどって造られたとあるが、この場合の〔神の〕似像とは、ダマスケヌス〔ダマスコスのヨアンネス　六五〇頃—七五〇年頃〕の言うように、それが知性的であり、自由意思をもち、自己活動が可能であるということである。われわれはこれまでのところにおいて、範型たる神について、ならびに、神の意志にもとづき神の力に発する諸般の物事について考察してきたのであるが、なお残された仕事として、以下においては、神の似像としての人間、つまりやはり自由意思をもち、自らの行いを司る力をもつという意味において、自らが自らのもろもろの行いの根源である人間について考察することにしよう[*7]」。

この文章によれば、人間こそが『神学大全』第二部の主題なのであり、そのために倫理学は自立した学科ではなく、人間論を構成する一部門と理解されている。それゆえトマスの倫理学は、定言命法や道徳法則という形式の事実を扱うものでも、またはそれ自体として成り立つ実質的価値の体系的構造を考察するものでもなく、自ら善くあろうとする限りでの人間を主題とするものなのである。「徳とは人間の善さである」[*8]。倫理学が人間論にその根をもつということは、存在の超範疇的規定の体系[*9]に照らすなら、存在と善との一致をその存在論的根拠としている。「善と存在とは事柄としては同一である。その意味内容に関して異なっているのである」[*10]。存在と善との概念的区別は、「究極的に完成されたもの」[*11]、つまり「究極の現実態」[*12]あるいは「付加される現実態に従って、知や徳が付け加えられる」[*13]といった善の意味にもとづいている。それゆえ、存在論的に善いものという概念のうちに含まれているものは、倫理学が人間的行為を対象とする限りで、倫理学のうちに明瞭に現れることになる。「ところで、あるものは可能態においてあるところのものにもとづいてではなく、現実態においてあるところのものに即して、端的な意味で存在であるとか善であるとか言われるのであり、それゆえ人はこのような〔道徳的〕習慣からして、端的な意味で善をなすとか、善い人であるとか言われる」[*14]。

人間そのものの道徳的善性は、人間がその本質において、またその本質が神に由来するものとしていわば存在論的な「発生論的明証」（フィヒテ　一七六二―一八一四年）を通じて理解されるときにこそ、はじめてそのものとして認識されうる。そのためトマスは『神学大全』第二部（および第三部）において自覚的に第一部の人間論と創造論を取り上げているのである。「人間について考察しなければならない。……その第一は人間の本性についてであり、第二は、人間の産出についてである」[*15]なぜなら人間の起源にもとづいて、その究極目的もまた規定されうるからである。『神学大全』第二部の一の序文において倫理学と創造の神学とのこうした関係、および――トマスの思想体系においては――超範疇的規定の一般存在論との関係が、人間を「造られたもの」と規定することによって述べられている。その際人間の被造性は、単に近世哲学的な作用因の意味で事実的存在の産出として問題になるわけではなく、人間の本質に具わる内的規定として理解されているということは、人間の起源ないし被造性が、神の似像というあり方において考察されているところから窺える。「人間は神の似像にかたどって造られた」[*16]。人間が被造的なものと見られるなら、人間において神はその存在と本質の起源として露わになる。こうして人間の倫理学的考察は、神学というより包括的な枠組みのうちに据えられる。それというのも、神学は神を、そのあるがままのあり方において、そしてそれが被造物の起源にして目的であるという点に関して、自らの観点および形相的対象とするからである。「ところで聖なる学においてはすべての事柄が神という観点のもとで論じられる。すなわちそれが神そのものであること、あるいは原理ないし目的としての神に秩序づけられているという観点のもとに論じられる」[*17]。

神は創造と摂理において第一かつ本質的に精神的存在を目指している。なぜならただ精神的存在のみが神の善に直接に与ることができ、自ら自身のために存在するからである。「すでに言われたことから確かなように、世界の究極目的は神であり、ただ知性的被造物のみが、神を認識し愛することによって、この神へそれ自身において到達する。……それゆえ、世界の中でただ知性的本性をもったもののみがそれ自身のために求められ、他のすべてのものは知性的本性をもったもののために求められる」[*18]。そこで神学そのものは、神をまたその働きにおいて、それゆえ被造物の根源と目的として考察するため、神の働きが必然的に精神的存在に向かい、本質的に人間に――それも人間の目的たる神との関係において――関わる限り、倫理学は神学それ自体の本質的契機なのである。「この聖なる学の主要なる意図は、神についての認識を伝えることであるが、しかも単にそれ自体としてある限りの神についてのみならず、諸事物、とりわけ理性的被造物の原理にして目的である限りでの神についてである」[*19]。

『神学大全』第二部におけるトマスの倫理学が、人間についてのその理論を人間の究極目的との関係で繰り広げ、それゆえ人間の被造性から出発しているため、この実践的意図における人間論は神学の枠組みのうちで展開される。こうした神との志向的な関係は、『神学大全』第二部の一の第一問から第三問までにおいて、神の直視における人間の至福という主題のもとで明確に示されており、さらにはこの倫理学論考全体を規定している。それというのも、この至福こそが倫理的存在としての人間の目的であり、あらゆる倫理的行為はこの目的から発するからである。そこでトマスの倫理学は、たとえば、理性の倫理的あり方を理性自身または絶対的当為から演繹するようなカント（一七二四―一八〇四年）の言う意味での実践理性の体系でもなければ、倫理的義務の要覧のようなものでもなく、人間存在の本質についての理論的洞察にもとづきながら[*20]、実践的帰結を十分に考え抜くものなのである。これは、神学を第一に理論的学、第二に実践的学でもあるとするトマスの神学理解に完全に対応している。「それゆえ確かに哲学的諸学においては、あるものは理論的で、あるものは実践的であるが、聖なる学はこの両者を自らのもとに包括する。……しかしそれは実践的よりは理論的である。なぜならそれは、人間的行為より、主に神的事柄を扱うからである」[*21]。同様に、トマスの人間論も、まずは理論的学であり、それがついで「実践的に意義をもつ」[*22]ことになるのである。

第二部の一の序文においては、すでに述べたように、人間の本質を神の似像としてのそのあり方の規定を通じて、[*23] 倫理学的人間論が神学的背景のうちに置かれている。しかしここで人間は、端的に似像とされるのではなく、より正確に「神の似像にかたどって造られた」ものとされている。そうすることによってトマスは、「創世記」(一・二六) の表現を繰り返すだけでなく、人間が神のいまだ不完全な似像として、希求をもって目的たる神を追求するその力動性を際立たせているのである。人間はその有限性ゆえに、常に神とのより高次の類似への途上にある。「ところで、人間においては、範型たる神に由来する何らかの意味での神の類似が見出されるのは明らかである。しかしそれは、相等という意味での類似ではない。なぜなら、この範型は、それを範型とするところから無限に卓越しているからである。それゆえ、人間のうちに神の像があると言われるにしても、それはやはり完全なそれではなく、不完全なそれにとどまる。聖書において、人間は神の似像にかたどって造られたと言われるのは、このことを表している。すなわち、この〈…にかたどって〉(ad …へ向けて) という前置詞は一種の接近を表すが、接近とは隔たったものについてこそふさわしいのである」[*24]。こうして似像としてのあり方は、創造とともに与えられた賜物ではあるが、それ以上にまた、倫理的行為 (第二部) と救い (第三部) を通じて実現されるべき模範なのである。「そうしてわれわれは、神の像と類似へ向けて造られたと言われる限りでの人間について、その人間の産出の目的ないしは終極について考察しなければならない」[*25]。しかし「似像」とはその本来の意味においては、原像への類似における相等性を言うのである以上、ただキリストのみが神の完全な似像である。『註解《グロッサ》』に従えば、キリストは神の最も完全な似像であるということが明らかである。つまり、何ものかが完全に何ものかの似像であるためには、三つのものが必要であるが、この三つはキリストに完全に具わっている。第一に類似、第一に起源、第三に完全な相等性である」[*26]。それゆえ似像の概念によって、キリストの像が倫理学的考察の背景において規範として示されるのであるが、より普遍的な問題を先に位置づけるべきであるという方法論的な理由から、キリスト論は主題的には第三部においてはじめて取り扱われることになる。

似像としての人間のあり方はその有限性ゆえに不完全なものであり、それにもかかわらず神自身とその完全性へと自らを関係づけるものであるため、似像としてのそのあり方のうちには、倫理的自己完成に向かう不断の努力を鼓舞するものがある。「あるものの似像があるもののうちに見出されるには二通りの仕方がある。一つにそれは、種において本性を同じくするもののうちに見出されるのであって、たとえば王の姿がその息子のうちに見出されるようなものである。いま一つにそれは、異なった本性のもののうちに見出されるのであり、たとえば王の姿がデナリオ貨幣のうちに見出されるようなものである。ところで御子が御父の似像であるのは第一の仕方によるものであるが、人間が神の似像と言われるのは第二の仕方による。そこで、人間のうちにある似像の不完全性を示すために、人間は単に似像と言われるのではなく、〈似像にかたどって〉(ad imaginem)と言われる。これによって完全性を志向する者のもつ何らかの動きが示されているのである」[*27]。こうして、倫理学は「神へと向かう動き」ないし神への「道」であるということが明らかになることで、倫理学がもつ追求としての性格は、諸徳の習態(habitus)の獲得において人格が自らを形成していく時間的過程として、考察の中心的位置を占めるにいたる。「この〔聖なる〕学を解明する意図をもつわれわれは、まず第一に神について〔第一部〕、第二に理性的被造物が神に向かう運動について〔第二部〕、第三にキリストについて論じることにしよう〔第三部〕。キリストは、人間である限りにおいては、われわれにとって神に向かうための道なのである」[*28]。

神の似像としての人間のあり方は、あらゆる存在者に対する魂の開きにもとづくが、この開きは感覚的認識に始まり、精神的認識において完成される。「すなわち感覚はすべての可感的なものの形象を受け取り、知性はすべての可知的なものの形象を受け取る。こうして人間の魂は、感覚と知性によってある仕方ですべてであり、このことによって、およそ認識を有するものはいずれもある仕方で神の似像に接近する。神においては、ディオニュシウス〔ディオニュシオス・アレオパギテス　五〇〇年頃〕の言うように、〈すべてのものがそこに先在している〉からである」[*29]。このような無制約的な開放性は、神への開きのうちにその可能根拠と目的とを有している。そこで人間の——個別的な能力ではなく——自然本性そのものは、認識と意志におけるこうした開きの遂行を通じて徐々に神の似像へと形成され、神との一致に向かうのである。「似像の類似は人間本性のうちに認められるが、それは人間本性が認識と愛という自らに固有の働きによって神に触れるという仕方で、神を受け容れる力を有しているからである」[*30]。こうして似像としてのあり方は第一に、神が自らを認識し自らを愛するがままの神への方向づけにもとづくのであり、つまりは神の認識と神への愛に根差すのである。「知性的本性が最高度に神を模倣するのは、神が自らを知解し、神が自らを愛することに関する限りにおいてである」[*31]。

原像としての神のあり方は、人間においては、人間自身の自己超出（「…にかたどって」、「…へ向けて」[ad ...]）、つまり神との類同化を促すものであるため、似像という主題のもとに理解された倫理学は、被造物の神への「還帰」（reditus）を意味する。[*32] こうした考えは新プラトン主義の思想に即してはいるものの、トマスはこれに時間性と歴史的生成を導入することにより、発出と還帰の存在論的関係をキリスト教的に解釈し直しているのである。[*33]

ところで神へと向かう関係は、対象にして目的である神によって人間の認識と意志とが志向的に種別化されるという点のみならず、そうした追求そのものの遂行のうちに、似像に固有のあり方を有している。それというのも、人間はその外部から受動的に規定されるのではなく、自由においてその目的に照らして自ら自身を規定するものだからである。「あらゆる事物は、その活動を通じて究極目的に達するが、その活動は、事物がそれによって活動する諸原理を事物に付与する者によって、目的へと向けて操られなければならない。……神は若干のものを、知性を具えたものとして、神との類似をもち、その似像を表すものとして造り出した。それゆえこれらのものは、ただ操られるだけでなく、自らを自らの固有の活動に従って、果たされるべき目的にまで操るものである」。[*34] そのため、精神的本性をもったものは神が自らを認識し愛するというまさにその点において神を模倣するという先の主張は、アウグスティヌス（三五四―四三〇年）的な精神論の意味で理解するなら、人間はその自己認識と自己愛において神に類似しているという意味で読み解くこともできる。この二様の解釈を組み合わせることによってはじめて、模像性の十全なる意味が明らかになる。同様に、人間が自己を認識し自己を愛するということによって、人間には神認識と神への愛が可能になるのであり、さらに神への認識と愛においてそこから逆に、人間の自己認識と自己愛が完成され、つまり愛を通じての神の直視における人間の至福が成就する。このように自己関係と自己超越、自律と神中心性の相互性ないし段階的統一は、[*35]トマスにとって、有限的精神の働きの本質的構造をなし、それゆえにその倫理学の根本構造となっているのである。その際にトマスは、内容的には神との関係を重視し、それに応じて人間が神の似像であることの第一義的・神学的意味に力点を置いている一方で、[*36]方法論的には、『神学大全』全体の構造と同様に、一般的かつ比較的容易に理解できるところ、つまり倫理学の場合では哲学的人間論、あるいは有限的精神の自己遂行という点から論を起こしている。

人間論を出発点とするこうした論の組み立ては、序文を読み進めるとはっきりと見て取ることができる。それというのもそこではトマスはまず、似像の概念を「知性的で、自由意思をもち、自己活動が可能である」という人間論上の三つの規定によって書き換え、それによって「本質・力・働き」[*37]という、人間論を区分する三つの根本次元を取り出し、ついで人間を――神へと向かう人間の超越的志向によってではなく――神の働きと人間自身の働きとの平行関係によって規定しているからである。『神学大全』第一部の神論が「神について、ならびに、神の意志にもとづき神の力に発する諸般の物事について」[*38]論じるのに対して、続く第二部は、「自由意思をもち、自らの行いを司る力をもつという意味において、自己自身が自らのもろもろの行いの根源である人間について」[*39]論じるものである。神学的考察から人間論的考察へのこのような移行にとって重要なのは、人間がもはや「神の似像にかたどって造られた」という超越との脱自的な関係によって規定されるのではなく、端的に「その〔神の〕似像、すなわち人間」[*40]と語られ、それによって似像が人間の本質と働きに属する規定として理解されるようになっているという点である。人間が似像として神に類似しているのは、三一的な仕方においてである。すなわち人間はまず「自己自身」であり、つまりは認識を通じて自己自身を所有し、第二に自由意思において自己自身を自らの活動に関して規定することができ、第三に自らの働きの「起源」(principium) にして「自己活動が可能である」(habens ... potestatem) というそのあり方においてである。こうして人間の倫理的本質は、自己保持・自由・権能というかたちでその尊厳において規定される。

これまで論じてきた序文は、第二部の一の導入であるが、より広い意味では、その内容は第二部全体とも関係している。第二部の一が「もろもろの徳と悪徳、および倫理的領域に属するその他の事柄についての全般的考察」[*41]を展開するのに対して、第二部の二は——その序文が詳述しているように——特殊倫理学を主題とし、個々の徳・悪徳、さまざまな生活状態における倫理を扱う。そのため第二部の一から第二部の二に移るに従って、考察の視点もまた、前半における人間の実践全般についての原理的理論から、後半における実質的に多様な徳論(ただし近世スコラ学における[*42]ような決疑論ではない)へと移行するのである。それゆえ第二部の二では、実践的便宜や論の簡便さ[*43]のために、区分のための理論的諸原理は一時的に棚上げされ、倫理学の領域全体をできるだけ隈なく解明することに力が注がれる。「倫理学の何ものも見過ごされることがないだろう」[*44]。

トマスはそこで、第二部の一で徳論として倫理学全体を展開したうえで、第二部の二では、主題となる内容を対神徳および枢要徳に従って分類し、そうすることによって倫理学全般の基本構想を一貫して人間の完全性についての理論として論じている。それゆえ人間の完全性は、まずは神へ向かう人間の超越（信仰・希望・愛）のうちに、さらに目的となるこのような（キリスト教的）次元にもとづいて（アリストテレス的）基本的徳目（賢慮・正義・勇気・節度）のうちに求められ、これらの徳目の共属によって人間に倫理的調和が具わるものとされる。「したがって道徳の全領域をもろもろの徳の考察へと還元したうえで、これら徳のすべてをさらに七つに還元しなければならない。それらのうちの三つは対神徳であって、まずそれらについて論じなければならない。これに対して、他の四つは枢要徳であり、それらについてはのちに論じられる」。[*45] ここにおいてトマスは、諸徳と賜物という区分原理に依拠することなく、[*46] また諸徳のなかでも「獲得された徳」と「注賜された徳」とを区別することがほとんどない。このことは単に重複を避けるためというよりは、哲学的・人間論的観点と神学的観点とを統合し、実際の救いの秩序において人間はいかに自らの本性に即した善性を実現しうるかということに応じて人間理解を獲得しようとするトマスの基本的努力の現れなのである。[*47]

(二)　人格としての人間

トマスは倫理的行為そのもの——それが善いものであろうとも悪いものであろうとも——を規定するにあたっては、行為に先行する善という規範と行為そのものとの関係からではなく、行為の遂行形態にもとづいてその規定を行っている。「ところで人間は、各自が自らの行動の主権をもつという、まさにこの点において、他のもろもろの非理性的な被造物とは異なる。したがって、人間がその主権をもつような行為のみが厳密な意味で人間的行為であると言える」[*48]。それゆえ倫理的行為は「人間的行為」(actus humanus)にほかならず、主体としての人間によってその理性的本性に即して、知と自由において遂行されるものとされるのである。「ところで人間が自らの行動の主であるのは、理性と意志とによるのであって、そのため自由意思が意志と理性の能力であるとも言われる」[*49]。こうして人間的行為は、人間によってなされはするものの、人間が自らの人格的能力を自己所有したかたちで行うのではないような行為(「人間の行為」[actus hominis])とは区別される。「このような行為は固有な意味における人間的行為ではない。すなわちそれらは、もろもろの人間的行為の固有の根源たる理性の思量に由来するものではないからである」[*50]。

しかしながら倫理的行為は知性と意志というそれぞれ独立した遂行が後から組み合わせられるものではなく、人間が自らを人間として遂行するような根源的全体である。それゆえにこそ、倫理的行為においては人間そのものの善性、つまり人間の内的自己完成が実現される。そのため、人間の諸能力が知性と意志に区別される以前に、存在論的には人間の一なる本質が存在する。人間の行為は本質的に自由であり、そのため個々に異なったものであるため、行為に際しては人間の普遍的本性そのものがその行為をなすのではなく、人間の本質がその一性と全体性において個々人に具わっている限りで、当の個々人こそが行為をなすのである。こうして倫理的・人間的行為は、本質的に普遍的な人間本性の個別的実現を、存在論的統一体として前提している。しかしそれは、普遍的本性とその法則性のもとに個別性を任意の事例として機能的かつ必然的に服属させるということではなく、個体そのものはここで、普遍的人間本性を自ら自身の部分として、それゆえに自由に用いるということを意味している。さらに人間本性における個体そのものの根源的な存在論的統一体を、トマスは人間の「人格」という概念[*51]によって語っている。そして人間本性はその知性的、あるいは――同じことだが[*52]――その理性的性格から固有の規定を受けている以上、人格概念そのものは倫理的行為の基盤として理解される。ここにおいて人格の存在は、行為主義（マックス・シェーラー 一八七四―一九二八年）や人格主義（エマニュエル・ムニエ 一九〇五―五〇年）におけるのとは異なり、その行為遂行そのもののうちで措定されるのではなく、人格の本質と存在は人間的行為の根源として発見されることになる。「存在と働きは、人格にはその本性によって具わるが、しかしそれぞれの異なった仕方においてである。なぜなら存在は人格の構成そのものに属しており、……しかし行為は、何らかの形相ないし本性に従った、人格のある種の結果だからである[*53]」。

倫理的行為においてはその存在論的基盤、すなわち理性的本性における個体そのものが遂行され、それによって現象にもたらされるため、そこにおいては人格の本質がそれ自身の働きから認識可能である。存在者の普遍的本質のみを表すいかなる本質規定とも異なり、人格概念にはそれ固有のものとして、その概念自体は個体性そのもの、つまり自由な行為の可能の制約を含むということが属している。そこでトマスは、行為の分析を通じて人格概念を獲得しているのであるが、その場合も人間という種のうちにおける個体としての人間だけを人格として念頭に置いているのではなく、神にも当てはまる無制約的な意味において、個体そのものの概念の段階的な徹底化にもとづいて人格概念そのものが練り上げられているのであり、そこにおいては個体性が深まれば深まるほど人格の完全性の度合いも高まる（perfectior）ことになる。「さらにしかし、理性的な諸実体にあっては、個別的・個体的なものが、なおいっそう特殊かつ完全な仕方で見出されるのであって、これらの諸実体はすなわち、自らの行為に対する自主性を有し、他のもののように単に行為させられるだけでなく、自らによって働く。しかるに、もろもろの働きを行うものは個々の単一者である。それゆえもろもろの実体のなかでも、理性的本性を有する単一者はさらに特別な名称を有している。その名称がまさに人格《ペルソナ》である」[*54]。そこで問題となるのは、存在者はやはりその普遍的な本質形相によって自らの存在を受容するのだとするなら、そうした個体性は、普遍的本質に対する優位をもつものとして、存在論的にはいかに構成されるのかという問いである。しかし倫理的行為を存在論的に人格の本質のうちに基礎づけるこうした本論での問題設定は、トマスが人格概念を理性的・人間的働きの分析によって獲得しているところから、正当なものであることが証しされる。人格そのものの諸特性は、人格的・倫理的行為の本質をも規定するのである。

トマスは、「人格《ペルソナ》」（persona）という語を「それを通して話す《ペル・ソナレ》」（per-sonare）、つまり役者が仮面を通して声を出すことに由来するものとすることで、そこに特別の威厳が現れているものとみなしている[*55]。「喜劇や悲劇において表現されている人物はいずれも著名な人物であったがゆえに、人格《ペルソナ》なる名称は、尊厳をもつある人々を表示すべく付せられるにいたった」[*56]。このような（信憑性の低い）語源学とは別に、この語についての同時代の定義として、「人格《ペルソナ》は尊厳ということに属する固有性において区別された実体《ヒュポスタシス》である」[57]という規定が挙げられている。このような存在論的尊厳は、社会的地位から独立し、倫理的善に対しても先行している。またその尊厳は、世界の中での人格の位置に由来するのでも、倫理的価値の実現を可能にするその機能から発するのでもなく、それ自身の自存的存在そのものにもとづく。それというのも、「理性的本性において自存するということは際立った尊厳であるため」[58]である。こうして存在そのものの、他のものに還元不可能な尊厳は、それ自身において自存する精神としての人格において現実的に現存する。それゆえこの尊厳は無制約的で、端的に凌駕不可能なものなのである。「人格《ペルソナ》とは全自然本性における最も完全なものを表している」[59]。その尊厳は純粋な完全性であるため、神自身にも帰せられる。「およそ完全であることはすべて神に帰せられるため、……当然〈ペルソナ〉という名称も神について適切に語られる」[60]。人格《ペルソナ》概念はそれゆえ類比的なものなのであり、[61]もともとは人間の側から採られたにせよ、より根源的で高次の意味では――神の三位格性《ペルソナ》の教えを別にしても――人間よりもむしろ神に当てはまるのである。「表示されたものに関しては第一義的には被造物よりも神のうちにあるが、表示様態に関しては逆である」[62]。神と被造物のあいだの区別は、本質的かつ第一義的には人格性そのものにおけるものではなく、その意味基体のさまざまな本性に関わるものである。「人格《ペルソナ》が神と人間とでは異なったことを意味するということは、意味内容の多様性よりも、意味基体の多様性に関わる」[63]。

こうして人間は、個々の人格として無制約的完全性を自らのうちに統合することができる限り、有限的な包括的全体としての世界の完全性を凌駕する。「外延的そして拡散的には、宇宙は知性的被造物よりも、善性においてより完全である。しかしながら、内包的そして集約的には、神の完全性の似像は、最高善に与りうるものたる知性的被造物のうちにこそ、より多く見出される[64]」。それゆえ人格は、自らを包摂する自然の秩序のうちに組み入れられるのではなく、むしろ自然のほうが人格において、その最高にして本来的な存在仕方に達するのであり、それゆえに人格は、「自然の意図全体が……そこに到り着く理性的本性の個体[65]」と言われる。神に対しても有限的人格が――そしてただこれのみが――それ自体として目的なのである。「それゆえそこで、神的摂理によって、知性的被造物に関してはそれ自身のために、その他の被造物に関してはその〔知性的被造物の〕ために配慮される[66]」。

確かに有限的な人格は、宇宙《コスモス》の完全性に寄与し、その内的な意味の完全性ないし尊厳を神の善性との関わりにおいて有するものである限りで、多様な意味連関のうちに属してはいる。しかしながら人格はこうした関係性によって手段として位置づけられるどころか、超越との関係にもとづく人格自身の尊厳によって、人格をもたないあらゆる有限的存在者の目的となる。「こうして、知性的諸実体はそれ自身のために神的摂理によって統率されているとわれわれは言うが、このことは、知性的諸実体が、神や宇宙の完全性にそれ以上に関わりをもたないということを意味しているのではない。したがって、知性的諸実体はそれ自体のために配慮され、他のものに関してはその〔知性的諸実体の〕ために配慮されると言われるのは、それらが神的摂理によって獲得する善は、他のもののために与えられるのではないが、これに対して他のものに与えられるものは、神的統率に従ってそれら自体〔知性的諸実体〕の使用のためになるからである[67]」。

こうして、存在者全体のうちでの人格の無制約的な尊厳は二重の仕方で主張される。それというのも、もろもろの人格は第一に、世界の内部で、人格を有さない存在者を正当にも――つまり両者の存在論的関係性にもとづいて――意味の中心としての人格自身へと惹きつけるからであり、さらに同時に、神との関係において「最高善に与りうる」[*68]者として、「神との類似へと上昇する」[*69]からである。有限的人格もこのような二重の関係において存在者全体を自らのもとへと集約するため、人格はそれ自身において、存在をその完全性において表し、同時にその精神性にもとづいて、存在のこのような包括的全体性を自らの行為において包含することができる。「ところで知性的本性をもったものは他の本性をもったものよりも、全体に対して親和性をもっている。なぜならおのおのの知性的実体は、その知性において存在者全体を包括しうる限り、ある仕方ですべてだからである」[*70]。

このように、人格の無制約的な尊厳は、存在者の全体性との関係において確証される。この全体性の概念はトマスにとって、人格の内的構造を特徴づける際の基本的着想となっており、そのため人格はまさに「完結した全体」[*71]と規定される。「人格は、完結性と全体性という内容をもつ」[*72]。また人格は、「部分の内容は人格の内容と相反するがゆえに」[*73]、人間存在の全体における部分的契機としては考えられない。それどころか、「最高の完結性を意味する人格の内容」[*74]には、具体的な人間の本質的要素すべてを統合する「全体」[*75]が属している。ところで全体性とはまた一性でもあるため、「人格《ペルソナ》」はさらに、アラヌス・アブ・インスリス（一一一六頃―一二〇二／〇三年）を通じて広く受け容れられていた[*76]もう一つの語源理解によれば、「自らによって」[*77]（per se una）に由来するものともされるのである。

(三) 人格の存在の仕方

人格の「完結した全体」が、認識を通じてあらゆる存在者と関係を結ぶことによってその知性的本質を展開するということは、すでに論じたところである。しかしこのような規定においては、人格の普遍的な本性が指摘されたにとどまり、この本性がまさに人格であるためにいかに実現されるかという点については触れられていない。つまり人格そのものは個体性を含むため、人格概念を適切に規定するには、その本性を超えてその存在の仕方が述べられなければならないのである。「人格とは、ある存在の仕方をともなうある本性を意味する。ところで、人格がその意味のうちに含んでいる本性は、あらゆる本性のうち最も尊厳あるものであり、すなわちその類においては知性的本性である。同様に、人格が意味する存在の仕方も、あるものがそれ自身で実在するという、最も尊厳あるものである」[78]。確かに人格概念は普遍概念であり、「ソクラテス」などの特定の個人の名前とは異なり、多くのそれぞれの者に関して語られうる。しかし人格概念は、その内容そのものにおいて個的な存在を——個々の特定のものではないにせよ——表現しているため、「人間」などの単なる本質概念とも区別される。またそれ以上規定されないこのような個体という概念は、たとえば「ある人間」という表現におけるように、具体的な規定として普遍概念に付け加えられるということはない。すでに見たように、人格の個的自存は普遍的本質に対して優位をもつため、人格概念は第一義的には、その理性的本性において、またそれにもとづいてそのものとしてあるような、個的に実在する存在者を意味するのである。「この〈人格《ペルソナ》〉という名称は、意味内容の共通性によって共通の名称なのであるが、ただしそれは類や種のようにではなく、むしろ未規定な個として共通である。それというのも、〈人間〉や〈動物〉のような、類や種の名称は、共通本性そのものを表示するために付与されているのである。……〈ある人間〉のような場合の〈未規定の個〉は、共通的本性を意味すると同時に、個体に具わるある一定の存在の仕方、すなわち他からは区別されて独立に自存するという存在の仕方を併せて含むものである。……相違しているのは、〈ある人間〉という名称は、本性または個体を、個物に具わる存在の仕方を併せ含みつつ、その本性の側面から表示するのに対して、〈人格《ペルソナ》〉という名称は、個体を、本性の側面から意味するのではなく、むしろ、このような本性において自存するところのものを意味すべく付与されているということである」[※79]。

人格性は個体性を含んでいる限り、実体においてのみ実現される。「個体は、何らか特別の仕方によって実体の類において見出される。実体はそれ自体において個体化されるからである」[※80]。このような意味でトマスは、「人格《ペルソナ》とは理性的本性をもった個的実体である」[※81]というボエティウス（四八〇頃―五二四年頃）の一般的に用いられる定義[※82]を受け容れている。ここで実体概念が引き合いに出されているのは、「それ自身によって、またそれ自身において自存することは、実体に固有なこと」[※83]だからである。このような自存性は人格の尊厳から要請されるものである。「その尊厳と完全性のうちには、それがそれ自身で自存するということが属する。このことは人格という名称のうちに理解される」[※84]。まさにこのように自ら自身に依拠する存在、つまり自存性は、人格の自由な自立性を可能にする。「〔実体は〕それ自身で自存し、他のものによって存在するのではないということに従って、自存性と呼ばれる」[※85]。さらにこうした存在者の諸規定の総体をそれ自体において完結した全体のうちに集約しているもののみが、人格と呼ばれうるのである。「それゆえ人格の内容は、区別され、事物のうちに存するすべてを包括する自存者である」[※86]。そこで人格の自己完結性は、実体が全体ないし主体（suppositum）であることを要請する。「主体は全体として意味される」[※87]。それゆえ、魂は肉体とともにはじめて完結した全体をなすのであり、「そのため離存する魂は人格とは言われない」[※88]。さらに人格性は、部分性、またはより大きな全体への統合とは相容れないため、サン＝ヴィクトルのリカルドゥス（一一七三年歿）にならって[※89]、人格自身の共属不可能性によって定義されることができる。「三重の共属不可能性が人格概念のうちに含まれている。第一には部分のそれであり、それは人格が完結しているということによる。第二に普遍性のそれであり、それは人格が自存するということによる。そして〔第三に〕受容可能性のそれであり、それは受容されるものは他の人格のものとなり、固有の人格性をもたないということによる」[※90]。

こうして人格が「知性的本性において自存ないし実在する完結したもの」[※91]として構成されたが、そこからまた、人格そのものの最高の原理は何であるかということが問題となる。それというのも、人格性は「本質的なものと個体および複合体の固有のものすべてを包含する」[※92]のであり、人間の場合では「これらの肉、これらの骨、この魂」[※93]を含むため、人格性は最高度に複雑な全体であるが、その統一性のためにある単一の原理を根拠としなければならないからである。「人格とは、知性的本性において実在する完結したものを言うが、人間本性においては完結させるものは、最高度に複合したかたち以外では見出されることがない」[※94]。

しかしながら人格は、その統一性のためには、単一なる原理にもとづかなければならないところから、人格固有の現実存在のみがその原理たりうる。つまり人格を有さない存在者は、概念と本質に関して、ただその本性によってのみ構成されるのに対して、人格そのものは、それが個的実在ないし自存性を意味するところから、本質的にそれ自体のうちに存在を含んでいるのである。「存在は、人格の構成そのもののうちに属している」[※95]。その際この存在は、本質の部分ではありえないがゆえに、アヴィセンナ（イブン・シーナー　九八〇―一〇三七年）の言うように単なる偶有性ではなく、「何であれ実在する形相の現実態」[※97]であり、それゆえ「最終的なものとしてある」[※98]ものである。存在は、存在者に関して、最高の仕方で現実性を有し、それゆえ形相的に規定するものをなす最も完全な原理である。それというのも、存在者の本質形相は可能態として、存在を受容することによってその現実性と完全性において構成されるからである。「もろもろの事物の本質はその存在によって最終的に規定されるが、その存在は、事物のうちにあって最も形相的なものである」[※99]。このような究極的な規定をもたらす現実態性は、それ自身よりも高次のものによって現実態化されたり完成されることのありえない存在そのものの本性にもとづいている。「存在の外にあるという仕方で、何ものも存在に付け加わることはない」[※100]。それゆえ存在は、存在者の本質内容には関与しない事実性などではなく、それぞれの本質の完全性の実現として、「あらゆる現実的なるものの現実態性であり、それによってあらゆる完全なるものの完全性である」[※101]。

このような完全性の性格は、存在そのものが活動ないし現実態として実在性そのものをなす以上は、まさにこの存在の特性にほかならない。「存在そのものは、あらゆるもののうち最も完全なものである。それは、存在があらゆるものに対して現実態としての役割を果たすということにもとづいている。それというのも、いかなるものも、それが存在している限りでなければ現実態をもたないからである。そこで存在はあらゆるものの現実態性にほかならず、もろもろの形相にとってすらそうなのである」[*102]。

完全性をもたらす現実態化という意味で、「存在はあらゆるものにとって完結させるものである」[*103]。しかしながらここにおいて、現実態化は事後的に、いわば外部から存在者に付け加わるのではなく、存在は形相をそれ固有の本質根拠から展開させるものとして形相に内在することによって、存在者の存在論的内奥となるのである。「存在はいかなるものにおいても、そのもののより内奥にあり、あらゆるもののうちにそのより深いところに内在している。なぜなら存在は、事物のうちに含まれるあらゆるものに関して形相的なものとしてあるからである」[*104]。このように現実存在は、その単一性において、存在者をそのものとしてまとめあげる根源であると同時に、存在者のあらゆる本質諸規定を再び一性へと集約する中心でもある。「存在は、そのうちに、主体となるものの統一性がもとづいているところである」[*105]。したがって、この現実存在はまた、形相を媒介として質料によって個体化されはするが、人格はまさにその現実存在そのものによって、個的にそれ自身として存在する。なぜなら形相と同様に質料は根本的かつ内的な原理としての存在によってそれら自身が現実態化されることを通じてのみ、存在者の存在を規定するものだからである。「それゆえこの〔実体的〕存在は、存在という類において事実を構成することに関して、以下のものよりもより形相的である。つまり、この存在自体を与える事物の形相自体、ないしそれに存在が与えられる質料――この両者からこの存在が属する存在者としての合成物が生じるのであるが――よりも形相的なのである[*106]」。

確かに有限的存在者そのものの現実存在は限定されたものであるが、こうした限定は存在と遂行そのものに由来するものではなく、ある特定の形相において受容され、それによって限定されるかたちで付加される。「それゆえ存在は、可能態が現実態によって規定されるように、他のものによって規定されるのではなく、むしろ現実態が可能態によって規定されるように規定されるのである[*107]」。存在はこのようなある形相に向けての限定においても、存在としての自らの性格を保持する限り、それぞれの有限的な現実存在は、根源的に無制約的な存在そのものへと開かれ、さらにまさに存在そのものへのこのような分有によってこそ、有限的存在者を現実的な完全性によって満たすことができる。「それゆえどんなものであれ、存在に与るというそのことによって、完結性を受容する[*108]」。

このように存在者をそれにとって内奥にある固有の現実存在から構成することによって、人格の本質と働きの解明にとって最も重要な論点が得られた。なぜなら、すでに示したように、人格そのものの本質と概念には、その個的実在、それ固有の存在遂行が属しているからである。人格のこの概念のうちには、存在に関して中立的な本性が、その事実存在と単に外的に組み合わせられているわけではない。むしろ理性的本性をもったものの内的本質のうちには、それが人格という存在論的なあり方を取ることによってのみ現実的に存在しうるということ、つまり現実存在によって規定された人格というより深い全体と統一体のうちの部分的契機としてのみ現実的に存在しうるということが含まれているのである。存在を本質に対して、また形相と質料に対して根拠として先行するものであるとすることによって、人格においてただ形而上学的所与性が示されるだけでなく、人格的、そして倫理的行為の構造が規定される。それというのも、まずは一般的に、行為の構造は存在者の存在構造に従うと言えるからである。「個的実体は、それ自身によって実在するということを自らに固有のものとしてもつのと同様に、それ自身によって行為することを自らに固有のものとしてもつ。なぜなら現実態における存在者でないなら、行為するものは何もないからである」[*109]。しかしながら人格は、その精神的本性にもとづいて、分散することなく自らにおいて一致し、その行為において自己として自らを遂行しかつ規定するため、人格は個体性そのもののこの遂行において、それ固有の実体的存在を——それが普遍的本質に対して根拠として優位をもつという仕方で——実現する。このようなことを根拠として、まさに個体的なものとしての人格と人格的行為には、その有限的形相には還元し尽くせない完全性と尊厳が具わっているのである。「人格性は尊厳と関わる」[*110]。人格は、形相に先立つ無制約的な存在との関係において個的な自己を遂行するために、個々の人格のこうした尊厳は無制約的なものである。こうして人格はただその本質においてのみならず、その活動においても、自己関係の遂行であると同時に、存在との関係に向かって開かれてもいる。存在者の存在——その有限的な本質形態のうちに完結している限りでの存在者そのものではなく——は存在そのものに向かって開かれており、そのため人間もまたそれ自身で、自らの本質を凌駕する超越との関係においてのみ自らに達するのである。こうして人格的行為は、存在との関わりという仕方での自己遂行であり、それとともに、全体としておよびそれ自体としての存在との関係へと歩み入ることである。

このように、いかなる人間的行為も存在そのものの尊厳を分有しており、同時に存在の尊厳（善）に向かって存在そのものという目的への分有関係に関して自らの自己を決定する。「意志の対象は普遍的な意味における目的と善である」[*111]。「人間は、自ら自身によって目的のために行為するとき、目的を認識している」[*112]がゆえ、この行為は自覚的で、認識によって導かれている。目的ないし存在との自覚的関わりは、人間の能動的な自己規定に由来する。「自らを目的へと動かしまた導くという仕方で目的に向かうというのは、理性的本性に固有のことである」[*113]。そこで人間の活動全体は、目的ないし存在との関係を基盤とする。「ところで行為に関わることにおける第一の原理は、……究極目的である」[*114]。人間は目的に向かう自らの関係を人格的に設定することによって、人間としての自らの活動全体を方向づけうる。「目的に向けて秩序づけることは、自らを目的に向かわせる者に属していることである」[*115]。このようにして、包括的な全体性と最高の個体性との統一という人格の存在論的構造にもとづいて、『神学大全』第二部全体の序言で示唆されていた人間の倫理的根本構造、すなわち「自由意思をもち、自らの行いを司る力をもつという意味において、自らが自らのもろもろの行いの根源である」[*116]という構造が提示される。

人格概念は、人間的・倫理的行為の根本構造を予備的に素描するものである。以下の議論では、人格概念の三つの存在論的次元――㈠個的な自己存在、㈡全体性、㈢尊厳――という、トマスにとって中心的な論点を、それらが人間の行為において具体化される場面に即して論じていきたい。

二　倫理学の人間論的構造

(一)　人間の個的な自己存在

(a)　自己認識と自己規定　人間的行為に単に事実的にではなく本質的に具わっている個体性は、この行為が人間の反省的な自己所有と自己統率に関与している限り、この行為に帰せられる。このような自己認識と自己規定において人間は、「共属不可能な実在」[*117]である自らの存在を、そのつど固有の仕方で形成する。「しかしながら、各人がその魂についてもっている認識は、その認識がその者に固有である限り、それがその個体において存在するということに従っての、魂についての認識である」[*118]。人間的行為が人格全体の再帰的自己遂行においてその人間的行為という性格を獲得するのと同様に、人間はただ再帰性の遂行を通じてそれ固有の人格存在そのものを遂行する。そこで再帰性は、人格的存在と活動の基本的特質である。再帰的性格は、自由な活動においてその完全な形態に達するのであり、それは自由の諸規定が、たとえば「自己規定」(determinatio sui)、「自己原因」(causa sui) ないし「自己遂行」(se agere) などとして示される通りである。

ところで再帰的構造ないし自己遂行は、活動に関してそれ自身に発する単に可能態にある実体に帰せられるものではありえないし、また人格性は、その個々の行為とその対象関係から構成されるということもありえない。人格的行為の可能条件はむしろ、志向性に先行する、精神（トマスはこれを魂ないし知性とも言い換えている）における自己との根源的な一致のうちに求められなければならない。このような自己関係はまず、真理の認識にとって根本的である。なぜなら「知性は、自らへと反省することによって、真理を認識する」[*119]からである。ついで人間の実践は、自己愛から発する限り、その再帰的構造を自らの基盤とする。「精神は自らを自らによって認識する。……事実、自己は自己自らを愛するがゆえに、認識されているのは自己自身なのである」[*120]。トマスは人格的自己関係の根源を、初期の『命題集註解』から後年にいたるまで、自己認識の問いとして論じている。もとより、そのつど依拠する文献や、直面している論敵にも応じてその力点が移動することはあるにしても、その基本姿勢は一貫している[*121]。

人間は再帰性の遂行において、自己自身を任意の客体としてではなく、自己自身として、つまり認識を遂行しているこの者として理解するため、そこでは認識するものと認識されるものとは一致している。「それというのも知性は自己自身を反省し、その同じ反省によって自らの知解することを知解するからである」[*122]。したがって認識を行う者は、自己認識の遂行において、自己自身の本質は認識を行うところにあるということを把握する。自らの本質のこのような認識においては、確かに概念的把握に先立った遂行的な仕方においてではあるが、認識活動は対象世界との関わりから転じて、自らの遂行の根源へと向かい、それによって自らの本質そのものへと還帰する。「〔真理が〕知性によって認識されるのは、知性が自分の活動を反省する限りにおいて、それも単に自分の活動を認識する限りにおいてではなく、自分の活動の事物への相応関係を認識する限りにおいてなのである。この相応関係は、活動そのものの本性が認識されないならば認識されえず、活動の本性は、活動の原理の本性が認識されることなしには認識されないが、この活動の原理は事物との合致を本性とする知性そのものなのである」[*123]。

このような反省の可能根拠の解明のために、トマスは繰り返し、『原因論』（*Liber de causis*）の第一五命題に言及している。「すべて、知るものが自らの本質を知る場合、これは完全な還帰においてて自らの本質へと還っていく」[*124]。この「完全な還帰」とはなんら物理的な運動ではなく、「ある種の推論によって、また魂が自己自身を知るときには、われわれの魂からの発出とそこへの還帰に従って」[*125]その内在的な根拠へと立ち還ることによる認識の進展である。自らの本質根拠への深まりは、知性にとっては、質料によって分散させられることのないその実体的な自己所持によって可能となっている。「〈自らの本質へと還っていく〉とは、事物が自己自身において自存するという以外の何ものでもない。それというのも形相は、……自己自身のうちに存在を有する限り自らのうちに還帰するからである」[*126]。自己認識においては自ら固有の存在と認識遂行が重なり合い、相互に浸透し合うが、それは自らの本質をその本質そのものによって無媒介的に直視するということではない。「したがって、われわれの知性が自らを認識するのは、その本質によるのではなく、その活動によるのである」[*127]。トマスは本質による直視という知性理解を繰り返し斥けている。「それゆえ魂は自分について、自らが何であるかということを自らによって知ることはない」[*128]。

さらにトマスは、自己認識に関する直観主義的な解釈に対して、アウグスティヌス[*129]とアリストテレスを擁護している。「〔アリストテレスの〕『霊魂論』第三巻で言われている通り、知性は自分自身を反省し、他の事物を知るのと同様に、自らを知るのである」[*131]。むしろ人間の知性は、現世における存在の限界ゆえに、まず最初に人間の知性にふさわしい対象として与えられる感覚的所与の認識を介してのみ、自己自身についての現実的な認識にいたるのである。「現在の生の状態にある限り、われわれの本性にとっては、質料的・可感的なものに目を向けるのが、その本性に適ったことである。……そこから当然、われわれの知性が自己自身を認識するのは、知性が能動知性の光によって可感的なものから抽象された形象でもって、現実的なものとされている限りでなければならない。この光は、可知的なもの自体の現実態であり、それらを媒介とした可能知性の現実態である」[*132]。しかしながら知性は、このように自己以外のところに向かうに際しても、けっして自己認識の可能根拠である自己所持性を失うわけではない。「もろもろの自ら自存する形相は他の事物に向かうが、……それは自ら自身によって自らにおいて内在するという仕方においてである」[*133]。

ところで精神は、自らの存在と本質の認識を超えて、さらに実践にとって規範となる自己認識、つまり人間存在の理想像についての洞察へと達する。それというのも精神は、その本質を遂行するに際しては、模像としてのその本質によって原像たる真理へと衝き動かされ、そうした規範の側から自らの事実的自己を判定するからである。「アウグスティヌスが『三位一体論』第九巻で述べているように、〈われわれは不可侵の真理を観取するが、その真理からできる限り完全に〉、〈おのおのの人間の精神がどのようなものであるかではなく、永遠の規範によっていかなるものでなければならないかを〉規定するのであり、その限りで魂についての認識がなされるのである。われわれはこの〈不可侵の〉真理を、われわれが何らかのものをそれ自体で知られるものとして知る限り、われわれの精神の刻印であるその類似において観取するのである。それを規範として、あらゆる他のものを検討し、それに従ってすべてのものを判断する」[*134]。規範の認識と同様に、自己の実践的な方向づけも、自己自身についての認識から始まる。「分別を有する人間に生じる第一のことは、自ら自身について考えるということであり、目的としてそれへと他のものを秩序づけるということである」[*135]。しかし自己認識は実践的意図においては、目的についての何らかの認識を含むため、その自己認識のうちには人間の意志が共に把握されている。「知解する何らかのものにおいて可知的な仕方であるものは、当然のことながら、そのものによって知解されるのである。したがって意志の行為は、知性によって認識される」[*136]。そこで実践的な自己認識は、究極的には魂の能力全体にまで及ぶことになる。「実際、知性は、自己自身、意志、魂の本質、そして人間の魂のすべての力を認識する」[*137]。

　こうして自己認識は、行為と本質、対象関係と超越への関係、知性と意志、理論と実践といった両項に共通する中心となる結節点なのである。そして、アリストテレス主義からアウグスティヌス主義、そしてイスラーム哲学といったもろもろの伝統的思潮もまた、この問題群のうちに統合される。「われわれの精神は自己自身を知るが、それはアウグスティヌスが言うように、自らの本質によるという仕方においてであり、また哲学者〔アリストテレス〕と註解者〔アヴェロエス一一二六―九八年〕が言うように、志向ないし形象による仕方においてであり、また同じくアウグスティヌスが言うように、不可侵の真理を観取するという仕方においてである」[*138]。ここにおいて、（アリストテレス的な）形相的対象にもとづく魂とその諸能力についての認識と、（アウグスティヌス的な）自らの存在の自覚とが相互に浸透し合う。「魂は、知解し感覚することによって、自らが存在することについての現実的知覚に達する」[*139]。このような認識は、諸対象から行為を経て本質へといたる学的反省の次元においてだけでなく、すでにあらかじめ内的経験として遂行されている。「自らの本質によって魂のうちにあるものは、行為を通じて内的諸原理を経験する限りにおいて、経験的認識をもって認識されるのである」[*140]。

(b) 習態における精神の自覚　対象関係によって媒介された遂行的な自己認識は、先行的で習態的な自覚のうちに、自らを可能にする根拠を有している。「そこで習態的認識に関して（ad habitualem cognitionem）、魂は自らをその本質を通して見ると私は言う。つまり魂は、その本質が自らに現前しているということにもとづいて、自ら自身の遂行的な認識に入ることができる」[*141]。なぜなら遂行的な自己認識は、外的対象からの何らかの影響の結果ではなく、本質的に、自ら固有の行為としての精神そのものに由来するからである。しかし精神が自己認識そのものを行う際には、精神の根源的に遂行的な――そうした意味で習態的な――自覚が前提とされる。「精神は自らを自分自身によって知る。それというのも、自らが存在することを知覚することによって、自らを遂行的に認識するという行為に入ることができるような存在が、精神にはそれ自身から具わるためである」[*142]。こうした習態的な自覚的自己内在は、対象とのいかなる関係にも先行し、それゆえ常に遂行されているものである。「魂は常に自己自身を知解し愛するが、それは現実態的にではなく、習態としてである[*143]」。まさにこうした自覚の前対象的性格によって、精神は、述定的内容や概念的内実のみならず、自らの存在そのものをも把握することができる。「精神は、表象像からの抽象を行う以前に、自ら存在するということを知覚することができる習態的な認識を有している[*144]」。精神は、自己自身の存在の自己透徹において、同時に、自らの存在の原像にして根源である神を観取する。「精神は〔神の〕似像にかたどられたものであり、とりわけ神と自己自身へと向かう限りにおいてそうである。なぜなら精神は、感覚的事物から形象を獲得するに先立って、自己自身に対して現前し、神も似たように〔精神に対して現前〕しているからである[*145]」。

こうしてトマスは、アウグスティヌスの記憶論を取り入れ[*146]、それを存在論的に、自らのうちに自存する精神的形相――または人格概念に含まれる理性的本性――の自己同一性によって基礎づけている。「精神が常に現実態的に知解されている必要はない。精神の本質はわれわれの知性に対して現前していることによって、それについての認識はわれわれのうちに習態的に内在しているのである[*147]」。こうした自己認識が習態的と呼ばれることで、「習態《ハビトゥス》」とは、精神の本質に付加される存在論的規定としてではなく、その遂行としての性格に照らして、単なる可能態と顕在的な行為との中間に位置するものとして理解されることになる。「習態はある意味で、純粋な可能態と純粋な現実態との中間にある[*148]」。そこでトマスは、自覚を何らかの特殊な習態から根拠づけることを斥けている。「ところで、魂が自ら存在するということを知覚し、また自らのうちに何が起こるかに注目するために、何らかの習態が必要とされるということはない。そのため、精神に対して現前している魂の本質だけで十分である。それというのも、それ自体〔魂〕が現実態的に知覚される行為はその本質から発するからである」[*149]。認識と愛を通じてのこのような自己自身の根源的自己遂行は非対象的かつ前概念的であり、また萌芽的な意味でのみ遂行的であるという事態のうちには、人間の有限な存在の仕方――すなわち、自らの本質的な自己現前において、このような実体的な自己遂行が現実的にではあるがただ原初的な仕方で与えられるという人間のあり方――が現れているのである。「したがって、神が自らを自らによって知るように、あるものが自己自身によって知られることには何の障害もない。そのように魂は、何らかの仕方で、自己自身をその本質によって知るのである」[*150]。

人間の意志の自由および倫理的行為はこのような自己認識にもとづいている。すでに示したように、自己認識は対象からの喚起によって惹き起こされる反省的活動であるだけでなく、精神の実体的な自己遂行にもとづいており、その自己遂行ゆえに精神は自己自身にもとづいて自らの行為を行うことができる。なぜなら行為の能力は実体的な存在に発するものだからである。「ところで、現実的に何ごとかをなすことは、現実的に存在するというところに由来する」[*151]。自らを根源とするといった、自己認識に具わるような性格は、自由な行為の本質をなしている。それというのも、行為の自由は、第一義的には対象に関する中立性のうちにあるのではなく、人間が自己自身に関して自己自らによって遂行する活動のうちに求められるからである。トマスは人格的存在と自由な行為との統一性を、より高次の段階へと高まる自己活動を遂行するものとしての生の概念のうちに見ている。「他のものによって動かされたものとしてではなく、それ自身で活動することにもとづいて、あるものが生きていると言われる。……このような動物のさらに上位に、自らに対して定立する目的に関しても自己自身を動かす動物がある。……したがって、生きることのより完全なあり方は、知性をもったものに具わっている。それというのも、これらこそが自己自身をより完全な仕方で動かすからである」[*152]。

(c) **行為と自由**　ついでトマスは、人間の自由な行為の構成において知性と意志が存在論的にいかなる関係にあるかをより詳細に分析している。このような具体的な自由論は、自由についての前もっての根本的理解を展開し敷衍しているものである。「人間がその主権をもつような行為のみが固有の意味で人間的行為と呼ばれる。ところで、人間が自らの行為の主権をもつものであるのは、理性と意志によるのであって、自由意思が意志と理性の能力であると言われるのもこのためである」[*153]。それゆえ自由という根本概念は、自己支配を意味している。「自らの行為の主権をもつものが、行為することにおいて自由である」[*154]。自己の活動に対するこのような自己支配は、人間の再帰的自己関係にもとづいており、しかもそれは自己目的と自己原因という二重の意味においてであるが、こうした理解をトマスは、「すなわち、自己にとって原因であるものこそが自由である」[*155]というアリストテレスによる「自己原因」の規定のうちに見出している。

自由は、根源的な自己認識において与えられるような自己自身との関係に由来するとは言えるが、自己認識とは自らの存在に対する受容的な関係であり、これに対して自由とは自己自身への能動的関係を意味している限り、そのような受容的関係を凌駕している。神に帰せられる完全な自由においては、「〔神の〕意志は、……それに対しては必然的でない関わりをもつ意志対象に関しては、自己自身を決定する」[*156]。しかし人間においては、このような自己規定の自由は、人間がただ対象ないし外的行為を対象との関係で規定するばかりでなく、自らの意志そのもののあり方を選択する限りでのみ与えられる。「人間はもろもろの行為に関して自由と言われるのではなく、選択に関して自由と言われる」[*157]。そこで人間は自らの行為を、それが自らの傾向性に内的に由来するというところから規定する。動物は、「行為するのではなく、むしろ行為させられる。……理性的本性をもったものは、……その傾向性自体に対して権能を有するが、それは把捉された欲求対象へと必然的に向かうのではなく、それに向かうことも向かわないこともできる。こうして傾向性は、他のものによってではなく、それ自身によって規定される」[*158]。ところで傾向性は目的の善性によって呼び覚まされるものであるため、自らの傾向性を規定することのうちには、人間が自己自身に対して目的を設定するということが含まれる。「意志によって行為するものは、それに従って行為する目的を自らに対して定立する」[*159]。それゆえ自由な行為の本質は、人間が自らの行為能力をその傾向性の根源から把握し規定するかたちで、その能力を自らの選択した目的へと差し向けるところに求められるのである。

自由な行為を知性と意志という両原理によって説明するという点において、主知主義的な傾向をもったテクスト――とりわけ『真理論』、および『神学大全』第一部――は、一二七〇年以降のテクスト『悪論』第六問、および『神学大全』第二部冒頭――とは異なるが、この点はここでは簡単に示唆するだけにとどめよう[*160]。『真理論』においては、知性のみが目的を認識できるという理由から、目的の規定は知性による判断のうちに求められる。「ところであるものが目的への傾向性を自らに対して規定するには、目的を知り、目的へと導くものに対して目的との関係を知るのでなければありえない。そしてこれは理性のみに具わる」[*161]。知性は自らの判断を反省することができる。「ところで自らの判断について判断することは、自らの活動について反省する理性にのみ具わる」[*162]。それゆえ選択とは、「前もって熟慮されたことについての判決のようなものである」[*163]。そのためあらゆる根源的な能動性は、「あらゆる自由の根源」[*164]である理性のうちに存する。「目的への能動的方向づけは、理性に属し、受動的なそれは意志に属しうる」[*165]。またこれに従えば、理性的な追求の能力である意志は「受動的能力」[*166]であり、それゆえ善そのものによって動かされたものである。「意志は善と有用性という点で必然性をもっている。実際、人間は必然的に善を意志する」[*167]。そして目的は知性によって認識されるため、知性は「目的が動かすと言われるその仕方で、意志を動かす」[*168]のである。

一二七〇年にパリ司教エティエンヌ・タンピエ（一二七九年歿、在位一二六八―歿年）によって断罪されたラテン・アヴェロエス主義の一三命題のうちに、「人間の意志は必然的に意志し、あるいは選択する」[*169]（第三命題）や「自由意思は受動的能力であって能動的能力ではない。自由意思は欲求されうるものによって必然的に動かされる」[*170]（第九命題）が含まれており、トマスの自由論もそれに抵触するものであったため、トマスは、意志に能動的な自己規定を帰することによって自らの理論をより正確に発展させることになった。そこでもやはり自由は知性によって可能になるとはされるものの、それは善のさまざまな理解によって自由のための活動空間が開かれるという意味であり、本質的には自由は意志のうちに求められることになる。「自由の根源は、担い手（subiectum）という意味では意志であるが、原因という意味では理性である。意志が自由にさまざまなものに赴きうるということは、理性が善のさまざまな理解をもつことができるということにもとづくからである」[*171]。知性は意志に対して単に可能な対象を与えるだけであり、もはや意志を目的論的に規定するものではなく、ただ「形相的原理という仕方で」[*172]規定するのみであるとされる。こうして意志は認識を通じて媒介された、対象世界による目的論的規定からは自由である。「意志はいかなる対象からも、必然性をもって動かされるということがない」[*173]。能動性そのものと、その源泉としての目的との関係は、本来的には意志そのもののうちに存する。「この運動の原理は目的に発する。……ところで善一般は、それこそが目的という性格をもつものであるが、これがまさに意志の対象である」[*174]。目的との関係にもとづいて、意志は自己自身を手段へと向けて規定し、知性によって提供された対象のなかから選択を行う。「意志が知性によって動かされるのと、自らによって動かされるのとは、同じ仕方によるのではない。それが知性によって動かされるのは、対象という観点に関してなのであり、自らによって動かされるのは、活動の遂行ということについて、目的という観点に関してのことなのである」[*175]。遂行に関するこのような反省的な自己規定[*176]において、意志は「目的を意志することによって、目的へと導くものを意志するように自らを差し向ける限り、自己自身を動かすものである」[*177]。こうして主観の反省的性格は、知性と意志にそれぞれの仕方で具わる。「理性が自らに命令するのは、意志が自らを動かすものであるのと同じ仕方においてである。……どちらの能力も自らの活動へと反省するものであり、両者いずれも互いに一方から他方へと向かうものだからである」[*178]。

自由意志の自己活動性を保証する上述の存在論的諸規定は、後期の著作になってはじめて見出されるとはいえ、そうした諸規定においては、自らの行為についての自己原因性と自己支配という自由の根本概念が、初期の著作よりもさらに明瞭な仕方で貫徹されている。「自由意思は自己運動の原因である。すなわち人間は、自由意思によって自らを活動にまでもたらすのである」[*179]。それゆえ、後期において自由の分析に変更が見られはするものの、そこにおいては、主観性という根本理念——その自由に関してはただ自らの内側からのみ、また自己自身によってのみ規定される主観性というトマスの根本理念——が徹底化されていると言えるのである。「意志された活動を遂行する固有の原因は、内側から働くもののみであるということになる」[*180]。

(二) 全体性としての倫理的行為

(a) 人格概念にもとづく行為論　これまで見てきたような、自己完結的な自立性、自己目的性、自覚および自己原因性を本質とする人格理解を核として、トマスは自らの倫理学を構築するが、その際に目指されるのは、人間の自然的および超自然的なあり方、そして人間の本質と事実性とを、人間の世界との関係をも含めて、人間そのものの倫理的意味や目的性にもとづいて解釈することである。それゆえ人格概念に含まれる「全体」[*181]と「究極的完結性によって最も完結したもの」[*182]の理念は、人間存在そのもののあらゆる行為を有徳な生活へと関係づけることに向かう。しかし人間の行為は倫理的に中立的なものではありえないため[*183]、人間存在の全体は、善そのものの場、善の遂行と現象として人間存在全体の使命のうちに現れる。善そのものは全体的な実現を求め、そのために自らによって人間存在をそのあらゆる次元にわたって構造化する。「あらゆる善性が協動するのでないなら、行為は端的に善いというわけではない。いかなる個々の欠陥も悪を惹き起こすが、善が惹き起こされるのは十全的原因によるからである[*184]」。

まず人間の外的行為は内的行為とともに一つの活動の全体をなしている。「命じることと命じられる行為は一つの人間的行為なのであり、それはある全体が一であるのと同様である[*185]」。それゆえ外的行為は究極的な倫理的性格に関してそれ自身のみで特徴づけられるのではなく、内的行為の倫理的善性に与るものなのである。「外的行為は、それが意志によるものでない限りは、道徳的内容をもたない[*186]」。それゆえ意志の対象である目的にもとづく規定は、対象による外的行為の種別化を統帥している。「人間の行為の種は、形相的には目的に即して観取されるのに対して、質料的には外的行為の対象に即して観取される[*187]」。したがって外的行為は、目的つまり「要となるところ」（「そのために[*188]」）との関係という、知性において把握された関係性を通じて、意志の対象たる善そのものへと開かれ、当の行為のうちに働いている意向によって人格的なものとなる。「外的行為は、理性によって把握され秩序づけられた何らかの善として理性によって意志に対して呈示される限りで、意志の対象となる[*189]」。ところで外的行為はその諸連関の複合的な構造において実現されるため、トマスの行為論[*190]においては最終的に、人間の行為のさらに広範な状況が取り上げられ[*191]、内世界的な状況が「善あるいは悪における理性の秩序づけ[*192]」に従って、その人間的な意味に照らして構造化される。

さらに人間の行為の全体性のうちには、情念と感情の動きの領域全体が――それらが理性と意志によって導かれ、それらの影響下にある限り――包含される。「欲情的、および怒情的など、人間本性のいかなる部分に属するものであろうと、こうした傾向性はすべて、それが理性によって統率される限りにおいて自然法に属するのである[*193]」。そのため、人間の感情は、ストア主義におけるように単に軽視されるのでも、カント的倫理学におけるように道徳法則への抵抗として位置づけられるのでもなく、意志の主導に服するものとして、人間の本質の構成要素とされ、積極的に倫理的善の全体的実現のうちに統合される。「道徳的善の完成には、人間がただ意志によってのみならず、感情的欲求によっても動かされているということが含まれている[*194]」。このことは、意志が自らの働きを感覚的活動にまで拡張するという人間全体の構造に対応している。「感覚的欲求は理性的欲求である意志に対して、後者によって動かされるものという関係にある。それゆえに、欲求力の働きは感覚的欲求において成就されるのである[*195]」。トマスによる「情念」の体系的理解は、人間の感覚の動きをその精妙な分化形態にいたるまで追求し、それらを愛にもとづくものとして把握することによって、感情の領域全体を愛の対象たる善との関係にもとづいて人格的なものとして捉えるという、倫理的課題と人間存在の可能性とを開いた。善を究極目的とする感覚はさらに、本性の共有にもとづく（親和性による）全人間的な認識[*196]によって、倫理的善についてのより深くより適切な認識を得ることに寄与する。それというのも、アリストテレスとともに、「その人がどのようであるかに従って、彼に目的が見えてくる[*197]」からである。

(b) 徳論　トマスの倫理学の核心である徳論はさらに、「習態」(habitus)の概念を通じて、人間の自然本性的な存在と追求の全体を、自由な倫理性の完成段階にまで高めることを目指したものである。[*198] その際に徳とは、「それによって人が善い行いをする習態」[*199] として理解される。そして、その目的との関係において自らの自然本性と合致する行為こそが善い行為と呼ばれるのである。[*200] そこで人間の自然本性そのものは、それが自ら善における完成を目的とする限り、諸徳の獲得を目指している。「われわれは徳をもつように生まれついている」[*201]。ところで人間の徳は自由な行為において成就される。「それというのも、徳の行為は自由意思の善い使用以外の何ものでもないからである」[*202]。「徳へと向かう自然的傾向性」[*203] によって、人間の自然本性は、主観の自由な行為を目指し、この行為は逆に、善い行為のいわば自然本性的習態を築き上げることになる。「慣習は何らかの仕方で自然本性へと転じ、自然本性的傾向性に類似した傾向性を生じさせる」[*204]。それゆえ徳はまずは、人間の自然本性に関わる。しかしこの自然本性はそれ自身、人間的行為において実現される人格の倫理的善に関わるものであるため、[*205] 人間は習得を繰り返すことで自由に獲得される諸徳において、[*206] その自然本性的追求を通じて目指されている意味を可能な限り最善の仕方で人格的に実現することができるようになるのである。「もろもろの徳は、自然法に属する自然本性的な傾向性をふさわしい仕方で追求することへ向けて、われわれを完成させる」[*207]。しかしこのような意味は最終的に、自らの自然本性に従って秩序づけられた愛において成立する。それというのも愛は善そのものを目的ないし対象とするからである。「徳が愛の秩序ないし秩序づけと呼ばれるのは、徳がそれのためにあるところのものという意味である。それというのも、われわれにおいて愛は徳を通じて秩序づけられるからである」[*208]。

(三) 神的理性への分有と自己立法

(a) **法にもとづく人間の自己実現**　自己関係性と全体性という人格の特徴は、人間の行為の構造のうちに確認されるが、これだけではまだ、人格の尊厳が現れる倫理性そのものを解明したことにはならない。なるほどトマスは人間の倫理的行為を、自己完成と至福を希求する人間の自発的追求にもとづいて、すなわち「神的善性である究極目的への……秩序づけ」[*209]から導出してはいる。とはいえトマスはこの倫理的な目的秩序を、その議論の始めの段階、つまり『神学大全』第二部の冒頭からしてすでに、「拘束する力」[*210]を有する「規則……ないし規範」[*211]として念頭に置いていた[*212]。そこで倫理的事象は、それ自身何らかの法のもとに服し、その諸段階と諸契機が『神学大全』の法論において展開されることになる[*213]。法は「行為を目的へと導くある種の理念を含んでいる」[*214]ため、それは倫理的目的によって「服従する者たちが自らに固有の徳を身につけるように」[*215]導かれることに寄与する。つまりこれは、外的秩序をもたらすものではなく、人間固有の自己実現を促すものなのである。「そのため、法に固有の効果とは、それを受ける人々を善い者たらしめることであるという結論にいたる」[*216]。

倫理的なものの本質は法の概念のうちに集約されているため、ここにおいてもまた、これまで展開されてきた人格の特徴、つまり自己関係における自己原因性、および全体性が見出せる。全体性との関係は、法の定義――「共同体の配慮を司る者によって制定され発布された、理性による共通善への何らかの秩序づけ」[217]――のうちに、共通善の概念というかたちで直接に表現されている。なぜなら人間は自らの完成を、共同体全体のうちで実現しなければならないからである。「いかなる人間も社会的共同体の一部である以上、誰であれ、共通善に正しく適合するのでなければ、善い者たることはできない。また全体に対して適合的であるような部分から構成されるのでなければ、善い者たることはありえない」[218]。共同体の善と個々人の善は、「共通善とは共通の目的と言われるというところから、目的因を共にするという意味で共通」[219]にして一である。

これに対して、法の概念は、強制としての法の性格が立法者と服従する者との実在的な区別を含むために、一見するところ、自己原因性や自立的な自己関係という人格の特徴に反するように思えるかもしれない。しかしトマスの人格理解および倫理的行為についての考え方は、人間的行為のあらゆる構成要素の場合と同様に、規範である法による被規定性も人格の自己原因性と自己関係性によって媒介されたものとし、それによってその被規定性を本来的意味での倫理的・人格的尊厳にまで高めるというところに、最も顕著な仕方で現れているのである。

法に固有の義務としての無制約的な拘束力は、それが神に由来することを示すばかりか、神が世界の進行を司るものである限り、神の摂理〔配慮〕――「目的へ秩序づけられるものの……理念」[220]――をも示唆している。「世界が神的摂理によって統率されているということを認めるなら、……この宇宙全体の共同体すべてが神的理性によって統治されていることは明らかである。それゆえ、宇宙全体の君主としての神のうちに存する、事物のこの統治理念そのものは、法の本質を満たす」[221]。すでに見たように、人格は、それ自体において目的であるため、神の摂理のうちで際立った地位を占める。「知性的実体のためにあらゆるものが神によって配慮される」[*222]。しかし自己目的性と反省的性格は目的へと関わる自発的活動性を前提とするため、摂理はまさにこのような能動的な自己関係を可能にするものである。「他のもろもろのもののあいだにあって、理性的被造物は自らも摂理の分担者となって自己および他のもののために配慮する限りにおいて、何らかのより卓越した仕方で神の摂理に服している」[*223]。人間の人格の行為のこのような自立性はなんら例外などではなく、第一の原因と第二の原因との普遍的関係を表す最高の事例である。「自由意思の働きそのものは神を原因としてこれに還元されるものであるため、自由意思から生じるものもやはり必然的に神の摂理のもとに服する。つまり人間の配慮は、普遍的原因のもとにおける個別原因として、神の摂理のもとに含まれるものである」[*224]。それゆえ神は――トマスが繰り返し「シラ書〔集会の書〕」第一五章第一四節、およびその個所についての『行間註解』（*Glossa interlinearis*）を引用しながら語っているように――人間をその自由へと委ねたのである。「〔集会の書〕」第一五章〔第一四節〕には、〈神は始めより、人間を造って彼を自らの裁量のままに委ねた〉とあり、『〔行間〕註解』はこれについて、〈すなわち意思の自由のままに〉と記している」[*225]。

このような自由という賜物を通して、人間にはまた、神の摂理の計画を独自に遂行するという倫理的課題が与えられている。「神が人間を自らの裁量のままに委ねたのは、人間にはその欲するすべてをなすことが許されているからではなく、むしろ人間は、なすべきことへと、非理性的被造物のように自然本性の必然性によって仕向けられるのではなく、自らの裁量〔思慮〕にもとづく自由な選択をもって向かうものだからである」[*226]。しかしこのような人間の自由裁量と独自の計画といえども、第一原因たる神によって包括され、担われている。「神は人間を自らの裁量のままに委ねた。それは、神が人間を、自らの行為を配慮するものとして造り上げたという仕方においてである。しかし自らの行為に対する人間の配慮は、それらに対する神による配慮を排除するものではない。それは、被造物の能動的力が神の能動的力を排除しないのと同様である[*227]」。

(b) 永遠法と自然法　神ないし「永遠法」(lex aeterna) による配慮と人間の自己規定との合致は、人間理性 (ratio) の本質、すなわち「人間的および道徳的行為の根源[*228]」のうちに存する。「ところで人間の理性が、それによって人間の意志の善性が測られる、人間の意志の規範であるということは、神の理性たる永遠法にもとづく[*229]」。神的理性と人間理性、および永遠法と自然法とのこのような関係のうちにこそ、神の摂理と人間の自律性とが合致する根拠がある。自然法という名称は、この法が、「われわれの行為を目的へと向かわせる発端[*230]」として、「われわれにおいては、自然本性にもとづくものから[*231]」発するということを意味している。しかし自然法と永遠法は二つ別々のものではない。なぜなら「自然法とは、理性的被造物における永遠法の分有にほかならない[*232]」からである。

自然法は、すべての存在者に対してと同様に、人間をその目的へと方向づけるものである限り、それは人間にとって、その自然的傾向性によって自然本性的・超越論的に組み込まれているものである。「それぞれの理性的被造物のうちには、永遠法と調和するものへと向かう自然本性的な傾向性が内在する[*233]」。このような順向性は「刻印[*234]」であり、それゆえその担い手の自己原因性に由来するのではなく、「規範づけられた者、規制された者において」[*235]受動的に呼び起こされるのであり、その限り、「本質的な意味においてではないが、いわば分有的な意味で法と呼ばれることが可能である」[*236]。しかし自然本性的な傾向性は、二次的・派生的な意味での自然法である。なぜなら「法」とは、理性によってのみ洞察されうるのであり、事実的な傾向性そのものにおいて現れることのない規範性を示しているからである。「理性的被造物はそれ〔永遠の理念〕を知性的ないし理性的に分有するために、理性的被造物における永遠法の分有は固有の意味で法と呼ばれる。それというのも、法とは理性に属する何ものかだからである」[*237]。法そのものは、指定ないし能動的な規範づけという性格をもち、受動的に規範づけられるという性格をもたないため、自然法は「本質的に」[*238]、「ただ理性のみにおいて」[*239]、「規制し規範づけるものにおけるような仕方で」[*240]見出される。

法そのものは、認識されることによってのみ規範として働く以上、それが指定としての性格をもつためには、理性において受動的な認識内容として受容されるというだけでは不十分である。むしろ法が人間において規範ないし命令として働くためには、人間の理性によって能動的に認識されなければならず、つまりは無制約的で、自らを自らによって自明なかたちで根拠づける自発性としての精神的生に満たされなければならない。「自然法の公布は、神がそれを自然本性的に認識されるような仕方で人々の心に植えつけたということによってなされている」[*241]。こうして法のうちでは、精神の能動性が究極的かつ無制約的な目的との関わりにおいて、あるいは究極目的たる善との関係において、その内的真理と理性的性格――つまり人間によって洞察される絶対的な理性――において自らを表現することによってはじめて、法そのものが、法として人間に対するその要求において理解可能となる。このことはまず、人間の理性が自然法を構成するという側面を表しており、[※242]ついで理性によるそうした構成という能動的活動が、神の永遠にして無制約的な理性にもとづいているということをも含んでいる。

そこで自然法は、トマスにとって、理性に対して前もって与えられた対象ではなく、他の命題と同じような仕方で「理性の何らかの産物」[※243]である。それは「行為へと秩序づけられた実践理性の普遍的命題は法の本質を有する」[※244]という一節にも語られている通りである。精神が自らの思考内容を自らの思考の産物として、端的に妥当するものとして措定するという意味では、「自然法は、理性によって作り出されたものである」[※245]。それゆえ自然法においては、洞察の遂行が内的言葉として客観化される。[※246]「理性の働きにおいて、知解および推論などの理性の行為そのものと、こうした行為によって作り出されるものとが区別できる」[※247]。自然法において表現されている洞察は、実践的意図をもって第一義的に善そのものに関わる。「善は、行為に秩序づけられている実践理性によって把握される第一のものである」[※248]。こうして「善はなすべきで、追求すべきであり、悪は避けるべきである」[※249]という原理に導かれ、さらにそこから、人間の自然本性に即して、内容的により詳細な区分がなされることになる。「人間がそれに対して自然本性的な傾向性を有するものすべてを、理性は自然本性的な仕方で善いものとして捉え、したがってまた働きを通じて追求すべきものとして捉える。これとは反対のことについては、それらを悪いもの、避けるべきものとして捉えるのである。それゆえ、自然本性的な傾向性の秩序に従って、自然法のもろもろの規定が秩序づけられる」[*250]。自然法を構成するという実践的次元での根源的遂行は精神において自発的になされるのであり、それゆえ自由選択に先立ったものである。そこにおいて提示される規範的な根本洞察は、「あるときは現実態的に考慮され、またあるときは習態として理性によって把持される」[*251]。

自然法のこのような構成において、理性そのものは「人間に属するすべて」[*252]に照らし、自由意志に対して権威として命令を下す。このような自己立法性を示すためにトマスは、異教徒――それゆえ自然本性における人間――は自分自身にとって法であるというパウロの言葉（ローマ人への手紙二・一四）を繰り返し引き合いに出している。「『ローマ人への手紙』第二章の〈律法を有しない異邦人たちが自然本性的に律法に属する事柄をなすとき〉という箇所について、『〔標準的〕註解《グロッサ》』はこう述べている。〈彼らは書かれた法は有さないにしても、自然法は有しているのであって、それによって誰もが、何が善であり、何が悪であるかを理解し、自覚しているのである〉」[*253]。人間は、自らの存在の本質と意味を人間自身に対して示す理性をもつことによって、自らに対して単に作用因的な意味での支配力をもつだけでなく、自らの規範として自らに対して権能を有する。「誰であれ、規範を与える者の秩序づけを分有する限りにおいて、自らにとって法なのである。したがって同じ箇所で、〈彼らは自分たちの心のうちに書き記された法の働きを示す〉と述べられているのである」[*254]。

理性が「命令」[*255]（praeceptum）を遵守すること、したがって、刑罰への恐れによってではなく、理性そのものを堅持するということが、意志的行為の倫理的善をなす。「人が法を遵守するのは、常に徳の完全な善性にもとづいてのことではなく、あるときは刑罰を恐れるため、しかしあるときはただ理性が命じるがゆえにであるが、この後者こそが徳のある意味での根源である」[*256]。それゆえ人間の倫理的な尊厳とは、理性との一致のうちに存するということになる。そこでディオニュシオス・アレオパギテスにならって、「人間の善は理性に即しているということであり、これに対して悪とは理性に背いているということである」[*257]と言われる。

(c) 理性による永遠法の分有　「理性的魂こそが人間に固有な形相である」[*258]ため、人間にとっては理性に従うことが本性に適ったことである。しかし自然法の無制約的な規範性は、それが永遠法、すなわち神の理性、その本性および意志[*259]を第一の根源とするというところから理解されなければならない。ところで人間の理性は認識された対象から自然法を読み取るのではなく、それを自らに固有の本性にもとづいて根源的に構成するのであり[*260]、そこには人間の理性の根源が神的理性の分有にあるということが示されている。「理性的被造物におけるこのような永遠法の分有が自然法と呼ばれる。……詩編作者は……言っている。〈主よ、あなたの顔の光がわれわれの上に刻み込まれた印である〉。つまり言ってみれば、われわれがそこに照らして、何が善であり何が悪であるかを判別する自然的理性の光――この判別は自然法に属することであるが――は、われわれのうちにおける神的光の刻印にほかならない」[*261]。この「詩編」(四・七)の一節をトマスは次のように解説している。「神の顔――人間が彼の顔によって知られるのと同様に、それによって神が認識されるところのもの――は神の真理である。この神の真理からその光の類似がわれわれの魂のうちに照り輝く。そしてこれは光のようなものであり、われわれの上に刻み込まれた印である。それというのも、それはわれわれのうちにあってわれわれに優るものであり、われわれの顔に刻み込まれた何らかの印のようなものだからであり、この光によってわれわれは善を認識できるのである」[*262]。

こうした神的光の「輝き〔照らし込み〕[*263]」は――単に存在の受容だけでなく、認識をもたらす――人間精神ないし理性的魂による神の精神ないし本質の分有である。しかしながら人間の精神は、神的理性を「認識される対象として[*264]」、つまり対面する志向的な仕方で――ただ至福なる人々における神の直視にのみ見られる仕方で――永遠法を分有するわけではない。むしろ人間の精神は、倫理的規範についての自らの認識、つまり自然法を、自らの精神の根底において内的に働いている超越的・神的理性の現前にもとづいて遂行するのである。したがって人間の精神は、神的理性を「認識の根源として[*265]」自然法を認識する。そして「われわれのうちに存する知性的光そのものは、永遠の理性がそこに含まれている造られざる光の一種の分有された類似にほかならない[*266]」以上、自然法を認識する精神の活動は、自然法を自らにとっての規範として設定することになる。理性そのものはこうした分有によって、真理を遂行する能力というその本質において構成されるため、分有はいかなる人間にも与えられることになる。「あるものが知られるのには二つの仕方がある。その一つは、それ自体において知られる場合であり、もう一つは、たとえば太陽を、その実体において直視することはなくても、その輝きにおいて知る場合のように、あるものをそれの何らかの類似を帯びている結果において知るという場合である。……しかしすべての理性的被造物はそれ〔神の本質〕を、その何らかの輝き――それが大きいものであるにせよ、幽かなものであるにせよ――にもとづいて知るのである。まさにアウグスティヌスが『真の宗教について』で述べているように、真理の認識はすべて、不可変の真理である永遠法の照らし込みと分有である。ところであらゆる人が何らかの仕方で真理を認識しているのであり、少なくとも自然法の一般的な原理はあらゆる人に知られている」[※267]。

こうした分有によって精神は本質的に神の似像として形作られる。「それというのも人間は、そのうちに神の似像が具わる理性あるいは精神によって神に結ばれているからである」[※268]。このような存在論的・認識構成的な分有にもとづいて、つまり「われわれのうちの神的理性の刻印そのものによって」[※269]、人間の倫理的性格は人間理性を通して内的かつ超越論的に、また同時に神的理性によって超越的に構成される。「人間の意志の基準は二つあり、その一つは近接的・同質的基準、すなわち人間理性そのものであり、もう一つは第一の基準、つまり永遠法であり、いわば神の理性そのものである」[※270]。すでに見たように、このような分有関係において、アウグスティヌスにならって、理性の自覚が人間の存在と能力の理念に対する認識へと深められることになる[※271]。

ところで、もろもろの自然本性的傾向性は、神の直視における至福[※272]という、それ自体としては超自然本性的であるが人間の自然本性の側から求められた目的をただ遠くから目指すものとされていたのと同様に、永遠法に対する人間理性の分有もいまだ不完全なものである。啓示された神的法、とりわけ「新しい法」[※273]（lex nova）、つまり「愛徳の法であるから完成の法である」[※274]新約聖書の法によって自然法を高めること、自然本性的傾向性を恩寵によって癒し、注賜の徳、超自然的な徳、霊的賜物へと深めること、そして恩寵論全体は、人間精神の自然本性的な分有によって開かれた究極目的たる神そのものとの隔たりを橋渡しすることになるだろう。「あるものが永遠法を遵守するには二通りある。……その一つは、永遠法が認識という仕方で分有される場合である。もう一つは、……内的な仕方で運動原理が〔分有される〕という場合である。……理性的本性をもつ者は、……この両方の仕方に従って永遠法に服従する。なぜならそれは、何らかの仕方で永遠法についての観念をもつからである。さらにまた、それぞれの理性的被造物には、永遠法と調和するものへと向かう自然本性的傾向性が具わっている。……しかしこの両方のあり方は、悪い者たちにおいては不完全であり、何らかの仕方で損なわれている。……善い者たちにおいてこの両方のあり方は完全なかたちで見出せる。なぜなら彼らにあっては、善についての自然本性的認識に対して、信仰および知恵による認識が付加され、また善への自然本性的傾向性に対して恩寵および徳という内的動機が付加されているからである」[*275]。このように自然本性的能力を超えて高められることによって、人間の人格的行為は、理性をその神的真理および善性の光への透徹というそのありさまにおいて実現することになるのである。「人間的行為において、美とは言葉ないし行いのあるべき割合にもとづいて言われ、そこにおいて理性の光が輝き出るのである」[*276]。

註

＊1——W. Kluxen, *Philosophische Ethik bei Thomas von Aquin*, (Mainz 1964) zweite, erweiterte Auflage Hamburg 1980, S. XXXII.

＊2——自然法による倫理の基礎づけをめぐるこの議論の中心となるのは、トマスにおける倫理的事象の自律と神中心性についての問いである。自律性に重きを置いた解釈に対立する神中心的立場の代表者たち（M. Rhonheimer, B. Stöckle）は、トマスにおける自然法を、神によって人間に対して付与された自然的傾向性のうちに基礎づけられたものと理解する。これに対して自律性を重視する解釈者たち（A. Auer, F. Böckle, K.-W. Merks）は、トマスの自然法概念において、理性が規範および自己立法の基準としての役割を果たしている点を強調しているが、それでも彼らは、自然的傾向性が倫理的善の理性的認識に寄与するということを否定するわけではない。Cf. F. Böckle (Hg.), *Naturrecht im Disput*, Düsseldorf 1966; A. Auer, Autonome Moral und christlicher Glaube, Düsseldorf 1971, zweite, erweiterte Auflage 1984; F. Böckle, E.-W. Böckenförde (Hgg.), *Naturrecht in der Kritik*, Mainz 1973; W. Korff, *Norm und Sittlichkeit. Untersuchungen zur Logik der normativen Vernunft*, Mainz 1973; B. Stöckle, *Grenzen der autonomen Moral*, München 1974; D. Mieth, Autonome Moral im christlichen Kontext, *Orientierung* 40 (1976), S. 31-34; A. Auer, Die Autonomie des Sittlichen nach Thomas von Aquin, in: K. Demmer, B. Schüller (Hgg.), *Christlich glauben und handeln. Fragen einer fundamentalen Moraltheologie in der Diskussion*, Düsseldorf 1977, S. 31-54; R. Spaemann, Wovon handelt die Moraltheologie?, in: id., *Einsprüche*, Einsiedeln 1977, S. 65-93; O. H. Pesch, Das Gesetz. Kommentar zu S. Th. I-II qq. 90-105, in: Thomas von Aquin, *Summa Theologiae* (DThA), Bd. 13, Heidelberg/Graz 1977, S. 529-763; K.-W. Merks, *Theologische Grundlegung der sittlichen Autonomie. Strukturmomente eines autonomen Normenbegründungsverständnisses im lex-Traktat der Summa Theologiae des Thomas von Aquin*, Düsseldorf 1978; B. Bujo, *Moralautonomie und Normenfindung bei Thomas von Aquin*, Paderborn 1979; K. Hilpert, *Ethik und Rationalität. Untersuchungen zum Autonomieproblem und zu seiner Bedeutung für die theologische Ethik*, Düsseldorf 1980; B. Bujo, *Die Begründung des Sittlichen.*

Zur Frage des Eudämonismus bei Thomas von Aquin, Paderborn 1984; W. Korff, Der Rückgriff auf die Natur. Eine Rekonstruktion der thomanischen Lehre vom natürlichen Gesetz, *Philosophisches Jahrbuch* 94 (1987), S. 285-296; M. Rhonheimer, *Natur als Grundlage der Moral. Die personale Struktur des Naturgesetzes bei Thomas von Aquin. Eine Auseinandersetzung mit autonomer und teleologischer Ethik*, Innsbruck/Wien 1987; E. Gillen, *Wie Christen ethisch handeln und denken. Zur Debatte um die Autonomie der Sittlichkeit im Kontext katholischer Theologie*, Würzburg 1989; M. Heimbach-Steins (Hg.), *Naturrecht im ethischen Diskurs*, Münster 1990; B. Fraling (Hg.), *Natur im ethischen Argument*, Freiburg (Suisse)/Freiburg i. B. 1990; Ch. Schröer, *Praktische Vernunft bei Thomas von Aquin*, Stuttgart 1995.

*3——アヴェロエスは、アリストテレスの『ニコマコス倫理学』に関しては「註解者」とは呼ばれていない。Cf. R. de Vaux, La première entrée d'Averroès chez les Latins, *Revue des sciences philosophiques et théologiques* 22 (1933), p. 193.

*4——Cf. W. Redepenning, *Über den Einfluß der aristotelischen Ethik auf die Moral des Thomas von Aquino*, (Diss.), Goslar 1875; S. Huber, *Die Glückseligkeitslehre des Aristoteles und hl. Thomas von Aquin*, Freising 1893; H. V. Jaffa, *Thomism and Aristotelism. A Study of the Commentary by Thomas Aquinas on the Nicomachean Ethics*, Chicago 1952; A. C. Pegis, St. Thomas and the Nicomachean Ethics: Some Reflections on 'Summa contra Gentiles' III, 44 § 5, *Mediaeval Studies* 25 (1963), pp. 1-25; V. J. Bourke, The Nicomachean Ethics and Thomas Aquinas, in: A. A. Maurer et al. (eds.), *St. Thomas Aquinas 1274-1974. Commemorative Studies*, vol. 1, Toronto 1974, pp. 239-259; D. Papadis, *Die Rezeption der Nikomachischen Ethik des Aristoteles bei Thomas von Aquin*, Frankfurt a. M. 1980; L. Elders, St. Thomas Aquinas' Commentary on the Nicomachean Ethics, in: Autori vari, *The Ethics of St. Thomas Aquinas*, Città del Vaticano 1984, pp. 9-49; H. Kleber, *Glülck als Lebensziel. Untersuchungen zur Philoso-*

phie des Glücks bei Thomas von Aquin (Beiträge zur Geschichte der Philosophie und Theologie des Mittelalters, Neue Folge 31), Münster 1988, S. 55-131.

＊5——‘*Ystoria sancti Thome de Aquino*’ *de Guillaume de Tocco* (1323), édition critique, introduction et notes par Claire le Brun-Gouanvic (Studies and Texts 127), c. 15, Toronto 1996, p. 122 (=Guillelmus de Tocco, *Vita S. Thomae Aquinatis*, c. 14, in: D. Prümmer [ed.], *Fontes Vitae S. Thomae Aquinatis*, Toulouse 1911, p. 81).

＊6——Cf. E. Schockenhoff, *Bonum hominis. Die anthropologischen und theologischen Grundlagen der Tugendethik des Thomas von Aquin*, Mainz 1987, S. 85-95; Ch.-S. Shin, *“Imago Dei” und “Natura hominis”. Der Doppelansatz der thomistischen Handlungslehre*, Würzburg 1993, S. 37-48.

＊7——Thomas Aquinas, *Summa theologiae* [=*S. th.*] I-II, prologus.〔トマス・アクィナス『神学大全』九、高田三郎・村上武子訳、創文社、一九九六年〕

＊8——Id., *De Virtutibus* q. un. a. 13 ad 8.

＊9——Cf. J. A. Aertsen, Die Transzendentalienlehre bei Thomas von Aquin in ihren historischen Hintergründen und philosophischen Motiven, in: A. Zimmermann (Hg.), *Thomas von Aquin. Werk und Wirkung im Licht neuerer Forschungen* (Miscellanea Mediaevalia 19), Berlin/New York 1988, S. 97-102; J. Aertsen, *Medieval Philosophy and the Transcendentals. The Case of Thomas Aquinas*, Leiden 1996, pp. 303-330.

＊10——*S. th.* I q. 5 a. 1 c.〔『神学大全』一、高田三郎訳、一九六〇年〕

＊11——*S. th.* I q. 5 a. 1 ad 1.〔同〕

＊12——*S. th.* I q. 5 a. 1 ad 2.〔同〕

＊13——*S. th.* I q. 5 a. 1 ad 3.〔同〕

＊14——*S. th.* I-II q. 56 a. 3 c.〔『神学大全』一一、稲垣良典訳、一九八〇年〕

＊15——*S. th.* I q. 75, introd. 〔『神学大全』六、大鹿一正訳、一九六二年〕
＊16——*S. th.* I-II, prologus. 〔『神学大全』九〕
＊17——*S. th.* I q. 1 a. 7 c. 〔『神学大全』一〕
＊18——Id., *Summa contra gentiles* [=*S. c. G.*] III c 112, n. 2858. （番号はマリエッティ版による）
＊19——*S. th.* I q. 2, introd. 〔『神学大全』一〕
＊20——Cf. P. Engelhardt, Zu den anthropologischen Grundlagen der Ethik bei Thomas von Aquin, in: id. (Hg.), *Sein und Ethos* (Walberberger Studien/Philosophische Reihe 1), Mainz 1963, S.186-212.
＊21——*S. th.* I q. 1 a. 4 c. 〔『神学大全』一〕
＊22——Cf. W. Kluxen, *op. cit.* (1980), S. 62.
＊23——Cf. B. Bujo, *Moralautonomie und Normenfindung bei Thomas Aquin*, S. 173-192; M. Rhonheimer, *op. cit.*, S. 191-196.
＊24——*S. th.* I q. 93 a. 1 c 〔『神学大全』七、高田三郎訳、一九六五年〕; cf. I q. 93 a. 1 ad 2 〔同〕; id., *Lectura super Primam epistolam ad Corinthios* [=*Super I Cor.*] c. 11 lect. 2, n. 604.
＊25——*S. th.* I q. 93, introd. 〔『神学大全』七〕
＊26——Id., *Lectura super Secundam epistolam ad Corinthios* c. 4 lect. 2, n. 126.
＊27——*S. th.* I q. 35 a. 2 ad 3. 〔『神学大全』三、高田三郎・山田晶訳、一九六一年〕
＊28——*S. th.* I q. 2, introd. 〔『神学大全』一〕
＊29——*S. th.* I q. 80 a. 1 c 〔『神学大全』六〕; cf. I q. 14 a. 1 c 〔同、二、高田三郎訳、一九六三年〕; *S. c. G.* III c. 112, n. 2860.
＊30——*S. th.* III q. 4 a. 1 ad 2. 〔『神学大全』二五、山田晶訳、一九九七年〕
＊31——*S. th.* I q. 93 a. 4 c. 〔『神学大全』七〕
＊32——U. Kühn, Nova lex. Die Eigenart der christlichen Ethik nach Thomas von Aquin, in: L. J. Elders, K.

Hedwig (eds.), *Lex et Libertas. Freedom and Law according to St. Thomas Aquinas*, Città del Vaticano 1987, p. 243; E. Schockenhoff, *op. cit.*, S. 86.

＊33——M. Seckier, *Das Heil in der Geschichte*, München 1964, S. 66ff.

＊34——Thomas Aquinas, *S. c. G.* III c. 1, nn. 1863; 1865.

＊35——＊2で挙げた文献以外にも以下のものを参照。F. Böckle, Theonome Rationalität als Prinzip der Normbegründung bei Thomas von Aquin und Gabriel Vazquez, in: *Tommaso d'Aquino nel suo settimo centenario* (Atti del Congresso Internazionale [Roma/Napoli 17-24 Aprile 1974]), vol. 5: *L'Agire morale*, Napoli 1977, pp. 213-222; H. Seidl, Sittliche Freiheit und Naturgesetz bei Thomas angesichts des modernen Gegensatzes von Autonomie und Heteronomie, in: L. J. Elders, K. Hedwig (eds.), *op. cit.*, pp. 113-124.

＊36——Cf. *S. th.* I q. 93 a. 4 c.〔『神学大全』七〕

＊37——essentia, virtus et operatio: *S. th.* I q. 75, introd.〔『神学大全』六〕

＊38——*S. th.* I-II, prologus.〔『神学大全』九〕

＊39——*Ibid.*〔同〕

＊40——*Ibid.*〔同〕

＊41——*S. th.* II-II, prologus.〔『神学大全』一五、稲垣良典訳、一九八九年〕

＊42——*Ibid.*〔同〕

＊43——*Ibid.*〔同〕

＊44——*Ibid.*〔同〕

＊45——*Ibid.*〔同〕

＊46——Cf. E. Schockenhoff, *op. cit.*, S. 329.

＊47——Cf. L. Hödl, Philosophische Ethik und Moral-Theologie in der Summa Fr. Thomae, in: A. Zimmermann (Hg.), *op. cit.*, S. 23-42.

＊48——*S. th.* I-II q. 1 a. 1 c.〔『神学大全』九〕

＊49——*Ibid.*; cf. Petrus Lombardus, *Sententiae* II d. 24 c. 3.

＊50——*S. th.* I-II q. 1 a. 1 ad 3.〔『神学大全』九〕

＊51——Cf. A. Malet, *Personne et amour dans la théologie trinitaire de St. Thomas d'Aquin*, Paris 1956; O. Schweizer, *Person und hypostatische Union bei Thomas von Aquin*, Freiburg (Suisse) 1958; U. degl'Innocenti, La struttura ontologica della persona secondo S. Tommaso d'Aquino, in: *L'Homme et son destin d'après les penseurs du moyen âge* (Actes du premier Congrès International de Philosophie Médiévale), Louvain/Paris 1960, pp. 523-533; id., *Il problema della persona nel pensiero di S. Tommaso*, Roma 1967. *Tommaso d'Aquino nel suo settimo centenario*, vol. 7: *L'Uomo*, Napoli 1978 所収の以下の諸論考も参照。J. Owens, Value and Person in Aquinas, pp. 56-62; A. Hufnagel, Der Mensch als Person nach Thomas v. Aquin, S. 257-264 (Lit.: S. 258); A. Lobato, La persona en el pensamiento de Santo Tomás de Aquino, pp. 274-293; C. Motta, Dimensione esistenziale del'uomo contemporaneo e concetto di persona nel pensiero tomista, pp. 294-303; A. Rigobello, Possibilità di una "seconda lettura" dei testi tomisti sulla persona, pp. 333-339; J. J. Sanguineti, La persona humana en el orden del ser, pp. 340-345. J. H. Walgrave, The personal aspects of St. Thomas' Ethics, in: Autori vari, *The Ethics of St. Thomas Aquinas*, pp. 202-215; M. Thurner (Hg.), *Die Einheit der Person*, Stuttgart 1998. 人格概念の歴史については以下を参照。拙論「人間の尊厳とペルソナ概念の発展——自由の担い手」、『中世における自由と超越——人間論と形而上学の接点を求めて』創文社、一九八八年、一八三—二〇三頁。

＊52——Cf. *S. th.* I q. 29 a. 3 ad 4.〔『神学大全』三〕

＊53——*S. th.* III q. 19 a. 1 ad 4.〔『神学大全』二九・三〇・三一、稲垣良典訳、二〇一〇年〕

＊54——*S. th.* I q. 29 a. 1 c.〔『神学大全』三〕

*55——Cf. id., *Scriptum super libros Sententiarum* I [=*In I Sent.*] d. 23 q. 1 a. 1 c. Cf. Boethius, *Contra Eutychen* III, 9-10 (Loeb ed.): Persona vero dicta est a personando.〔「人格は、それを通して話すということにもとづいて言われる」。ボエティウス『エウテュケスとネストリウス駁論』坂口ふみ訳、上智大学中世思想研究所編訳／監修『中世思想原典集成』五「後期ラテン教父」、平凡社、一九九三年、所収〕

*56——*S. th.* I q. 29 a. 3 ad 2.〔『神学大全』三〕

*57——*Ibid.*〔同〕

*58——*Ibid.*〔同〕

*59——*S. th.* I q. 29 a. 3 c.〔同〕

*60——*Ibid.*〔同〕

*61——Cf. id., *In I Sent.* d. 25 q. 1 a. 2 c.

*62——*Ibid.*; cf. *S. th.* I q. 29 a. 3 ad 2.〔『神学大全』三〕

*63——Id., *De potentia* [=*De Pot.*] q. 9 a. 4 ad 6.

*64——*S. th.* I q. 93 a. 2 ad 3.〔『神学大全』七〕

*65——Id., *Scriptum super libros Sententirum III* [=*In III Sent.*] d. 6 q. 1 a. 1 ql. 1 ad ea in contr.

*66——Id., *S. c.* G. III c. 112, n. 2857.

*67——*Ibid.*, n. 2865.

*68——*S. th.* I q. 93 a. 2 ad 3.〔『神学大全』七〕

*69——Id., S. *c.* G. III c. 112, n. 2859.

*70——*Ibid.*, n. 2860; cf. *S. c.* G. II c. 98, n. 1836.

*71——Id., *In III Sent.* d. 5 q. 3 a. 2 ad 3.

*72——*Ibid.* d. 5 q. 3 a. 2 sed contra 2.

*73——*Ibid.* d. 5 q. 3 a. 2 c.

＊74——*Ibid*. d. 5 q. 3 a. 3 c.

＊75——*Ibid*. d. 5 q. 1 a. 3 ad 3.

＊76——「ペルソナは、自らによって一であると言われる」: Alanus ab Insulis, *Theologiae regulae* 32, 6 (PL 210, 637A).

＊77——Thomas Aquinas, *In I Sent*. d. 23 q. 1 a. 2 contra 1.

＊78——Id., *De Pot*. q. 9 a. 3 c.

＊79——*S. th*. I q. 30 a. 4 c. 〔『神学大全』三〕

＊80——*S. th*. I q. 29 a. 1 c. 〔同〕

＊81——Persona est rationalis naturae individua substantia: *S. th*. I q. 29 a. 1 arg. 1.

＊82——Cf. Boethius, *op. cit*. III, 4-5: personae est definitio: naturae rationabilis individua substantia. 〔「人格の定義とは、理性的本性をもった個的実体である」〕

＊83——Thomas Aquinas, *De unione Verbi incarnati* q. un. a. 2 c.

＊84——*S. th*. III q. 9 a. 2 ad 2. 〔『神学大全』二七、山田晶訳、二〇〇一年〕

＊85——*S. th*. I q. 29 a. 2 c 〔『神学大全』三〕; cf. id., *De Pot*. q. 2 a. 2 ad 6.

＊86——Id., *In III Sent*. d. 5 q. 1 a. 3 c.

＊87——*S. th*. III q. 2 a. 2 c. 〔『神学大全』二五〕

＊88——Id., *In III Sent*. d. 5 q. 3 a. 2 c.

＊89——「それゆえ、われわれが考えるように、神的ペルソナについて、それは共属不可能な神的本性の実在であると言うことができる」: Richardus de Sancto Victore, *De Trinitate* IV, 22 (PL 196, 945D).

＊90——Thomas Aquinas, *In III Sent*. d. 5 q. 2 a. 1 ad 2.

＊91——Id., *In I Sent*. d. 23 q. 1 a. 2 ad 4.

＊92——Id., *In III Sent*. d. 5 q. 1 a. 3 ad 3.

＊93——*S. th.* I q. 29 a. 4 c. 〔『神学大全』三〕

＊94——Id., *In III Sent.* d. 23 q. 1 a. 2 ad 2.

＊95——*S. th.* III q. 19 a. 1 ad 4. 〔『神学大全』二九・三〇・三一〕

＊96——Cf. id., *Quaestiones quodlibetales* [=*Quodl.*] XII q. 5 a. 1 c.

＊97——*Ibid.*

＊98——*S. th.* III q. 19 a. 1 ad 4. 〔『神学大全』二九・三〇・三一〕

＊99——Id., *De natura materiae* 7, n. 401.

＊100——Id., *De Pot.* q. 7 a. 2 ad 9.

＊101——*Ibid.*

＊102——*S. th.* I q. 4 a. 1 ad 3 〔『神学大全』一〕; cf. id., *S. c. G.* I c. 23, n. 214.

＊103——Id., *Quodl.* XII q. 5 a. 1 c.

＊104——*S. th.* I q. 8 a. 1 c. 〔『神学大全』一〕

＊105——Id., *Quodl.* IX q. 2 a. 2 ad 2.

＊106——Id., *De natura accidentis* 1, n. 467.

＊107——Id., *De Pot.* q. 7 a. 2 ad 9.

＊108——Id., *Quodl.* XII q. 5 a. 1 c.

＊109——Id., *De Pot.* q. 9 a. 1 ad 3.

＊110——Id., *In III Sent.* d. 5 q. 1 a. 3 arg 2.

＊111——*S. th.* I-II q. 1 a. 2 ad 3. 〔『神学大全』九〕

＊112——S. th. I-II q. 1 a. 2 ad 1. 〔同〕

＊113——*S. th.* I-II q. 1 a. 2 c. 〔同〕

＊114——*S. th.* I-II q. 90 a. 2 c 〔『神学大全』一三、稲垣良典訳、一九七七年〕; cf. I-II q. 82 a. 4 c. 〔同、一二、

稲垣良典訳、一九九八年〕

*115——*S. th.* I-II q. 1 a. 2 ad 2.〔『神学大全』九〕

*116——*S. th.* I-II, prologus.〔同〕

*117——incommunicabilis existentia: *S. th.* I q. 29 a. 3 ad 4.〔『神学大全』三〕

*118——Id., *Quaestiones disputatae de veritate* [=*De Ver.*] q. 10 a. 8 c.〔トマス・アクィナス『真理論』上、山本耕平訳、『中世思想原典集成』第二期一、二〇一八年〕

*119——Id., *De Ver.* q. 1 a. 9 c.〔同〕。Cf. G. Salatiello, *L'autocoscienza come riflessione originaria del soggetto su di sé in San Tommaso d'Aquino* (Tesi Gregoriana, Serie Filosofia 3), Roma 1996, pp. 11-25. 矢玉俊彦『判断と存在——トマス・アクィナス論考』晃洋書房、一九九八年、八四—一五七頁参照。

*120——*S. th.* I q. 87 a. 1 ad 1.〔『神学大全』六〕

*121——Cf. R. L. Fetz, *Ontologie der Innerlichkeit. Reditio completa und processio interior bei Thomas von Aquin*, Freiburg (Suisse) 1975 (Lit.); A. Stagnitta, *L'Autocoscienza. Per una rilettura antropologica di Tommaso d'Aquino*, Napoli 1979; E. Arroyabe, Das reflektierende Subjekt. Zur Erkenntnistheorie des Thomas von Aquin, Frankfurt a. M. 1988; G. Salatiello, *op. cit.*

*122——*S. th.* I q. 85 a. 2 c.〔『神学大全』六〕

*123——Id., *De Ver.* q. 1 a. 9 c.〔『真理論』上〕

*124——*S. th.* I q. 14 a. 2 arg.1〔『神学大全』二〕;cf. I q. 14 a 2 ad 1〔同〕; id., *De Ver.* q. 1 a. 9 c〔『真理論』上〕; *ibid.* q. 2 a. 2 arg. 2〔同〕; *ibid.* q. 2 a. 2 ad 2.〔同〕

*125——Id., *De Ver.* q. 2 a. 2 ad 2.〔同〕

*126——*S. th.* I q. 14 a. 2 ad 1.〔『神学大全』二〕

*127——*S. th.* I q. 87 a. 1 c.〔『神学大全』六〕

*128——Id., *S. c. G.* III c. 46, n. 2231.

＊129――Cf. *ibid*., n. 2232.
＊130――Cf. *ibid*., n. 2233.
＊131――Id., *De Ver*. q. 1 a. 6 ad 2.〔『真理論』上〕
＊132――*S. th*. I q. 87 a. 1 c〔『神学大全』六〕; cf. I q. 14 a. 2 ad 3.〔同、二〕
＊133――Id. *De Ver*. q. 2 a. 2 ad 2.〔『真理論』上〕
＊134――*Ibid*. q. 10 a. 8 c.〔同〕
＊135――*S. th*. I-II q. 89 a. 6 ad 3.〔『神学大全』一二〕
＊136――*S. th*. I q. 87 a. 4 c〔『神学大全』六〕; cf. I q. 82 a. 4 ad 1.〔同〕
＊137――Id., *De Ver*. q. 22 a. 12 c.〔『真理論』下、山本耕平訳、『中世思想原典集成』第二期二、二〇一八年〕
＊138――*Ibid*. q. 10 a. 8 c.〔『真理論』上〕
＊139――*Ibid*.〔同〕
＊140――*S. th*. I-II q. 112 a. 5 ad 1〔『神学大全』一四、稲垣良典訳、一九八九年〕; cf. I. q. 76 a. 1 c.〔同、六〕
＊141――Id., *De Ver*. q. 10 a. 8 c.〔『真理論』上〕
＊142――*Ibid*. q. 10 a. 8 ad sed contra 1.〔同〕
＊143――*S. th*. I q. 93 a. 7 ad 4.〔『神学大全』七、稲垣良典訳、一九七七年〕
＊144――Id., *De Ver*. q. 10 a. 8 ad 1.〔『真理論』上〕
＊145――*Ibid*. q. 10 a. 2 ad 5.〔同〕
＊146――Cf. *ibid*.〔同〕
＊147――*Ibid*. q. 10 a. 8 ad 11.〔『真理論』上〕
＊148――habitus quodammodo est medium inter potentiam puram et purum actum: *S. th*. I q. 87 a. 2 c.〔『神学大全』六〕
＊149――Id., *De Ver*. q. 10 a. 8 c.〔『真理論』上〕

＊150——*Ibid*. q. 10 a. 8 ad 9.〔同〕

＊151——Id., *S. c. G.* III c. 60, n. 2444.

＊152——*S. th.* I q. 18 a. 3 c〔『神学大全』二〕; cf. Id., *Lectura super Evangelium sancti Johannis* c. 1 lect. 3, n. 1.

＊153——*S. th.* I-II q. 1 a. 1 c.〔『神学大全』九〕

＊154——Id., *S. c. G.* III c. 112, n. 2857.

＊155——*Ibid.*; cf. id., *De Ver.* q. 24 a. 1 c〔『真理論』下〕; *S. th.* I q. 83 a. 1 arg. 3.〔『神学大全』六〕。〔Cf. Aistoteles, *Metaphysica* I, 2, 982b25. アリストテレス『形而上学』上、出隆訳、岩波書店（岩波文庫）、一九五九年〕

＊156——*S. th.* I q. 19 a. 3 ad 5.〔『神学大全』二〕

＊157——Id., *De Ver.* q. 24 a. 1 ad 1.〔『真理論』下〕

＊158——*Ibid.* q. 22 a. 4 c.〔同〕

＊159——Id., *Compendium theologiae* 96, n. 183.〔トマス・アクィナス『神学提要』山口隆介訳、知泉書館、二〇一八年〕。Cf. M. Rhonheimer, *Praktische Vernunft und Vernünftigkeit der Praxis. Handlungstheorie bei Thomas von Aquin in ihrer Entstehung aus dem Problemkontext der aristotelischen Ethik*, Berlin 1994, S. 577-581.

＊160——Cf. G. P. Klubertanz, The Root of Freedom in St. Thomas' Later Works, *Gregorianum* 42 (1961), pp. 709-721; O. Pesch, Philosophie und Theologie der Freiheit bei Thomas von Aquin in quaest. disp. 6 de Malo, *Münchner Theologische Zeitschrift* 13 (1962), S. 1-25; K. Riesenhuber, *Die Transzendenz der Freiheit zum Guten. Der Wille in der Anthropologie und Metaphysik des Thomas von Aquin*, München 1971, S.165-187; id., The Bases and Meaning of Freedom in Thomas Aquinas, in: *Thomas and Bonaventure. Proceedings of the American Catholic Philosophical Association* 48 (1974), pp. 99-111; H.-M. Manteau-Bonamy, La liberté de l'homme selon Thomas d'Aquin. La datation de la Question disputée De

Malo, *Archives d'histoire doctrinale et littéraire du moyen âge* 46 (1979), pp. 7-34; 拙論「トマス・アクィナス晩年の自由論」『中世における自由と超越』三七五―三八五頁参照。
＊161――Thomas Aquinas, *De Ver*. q. 22 a. 4 c.〔『真理論』下〕
＊162――*Ibid*. q. 24 a. 2 c〔同〕; cf. *ibid*. q. 23 a. 2 c〔同〕; id., *S. c. G*. II c. 48, n. 1243.
＊163――Id., *De Ver*. q. 24 a. 1 ad 17.〔『真理論』下〕
＊164――*Ibid*. q. 24 a. 2 c.〔同〕
＊165――*Ibid*. q. 22 a. 13 ad 10.〔同〕
＊166――「ところで欲求は受動的能力である。というのも、〔アリストテレスの〕『霊魂論』第三巻に言われている通り、欲求は不動の動者である欲求対象によって動かされるからである」: *ibid*. q. 25 a. 1 c.〔同〕〔cf. Aristoteles, *De anima* III, 10, 433b11. アリストテレス『心とは何か』桑子敏雄訳、講談社（講談社学術文庫）、一九九九年〕
＊167――*Ibid*.〔同〕
＊168――*Ibid*. q. 22 a. 12 c.〔『真理論』下〕
＊169――Prop. 3, in: H. Denifle (ed.), *Chartularium Universitatis Parisiensis*, vol. I, Paris 1899, repr. Bruxelles 1964, p. 487.〔パリ司教エティエンヌ・タンピエ『一二七〇年の非難宣言／一二七七年の禁令』八木雄二・矢玉俊彦訳、『中世思想原典集成 精選』六「大学の世紀 二」、二〇一九年、所収〕
＊170――Prop. 9, in: *ibid*.〔同〕
＊171――*S. th*. I-II q. 17 a. 1 ad 2.〔『神学大全』一六、稲垣良典訳、一九八七年〕
＊172――*S. th*. I-II q. 9 a. 1 c.〔『神学大全』九〕
＊173――*S. th*. I-II q. 10 a. 2 c.〔同〕
＊174――*S. th*. I-II q. 9 a. 1 c.〔同〕
＊175――*S. th*. I-II q. 9 a. 3 ad 3.〔同〕

＊176——Cf. *S. th.* I-II q. 1 a. 4 ad 3. 〔同〕
＊177——*S. th.* I-II q. 9 a. 4 c. 〔同〕
＊178——*S. th.* I-II q. 17 a. 6 ad 1. 〔同〕
＊179——*S. th.* I q. 83 a. 1 ad 3. 〔『神学大全』六〕
＊180——Id., *De malo* q. 3 a. 3 c.
＊181——Id., *S. c. G.* III c. 112, n. 2860.
＊182——Id., *In III Sent.* d. 6 q. 1 a. 1 ql. 1 ad ea in contr.
＊183——Cf. *S. th.* I-II q. 18 a. 9 c 〔『神学大全』九〕; id., *De malo* q. 2 a. 5 c.
＊184——*S. th.* I-II q. 18 a. 4 ad 3. 〔同〕
＊185——*S. th.* I-II q. 17 a. 4 c. 〔同〕
＊186——*S. th.* I-II q. 18 a. 6 c. 〔同〕
＊187——*S. th.* I-II q. 18 a. 6 c 〔同〕; cf. I-II q. 72 a. 3 ad 2. 〔同、一一〕
＊188——*S. th.* I-II q. 7 a. 4 c. 〔『神学大全』九〕
＊189——*S. th.* I-II q. 20 a. 1 ad 1. 〔同〕
＊190——Cf. M. Rhonheimer, *Praktische Vernunft und Vernünftigkeit der Praxis. Handlungstheorie bei Thomas von Aquin in ihrer Entstehung aus dem Problemkontext der aristotelischen Ethik*, S. 577-581.
＊191——Cf. Th. Nisters, *Akzidentien der Praxis. Thomas von Aquins Lehre von den Umständen menschlichen Handelns*, Freiburg i. Br./München 1992.
＊192——*S. th.* I-II q. 18 a. 11 c. 〔『神学大全』九〕
＊193——*S. th.* I-II q. 94 a. 2 ad 2 〔『神学大全』一三〕; cf. I-II q. 56 a. 4 c. 〔同、一一〕
＊194——*S. th.* I-II q. 24 a. 3 c 〔『神学大全』一〇、森啓訳、一九九五年〕; cf. I-II q. 59 a. 5 c. 〔同、一一〕
＊195——*S. th.* I-II q. 56 a. 5 ad 1. 〔『神学大全』一一〕

＊196——Cf. *S. th.* I q. 1 a. 6 ad 3〔『神学大全』一〕; I-II q. 45 a. 2 c.〔同、一〇〕
＊197——Id., *De malo* q. 6 a. un. c.
＊198——Cf. E. Schockenhoff, *op. cit.*, S. 202-285.
＊199——*S. th.* I-II q. 56 a. 3 c.〔『神学大全』一一〕
＊200——Cf. *S. th.* I-II q. 49 a. 3 c〔同〕; cf. I-II q. 49 a. 2 ad 1.〔同〕
＊201——*S. th.* I-II q. 93 a. 6 c.〔『神学大全』一三〕
＊202——*S. th.* I-II q. 55 a. 1 ad 2.〔『神学大全』一一〕
＊203——*S. th.* I-II q. 93 a. 6 c.〔『神学大全』一三〕
＊204——*S. th.* I-II q. 58 a. 1 c.〔『神学大全』一一〕
＊205——Cf. *S. th.* I-II q. 55 a. 1 c.〔同〕
＊206——「この点において、アリストテレスはより自然主義的で、トマスはより人格主義的である」: J. Walgrave, *op. cit.*, p. 210.
＊207——*S. th.* II-II q. 108 a. 2 c.〔『神学大全』二〇、稲垣良典訳、一九九四年〕
＊208——*S. th.* I-II q. 55 a. 1 ad 4.〔『神学大全』一一〕
＊209——*S. th.* I q. 22 a. 1 c.〔『神学大全』二〕
＊210——*S. th.* I-II q. 90 a. 4 c.〔『神学大全』一三〕
＊211——*Ibid.*〔同〕
＊212——Cf. *S. th.* I-II q. 90 a. 2 c.〔『神学大全』一三〕
＊213——Cf. G. Abbà, *Lex et virtus. Studi sull'evoluzione della dottrina morale di san Tommaso d'Aquino*, Roma 1983; L. J. Elders, K. Hedwig (eds.), *op. cit.*
＊214——*S. th.* I-II q. 93 a. 3 c.〔『神学大全』一三〕
＊215——*S. th.* I-II q. 92 a. 1 c.〔同〕

＊216――*Ibid.*〔同〕

＊217――*S. th.* I-II q. 90 a. 4 c.〔『神学大全』一三〕

＊218――*S. th.* I-II q. 92 a. 1 ad 3.〔同〕

＊219――*S. th.* I-II q. 90 a. 2 ad 2〔同〕; cf. I-II q. 90 a. 2 ad 3.〔同〕

＊220――*S. th.* I q. 22 a. 1 c.〔『神学大全』二〕

＊221――*S. th.* I-II q. 91 a. 1 c.〔『神学大全』一三〕

＊222――Id., *S. c. G.* III c. 112, n. 2861.

＊223――*S. th.* I-II q. 91 a. 2 c〔『神学大全』一三〕; cf. id., *De Ver.* q. 5 a. 5 c.〔『真理論』上〕

＊224――*S. th.* I q. 22 a. 2 ad 4〔『神学大全』二〕; cf. id., *De Ver.* q. 9 a. 2 c.〔『真理論』上〕

＊225――*S. th.* I q. 83 a. 1 sed contra〔『神学大全』六〕; cf. *S. th.* I-II q. 10 a. 4 sed contra〔同、九〕; *S. th.* I-II q. 91 a. 4 arg. 2.〔同、一三〕

＊226――*S. th.* II-II q. 104 a. 1 ad 1.〔『神学大全』二〇〕

＊227――Id., *De Ver.* q. 5 a. 5 ad 4〔『真理論』上〕; cf. id., *De Pot.* q. 3 a. 7 ad 12; id., *De Ver.* q. 24 a. 1 ad 5.〔『真理論』下〕

＊228――*S. th.* I-II q. 19 a 1 ad 3〔『神学大全』九〕; cf. I-II q. 90 a. 1 c.〔同、一三〕

＊229――*S. th.* I-II q. 19 a. 4 c.〔『神学大全』九〕

＊230――*S. th.* I-II q. 91 a. 2 ad 2.〔『神学大全』一三〕

＊231――*Ibid.*〔同〕

＊232――*S. th.* I-II q. 91 a. 2 c.〔『神学大全』一三〕

＊233――*S. th.* I-II q. 93 a. 6 c〔同〕; cf. I-II q. 90 a. 1 ad 1〔同〕; I-II q. 91 a. 2 c〔同〕; I-II q. 94 a. 3 c〔同〕; I-II q. 94 a. 4 c.〔同〕

＊234――*S. th.* I-II q. 103 a. 8 c〔同〕; cf. I-II q. 91 a. 2 c.〔同〕

＊235――*S. th.* I-II q. 90 a. 1 ad 1.〔同〕
＊236――*Ibid.*〔同〕
＊237――*S. th.* I-II q. 91 a. 2 ad 3.〔『神学大全』一三〕
＊238――*S. th.* I-II q. 90 a. 1 ad 1.〔同〕
＊239――*Ibid.*〔同〕
＊240――*Ibid.*〔同〕
＊241――*S. th.* I-II q. 90 a. 4 ad 1.〔『神学大全』一三〕
＊242――Cf. J. de Finance, Autonomie et théonomie, in: *Tommaso d'Aquino nel suo settimo centenario*, vol. 5, pp. 239-260.
＊243――*S. th.* I-II q. 94 a. 1 c.〔『神学大全』一三〕
＊244――*S. th.* I-II q. 90 a. 1 ad 2.〔同〕
＊245――*S. th.* I-II q. 94 a. 1 c.〔同〕
＊246――拙論「トマス・アクィナスにおける言葉」、『中世哲学の源流』創文社、一九九五年、二五一―二五九頁参照。
＊247――*S. th.* I-II q. 90 a. 1 ad 2.〔『神学大全』一三〕
＊248――*S. th.* I-II q. 94 a. 2 c.〔同〕
＊249――*Ibid.* Cf. G. G. Grisez, The First Principle of Practical Reason, in: A. Kenny (ed.), *Aquinas*, London/Melbourne 1969, pp. 340-382.
＊250――*S. th.* I-II q. 94 a. 2 c.〔『神学大全』一三〕
＊251――*S. th.* I-II q. 90 a. 1 ad 2.〔同〕
＊252――Id., *S. c. G.* III c. 121, n. 2944 bis.
＊253――*S. th.* I-II q. 91 a. 2 sed contra.〔『神学大全』一三〕

＊254——*S. th.* I-II q. 90 a. 3 ad 1.〔同〕
＊255——*S. th.* I-II q. 94 a. 2 c〔同〕; dictat: *S. th.* I-II q. 94 a. 3 c.〔同〕
＊256——*S. th.* I-II q. 92 a. 1 ad 2.〔同〕
＊257——*S. th.* I-II q. 18 a. 5 c〔『神学大全』九〕; cf. I-II q. 19 a. 1 ad 3.〔同〕。〔Cf. Dionysius Areopagita, *De divinis nominibus* c. 4. ディオニュシオス・アレオパギテス『神名論』熊田陽一郎訳、『キリスト教神秘主義著作集』一「ギリシア教父の神秘主義」、教文館、一九九二年、所収〕
＊258——*S. th.* I-II q. 94 a. 3 c.〔『神学大全』一三〕
＊259——Cf. *S. th.* I-II q. 93 a. 4 ad 1.〔同〕
＊260——Cf. *S. th.* I-II q. 91 a. 2 ad 2.〔同〕
＊261——*Ibid.*〔同〕。Cf. K. Riesenhuber, *Die Transzendenz der Freiheit zum Guten*, S. 313-331. 拙論「分有による精神の開き——トマス・アクィナスの精神論をめぐって」、『中世における自由と超越』四四七—四六九頁参照。
＊262——Thomas Aquinas, *Super Psalmum* 4, 5.
＊263——irradiatio: *S. th.* I-II q. 93 a. 2 c.〔『神学大全』一三〕
＊264——*S. th.* I q. 84 a. 5 c.〔『神学大全』六〕
＊265——*Ibid.*〔同〕
＊266——*Ibid.*〔同〕
＊267——*S. th.* I-II q. 93 q. 2 c.〔『神学大全』一三〕
＊268——*S. th.* I-II q. 100 a. 2 c.〔同〕
＊269——*S.* th. I q. 84 a. 5 c.〔『神学大全』六〕
＊270——*S. th.* I-II q. 71 a. 6 c.〔『神学大全』一二〕
＊271——Cf. id., *De Ver.* q. 10 a. 8 c.〔『真理論』上〕。＊134およびその本文参照。

＊272——Cf. id., *S. c. G.* III c. 48; *S. th.* I-II q. 3 a. 8 c〔『神学大全』六〕; I q. 2 a. 1 c.〔同、一〕。Cf. Y. Nagamachi, *Selbstbezüglichkeit und Habitus. Die latente Idee der Geistmetaphysik bei Thomas von Aquin*, St. Ottilien 1997, S. 192-200.

＊273——*S. th.* I-II q. 106.〔『神学大全』一六〕。L. J. Elders, K. Hedwig (eds.), *op. cit.* 所収の以下の諸論考を参照。U. Kühn, *art. cit.*, pp. 243-247; J.-M. Aubert, L'analogie entre la Lex nova et la loi naturelle, pp. 248-253; P. Rodriguez, Spontanéité et caractère légal de la Loi nouvelle, pp. 254-264; Ph. Delhaye, La Loi nouvelle comme dynamisme de l'Esprit-Saint, pp. 265-280.

＊274——S. *th.* I-II q. 107 a. 1 c.〔『神学大全』一四〕

＊275——S. *th.* I-II q. 93 a. 6 c〔『神学大全』一三〕; cf. I-II q. 90, introd.〔同〕

＊276——Id., *Super I Cor.* c. 11 lect. 2, n. 592.

第九章　知性論と神秘思想——十三・十四世紀スコラ学の問題設定

一　知性への問い

哲学は理性によって、存在者をそのものとして、かつ全体において究明しようとするものであるため、哲学は同時に、認識において「ある意味ですべてのものとなる」[*1]理性への問いとならなければならない。存在者への問いは、存在者の本質をなすばかりかそれを精神において現象にもたらすロゴスへの問いに反映している。「なぜなら思惟と存在は同一だからである」[*2]。それゆえすでに古代において、ヘラクレイトス（前五五〇頃—四八〇年頃）のロゴス概念からアリストテレスの論理学、さらにストア学派の神的ロゴスの思想にいたるまでの哲学史を通じて、存在者の本質を問う主要問題の背景に潜みながらその問いを駆り立てるかたちで、精神の本質への問いがたえず働いていた。その問いは、フィロン（前二五／二〇頃—後四五／五〇年頃）およびユスティノス（一〇〇頃—一六五年頃）以来、教父思想においては、神的ロゴスへの傾聴として、または把捉不可能な第一の根源へと限りない超越を行うロゴスの運動の追遂行（Mitvollzug）として展開されたのち、アリストテレス＝プラトン思想の影響を通してイスラームの哲学者をも規定し、さらに盛期・後期スコラ学の思索においては、アウグスティヌス（三五四―四三〇年）的な自己への問い、および創造主の自己同一性のうちに有限的自己の根源を尋ね求めるその探求と結びつくことになった。近世の初頭にいたるや、精神は自らの確実性の絶対的で揺るぎない基盤（デカルト　一五九六―一六五〇年）を求めて、精神の理性的構造に対する反省を徹底していったのであり、その際に精神は、絶対的存在の像（フィヒテ　一七六二―一八一四年）、ないしは絶対知の自己遂行（ヘーゲル　一七七〇―一八三一年）として自らを理解する必要を自覚する一方で、今世紀においては、厳密な自己確証を行うために、対象的な志向性と日常言語において開かれる精神の世界内的構造に目を向けることになった。

哲学においては、自らの問いと知の本質とを理解したときにのみ、真の意味で「知る」ことになるため、哲学は、存在全体へ開かれた自らの開放性を、不断の自己確証の過程の只中において、精神の自己自身への問いにもとづいて研ぎ澄ましていく。存在への問い、そして自己自身への問いをも含む精神への問いは、哲学的探求における分かちがたい二契機として、相互に絡み合いながら思索の歴史を導いている。それゆえに、存在者の根拠をめぐる古典形而上学的問題が、自らの思惟の可能根拠を探る超越論論理学的反省（カント　一七二四―一八〇四年）へと変貌する際には、存在者をめぐる古来の思索のうちにすでにあらかじめ含まれていた問いが、近世においてはじめて主導的な役割を果たすことになった。このような転回をもたらす精神形而上学的な前提あるいは動機づけは、十三世紀後半の思想の特徴をなす知性の本質への問いからすでに窺えるものである。本論での考察では、このようなもろもろの議論のうちから、ドイツ神秘思想にまでいたる潮流を取り出すことにしたい。こうした考察は、神秘思想の基盤を盛期スコラ学のうちに見出すだけにとどまらず、近世思想において時代を画する成果をもたらした精神理解がどこに由来するのかを解明し、さらに何よりも、自らの本質を問う精神の自己探求のうちに潜み、合理論思想・観念論・超越論的現象学を経た今日においてなおも問いを喚起し続けている諸問題に明確な輪郭を与えることになるはずである。

中世末期と近世の思想史にとって決定的となった発展は、一二七〇年頃の急進的アリストテレス主義ないしはラテン・アヴェロエス主義の危機において口火が切られ、一三三〇年頃には一時的な安定期を迎えた。この約半世紀のあいだには、後期スコラ学の最も傑出した思想家たちの活動期が重なっている。つまり、ボナヴェントゥラ（一二一七／二一—七四年）とトマス・アクィナス（一二二四／二五—七四年）、そしてブラバンのシゲルス（一二四〇頃—八一／八四年）とアルベルトゥス・マグヌス（一一九三／一二〇〇—八〇年）らが晩年の著作を著す一方で、この動向に対してガンのヘンリクス（一二九三年歿）とアエギディウス・ロマヌス（一二四三頃—一三一六年）はアウグスティヌス的伝統からの応答をなし、世紀の変わり目にはドゥンス・スコトゥス（一二六五／六六—一三〇八年）やライムンドゥス・ルルス（一二三二／三三—一三一五／一六年）が理性による形而上学の新たな根拠づけを試み、さらにフライベルクのディートリヒ（一二四〇／五〇年頃—一三一八／二〇年）とマイスター・エックハルト（一二六〇頃—一三二八年）によって思弁的神秘思想が確立されると同時に、ウィリアム・オッカム（一二八五頃—一三四七年）においては、形而上学批判を通して論理学と経験とが結びつけられている。

精神の本質についての理論、具体的には「能動知性」（intellectus agens）と「可能知性」（intellectus possibilis）をめぐっての問いは、この時期においてさまざまな解釈を施された。すでにボナヴェントゥラは八種類の解釈に言及し、[※3]一三〇八年から一三二三年のあいだのものと思われるある匿名の写本では、古代の註解者から始まって一六の解釈が列挙されており、[※4]またペトルス・デ・トラビブス（十三世紀末歿）は、多様な見解を掲載した一覧表を提示している。[※5]ここでは知性についてのこうしたさまざまな理論を概観することは断念しなければならない。また他方で、一人の思想家の知性論のみを見ている限り――たとえそれがトマス・アクィナスのもののように徹底的かつ包括的なものであっても――時代の対話において繰り広げられる豊富な思索の可能性をとうてい汲み尽くせるものではない。また、そもそもおのおのの知性論を十分に理解するには、それらを当時の問題意識にまで遡って解釈する必要があるということを考慮するなら、ここでは、知性の本質への問いが多岐にわたって発展した経緯を跡づけるような概念史的・問題史的観点からの考察が求められる。そしてこの考察を通じて、知性の本性をめぐる普遍的問いは、十三世紀後半になると、この世で得られる至福に満ちた神認識への自然本性的可能性についての問いへと先鋭化されることによって、十四世紀初頭においては知性を要にした神秘思想の根拠づけに貢献するにいたるといった過程が解明されることになるであろう。

二　ラテン・アヴェロエス主義の危機

『霊魂論』をも含むアリストテレスの自然学的・形而上学的諸著作は、すでに一二四〇年代よりパリ大学の講義で取り扱われており、また一二五五年のパリ大学学芸学部の学則規定では、アリストテレスの全著作の研究が義務づけられていたように、[※6]神学部からの精神的自立を目指していた学芸学部においては、アリストテレス哲学とキリスト教的伝統との融和という問題を意図的に避けるかたちでのアリストテレス解釈が展開された。このような「純正な」アリストテレス主義は、実際はかなりの程度アラブ人註釈者の見解に従っていたのであり、十三世紀初頭ではアヴィセンナ（九八〇―一〇三七年）のプラトン主義的傾向をもつ体系的註解書が広く読まれ、またおよそ一二二五年以降はアヴェロエス（一一二六―九八年）による包括的でテクストにより忠実な解釈の研究が徐々に進展していった。パリ大学学芸学部のアヴェロエス主義者のうち、今日ではブラバンのシゲルスとダキアのボエティウス（一二七七年以前活動）が彼らの著作の若干を通じて知られているのみであるが、トマス・アクィナスは、アヴェロエスの見解に賛同する「多くの人々」[※7]という表現を用いており、少なくとも八つの著作の中で、[※8]争点となった能動知性・可能知性の問題を詳細に論じている。また同様にボナヴェントゥラも、すべての人間に単一の知性しか認めないような、「哲学探究を向う見ずにも推し進める」人々に反論を行っている。[※9]

一二七〇年一二月初旬、パリ大司教エティエンヌ・タンピエ（一二七九年歿、在位六八―歿年）

は、断罪の対象となる一三の命題を掲げることによってアヴェロエス主義の危機を押しとどめようと試みた。そのなかで、アヴェロエスの知性理解を示す命題はたとえば以下のものである。「すべての人間の知性は数的に同一である」[*10]。この唯一の普遍的な知性こそが知的認識の担い手であり、個々の人間は自らの純粋に知性的な原理を具えてはいないため、「〈人間が知性認識する〉というのは誤りであり、不適当な述べ方である」[*11]。「人間である限りの人間の形相としての霊魂は、身体の消滅にともなって消滅する」[*12]。神でさえも、人間に不死性を「与えることはできない」[*13]。この普遍的で永遠な知性はその認識において世界へと関わり、自らの実現のためには人間の感覚的認識を必要とするがゆえに、人類もまた永遠に存在するはずである。「最初の人間というものはけっして存在しなかった」[*14]のであり、同様に「世界は永遠である」[*15]。これらの諸命題が糾弾されたにもかかわらず、なおもアヴェロエス主義が根強く広がっていたことは、一二七七年初頭に同じくエティエンヌ・タンピエが一二九の命題を断罪する禁令を公布していることから窺える[*16]。知性論に関してそこで禁じられたものは、またしても、知性の単一性[*17]と永遠性[*18]、および人類と世界[*19]の永遠性についての命題[*20]、さらに知性と人間との本質的な一致を否定する命題[*21]である。

それに加えて新たな断罪の対象となったのは、第一原因に対する人間の直接的で自然本性的な認識を主張する命題（「われわれの知性は、それが自然本性的にもつものを通じて第一原因の認識に達することができる——この表現は適切ではないし、もしもこれが直接的認識に関することとして理解されているのなら、誤りである」[*22]）、および人間に自然本性的な神認識を認めるような命題（「われわれはこの死すべき生において、神を本質によって認識することができる」[*23]）、さらに知性をそれ自体で完結した知性体とみなす命題（「知解するものと知解されるものとから、一つの実体が生じる。なぜなら、知性は形相的には知性体そのものだからである」）[*24]、能動知性の自己認識をあらゆる認識の原理とする命題（「知性的魂は、自身を認識することによって他のすべてのものを認識する。なぜなら、すべての事物の形象は、創造によって知性的魂に付与されているからである。しかし、この認識がわれわれの知性によるものとされるのは、知性がわれわれのものである限りにおいてではなく、知性が能動知性である限りにおいてなのである」）[*25]などである。そしてこれらの諸命題[*26]からは、アヴェロエスの知性論が自然本性的な神秘的認識の理論にまで展開していく経緯を読み取ることができる。

このような思想史的連関とこれらの命題そのものの意図を正確に理解するために、ここではアラブ人思想家たちによるアリストテレスの知性論の解釈という発端にまで遡り、ついでそこからラテン・アヴェロエス主義の発展と継承を辿ることにする。

三　アラブ人思想家によるアリストテレス知性論の註解

ギリシア語によるアリストテレス註解や新プラトン主義の思想に喚起されながら、ファーラービー（八七〇頃―九五〇年）が、能動知性・可能知性の思想を含む知性論をはじめてイスラームの思想圏に導き入れ、それを中心的問題の位置に据えたのち[*27]、アヴィセンナは能動知性を人間的認識の原因とするだけにとどまらず、月下界のあらゆる存在と出来事の原因とみなしたため、能動知性は月下界において神的作用が現前する場と考えられるようになった[*28]。能動知性を離存実体とみなすアヴェロエスの解釈もまた、このようなギリシア・アラブの註解者の路線に沿い、その知性論を継承するものである。アラブ人思想家の知性論は、たとえばこの主題についてのいくつかの著作をドミニクス・グンディサリヌス（一一一〇頃—八一／九〇年）がラテン語に翻訳したことによって、[*29]すでに早い時期からラテン西方世界に導入されており、またアリストテレスの『霊魂論』についてのアヴェロエスによる大註解書は一二三〇年にラテン語訳され、パリ大学学芸学部によって支持された『霊魂論』解釈の基盤となった。[*30]

アラブ人思想家は一律に、能動知性・可能知性というアリストテレスの理論を、知性体の宇宙論的階層秩序のうちに組み込んで理解しようとしている。すなわち、アリストテレスが純粋思惟として理解した世界の第一原因のもとに、個々の天体を動かすもろもろの知性体の下降的・流出的秩序が展開されるのである。知性体の階層秩序は、月下界のあらゆる精神的認識を生み出す能動知性にまで降ってくる。能動知性は、非質料的実体として、人間の魂とは区別されはするものの、それのみでは認識に対する受動的な可能性を有するだけの可能知性を、現実態的な認識遂行へと移行させる。このように可能知性と能動知性とが本質的に対応関係にあることによって、両者はその完成状態においては合致するのであり、そのような実体的合一において知性の至福が実現されるのである。[*31]アラブ人思想家は、預言のような宗教的現象を説明する際に、能動知性が——たとえば睡眠中などに——可能知性ないしは人間の魂に対して働きかけたことをその理由として示していたように、知性とは、人間の意識において神的なものが現前する媒体と捉えられていた。[*32]

アヴェロエスにとっても人間知性の理論は、人間の完成および至福という問題設定の枠内で考察されていた。そのことは、十三世紀にはまだラテン西方世界には知られていなかった著作『魂の至福について』[*33]から窺えるだけではなく、アリストテレスの『霊魂論』に対する大註解書においても間接的に語られている。[*34]アヴェロエスが人間知性について論じた少なくとも四種の異なった解釈のなかでは、[*35]このアリストテレス註解におけるものは、彼の最後の見解であると同時に、それのみがラテン世界における受容に際して唯一影響を及ぼした解釈であった。

その解釈によれば、感覚的認識能力は本質的に第一質料を一つの要素として形成され、それゆえ消滅可能なものであるのに対して、自らにおいて認識に対して可能態にある人間知性、すなわち可能知性は、思惟の能力としてそれ自体非質料的であり、それゆえそれは身体でもなければ、身体における何らかの力でもありえない。[*36]このような非質料的性格によって、知性は身体から、つまり個々の人間から独立して存在するがゆえに個々の人間のうちへと個別化されることはないのであり、個々の人間において働くものではあっても、あらゆる人間に共通の単一なる知性として自存する。しかしながらこのような知性は、それより上位に位置するもろもろの知性体とは異なり、それ自体可能態にあるというところから、自らの認識の素材として感覚的世界を必要とし、それゆえ常に人間の身体と結びついている。世界内的な事物に対する感覚的知覚は、本質的に質料に拘束されているため、その可能態的な可知性にもかかわらず、可能知性を直接に現実態化することはない。そのためここで、知覚や可能知性とは異なり、それ自身において活動的で、知性として働く力、すなわち能動知性が介入し、知覚における形相を第一質料の束縛から解き放ち、現実態的可知性にまでもたらすのである。このような、知覚内容の可知性が現実態化される作用因的な形成過程において、能動知性は、自らが可能知性に対して提示する可知的形相を通じて、可能知性と合致する。それゆえ能動知性は根源的には魂に属するのではなく、ただ自らが与える可知的内容を通して魂に対して現前するものなのである。

そして可能知性はその本質的な非質料性にもとづいて永遠であり、その把握力は無制限であるため、個別的な表象によっては、可能知性が全面的に現実態化されることはない。むしろ可能知性は、自らを実現するために、表象像の無限定的な充実、すなわち世界を要求する。さらに可能知性はその永遠の存在において未充足または無意味であるはずがない以上、この世界、そして、知覚作用や想像力を介して世界内の可知的な意味内容を可能知性へと媒介する人間もまた、時間に制約されないかたちで永遠に存在する。世界の永遠性、および人類の永遠性というアヴェロエスのこの主張は、知性をそれ自体で精神的でありながらも可能態にあるものと規定する知性概念にもとづいて、そこから必然的な結果として導き出されたものである。このように、世界と人間の本質が可能知性に具わる宇宙論的・永遠的本質から演繹されていることからわかるように、ラテン西方におけるキリスト教的世界理解・人間理解を脅かすことになったこの二つの根本命題は、体系的に相互に連関をもったものなのである。

質料的世界の多様性は、可能性が現実態化する際の必要条件ではあるが、可能知性は知性である限り、自らの下位に存する世界との対象的な関係において完成されることはない。可能知性はそれ自体精神的な能力であるがゆえに、純粋に精神的な内容、すなわち高次の知性体または離存諸実体を観照することにおいて完成されるのである。すでにアリストテレスによって、可能知性がいかにして高次の知性体の観照にもとづいて精神的内容を獲得するかという問いが立てられていたが、彼自身はその解決を先送りにしたのち、最終的にはその解決を得ずに終わった。アヴェロエスによれば、可能知性は感覚的世界の認識を通じて自らのうちで現実態化される際に、自らの対蹠者である能動知性と合致する。このような「結合」（copulatio）は、「獲得的知性」（intellectus adeptus）をなすのであり、そこにおいては、能動知性は作用因としてだけでなく形相因としても働き、また可能知性は規定可能な質料、すなわち「質料的知性」の性格をもつ。このような、それ自身のうちで完結した統一体としての純粋な知性的活動において、知性は自己認識を獲得するばかりでなく、その活動を通して、自らの上位に存する離存諸実体を観照するのであり、それによって知性は自らの至福に達するのである。アヴェロエスは、このような知性の至福状態において知性が神に類似する事態を見届ける際にはテミスティオス（三一七頃―三八八年頃）に依拠し、また神とのこのような類似を基礎づけるにあたっては、アリストテレス的に「ある意味ではすべてのものとなる」とされる知性の本質をその根拠としている。「それゆえ人間は、テミスティオスが言うように、次の点において神に似るのである。すなわち神はある意味ではすべての存在者であり、あらゆる仕方ですべての存在者を知るのである」[*37]。知性の幸福は、その非質料性にもとづいて能動知性と合致することによって可能になるために、知性は「生成可能なもの」（generabilis）でも「消滅可能なもの」（corruptibils）でもなく、それゆえ個々の身体をもった人間に依存することはないという要請が、知性の至福に達しうることとの条件となる。こうしてアヴェロエスの知性論は、特定の宗教的主張を掲げることはないにせよ、自ずと知性論的な神秘思想へと導かれることになる。

四　パリ大学学芸学部の知性論解釈

一二七〇年と一二七七年に断罪された諸命題に見られたように、アヴェロエスの理論はパリ大学学芸学部において徹底して受容され、極端にまで推し進められた。糾弾の対象となった諸命題は、学芸学部の教授たちが講義で述べた見解だけでなく、さらに彼らの著作に記された学説から選び出されたものと思われる。魂論あるいは知性論についてのこれらの著作は、ブラバンのシゲルスの若干のものを除いては現存していないため、二つの禁令は、六〇年代から七〇年代にかけてパリ大学学芸学部で支持されていた学説を知るための資料としては貴重なものである。このような資料上の制約から、ここでの考察はブラバンのシゲルスのみに絞らざるをえないが、彼の立場はその弟子や同僚と比べて温和なものであると言えよう。

シゲルスは少なくとも五つの著作において自らの知性論を展開している。[*38] すなわち、一二六九年に著された『霊魂論第三巻註解』は、第一の禁令が公布される以前のものであり、おそらくはトマス・アクィナスが『知性の単一性について――アヴェロエス主義者たちに対する論駁』（一二七〇年）を起稿する際に念頭に置いた著作の一つであろう。これに応じてシゲルスは、ただアゴスティーノ・ニフォ（一四七三―一五三八／四五年）が証言を残しているのみで、現存していない著作『知性論』（一二七〇年）において、トマスに対して応答している。[*39] また『知性的魂論』（一二七二―七四年）の中でシゲルスは、アルベルトゥス・マグヌスやトマス・アクィナスを考慮しながら、アヴェロエス主義の立場を慎重に規定しており、『原因論註解』（一二七四―七六年）においては、トマス・アクィナスに近い見解を提示している。ニフォの証言によれば、シゲルスはまた『幸福論』（成立年代不詳）を著し、その中で能動知性と至福との関係を語っていたという。[*40]

『霊魂論第三巻註解』においては、アヴェロエスに従って、能動知性は実体的に人間の身体と一致することはなく、ただその活動においてのみ、すなわち感覚的表象を現実的に認識可能な内容へともたらすことによってのみ身体と結びつくものとされる。「知性は身体を、その実体を通じてではなく、その能力によって完成する。なぜならば、もしその実体によって完成するなら、離存したものではなくなるであろうから」。[*41] また知性はその活動にあたっても、まず人間の主体と能力の側に位置して、しかるのちにそこから感覚的表象に対して働きかけるというのではなく、むしろ知性は、現実態的な可知性にまで高められた内容を人間に与え、その限りで人間と結びつくものとして、対象の側に存している。「すなわち、知性がわれわれに結びつくがゆえに知性認識されるものがわれわれに結びつくのではなく、まさに知性認識されるものがわれわれに結びつくがゆえに〔知性がわれわれに結びつくのである〕」。[*42] それゆえ能動知性は、その実体と活動力に関して、人間の数に従って個別化されるということはないのであり、ただ能動知性を通じて個々の人間に分かち与えられる認識内容が人間の数に応じて個別化される限りでのみ、能動知性もまた数的に多なるものとみなされうるのである。「このような表象された思念が人間の数に従って数えられるのであり、それゆえに知性は、表象された思念を通じてわれわれにおいて数えられる。……たとえそれがその実体において一つであり、またそのものの能力も一であるにしても」[*43]。

また『知性的魂論』においてもシゲルスは、「アルベルトゥスおよびトマスという、哲学において優れた人々」[*44]に逆らって強調しているように、知性的魂はその存在によってではなく、その活動を通して身体と一致するが、そのように知性は身体の内部で働く限り人間の一部となるがゆえに、単に離存する知性が認識するのではなく、まさに人間が知的に認識すると言うことが可能になる。「それというのも、知性は知解することにおいて、活動を通じてその本性に従い身体に内在するのである。……さらに哲学者たちによれば、運動するものに内在し、また内的に何ごとかを行うものは、それらのものの形相ないし完全性と呼ばれる」[*45]。しかしながらシゲルスはこの同じ論考において、知性的魂の個別化という問題を哲学的に解決する可能性についての積年の疑念を吐露し、その個別化の命題を信仰にもとづいて承認しているところから、ここにトマスの立場への接近を見て取ることもできる。「したがって私は、上記の、またいくつかの他の問題の困難のために次のことを言う。すなわち私には、自然理性の道では上記の問題について何を支持すべきであるか、また今述べた問題に関して哲学者〔アリストテレス〕が何を思ったのかが長いあいだ疑問であった。このような疑問にあたっては、あらゆる人間の理性を凌駕する信仰に従うべきである」[*46]。『原因論註解』では、能動知性は魂の部分、および身体の形相として、個々の人間において個別化されるものと理解されることになる。

そもそも『霊魂論第三巻註解』において、能動知性が人間によって経験されるのは、能動知性が現前させる認識内容を介する限りにおいて、つまりその認識内容が抽象されたものとして理解される限りにおいてであるとされ、それを理由として、人間には能動知性に対する直接的意識が認められていなかったことに示されているように、シゲルスは当初から自らの立場を学芸学部で唱えられた極端な見解から明確に区別していた。「能動知性は、それが表象する思念的な志向内容を通してでなければわれわれと結びつくことはない。またわれわれはいわば、われわれにおいて可能知性が思念的な志向内容によって形相づけられるのを経験するというかたちで、われわれにおいて能動知性が行う、普遍的な知解されたものの抽象活動を経験する。ただ可能知性が能動知性を知解し認識するだけでなく、われわれはわれわれのうちに経験されるこのような活動によって、われわれの能動知性を知解し認識する」[*47]。さらにシゲルスは、能動知性は有限的であるのに対し、知性そのものは端的に普遍的な対象においてのみ自らを自覚するという理由から、他の離存実体と同じく能動知性に対しても、自らを直接に観取する可能性を認めていない。「いかなる個別的で、数的に一なるものも現実的に可知的なものではない。なぜなら知性は普遍性を受容するものだからである。しかるに離存するものは個別的である。……それゆえ離存実体は現実態的に可知的ではない。したがってそれらは自らを知解しえない」[*48]。『知性的魂論』においてシゲルスは、あらゆる人間に共通の知性的魂について不死性を承認するだけでなく、魂はなるほど神を原因としているにせよ「無から」創造されたものではないとして、時間的に始まることのないその永遠性を主張している[*49]。「すなわち知性的魂は、それ自身によって、ないしそれ自身の本性によって常に存在するものであるが、にもかかわらず、それは他のものに由来すると言わなければならない」[*50]。最終的に『原因論註解』においてシゲルスは、知性は身体の形相であるというところから、知性の個別化を明確に主張し、それによって、彼が「われわれの信仰において異端であり非合理的」[*51]とみなすアヴェロエスの見解から距離を取るだけでなく、アリストテレスからも独立した思想を形成することになる。「彼がどう思ったとしても、彼は人間であり、誤りうる。それゆえ明らかに、人間の数が増加することによって、〔知性の数も〕増加するということを固く信じるべきである」[*52]。

知性的魂は確かに「それ自体としてその存在において質料に依存せずに自存するかたちで身体を完成にもたらす」[*53]にせよ、魂はその存在においても、また——トマスに反して——その活動においても身体から離存することはない。このような身体との本質的連関にもかかわらず、魂に自然本性的に具わる神認識への希求が空しいものではありえない以上、魂は神の本質を認識することができる。「自然本性的欲求は無駄なものではなく、欲求される目的に到達することができる。そもそもあらゆる人間は本性的に、人間の知性がそこにおいて究極的かつ最高の仕方で完成されるような可知的なものを知ることを欲求する。……それゆえ人間の知性は、第一原因の本質についての認識に達することができる」[*54]。このような神認識は、ここでは直接的な直観として解釈されるのではなく、感覚的認識を出発点としながら段階的に展開されていく、対象的認識の抽象過程の極限とみなされている。「それゆえ、可知的本性の抽象可能性と、抽象を行う知性の力によって、感覚可能なものから出発して最終的には第一原因の本質が知性的に認識されるものと思われる」[*55]。またこれと対応することであるが、人間の知性は純粋な知性体ではなく、「他のものを、しかも形象を通して知解した後でなければ、自らの本性を知解することはない」[*56]がゆえに、人間の自己認識も「認識像」（形象 species）を通じて媒介されるものと考えられている。

アゴスティーノ・ニフォによれば、シゲルスは、現存していない『知性論』という著作において、人間の知性によってより高次の知性体を直観する可能性を認めていたようである。なぜなら、最も可能態的である人間の知性がこのような直観を享受することがないとしたら、ましてや可能性としてのあり方がより少ない（より現実態に近い）より高次の知性体も神の直観にいたることもありえないのであり、仮にそうなると高次の知性体もその存在意義を喪失するということになってしまうからである。同様に『幸福論』においては、人間の知性は「能動知性が可能知性と結びつくことによって」[*57]自らの至福に到達できるとの見解が示されていたようである。その際にシゲルスは、まさに至福の内容をなす能動知性を神と同一視していたと思われる。「能動知性は神である。幸福は能動知性である。それゆえ幸福は神である」[*58]。こうして神それ自身はその本質において、人間が自然本性的に到達可能な完成と至福の内容をなしているのである[*59]。しかしながらなにぶんにも原資料が現存していないため、シゲルスが人間の知性の完成および至福をどのように考察していたかを確かめる手掛かりは残されていない。

五　ラテン・アヴェロエス主義に対するキリスト教思想からの応答

すでにシゲルスが言及していたように、アヴェロエス主義が提起した問題に対して、同時代のアルベルトゥス・マグヌスとトマス・アクィナスが、純粋に哲学的な議論に立脚しながらではあるが、神学的側面からの応答を行っていた。実際この二人のドミニコ会の思想家は、たとえ直接に「哲学者」（アリストテレス）や「註解者」（アヴェロエス）を名指していない箇所においても、その問題設定と議論の方向に照らして、アヴェロエス主義の背景にまで遡って読み解かれるならば、その正確さと論証の効力がより明確に浮き彫りにされることであろう。トマスによる解答は、のちのトマス主義にとって主導的な役割を果たし、広く知られたものでもあるため、ここではごく簡略な素描にとどめたい。

(一) トマス・アクィナス

トマスは、魂と個別的人間との関係を問う際に、魂が一方では「物体的質料と少しも結びつくことのない働きと力をもつ」[※60]ものでありながら、他方で「知解するのは自分自身であることは誰もが経験している」[※61]という理解に依拠している。個々の人間には精神的活動の能力が具わっており、「それゆえ元来われわれが知解する原理、すなわち知性または知性的魂と呼ばれるものは、身体の形相なのである」[※62]。魂は、身体の形相として、人間の身体の多数性に応じて個別化・多数化される。[※63]アヴェロエスはあらゆる人間に共通の知性を主張し、人間の身体ごとに異なる多様な感覚的表象に訴えることによって個々の多様な思考作用を説明していたが、トマスはこのような見解を「不可能」[※64]と断じ、自らの理論においては、個々人の思考作用という経験とともに、アリストテレスの霊魂論を踏まえている。

またアラブ的・アヴェロエス主義的思想家は、普遍的・宇宙論的知性体論にもとづいて人間の知性を離存知性として解釈していたのに対して、トマスは人間の知性を、知性体の本質、およびその新プラトン主義的[*65]な概念から区別している。すなわち人間には純粋で単純な知性は具わってはおらず、ただ知性的諸属性を分有する理性（ratio）のみが与えられているとするのである。「それゆえ人間には、知性（intellectus）と呼ばれるような、理性から独立して存在する能力は存在しない。ただ、この理性が知性の単純性を分有するという理由において、理性は知性と呼ばれるのである」[*66]。しかし理性としての人間の認識能力には生来の認識内容（形象 species）が具わってはいないため、可能知性として、そうした内容にいたる可能性のみを有し、能動知性の助けによって感覚的表象からその内容を獲得するのである。能動知性と可能知性は、作用者と被作用者として互いに関連し合うが、また能動知性は現実に認識を可能にするものであり、可能知性は現実に認識を遂行するものであるというように、両者の形相的対象は異なっているため、この二つの能力は相互に実在的に区別される[*67]。それゆえ両能力の「結合」（copulatio）の可能性、つまり自己完結的で再帰的な知性活動、もしくは自らに対する知的直観の可能性は排除されることになった。そのため魂の自己認識は、自己の作用に対する端的な内覚であるか、または魂の本質を問うことを通じて対象認識から遡及的に獲得されるものとされる[*68]。

トマスは能動知性について自らの見解を示す際には、可知的形象は――プラトンにおけるように――直接にイデアとして直視されるものではないために[*69]、能動知性を不可欠な前提、すなわち可知的形象を抽象するための可能条件とみなすのを常とするが[*70]、能動知性に対しては、それ以上の、人間の認識にとって内的に構成的な積極的機能が認められることはない。[*71] なぜなら認識されるのは能動知性ではなく、[*72] それを通して獲得された認識内容のみだからである。それゆえ人間の認識の完成は、自己認識のうちにでも、能動知性と可能知性の合致した自己遂行のうちにでもなく、[*73] ただ神の本質の直観のうちにこそ求められるが、[*74] この直観は自己認識ないしは能動知性によって媒介されるものではなく、可能知性において遂行されるものと考えられている。[*75] そこでトマスは、能動知性についての経験を認めることなく、むしろそれを、措定（ponere）されなければならない（oportet）必然的要請として捉えている。[*76] 能動知性の「光」（lumen）について語る際にも、トマスはアリストテレスの表現を引用し、[*77] たいていは、色を見えさせるといった感覚的な光の機能との類比において解説するか、もしくはそれを「力」（virtus）として説明するのであり、[*78] この光という表現を知性の経験とみなすような解釈の可能性を度外視している。時とすると、創造されざる神的光の分有としての精神の光が、経験により近い積極的な意味で語られ、[*79] 主に能動知性を指す場合もあるが、[*80] その際にもトマスは、このような神的光の分有はこの世の生においてはあくまでも認識の原理に尽きるのであって、けっして認識の対象や内容となることはありえないと考えているのである。[*81]

トマスにおいて能動知性は、それ自身としては自覚されないまま対象へと関わる知性的活動として、道具的・機能的に捉えられているため、能動知性はそれ自体としてどのようなものであるのか、またそれは――認識の哲学的分析においてだけでなく――認識活動における精神の自己遂行に際してどのような仕方で現れるのかという問題については考察が留保されている。トマスは能動知性に対しては、それ自らの直接的認識を認めない一方で、[*82]新プラトン主義的意味における知性的作用の再帰的自己認識を受け容れ、真理認識の可能根拠としてあらゆる認識作用に内在する知性における、自らの本質に関する再帰的自己認識を承認してはいるものの、それを能動知性との関係において捉えているわけではない。「〔真理が〕知性によって認識されるのは、知性が自分の活動を反省する限りにおいて、それも単に自分の活動を認識する限りにおいてではなく、自分の活動の事物への相応関係を認識する限りにおいてなのである。この相応関係は、活動そのものの本性が認識されないならば認識されえず、活動の本性は、活動の原理の本性が認識されることなしには認識されないが、この活動の原理は事物との合致を本性とする知性そのものなのである。……その理由は、知的実体のように、もろもろの存在者のなかで最も完全なものは、完成された還帰によって自らの本質に還帰するから、ということである」[*83]。

なるほどトマスは、アリストテレスに同調しながら、能動知性は可能知性と同じ類（genus）に属しながらも、作用者が被作用者に対して優位をもつように、能動知性を可能知性より「優れたもの」（honorabilius）とみなすアリストテレスの見解を繰り返し引用している。[*84]ところがすでに十四世紀初頭のトマス学派は、トマスの表現には反しながらも逆にその意図に即した解釈を行い、認識遂行そのものとしての可能知性に対して、認識の可能根拠以上のものではない能動知性よりも高次の位置づけを与えている。「もう一つの見解は、兄弟トマスのものである。それによると、至福は能動知性のうちにあるのではない。それは以下のように証明される。すなわち、われわれのうちの最も高貴でないもののうちには至福はないのであり、むしろ至福は最も高貴なもののうちに存する。ところで可能知性は能動知性よりも高貴なものである。それは活動の側からも対象の側からも証明される。まず活動の側からであるが、能動知性の行いは、可能的に可知的なものを可知的にし、抽象し、表象を照らすことに、あるいは他の人々によれば分離することにある。他方で可能知性の行いは、分離され抽象されたものについての知解を行うことにある。それゆえ能動知性は、可能知性のために存する。もし可能知性が、プラトンがそうしたように、現実において可知的な対象をもつなら、能動知性の必要性はまったくないということになろう。それゆえ能動知性は、可能知性のために存する。さらに分離されたものと抽象されたものを端的に知ることとの方が、分離・抽象することよりもより高貴である。さらに対象の側の理由からも〔証明しうる〕。すなわち能動知性の対象は、質料的で質料の条件のもとにある表象である。しかし可能知性の対象は、質料的なものから抜き取られ分離された何性である」[※85]。

(二) アルベルトゥス・マグヌス

トマス・アクィナスは人間の知性と感覚的表象との結びつきを強調し、人間に対しては自然本性的な知的直観の可能性を認めることなく、高次の認識段階を抽象と推論によるものとして説明するのに対して、アルベルトゥス・マグヌスは、イスラームの註解者たちによって提起されたプラトン＝アリストテレス的な問題、すなわち「それ自体離存している神的なるものがいかにして知的に認識されるか」[※86]という問いを取り上げている。「この問題は魂に関するあらゆる問題のなかでも最も重大であり、アリストテレスは〈のちに考察する〉と約束していたが、私たちは彼がこれを考察したのを見出すことはできない」[※87]。アルベルトゥスは、「ラテン人」がこの「最も困難な問題」を「ずっと無視し続けてきた」[※88]という意識を抱いていた。アルベルトゥスはこの問いを設定するにあたって、感覚的・抽象的認識という日常的な基礎段階ではなく、本性的な遂行の最高段階、または人間の知性の本性上の目的という問題から論を起こすことによって、「われわれの見解がわずかな点でのみ異なる」[※89]アヴェロエスとともに、哲学することの目的を問題にしている。

アルベルトゥスは、アヴェロエスに反して、「能動知性が魂の部分ないしは能力であることは疑いえない」[※90]とみなし、能動知性は魂の能力として魂から発出するとの見解を確固として堅持している。能動・受動という仕方で相互に対応し合う能力がいかにして同じ魂に由来するかという問題はすなわち、同じ魂が知性認識の内容に関していかにして能動的であると同時に受動的でもありうるかという問題である。トマスはこれを、能動と受動において形相的対象が異なるというところから説明しており（トマスにおいてこの問題は、初期の『命題集註解』では「それを理解するのは困難である」[※91]とされ、後期の著作では単純な問題とみなされる[※92]）、アルベルトゥスはこのことを、能動知性が占める本質的な優位性を明らかにする分有の形而上学に立脚して説明している。すなわち、魂はその有限性にもとづいて身体および物質的世界と関係するところから、可能知性はその受動的な受容性とともに魂から生じ、また魂は神から発出し神へと向かうがゆえに、能動知性は魂にもとづいて成立するとされるのである。「魂自身から流出する知性は――魂自らが第一原因から発出しそれ自体で存在にとどまる、そのことによって多様なものが〔知性〕それ自身と観想の中で変容され形成されるのであるが——そのもの〔魂〕が第一原因の光の分有を通して第一原因へと振り返る、第一の知性的本性から生じたものである限りで、それ〔魂〕から発したものは、それ自らにおいていわば光であり、能動知性なのである。しかし、それが実体であり、その実体を通して身体の本性が確立され、固定され、完結したものである限りで、魂から発したものは可能知性である」[※93]。このような、プロティノス[※94]＝アウグスティヌス[※95]的な「下位の理性」（ratio inferior）と「上位の理性」（ratio superior）の概念を思わせる魂の二方向性ということを、トマスは、能動知性と可能知性の区別という問題から切り離している。「能動知性と可能知性は、上位の理性と下位の理性との区別以上に異なっている。なぜなら能動知性と可能知性は、質料的にではないにせよ形相的に異なった対象へと関わるからである」[※96]。アルベルトゥスによれば、同じ知性の可能性と能動性は、有限的な精神的存在における緊張関係、すなわち精神的存在が神の純粋存在への依存性を遂行するというその関係性と、精神的存在自身の有限的な自己存在への立脚というその自立性とのあいだの緊張によって成立する。「しかしながら、魂は第一原因に依存することにより、まったく可能態のうちにあるのではなく、純粋な現実態である限り、これによって、魂のうちには普遍的に働く能動知性が存在する。そして魂は、他の知性的実体と同様に、それ自身として可能態にある限り、魂のうちには可能知性が存在する。あらゆる知性的本性は、それ自体において考えられるなら、ただ可能態のうちにあるからである」[※97]。

　精神のこのような根源的構成において、感性的表象との接触に先立って能動知性が自らの光によって可能知性に触れるような仕方で、精神はすでに自己自身へと振り返っている。「あらゆる知性的本性をもったものは、第一原因に由来する必然性と、それ自らに由来する可能性とをもつことによって、自らを振り返ることができ、このような振り返りにおいて、第一原因から発する光は、それ自体のうちに具わる可能性に浸透する。こうして魂は、自らを振り返ることによって、能動知性による形相づけである第三の知性を受け取るが、この形相づけは、あたかも目が物質的光によって形相づけられて見るようになるごとく、この光から可能知性を形相づける」[※98]。両知性のこのような最初の結びつきによって、存在とその諸原理への根源的洞察、すなわち「諸原理の知解」（intellectus principiorum）が生じる。もとよりこの諸原理の知解は、そのうちに含まれる概念（「全体」、「部分」など）のア・ポステリオリな認識を介することによってはじめて、命題形式というかたちで分節化されることになる。「形相づけられた可能知性はそれ自身において、かの光にもとづいて、諸原理の知解を有する。それらの諸原理のすべては、それが知性の一なる光に依存する限り、一にして単純である。しかしながらそれらの諸原理は、かの光がその根源概念へと限界づけられ、定められる限りにおいて、区別、複合性、複数性を有する。それゆえ諸原理は、本性的にわれわれに具わるのであり、われわれがそれを学ぶのも、われわれがその概念を受け取る限りにおいてのみである」[※99]。

このような諸原理の認識は、可知的内容をア・ポステリオリ、かつ感覚的表象に媒介された仕方で認識することを可能にし、その際に能動知性は――それ自身の光によって形相的・現実態的に可能知性を満たすことはないにせよ――作用因として可能知性と結びつく。「これらの知解されたものを、現実において知解されたものとすることによって、能動知性は作用するものとしてわれわれと結合される」[*100]。知性は第一の諸原理によって現実的な認識を獲得するがゆえに、アルベルトゥスは知性を「観察的知性」（intellectus speculativus）とみなしている。「このように、可能知性がそれ自身のもとに有する諸原理を媒介として、可知的なものから、知性の形相と活動へと構成されるかの知性は、私の見解では観察的と呼ばれるのである」[*101]。

知性による認識の蓄積は、ア・ポステリオリに獲得されたさまざまな認識内容によって徐々に豊かさを増し、それに応じて可能知性は個々の認識内容を通して能動知性の光をますます受容し、段階的に能動知性の純粋に知性的な性格へと類似していく。「このもの〔能動知性〕はそのあらゆるものに対して可知性と〔質料からの〕解放性を注ぎ込むのであり、そのあらゆるものは、分離され解放されたものとなる限りにおいて能動知性に類似する。それゆえ、そのあらゆるものにおいて、可能知性は継続的に能動知性の光を受け取り、日々それ〔能動知性〕とますます類似したものとなる。哲学者たちによれば、このことは、能動知性との連続性と結合へと動かされることと呼ばれるのである」[*102]。このようにして認識が、ただ対象面で量的に加算されるだけでなく、内的・形相的に豊かになることを通じて、「自らが作用者としての能動知性とだけでなく、形相としての能動知性とも結びつくということは、哲学する者の確信しているところである」[*103]。

こうして、可能知性が能動知性の光と形相的に結びつくのは、可能知性が、ア・ポステリオリに獲得された認識内容の充実化の結果、その内的媒体としての能動知性によって認識を行う場合であり、またそれによって対象的に与えられる認識内容への依存性を超えて、自らにおいて自らを通して、自らの活動性において認識を行う場合である。「知性的認識は、知性を通じてわれわれに結びつくようなわれわれ自身の活動である。至福に達する哲学する者が確信するところによれば、自らが形相としての知性に結合され、そのときに、至福なる人間が〔能動〕知性によってその至福の最高の状態において知解するというかたちで、知性との結合がなされる。形相とはすなわち、それを介してわれわれが、人間である限りわれわれのものである働きをなすところのものである」。[*104] アルベルトゥスは、知性が至福に満ちた完成にいたることが実際に可能であるとみなし、この可能性は、多くの知恵を具えた人間が喜びをもって神的な事柄を思惟するという事実によって経験的に裏づけられるとしている。[*105]

認識による神的なものの分有は本質的に、知性がそれ自身の活動において遂行する再帰的な自己認識に媒介され、この自己認識は対象的意味内容に対する知的認識を通じて可能になるものとされている。「知性は、自らが認識するあらゆるものにおいて自らの活動を見出し、それゆえ、知性は思惟されたものを自らの活動へと還元する限り、知性はあらゆる思惟されたものにおいて自らを知解し自らを獲得し、また自らの力と美しさがどれほどのものであるのか〔を認識し〕、そうすることによって、自らが何であるのか、またどれほど大きいものであり、どれほど壮麗なるものであるかを認識するのである」。[*106] 知性の自己自身への還帰は、知性が自らを認識内容として獲得するまで、すなわち「獲得的知性」となるにいたるまで、段階的な展開の過程を歩む。「誰にも明らかであるように、観察的知性には、それが獲得的知性へと上昇するような諸段階が存在する」。[*107] このような知性的な自己把握において、可能知性は、自らの中心としての能動知性に合致する。「こうして〔可能知性は〕あらゆる可知的なものを受け取るとき、能動知性の光を自らに内属する形相として有する。またその光は自らの本質であり、自らの外にあるのでない限り、知性自身が自らの光であるとき、能動知性は、あたかも形相が質料に内属するように、可能知性に内属する」[*108]。このように、能動知性が可能知性のうちにその内的中心として入り込むという意味で、アルベルトゥスの解釈によれば、アリストテレスは、能動知性は人間に対して「外から」もたらされるものとしている。「能動知性は、形相として獲得される限り、アリストテレスが『動物論』第一六巻で語っているように、〈外から人間のうちに入ってくる〉のである」[*109]。

それゆえ、可能知性を本来的かつ内的に充実させるものは、多様な認識ではなく、能動知性の光なのであり、そこにおいては、さまざまな程度で神的光が現存する。「それ〔可能知性〕に対しては、あたかも光が透明体に結びつくように、能動知性が結びつき、あたかも色が照らされた透明体に結びつくように、観察的知性が結びつくのであり、さらに観察的知性は道具として、可能知性に関連づけられる。観察的知性は、あたかも形相的により劣ったものがより優ったものから活動と力を受け取るように、能動知性と関連づけられる」[*110]。それゆえ多様なア・ポステリオリな認識は究極目的ではなく、自らの内的光における知性の自己完成へといたるための道具にすぎない。「能動知性も観察的知性も同様に、可能知性に関連づけられる。能動知性は端的に形相であるが、観察的知性は端的に形相とは言えずに、むしろ道具なのである」[*111]。

「獲得的知性」のこのような自己完成において、知性は個々の表象から発して自己自身へと反省の眼差しを向けるだけでなく、自らが積んだ経験的認識の豊かさを踏まえて、可能知性と能動知性の合一にもとづいて自らにおいて統一されており、自らの認識の光を知性それ自身において自らのものとして有しつつ、知性それ自らを通して認識を遂行する。このような知性の統一にもとづいて人間は、人間としての自らの個人的同一性を獲得すると同時に、能動知性は神の光を分有するものである限り、神に由来するあらゆる認識の発出に沿って、自らの認識を実現する。「ペリパトス学派によれば、このように複合されたものは獲得的知性ないし神的知性と呼ばれる。その際に人間は、自らが人間である限りそれ自らに属するような働きを遂行することができるようにと完成される。そしてこれは、神が働く業であり、またこれは、分離されたものを自らを通して完全な仕方で観想し知解することなのである」[*112]。

こうして完成にいたった自己認識は、人間を超えた知的存在に対する認識への道を拓く。自己認識と、人間を超えた純粋に精神的な諸現実の理解との関係は、知性の核心をなす自己認識が、自らの内的完全性の、自らを超えた根源へと自らを指し向け、それゆえ第一原因ないしは神へと向かう限りでのみ成り立つというところに求められる。「これは獲得的知性と呼ばれるのであり、またそれは、自らの美しさをして、まずかの美しさの源である諸知性体へと向き直らせ、あらゆる知性体を通じて、その必然性の存在がそこに依存する第一原因へといたらせ、このようにして不死性と永遠なる至福の根源に結びつくものになるであろう」[*113]。こうして知性は、「自らの永遠なる至福の根源」を担うものとして、対象に関する包括的な認識という前段階を経ることによって、全き自己認識において、神との同化、すなわち「類同化する知性」(intellectus assimilativus)へ向かって自らを乗り超えていく限り、その至福を実現するのである。「類同化する知性は、そこにおいて人間が、可能または正当である限り、光にして万物の原因である神的知性へとふさわしい仕方で上昇していく知性である。このことが起こるのは、万物によって、現実的に造られた知性が、全きかたちで自らと能動知性の光を獲得し、その結果、あらゆるものの光と自己認識から、自らを知性体の光へと拡張し、次第に端的な神的知性へと上昇していくときである。それゆえ知性は、自らの能動知性の光から、知性体の光へと赴き、その知性体の光から神の知解へと広がっていくのである」[*114]。そこで知性は、「かの究極的なものとその光とに結合され、かの光と混合され、神性のある部分を分有する」[*115]。アリストテレスにならって、徳の完成をも前提とするこのような合一において、「〔それゆえヘルメス・トリスメギストゥスは『神々の神の本性』の中で言う〕〈人間は神と世界とを繋ぐものである〉。それというのも、このような知性を通じて人間は神と結合するからである」[*116]。

またアルベルトゥスはアヴィセンナに従って、預言のような特別な賜物をも、認識を通じての神の創造的光への分有にもとづくものとしている。「獲得的知性はあたかも全体として能動知性の光の完成となったとき、すなわち自らを通じて知られる事物を構成するときに、現在のものから将来のものの認識へと接近するのであり、こうした人々はしばしば預言をなすのである」[*117]。

このような全き自己認識、ないしは認識を通じての神への接近の状態においては、それぞれの認識内容は人間に固有でありかつ神に類似したものとして遂行されるため、まさにこのような認識のあり方こそが、認識を求める人間の希求の目的であり、またその根源でもある。「まさしくこれこそが、〈あらゆる人間は本性的に知ることを欲する〉というそのあり方なのである。なぜならこのあり方によってのみ、人間は人間であり、人間に属する活動をなすからである」[*118]。しかしながら対象的認識に捕われている人間は、知性の充実した自己遂行に目を閉ざしているため、観想的生活へと向かう道からは締め出されている。「あなたがたが何らか観想的な事柄について語るのなら、このように知性を獲得していない人々は、ただ個別的なものの認識にとどまる野獣以上には知解することがないということを見るがよい」[*119]。

人間は自らの知性そのものによって「似像」（imago）なのであり、自らへと帰入し自らを超えて上昇する知性を通じて、神に似たものとなる。「このように獲得した知性のその状態は讃嘆すべきであり、また最高のものである。この状態を通じて人間は、神的なことを行うことができ、自らと他の者に対して神的なものの知解を与えることができ、あらゆる知性的なものを何らかのかたちで受け取ることができることによって、ある程度神に似るのである」[*120]。アルベルトゥスが自覚的に行っているように、このような考察を通して、体系的な知性論――すなわち人間の認識の全段階を統括し、それら全段階を、魂もしくは知性のうちに存する根源から神的光の分有として把握するような知性論――が展開される。「こうしてわれわれの知性の区別は四通りである。そのうちの第一に挙げられるのは可能知性と呼ばれるものであり、ついで第二には普遍的に働く能動知性、第三に観察的知性、そして第四に獲得的知性である」[*121]。

アルベルトゥスの知性論は、イスラームの思想家によるアリストテレス解釈に従いながら、アリストテレス的な魂の概念をキリスト教的・新プラトン主義的な精神にもとづいて発展させる試みであった。そしてアゴスティーノ・ニフォの証言を信じるなら、ブラバンのシゲルスはアルベルトゥスの弟子としてその教えを受けている[*122]。それのみならず、アルベルトゥスの影響たるや、ドイツ人ドミニコ会士シュトラスブルクのウルリヒ（一二二〇頃―七七年）やフライベルクのディートリヒ（一二四〇／五〇頃―一三一八／二〇年）の形而上学的知性論および神秘思想に及ぶだけでなく、さらに彼らを通じてモースブルクのベルトルト（一三六一年以降歿）やマイスター・エックハルト（一二六〇頃―一三二八年）といったドミニコ会士にまでその痕跡を深くとどめるほどのものであった。アルベルトゥスからドイツ神秘思想に達する経緯を思想史的に考察するにあたって、ここではフライベルクのディートリヒの知性論のうち、若干の基本的主題に限って論じることにする。

六　フライベルクのディートリヒ

フライベルクのディートリヒは、アルベルトゥス・マグヌスやトマス・アクィナス、およびアラブ人の哲学者に精通していたばかりでなく、プロクロス（四一〇／一二―四八五年）やアウグスティヌスの知性論に着想を汲みながら、修徳的・神秘的問題設定を直接には主題としない純粋に形而上学的思考にもとづいて、知性の本質を解明する試みをなした[*123]。

知性それ自身の本質は、存在者としての存在者をその全体において認識できるところにある。「あらゆる知性は知性である限り、すべての存在者、あるいは存在者としての存在者に類似するが、それはまさに知性の本質にもとづいてのことである」[*124]。存在者との類似は、能動的にも受動的にもなされるのであり、言い換えれば知性は――アリストテレス的な表現では――すべてをなし、すべてとなることができるため、ここから能動知性と可能知性との区別が生じる。[*125] 可能知性は、その受動的な可能態性ゆえに外からの現実態化を必要としているため、感性的に与えられた世界内の認識内容との関わりを本質的に有している。「表象することと思惟することは同じものに向かう。……可知的形象に関する可能知性と、事物の思念された概念に関する思惟が同じものに向かうのは必然的である。……それというのも表象像なしに知解することは、哲学者によれば不可能だからである」。[*126] 能動知性は、感覚的表象に含まれる本質内容を現実態的に可知的にするものである以上、「それがわれわれと結びつくのは、現実に知解されたものを通して、またその活動がその本質と異なる限りそのもの〔能動知性〕の活動である可知的形象を通じてのみなのである」。[*127] その際に能動知性は、「あたかも動物に心が」[*128] 存するように、おのおのの人間に具わることになる。「能動知性は、個々の者どもに属する個的なものであり、一人ひとりに属するそのつど一なるものであり、個々の人間に従って数が増加し数えられるものである」。[*129]

能動知性の活動は、自らとは区別される感覚的表象を知性的に解明することに尽きるわけではない。なぜならこのような働きは、能動知性がそれ自身においてすでに本質的かつ能動的に知性である限りにおいて、能動知性に具わっている機能にほかならないからである。能動知性は可知的内容に対して、単なる偶因的・道具的原因ではない本質的原因なのであり、[*130] 感覚的表象において能動的に引き起こすよりも、より高次の知的内容を自らのうちに担うはずなのである。[*131] それゆえ能動知性は、ただその感覚的表象における産物にもとづいてのみ知性と呼ばれるのではなく、それ自らにおいて知性としての本質が具わるからこそ、それ自体で認識活動を行うものとして存在するのである。それゆえ、トマス・アクィナスやその擁護者たちに反論してディートリヒが語っているように、「能動知性が何ものも認識しないなどというのは、ある者がその説の無学さゆえに、これを反論しようとして懸命になるべきだということよりも、驚くべきことと思われる」[*132]。能動知性は、本質的かつ常に遂行のうちにあるのであり、それゆえ能動知性が「常に自らの現実態的な知解の光のうちにあるということは、それがその実体において本質によって知性であり……必然的に実体として固定されている以上は、明らかである」[*133]。

顕在的な対象的認識を可能にすると同時に本質的な自己認識を遂行するという二重的構造において、ディートリヒは、アリストテレスの能動知性とアウグスティヌスの語る「精神の秘所」(abditum mentis) とが同一であることが明らかになると考えている。すなわちアウグスティヌスは「精神の秘所」について以下のように記述している。「ここから示されるように、私たちの精神の秘所に、何らかの事物の何らかの知識が存在し、それが思惟されるとき、〔その知識は〕何らかの仕方で顕現し、精神の視野のうちへ、あたかもより明らかになったものとしてもたらされる。その際に精神は、たとえそれについて考えることがなくとも、自らを記憶し知解し愛するものとして発見するのである」[*134]。こうしてアリストテレスの精神形而上学とアウグスティヌスの意識論的な心理的考察とが統一へともたらされる。「それは、言葉遣いは別であるが、哲学者たちの言うことと矛盾してはいない。彼らは、われわれの知性において能動知性と可能知性とを区別しているが、哲学者たちの能動知性とアウグスティヌスの精神の秘所、また哲学者たちの可能知性とアウグスティヌスによる外的思惟とは同じである。そのことは、哲学者〔アリストテレス〕が能動知性と可能知性について扱う事柄は、何であれすべてアウグスティヌスの精神の秘所と外的思惟について証示されるし、逆もまた証示されることが明らかだからである」[*135]。

能動知性は、その本質的な自己認識において、存在者を存在者として、かつ全体として捉える根源的認識を形成する。「知性は、能動知性がそうであるように、その本質においてまた不断に現実的に知性である限り、自らを知解すると同様に、その本質によって、他のあらゆるものを認識し、自らを知解するのと同じ仕方で端的な知解によってそれらを認識するのである」[*136]。存在認識の根源としてのこのような自己認識を通じて、能動知性は自らの有限性にもかかわらず、あらゆるものを自己自身において認識する神に類似し、その「似像」となる。「能動知性は自らがその本質において存在者としての存在者全体の範型であり、それによって能動知性は、知解を通じてあらゆるものである。そのため、神が、神的な仕方ではあるが、自らを知解することによって他のあらゆるものを知解するのと同じく、能動知性は自らを知解することを通じて、その同じ仕方、その同じ端的な知解によって全体における存在者を知解するのである」[*137]。それゆえ人間が神の似像となることは、能動知性のうちに成立する。「主にこの知性において、神との類似、ないしは神の似像が顕わとなる」[*138]。そこで能動知性は、対象と関わる可能知性に対して、作用者と被作用者の関係にあるというよりも、むしろ本質的に可能知性を凌駕する。「能動知性は可能知性に対して、比べることのできないほど優越し、その存在の段階に従って可能知性を凌駕する。すなわち能動知性は、神が人間の本性のうちに植えつけた最高のものである」[*139]。

能動知性は自らを認識するとともに、自らにおいて存在を認識するため、神の自己認識と存在認識を自らの原像とする。それゆえ能動知性は神の似像として、また神を受け容れる開けの場として自らを遂行するのである。なぜなら神に対する至福直観は「必然的に、神がわれわれの本性のうちに植えつけた最高のものに従って起こる。それというのもわれわれは、われわれのうちにあるこの原理に従って、最高度の仕方で神との合致と類似として造られているからである」[*140]。これに対して可能知性の認識は、世界内のもろもろの対象へ結びついているために、「可能知性によっては、至福直観におけるかの直接的な神との合一がなされることは不可能である」[*141]。

能動知性における神の至福直観は、まさに聖書が語っていることにほかならない。「能動知性を通じてわれわれは、能動知性がそれによって知解する知性認識において知解するが、この知性認識は、能動知性がそれによって常に神に向き直るような、自らの本質によるかの知解なのである。そしてここにおいて、真理の書によってわれわれに約束されたかの至福直観が実現される」[*142]。このような神の直観は、神が常に普遍的に自らを分かち与えるあり方として、キリストにおける神性と人性との実体的な結合や、秘跡・恩寵・徳を通じての神との一致とは区別される。「このあり方は、神が普遍的な法則に従って通常の仕方で自らを分与するあり方の一つである。〈普遍的な法則に従って〉というのは、神が人間の本性に対して人格の一性において自らを分与する特権的な分与がそこに含まれないようにするためである。〈通常の仕方で〉ということで私が理解してもらおうとするのは、神が人間のこの世の生において秘跡・恩寵・徳を通じて自らを分与するあり方、あるいはこの世の生においてそれらに関係するもの――そのようなものがあるとすれば――を通じて神が自らを分与するあり方が排除されるようにするためなのである」[*143]。

神に対する至福直観の能力は、能動知性の根源的遂行の構造、すなわち認識の超越論的自己構成の構造から理解することができる。まず、能動知性は単なる附帯的な能力ではなく、その本質と同様にその自己認識の活動において実体である。「精神の秘所——すなわちこれは真に能動知性であるが——は、それが実体であることは明らかである[*144]」。「能動知性は、その本質において真に実体である[*145]」と述べられているように、ここにおいては、実体と主体の同一性を主張したヘーゲル[*146]（一七七〇—一八三一年）においてと同じく、形而上学的存在論と精神論とが融合している。究極において、このような同一化は、（実体としての）人間を本質的に、（認識における）神の似像と捉える聖書の言葉を基盤としている。「その本性に従って形相的に、われわれにおいて神の似像であるものは、すなわち実体である[*147]」。存在と認識の統一ゆえに、認識を通じての自己遂行は、ただ実体的存在に従うばかりでなく、当の自己遂行がその実体を——フィヒテ（一七六二—一八一四年）の精神哲学におけるように——自ら構成するという意味で、まさに実体的存在と同一なのである。「能動知性である精神の秘所は、その本質によって〔知解する〕知性である。……以上のことは、知性自身が知性的な仕方で自らへと赴き、それによって自らの実体と、自ら自身を本質に従って知解することとが構成されるということにほかならない[*148]」。能動知性は、精神の実体的根拠として、魂の根源でもある。「能動知性は、魂の実体そのものの原因としての原理であり、この原理は、あたかも心が動物に内在するように、実体に従って何らかの仕方で〔魂に〕内在する[*149]」。

こうして能動知性は、その実体的な自己認識において、同時に自らのもろもろの可知的内容を構成する。「したがって、能動知性は認識されたものの原理であり、その本質的な原因であることが導かれる」[*150]。あらゆる認識と理解は本質的に、認識されたものをその根拠から理解することを通じて行われるために、その根拠もまた認識され理解されるのである。このことによってはじめて認識と理解は、盲目的な機械的操作から区別される。「あらゆる知解されるものは、まさにその根拠から知解されるのである。なぜなら、これこそが知解する（intelligere）ということ、すなわち内的に読む（intus legere）ということであり、これはその名が示すように知性の特質なのである」[*151]。事物の根拠は根源的にその第一原因のうちに存するため、第一原因としての神は、能動知性において認識されているままで、あらゆる認識内容において輝き出る。「事物のこのような根拠は、可能知性へと、その知性の直接的な原理である能動知性から発して輝き出る。なぜなら第一原因は、第二原因よりも流入の度合いが大きいのであり、それゆえ、事物の根拠は、直接の原理である能動知性から輝き出るよりも、知性の第一原理である神からのほうがより強く輝き出るからである」[*152]。

能動知性は根源的にかつ自らの本質にもとづいて神を認識する。なぜなら能動知性は、根源的に観取されるものとしての神から発現することによってのみ、自己自らをもその根拠から理解する。その際に能動知性は、自らの自己遂行の只中において、自らに内在しながらも自らに先立った根源へと自己を透徹させ、それによって同時に根源から自己自らへと下降するという過程を通じて、自己を神からの発現およびそこへの還帰という仕方で構成する。こうして知性が創造されるのは、認識において自己自身を自らの原理から構成することでもある。「いま述べているこのような知性が存在に達するのは、他の事物と同様の仕方においてではなく、むしろ、知性的な仕方で神から発現し、かの最高の本質を知解する限りで自らの本質を把握することによって、かの最高にして最も形相的な本質としての神から、自らの本質がいわば形相的に下降することに従ってなのである。そしてこのようにして〔知性とは〕本質的にその実体において、自ら自身を知解することによって、自らをその本質における自己自身として知解するものであり、そしてそのことは〔能動知性が〕根源的・原理的に自らの原理を知解することによるのである」[*153]。アウグスティヌスを参照しながらディートリヒが述べているように、自らの根拠にもとづいてなされるこのような超越論的な自己遂行において、知性はその本質を神から受容することによって、自らを神の似像として構成する。「似像として発現するということは、そのものが発した由来を認識しながら発現するということである。それというのも、このような理解は、発現そのもの、およびその本質の受容であるからである。それはアウグスティヌスが『創世記逐語註解』において、天使が神によって存在へともたらされるということを語りながら暗示し、天使は神を認識することによって発現すると語っている通りである（第三巻二四章）[*154]」。

しかしながら、能動知性という「精神の秘所」において常に遂行されている事態は、人間の顕在的な意識、すなわち可能知性にとってはさしあたり隠されている。なぜならばこの世の生において可能知性の能動知性に対する関係は、自らの原理に対する関係、および対象的な認識内容を通じての自らの対象に対する関係に尽きるからである。「可能知性が能動知性に関わるのは、そのもの〔能動知性〕からある事物を知解するという意味での対象への関わりという仕方においてだけでなく、それとともに、能動的で自ら〔可能知性〕を流出させる原理との関わりという仕方においてである」[*155]。しかしながら可能知性は、自らの認識活動の内的形相としての能動知性を獲得したときにはじめて、至福に到達する。「さて、この世の生においてはわれわれは、しばしば語られる能動知性によって知解するわけではないが、それはまたかの至福の生から断絶している人々も同様である。というのも、かの至福の生と無縁なそのような人々に対して、またそれのみならず、この世の生を送るわれわれに対しても、註解者〔アヴェロエス〕が『霊魂論註解』第三巻で言うように、〔能動知性は〕形相として、つまりその活動がまさにそのものの本質であるという仕方において、結びつくものではないからである。そうではなく〔能動知性は〕、ただ〔能動知性の〕活動として現実的にあるいは可知的諸形相のうちに知解されたものを通じて、能動知性の活動がその本質とは異なることに従って、われわれに結びつくのである」[*156]。

具体的な意識としての人間は、能動知性に媒介されることによってのみ至福、すなわち神との合一を獲得するが、能動知性のうちではこのような合致はすでに根底において遂行されている。「それゆえ最高にして究極的かつ直接的な神との結びつきは、能動知性を通じてなされる。それというのも、これはわれわれの本性の段階において最高のものだからであり、またこれは神との最高の類似なのであり、そしてすでに詳述されたように、これは神の似像である類似によるものであり、この似像はわれわれのうちにあるあらゆるものに優る最高の仕方で知性のうちに輝き返るからである。さらにまたその知性的な働きは、知性の本質であり、したがって、知性は自らがそれであり自らが遂行するところに従って、自らの本質によって全体として存在し遂行するからである」[157]。このようにして可能知性が自らの内的形相としての能動知性と合致することによってはじめて、すなわち古代とアラブのアリストテレス註解者の語る「獲得的知性」を通じてはじめて、人間の顕在的な意識は神の至福直観に到達し、「われわれは何らかの形相の原理という仕方で、それ自身を通じて、われわれにおいて、すでに述べられた知解を引き起こすのである」[158]。

ディートリヒの超越論的な知性論は、ア・プリオリな至福論へと及ぶばかりでなく、精神の根底において、非主題的で反省不可能なかたちで含まれる神認識という、アウグスティヌスの理論を取り入れることによって、魂と神との神秘的合一に関する理論へと自らの知性論を発展させ、エックハルトへと道を拓くことになった。精神形而上学は、エックハルトという「人生の師」(Lebemeister) を通じて、自覚的に実践することの可能な霊的生活のうちに導入されたのである。精神の根底についてのエックハルトの理論は周知のものであるため、ここではディートリヒの知性論との関係を指摘するだけで十分であろう。

七　マイスター・エックハルト

能動知性と可能知性の二重性に従って、エックハルトは、認識による被造物との関わり、あるいは被造物の原理としての神に対する対象的認識と、非対象的で反省不可能な自己認識・存在認識・神認識とのあいだに、決定的な差異を認めている。「魂は二つの眼、つまり内的な眼と外的な眼をもっている。魂の内的な眼は、存在を観取し、その存在をまったく直接的に神から受け取るものである。すなわちこれは、この眼に固有の業《わざ》である。魂の外的な眼とは、あらゆる被造物と関わり、ある力の作用の仕方にもとづいて像を介してそれらを知覚するものである」[*159]。それゆえ人間は自己自らへの帰入[*160]を通じて、すなわち精神の「貧しさ」（armuot）と「離脱」（abegescheidenheit）にもとづいて、精神におけるこの内的中心を探求する。この精神の根底を指す多様な表現のうち、光・「精神の頂」[*161]（apex mentis）、「秘所」（abditum）といった多くの表現は、アリストテレス的・新プラトン主義的・アウグスティヌス的な精神理解に由来するものである。

こうして精神の根底は[*162]、それが知解し愛する限りで力ではあるが、それはまた、意志と知性という対象に向けて多様化する諸力には先立ったものである。「魂のうちには、そこから認識と愛が流れ出る〈何か〉が存在する。そのもの自体は、魂の諸力が行うような仕方で認識することも愛することもない」[*163]。この「魂の火花」は、「これやあれやのものではなく」[*164]、「あらゆる名前、あらゆる形相から解放され、あたかも神がそれ自らにおいて捕われることなく自由であるのと同じく、捕われることなく自由である。それは、あたかも神が一にして単純であるのと同じく、まったく一にして単純であり、それゆえにいかなる仕方においても、そのもののうちを窺い知ることは不可能である」[*165]。魂のこの根底は、認識におけるあらゆる対象的な区別を無限に凌駕しているがゆえに、述定も反省も受けつけない[*166]。魂のこの根底は知性、あるいは天使と同様に純粋でそれ自体で完結した知性体である[*167]。こうして人間は、「知性のうちで生き」[*168]、「そこから抜け出ることなく、いかなる〔外の〕事物も観取しない」[*169]ときにこそ、自己自身と完全に一致し、また自らの存在を遂行することによって、自らの根源となるのである。「私が〔まだ〕私の第一原因にとどまっていたとき、私は神を有さず、私自身の原因であった。私は何ものも欲せず、何ものも意欲しなかった。私は捕われることのない存在であり、真理の根底において私自身を認識するものだったからである。そこにおいて私は自己自身を欲し、そのほかのものをなんら欲しなかった。私は、私であるところの私を欲し、また私は私の欲するものであった。ここにおいて私は神にもあらゆる存在にも捕われることがなかった」[*170]。

このような存在と活動との一致は、知性（理性）が「常に内へと活動し」[*171]、それによって「根底にまで向かい行き、さらに探求を進め、神をその一性とその孤絶において捉える」[*172]ことによってのみ知性にとって可能となるのである。また知性は、神の単純な存在における自らの根底へ向けて自己を超越することによって、何ものにも妨げられることのないまったくの自由において知性自らを遂行することが可能になる。「神の存在において、すなわち神があらゆる存在とあらゆる区別から卓越しているところにおいて、私は自己自身であり、そこにおいて私は、この人間〔私〕を造らんがために、私自身を欲し、私自身を認識した」[*173]。知性自身の存在における知性の自己構成は、この存在が本質的に認識を行うものであるがゆえに、知性と神との関係において、またこの関係にもとづいて行われる。「被造物が神を観取するときに、それによって被造物はその存在を受け取る。魂は知性的で認識を行う存在を有する。それゆえ、神が存在するところにまた魂が存在し、魂が存在するところまた神が存在する」[*174]。さらに魂は神の存在の光のもとで認識を通じて自らを構成するものである以上、「私の（永遠の）誕生においてあらゆる事物が誕生するのであり、私は私自身とあらゆる事物の原因である」[*175]。この魂の「誕生」は、神からの超越論的な自己構成であり、これを通じて魂は自らを存在そのものの認識へともたらし、それによって、能動知性がそうであるように、あらゆる事物の認識を可能にする。

このように魂が神へと純粋に向き直り、自らの存在を神から受け取ることにおいて、魂は自己自らを乗り超え、それによって神は自らの「接吻」[*176]をもって魂に触れ、自らの一性、および創造されることのない自らの存在へと魂を導き入れる。「最初の接触において、創造されないものと創造されえないものとして、神が魂に触れ、また常にそうであることにおいて、魂は神が触れる限り、神自身ほどに高貴なものである」[*177]。魂は創造されうるものとは異なり、自らに完結した存在を有しておらず、その本質それ自身において神に与っているものであるため、魂は「創造されえないもの」である。このような本質的に超越的な自己遂行を通じて、魂はその理性的存在において「神と等しく」[*178]、かつ「神と一致する」[*179]。

しかしながら知性の自己超越は、神自身の語りかけ、すなわち魂のうちでの御子の誕生に対する受容的・遡及的な応答である。「神は御言葉を語ることによって、もう一つの位格において自ら自身とあらゆる事物とを語り、御言葉に対して神自身が有するのと等しい本性を付与する。神は、知性を付与されたあらゆる精神的存在を、同じ御言葉において同じ御言葉に（本質的に）等しいものとして、内的に留まる限りでの〈像〉に従って語り（出す）」[*180]。それゆえ神は、精神に対して自らに類似した存在を与え、精神を像として構成することによって、自らの永遠の御言葉を通じて精神のうちへと到来する。その際に魂は完全に神の像として形成され、それによって魂は自らの誕生においてまた、神による自らの出生とあらゆる事物の出生とを分有する。「魂は自らのうちにおいて自らを生み出し、自らのうちから自らを生み出し、さらに自らのうちへと自らを生み返す。……魂は自らのうちから、神を神から神において生み出す。魂はまさに自らのうちから神を生み出すのである。魂がこのことをなすのは、自らが神に似たものであるところにおいて、つまり神の像となるところにおいて、自らのうちから神を生み出すことによってなのである[*181]」。

自己認識と神認識とのこのような密接な一致において、神はそれ自身として、また魂自体は神の像として活動的に存在するのであり、ここにおいて人間の至福が成立する。このことは、神に対する対象的至福直観というトマス主義者の理論をほのめかすかたちで、以下のように語られている。「ある師たちは、至福を知性のうちに求めている。（しかし）私は言う。至福は知性のうちにも意志のうちにもないのであり、むしろその両方の上にある。（すなわち）至福が知性としてではなく至福として、また神が神として、さらに魂が、神の像とされるがままに存在するところにこそ、至福は存するのである[*182]」。魂は神の認識活動との調和において自らの認識を遂行し、「それ自体のうちで漂う認識のうちから自らの至福を汲み取り」、それによって「神が至福であるのと同じ認識において[*183]」至福となる。このような神との一致こそが、まさしくかの「魂の内なる〈何ものか〉」、すなわち「そのもの自体は、魂の諸力が行うような仕方で認識することも愛することもない」ものである。「このもの（何ものか）を熟知する者こそが、至福がどこに存するかを認識するのである[*184]」。

以上の叙述から明らかになったように、エックハルトの知性論は、ディートリヒの能動知性の説に全面的に同調しながらも、同時に魂における神の御言葉の誕生を強調することによって、ディートリヒの触れることのなかった受肉と救いといった次元を開いていることで、ディートリヒの理論をさらに発展させたものと見ることができる。しかしながら個々の相違よりも重要なことは、エックハルトがディートリヒの精神論全体を人間の活動の領域に移し入れたということである。たとえば、精神の存在論的自存性と、離存実体としての質料からの分離というディートリヒの説は「離脱」という主題へ、また精神の実体的自立存在の説は自らに安らう自由という主題へ、さらに像を介さない知性の自己同一性の説は「もろもろの像」からの解放という主題へと推し進められている。もとよりエックハルトは、アルベルトゥスとディートリヒの精神形而上学をそれと名指して体系的に論じることはないにせよ、彼の修徳的・神秘的説教は、能動知性の理論において展開された精神理解によって喚起されたものと言えるであろう。

八　グリュンディヒのエックハルト

マイスター・エックハルトの理論を能動知性の理論の発展・継承とみなす見解は、彼の弟子の一人によって著された一つの論考、すなわちグリュンディヒのエックハルト（一三三七年頃歿?）による『能動知性と可能知性について』[*185]に一瞥を与えることによって確証されるであろう。この著者は、マイスター・エックハルトとディートリヒに依拠し、アリストテレスとアヴェロエス、さらにアウグスティヌスやボエティウスを引用しながらも、なおその思想において独自のものたることを示している。

その論考は、「人間はいかにして至福たりうるのか」[*186]という問いをめぐって展開されている。そこではマイスター・エックハルトにならって、「至福は神との合一のうちに存する」[*187]ものとされる。このような神との一致は、トマスとは異なり、[*188]人間の諸力や能力において実現されるのではなく、ディートリヒと同じく、[*189]能動知性のうちに成り立つものと理解される。「その〔能動知性の〕本質はその活動であり、そして知性的活動は、知性が直接に神を直観し讃美することであり、それによって知性は必然的にその本性から至福である」[*190]。神は、このような能動知性、すなわちマイスター・エックハルトの呼ぶ「魂の火花」において、魂に対して現前し、御子を生み出すがゆえに、神はここにおいてこそ探求されなければならない。[*191]これに対して可能知性は「あらゆる事物となることのできる純粋な無」[*192]であり、したがってそれ自らによって神と合一することもなければ至福であることもない。[*193]しかしもし可能知性が自らの独立した存在を止め、自ら直接に能動知性へと向き直り、この知性によって余すところなく形相づけられるならば、可能知性もまた至福にいたることができる。[*194]そして、神が可能知性をして自らを乗り超えさせ、能動知性によって余すところなく形相づけられることによって神を直観するにいたらせるには、可能知性はさらに、自らをあらゆる事物から自由でいかなる像にも捕われることのないものたらしめる恩寵を必要とする。[*195]この際に可能知性と能動知性との合一は、ギリシア・アラブの註解者やアルベルトゥス・マグヌスが主知主義的に理解したような仕方で、すなわち認識の充実を介して可能知性がその最高の可能性を現実態化することによって成し遂げられるのではなく、むしろマイスター・エックハルトにおけると同様に、意志と認識という自らに固有の活動による所有すべてを実存的に放棄することによって、すなわち精神の「貧しさ」と、有限的な事物からの全面的な自由を通じて果たされるのである。

しかしながら能動知性には至福が本性的に[*196]――つまり恩寵に優るようなより高次の仕方で[*197]――具わっている。なぜなら能動知性は、完結した存在を自らのうちに有するのではなく、その存在は不断に神から流れ出し再び神に還帰していくものであり、またその存在はそれ自身の活動であり、この活動は理解そのものであるためである。[*198] 人間のうちにこのような自然本性的な至福が存在しないとしたら、恩寵は可能知性を能動知性におけるこのような至福へと合致させるものである以上、人間には恩寵による至福もまた存在しないということになるであろう。「それゆえ私が本性から至福でなければ、神は恩寵を通じて私を至福にすることもできない」。[*199] これに対して罪とは、人間が究極的に知性と「輝く神性の溢れ出る泉」[*200] に背くことであるため、ここにおいて人間は、能動知性、すなわち本来の真なる自己との結びつきを不可能にし、自らの至福を失うことになる。[*201]

さらにグリュンディヒのエックハルトは、能動知性はあらゆる知性体と同様に創造されざるものであるとするマイスター・エックハルトの発言の本意を正確に規定している。それによれば、神からの能動知性の発出は、他のあらゆる事物の発出ばかりか、創造されるとともに偶有性を担う実体である天使の発出からも区別される。なぜなら知性体と能動知性は、一般的な意味での創造されうる実体とは異なるからである。その被造性はむしろ、それらがその知性的なあり方において神から流出するというところ、およびその流出と神への還帰ゆえにけっして自らの存在に停滞することはないというところに求められる。「もし知性体がそれ自身のうちにとどまるとしたら、それらは天使と同様に、創造された実体ということになり、その本性にもとづいて至福であるということはありえなくなる」[*202]。

このような実体という静態的概念に対する批判、および活動を偶有性と捉えてそれを実体から区別する思考に対する論難は、知性における存在と活動との一致という洞察に支えられるとともに、知性的存在の関係的・動的性格に対する理解に依拠してなされたものである。すなわち知性的存在は、神のうちに存する自らの根拠から不断に養われ、そこへと向けて自らを乗り超えるのであり、このことは理性的な活動、すなわち受容的に観取し、能動的に賞讃する活動を通じて遂行される。このような意味で能動知性は、マイスター・エックハルトも説いたように、自己完結的な実体である天使よりも優位にあるのである[*203]。こうしてグリュンディヒのエックハルトにおいては、アウグスティヌスを拠りどころとしながら、実体概念が二様に区別されることになった。すなわち第一の意味での実体は、多様で偶然的・付随的な属性や偶有性の基体であり、この意味では知性体と能動知性は実体とは言えないのに対して、第二の意味での実体は、自立性と自らの本質的特性の保持であり、この意味でのみ知性体と能動知性は実体である[*204]。

このような自立性、すなわち「その本性において自らと異なるものをなんら受容しない」[*205]というこの性格において、能動知性はあらゆる事物を、神自身の超越的存在のうちに存する自らの全面的な存在論的根源にもとづいて認識する。これに対して世界内の対象に関わる可能知性は、そのつど最も近い外的原因を認識し、それゆえその原因のさらなる原因を問い続けることになる。

この二つの根源、またそれに対応する認識の区別においては、世界の永遠性をめぐる論争が解決されているだけでなく、その論争の遠い反映であるカントの第四のアンティノミーが先取られ、解答されているとも考えられるのである。[*206] つまり原因を問う際には、直接的な原因の系列を無限に後退する必要があると同時に、第一の絶対的根源を把握しなければならないというアンティノミーは、ここにおいて、二通りの根源を区別することによってその矛盾が解消されているのである。「さらに、根源には二通りあると言えるであろう。すなわち第一の根源は事物に即したものであり、これによって可能知性が理解する当のものである。第二の根源は、事物の本質に関わる根源であり、事物はそこにおいて、自ら自身よりもより高い本質のうちにある以上、その根源は事物に対してそのものの限度を超えるような仕方で現前している。あらゆる事物は神において存在する限り、能動知性はそれらの事物をその根源において受け取るのである[*207]」。

九　トマス学派からの応答

アルベルトゥス・マグヌスからフライベルクのディートリヒとマイスター・エックハルトを経て、エックハルトの学派での思弁的綜合へといたる発展過程を辿った超越論的な精神形而上学は、至福を目指す人間の努力の完遂へと方向づけられたものであった。そのため、ドミニコ会説教士たちによって広められたこれらの教説が民衆の信仰生活、とりわけベギン運動のうちへと流れ込み、神直観の体験を強調することで理論としては粗雑なものとなっていったのも不思議ではない。

一三一二年三月六日のヴィエンヌ公会議の断罪は、このようなベギン運動の熱狂的高揚に対して下されたものである。またそこでは以下の命題が糾弾された。「いかなる知性的本性もそれ自身において本性的に至福であり、魂は、自身を神直観と神の至福なる享受へと高める栄光を必要とはしない」[*208]。一三二九年に非難の対象となったマイスター・エックハルトの諸命題のうちにも、エックハルトが自らそのような表現で説を述べたことを否定しているものではあるが、次の命題が見られる。すなわち、「魂のうちには、創造されず、創造されえない何ものかが存在する。もし魂が全体としてそのようなものであるなら、それは創造されず、創造されえないものであろう。そしてこのものは知性である」[*209]という命題である。

すでに言及したバーゼルの匿名の写本（一三〇八―一三二三年）において、当然ドミニコ会士と思われるあるトマス主義者が、フライベルクのディートリヒの説を二つの根本命題へ要約しながら論難を行っている。まずこの著者は、ディートリヒが能動知性をアウグスティヌスの「精神の秘所」と同一視し、それによって精神の根底に存する、意識以前の現実態的認識を認めたことを非難している。「したがって、われわれのうちに現実態的な隠れた知解が存在するというのは不可能なのである」[*210]。この著者はアウグスティヌスの「精神の秘所」を、単に習態（ハビトゥス）としての認識として解釈するのである。「それゆえアウグスティヌスは、現実態的な隠れた知解をではなく、習態的な隠れた知解を秘所と呼んでいる」[*211]。次にディートリヒの主張、すなわち「われわれのうちの能動知性は実体であり、本質において知性である」[*212]という命題が反駁される。写本の著者によれば、ディートリヒはこの主張を「第一に、知性は本質において自らを知解するという理由で、第二に、知性はあらゆる他のものを知解するという理由にもとづいて」[*213]証明しているものとされている。このような見解を反論するために、写本の著者はアリストテレスに従って、「われわれの認識すべては感覚から始まる」[*214]という命題に訴えている。「至福は、知性のうちに成立するとした場合、〔それは〕能動知性のうちに存するのか」[*215]という自らの根本問題については、写本の著者は、ディートリヒが能動知性を人間の最高の認識能力とみなし、そこから至福を能動知性のうちに認めていたことに反撥し、出典を挙げないままトマス・アクィナスを典拠としながら、人間における可能知性は能動知性よりも優位にあることを証明しようとしている。「われわれのうちの最も高貴でないもののうちには至福はないのであり、むしろ至福は最も高貴なもののうちに存するのである。ところで可能知性は能動知性よりも高貴なものである。……それゆえ至福は能動知性のうちにはない」[*216]。

このような断罪と反駁にもかかわらず、ドイツとオランダにおいて、能動知性のうちにあって失われることのない至福という理論は保持され続けたのであり、そのことは、およそ一世紀後、たとえばレーヴェンの神学教授であるカンポのヘイメリクス（一三九五—一四六〇年）のある著作から窺える。ヘイメリクスは、ラインラントのあるベガルド（男子ベギン派）から入手した二つの著作から採られたさまざまな命題を論駁している。ヘイメリクスは他の諸命題と並んで、グリュンディヒのエックハルトとフライベルクのディートリヒを典拠とする、すでに見た二つの命題を異端に当たるものとして引用している。それはすなわち、「人間が本性的に至福であるのでないなら、神は恩寵を通じていかなる人間をも至福にすることはできない」という命題、および

「地獄にある者は、天国にいる者と同様に至福である」という命題である。[*217] この両命題は明らかに、能動知性のうちに本質的に具わる至福を、可能知性が至福にもたらされるための必要条件とみなす見解に関わるものである。しかしながら、これらの具体的な実証例よりも重要なことは、人間の本質の根底としての知性に対する、ドイツ神秘思想家による超越論的探求、およびそこでのア・プリオリで非対象的な精神の意識遂行という洞察が、近世の精神論のうちへと流れ込み、その本質的要素を形成するにいたるということなのである。

十　体系的展望

これまでの考察で述べられた知性論の多様な展開は、哲学史的・思想史的関心を越えて、知性の本質と活動についての中心的問題を示唆するものである。ここでは最後に、これらの問題のうちのいくつかについて、議論の委曲を尽くすことはできないにせよ、簡潔な問いのかたちでそれらを要約することにしたい。これらの問いにおいては、合理論から超越論哲学を経て現象学にいたるまで哲学的問いを喚起し続けた問題、すなわち人間の自己への問い、およびその個別性と普遍的本質との関係、認識と意識との関係、人間の世界内性と超越との関係をめぐる問題が再確認されることになるが、これらはおのおのの哲学においてそれぞれの定式化を得ながらもかならずしも十分な解決を見ることなく、現代においてなおも思索を駆り立ててやまない問題なのである。

(一)　人間の知性ないし精神の本質はいかなるものかという根本問題を検討するにあたって、まず方法論的な立場を区別したうえで、それぞれ異なった思索の方向と射程を見極めなければならない。すでに論じた知性論のうちには、少なくとも三様の方向が存在していた。まずトマス・アクィナスは、認識論的な見地に立ち、感覚的表象から始まる知性的認識をその可能根拠にまで遡ることを通じて知性の本質を規定している。[*218] これに対してアラブ人註解者たち、および古代ギリシアの註解者のうちのある者は、精神あるいは知性そのものの本質から出発して、精神形而上学的な議論を展開している。そして最後に、アウグスティヌスのうちには、神学的背景に動機づけられた精神の自己認識、すなわち反省的意識論が見られるのである。ドイツ神秘思想はこのうちの第二と第三の傾向を結び合わせるが、第一の傾向、すなわち感覚的認識、およびそれにもとづいた知性的認識を端緒とする方向とは明確に区別される。そのため十四世紀初頭においては、ア・プリオリな精神論と神秘的内省の理論は、近世の自然科学を形成するにいたる感覚的認識の理論と決裂することになるのである。

(二)　知性が何であり、いかに働くかという問題は、知性の形相的対象、もしくはそのあらゆる活動に共通する普遍的主題を考察することによって解明しうる。さまざまな著者によって、知性の直接的あるいは究極的な対象領域として挙げられたのは、可能知性にとっての感覚的・世界内的存在者の可知的本質、知性自身あるいは自己同一的な自己（たとえばフライベルクのディートリヒにおける能動知性）、より高次の知性体（アラブ人思想家）ないしは精神の本質、存在者としての存在者とその全体、抽象的あるいは普遍的な存在、絶対的存在ないしは神であるが、ここからはさらに、これらの諸規定の体系的な総括が試みられ、人間の知の段階的展開を整序する判別基準が問われなければならないだろう。[*219]

㈢　知性の形相的対象は、本質的に知性にふさわしい完成のあり方を萌芽的に先取るものであるため、さまざまな知性論は、知性の最高の遂行形態における知性の対象と遂行様式についての見解に従って区別される。まず最初に問われるべきであるのは、人間の完成は知性の活動によって到達しうるものであるかという問いであり、さらにこれと同じ意義を有するものとして、知性は人間の最高の能力であるかという問いが論じられなければならない。フランシスコ会学派においては、意志と神への愛とが知性と至福直観よりも高次のものと理解され、それによって至福はこの愛のうちに求められたが、これとともに同学派では、理性の課題である存在理解は「存在の一義的概念」（ドゥンス・スコトゥス）へと限定され、精神に内在するア・プリオリとしての存在概念が、実在的な存在の分有の秩序における存在自体から切り離されている。それゆえフランシスコ会学派の知性論は、論理主義的・形相論的な存在理解と、それに対応する形式主義的な対象意識の理論へと帰着し、その結果その知性論からは、知性の至福をめぐる議論が抜け落ちることになった。

しかしながら哲学的伝統の主流がそうであるように、人間の完成を知性的活動のうちに認め、それとともに知性を人間の最高の能力と理解しようとするなら、そこで問題となるのは、このような完成状態においては、精神のア・プリオリな構造と、完成における精神の充実とが相互にどのように関わるのかという問いである。そこで、このような充実が到達可能な目標として捉えられ、それによって知性がその目標にいたる可能性として理解される限り、その問いは、精神のア・プリオリとア・ポステリオリの関係、あるいは能動知性と可能知性の関係に対する問いとして定式化できるであろう。こうして至福は、可能知性のうちか（トマス・アクィナス）、能動知性のうちか、あるいは両者の「結合」（copulatio）のうちに求められることになる。至福がいまだ実現されていない限り、ついで問われるのは、可能知性におけるア・ポステリオリな意識はいかにして至福と関わるのかという問題、つまり神を対象として把握するような対象認識が至福をなすのか、あるいは対象認識一般は単なる予備段階にすぎないのかという問題である。また後者であるとするなら、その予備段階とは、超越論的でア・プリオリに具わる神認識へと高揚するための条件として、可能な限り包括的な対象認識を意味するのか（テミスティオス、アラブ人思想家、アルベルトゥス・マグヌス）、あるいは個別的内容への固執からア・ポステリオリな認識能力を浄化すべく駆り立てられるという意味なのであるか（ドイツ神秘思想）が問われることになる。

㈣　知性の完成はそのア・プリオリな構成の側面、すなわち認識による自己自身およびその内的諸根拠への還帰に存するとすれば、至福は、精神の自己同一的な自己遂行のうちか、あるいは自己自身を超える還帰的・超越的遂行のうちに認められるはずである。後者の場合においては、その完成は、最も近いより高次の知性体についての認識に存するとすれば、知性的認識は根本において、精神の根底におけるア・プリオリの認識へと限定されることになる。これに対して、至福が能動知性を通じての神直観と理解された場合は、知性は根源的かつ本質的に、単なる自己遂行ではなく、神の純粋存在への分有関係を辿り直す遂行として、あるいは神の存在分与による知性の構成を知性自らが同時に超越論的に遂行することとして捉えられる。

(五)　精神の根底と世界との関わりとの関係をめぐる問いは、さらに遡って、世界との関わりに先立つ精神の根底はそれ自体としていかなるものかという問いに導かれる。精神はその有限性および可能性ゆえに、世界内の内容に対して受容的なもの（可能知性）として理解されるとともに、この対象への関係は感覚的所与の能動的解明（能動知性）によって可能とされる。それゆえ能動知性に具わる能動性は、ただ対象に関わるものとして考えられるべきか（トマス・アクィナス）、あるいはそうではなく、その能動性はそれ自身において知性的であることを顧慮して、むしろ新プラトン主義的に、精神の能動的自己遂行として捉えられるべきなのかという問題が論じられねばならない。またこのような精神の直接的で能動的な自己遂行が意識をともなわないものと考えるなら（ブラバンのシゲルス）、これに対しては、このような無意識からいかにして意識が成立するのかが問われる必要がある。また反対に、知性の能動的な自己遂行においてすでに意識が存在するとみなすなら、ここでは、精神にとって本質的なこのような自己認識が人間の経験的意識といかに関わるかが探求されなければならない。なぜなら経験的意識は、自己のア・プリオリな完遂についてはなんら知ることがなく、感覚的な対象的意識を俟ってはじめて成立するものだからである。このような分裂によって、精神の自己認識は、習態的ないし始原的なものとして理解されるか（アウグスティヌス）、あるいは経験的意識（可能知性）から根本的に切り離され、ただそのような分裂を踏まえたうえで経験的意識と合致しうるものとして捉えられるかのどちらかとなる。

㈥　しかしながら、精神とは本質的な自己反省である以上、それ自身として意識をともなわない精神とは自己矛盾であり、また経験的な自己意識とア・ポステリオリな認識とに対しては、それらの可能根拠として、認識を遂行する精神が自らと一致し自らを遂行することが前提となっていると考えられる。そうだとすれば、自己認識を遂行する精神の活動は、偶有的あり方での能力の単なる偶有的な活動として、その根底に存する没認識的な実体に附帯するものであるのか、それとも、この精神の遂行は、精神の存在の本質的な自己遂行として、それゆえにそれ自身において実体的遂行として捉えられ（フライベルクのディートリヒ）、ここから実体は同時に主体であると理解すべきであるのかが問われることになる。後者であるなら、精神はアリストテレスとともに「常に活動である」以上、精神は、存在と活動とが分裂する以前に「本質的に知解する知性」（ディートリヒ）として存することになろう。こうして第一原因による知性の構成は、同時に、神に対する超越論的・構成的依存性にもとづく知性の能動的・受容的自己の構成となるのである。

㈦　知性そのものは、あらゆる本質と真理に対する認識の条件として、自己自らを反省することを通じて普遍的な存在地平に向かうが、その一方で人間は自らの自我意識において反省的に自らを個別者として把握している。ここからは、知性の自己還帰性は、個別的人間の自我意識と同一であるか否かという問いが生じる。この二つの反省を根本的に区別するなら、アラブ人註解者たちに見られるように、単一にして普遍的な能動知性と、人間のそのつど個別的な意識とを峻別することになろう。これに対してトマス・アクィナスとアルベルトゥス・マグヌスは、いかなる個別的自我も、自らの思考作用の主体かつ担い手として自己を意識しているということを示している。ここから問われることになるのは、自己の個別的自我認識と、知性そのものがその普遍的本質において遂行する自己関係ないし自己認識とが、[*220] 同一の反省的遂行においていかに関わるのかという問題、あるいは、個別的自我がその個別的主観性からいかにして普遍的真理を取り出すのかという問題である。トマスは、自我の非質料性と精神性を提示することによって、その解答の方向性を暗示してはいるものの、それを十分に展開してはいない。この主題はさらに、ドイツ観念論において、経験的自我と超越論的自我ないし意識一般との関係をめぐる問題として引き継がれながらも、なお未解決のまま残された課題である。そこで、自我と精神の統一性を保ち、その反省遂行の単一性を堅持するためには、自我は個別的実体における存在そのものの具体化として、またその自己遂行において、存在そのものにおける自らの根源へ向けて、自己を透徹していくものとして捉えられなければならないであろう。

㈧　個別性と普遍性の関係をめぐる上述の問題はまた、普遍的に妥当する同一の内容そのものが、いかにして個々の多様な人間によって認識されうるのかという問題においても繰り返し現れる。

一二七七年の断罪の対象となった命題に示されているように、普遍的で単一な能動知性の要請は、このような問題設定を一つの要因としていた。「師の知識と学生の知識は数的に一なるものであるが、その根拠は、知性が数的に一つだということである。なぜなら形相は、それが質料の可能態から引き出されたものではない限り、多数化されないからである」[*221]。同様に、普遍的で客観的に妥当する間主観的認識の存在論的可能根拠についてのこの問いは、ドイツ観念論における精神論、およびフッサール（一八五九―一九三八年）における、そのつどの「私」の超越論的自我と、世界の客観的で間主観的意味に関する自我の構成的機能をめぐる理論をも規定しているのである[*222]。

(九)　これとともに、普遍的な真理開示の精神的能力である知性は、身体を具えた人間のうちに個別化され、しかもそれによってその活動の普遍的広がりを失うことがないのはいかにしてであるのかという問題が提起される。ここにおいて個別化は、精神が有する世界内的な個別性との関係として、あるいは精神を介して身体に対する存在の能動的譲渡として、創造による存在の自己具体化の運動とみなされることになり、また同時に、その個別化は、このようにして構成された自我が神の存在における自らの超越論的根源に向けて行う自己超越の遂行と理解されることになろう。このような事態は、能動知性と可能知性との関係に照らして定式化し直すことができる。すなわち、能動知性における自己の存在の根源的認識は、自らの超越論的自己の具体化において世界内的事物との関係を結ぶことにおいて、自らにとって不可欠なそのような関係性ゆえに、自らのうちから可能知性（および受容的な感覚）を構成しつつ発現させ、それとともに、能動知性は身体の形相として、自らの自己遂行に対して世界内的な活動の場を開くのである。

(十)　このような考察によって、知性の自己関係性において、いかにして他者認識が精神の構造にもとづいて可能になるのか、またこのような自己認識において、いかにして存在者そのものを全体として包括する対象的な志向性が構成されるのかという問題に対して、解答の示唆が与えられる。主観・客観の根源的な分裂を主張するなら、認識するものと認識されるものとが一致するような認識遂行は不可能となろう。しかし知性は、それ自身においてそれ自身を通して「像」であり、純粋存在と関わりそこから発する存在論的に実在的な関係性を認識において貫徹しつつ追遂行するものであるがゆえに、知性は存在一般を自らが関わる対象または次元となすのである。このような構造を通してこそ、存在認識と神認識との関係、および、このような超越論的認識と知性の自己認識との関わりが理解され、さらに再びこの自己認識が、非顕在的・超越論的自己認識から発して、神認識にいたり、そこから再び逆行する過程に従って、主題的な全き自己認識にまでいたる二重性において解明されることになる。

(十一)　自己認識と神認識との関係はこのように二つの段階に分けて捉えられなければならない。すなわち両者の関係は、認識における自己遂行から神認識へと上昇し、再び神から発する自己の認識へといたる道として理解され、それゆえそこにおける両極としての対向的なあり方は、構成された同一の認識における両極として遂行されるのである。こうして、認識とはそれぞれ独自のものであり、そこにおいては認識内容は、認識する者の内部において、かつそれを通して、それぞれ独自のものとして遂行されることによって、認識において至福が付与されうる（これはアルベルトゥス・マグヌスから始まり、ドイツ神秘思想を駆り立てた主題である）。また同時に認識とは、存在そのもの、およびその客観性への忘我的な上昇（resolutio）であり、そこにおいて自己は神における自らの根源へと向かい、それによって存在全体の次元において普遍的で客観的な意味地平を開示するにいたるのである。

㈩　知性は自らの根源的な構成作用において、自らの原理としての純粋存在ないしは神と関わるものであるなら、さらに問われなければならないのは、このような原理が知性によっていかなる仕方で認識可能なものとして与えられるのかという問題である。すなわち、いかなる認識された対象も、それが認識され理解される限り、その原理から理解されているのに対して、知性の内なる究極の認識原理としての絶対的存在や真理ないし神は、自ら認識そのもののうちに入り込むことなしに、知性のうちでただ存在論的にのみ働くとする——トマスにおけるような——理解は、感覚的経験を重視するものである。さらに、グリュンディヒのエックハルトのように、直接に世界内的に妥当する原因と、それを超える第一原理とを区別し、最も近い原因の認識のみが顕在的に与えられるとするなら、超越論的・超越的認識が対象的・経験的認識から隔てられることになる。

しかしながら、第一原理が認識されなければいかなる理解も成立しえないのである以上、このような区別自体も予備的なものにとどまるであろう。神は、対象認識および自己認識のうちに、それ自体として認識されえない原理としてのみ存在するのではないとするなら、はたして神は対象として認識されるのか否かが問題となる。この問題にはさらに、認識とは根源的・第一次的に対象認識であるのか、あるいは知性の自己超越的な自己遂行においては、主題的でありながら対象的・把捉的ではない認識が開かれるのではないかという問いが結びついている。そして後者の場合には、このような非対象的・非把捉的でありながら主題的な神認識は、トマス・アクィナスが別の連関において、つまり「内的な言葉」に関して考えていたような、対人格的認識へと結実するとも考えられることになろう。このような理解からは、分有関係の遂行としての根源的認識という洞察が帰結するが、これは第一原理ないしは神との直接的関係において実現されながらも、その明瞭さの段階に応じて、存在一般の認識から、「対面における」直視にまでいたる幅を許容するものである。確かに、知性体を通じて第一の原因からの影響が媒介されるとするこのような新プラトン主義的・イスラーム的な理論に対しては、神に対する人間知性の直接の関係づけを強調すべきではあろうが、その直接性は精神の分有関係にもとづいて深化の段階性を有するものである以上、新プラトン主義的な段階的知性論から積極的な内実を汲み取ることも可能であろう。

註

＊1——Aristoteles, *De anima* III, 5, 430al4-15.〔アリストテレス『心とは何か』桑子敏雄訳、講談社（講談社

学術文庫)、一九九九年〕

*2——Parmenides, frg. 3.〔内山勝利編『ソクラテス以前哲学者断片集』第II分冊、岩波書店、一九九七年〕

*3——Bonaventura, *Commentaria in quatuor libros Sententirum II* [=*II Sent.*] d. 24 p. 1 a. 2 q. 4 (*Opera omnia* [=*Op.*] II, 567-572).

*4——M. Grabmann, Mittelalterliche Deutung und Umbildung der aristotelischen Lehre vom *ΝΟΥΣ ΠΟΙΗΤΙΚΟΣ*, nach einer Zusammenstellung im Cod. B III 22 der Universitätsbibliothek Basel (Sitzungsberichte der Bayerischen Akademie der Wissenschaften, Philosophisch-historische Abteilung Jahrgang 1936, Heft 4, München 1936), in: id., *Gesammelte Akademieabhandlungen*, Paderborn 1979, S. 1021-1122, III. Text, S. 1105-1122.

*5——Petrus de Trabibus, *In II Sent.* d. 24; cf. M. Grabmann, *op. cit.*, S. 1076.

*6——「われわれは以下のように決定し、命ずることとする。今後、われわれの学部のすべての教授が、次の書物を……修得することが義務づけられる。……すなわち、アリストテレスの自然学、形而上学、動物論、……自然学の観点で読まれる霊魂論……論理学の観点で読まれる霊魂論である」: *Statutum facultatis artium de modo docendi et regendi in artibus, deque libris qui legendi sunt*, 1255, Martii 19 (H. Denifle [ed.], *Chartularium Universitatis Parisiensis* I, Paris 1899/Bruxelles 1964, p. 278).

*7——「いずれにしても、知性に関する誤謬が多くの人々のあいだに広まるにいたってすでに久しい。この誤謬はアヴェロエスの言説に端を発している。アヴェロエスはアリストテレスが可能的と称した知性に質料的知性という不適切な名前をつけ、この知性は存在的に身体から分離した実体であって、いかなる意味においても形相として身体に結合することがないとし、あげくこの可能的知性はすべての人間にとって単一であると主張しようとしている」: Thomas Aquinas, *De unitate intellectus contra Averroistas*, prooemium, n. 173.〔トマス・アクィナス『知性の単一性について——アヴェロエス主義者たちに対する論駁』水田英実訳、上智大学中世思想研究所編訳/監修『中世思想原典集成』一四「トマ

ス・アクィナス」、平凡社、一九九三年、所収〕

*8——Id., *Scriptum super libros Sententiarum* II [=*In II Sent.*] d. 17 q. 2 a. 1; id., *Summa contra gentiles* II, 59 et 66-78〔『トマス・アクィナスの心身問題——『対異教徒大全』第二巻より』（第五六—九〇問題）川添信介訳、知泉書館、二〇〇九年〕; id., *Summa theologiae* I q. 76 a. 1 et a. 2〔『神学大全』六、高田三郎訳、創文社、一九六二年〕; *ibid.* I q. 79 a. 3-5〔同〕; id., *De spiritualibus creaturis* q. un. a. 9 et a. 10; id., *Quaestio de anima* q. un. a. 2-5; id., *Sententia libri De anima* III lect. 7-12; id., *De unitate intellectus contra Averroistas*〔『知性の単一性について』〕; id., *Compendium theologiae* 80-88.〔『神学提要』山口隆介訳、知泉書館、二〇一八年〕

*9——ボナヴェントゥラのラテン・アヴェロエス主義に対する関係については、以下を参照。F. Van Steenberghen, *Maître Siger de Brabant*, Louvain/Paris 1977, pp. 33-46; 102-114.

*10——art. 1.: H. Denifle (ed.), *op. cit.* I, p. 487 (=P. Mandonnet, *Siger de Brabant et l'Averroïsme latin au XIIIme siècle*, Ire partie: Étude critique, Louvain 1911, p. 111).〔パリ司教エティエンヌ・タンピエ『一二七〇年の非難宣言／一二七七年の禁令』八木雄二・矢玉俊彦訳、『中世思想原典集成 精選』六「大学の世紀二」、二〇一九年、所収。以下同〕

*11——art. 2.: *ibid.*

*12——art. 7.: *ibid.*

*13——「神は、消滅しうるもの、あるいは死すべきものに対して、不死性あるいは不滅性を与えることはできない」: art. 13.: *ibid.*

*14——art. 6.: *ibid.*

*15——art. 5.: *ibid.*

*16——Cf. H. Denifle (ed.), *op. cit.*, pp. 543-555; P. Mandonnet, *op. cit.*, IIme partie: Textes inedits, Louvain 1908, pp. 173-191; R. Hissette, *Enquête sur les 219 articles condamnés à Paris le 7 mars 1277*, Louvain/

Paris 1977; K. Flasch, *Aufklärung im Mittelalter? Die Verurteilung von 1277. Das Dokument des Bischofs von Paris*, Mainz 1989.〔『一二七〇年の非難宣言／一二七七年の禁令』〕

＊17──Cf. art. 14, 27, 32, 115, 117, 123, etc.: H. Denifle (ed.), *op. cit.*, pp. 543-555.

＊18──Cf. art. 4 , 5, 31, 58, 80, 94, 109, 116, 120, 130, etc.: *ibid*.

＊19──Cf. art. 9, 10, 35, 120, etc.: *ibid*.

＊20──Cf. art. 48, 51, 54, 62, 87, 89, 90, 91, 93, 94, 98, 99, 101, 107, etc.: ibid.

＊21──Cf. art. 7, 8, 13, 14, 115, 118, 119, 121, 123, 125, etc.: *ibid*.

＊22──art. 211.: *ibid*., p. 555.〔「──」以下はタンピエ側の反駁〕

＊23──art. 36.: *ibid*., p. 545.

＊24──art. 127.: *ibid*., p. 550.

＊25──art. 145.: *ibid*.

＊26──知性論と関連するほかの命題に関しては、拙論「中世思想における至福の概念」（『中世哲学の源流』創文社、一九九五年、所収）、さらに「被造物としての自然」（同上、本書所収）参照。

＊27──Cf. H. A. Davidson, *Alfarabi, Avicenna, and Averroes, on Intellect. Their Cosmologies, Theories of the Active Intellect, and Theories of Human Intellect*, New York/Oxford 1992, pp. 5; 44-73.

＊28──Cf. *ibid*., pp. 74-126.

＊29──Cf. N. Kinoshita, *El pensamiento filosófico de Domingo Gundisalvo*, Salamanca 1988, p. 42.

＊30──Cf. H. A. Davidson, *op. cit*., pp. 282-314.

＊31──Cf. *ibid*., pp. 4s.

＊32──Cf. *ibid*., pp. 116-123; 340-351.

＊33──Cf. B. Nardi, *Saggi sull'Aristotelismo Padovano dal secolo XIV al XVI*, Firenze 1958, pp. 130; 313s.

＊34──Averroes, *Commentarium in De anima*, Venetiis 1562 (reprint Frankfurt am Main 1962), textus 36 digressio, p. 186; F. Stuart Crawford (ed.), *Averrois Cordubensis Commentarium Magnum in Aristotelis De Anima Libros*, Cambridge, Mass. 1953, p. 501.

＊35――Cf. H. A. Davidson, *op. cit.*, p. 295.

＊36――以下に関して、B. Nardi, *op. cit.*, pp. 130-134 参照。

＊37――Homo ergo, ut inquit Themistius, in hoc est similis Deo, quia iste est omnia entia quodam modo, et scit ea etiam quoquo modo: Averroes, *op. cit.*, p. 186 (ed. Venetiis 1562). F. Stuart Crawford (ed.), *op. cit.*, p. 501 では以下の通りである。Homo igitur secundum hunc modum, ut dicit Themistius, assimilatur Deo in hoc quod est omnia entia quoquo modo, et sciens ea quoquo modo.

＊38――B. Bazán (ed.), Siger de Brabant, *Quaestiones in tertium De anima / De anima intellectiva / De aeternitate mundi. Édition critique*, Louvain/Paris 1972; A. Marlasca (ed.), *Les Quaestiones super Librum de causis de Siger de Brabant. Édition critique*, Louvain/Paris 1972.

＊39――Cf. B. Nardi, *op. cit.*, pp. 138s.; 313s.; Z. Kuksewicz, *De Siger de Brabant à Jacques de Plaisance. La théorie de l'intellect chez les averroïstes latins des XIIe et XIVe siècles*, Wrosław 1968, pp. 44-49.

＊40――Cf. *ibid.*, p. 139.

＊41――Siger de Brabant, *Quaestiones in tertium De anima* q. 7 (ed. Bazán, p. 23).

＊42――*Ibid.* q. 9 (ed. Bazán, p. 28).

＊43――*Ibid.*

＊44――「アルベルトゥスおよびトマスという、哲学において優れた人々は、知性的魂がどのように身体に結合し、さらにそこから分離するかを説明している。彼らは、知性的魂の実体が身体に結合していることを示し、身体に存在を与えているが、知性的魂の能力は身体から分離しており、身体器官を介しては作用しないと言っている」: id., *Tractatus de anima intellectiva* c. 3 (ed. Bazán, p. 81).

＊45――*Ibid.* (ed. Bazán, p. 85).

＊46——*Ibid*. c. 7 (ed. Bazán, p. 108).
＊47——Id., *Quaestiones in tertium De anima* q. 13 (ed. Bazán, p. 45).
＊48——*Ibid*. q. 16 (ed. Bazán, p. 61).
＊49——「だが注意すべきことは、アリストテレスによればいかなる知性的魂も、〔神に〕原因づけられているとはいえ、過去においてまた未来において永遠であることである。……〔何か先立つものから創られたのではないが〕しかし無から創られたものではない」: id., *Tractatus de anima intellectiva* c. 5 (ed. Bazán, pp. 93s.).
＊50——*Ibid*. (ed. Bazán, p. 95).
＊51——「しかし、この〔アヴェロエスの〕立場は、われわれの信仰において異端であり非合理的であるように思われる。なぜなら、アリストテレスが魂について普遍的に述べたように、人間の身体の多様性によって、知性が複数かつ多様に働くのは十分に明らかであるためである」: id., *Quaestiones super Librum de causis* q. 27 (ed. Marlasca, p. 112).
＊52——*Ibid*. (ed. Marlasca, p. 115).
＊53——*Ibid*. q. 26 (ed. Marlasca, p. 106).
＊54——*Ibid*. q. 28 (ed. Marlasca, p. 120).
＊55——*Ibid*.
＊56——*Ibid*. q. 39 (ed. Marlasca, p. 149).
＊57——Id.; cf. B. Nardi, *op. cit.*, p. 139. [Cf. L. Spruit (ed.), Agostino Nifo, *De intellectu*, Leiden/Boston 2011, p. 573]
＊58——Siger de Brabant; cf. B. Nardi, *op. cit.*, p. 139.
＊59——「〔シゲルスは〕〈神のすべてが幸せになるものこそ、人間と万物の至高の幸福である〉と強く主張する。しかし、すべての知性は神を知解することによって至福とされる以上、神こそがすべての人の至福の

源である。しかし、神を知解する知性は、神自身である。ゆえに、すべてのものは神によって至福とされる。……ゆえに、神は形相的に至福である」: Agostino Nifo; cf. B. Nardi, *op. cit.*, p. 139.

＊60——「こうして、人間の魂は自らの力によって物体的質料を超えるその極点において、物体的質料と少しも結びつくことのない働きと力をもつ。そして、こうした力こそが知性と呼ばれるものにほかならない」: Thomas Aquinas, *Summa theologiae* [=*S. th.*] I q. 76 a. 1 c. 〔トマス・アクィナス『神学大全』六、大鹿一正訳、創文社、一九六二年〕

＊61——*Ibid.* 〔同〕

＊62——*Ibid.* 〔同〕

＊63——「あらゆる人間について単一の知性を主張することはまったく不可能でもあり不条理でもある」: *ibid.* I q. 76 a. 2 c. 〔『神学大全』六〕; cf. id., *In II Sent.* d. 17 q. 2 a. 1 c.

＊64——*S. th.* I q. 76 a. 2 c. 〔『神学大全』六〕

＊65——Cf. *ibid.* I q. 87 a. 1 c. 〔同〕

＊66——Id., *Questiones disputatae de veritate* [=*De veritate*] q. 15 a. 1 c. 〔トマス・アクィナス『真理論』下、山本耕平訳、『中世思想原典集成』第二期二、二〇一八年〕

＊67——「能動知性と可能知性とは上位の理性と下位の理性以上に違っている。というのは、能動知性と可能知性とは質料的には違っていないけれども、形相的に違っている対象に関わるからである。実際、両知性は対象の異なる特質に関わるからである。とはいえ、それら両特質は同じ可知的なもののうちに見出されるのであるけれども。同一のものがより先に可能的に可知的であるが、のちに現実的に可知的であるからである」: *ibid.* q. 15 a. 2 ad 13 〔同〕; cf. id., *In II Sent.* d. 17 q. 2 a. 1 c.

＊68——「魂は、知ることが自己についての知標（notitia）を自己のもとに保持することである限りにおいて、ある意味で自己を自己自身によって認識している。また魂は、認識することが自己を認識し自己を識別する限りで、可知的対象の形象によって自己を認識している」: id., *De veritate* q. 15 a. 1 ad 6 〔『真理

論』下〕; cf. id., *S. th.* I q. 87 a. 1 c. 〔『神学大全』六〕
＊69――Cf. *ibid.* I q. 79 a. 3 c. 〔同〕
＊70――「現実態における可知的なるものは、質料から離れて自存するのではない可感的な諸事物の本性に関する限り、けっしていきなり実在するような何ものかであるのではない。それゆえ知解することのためには、抽象という仕方によって可知的なものを現実態におけるものとするような能動知性が存在するのでなければ、可能知性の非質料性によってはけっして十分ではないのである」: *ibid.* I q. 79 a. 3 ad 3. 〔同〕
＊71――「能動知性が形象を現実態的に可知的にするのだが、それによって自ら知解することはない。能動知性は可能的でないからといって、とりわけ離存実体として知解するわけではない。それらの形象を通じて知解するのは可能知性なのである」: id., *Summa contra gentiles* II, 76, n. 1562. 〔『トマス・アクィナスの心身問題』〕
＊72――「能動知性は対象としてあるのではなく、諸対象を現実態化するものとしてあるのである」: id., *S. th.* I q. 79 a. 4 ad 3. 〔『神学大全』六〕
＊73――「なぜなら、彼ら〔人間の知性が他の離存実体にもとづくと考える人々〕は人間の究極の幸福は能動知性と合致することだと主張しているからである。しかし正しい信仰が主張するところによれば、人間の究極の至福はただ神のうちにのみある」: id., *De spiritualibus creaturis* q. un. a. 10 c.; cf. id., *In II Sent.* d. 17 q. 2 a. 1 c.
＊74――「われわれの信仰の教えによれば、離存知性は魂の創造主であり、ただこの方においてのみ魂が至福を得る、神自身である」: id., *S. th.* I q. 79 a. 4 c. 〔『神学大全』六〕
＊75――「可能知性はすべての力を同時に発揮することができる。したがって、これは最終的な目的である幸福のために必要である」: id., *Summa contra gentiles* III, 39, n. 2173.
＊76――「〔もろもろの形相を〕現実態における可知的なものとするような何らかの力を知性の側に措定しなけ

ればならなかった。〔能動知性を措定する必要性はすなわちここにある〕」: id., *S. th.* I q. 79 a. 3 c. 〔『神学大全』六〕; cf. id., *De spiritualibus creaturis* q. un. a. 10 c.; id., *Compendium theologiae* 83, n. 144. 〔『神学提要』〕

＊77――「アリストテレスも能動知性を光に比較している」: id., *S. th.* I q. 79 a. 4 c. 〔『神学大全』六〕; cf. id., *Summa contra gentiles* II, 78, n. 1536 〔『トマス・アクィナスの心身問題』〕; id., *De spiritualibus creaturis* q. un. a. 10 c.

＊78――Cf. id., *Quaestio de anima* q. un. a. 4 ad 4; id., *Compendium theologiae* 83, n. 144 〔『神学提要』〕; id., *S. th.* I q. 79 a. 4 ad 1 〔『神学大全』六〕; id., *Summa contra gentiles* II, 59, n. 1366 〔『トマス・アクィナスの心身問題』〕; id., *Sententia libri De anima* III lect. 10, n. 730.

＊79――「われわれのうちにある知性的光そのものも、創造されざる光の一種の分有された似像にほかならない」: id., *S. th.* I q. 84 a. 5 c. 〔『神学大全』六〕

＊80――「能動知性は、アリストテレスによって、神からわれわれの魂に受け取られた光と呼ばれている」: id., *De spiritualibus creaturis* q. un. a. 10 c.; 「人間に能動知性という本性的な光と、さらに恩恵と栄光の光を刻印することで人間を照明するのは神に固有のことであるが、しかし神に刻印された光のように表象像を照明するのは能動知性である」: *ibid*. q. un. a. 10 ad 1.

＊81――「ものが何ものかにおいて認識されると言われるのに二通りの仕方がある。一つは認識される対象について、それにおいてと言われる場合であり、……こうした意味においては魂は、現世の生の状態にあっては、すべてを永遠の理念において見ることはできない。……ものが何ものかにおいて認識されると言われるいま一つの仕方は、認識の根源について、それにおいてと言われる場合である」: id., *S. th.* I q. 84 a. 5 c. 〔『神学大全』六〕; cf. *ibid*. I q. 12 a. 5 ad 1. 〔同、一、高田三郎訳、一九六〇年〕

＊82――「とはいえ、能動知性は可能知性から離れて知解すると言われるべきではない」: id., *De spiritualibus creaturis* q. un. a. 10 ad 15.

*83——Id., *De veritate* q. 1 a. 9 c.〔『真理論』上、山本耕平訳、『中世思想原典集成』第二期一、二〇一八年〕

*84——Id., *Summa contra gentiles* II, 73, n. 1514〔『トマス・アクィナスの心身問題』〕; *ibid.* II, 78, n. 1592〔同〕; id., *S. th.* I q. 79 a. 5 ad 1〔『神学大全』六〕; id., *Sententia libri De anima* III lect. 10, n. 733.

*85——Anonymus, *Utrum beatitudo consistat in intellectu agente supposito, quod consistat in intellectu?*, n. 17 (M. Grabmann, *op. cit.*, S. 1121f.).

*86——Albertus Magnus, *De anima* III tr. 3 c. 6 (*Opera omnia* [=*Op.*] VII, 1, 214).

*87——*Ibid.* (*Op.* VII, 1, 215).

*88——「上に挙げたことは最も困難な問題であり、実際ラテン人はこの問題をずっと無視し続けてきた」: *ibid.* III tr. 3 c. 10 (*Op.* VII, 1, 220s.).

*89——*Ibid.* III tr. 3 c. 11 (*Op.* VII, 1, 221).

*90——*Ibid.*

*91——「能動知性と可能知性について、それらが異なった能力ではないというのはありえない。しかし、それらがどのようにして一つの実体に根ざしうるのか、それを理解するのは困難である。なぜなら一つの実体において、可知的形象に関して可能態的であるがゆえに可能知性であり、すべての可知的形象に関して現実態的であるがゆえに能動知性であるということが両立するとは考えられないからである」: Thomas Aquinas, *In II Sent.* d. 17 q. 2 a. 1 c.

*92——「さてこの疑問は、可能知性が、理解可能なものという点に関してどのように可能態としてあるか、そして、能動知性がどのようにしてそれらを現実態として存在せしめるかを考えるなら、容易に解決される」: id., *Compendium theologiae* 88, n. 162.〔『神学提要』〕

*93——Albertus Magnus, *De unitate intellectus contra Averroistas* p. 3 §1 (*Op.* XVII, 1, 22).

*94——Cf. Plotinus, *Περὶ τἀγαθοῦ ἢ τοῦ ἑνός* (*Enneades* VI, 9) c. 2〔『プロティノス全集』四、田中美知太郎訳、中央公論社、一九八七年、「善なるもの一なるもの」〕; *ibid.* c. 10.〔同〕

＊95――Cf. Augustinus, *De vera religione* 39, 72.〔『真の宗教』茂泉昭男訳、『アウグスティヌス著作集』二、教文館、一九七九年、所収〕
＊96――Thomas Aquinas, *De veritate* q. 15 a. 2 ad 13.〔『真理論』下〕
＊97――Albertus Magnus, *De unitate intellectus contra Averroistas* p. 3 § 1 (*Op.* XVII, 1, 22).
＊98――*Ibid.*
＊99――*Ibid.*
＊100――Id., *De anima* III tr. 3 c. 11 (*Op.* VII, 1, 221).
＊101――Id., *De unitate intellectus contra Averroistas* p. 3 § 1 (*Op.* XVII, 1, 23).
＊102――Id., *De anima* III tr. 3 c. 11 (*Op.* VII, 1, 221).
＊103――*Ibid.*
＊104――*Ibid.*
＊105――「たとえこのような幸福な結合など不可能であると言われるようなことがあったとしても、それは反駁される。至福なる魂は、その知恵の最高の状態に到達し、すなわち神が知る神的なる事柄を知りそれに喜びを見出すのであるから、そのように知解するのだとわれわれは理解するからである」: *ibid.*
＊106――Id., *De unitate intellectus contra Averroistas* p. 3 § 1 (*Op.* XVII, 1, 23).
＊107――Id., *De anima* III tr. 3 c. 11 (*Op.* VII, 1, 222).
＊108――*Ibid.* (*Op.* VII, 1, 221s.).
＊109――*Ibid.* (*Op.* VII, 1, 222).
＊110――*Ibid.*
＊111――*Ibid.*
＊112――*Ibid.*
＊113――Id., *De unitate intellectus contra Averroistas* p. 3 § 1 (*Op.* XVII, 1, 23).

＊114——Id., *De intellectu et intelligibili* tr. un. c. 9 (ed. Borgnet, 1890, *Op*. IX, 516).

＊115——*Ibid*. (ed. Borgnet, *Op*. IX, 517).

＊116——*Ibid*.

＊117——Id., *De anima* III tr. 3 c. 11 (*Op*. VII, 1, 223).

＊118——*Ibid*. (*Op*. VII, 1, 222).

＊119——*Ibid*.

＊120——*Ibid*.

＊121——*Ibid*. III tr. 3 c. 12 (*Op*. VII, 1, 225).

＊122——Cf. B. Nardi, *op. cit*., pp. 138; 313.

＊123——W. A. Wallace, *The Scientific Methodology of Theodoric of Freiberg*, Fribourg 1959; B. Mojsisch, *Die Theorie des Intellekts bei Dietrich von Freiberg*, Hamburg 1977; L. Sturlese, *Dokumente und Forschungen zu Leben und Werk Dietrichs von Freiberg*, Hamburg 1984; K. Flasch (Hg.), *Von Meister Dietrich zu Meister Eckhart*, Hamburg 1984.

＊124——Dietrich von Freiberg, *De intellectu et intelligibili* II, 1, (1) (Dietrich von Freiberg, *Schriften zur Intellekttheorie*, hg. von B. Mojsisch, Hamburg 1977, S. 146; cf. Dietrich von Freiberg, *Abhandlung über den Intellekt und den Erkenntnisinhalt*, übers. von B. Mojsisch, Hamburg 1980; Dietrich of Freiberg, *Treatise on the Intellect and the Intelligible*, trl. by M. L. Führer, Milwaukee 1992).

＊125——「それについて哲学者が『霊魂論』第三巻で述べている。すなわち能動知性は、そのものにおいて〔知性が〕すべてをなすことができるものとしてあり、可能知性は、そのものにおいて〔知性が〕すべてとなることができるものとしてある。これは、両方の知性が本質によってすべての存在の類似物であることから起きていることである」: *ibid*.

＊126——Id., *De visione beatifica* 4, 3, 2, (9) (ed. Mojsisch, 115).

＊127――*Ibid*. 4, 3, 3, (14) (ed. Mojsisch, 122).
＊128――Id., *De intellectu et intelligibili* II, 23, (1) (ed. Mojsisch, 162).
＊129――*Ibid*. II, 13, (1) (ed. Mojsisch, 155).
＊130――「実際それ〔能動知性〕は、知性認識されたものの、道具的または偶因的原因ではなく、本質的原因である。なぜなら他者から道具的に動かされるのではなく、自己自身によって動かされるものの原因なのだからである」: id., *De visione beatifica* 1, 1, 2, 1, (3) (ed. Mojsisch, 23).〔フライベルクのディートリヒ『至福直観について』渡部菊郎訳、『中世思想原典集成』一三、所収〕
＊131――「それゆえ、能動知性は知性認識されたものの根源であり、本質的原因であることになる。そこで自体的に本質的原因であるという固有性や本性にもとづいて知性が可能知性のうちにある以前に、より高貴かつより完全な仕方でそれ自身のうちに原因づけられたものをもつことになる。そして可能知性においてより能動知性において、より高貴かつ分離した仕方で知性認識されたものが実在する。というのも、そうでなければ能動知性がその根源で原因であるのは不可能となろうからである」: *ibid*. 1, 1, 2, 1, (4) (ed. Mojsisch, 23).〔同〕
＊132――*Ibid*. 3, 1, (7) (ed. Mojsisch, 69).
＊133――*Ibid*. 1, 1, 2, 1, (1) (ed. Mojsisch, 22).〔『至福直観について』〕
＊134――Augustinus, *De Trinitate* 14, 7, 9.〔アウグスティヌス『三位一体』泉治典訳、『アウグスティヌス著作集』二八、教文館、二〇〇四年〕
＊135――Dietrich von Freiberg, *De visione beatifica*, prooemium (5) (ed. Mojsisch, 14).〔『至福直観について』〕
＊136――*Ibid*. 1, 1, 5, (1) (ed. Mojsisch, 30).〔同〕
＊137――*Ibid*.〔同〕
＊138――*Ibid*. 1, 2, 1, (1) (ed. Mojsisch, 36).
＊139――*Ibid*., prooemium (6) (ed. Mojsisch, 14).〔『至福直観について』〕

＊140——*Ibid.*, prooemium (4) (ed. Mojsisch, 14).〔同〕

＊141——*Ibid.*, prooemium (7) (ed. Mojsisch, 15).〔同〕

＊142——*Ibid.* 4, 3, 2, 2, (1) (ed. Mojsisch, 119).

＊143——*Ibid.* 4, 3, 2, 2, (2) (ed. Mojsisch, 119).

＊144——*Ibid.* 1, 1, 1, 2, (3) (ed. Mojsisch, 18).〔『至福直観について』〕

＊145——*Ibid.* 1, (1) (ed. Mojsisch, 15).〔同〕

＊146——「私の考えは、体系そのものが叙述されたときに初めてなるほどと是認されるようなものであるが、この私の考えによれば、大切なことは、真理を実体としてだけではなく、主体としても理解し、表現するということである」: G. W. F. Hegel, *Phänomenologie des Geistes*, Vorrede (PhB 114, 6. Auflage Hamburg 1952, S. 19).〔ヘーゲル『精神現象学』樫山欽四郎訳、平凡社（平凡社ライブラリー）、一九九七年〕

＊147——Dietrich von Freiberg, *De visione beatifica* 1, 1, 1, (6) (ed. Mojsisch, 16).〔『至福直観について』〕

＊148——*Ibid.* 1, 1, 3, (2) (ed. Mojsisch, 26).〔同〕

＊149——Id., *De intellectu et intelligibili* II, 2, (1) (ed. Mojsisch, 147).

＊150——Id., *De visione beatifica* 1, 1, 2, 1, (4) (ed. Mojsisch, 23).〔『至福直観について』〕

＊151——Id., *De intellectu et intelligibili* III, 35, (2) (ed. Mojsisch, 207).

＊152——*Ibid.*

＊153——Id., *De visione beatifica* 1, 2, 1, 1, 7, (2) (ed. Mojsisch, 43).

＊154——Id., *De intellectu et intelligibili* II, 34, (3) (ed. Mojsisch, 172).

＊155——*Ibid.* III, 36, (1) (ed. Mojsisch, 208).

＊156——Id., *De visione beatifica* 4, 3, 3, (14) (ed. Mojsisch, 122).

＊157——*Ibid.* 4, 1, (3) (ed. Mojsisch, 105).

＊158 ——*Ibid.* 4, 3, 2, (6) (ed. Mojsisch, 114).

＊159 ——Meister Eckhart, *Predigt* 11, S. 203 (10; *Die deutschen Werke* [=*DW*] I, 165).〔『エックハルト説教集』「説教一〇」田島照久編訳、岩波書店（岩波文庫）、一九九〇年、所収〕。エックハルトのテクストに関して、クヴィント版による説教の番号を挙げ、括弧内に校訂版による説教の番号と原文の箇所を付す（Meister Eckhart, *Deutsche Predigten und Traktate*, hgg. und übers. von J. Quint, 6. Auflage München 1985）。

＊160 ——「自分自身のうちに向きを転じられた人は誰でも……」: *ibid.*〔同〕

＊161 ——「それゆえにある師は、それ〔意志〕以上の、まさに隠された何かあるものがある、それは魂の頭《かしら》〔精神の頂〕である、と言っている。そこの場で神と魂の本当の合一が起こるのである」: id., *Predigt* 52, S. 398 (43; *DW* II, 325f.).〔同「説教四三」〕

＊162 ——「私は折にふれ、精神のうちには一つの力があり、この力だけが自由であると語ってきた。あるときにはそれを精神の護りと言い、あるときには精神の光と言い、またときにはそれを火花とも言ってきた」: id., *Predigt* 2 (2; *DW* I, 39).〔同「説教二」〕。〔「説教一〇」（＊172）も参照〕

＊163 ——Id., *Predigt* 32, S. 306 (52; *DW* II, 496).〔同「説教五二」〕

＊164 ——「ここでは次のように語ろう。それは、これやあれやのものではない。それにもかかわらず、一つの〈あるもの〉であって、それは天が地を高く超えている以上に、これとかあれとかをはるかに超えている。」: id., *Predigt* 2, S. 163 (2; *DW* I, 39).〔同「説教二」〕

＊165 ——*Ibid.* (2; *DW* I, 40).〔同〕

＊166 ——「私が語り、私が考えている魂のうちのこの〈城〉とは、それほどに一なるものであり、単純なものであって、あらゆるあり方を超えているので、私が説明したかの高貴な力〔知性〕でさえ、ただの一度さえ、一瞬たりといえども、この城のうちを窺い知るに値しないほどなのである。神がそのうちで神の一切の富と歓喜とをたずさえて輝き萌えると私が語った他方の力〔意志〕もまた、この城のうちを

窺い知ることをあえてすることはけっしてない」: *ibid.* (2; *DW* I, 42). 〔同〕

*167――「知性は魂の最高の構成要素であり、この知性において魂は天使と一つの共通の存在をもち、天使の本性のうちに閉じ込められた一つの存在をもつのである」: id., *Predigt* 52, S. 396 (43; *DW* II, 317). 〔同「説教四三」〕

*168――「この〈寡婦〉とは魂のことである。〈夫〉が死んだので、〈息子〉もまた死んだのである。……彼女が知性のうちで生きなかったからこそ、〈夫〉は死に、彼女は〈寡婦〉となったのである」: id., *Predigt* 52, S. 396 (43; *DW* II, 317). 〔同〕

*169――「魂の根底にすむものが内面にあるものであり、魂の最内奥において、つまり知性においては、そこから脱け出ることなく、いかなる〔外の〕事物も観取しない」: id., *Predigt* 11, S. 207 (10; *DW* I, 173). 〔同「説教一〇」〕

*170――Id., *Predigt* 32, S. 304f. (52; *DW* II, 492). 〔同「説教五二」〕

*171――Id., *Predigt* 10, S. 200 (9, *DW* I, 157). 〔同「説教九」〕

*172――「私は魂の内にある一つの力について話したことがある。その力がはじめて発動しても、神が善きものである限りそのような神をこの力は捉えることはない。神が真理である限りその場合も、この力は神を捉えることはない。この力は根底にまで向かい行き、さらに探究を進め、神をその一性とその孤絶において捉えるのである」: id., *Predigt* 11, S. 206 (10; *DW* I, 171). 〔同「説教一〇」〕

*173――Id., *Predigt* 32, S. 308 (52; *DW* II, 502). 〔同「説教五二」〕

*174――Id., *Predigt* 11, S. 206f. (10; *DW* I, 173). 〔同「説教一〇」〕

*175――Id., *Predigt* 32, S. 308 (52; *DW* II, 503). 〔同「説教五二」〕

*176――「魂に神性からの接吻が与えられるならば、魂はこの上ない完全さと浄福とのうちに立つ。そのとき魂は一性に抱かれるのである」: id., *Predigt* 11, S. 206 (10; *DW* I, 172). 〔同「説教一〇」〕

*177――*Ibid.* 〔同〕

＊178——「この部分〔魂の城〕においてだけ魂は神と等しいのであって、その他は等しいとは言えない」: id., *Predigt* 2, S. 164 (2; *DW* I, 44).〔同「説教二」〕
＊179——「この突破（Durchbrechen）において、私と神とが一致するということが私に与えられる」: id., *Predigt* 32, S. 308f. (52; *DW* II, 505).〔同「説教五二」〕
＊180——Id., *Predigt* 1, S. 157 (1; *DW* I, 16).〔同「説教一」〕
＊181——Id., *Predigt* 52, S. 399 (43; *DW* II, 328f.).〔同「説教四三」〕
＊182——Id., *Predigt* 52, S. 399 (43; *DW* II, 329f.)〔同〕; cf. id., *Predigt* 32, S. 306 (52; *DW* II, 495f.).〔同「説教五二」〕
＊183——「自分自身のうちで漂う認識のうちでその至福を造り出すためには、魂はそこで一つの〈譬え言《バイヴォルト》〉でなければならず、神が至福であるその同じ認識において、神とともに一なる業を働かなければならないのである」: id., *Predigt* 10, S. 200 (9; *DW* I, 158).〔同「説教九」〕
＊184——〔＊163参照〕Id., *Predigt* 32, S. 306 (52; *DW* II, 496).〔同「説教五二」〕
＊185——J. W. Preger, *Der altdeutsche Tractat von der wirkenden und möglichen Vernunft* (Sitzungsberichte der philosophisch-philologischen und historischen Classe der k. b. Akademie der Wissenschaften, 1 [1871]), München 1871, S. 159-189.〔グリュンディヒのエックハルト『能動知性と可能知性について』香田芳樹訳、『中世思想原典集成 精選』七「中世後期の神秘思想」、二〇一九年、所収〕
＊186——「師たちのあいだでは、〈人間はいかにして至福たりうるのか〉ということが問題になっている」: *ibid.*, S. 176.〔同、二四九頁〕
＊187——「マイスター・エックハルトが、至福は神との合一のうちに存すると言うのは、至福が神の受容にあるという意味でである」: *ibid.*, S. 177f.〔同、二五〇頁〕
＊188——「さて別の師たちが来て、魂の像とは何かについてもっとよく語ろうとし、その像がどこにあるのかという問題を提起している。師トマスは、それが〔魂の〕能力の中にあるとしている」: *ibid.*, S. 180.

＊189——「それに対して、師ディートリヒは異議を唱え、そうではないと言っている」: *ibid.*〔同〕〔同、二五二頁〕

＊190——*Ibid.*, S. 181.〔同、二五三頁〕

＊191——「神を求めるのなら、この〔魂の〕火花の中に探すがよい。この火花の中で精神が神と一つになっているのだから」: *ibid.*, S. 179.〔同、二五一頁〕

＊192——「〔人間の至福は、能動知性のあり方から自己を認識することだが、〕これはこの世では可能知性には不可能なのである。それでは、〔可能知性の〕可能とはどのようなものであろうか。それはあらゆる事物となることのできる純粋な無である」: *ibid.*, S. 181.〔同、二五二―二五三頁〕

＊193——「さて、人間がこの〔能動知性という〕高度な能力のおかげで内的に至福だというなら、なぜ常に至福であるというわけではないのか、という疑問が起こる。これに答えるために、別の知性について述べなければならない。これは可能知性という」: *ibid.*, S. 180.〔同、二五二頁〕

＊194——「もしこの可能知性が純一無雑になり、能動知性へと向きを変えるのであれば、人はこの世でも永遠の生の中にいるのと同じように至福になるであろう。……そうであれば、恩寵と栄光を必要とはするが、それらでもって可能な状態にある自分自身の存在から脱し、能動知性の変容を受けることができるようになる」: *ibid.*, S. 180f.〔同、二五二―二五三頁〕

＊195——「さて、神が私に恩寵を垂れるということは、私が自分自身から、つまり私の自然本性的なあり方、可能的なあり方から逃れ出るよう意図している、ということである。もし私の可能知性が、神の恩寵によってあらゆる事物との関係を清算すれば、私はすべての像から自由になる。そして神は可能知性を引き上げ、能動知性によって変容させる」: *ibid.*, S. 185.〔同、二五六頁〕

＊196——「というのもこの〔能動〕知性は時間を超越し、自己の本質の中で働くからであり、その本質とは神を直接に見て、自然本性から至福であることだからである」: *ibid.*, S. 184.〔同〕

＊197——「自然本性は恩寵よりも高貴なものである」: *ibid.*, S. 181.〔同、二五三頁〕

＊198――「先に述べた能動知性には恩寵も栄光も必要としない。知性となって神から流れ出るとき、それには先も後もない。それは知性として神から流れ出るや否や、再び神の中へ還帰する。それが自己に固有の働きであり、また自己に固有の存在様式なのである」: *ibid*., S. 181.〔同〕

＊199――「〔ディートリヒ師は言う、〕それゆえ私が本性から至福でなければ、神は恩寵を通じて私を至福にすることもできない」: *ibid*., S. 181.〔同〕

＊200――「なぜなら、天使は輝く神性の溢れ出る泉から多くの啓示を学び……」: *ibid*., S. 188.〔同、二五八頁〕

＊201――「罪にまみれて死ぬ人が罪へ傾く意志を変えなければ、ますます罪に深入りし、そこからけっしてもう神のところへ立ち返ることはできなくなる。それゆえ大罪はすべて、能動知性が可能知性を変容することを人間から奪う永遠の障碍なのである」: *ibid*., S. 185f.〔同、二五六―二五七頁〕

＊202――「さて、師たちのなかには、被造物のいくつかが、実体でないがゆえに天使を凌駕し、本性からその存在が働きであり、その働きが理解することであるようなものがある、と主張している者もいる。これらは知性体（intelligencien）と呼ばれ、この種の被造物は造られた実体ではない。それらが造られたと言われるのは、神から知性となって流れ出すからである。それらは、神から知性となって流出するや、即座に還流し、けっして自己のうちに停滞しない。もし知性体がそれ自身のうちにとどまるとしたら、それらは天使と同様に、創造された実体ということになり、その本性にもとづいて至福であるということはありえなくなる」: *ibid*., S. 182.〔同、二五四頁〕

＊203――「このように、知性として流れ出て、還流するのが〔その被造物の〕働きであり、それにとって働くことは在ることであるので、その被造性は知性の流出の中にあり、それゆえ知性体は実体ではない。それゆえ天使より高貴である。……この種の被造物について述べ、それらが本性上至福であることを論証してきたわけであるが、同様のことをここで魂にある能動知性についても述べてみたい」: *ibid*., S. 182f.〔同〕。Cf. Meister Eckhart, *Predigt* 1, S. 156 (1: *DW* I, 13):「最高の天使でさえも、高貴な魂というこの神殿に、ある程度は等しいが、しかしけっして完全に等しいわけではない。ある程度等し

いというのは、認識と愛に関して当てはまるだけである。しかし天使たちには一つの到達点というものが設定されていて、それを超えていくことが彼らにはできない。魂はしかしながらこれを超えて進むことができる。もし魂が――しかも、まだなお時間性のうちに生きている人間の魂が――最高の天使と同じ高みに立つとしたならば、この人間はその自由な能力において、しかも一瞬一瞬の今において新しく、数を超え、すなわち様式もなく、天使やすべての被造的知性のあり方を超え出て、天使も到達することのできないほどのはるかな高みにまで達することができるであろう」〔『エックハルト説教集』「説教一」〕。

＊204――「聖アウグスティヌスも、実体は二通りに考察されるべきで、第一の実体のあり方は、それが偶有的な事物に従属していることである、としている。……アリストテレスも同様の意見を述べている。さて、能動知性は部分も断片ももっていないので、それはこうした意味での実体ではない。……第二のあり方では、実体は自立している、つまり固有の存在特性に立脚していると解される。この様態では、実体は能動的実体である」: J. W. Preger, *op. cit.*, S. 187.〔『能動知性と可能知性について』、二五八頁〕

＊205――*Ibid.*〔同〕

＊206――I. Kant, *Kritik der reinen Vernunft*, A 452-461.〔カント『純粋理性批判』中、原佑訳、平凡社（平凡社ライブラリー）、二〇〇五年〕

＊207――J. W. Preger, *op. cit.*, S. 189.〔『能動知性と可能知性について』、二六〇頁〕

＊208――Concilium Viennense, *Constitutio "Ad nostrum qui"*, Errores Beguardorum et Beguinarum de statu perfectionis, n. 5 (Sessio III, 6. Maii 1312) (Denzinger-Schönmetzer, *Enchiridion symbolorum, definitionum et declarationum de rebus fidei et morum*, ed. 37, Freiburg im Breisgau 1991, n. 895).〔H・デンツィンガー編／A・シェーンメッツァー増補改訂『カトリック教会文書資料集改訂版』A・ジンマーマン監修、浜寛五郎訳、エンデルレ書店、一九八二年、所収〕

＊209――Iohannes XXII, *"In agro dominico"*, Errores Echardi, 27. Mart. 1329 (H. Denzinger, *op. cit.*, n. 977).

〔同〕

*210――Anonymus, *Utrum beatitudo consistat in intellectu agente supposito, quod consistat in intellectu?*, n. 14 (M. Grabmann, *op. cit.*, S. 1115).

*211――*Ibid.* (M. Grabmann, *op. cit.*, S. 1116).

*212――*Ibid.*, n. 15 (M. Grabmann, *op. cit.*, S. 1116).

*213――*Ibid.* (M. Grabmann, *op. cit.*, S. 1117).

*214――「同じく『自然学』〔『形而上学』〕第1巻によれば、われわれの認識すべては感覚から始まる」: *ibid.* (M. Grabmann, *op. cit.*, S. 1119).

*215――Utrum beatitudo consistat in intellectu agente supposito, quod consistat in intellectu?: *ibid.* (M. Grabmann, *op. cit.*, S. 1115).

*216――*Ibid.* n. 17 (M. Grabmann, *op. cit.*, S. 1121s.).（*85参照）

*217――J. W. Preger, *op. cit.*, S. 167.

*218――「さらにまたこれらとは別な知性、すなわち人間の知性があるのであって、これは知性認識という働きそのものであるような知性でもなく、またその知性認識の働きの第一の対象は、それの本質そのものではなく、かえって何らか外的なるもの、すなわち質料的事物の本性なのである。それゆえ人間の知性によって第一に認識されるところのものはこのような対象であり、そして第二次的にこうした対象がそれでもって認識されるところの活動が認識され、さらにこの活動を通じて知性そのものが認識される」: Thomas Aquinas, *S. th.* I q. 87 a. 3 c. 〔『神学大全』六〕

*219――Cf. A. Zimmermann, *Ontologie oder Metaphysik? Die Diskussion über den Gegenstand der Metaphysik im 13. und 14. Jahrhundert. Texte und Untersuchungen*, Leiden 1965.

*220――Cf. Thomas Aquinas, *De veritate* q. 1 a. 9 c.（*83参照）〔トマス・アクィナス『真理論』上〕

*221――art. 117.: *Articuli condemnati* (anno 1277), n. 117 (H. Denifle ed., *op. cit.*, p. 552). 〔『一二七〇年の非

難宣言／一二七七年の禁令』〕。「弟子における知識は師のうちにおける知識とは別のものなのである」: Thomas Aquinas, *S. th.* I q. 76 a. 2 ad 5〔『神学大全』六〕; cf. *ibid.*, I q. 117 a. 1c〔同、七、横山哲夫訳、一九六二年〕;「そこにおいて最高善が把握されるかの真理はあらゆる精神に共通であるが、それは事物の単一性という根拠、あるいはあらゆる精神に流入する第一の光の単一性という根拠によるものである」: id., *De spiritualibus creaturis* q. un. a. 10 ad 13;「能動知性が成立させる普遍的なものは、……しかし知性の多様性に従って多様化される。普遍的なものは、私なりあなたなりが知解する立場によって単一性をもつのではないからである。つまり私なりあなたなりに知解されることは、普遍的なものにとっては偶存的なのである。したがって、知性の多様性は普遍的なものの単一性を損なうものではない」: *ibid.* q. un. a. 10 ad 14.

＊222——E. Husserl, *Cartesianische Meditationen*, V. Meditation, Den Haag 1950, S. 121f.〔フッサール『デカルト的省察』浜渦辰二訳、岩波書店（岩波文庫）、二〇〇一年〕

第十章　神認識における否定と直視——クザーヌスにおける神の探求をめぐって

序　クザーヌスの思想の一貫性と発展

ニコラウス・クザーヌス（一四〇一—六四年）は、高齢の六一歳になって自らの思惟の道を振り返った際に、その思惟の出発点と根本的動機が「神の探求」のうちにあったとみなしている。しかもそれは、同名の標題が付された初期の著作（『神の探求について』*De quaerendo Deum* 一四四五年）に関してのことだけではなく、この主題をめぐる「憶測」（coniectura）ないし思索の試みとして展開された後年の著作に関しても言われていることであろう。「私はしばらく前に神の探求について考えたことを書きまとめ、その後も歩みを進め、さまざまな憶測を記してきた」[*1]。ここで「さまざまな憶測」と言われている以上、その試みは直線的な進展ではなく、むしろ——自らが考案した球戯の例によってクザーヌス自身が暗示しているように[*2]——人間精神の洞察と隠蔽、真理と他性のあいだを揺れ動きながら、その目的となるところ、すなわち現実の中心にして根底であるところへと螺旋状に接近していくものである。その際、思惟がたえず新たな仕方で試みられる中で、思惟の目指す目的への方向、すなわち神と呼ばれる第一にして一なるところの認識への方向が保持されるだけでなく、思惟はその展開を通じて、前の段階のさまざまな試みを——常に部分的な仕方によってではあるが——取り込むことによって、自らを豊かなものとしていく。そのため、真理を求めるこうしたさまざまな「狩猟」は、思惟の継続的進行として、一つの体系に集約されることはないにせよ、クザーヌスが晩年の著作『知恵の狩猟』(*De venatione sapientiae* 一四六三年初頭)において試みたように、ある開かれた全体のうちで緩やかな統一をなしている。「私がこの高齢にいたるまで、精神の洞察によって、より真であるとみなしてきた私の知恵の狩猟を、後世の人々に集約したかたちで残すことを意図している」[*3]。同様にクザーヌスは『綱要』(*Compendium* 一四六四年初頭)の中で、自らのそれまでの探求の一貫性と動揺について語っている。「あらゆる点において同一の第一原理が、われわれにとって多様な仕方で現れ、われわれはその多様な現れを多様な仕方で記述してきたということがわかるだろう」[*4]。そこで、神認識に関するクザーヌスの理論の展開を、その中心的なモティーフに即しながら全体的に概括し、その構造を解明するのは、有意義であると同時に、十分に可能な試みだろう。ここでは、「否定と直視」という主題をあらかじめ考察の焦点として際立たせてはいるものの、これはこの二点のみに主題を限定するためのものではなく、第一のものへと向かう思惟の上昇運動の二つの重要な分岐点を暫定的に名指す指標を表すものにほかならない。

一　問題設定

人間の認識は、既知のものとして前提されたところから出発し、比較・類比・区別を通じていまだに知られていないところへ接近し、認識に対してあらかじめ与えられた観点から、比例という関係を通して新たなものへと拡張していく。しかしこのような思惟が絶対者を問い求める場合、その思惟は、（たとえば経験主義的な意味で誤解された神の存在証明のような仕方で）これまでに知られていない対象にまで単純に延長するのではなく、思惟によって認識されるあらゆる現実の根源、および思惟それ自身の根源へと還帰することになるのである。世界内の現実と人間の思考の絶対的原理は、有限なもの一切に対して徹底して先行しており、そうでなければそれらのものの絶対的な、すなわち自立的で第一の原理たりえないのである以上、その原理は比較による理解という仕方によって把握されることはありえない。思惟は、自らの認識様式の限界を反省的に見抜くことによってのみ、つまりその根底に照らして自らを理解する「知ある無知」として、人間の側からはその本質において認識されえない超越的絶対者へといたるのである。

思惟が自らのこのような限界のうちに閉じ籠ることによって、自らの存立を断念し、いかなる主張をすることも不可能になるような独断的な不可知論に陥るべきでないなら、神に対する直接的な観取という要請によって、思惟自身の限界を飛び越えようとするという方向が取られることもあるだろう。しかしクザーヌスは、このような直観主義は「われわれの理性的霊[*5]」の制約と権利とを忘却しているという理由から、そうした道を選ぶことはなかった。また、合理的認識の限界を、意志における情感を通じての神の把握によって補おうという方策も考えられる。これはオーストリアのカルトゥジア会士アックスバハのウィンケンティウス（一三八九頃―一四六四年）が、ジャン・ジェルソン（一三六三―一四二九年）の『神秘神学』――クザーヌスは読んではいないようだが――に対する批判の中で提案したものだが、これに対してクザーヌスは、親しかったテーゲルンゼーの修道者たちに宛てた一四五三年九月一四日の手紙の中で、ウィンケンティウスの議論を批判している。「カルトゥジア会士が語っている方法は、伝えられることも、知られることもできないし、彼自身ですら、書いているように、それを体験したわけでもない」[*6]。「まったく知られていないものは愛されることはない」[*7]以上、そのような非合理的な試みにあっては、感情が想像上のイメージに捕われて、往々にして自己欺瞞に陥るというのである[*8]。したがって、神認識に関する問題は、「カルトゥジア会士〔ウィンケンティウス〕がやろうとしているような方法により、つまり感情をもって知性を取り去ることによって」[*9]解決されるのではなく、知性そのもののうちにその解決の途が求められるべきである。なぜなら知性は自らの無知を、神にいたる道として認識するからである。「知らないままに知るもののみが」[*10]知性を満足させることができる。このようなことは、クザーヌスが強調しているように、まさにディオニュシオス・アレオパギテス（五〇〇年頃）の神秘神学が目指したものであった。「それ〔神秘神学〕は、神との合一および、覆い隠されることのない神の直視にいたるまでのわれわれの理性的霊の上昇を取り扱っている」[*11]。ディオニュシオスが要求しているような、無知そのものの実現は、ただ知性によってのみ成し遂げられる。「学知と無知というものは、知性に関わるのであって、意志に関わるのではない」[*12]。

こうして神との関わりは、ただ知性的認識の道においてのみ実現されるものではあるが、それは狭義の実証的知識のかたちで達成されるわけではない。ハイデルベルク大学で幾たびも総長を務めた神学者ヨハネス・ヴェンク（一四六〇年歿）は、スコラ学的な「旧い道」（via antiqua）に従って、その論争書『無知の書について』（一四四二―四三年）によってクザーヌスの『知ある無知』（*De docta ignorantia*）を烈しく攻撃し、クザーヌスはこれに対して、師と学徒とのあいだの対話という形式を取った『知ある無知の弁明』（*Apologia doctae ignorantiae* 一四四九年）によって応じている。ヴェンクは、アルベルトゥス＝トマス的なアリストテレス主義にもとづいて、「偽りの使徒」[*13]クザーヌスを、汎神論や、ベギン、ロラード派、マイスター・エックハルト（一二六〇頃―一三二八年）らの神学上の誤謬の咎で譴責し、クザーヌスの教えを、「われわれの信仰にそぐわないもの、敬虔な精神を損なうもの、少なからず神への従順からいたずらに遠ざかるもの」[*14]として攻撃している。そこでヴェンクは、無知こそを唯一真なる知と主張するクザーヌスの見解を、神学の可能性を破壊するものとみなしている。「しかしながら彼の結論の基盤は、神約な事柄に関する学を絶滅させる」[*15]。ヴェンクはクザーヌスに対して、「論理学の学識の乏しさ」[*16]を非難する。とりわけ、クザーヌスが矛盾律を無視していることは、あらゆる学問をその根底から覆すものとされる。「このような彼の見解はあらゆる学理の根本、すなわち、〈同じものがあり、かつないということはありえない〉（『形而上学』第四巻）ということを根こそぎにしてしまう」[*17]。ヴェンクは、神認識をどこまでも感覚的認識に根差すものとして捉えようとするため、純粋な知性の上昇を拒絶し、肯定的・類比的言表こそが人間の神認識にふさわしいものとみなして、それを固守している（後期の著作では、ヴェンク自身もディオニュシオスの否定神学に強く惹きつけられてはいくのだが）。

これに応答する中でクザーヌスは、被造物の認識を、ヴェンクとともに神認識の出発点として認めはするものの、この感覚的・合理的認識から出発する上昇において、不可捉の無限者への超出の道を決定的な契機として指摘している。「被造物から創造主への比例は成り立たない以上、被造的なものの何ものも、創造主がそれによって捉えられるような役割を果たす形象ではない」[※18]。したがって、認識による神への接近に際しては、あらゆる有限者の領域を離れなければならない。「なぜなら、一切のものが放棄されるときに、神が見出されるからである。この闇は神のうちでの光である。それほどにまで知ある無知において、神へとより近くに迫っていく」[※19]。またクザーヌスは、硬直した合理的論理学によって神学が限定されることをも、アンブロシウス（三三九頃―三九七年）の一節を引きながら嘆いている。「〈神よ、弁証論者たちからわれわれを救い給え〉。それというのも饒舌な論理学は、至聖なる神学に役立つというよりも、むしろその妨げとなるからである」[※20]。

このようにクザーヌスの課題は、不可知論や非合理的な主意主義、そして絶対化された合理的論理学を回避しながら、感覚的認識から出発して、理性と知性の媒介を通じて、不可捉なる無限者たる神の知的直視への道を拓くというものであった。クザーヌスは、このような問題設定や知性の上昇の展開という点において、ディオニュシオスの『神秘神学』とプロクロス（四一〇／一二―一四八五年）の『プラトン神学』と一致するものと確信していた。このプロクロスをクザーヌスは、パウロの弟子と信じられていたディオニュシオスよりも後の時代の人物とみなしているが（ロレンツォ・ヴァッラ〔一四〇六―五七年〕によって、ディオニュシオス・アレオパギテスと「使徒言行録」〔一七・三四〕のディオニュシオスとの同一性に疑義が呈されたのは一四五七年のことである）、内容的には並行しているものと捉えている。すでに『知ある無知』（一四四〇年）を著すよりも前の時点で、クザーヌスは、友人でケルンのアルベルトゥス学派のカンポのヘイメリクス（一三九五―一四六〇年）を通じて、ディオニュシオスの著作に親しんでいる。後年の著作になればなるほど、ディオニュシオスの神秘神学に対するクザーヌスの傾倒はますます強まっていったが、その際クザーヌスは、証聖者マクシモス（五八〇―六六二年）、ヨハネス・エリウゲナ（八〇一／二五―八七七年以降）、サン＝ヴィクトルのフーゴー（一〇九六頃―一一四一年）、ロバート・グロステスト（一一七〇頃―一二五三年）、トマス・ガルス[*21]（一二四六年歿）、さらにはアルベルトゥス・マグヌス（一一九三／一二〇〇―八〇年）、トマス・アクィナス（一二二四／二五―七四年）やそれに続く著者たちといった連綿たる註解の伝統を自家薬籠中にするにとどまらず、ディオニュシオス自身のテクスト――とりわけ、友人でカマルドリ会士のアンブロージョ・トラヴェルサーリ（一三八六―一四三九年）の一四三六年の翻訳――を活用するばかりか、ギリシア語の原典をも所持していた。「ギリシア語のディオニュシオスのテクストは、註解を必要としない。そのテクスト自身が自らを種々の仕方で説き明かしているのである」[*22]。このようなプロクロス的・ディオニュシオス的伝統の連鎖のうちに、クザーヌスはエリウゲナの新プラトン主義的体系とマイスター・エックハルトの精神形而上学からいくつかの要素を取り入れている。クザーヌスの思索は新プラトン主義の哲学に深く根差してはいるが、クザーヌスは、自らの認識の目標、および自らの思索法の正当性が神学的に根拠づけられているものと理解していた。旧約聖書的な偶像禁止と、「イザヤ書」の「隠れたる神」（四五・一五）がクザーヌスの思索の背景になっているが、それと同じく、神の子たること、および神の直視に関する新約聖書の言葉、または自らの神秘的忘我についてのパウロの報告（二コリント一二・二―四）が、合理的・知性的認識の段階を超えて概念によっては捉えられない直視へと向かう超出の理論を支えているのである。

二　認識論上の基本的立場

人間の認識は、認識される事象への合致をその本質とするものであるため、人間の認識のうちには、事象に即した仕方でその何性（本質）を正確に捉えるような――すなわち、その事象をあるがままに認識するような――把握を目指す、先行的な理解と予備的な概念とが働いている。[*23]しかし事象は、その存在が発生論的に、つまりそれがその根源から自ら固有のあり方において発現する場面で認識されたときにはじめて、その本質と真理において認識されたことになる。なぜなら、このような場面においてこそ、認識は認識される事象の本質と完全に一致するのであり、そのために、その事象をその当のものとは異質の観点（angulus oculi）から一面的に照らし出したり、それによってその現象を歪めてしまうという惧《おそ》れがなくなるからである。それゆえ純粋にして

「厳密な」認識は、事象の複雑な本質を、原理としてそれに先行し、かつそのものに内在している一性へと還元し、その事象をこの一性の側から内容的・肯定的に再構成ないし追遂行する。このように自らの内容を構成する能動的遂行としての認識は、認識されるものへと自らをその構成的契機ともどもそのつど投入するものであるため、認識そのものに具わる「厳密さ」の理念のうちには、事象の多様性を、その多様性にとって構成的な一性の側から把握するという要請が含まれることになる。こうして、認識を遂行する精神（mens）は、それによって認識される事象に対する原型ないし根源的真理、および尺度（mensura）としての機能を果たすことになるが、それと同時に精神は、認識されるものを自らの模像と捉え、そのもののうちに自らを再発見し、そうすることによって、認識されるものにおいて自らに還帰することができるのである。それゆえ最も根源的な意味においては、ただ神による創造的な認識のみが、純粋な真理の場ということになる。

ところで、人間の認識は事物そのものを構成することはなく、それらの事物の外部にあって、自らの普遍的人間本性と、個人的でそのつど特殊な特性とに応じて、視点拘束的な仕方で諸事物に関わっている。人間の精神は、精神そのものとしてではなく、有限的な規定をもった精神として、認識されるものに対しては他なるものであり、その自らの他性（alteritas; alietas）を認識されるものそのもののうちにもち込むことになるため、認識されるものの本質の真理を部分的には損なうことになる。ある存在者が別の存在者にとって他なるものであるという意味での、有限的な存在者同士のあいだの相違は、もろもろの他の存在者のあいだでそれ自身が有限なるものである人間精神にとっては、厳密な本質把握のための障碍となる。それにもかかわらず精神は、自らの自発性にもとづいて、さながら創造的な仕方で理性的な解釈内容を産み出し、これが事物の認識にとって有効に働く。「それというのも、人間精神、すなわち神の高次の類似は、可能な限り、創造的な自然の豊穣さに与るため、自ら自身の中から全能なる形相の似像として、現実的なもろもろの存在者の類似というかたちで、もろもろの理性的なものを展開するからである」[*24]。

このような認識は、憶測を試行することによって進展するが、それは程度の差はあるものの、常に事物の本質を素通りしてしまう。そのような認識は、その内的な無性と有限性ゆえに、事物をその存在論的な原理から把握することはなく、その進行においてそのつどよりよく知られているものに依拠し、それを手掛かりにして未知のものに到達しようとするものであるため、克服しがたい相対性の領域にとどまっているのである。「真理の厳密さには到達しえないということが……あなたにはよくわかったであろうから、結論として導かれるのは、真であるという人間のいかなる肯定的主張も憶測だということである。それというのも、真なるものの把握の増加は、汲み尽くされるということがないからである」[*25]。

憶測による認識は、経験的現象の多様性に惑わされてしまうのではなく、人間の理性的遂行の独自の内発性によって超越論的に方向づけられる。「現実の世界が無限の神的理性から生じるように、憶測はわれわれの精神から生じる。……人間の精神が憶測の世界の形相として実在するのは、神的なものが現実の世界の形相として実在するのと同じである」[*26]。対象と関係するいかなる認識においても、その認識が精神の内的原理によって構成されている限り、そこでは精神の自己認識が——いまだにそれ自体として主題となっていなくとも——遂行されているのであり、そのため精神は、対象認識を通じて自己理解を豊かにすることを目指すのである。しかしこのような自己認識は、精神が自らをその第一の原理にして無制約的な尺度となるところに照らして、すなわち神に対する直視において見抜いたときにはじめて完遂される。それゆえ完全なる神認識への希求は、憶測による認識の領域においても精神を背後から駆り立て、そのような有限的認識からの超出を促す。「われわれの包含する精神から発する理性的世界の展開は、精神のために産出的である。このものが、自らによって展開された世界において自らを詳細に観取すればするほど、それ自身の内部でますます豊かな実りがもたらされる。なぜなら、そのものの目的は無限の理性であり、そこにおいてのみそれは、あるがままに自らを見抜くのであり、それのみが万物にとって、その理性の尺度だからである」[*27]。したがって原型たる自ら固有の原理を認識することにおいて完成する自己認識は、あらゆる認識活動の目的である。その認識活動の全体は、常に有限的で他なるものから出発するため、憶測的な——したがって不断に修正を要する——認識のあらゆる段階において遂行される。

それ自身としては多様で他なる契機を含む人間の認識と、その原理である絶対的な一性との差異は、その差異が他性そのものに根源をもつことを反省することによってのみ緩和されうる。もとよりその他性そのものは、なんら積極的な原理ではなく、一性の欠如的な規定にすぎない。そしてそのような反省そのものもまた、憶測としての性格をもつ。「したがって、達することのできない真理の一性は憶測による他性によって、また他性の憶測そのものは、真理の最も単純な一性において認識される」[28]。しかしながら、人間の認識と絶対的な一性との差異は、憶測を行う認識者同士の合意によって克服されるようなものではない。なぜなら、そのような認識者たちは、互いに他性によって規定されており、それゆえにそれぞれの見解が認識の異なった試みとして並立し、他人の意見を、それ自体やはり視点に拘束されたその人独自の見解として受け容れるということになるからである。「ところで有限的現実態の被造的知解は、他において他の仕方でしか実在しないのであり、その結果憶測する者すべてのあいだの差異は残り続ける。そのため、異なった人間の、同一の不可捉の真理に対する、異なった、段階的で、しかし互いに比例をもちえない憶測だけしか残らないということは、最も確実である。したがって、ある人の意見が、たとえそれが他のものよりもより近いとしても、それを完全無欠に把握する者は誰一人いないのである」[29]。

憶測による認識において、精神は「厳密な」認識への先行把握によって導かれているが、この厳密な認識は第一の原理、あるいは認識の神との合一においてのみ達成されるものである以上、精神は、十分な統一にまでいたっていない低次の認識から始まって、一性のより高次な把握へ高まり、それによって認識のより根源的な諸原理へと上昇しようと努める。このような上昇は、飛躍によって一挙に成し遂げられるようなものではない。なぜなら、精神はその運動の目的をあらかじめ知らなければならないのであり、そのために何らかの「手引き」(manuductio)を必要とするからである。精神はそうした手引きが、低次の認識のうちに具わっていることを見出す。なぜなら、低次の認識が明らかに厳密でないのは、それが一性を欠いており、規制されていない他性を含んでいるからである。もろもろの事物は、それが他のものではなく、他のものに対する他なるものとして、他のものとは異なっている限りでそのもの自体であり、自らと同一である。このような他性は、同一性に対立する別の原理なのではなく、同一性が限定されたものにすぎない。それというのも、他性は存在を造ることはなく、むしろ自らの基盤として同一的な存在を前提しているからである。

したがっていかなる他性も、自らの根底に存するそれ自体として一なる存在を指し示すことで、自らの原理としての一性へと向けて、その派生的様態として還元されることになる。「しかし、主よ、あなたは私のうちに語り、他性には積極的な原理がないと述べられるのであり、そうであるなら他性は存在しない。……しかし他性は存在するものの原理ではない。なぜなら他性は、非存在〔それではないもの〕から〔そのように〕言われるからである。実際、あるものは別のものではないのだから、他なるものと言われる。……他性は非存在からあるため、存在する原理をもたない。それゆえ他性は何ものかではない」[*30]。しかしながら他性は、このような純粋に否定的な性格にもとづいて、相互に異なる対立項をも一性へと包括するより高次でより包括的な原理への還帰を遂行し、その過程を通じて精神による抽象と否定を介して止揚を必要とし、それによってより厳密な認識の場を拓く。このようにして他性は、反省的に認識される限りで、精神を段階的にそれ固有の根源へと連れ戻し、より高次でより根源的な一性に対する洞察を促すのである。

ところで、有限的なものの本質には、非存在と他性とによって同時に規定されているということが存する。有限的なものは、限定を被ったものとして、他のものとの区別においてのみそのものであるために、自らの現実態とは一致していない——たとえば時間・空間における——諸可能性を有し、ゆえに内的な差異、そして自らの本質との不等性、多性、複合性を含むことになる[*31]。このような無性と相対的な否定性に貫かれた有限性において、有限的なものは何らかの本質をもち、その本質の同一性によって、その実現における互いに異なった諸要素を繋ぎ止めている。「実際、合致のない差異はない」[*32]。たとえばある幾何学的形象も、そのつど特定の図形や物体といった、その形象にとっては非本質的な他性においてのみ実現されうるのであるが、その形象は、そのような差異を通じて、自らの本質（たとえば三角形という本質）の一性において現れる。こうして精神は、感覚的現象に導かれて、時間・空間・質料における偶然的な他性を捨象することによって、それ自体もはや感覚的ではない本質認識へと上昇していく。しかしながら、このような捨象はなんら認識の真理を減少させるものではなく、むしろ厳密化として、ないしは統一的な原理への還元として、より高次でより厳密な真理へと精神を導くものなのである。「幾何学者は、線や図形を、たとえそれが質料の外部には見出されないにしても、それらを銅や金や本におけるかたちで問題にするのではなく、それ自体においてあるがままに問題にする。それゆえ彼は感覚的な目によって感覚的な図形を見て取るのであり、それは精神的な目によって精神的な図形を見て取るという目的のためである。また精神は、目が感覚的な図形を見るよりも劣る真理において、精神的な図形を見るわけではない。むしろ精神自身が、その形象を自らのうちに、質料的な他性から切り離されたものとして見て取れば取るほど、より真なるものとして見て取るのである」[*33]。

こうして有限性そのものは、他性を含まない一性の探求へと精神を駆り立てるものであるため、精神は最終的に、いかなる他性と否定ももはや含まれることのない無限なるもの（infinitum）を目指す。このような無限者は、たとえば一性と多性という観点のもとで主題化されるなら、それ自身のうちに一切を包含（complicatio）する最高の単一性として自らを示すことになる。「まず第一に、数が諸事物の範型と考えられるなら、かの神的な一性は、一切に先立ち一切を包含するように見える。それというのも、神的一性は、一切の多数性に先立ち、また一切の別様性、他性、対立、不等性、分割、そして多数性にともなう他の一切のものに先行しているからである[*34]」。

このような分割不可能な一性である第一のところは、すべての区別に対する超えがたい前提であり先行する基盤であるため、それを問いただしたり疑ったりすることは意味がない。なぜならそのような問いかけや疑いは、選択による解答の余地を前提しているものだが、選択項はそのいずれも他のものと対立し、他のものに対して自らを区別することによって、その他のものを自らにとっての他として、自身のうちにともに措定していることになるからである。そしてそのような複数性は、絶対的な単一性とは相容れない。「それ〔絶対的一性〕については、対立するもののうち一方が肯定されたり、一方が他のものよりもよりよく肯定されるというようなことはない。……第一のものは、あらゆる対立に対して無限に先行しており、それに対しては、そのものではないようなものをなんら帰することはできない。それゆえ、否定に対立する肯定を認めるか、否定をより真なるものとして肯定に対して優先するような憶測は完全に真なるものとは言えない[*35]」。いかなる言葉や述語にも、それに対立するものがあり、したがって厳密な意味では神について語るにはふさわしくないため、こうした第一の一者は「あらゆるもののどれでもないもの」（nihil omnium）、ないし「否定的に無限なるもの」（negative infinitum）として、有限的なもの同士の何性の次元での相対的・欠如的な否定と区別される意味で、絶対的な否定によって特徴づけられなければならないように思える。[*36] しかしながら、否定の絶対的な力もまた、神の単一なる一性に面して挫折することになる。「神は、把握され語られうるものの何ものかであるよりも、それらあらゆるもののどれでもないものであることがより真なるものと思えるにしても、肯定と対立する否定は、厳密さに達することはない[*37]」。

三　精神の自己反省——一性への道

概念規定のもつ対立構造に対しては、比例の成り立ちようのないほど無限に隔たり、そのためあらゆる概念規定から逃れ去ってしまうものは、だからといって人間の精神から端的に脱落したり、歴史的な事実としてのみ明らかにされるというのではなく、むしろ人間精神のうちにその活動原理として内在する。精神はあらゆる認識において、認識された真理が自らをその純粋な自己存在において精神に対して証示するため（「自ら自身の提示によって[*38]」）に、その真理の妥当根拠を探求するものである。ところで真理は、ア・ポステリオリに、事実的な対象性において、つまり精神によって構成されたものとして見出されうるのではなく、精神の活動をその始めから導き、真理へ向かう探求の方向を定めるものであるため、精神は、認識されたあらゆる内容を通じて、すなわち世界内の他性の差異を通じて、それ自身の同一性へと還帰する。そしてその同一性において、認識されたものはその感覚的・対象的他性から解放されて、それ自身の真理へと到達するのである。こうして精神は、本質の真理を認識する際には、感覚的な拡散に先行する自らの一性において自己自身を把握することになる。「自らのうちで形象を見て取る精神そのものは、その形象を感覚的他性から解き放たれた仕方で観取するとき、自らをも感覚的他性から解き放たれたものとして見出すのである」[*39]。それゆえ精神の知的活動は、精神においてその自己貫徹として遂行されるのであり、それは心理学的な内省と混同されてはならない。精神は、自らに内在するあらゆる他性から自己自身を解放し、不可分で無区別な一性へと進んでいく程度に応じて、その知的遂行は、真理へと近づく歩みを進めるのである。「それゆえ、精神が観取するものは何であれ、精神はそれを自らのうちで観取する。したがって、精神が観取するそれらのものは、感覚的他性のうちにあるのではなく、精神自身のうちにある。しかし、あらゆる他性から切り離されたものは、真理と異なったありようをするわけではない。なぜなら、真理とは他性の欠如にほかならないからである」[*40]。こうして精神は、対象認識から出発して、自ら自身を把握し、自己透徹の深さに応じて、超越的な絶対者の似像および現存として自らを実現する。「私がそのように観想の沈黙のうちに安らうとき、主よ、あなたは私の心の内奥において応え、〈汝は汝のものであれ、そうすれば私も汝のものであるだろう〉と言われる」[*41]。

幾何学的真理などの不可変の真理を、精神が自らのうちで認識し、自らが他性によって、つまり可変性によって浸透されていることを知るときに、精神は、自らとは区別されるがその認識能力を支える一性ないし真理の光を、自らのうちに見出すことになる。「ところで、自らのうちで不可変のものを観取する精神は、〔それ自体が〕可変的であるにしても、不可変のものを自らの可変性において観取するわけではなく、……その不可変性において観取するのである。実際、真理は、不可変性である。……それゆえ、精神がそのうちで一切を観取する真理は、精神の形相なのである。それゆえ精神のうちには、それによって精神が存在し、そのうちに精神が自らと一切とを観取する真理の光が存するのである」[*42]。

四　神認識の諸段階

一性である真理へのこのような内的上昇において、クザーヌスは、ディオニュシオス・アレオパギテスによる神学的洞察の階層的序列に完全に一致するかたちで、感覚的認識の段階、肯定から否定に向かう理性的認識の段階、そして神秘的直視へと超出する知性的認識の段階を区別している。

感覚的現象の世界は、そのあらゆる質料的形態において無限に多様な差異と対立を示しており、それらの差異と対立において、個々の存在者はその特定で固有のあり方を有している。個々の存在者がその本質的真理において何であるかということは、その多様な他性ゆえに、人間の認識にとっては隠されている。事物の本質に関するこのような無知は、感覚的・理性的認識活動が、本質概念の代わりに、「偶有性や、もろもろの作用やもろもろの形態の多様性から」[*43]採られた単なる名称を措定することを通じて、そうした認識活動によって覆い隠されてしまうのである。「なぜなら、識別的な理性における活動が、名称を付与するからである」[*44]。このように感覚的現象に関しては、その本質を見極めることはできないが、その感覚的現象を通じて美が露わになり、この美においては、作品から技術が知られるように、その美の創造者の知恵が証しされる。美についてのこうした考えは、「知恵の書」（一三・一―九）と、プラトンの『ティマイオス』における技術論《テクネー》――特に、一二世紀以来のキリスト教的な解釈――に即したものであった。「たとえ作品は製作術とは何の比例関係ももたないにもかかわらず、われわれは作られたものから製作術へ向かうのと同様に、もろもろの被造物の外見と装飾の立派さから、無限かつ不可捉の仕方で美なるものへと向かうのである」[*45]。それゆえ世界とは――クザーヌスがエリウゲナに依拠しながら考えているように――概念に先立ち、しかも概念を可能にするかたちで、絶対者の現れ、ないし神の顕現《テオファニア》なのである。「世界は、不可視の神の現れでないとしたらいったい何であろうか」[*46]。諸形象の汲み尽くしがたい多様性は、無数の観点から創造主の一なる美を示しているが、それというのもこの創造主は、すべての感覚的事象において、精神的被造物に対し自らの像を現そうとしているからである。「主よ、あなたはあなた自身のためにあらゆる働きをなし、この世界全体を知性的本性のために創造された。それはあたかも画家が、そのうちで彼自身の技が喜ばれ安らう自らの自画像を所持する目的で、まさに自分自身を描くことができるようにと、さまざまな色彩を混ぜ合わせるようなものである」[*47]。そこで世界とそれに対応する感覚的認識は、観察者に対して、暗示や像、隠喩や象徴や謎といった、ほとんど限りのない充実を示すことになる。世界はこれらの隠喩や象徴によって、自らを超えて（「転喩的に」transsumptive）可知的内容へと向かい、ディオニュシオスの「象徴神学」に従って、観察者を「象徴的探求」へと誘うのである。「もし私があなたがたを人間的な仕方で神的なるものどもに導こうと思うなら、それは比喩のようなものによってなされなければならない」[*48]。精神は、いわば遊戯のようにではあるが、「何ものかの高次の思弁の形象」[*49]を求めて常に新たな「実験」を行い、感覚によって与えられる刺激を想像力の媒介の下で捉え、現象において、また現象を超えて、感覚的直観と概念ないし精神的洞察とを結合することによって、感覚的世界における神の顕示を発見し、そうすることで神についての積極的言表と名称へと導かれるが、それらの言表や名称も、ただ「隠れた仕方で」（velate）神を示すにすぎないのである。

認識の第二段階として、感覚と知性が典型的な仕方で、数学的、とりわけ幾何学的認識において結びつく。それゆえにクザーヌスは、証明として利用するわけではないにしても、数学的・幾何学的モデルを倦むことなく繰り返し考案し、神認識の助けとしている。そのような役割が数学に帰せられているのは、精神はまずは数において自らを展開するからである。「理性的構築のいわば発芽を促す自然な原理は数である。なぜなら、動物のように精神を欠いたものは、数えるということがないからである。数は、展開された理性にほかならない」[*50]。人間精神は、数とその組み合わせのうちへと自らを自発的に客観化するものであるため、精神は、数の基礎的な諸関係において最も明瞭な仕方で自ら自身を洞察し[*51]、憶測によってその原型たる神的一者にまで上昇して行くことができる[*52]。「したがって数の本質は精神の第一の範型である。すなわち数のうちで、多性のうちに縮限された三性ないし三一性が先験的に刻印されたものとして見出される。つまりわわれわれは、われわれの精神の理性的な数から、神的精神についての言表不可能な数に関して、象徴的な仕方で憶測を行いつつ、類似の世界の数がわれわれの理性から発するように、創出者の心の中では、数自体が諸事物の第一の範型であると言う」[*53]。

こうして認識は、感覚的対象を元に範型を見出すような、それ自体として理性的な洞察を手引きとして、精神の領域へ、しかもまずは述定的で概念的・論理的に推し進められる思考へと上昇し、そこにおいて精神にとっては、たとえば存在・生命・認識・真理・知恵・善性・愛といった純粋な完全性に対する洞察が可能になる。これらの純粋な概念は、もはや感覚的現象と結びついている他性をまとうことがなく、その内容はむしろ限定から免れているように見えるため、肯定神学のかたちで神についての言表が可能になる。有限的存在者の中に存するあらゆる完全性は、このように純粋で、それ自体の側からの限定をなんらともなわない完全性を、自らの核として含んでおり、そのため神における自らの原型へと肯定的な仕方で「還元」(reductio)されうるのである。

ところで、肯定的な内容をもったそのような述語は、有限者の認識のうちから汲み取られる。類比の意味での高揚を通じて、精神はそれらの述語を無限者に接近させようとするが、それでもやはり、有限的領域における上昇によっては無限者に到達することはできないため、それらの述語は、なおも有限的認識の特徴をとどめたままである。「これまで述べてきたことの根底にあったのは、超えられるものと超えるものにおいては、存在においても可能においても最大なるものへ達することはないということであった」[*54]。そこで、クザーヌスの神論の根本命題は次のようなものとなる。「無限者から有限者への比例が成り立たないのは、おのずと明らかである」[*55]。肯定的述定における自らの働きと内容とを反省するなら、精神は、確かに感覚的制約による他性ではないにしても、概念を通じて遂行される自らの構造に根差す他性を不可避的に洞察することになる。このような他性は、すでに述語における概念的区別のうちに現れている。なぜなら、区別とは相互の否定であり、したがって他性であり、対立であるからである。理性的次元においては、内容は自らの対立物を排除することによってのみ、まさにその内容であるため、矛盾律こそがあらゆる理性的認識の基礎となるのである。

第一のところ、つまりそれ自身において無区別な単一な原理たる神については、対立と矛盾が語られることはない以上、精神は、神について肯定的に述定された完全性を、同時に神に対しては否認せざるをえない。それゆえ、このような否定神学は肯定神学を訂正し、単一で無限なものの認識のより高次な厳密化に向けて肯定神学を超え出ることになる。しかしながら否定神学は、肯定神学を前提とし、それに根差したものでもある。「ところで神への崇拝は……神についての積極的な肯定に基礎づけられなければならないため、そこからいかなる宗教もその崇拝において、肯定神学によって上昇することが必要である」[*56]。そのため、神を内世界的な規定の次元へと引き降ろすことがあってはならないのなら、神に関しては否定的述定が不可避であるが、否定的述定は、形式的には自らに対立している肯定的述定の正当性を廃棄するようなものではない。なぜなら、神は一切の完全性の根拠にして原型であり、それらを自ら自身のうちに先行的に保持しているからである。それぞれ自らに固有の意味のうちに基礎と正当性をもつ肯定的主張と否定的主張とは、知性においては形式的に互いに矛盾するため、存在と認識の最高原理である矛盾律がここで揺るがされるように見える。形式的な矛盾に際して、論理的な活動をなしている知性は自らの限界、すなわち「楽園の壁」に直面するが、第一の一者はこの壁の向こう側に、知性によっては知られえない仕方で住まっているのである。なぜなら、神についての肯定と否定は交互に排除ないし否定し合うため、肯定的意味でも否定的意味でも神について語ることはできないが、かといって、神はいかなる対立も矛盾も含まない以上、対立そのものを神に当てはめたり、神を対立の先行的原理として規定することもできない。「神は矛盾の根源ではない。むしろあらゆる根源に先立つ単純性そのものなのである」[*57]。

こうして精神にとっては、神に関する肯定・否定両方の述定可能性が閉ざされるところから、たとえば神を「存在者の一つではないもの」、「あらゆるものの一つではないもの」あるいは「名づけられえないもの」などと、その述定そのものの主語を否定的に規定するような迂路が取られることもありうる。しかしながら、神はそれ自体において、否定的に規定されるものでもなければ、肯定的な、それゆえに根本的に述定可能な内容を欠いたものでもない。「〔神は〕言表不可能なものではなく、名づけられることのできる一切のものの原因であるため、すべてに優って言表可能なものである」[*58]。結局のところ、神はあらゆる理性的な述定を無限に凌駕しているということが明らかになるのである[*59]。

とはいうものの、理性的であると同時に厳密な神認識の試みがこのように挫折するからといって、精神の運動はその地点で立ち止まってしまうわけではない。なぜなら精神は、自らの無知をこのようにして知ったうえで、それを自らの真理探求のうちへと積極的に組み入れることになるからである。精神は自らの能力の限界を見抜くことによって、自らに対して端的に先立ち自らを超えるものとしての神から自らを際立たせ、対象に関して肯定と否定による述定を行っている際には忘却されがちな自らの本質的な有限性に立ち戻る。精神は自らの無知を承認することによって、自らのうちに入り込みつつ、さらに深く自らを把握する。それというのも、精神はそうすることで、自らの理性的認識の領域全体をまさに全体として包括するとともに、その全体が真理ないし神によって制約されているということを洞察すると同時に、神に達しえない自らの限界を知り、それによって神を、理性的認識の可能根拠でありながら理性によっては捉え切れない、自らに先行するものとして承認することになるからである。「自らが無知であることを知る者こそが、知者とみなされるべきである。また真理なくしては、自らは何ものをも把握できないことを知る者こそが、真理を敬うのである」[*60]。

一切の他性と差異に含まれる否定性を経て到達した限界において、理性的活動は矛盾と対立によって挫折するのであり、それによって精神は理性的次元を離れて、知性内部においては無意味で、知性自らを破壊する対立と見えていたものどもをより深い知性的次元で、根源的な一性にもとづいてその必然的な相互共属において把握するように促される。「不可能に思えるかのものが、むしろ必然性そのものである」[*61]。したがって、精神的認識のより根本的でより高次の第二段階は、もろもろの対立の合致に対する洞察を特徴とする。それというのも、認識が探求する絶対者は「一切の対立を超えている」[*62]ものであるため、諸対立の一方の側に位置していたり、精神の何らかの部分的活動によって把握されることはないからである。「なぜならそれは、一切の対立に先立つからである」[*63]。哲学的理性は、もろもろの矛盾の次元を積極的に乗り越えることはできないため、このような段階にまで到達するのは、ディオニュシオスに従って、ただ神学的理性のみである。「実際ディオニュシオスは多くの箇所で、区別を通じて、すなわちわれわれが神に近づくのは肯定的な仕方によってであるか、否定的な仕方によってであるか、そうした区別を通じて神学を教えている。しかし、神秘にして秘義なる神学を可能な限り明らかにしようとしているこの著作〔『神秘神学』〕においては、彼は区別を超えて、結合と一致へ、ないしは、あらゆる剝奪と措定を一面的にでなく直接に超えた最も単純な合一へと飛躍している。そこにおいては、剝奪は措定と、否定は肯定と合致するのである。そしてかのものこそ、最も神秘なる神学であり、いかなる哲学者もそこへ達することなく、また哲学すべてに共通する原理――すなわち一つの矛盾するものはけっして合致することがないという原理――をもってしては、いかにしてもそこへ達することはできない」[*64]。

クザーヌスは、アリストテレス主義――おそらくは、「最も深遠なアリストテレス」[*65]自身ではなく――のうちに、純粋な哲学のそのような立場が具体化されているものとみなしている。ここではこのアリストテレス主義は、その認識論によってではなく、その論理学ないし学問理解に関して判断されている。「対立物の一致を認めることが、神秘神学への上昇の端緒なのだが、いまや、この対立物の一致を異端の分派と主張するアリストテレスの学派が有力である」[*66]。これに対して、神学的知性は、聖書の啓示と、それによって目覚めた神に対する希求とにもとづくため、隠れたる神に対する直視の先取りに導かれ、それによって「純粋理性の限界」（カント 一七二四―一八〇四年）を超出していくのである。このような超出は理性的思考そのものによって促され、その遂行の最中においても、また結果から見ても、有意味で事象に即したものであることが示される。なぜなら、まず同一次元における対立は共通の基盤を前提としているが、この基盤そのものは、対立項のうちのどちらかに帰せられるということはなく、したがって肯定でもなければ否定でもない。さらに、最大と最小といったような対立は、それらを分かつ中間段階によってのみ互いに区別されるにすぎないということになる。「それゆえ対立は、超えるものと超えられるものにのみ、しかも異なった仕方で具わるのである」[*67]。より以上とより以下というこのような中間段階は、絶対者の領域には当てはまることはなく、そこでは互いに対立する両極が無差別に合致する。それゆえ、「かの一致は、矛盾なき矛盾である。……もろもろの対立物の対立は、対立なき対立である」[*68]。

　諸対立の合致に対する洞察は、「われわれの一切の知性を超えるのであり、その知性は、反対対立物を、その原理においては、理性を通して結び合わせることはできない」[*69]ため、諸対立に先立つ一性の立場に達するには、ただ何らかの飛躍によって（「より高く跳躍すること」[*70]）、「それ自身を超えて」[*71]――いわばマイスター・エックハルトの言う「突破」と同じようにして――なされるほかはないのである。もろもろの対立に関して、その必然においては自明で、その可能性においては不可捉の統一[*72]へと飛躍することによって、精神は、あらゆる合理的解明を原理的に受け付けない絶対的な闇のうちへと歩み入る（「闇と暗黒に入り込む」[*73]）。しかしこの闇は、知性の光を欠いた無差別のものではなく、ディオニュシオスの言うところの「あまりに明るい闇」として、圧倒的な積極的内実をもって理性を規定している。「実際、もし精神がそれ以上知解しないなら、無知の闇のうちに据え置かれる。そして暗黒を感じ取るならば、それは、精神の探求する神がそこにいるという徴である。それは、太陽を求める者は、それに正面から近づく限り、太陽の卓越性ゆえに、弱い視覚の中に暗黒が生じるのと同様である。この暗黒は、太陽を見ることを求める者が正しく近づいていることの徴である。もし暗黒が生じないなら、それは最も卓越した光に向かって正しく歩み続けていないことの徴である」[*74]。このような闇において、知性は、自らの独自の活動と自らの知性的形態において、いわば燃焼し尽くされ、その認識能力の根底にまでも、絶対者のための鏡ないし眼へと変容し、純化されるのである（「なぜなら眼は鏡のようなものだからである」[*75]）。

五　神の名称

絶対者に対してこのようにして開かれる直視に立ち入る前に、諸対立の一致における知性のありさま、およびそこにおいて可能になる神認識の特徴を、より綿密に考察しておかなければならない。同一性と差異、論理的推論と矛盾によって規定された論述的思考様式から解放されてはいても、いまだに直視の闇にまでは入り込んでいない理性は、それ自身単に推論による思考を展開するのでもなければ、端的に直観的な認識活動を遂行するのでもない。推論による認識は多性によって、直視は一性によって特徴づけられるのだとすると、ここで知性的活動は、観取と思考、一性と多性、同一性と差異の接合点に立っている（フィヒテ〔一七六二―一八一四年〕の一八〇四年の第二回講義の『知識学』を参照）。しかもそれは、これらの諸対立の絶対的な分断という意味においてではなく、それらの区別を内に含みながら、自ら自体に関してはその区別が妥当しない先行的な一性という意味においてのことである。同一性と差異とのこのような一致は、絶対者より下位のものであり、絶対者への眼差しを開くと同様に、絶対者の多様な展開ないし像（imago）としての世界への下降をも可能にする。

同一性と差異とのこうした一致は、概念的および言語的には、概念と知的直観とのあいだの不断の動揺において、有限なるものから無限なるものへの移行、および有限なるものへの再度の還帰という仕方（「私は内へ入ると同時に外に出る」[*76]）で表現され、伝達されるほかはない。そのため思考は揺れ動くものとして現れ、多様な形象や概念的術語によって具体化されることになるが、そこにおいて、同一性と差異との一致は、それ自身として自足する積極的な認識領域であり、人間の知的活動の根源であると同時にその開花でもある豊かな母体とでも言うべきものなのである。こうして知的活動は、形式論理によって把握不可能な、すなわち、先行的で先取的に予感される観取を源とする理性的構造ないし論理性を展開するものであるため、それは一者からの人間精神における「言葉」の発現として特徴づけられうる。クザーヌス独自の思考様式は、ギリシアからの帰路において閃いたとされる根源的洞察によるものであり、それは、同一性と差異の一致――しかも、同一性ないしそれ自体として不可捉な一性がたえず優位にあり、先行した根源をなすという仕方での一致――への積極的洞察をその根源とし、またそれを思考の領域全体をあまねく照らす中心とする。「ギリシアからの帰路の船上で、……光の父からの天上の賜物によって導かれてと、私は信じる――、人間の仕方で知られうる消滅しない諸真理を超越することによって、把握されえないものを、知ある無知において、把握されえない仕方で抱懐するにいたりました[*77]」。

クザーヌスは、絶対者に対する洞察を、神の名称というかたちで仕上げる努力を繰り返し行っている。しかも神の名称を模索する試みは、神の名称がその内容において、神の絶対的自体性をその世界との関係とともに露わにし、それによって同時に、神へ向かう視野を開く思惟の道を暗示するという考えのもとになされている。確かに神の「単純性は、一切の名づけられうるものと名づけられえないものとに先立っている[*78]」が、それでもやはり神のさまざまな名称は認識の手引きとしての役割を果たすことができる。しかもそれは、神のさまざまな名称の不可思議な多面性にもとづいてのことである。「それは謎めいた仕方で、あなたを全能なる方へと、いくらかなりとも導くのである[*79]」。

あらゆる有限的なものは、可能態と現実態という諸原理に分裂する一方で、「可能態にある存在者と現実態にある存在者に先立って、それなくしてはどちらのものも存在しえない一なるものが見出される。この一なる必然的なものが神と呼ばれる[*80]」。もろもろの対立に先立つこの必然的なもの（「一なる必要なもの」〔ルカ一〇・四二参照〕）は、「絶対的な同一者であり、それによって、いかなる存在するものも自らと同一であり他のものと異なるところのもの[*81]」である。「したがって、そこにおいてあらゆるものが同一である、言表不可能な同一なるものは、いかなる他なるものに対しても、同一でも、別様でもない」[※82]。それは同一性の根源であるため、「いかなるものもそれ自身と同一である以上、絶対的な同一なるものはあらゆるものにおいて存在する」[※83]。それというのも、「同一なるものは、他なるものと不釣り合いであったり、異他なるものではなく」[※84]、むしろ「同一なるものは同一化する」[※85]からである。神は同一なるものとして、「あらゆる対立から切り離されている。……われわれにとって対立したものと見えるものは、神においては同一なのである。……神においては、否定は肯定と対立することがない」[※86]。

あらゆる有限性と区別に先立ち、それらを超える無制約的な同一なるものにおいては、現実態と可能態は強い意味で同一のものである。これをクザーヌスは「可能現実存在」（possest）と呼ぶが、この名称は「その複合語がおおむね表示するような……単純な概念」[※87]を表している。なぜなら、一般的には現実態がその可能態に先行することはありえないが、その一方で神においては、現実態は偶存的事実を意味することはありえない以上、可能態が現実態に先立つということもない。「したがって、絶対的な可能態は、……現実態に先立つということもなければ、そのあとに続くということもない」[※88]。可能態と現実態とのこのような合致は、あらゆる名称がある一つのもののみを名指すように、「可能態と現実態の存在性である存在そのもの」[※89]としての神にのみ当てはまる。同時にこの名称によっては、有限なるものに対する神の関係が言い表されてもいる。すなわち、現実態と可能態の一致そのものとして、「神は現実に、それについて可能であるということが証明されうるもののすべてである。なぜなら、神が現実にそのものでないようなものは、存在することがありえないからである」[※90]。それゆえに「神は包含的な仕方ですべてであり」[※91]、「すべてのものは、自らの原因および根拠としての可能現実存在のうちに存在し、そのうちに観取される」[*92]。

なんら前提をもたない第一のところを探求するに際して、クザーヌスはその死の四ヵ月前に、「可能自体」（posse ipsum）へと向けてさらに乗り越えていく。「これからあなたは、……可能自体が、「可能現実存在」における可能性と現実性の統一を、思惟可能な最も単純な神の名称である「可能自体」（posse ipsum）へと向けてさらに乗り越えていく。

それなしにはいかなるものも存在しえないし、生きえないし、和解しえないあのものを、可能現実存在や他のいかなる名称よりも、はるかに適切に命名していることがわかるでしょう」[*93]。一切の現実は自らの可能性を前提としており、その可能性を越えることはできないため、「何ものも可能自体に先立つことはできない。……ゆえに、可能自体より善であり、可能より権能をもち、より完全で、より単純なものは存在しえない」[*94]。同様に、精神が自らの認識構造を捉える超越論的反省においても、精神が現実を認識する際には、すべての存在を通じて、「可能自体」に根拠をもつその可能性へと向かうことが示される。「というのも、存在する、あるいは存在可能であるすべてのものにおいて、可能自体以外何ものも観取されることはありえないからである」[*95]。それゆえ「可能自体」は、存在論的にも超越論的にも根本的である。「したがって、それなしにはいかなるものも可能ではない可能自体は、それより自存的なものが何も存在しえないものである」[*96]。こうして、第一原理への還帰を通じて、「可能自体」が神の名称として示される。「全能者、あるいはすべての能力の可能をその名称として、自らにとっては一切が可能であり、不可能なものは何ものもなく、もろもろの強力なものの強さ、力あるものの力である三一なる神は、〈可能自体〉によって表示される」[※97]。

あらゆる有限なるものに先行してそれを超越する神そのものの、その名称において暗示されている無制約的な絶対性と、有限者におけるその下降と内属、言い換えれば、すべての個々のものとの――本質的かつ形相的にではないが、原理的に根拠と包含という仕方での――同一性は、「非他なるもの」(non-aliud) という名称において最も明瞭に表現される。この術語は、知性的神認識をその同一性と差異に関して厳密に表すとともに、人間の精神がもろもろの対立を超えてそれらの統一のうちに根差していること、しかも直視に入り込むことなしに、差異項との関係を保ち、それによって自らの言表能力を確保しているということを示している。なぜなら他なるものへの迂回を経て、その他なるものに対する区別と受容を通してのみ、端的に単一なるものへの洞察が、言語的・対話的次元で確証されるからである。

あるものをそのものに「ほかならない」(他なるものではない [non aliud quam]) ものとして示す「定義」[※98]は、それ自体があらゆる知の根底をなしている。単に論理的にではなく、存在論的にも理解されるべきこうした非他性は、あらゆるものを、とりわけ非他性それ自らを定義するものである。なぜなら「〈非‐他〉は、非‐他にほかならない〔非‐他の非他である〕」[※99]からである。そこで非他は、他によって構成されるわけではないため、他を排除するのであり、一切の他から区別され、「絶対的に」それ自身である自同的なものであるため、そのような否定的な意味で「非他なるもの」と言われる。しかしさらに、この絶対的な非他なるものは、他なるもの、すなわち有限なるものを存在へと呼び出すものであるため、それはそれぞれの他なるものをそれ自身に関しても非‐他（ないし同一的なもの）たらしめる。しかしながら有限なるものは、その本質においてまさに他のものではないが、それは、他に対するこのような否定的な区別によってそれ自身のうちに他性を含み、それ自身が一つの他なるものとして、別の他なるものに対立する（「他に対して他なるもの」alteri aliud）という仕方でのみ、非他なるものである。こうして有限なるものは、他のものに対する他性をそのうちに有することのない絶対的に同一なるもの、ないし絶対的に非他なるものから区別される。絶対的に非他なるものは、このような無差別性という点で、一切の他なるもの——その同一性ないし非他性ゆえにそれ自身のうちで他のものから区別されるもの——から際立つことになる。「あらゆる存在者のうちのいかなるものも、自ら自身と同一でありながら、他のものに対して他ではないものはないし、——たとえ絶対的に同一なるものが、自ら自身と同一であり他のものと異なった、そうしたものとなんら異なるものではないといえども——このようなもののどれも絶対的に同一のものではないと、あなたが言おうとしているのは理解できる[*100]」。

絶対的な非他なるものは、おのおののものを非他なるものとして構成する際に、そのうちに内在する根拠としてそのものと同一化するため、たとえその他なるものそのものであるのではないにしても、その他なるものそのものに対して自らを他として区別し、他なるものであるというわけではない「非他なるものである」。「〈非他なるもの〉は、他なるものではなく、他なるものに対する他でもなく、他なるものにおいて他なるものでもない。このことは、〈非他なるもの〉は、いかなる仕方でも他なるものではありえないという理由による以外のことではない[*101]」。こうして、絶対的な非他なるものは、すべてのものに対して最も内的に、つまりいかなる他性も介することなく現存する。「神学者たちは正しくも、たとえ神があらゆるもののどれでもないとしても、神はすべてにおいてすべてであると言明している」[*102]。

六　神の顔の直視

これまで考察してきたさまざまな神の名称を通じて、精神は、先行的で一切を卓越した神の絶対性、およびすべてのものに浸透するその内在性に概念的に接近することができるようになる。しかし、神の名称が、「非他なるもの」の概念において示されるように、否定によって、それゆえ無限者の有限者に対する──概念的・否定的にすぎない──関係によって機能している限りは、その名称は精神に対して、絶対者をいまだに純粋な絶対者として、つまりあらゆる関係から脱したものとして示しているわけではなく、したがってその名称はいまだ、認識を通じて無制約的に絶対者に対峙するところにまで精神を導いているわけではない。神のもろもろの名称は確かに論理的・推論的な思考を打破し、楽園──神がそのうちに住まい、人間に自らを伝える所──の「壁」を打ち破りはするが、それでもそれらの名称は、開いた扉のところにとどまり、楽園の中にまで視線が届くことはない。つまり神のもろもろの名称は、肯定と否定のあいだの矛盾、ないし否定を自己否定によって突破しようとする推論の試みを克服するものではあるが、このより高次の知性的段階においてもなお、精神はいまだ分裂に晒されたままである。なぜならそこにおいて精神は、絶対的一性を、もろもろの矛盾の領域との――概念的否定によって把握されたかたちでの――関係とともに主題化することになるからである。

そこで、もろもろの対立の合致そのものはさらにもう一度乗り越えられなければならないが、そのためには、否定を媒介にして先行的・超越的根拠へと遡及するというのでは、原理的に不十分である。「私の意見では、否定神学をめぐるだけの人々は、かの闇に正しい仕方で歩み入ることはない。それというのも、否定〔神学〕は除去を行い、何ものをも定立することがないため、それによっては神が露わに見られることはない。というのも〔そこで〕、神が存在であることよりも、神が存在でないということが見出されるからである。また、肯定的な仕方で〔神が〕探求されるなら、模倣によって、また覆われた仕方以外によっては、神は見出されることはないし、露わに見出されるということはけっしてない」[*103]。それゆえに、神のもろもろの名称は、神の純粋な存在そのものに達することはない。「なぜならあなたは、語られたり把握されたりできるような何ものかではなく、これらすべてのものを絶対的に無限に卓越したものだからである」[*104]。こうして、神に関するいかなる述定も最終的に不十分であることが示されるため、そのような述定は断念され、克服されねばならないが、その際にも、述定を行う精神のそうした自己克服そのものがさらにまた神の述定のための手段とされるようなことがあってはならない。「したがって、たとえあなたなしには何ものも生じることがなく、生じることがありえないにしても、あなたは創造者ではなく、創造者を無限に凌駕しているものである」[*105]。

人間が理性だけの力の限界を超えることを可能にし、第一の一者との認識を通じての合一を求める人間精神の希求を満たすものを、クザーヌスは眼と顔の比喩によって、つまり「顔の直視」[*106]（visio facialis）として捉えている。この概念は、教皇ベネディクトゥス十二世（在位一三三四―四二年）のもとで一三三六年になされた、神に対する至福直観をめぐる論争において、重要な役割を果たしていた。クザーヌスは、この直視を知性の能力から区別している。「なぜなら、眼がさらに楽園の中を覗くにしても、その壁が、あらゆる知性の可能性を閉ざしてしまうからである」[*107]。

神ないし神の顔の直視は、すでに旧約聖書において、人格的な汝たる神との最も内密な合一として、人間が求めるものとされているが（詩編四二・三参照）、それは同時に神の圧倒的な超越と隠蔽ゆえに、人間には手の届かないもの、あるいは耐え切れない（出エジプト記三三・二〇参照）ものとしてさえも考えられている。「イスラエル」の名称がギリシア語・ラテン語に翻訳されて「神を見る者」（創世記三二・三一参照）とされた際に、神に対する直視は、人間にとって最高の使命として受け取られた。新約聖書もまた、神の不可視性を強調しているが[*108]、それでも神ないしキリストに対する直視は、人間に授けられた救いの中心に据えられている。またギリシア的・新プラトン主義的伝統においても、「神をもつこと」は、神に対する直視として記述され、神的なるものとの脱自的な合一（ἔκστασις, ἕνωσις）、ないしは人間存在の究極の完成と考えられている。

『神の直視について』（『神を観ることについて』）（*De visione Dei* 一四五三年）においてクザーヌスは、ディオニュシオス・アレオパギテスを手引きとしながらも彼を超えるかたちで、神に対する直視の理論を展開している。その理論はすでにその出発点において、下位の次元から上昇（ascensus）していく概念的神認識のアポリアをその根本から解消し、そうすることで同時に、その概念的神認識の隠れた可能根拠を露わにする。その全人格的な意義を考えるなら、神に対する直視は、「あなたの情愛の甘美さが愛に満ちて私を抱擁するかの抱擁」[*109]、すなわち愛と命に満ち溢れた至福として、「それより大いなるものがありえない、あらゆる理性的欲求の絶対的最大性そのもの」[*110]である。しかしながら神は、その無限性のゆえに「近づきえないもの」[*111]であり、「そのため、あなたがあなたをその者に与えることがなければ、誰もあなたを捉えないだろう」[*112]。したがって、この直視が神そのものから発現するのでなければ、神はその直接性において認識されたり、「見られ」たりすることはありえない。

こうして、人間中心主義や、下位の次元からの自力での上昇、また投射による認識の試みなどは、始めからその基盤を欠いているものとみなされる。「あなたが、見られるようにと与えるのでない限り、誰もあなたを見ることはできない」[*113]。神は、自ら人間を眺め、その各人を、また他のすべての人々を、そのそれぞれの状況に即して見やることによって、人間に自らを認識させる。このことを具体的に明瞭にするために、一四五四年にクザーヌスは、テーゲルンゼーの修道者たちに「神のイコン」[*114]、つまり神（またはキリスト）の像を、「すべてを見やる者の姿」[*115]として贈っている。この画の鑑賞者がどの場所からこの画を眺めようとも、鑑賞者は神の眼差しが、あたかもその画から発しているように、そのつど直接に自分だけに向けられているように感じる。ここでは「神の直視」（visio Dei）とは、まず第一に神が人間を見ることを意味し、ようやく第二次的にのみ、人間が自らの視線においてこの神の眼差し、あるいは神の顔を認識しつつ受け止めるということを表す。「主よ、あなたの眼差しはあなたの顔である」[*116]。

神が見る者であるということを、クザーヌスは、「神」を表すギリシア語の言葉に関する、ストア派にまで遡る語源学から引き出している。すなわち、theos（神）の語は theorein（見る）に由来するとされるのである。「神《テオス》はあらゆるものを観取するがゆえに、そのために神《テオス》と呼ばれる」[*117]。神によるこのような直視は、絶対者そのものが見ることであるため、絶対的な直視であり、それゆえ、見ることとその派生物によって構成されるすべてのものの根源にして原因である。「主よ、あなたの眼差しで私を養い、また、いかにしてあなたの眼差しがあらゆる見ている眼差しとあらゆる可視的なものとあらゆる視覚活動とあらゆる視覚的能力とあらゆる可視的能力と、そこから生じる見ることとすべてをあなたが見ているのかということを教えてください。なぜなら、あなたの眼差しは原因づけることだからである」[*118]。

　このように、すべてを見る神の眼差しがすべてを根拠づけるその原因性と一致するという普遍的な存在論的関係は、いまや人間と神とのあいだの、強い意味での相互の人格的関係の根拠となる。「あなたが私を観取するがゆえに、私は存在する」[*119]。なぜなら人間は、自身が見る者として神によって見られている限り、「真理を受け容れることができ」[*120]、神の直視を得るように方向づけられている（「あなたを受け容れる」[*121]）からである。「あなたを見ることは、あなたがあなたを見ている者を見るということにほかならない」[*122]。それゆえ、神による直視は、人間による神の直視を引き起こし、それを支えるものであり、そのため神は、神が人間を見るその同じ行為において、自らが人間によって見られるようにするのである。「私を見ることによって、隠れたる神であるあなたは、あなたが私から見られるということを与えるのである」[*123]。こうして神は人間において、そして人間を通じて自ら自身を見るのである。「主よ、あなたを見ることは、……私によって見られること以外の何であろうか」[*124]。同様の仕方で、人間は、自らを見る神を見ることによって、その神の眼差しにおいて自ら自身を見るのであり、そうすることで神によって見られたものとして、すなわち見ることの根源において、またその根源から自ら自身を見ることになる。「そこで実際、自らをあるがままに神自身のうちで観取するときに、自らを認識する」[*125]。しかし神の絶対的な直視は、「あらゆる観取の最も適切な尺度にして、最も真なる範型である」[*126]ため、人間は見ることによって見られつつ、「その〔神の〕生ける似像」[*127]ないし「創造された神」[*128]という自らの真なる存在へといたる。その際、神の眼差しと人間の眼差しは、反対方向から互いに最も内密な一致へと融合するため、神の直視を通じて人間は神のうちへと入り込み、神は人間の内面を満たすことになる。しかし、人間の視覚は感覚的に対象へと関わる活動ではなく、知性的活動として——「精神と知性の眼によって」[*129]——人間精神の自己遂行を通じて生じる限り、人間は神を自らのうちに、自らの原型として、いかなる異他性も外在性をも介することなく直視するのである。「それゆえに、あなたの顔を観取しうるいかなる顔も、自身とは他なるものあるいは別様のものを見ることはない。なぜならそれは、自らの真理を見るからである。実際、範型的真理は、他なるものあるいは異なったものであるということはありえない」[*130]。神の直視において、「人間は、受け容れ可能な神であるあなたを捉えることで、その密接さゆえに子たることの名称を得ることができるような結合へと移行し」[*131]、神に似たものとなる。

神を見ることは、いかなる限定されたあり方も対象性をもたないような無限なるものを見ることにほかならない。そこで人間は、神へと「自由に[*132]」向き返り、神によって見られるようになることで、神に対する直視へと歩み入るため、人間は、「いかなる様態もない[*133]」その直視において、不可捉の方を不可捉の仕方で捉え（「不可捉の真理へと、不可捉の仕方で向き返る[*134]」）、知性や理性にとっては見通すことのできない闇である神の光そのもののうちで彼を把捉する。「しかしその闇自体は、あらゆる覆いを超えた顔がここにあることを露わにするのである[*135]」。「それゆえ、もしあなたを見ることを望むなら、知性は無知となって、闇の中に置かれなければならない[*136]」。このような神認識の脱魂において、認識はいかなる対象性をも失い、自らの見ているものを確証しうるような輪郭や反省可能な規定からも脱することになる。「私はあなたを楽園の庭の中で見るが、私は見られうるものの何をも見ていないがゆえに、私が何を見ているのかは知らない[*137]」。

ここでクザーヌスが人間精神の本質的遂行と最高の可能性として記述していることは、人間の理解一般に関する存在論的・相互人格的な構成理論を含むものである。それというのも、あらゆる見られるもののうちには、それを見ることの可能根拠として、見る者としての神が見られるからである。「不可視のわが神よ、あなたはすべての者によって見られ、あらゆる眼差しにおいて見られている。あなたは、見る者すべてによって、可視的なものすべてにおいて、そして見る活動すべてにおいて見られている。それは不可視であり、そのようなあらゆるものから切り離され、無限に卓越してあなたである[*138]」。

人間は、直視や顔といった概念さえをも含む一切の概念を投げ棄てることによって、あらゆる「覆われた[*139]」観取の核心をなすものを直接的に洞察する直視にいたろうと努力することができる。

「あらゆる顔において、顔のなかの〔最高の〕顔は覆われて謎のように見られる。しかし、一切の顔を超えて、顔の知識も概念もなんら関わらないようなある種の神秘なる隠れた沈黙にいたらない限り、覆いのない仕方で見られるということはない」[*140]。このような方向はただ考えられただけのものではなく、自ら踏み出した道なのだと、クザーヌスは述べている。「あなたの無限の善性を信頼して、不可視のあなたと、露わになることのない露わな直視を見るために、私は脱魂に身を委ねるように努めた。しかし、私がどこまでに達したかをあなたは知っているのに、私はそれを知らないが、私にはあなたの恩寵で十分なのである。その恩寵によって、あなたが把握不可能であることを、あなたは私に確信させ、また私はあなたに導かれて、享受するにいたるだろうという確たる希望を、あなたは私のうちに引き起こすのである」[*141]。

註

＊1——Nicolaus Cusanus, *De venatione sapientiae* [=*Ven. sap.*], prologus [*Opera omnia* XII, 3]. 以下 *Opera omnia* の巻数と頁のみを示す。

＊2——Cf. id., *Dialogus de ludo globi* I, 3-7 [IX, 5-8]. Cf. H. L. Bond, The Journey of the Soul to God in Nicholas of Cusa's *De ludo globi*, in: G. Christianson, Th. M. Izbicki (eds.), *Nicholas of Cusa In Search of God and Wisdom*, Leiden 1991, pp. 71-86.

＊3——*Ven. sap.*, prologus [XII, 3].

＊4——Id., *Compendium*, conclusio [XI 3, 33].〔クザーヌス『神学綱要』大出哲・野沢建彦訳、国文社、二〇

〇二年〕

＊5——Id., *Ad abbatem Tegernsensem et eius fratres* [=*Ad abbatem*], in: *Beiträge zur Geschichte der Philosophie und Theologie des Mittelalters* [=*BGPhMA*] XIV, 2-4, Münster 1915, S. 114.

＊6——*Ibid*. S. 115. Cf. M. Schmidt, Nikolaus von Kues im Gespräch mit den Tegernseer Mönchen über Wesen und Sinn der Mystik, in: R. Haubst (Hg.), *Das Sehen Gottes nach Nikolaus von Kues*, Trier 1989, S. 25-49; Nikolaus von Kues, *Briefe und Dokumente zum Brixner Streit. Kontroverse um die Mystik und Anfänge in Brixen (1450-1455)*, hgg. von W. Baum und R. Senoner, Wien 1998, S. 86ff.

＊7——*Ad abbatem* (*BGPhMA* XIV, 2-4, S. 115).

＊8——Cf. *ibid*.

＊9——*Ibid*.

＊10——Nicolaus Cusanus, *De visione dei* [=*Vis. dei*] 70 [VI, 57].〔クザーヌス『神を観ることについて』八巻和彦訳、岩波書店（岩波文庫）、二〇〇一年〕

＊11——Id., *Ad abbatem* (*BGPhMA* XIV, 2-4, S. 114). Cf. W. Beierwaltes, *Der verborgene Gott. Cusanus und Dionysius* (Trierer Cusanus Lecture, Heft 4), Trier 1997.

＊12——*Ad abbatem* (*BGPhMA* XIV, 2-4, S. 115).

＊13——pseudo-apostolum: *Apologia doctae ignorantiae* [=*Apologia d. ign*.] [II, Hamburg 1932, 5].

＊14——J. Wenck, *De ignota litteratura* (*BGPhMA* VIII, 6, Münster 1910, S. 19).

＊15——*Ibid*. (S. 27.)

＊16——*Ibid*. (S. 24.)

＊17——*Ibid*. (S. 21-22).

＊18——*Apologia d. ign*. [II, 18-19].

＊19——*Ibid*. [II, 20].

＊20――*Ibid*. [II, 21].
＊21――Cf. *ibid*. [II, 20-21].
＊22――*Ad abbatem* (*BGPhMA* XIV, 2-4, S. 117).
＊23――uti est: id., *De filiatione dei* [=*Fil. dei*] 6 [IV, 62].〔クザーヌス『神の子であることについて』坂本堯訳、『隠れたる神』大出哲・坂本堯訳、創文社、一九七二年、所収〕
＊24――Id., *De coniecturis* [=*De coni.*] I, 1 [III, 7].
＊25――*Ibid*., prologus [III, 4]. Cf. N. Herold, *Menschliche Perspektive und Wahrheit. Zur Deutung der Subjektivität in den philosophischen Schriften des Nikolaus von Kues*, Münster Westf. 1975, S. 42-62.
＊26――*De coni*. I, 1 [III, 7].
＊27――*Ibid*. I, 1 [III, 8].
＊28――*Ibid*. I, prologus [III, 4].
＊29――*Ibid*. I, prologus [III, 4-5].
＊30――*Vis. dei* 14 [VI, 49-50].〔『神を観ることについて』〕。Cf. M. Thomas, Zum Ursprung der Andersheit (alteritas). Ein Problem im cusanischen Denken, in: *Mitteilungen und Forschungsbeiträge der Cusanus-Gesellschaft* 22, Trier 1995, S. 55-67.
＊31――Cf. *De coni*. I, 1 [III, 9].
＊32――*Ibid*. II, 10 [III, 117].
＊33――Id., *De theologicis complementis* [=*Theol. complem.*] 2 [X 2a, 5-6].
＊34――*De coni*. I, 5 [III, 21-22].
＊35――*Ibid*. I, 5 [III, 26-27].
＊36――Cf. id., *De docta ignorantia* [=*Docta ign*.] II, 1 [I, Hamburg 1932, 64].〔クザーヌス『知ある無知』岩崎允胤・大出哲訳、創文社、一九六六年〕

＊37——*De coni.* I, 5 [III, 27].

＊38——Id., *Trialogus de possest* [=*Trial. de possest*] 31 [XI 2, 36].

＊39——*Theol. complem.* 2 [X 2a, 6-7].

＊40——*Ibid.* 2 [X 2a, 7].

＊41——*Vis. dei* 7 [VI, 26-27].〔『神を観ることについて』〕。Cf. Kl. Kremer, Gottes Vorsehung und die menschliche Freiheit ("Sis tu tuus, et Ego ero tuus"), in: R. Haubst (Hg.), *op. cit.*, S. 227-263.

＊42——*Theol. complem.* 2 [X 2a, 8-9]. Cf. W. Beierwaltes, *Identität und Differenz. Zum Prinzip cusanischen Denkens*, Opladen 1977, S. 7-28.

＊43——Id., *De deo abscondito* [=*Deo absc.*] 4 [IV, 4].〔クザーヌス『隠れたる神についての対話』大出哲訳、『隠れたる神』所収〕

＊44——*Ibid.*

＊45——*Apologia d. ign.* [II, 19].

＊46——*Trial. de possest* 72 [XI 2, 84].

＊47——*Vis. dei* 25 [VI, 88].〔『神を観ることについて』〕

＊48——*Ibid.*, praefatio [VI, 5].〔同〕

＊49——Id., *Dialogus de ludo globi* I, 1 [IX, 3].

＊50——*De coni.* I, 2 [III, 11].

＊51——Cf. *ibid.* I, 3-4 [III, 15-21].

＊52——Cf. *ibid.* I, 5 [III, 21-28].

＊53——*Ibid.* I, 2 [III, 14]. Cf. W. Schulze, *Zahl, Proportion, Analogie. Eine Untersuchung zur Metaphysik und Wissenschaftshaltung des Nikolaus von Kues*, Münster 1978, S. 68-92; J.-M. Counet, *Mathématiques et dialectique chez Nicolas de Cuse*, Paris 2000, pp. 257-318.

＊54——*Docta ign*. II, 1 [I, 61].〔『知ある無知』〕
＊55——ex se manifestum est infiniti ad finitum proportionem non esse: *ibid*. I, 3 [I, 8].〔同〕
＊56——*Ibid*. I, 26 [I, 54]〔同〕; cf. *Apologia d. ign*. [II, 19].
＊57——*Deo absc*. 10 [IV, 8].〔『隠れたる神についての対話』〕
＊58——*Ibid*. 10 [IV, 7].〔同〕
＊59——Cf. *ibid*. 12 [IV, 9].〔同〕
＊60——*Ibid*. 6 [IV, 5].〔同〕
＊61——*Vis. dei* 10 [VI, 38].〔『神を観ることについて』〕
＊62——*Docta ign*. I, 4 [I, 10].〔『知ある無知』〕
＊63——*Ven. sap*. 13 [XII, 35].
＊64——*Ad abbatem* (*BGPhMA* XIV, 2-4, S. 114-115).
＊65——*Docta ign*. I, 1 [I, 6].〔『知ある無知』〕
＊66——*Apologia d. ign*. [II, 6].
＊67——*Docta ign*. I, 4 [I, 10].〔『知ある無知』〕
＊68——*Vis. dei* 13 [VI, 46].〔『神を観ることについて』〕
＊69——*Docta ign*. I, 4 [I, 11].〔『知ある無知』〕
＊70——*Apologia d. ign*. [II, 6].
＊71——*Ad abbatem* (*BGPhMA* XIV, 2-4, S. 114).
＊72——*Ibid*. (S. 115).
＊73——*Ibid*. (S. 114).
＊74——*Ibid*. (S. 114).
＊75——*Vis. dei* 8 [VI, 30].〔『神を観ることについて』〕

＊76——*Ibid.* 11 [VI, 40].〔同〕。Cf. B. G. Helander, *Die* visio intellectualis *als Erkenntnisweg und -ziel des Nicolaus Cusanus*, Uppsala 1988, S. 160-171.

＊77——*Docta ign.* III, Epistola auctoris ad dominum Iulianum cardinalem [I, 163].〔『知ある無知』〕

＊78——*Deo absc.* 13 [IV, 9].〔『隠れたる神についての対話』〕

＊79——*Trial. de possest* 25 [XI 2, 31]. Cf. S. Dangelmayr, *Gotteserkenntnis und Gottesbegriff in den philosophischen Schriften des Nikolaus von Kues*, Meisenheim am Glan 1969, S. 263ff.

＊80——Nicolaus Cusanus, *Tu quis es ‹De principio›* 8 [X 2b, 9].

＊81——Id., *Dialogus de Genesi* 1 [IV, 106].〔クザーヌス『創造についての対話』酒井紀幸訳、上智大学中世思想研究所編訳／監修『中世思想原典集成』一七「中世末期の神秘思想」、平凡社、一九九二年、所収〕

＊82——*Ibid.* 1 [VI, 106].〔同〕

＊83——*Ibid.* 2 [IV, 112].〔同〕

＊84——*Ibid.* 5 [IV, 127].〔同〕

＊85——*Ibid.* [IV, 127].〔同〕

＊86——*Trial. de possest* 13 [XI 2, 17].

＊87——*Ibid.* 24 [XI 2, 30]. Cf. J. Stallmach, *Ineinsfall der Gegensätze und Weisheit des Nichtwissens. Grundzüge der Philosophie des Nikolaus von Kues*, Münster 1989, S. 59-83; A. Brüntrup, *Können und Sein. Der Zusammenhang der Spätschriften des Nikolaus von Kues*, München/Salzburg 1973.

＊88——*Trial. de possest* 6 [XI 2, 7].

＊89——*Ibid.* 12 [XI 2, 14].

＊90——*Ibid.* 8 [XI 2, 9].

＊91——*Ibid.* [XI 2, 9].

＊92——*Ibid.* 30 [XI 2, 35].

＊93——*De apice theoriae* 5 [XII, 120].〔クザーヌス『テオリアの最高段階について』佐藤直子訳、『中世思想原典集成』一七、所収〕

＊94——*Ibid.* 19 [XII, 131].〔同〕

＊95——*Ibid.* 15 [XII, 129].〔同〕

＊96——*Ibid.* 4 [XII, 119].〔同〕

＊97——*Ibid.* 28 (XII, 136).〔同〕。佐藤直子「クザーヌスにおける〈可能自体〉の概念」、『中世思想研究』第三五号（一九九三年）、一六〇—一六七頁参照。

＊98——Nicolaus Cusanus, *Directio speculantis seu De non aliud* [=*Non aliud*] 1 [XIII, 4].〔クザーヌス『観察者の指針、すなわち非他なるものについて』松山康国訳、『ドイツ神秘主義叢書』七「非他なるもの」、創文社、一九九二年〕

＊99——'non-aliud' est non aliud quam non-aliud: *ibid.* 1 [XIII, 4].〔同〕。Cf. G. Schneider, Gott — das Nichtandere. Untersuchungen zum metaphysischen Grund bei Nikolaus von Kues, Münster Westf. 1970, S. 120-170; K. Flasch, *Nikolaus von Kues. Geschichte einer Entwicklung*, Frankfurt am Main 1998, S. 541-575.

＊100——Nicolaus Cusanus, *Dialogus de Genesi* 1 [IV, 107].〔『創造についての対話』〕

＊101——*Non aliud* 6 [XIII, 13].〔「非他なるもの」〕

＊102——*Non aliud* 6 [XIII, 14]〔同〕; 一コリント一五・二八参照。

＊103——Nicolaus Cusanus, *Ad abbatem* (*BGPhMA* XIV, 2-4, S. 114).

＊104——*Vis. dei* 12 [VI, 43].〔『神を観ることについて』〕

＊105——*Ibid.* [VI, 43].〔同〕

＊106——*Ibid.* 6 [VI, 20].〔同〕。Cf. W. Beierwaltes, *Visio absoluta. Reflexion als Grundzug des göttlichen Prinzips bei Nicolaus Cusanus*, Heidelberg 1978, S. 5-26; id., *Visio facialis — Sehen ins Angesicht. Zur*

Coincidenz des endlichen und unendlichen Blicks bei Cusanus, München 1988; K. Flasch, *op. cit*., S. 383-443; J. Hopkins, *Nicholas of Cusa's Dialectical Mysticism. Text, Translation and Interpretive Study of De Visione Dei*, Minneapolis 1985, ^{2}1988.

＊107 ――*Vis. dei* 17 [VI, 61]. 〔『神を観ることについて』〕。Cf. R. Haubst, *Die erkenntnistheoretische und mystische Bedeutung der "Mauer der Koinzidenz"*, in: id. (Hg.), *op. cit*., S. 167-195.

＊108 ――マタイ五・八、一一・二七、ルカ一〇・二二―二四、ヨハネ一七・三、一コリント一三・一二、一ヨハネ三・二参照。

＊109 ――*Vis. dei* 4 [VI, 16]. 〔『神を観ることについて』〕

＊110 ――*Ibid*. [VI, 16]. 〔同〕

＊111 ――*Ibid*. 7 [VI, 26]. 〔同〕

＊112 ――*Ibid*. [VI, 26]. 〔同〕

＊113 ――*Ibid*. 5 [IV, 17]. 〔同〕

＊114 ――eiconae dei: *ibid*. 1 [VI, 10]. 〔同〕。Cf. A. Stock, Die Rolle der "icona Dei" in der Spekulation "De visione Dei", in: R. Haubst (Hg.), *op. cit*., S. 50-68.

＊115 ――*Vis. dei*, praefatio [VI, 5]. 〔『神を観ることについて』〕

＊116 ――*Ibid*. 6 [VI, 21]. 〔同〕

＊117 ――*Ibid*. 1 [VI, 10] 〔同〕; theos=theōrō: cf. *Deo absc*. 14 [IV, 9]. 〔『隠れたる神についての対話』〕

＊118 ――*Vis. dei* 8 [VI, 29]. 〔『神を観ることについて』〕

＊119 ――*Ibid*. 4 [VI, 14]. 〔同〕

＊120 ――*Ibid*. [VI, 15]. 〔同〕

＊121 ――*Ibid*. [VI, 14]. 〔同〕

＊122 ――*Ibid*. 5 [VI, 17]. 〔同〕

＊123——*Ibid.* [VI, 17].〔同〕

＊124——*Ibid.* [VI, 17].〔同〕

＊125——*Fil. dei* 6 [IV, 62].〔『神の子であることについて』〕

＊126——*Vis. dei* 2 [VI, 11].〔『神を観ることについて』〕

＊127——Id., *Idiota de sapientia* I [V, Leipzig 1937, 17].〔クザーヌス『知恵に関する無学者の対話』小山宙丸訳、『中世思想原典集成』一七、所収、五五三頁〕

＊128——deus creatus: *De docta ign.* II, 2 [I, 68].〔『知ある無知』〕。Cf. K. Bormann, *Nikolaus von Kues: "Der Mensch als zweiter Gott"* (Trierer Cusanus Lecture Heft 5), Trier 1999.

＊129——*Vis. dei* 6 [VI, 20].〔『神を観ることについて』〕

＊130——*Ibid.* 6 [VI, 21].〔同〕

＊131——*Ibid.* 18 [VI, 65]〔同〕; cf. *ibid.* 4 [VI, 15-16].〔同〕

＊132——*Ibid.* 18 [VI, 64].〔同〕

＊133——sine modo: *ibid.* 12 [VI, 42].〔同〕

＊134——*Apologia d. ign.* [II, 11].

＊135——*Vis. dei* 6 [VI, 23].〔『神を観ることについて』〕

＊136——*Ibid.* 13 [VI, 45].〔同〕

＊137——*Ibid.* 12 [VI, 44].〔同〕

＊138——*Ibid.* 12 [VI, 41].〔同〕

＊139——Id., *Ad abbatem* (*BGPhMA* XIV, 2-4, S. 114).

＊140——*Vis. dei* 6 [VI, 22-23].〔『神を観ることについて』〕

＊141——*Ibid.* 17 [VI, 63].〔同〕

第十一章　否定神学・類比・弁証法
――ディオニュシオス、トマス、クザーヌスにおける言語の限界と超越の言表可能性

序

中世の思想は、古代の諸文献の註解を基盤として、それらを創造的に解釈することによって展開されている。聖書註解と並んで、プラトンの『ティマイオス』に対する註解やボエティウス（四八〇頃―五二四年頃）の著作の註解、アリストテレスの著作――まずはその論理学から始まって、十三世紀には彼の他の著作――に対する註解がなされ、またとりわけペトルス・ロンバルドゥス（一〇九五／一一〇〇―六〇年）の『命題集』を通じて、アウグスティヌス（三五四―四三〇年）に対する註解が盛んに行われている。本論では、従来あまり注目されてはいないが、近世初頭にいたるまで強い影響を及ぼした、中世のある思想とその影響史、つまりディオニュシオス・アレオパギテス（五〇〇年頃）の著作、およびトマス・アクィナス（一二二四／二五―七四年）とニコラウス・クザーヌス（一四〇一―六四年）におけるその受容を、哲学的な基本構造に即して

考察することにしたい。

哲学史における時代区分は、常々問題となるものではあるが、ここに挙げられた三人の思想家を一瞥してわかるように、彼らの名前は、西洋の思想史の中で、決定的な転回点と頂点を表している。その著作年代が五〇〇年頃とみなされるディオニュシオスは、古代の終焉において、教父思想を締め括る頂点をなす。古代のプラトン主義的伝統は、プロティノス（二〇五頃—二七〇年）とプロクロス（四一〇／一二—四八五年）によって集約されたものであるが、この流れはアテナイのアカデメイアの閉鎖（五二九年）によって、制度的に終止符が打たれることになった。トマス・アクィナスの思想においては、盛期スコラ学の神学、および十三世紀のアリストテレス哲学の受容が頂点を迎えている。また初期ルネサンスのクザーヌスは、新プラトン主義の影響のもとで、中世末期の唯名論を精神形而上学へと展開したが、これは近世的な反省哲学の幕開けとみなしうるものである。ディオニュシオスの哲学的神学は、トマスとクザーヌスの双方により、彼ら自身の思想にとって決定的な意味をもつものとして受容され、その際にまた変容をも被っている。そのため、ディオニュシオスの著作とその影響史を考察することは、三つの根本的な思想形態の特徴を明確にすると同時に、時代転回におけるその意義を解明することに通じるだろう。

一般的な思想史的概括に陥ることなく、哲学的な思考法に即した考察を行い、それによって事柄そのものに対する洞察を深めるために、ここでは、超越についての思考可能性および言表可能性という問題、すなわち「神の名称」という主題に焦点を絞ることにする。その問題はつまり、ディオニュシオスの哲学的追求の中心点をなし、同様にトマスとクザーヌスにとっても彼らの思想全体にとって根本的な意味をもつものである。ここで扱う資料としては、概括が容易な小論考に限定したいと思う。一切の現実と認識の単純にして一なる第一原因への問いは、初期ギリシアの思想家たちによる「根源」論から始まって、ソクラテスの神信仰、すべての存在者とその理解可能性の先行的原理であるプラトンの善のイデアの概念、またアリストテレスにおける、人間論的・哲学的根本問題への究極的解答としての神的なるものの規定、そしてプロティノスにおける一者への上昇の理論にいたるまで、思想史の転回を駆り立ててきたものである。したがってここでの考察は、限られた問題設定ではあっても、形而上学的思考の根幹に触れるものであると言うことができる。それというのも、有限的存在者の本質と根拠づけへの問い、および有限的存在者の認識と、言語的・超越論的な遂行形式によるその制約をめぐる問題などがそこに収斂してくるからである。

一　ディオニュシオス・アレオパギテスと否定神学

(一) ディオニュシオスの歴史的同定

アテナイの「アレオパゴスのディオニュシオス」の名のもとで伝えられているのは、『神名論』、『天上位階論』、『教会位階論』、『神秘神学』の四著作からなる著作集成《コルプス》、および、厳粛で荘重なギリシア語で書かれた一〇通の手紙である。これらの文献の中で著者自身が触れている他の著作――『神学概論』や『象徴神学』――は、その痕跡も見当たらないため、おそらくそれらは書かれなかったものと思われる。著者の本名、出自、伝記的事実、教育過程や生活環境などについては、歴史的に確かなことはまったく知られていない。[*1]この著者は、現在にいたるまで自分の本当の姿を巧みに隠し、ただ一度のみ（書簡七・三）自らを「ディオニュシオス」と呼ぶことで、パウロの説教によってキリスト教に回心したと「使徒言行録」（一七・三四）に記されている「アレオパゴスの議員」ディオニュシオスを装っている。その書簡によれば、彼はキリストの死の際の日食を経験し（書簡七・二）、パトモス島に追放された使徒ヨハネと手紙を交わしている（書簡一〇）。中世において、ディオニュシオスの著作群は五三三年のコンスタンティノポリスの宗教対話以来知られており、ベーダ・ウェネラビリス[*2]（六七三／七四―七三五年）やペトルス・アベラルドゥス[*3]（一〇七九―一一四二年）、さらにはクザーヌスによって、ディオニュシオスが実際に誰であるかに関しては時折疑念が呈されはしたものの、その著作は、使徒の弟子の著作として、聖書に次ぐほど重視され続けた。

ディオニュシオスは、アテナイの最初の司教ディオニュシオスとみなされたこともあれば、エウセビオス（二六三／六五頃―三三九／四〇年）によって、[*4]二世紀後半のコリントスの司教と結びつけられたこともある。また七五〇年頃からは、トゥールのグレゴリウス（五三八／三九―五九三／九四年）の記述[*5]によれば三世紀の半ばにパリでデキウス帝（在位二四九―二五一年）のもとで殉教した人物と同一視され、とりわけ九世紀のパリではサン＝ドニ（聖ディオニュシウス修道院）のヒルドゥイヌス（八五五／六一年歿）以降、フランスの教会の創設者として尊敬を集めた。人文主義者ロレンツォ・ヴァッラ（一四〇六―五七年）が最初に（一四五七年）、ついでヴァッラの写本にもとづいてエラスムス（一四六六／六九―一五三六年）が聖書註解（一五〇五、一六年）においてディオニュシオスについての疑問を公にし、史実にあるパウロの弟子ディオニュシオスが、この同じ著者名で流布している著作を実際に著したということはきわめて疑わしいとする見解を表明した。[*6] 十九世紀末（一八九五年）になると（H・コッホとJ・シュティグルマイアーによってほぼ同時に）、この著作においては、プロクロスからの言葉通りの借用が見られることが証明された。これに続いて、五・六世紀の既知の著者を、このディオニュシオスとみなす多くの試みがなされたが、それらは証明を欠いた仮説にとどまっている。

典礼に関する言及などの、言語的・内容的な目安から考えると、その起源としては（西）シリア周辺が想定できる。その著者は、プロクロスの著作を十分に知悉していたのみならず、アテナイのアカデメイアの最後の学園長であった新プラトン主義者ダマスキオス（五三三年以降歿）の著作にも親しんでいたようである。それに加えて、ディオニュシオスの著作からの最初の引用が、シリア人のセウェロス（アンティオケイア総主教在位五一二―五一八年）が五一八年から五二八年のあいだに著した著作の中に見られるところから、当初より――遅くとも五四三／五五三年以降――まとまった集成として伝承された「ディオニュシオス文書」は、その成立年代が五〇〇年頃に確定される。

(二)『神秘神学』

ここでまず検討しようとしている『神秘神学』（*Περὶ μυστικῆς θεολογίας* より正しくは『神につい

ての隠れたる語り』）は、現代の印刷本で七頁ばかりのものではあるが、ディオニュシオスの思想の中核を集約して表現したものとみなされ、それゆえ他の三著作への導入、あるいはむしろそれらの最高の頂点および要約として位置づけられている[*7]。ディオニュシオスの著作全体には、内容的な齟齬があるのは事実であり、それらを思想そのものの矛盾や飛躍や緊張とみなすことは不可能ではない。その齟齬はとりわけ、神との合一をめぐる二つのあり方のあいだに見られる。すなわち、天上の位階と教会の位階を仲立ちとして、プロクロス的な諸知性と教会職の序列といった図式に従って進む「公然たる」神学と、『神秘神学』に見られるような、肯定と否定によって個々人が直接に上昇の道を辿る「秘密の」神学とのあいだの緊張である。しかしながら、この二つの側面は相互に属し合い絡み合っていると解釈するほうが、ディオニュシオスの意図には即しているものと思われる。それというのもディオニュシオスは、そのすべての著作が、ある有機的な全体をなすものとして理解されなければならないと主張しているからである（『神秘神学』三参照。以下章節のみを指示）。

『神秘神学』という標題は、今日の言葉遣いからすると、二通りの誤解を生みがちである。ディオニュシオスは、自らの思弁的思索を聖書の引用と教義を表す文章によって補強しており、それによって、キリスト教の啓示を解釈するという意図を強調している。そのためディオニュシオスは、たとえば「神秘なる言葉」（*τῶν μυστικῶν λογίων* 一・一）という語によって、たいていは聖書の言葉、つまり神自身の言葉のことを指しているのであり、人間が神について語る言葉を意味することは稀である。このような啓示としての性格は、『神秘神学』という標題のうちにも響いている。なぜなら、「神秘神学」は、精神が上昇し、人間のあらゆる能力と努力を超えたところにまで高まることによって（一・一）完成するものだからである。とはいうものの、「神学」という語は実際のところ、まずは神について語ることを意味する。しかもそれは、哲学的思索と区別されることはなく、プラトンとアリストテレスからプロクロスにいたる古代の伝統にならって、人間にとって可能な限り第一原理――あるいは最高の観照《テオリア》の対象――についてロゴスに即して語ることを指している。このような神学は、感覚とその対象から離れることができない人間にとっては隠れたものであり（一・二）、その意味で「神秘的」（μυστικός）である。しかしながらこれは、中世末期以来「神秘的」という語と結びつくことになった、非日常的な意識状態といった情動的な神秘体験とは関わりがない（「超脱《エクスタシス》」[ἔκστασις 一・一]という語が用いられているが、事情は変わらない）。むしろこの著作でのディオニュシオスの狙いは、新プラトン主義の存在論をおおまかな下図としながら、人間の精神による知解の最高の可能性をめぐって、理性的な述定の理論と認識形而上学とを樹立するところにあった。ディオニュシオスが古代の模範――たとえばプラトンの『ティマイオス』（27C, 28D, 90C）やプロクロス、さらにはオリゲネス（一八五頃―二五四年頃）――にならって、理論的な探求を祈りで始めている（一・一）ことも、そうした意図となんら矛盾するものではない。

「神」という語によって語られるものは、「一切を超える原因」（τὴν πάντων ὑπερκειμένην αἰτίαν 一・二）といった表現によって繰り返し言い換えられている。したがって、神の基本的理解は、信仰から借りてこられたものでもなければ、内的経験にもとづいて前提されたものでもなく、経験可能な有限的存在者の根拠づけにもとづく、神の理性的な認識可能性がその元になっている。とはいうもののディオニュシオスは、たとえば感覚的に与えられた事実に因果律を適用し、第一原因の実在を結論づけるような神の存在証明をまったく行っていない。ディオニュシオスの目的は、神に関する命題的な真理ではなく、あらゆる概念を超えて卓越した非知の中で、直視的認識を通じて第一原因と合致するということであった。このような合一にいたる道は、有限的存在者から取られた諸述語を神に適用するという仕方で進まざるをえない。そのような意味での「神の名称」は、神的なものが有限的存在者の領域の中で、世界に関係する人間の認識能力を通して、自らを言語的に主題化する道なのである。

　存在者は認識に対して、まずもって何らかの完全性——たとえば、生あるもの、善なるもの、美なるものなど——の大小に即して露わになる。なぜなら、完全性の段階の把握こそが、人間の認識と言語の根本的な主題だからである。そこで精神による認識は、存在者との関連において、ある肯定的内容ないし完全性を探求し、そうした内答に対する同意ないし措定、つまりは肯定として実現される。しかしながら、完全性に向かう精神の探索が不首尾に終わったとき、根本的には措定と肯定に向かうはずの精神的活動は、廃止ないしは否定というかたちを取る。精神による認識の二面性、すなわち対立するものに向かう能力——肯定と否定、措定と廃止、同意（κατάφασις）と棄却（ἀπόφασις　一・二参照）といった合理的な根源的遂行——は、肯定可能な内容ないし完全性の自己呈示、およびその欠如にもとづいているのである。

　こうして肯定と否定は存在論的に基礎づけられるのであり、単に任意の対象に関する論理的で同等の中立的選択項などではない。理性内の操作体系としての論理学の理念は、精神による認識が現実を根本的に完全性の段階として把握し、したがってその認識は根源的な肯定と否定にもとづくということを見落としてしまう。それゆえ精神の根源的遂行は、主観が外的対象に関係することに存するのではない。むしろ主観と客観、認識するものと認識されるものは、認識された内容の導きのもとで根源的に共属し合うのであり、精神の活動は、肯定と否定において、存在者の完全性にもとづいて存在者のうちに包括されるような存在論的運動を、存在者そのものに即して、その存在者とともに遂行するのである。存在者の本質をなす完全性の段階は、それが程度の差として区別される限り、その段階づけを可能にする無制約的で欠損のない完全性、あるいは善そのもの、すなわち「神的にして善なる本性」（ἡ θεία καὶ ἀγαθὴ φύσις 三）という根源的規範を指し示している。こうして、認識された内容は、その認識可能性を支え、無制約的な善という光と規範のもとで、その善の現れとして実現されるのである以上、いかなる肯定と否定も、認識を通じて存在者をその完全性において遂行するのであり、溢れ出る善としての第一原因を——それ自体として認識されることはないにしても——前提するのである。

神の名称は、有限的な存在者の完全性——たとえば存在、一性、生命——から出発して、第一原因をその完全性に即して主題化しようとするものである。ところで、有限的存在者の完全性が第一原因について肯定的に述定されるのは、原因そのものは、それによって根拠づけられたさまざまな完全性を、より高次の仕方でそれ自身のうちに先立って保持していなければならないからである。しかしながらそのような肯定的な述語は、第一原因そのものの存在様式を本来の仕方で再現することはできない。それというのも、第一原因の完全性は、それによって根拠づけられたすべてのものを無限に凌駕しているからである。したがって、有限的な完全性の肯定的述語は、厳密な意味ではただ、有限な諸完全性が神に由来することをのみ意味しているのであり、それゆえ神をこれらの完全性の根拠として示しているにすぎない。つまりそのような述語では、第一原因そのものをそれ自体において規定することはできないのである。それゆえ同一の内容は、それが有限な存在者のうちにあり、認識において遂行される限り、第一原因そのものに当てはまるものではないため、第一原因そのものに関しては否定されうるし、否定されなければならない。こうした否定は、確かに第一原因の完全性を肯定的に表現しているわけではないが、それが第一原理に対して有限的なあり方を一切認めず、むしろそれをただ拒絶するという点では、本来的な意味で第一原因にふさわしい。とはいうものの、そうした否定の否定性そのものは、第一原因のうちに拠りどころがあるわけではないので、あくまでも第一原因に対して外的なものにとどまっている。

否定ないし否定的述定は、神理解から有限的な内容を取り去り、すべての有限的表象から神自身を際立たせることを可能にする。[*8] それは、プラトン以来慣用となっている彫刻家のイメージで語られているように、「自然物の彫刻を造る人が、そこに隠れているもの〔形相〕の純粋な観想を覆い隠している障害物をすべて取り除くことによって、そのように除去するだけでその彫像〔質料〕のうちに隠れている美をそれ自身で輝き出させる」[*9] ようなものなのである。こうして否定性は、欠如（ταὰς στερήσεις 一・二）の表現としての普遍的な論理的機能を超えて、積極的な意味において超越的で、卓越した存在様式を——「単に……だけではなく」といった意味で——目指す働きを獲得する。なぜならその否定性は、まさに先行する原因がその卓越した偉大さゆえに有限的存在者と隔絶しているといった洞察にもとづいて、一切の有限的なものを原因から取り去るからである。こうした第一にして、その無限性において超越的な原因を考慮するなら、同一内容の肯定と否定はけっして矛盾せず、むしろそれぞれがそれ自身において自立し、有意味で自体的でありながら必然的に互いに要請し合い、補完し合うのである。神認識においてこのように肯定と否定とが共属するというのは、有限的存在者が原因によって根拠づけられているというあり方にもとづいており、それによって可能になっている。なぜなら、根拠づけられているという事態は類似を意味しており、それゆえに未分化の一性のうちにあるような一致と不一致を同時に意味しているからである。

精神による認識は、存在者の完全性の段階に即して方向づけられているため、肯定は完全性そのもののうちにその本質的な起源を有し、否定はその欠如そのものを起源とする。諸完全性を表す述語が神に適用された場合、神に対しては、低次の完全性よりも高次の完全性が帰せられる。それに応じて、諸完全性を表す述語は、より神にふさわしいより完全なところから出発し、徐々に肯定的な内容を減らしながら、より不完全なところへと降っていく。そのため諸完全性の述定は、第一原因から諸存在者へ向かい、存在論的秩序を構成する流出の運動に従っているのである。これに対して、より高次の完全性を表す述語に比べて、より低次の完全性を表す述語は、それだけ神に帰せられるにはふさわしくないということになる。したがって神に関して有限な完全性を否定する述語の順序は、純粋な善からかけ離れているところ、すなわちより不完全なところから始まって、否定性の段階を低めながら、神にふさわしくない度合いがより少ないところ、すなわちより高次の完全性へと向かって上昇していく。

このような上昇の過程に即して、否定の運動は、有限的存在者における存在論的な上昇過程を辿る。それというのも、有限的存在者は、第一原因への帰還において、第一原因との距離を自覚しつつも、第一原因と合致しようと願う希求の運動を遂行するからである。肯定的述語の順序が、より完全なところからより不完全なところへと降っていくのに応じて、深さが失われると同時に、完全性の減少と多様性の増加に従って、外延的な広がりを獲得し、それゆえに言葉も多くなっていく。それとは逆に、否定的述語の順序は、第一原因に関してはより強い意味で否定されねばならないため、内実が乏しいながら多様であるような内容が削ぎ落とされるにつれて、より高次でより単純な内容へといたり、言葉はかえって少なくなっていく。[*10]

(三)　肯定の道と否定の道

第一原因の完全性は有限的存在者においては十全に反映することがないため、必然的に有限的存在者から出発せざるをえない肯定と否定による限り、第一原因にそれ自体のありようにおいては到達することはできない。同じ完全性を肯定すると同時に否定するなら、それは形式的には矛盾に見えるにしても、肯定と否定という相反する運動は、第一原因に関してはそれ自体として有意味で不可避のものである。しかしこれもまた、第一原因そのものを把握することにはならないし、有限者の領域にとどまることに変わりはない。なぜなら、「存在する」ということは、認識との対応関係そのものによって規定される限り、神はいかなる意味でも存在者ではないからである。それゆえ精神は、第一原因を語ることにおいて、肯定（「肯定神学」）から始めて、否定（「否定神学」）（三）を介して、最終的に肯定的述語と否定的述語との連言的もしくは選言的結合を否定するところまで進んでいく。「それは存在しないものの一つでもなければ、存在するものの一つでもなく、……闇でも光でもなく、偽でも真でもない」[*11]。

第一原因に接近しようとする精神は、先行する規範的根拠に対しては、いかなる述語や述定可能性も不適切であることを洞察し、認識可能な存在者の内容すべてと、対象に関わる認識作用の一切を停止し、そうした自己放棄と世界放棄、すなわち「神秘神学」の「沈黙」（*σιγῆς* 一・一）と「無知の闇」（*τὸν γνόφον τῆς ἀγνωσίας* 一・三）を通じて、ただ認識にならない認識によってのみ直接に、第一原因それ自体へと向かうのである。真理・存在・善・美の概念といった、認識にとって純粋な完全性と思われる諸内容も、それらが複数存在し、その内容に関して互いに区別される以上、また不十分なものとみなされる。「可視的で思考可能なものにおいては、最も神的なものと最高のものでさえ、一切を卓越する者によって発せられた言葉の中では一種の仮の言葉にすぎないことを意味しているように思われる。その言葉によって、その最も聖なる場に立脚している、あらゆる概念把握を超えたその現存は、知性によって捉えられる最高点で示される」[*12]。

肯定の道と否定の道を通って、認識が超越へと上昇する過程を、ディオニュシオスはニュッサのグレゴリオス（三三五頃―三九四年）にならって三重の構造によって図式化し、シナイ山へのモーセの登攀に従って解説している。一切の不純なものと感覚的なものを取り除き浄化される第一の段階、つまり山の麓から始まり、山の中腹である精神的洞察の照明の第二段階が続くが、ここからさらに山頂の闇を目指して登攀がなされる。そこにおいて「彼はすべての知的認識をやめ、まったく触れえず見えないものの中に立ち入り、すべての彼方にあるものに属すのであり、誰のものにも、また自らにも他の者にも属さず、至高のもの、認識を完全に絶したものと一体となり、一切の認識の停止によって、彼は何ものをも認識しないことによって超精神的に認識を得るのである」[*13]。

ついでディオニュシオスは、超越に向かう上昇において超えていかなければならない二つの実質的な段階を区別している。すなわち、空間・時間的規定、変化や複合（四）をともなった感覚的諸事物と、数や関係規定、ないしは生・存在・永遠といった諸完全性のみならず、一性・神性・善性といった——「われわれがそれを知っているように」（*ὡς ἡμᾶς εἰδέναι* 五）——精神的に思考可能なものとの区別である。感覚的領域に関しては、『象徴神学』において述べられているとされるが、これは彼自身がそう語っているだけで、確証はない。これに対して、精神的・知的領域については、彼自身の包括的な著作『神名論』が当てられている。また、「空気や石」（三）といった感覚的存在、あるいは「悲しみと怒り」（三）といった感情の動きは、精神的諸完全性よりは劣るにしても、象徴的な述語としては神に帰することが可能であるとされる。そこで、感覚的なものを観察する者は、これらの感覚的なものを通して思考へと高められ、それとともに、「存在者」（*ὄν*）、「命と知恵と力」（*ζωὴ καὶ σοφία καὶ δύναμις* 三）というような神的な名称——神というその積極的な実質に従い、神について肯定されるとともに否定され、さらにいっそう否定される名称――へと向かっていく。あらゆる述定が限定的であることを洞察することによって、ここで再び否定が否定され、把握を絶したものの卓越的な現前に直面して、人間の一切の見解が自らを廃棄する。「それについては、いかなる言葉も、いかなる名称も、いかなる知識も存在しない。……なぜなら、一切のものの十全にして単一の原因は、およそいかなる肯定を超えており、すべてから解き放たれたもの、すべての存在者の彼方にあるものの卓越性は、一切の否定を超えているからである」[*14]。それゆえに、神に関して認識されるのは、神から産出された諸完全性、そしてそれらが有限的存在者において感覚と知性を通して認識されるそのかたちのみである。しかしながら神の本質そのものは、このような産出ないし光り輝くエネルギーに先立ち、未知のままにとどまる。まさにこうした神の認識不可能性、あるいは自らの無知に対する洞察を通じて、精神は自由になり、認識を凌駕するこの闇において神と合一しうるのである。

(四) ディオニュシオス思想の受容

ディオニュシオスの『神秘神学』は、東方ギリシア世界では、すでに六世紀に、スキュトポリスのヨアンネス（五三六頃―五五〇年頃活動）によって註解が書かれ、それ以降、この註解書とともに伝承された。ついで、否定による述定というディオニュシオスの理論は、ダマスコスのヨアンネス（六五〇頃―七五〇年頃）によって活用されている。ディオニュシオスの著作は俗語に翻訳され、まずはビザンツにおいて、のちにロシアで盛んに読まれはしたものの、その思想はさほど発展させられることもなく、特に目立った影響を与えることはなかった。ラテン西方世界では、[*15] ディオニュシオスの著作は九世紀以降、サン＝ドニ修道院の院長ヒルドゥイヌスによるラテン語訳の試み（八三二年頃）が大きな反響を見出すことがなかったのに対して、そののちヨハネス・エリウゲナ（八〇一／二五頃―八七七年以降）によって翻訳され、積極的に受容された。十二世紀パリのサン＝ヴィクトル修道院において、サン＝ヴィクトルのフーゴー（一〇九六頃―一一四一年）とトマス・ガルス（一二四六年歿）以来、きわめて豊かな註解が着手され、これが十三世紀から十五世紀にいたるまで、神認識の理論と神秘思想とを強く規定し、さらにはサン＝ドニのシュジェ（一〇八一頃―一一五一年）においては、光の神学を通じてゴシック建築の美学にまでも影響を与えることになった。ディオニュシオスの『神秘神学』では、精神の活動そのものを超える超出と神との合一はより高次の認識とみなされたが、サン＝ヴィクトル学派の思想家たちは、クレルヴォーのベルナルドゥス（一〇九〇―一一五三年）の精神に従い、そうした合一を「雅歌」の愛の神秘思想に引きつけて、認識に対する愛の優位にもとづいて解釈している。このサン＝ヴィクトル学派の思想家たちと同様に、ボナヴェントゥラ（一二一七／二一―七四年）は、神認識における否定の段階を情感的な愛と解釈し、さらに一歩進めて、ディオニュシオスの「闇」をキリストの磔刑、およびそれに続く神における復活と結びつけて考えている。こうして、ディオニュシオスにおいてはごく簡単に触れられただけの愛の優位性、およびキリストの中心的位置づけは、アウグスティヌス的・フランシスコ会的霊性の基本的思想でもあったため、善の形而上学の基盤のうえで、ディオニュシオス解釈の中へと導入されることになったのである。しかし、ディオニュシオスの全著作に註解を著したアルベルトゥス・マグヌス（一一九三／一二〇〇―八〇年）は、トマス・アクィナスと同様に、このような二重の補完を行うことを断念し、厳密にディオニュシオスの知性論的な問題設定を保持した。この点でのちにマイスター・エックハルト（一二六〇頃―一三二八年）もアルベルトゥスに従うことになる。神秘思想の本質をめぐる十五世紀の神学論争にあって、中庸を旨とするジャン・ジェルソン（一三六三―一四二九年）の思想は、神秘神学を「観想」の段階に位置づけはするものの、やはりサン＝ヴィクトル学派的な情感の神秘思想の系列に属するが、これに対してクザーヌスは、無知を通しての神との合一の場をあくまでも知性のうちに求めている。

二　トマス・アクィナスと類比の思想

(一)　神についての述定の諸説の検討

自らの師アルベルトゥスや、そしてまたロバート・グロステスト（一一七〇頃―一二五三年）と同様に、トマス・アクィナスにおいても、アリストテレス受容とディオニュシオス解釈は、相互に緊張を保ったまま並列している。ディオニュシオスの著作のうち、トマスが註解を著したのはただ『神名論』に関してのみであるが、これは詳細な註解であり（一二六八年頃完成）、対象となる著作に即して共感をもって解釈が進められている。[*16] しかしトマスは、神秘的な無知を強調するディオニュシオスの姿勢から一定の距離を取ろうとしており、そのことは、ボナヴェントゥラと異なり、トマスが「知ある無知」（docta ignorantia）や「神秘神学」という語を（『神秘神学』という書名以外では）どこにも用いていないというところからも窺い知ることができる。神認識をめぐるディオニュシオスの理論との体系的な対話は、『神学大全』第一部第一三問「神の名称について」（一二六七／六八年頃）の中で、その箇所に先立って展開された神証明に対する言語論的・認識形而上学的反省という仕方で行われていた。この第一三問でトマスはディオニュシオスの理論を批判的に弁別しながら訂正していくのだが、その際にディオニュシオスの名を論敵として名指すようなことはしていない。この点で、使徒の弟子とされていたディオニュシオスに対して、トマスは格別の敬意を払っているようだが、それでもやはり、この第一三問の始めに挙げられる批判的に解明すべき反対意見のうちで、九回ディオニュシオスを引き合いに出している。この場合トマスがディオニュシオスの思想のうちから取り上げているのは、神の本質は認識不可能であるとする思想、否定的言表の優越の主張、肯定的言表の意味の理論、第一原理の名称としての善の優位といった考え、つまり『神秘神学』において展開された形而上学・言語論・認識論の全体である。『神名論註解』は、ディオニュシオスの思想を掘り下げて解釈したものと思えるのに対して、『神学大全』第一部第一三問は、ディオニュシオスの思想に逆らう試みと思われる。すなわち『神学大全』での議論は、人間の知性に対する神の超越と優越を認めながらも、流出と還帰、否定の優越、善という名称の優位などの理論を取り入れることなく、存在と分有の形而上学によって、神に関する積極的な認識と肯定的な言表を根拠づけようとするものなのである。

ディオニュシオスと同じく、トマスが主張するところによれば、人間は感覚的認識から出発することによってのみ、神を第一原因として把握する。なるほど啓示によって「人間の認識は助けられる」[*17]が、それは、客観の側に「多くの優れた結果」[*18]が前もって与えられ、主観の側で「知性の自然の光が恩寵の光の注賜によって強められ」[*19]、したがって「より完全な認識」[*20]が達成されている場合に限られるが、それでもその場合、感覚的認識による束縛は解消されてはいない。すなわち神は、感覚的認識にもとづいて、ただ感覚的に与えられた存在者の原因として認識されるにとどまるのであり、第一原因としての神の認識は、ただ神の存在と「すべてのものの第一原因として神に帰せられなければならないもの」[*21]にしか及ばないのである。

そこで問題となるのは、そうした認識から、どのような仕方で神そのものに関する絶対的な肯定的言明が獲得されるのかという点である。そのような肯定的言明は否定的言明と関係的言明から区別される。否定的言明とは、神そのものにいかなる実質的内容をも想定せず[*22]、ただ有限的内容を否定する言明（たとえば「物質的でない」）であり、また関係的言明とは、有限的存在者に対する神の原因性（たとえば「創造者」）を内容とし、神の本質そのものについてそれ自体としては何も語らない言明である。トマスは、肯定的言明をこのように否定的言明に解消し、欠如的な反対規定の否定へと還元すること――たとえば、ユダヤ人哲学者モーセス・マイモニデス（一一三五―一二〇四年）が彼の否定神学において提案するような、「神は生きている」を「神は生をもたないものではない」と理解する試み――を拒絶している。また同様にトマスは、その見解の代表者を名指してはいないが、肯定的言明を関係的言明へと還元すること――つまり、「神は善い」を「神は」事物における「善性の原因である」[*23]と理解する試み――をも否定している。しかし実際のところ、この見解は、ディオニュシオス自身の説明と一致するものであった。この二つの説明は、肯定的に主張される内容を有限的領域に限定するという点では共通している。しかしトマスが詳説するところによれば、両方の解釈はいずれも、三つの理由から説明になっていない。

まず第一にこれらの説明では、どの述語に関してもそれに対応する欠如的な反対が存在するし、さらに神は一切の有限的内容の起源でもある。それにもかかわらず、神に関して語られるのは、なぜ任意のあらゆる肯定的述語――たとえば「身体」――ではなく、ただ特定の完全性のみであるかという点が説明されない。このような反対理由から、肯定的な理性的述語のうちでは、有限者に制限されるものと無限者に適応可能なものとを区別する必要が生じるが、ディオニュシオスにはそうした区別が欠けているというのである。

第二に、それらの説明によれば、神の理解はそのあらゆる点において、有限者に対する理解に対して「派生的」（per posterius あとからのもの）となり、その結果、有限者に対する神の卓越した存在の充実と存在論的優越性は考えられえないし、言表されえないことになってしまう。それゆえに、有限者に「先立って」（per prius）神に帰せられ、それ自体として有限的存在者にもとづいて認識されうるような述語が問われるべきである。

最後に第三として、それらの説明は、その言葉を使う意図に即しておらず、神についての述定の狙いを捉え損なっている。なぜなら、たとえば神について「生きている」といった形容は、「神は有限的命の根源である」、あるいは「命をもたない物体とは異なる」というのとは別のことを意味しているからである。[*24] したがって神の本質それ自体を表し、[*25] しかも「実体的」[*26] かつ「本質的に」[27]意味する肯定的述語を言語論的・認識形而上学的に確証することこそ、ここでトマスによって展開される神認識の理論が目指すところなのである。その際、比喩的表現は、その内容そのもの――たとえば「獅子」や「岩」――が有限性を含み、それゆえに神には本来の意味では当てはまらないため、考察の対象外となる。[28]

(二)　原因たる神とその表現

神は原因として認識される限り、その認識の中で三重の契機を区別することができる。すなわち、神が原因である限りでの、有限者と無限者の積極的な関係、また神によって根拠づけられたものと神とは質的に区別されるという意味での否定的な規定、さらに、区別ないし否定を神の卓越性と優越性という意味で理解する規定である。「われわれは彼〔神〕に関して、それが万物の原因であるという点で、彼と被造物との関係を、また神は神によって原因されたもののうちの何ものかではないという点で、被造物と神自身との区別を、さらにそれが彼の欠如によってではなく、卓越しているがゆえに別のものであるということを認識する」[29]。積極的な根拠づけの関係、否定的な差異、そして卓越的な超越という三種の契機の系列は、トマスにおいては、たとえば「根源との関係に従って、卓越と除去の様態によって」[30]、または「卓出と原因性と否定の様態によって」[31]など、さまざまに言い換えられるが、その真意は常に変わることがない。トマスはこうした三要素の組み合わせをディオニュシオス自身に由来するものとしているが、正確に見るなら、ディオニュシオスは確かに『神秘神学』の中で、神への上昇過程を「浄化・照明・合一」という三段階で述べてはいるものの、神の述定に関して、ただ肯定と否定の二つの契機を、対立するが相互に帰属し合う二つの道として認めているのみである。トマスはこれらを、唯一の道の諸段階として理解しようとしている。

除去ないし否定についてのディオニュシオスの理解を、トマスが二つの要素に分割し、つまり単なる否定と、計り知れないものへの超克である卓越とに区別した際、些細に見えるこの区別は、形而上学的思考の上でのより深い相違を指し示している。ディオニュシオスにとって肯定と否定は、その存在論的・超越論的な意味の起源にもとづいて、彼方の根源による、またその根源へと向かう運動として、精神の運動の枠内で展開される。超越への関わりは、ディオニュシオスにおいては肯定・否定と並ぶ精神の単独の活動ではなく、第一原因との関係における否定、ないし有限者の自己超越という帰還運動そのものなのである。これに対してトマスは、有限的存在者をその本質内容に関して対象的・存在論的に考察するところから出発する。この場合、有限的存在者の形相ないし完全性は、それ自体において、その固有の内容に即して、その原因への依存性、つまり「彼〔神〕の他のものへの関係、あるいはむしろ他のものの彼〔神〕への関係」[*32]を露わにする。有限的存在者がいかにその原因と関わり、その根源を露わにするかという、より立ち入った規定のうちに、トマスの神名論の独自性と、ディオニュシオスの理解との根本的な相違（「別様に言わなければならない」[*33]）が明らかになるだろう。

まず神の名称は、直接には有限的存在者に固有な存在様式と、その原因への依存性に還元されるものではなく、「われわれの知性が彼を認識する限り、神」[*34]を意味する。なぜなら「名称は、名指した事柄を、知性の認識を介して指し示す」[*35]からである。それらの名称は、精神のうちでのみ明らかになる有限的存在者の存在論的構造を遡って、その根源へと関係する。「ところでわれわれの知性は、それら〔諸完全性〕が被造物にある仕方に応じて、それらを把握する。そして把握する仕方に応じて、名称によって指示する」[*36]。

ところで、神の名称の三要素――肯定、否定、無限者への超出――は、「表現」(repraesentatio)ないし「類似」(similitudo)の概念において根源的に共属し合っている。すなわち有限的存在者は、認識されたものとして、第一原因ないし神の認識へと導く限り、それは必然的に神の完全性の「表出」ないし「表現」[*37]であるが、それゆえに有限的存在者は、それ固有の完全性において、原因に類似したものとして認識されているはずである。「ところでわれわれの知性は、神を被造物から認識するとき、被造物が神を表現する仕方のままに認識するのである。……なぜなら、いかなる被造物も、それがいくらかの完全性をもつ限りで、神を表現し、神に類似したものだからである」[*38]。したがって知性は、それが有限的存在者をその固有性において把握するときには、それを始めから「表現」ないし「類似」(「それらは類似によっていくらかの神的なものを分有する」[*39])として認識していることになる。なぜなら、第一にして普遍的な原因は、その多様な有限的な結果において、必然的に「自らの類似」[*40]を創造するからである。このような類似は、被造物の完全性と神の完全性を比較して外部から確定されるものではなく、被造物としての有限的存在者の根源的で内的な存在様式として把握される。というのも、認識する者に対して現前するのは、そのつどの有限的存在者のみだからである。類似したものはそれ自体として、自らの根源――すなわち自らに先行し、その完全性において自らを凌駕するもの、また類似したもの（有限的存在者）に帰せられる同一の完全性をより高次の仕方で有するもの——へと関係する。有限的存在者は、こうした仕方でのみ、他なるものを自らに固有の根源として示し、それとの関係において自らをその根源に類似したものとして構成することができる。これによって有限者は、自身が自らの根源と原型に対して二次的で派生的なもの、すなわち根拠づけられたものであることを、自らの類似性にもとづいて明らかにするのである。その際、第一にして普遍的な原因そのものの作用因性のうちには、類似の可能根拠として範型因性が含まれている。

原因づけられたものと原因そのものとのあいだの類似関係において、有限者は自らとは区別されるもの、すなわち自らの根源として自らに先行しているものへと帰還し、それに応じて、有限者から出発してこの他なるものを表す「表現」を通じて、この有限者は自らを他なるものの根拠として示すのではなく、他なるものこそを自らの根拠として示す。それというのも、有限者は自らに固有の存在内容、ないしは自らに固有の完全性を、完全性それ自体の有限で限定された欠如的様態として露わにし、それゆえに、それ自体において存立する完全性の形態を、他を必要としないままそれ自体のうちで自らに先行するものとして不可避的に前提することになるからである。限定は、自らに先行する無限定なるものとの対比によって、はじめてそのものとして特徴づけられる。そのため、有限的存在者に固有の完全性が、派生的なものとして表現され、原因の完全性の積極的な呈示がなされる際には、それと同時に表現の限定性と不完全性が示され、卓越した超越である根拠が隠蔽されることも示唆される。なぜなら、有限者は自らに内在する完全性を単に有限的・派生的なものとして示すだけでなく、純粋な完全性の有限な似像として自ら自身とともにその完全性それ自体を示すことになるが、この先行する純粋な完全性は、有限者の限定された形相がそれ固有の完全性によって完全性それ自体を開示する程度に応じてのみ示されるからである。

有限的存在者はその限定された完全性、つまりその完全性の程度に応じて、根拠の完全性との「比例」[*41]を自らのうちに有し、そのためにこの完全性は、比例に応じて、すなわち無限者に対する有限者の緊張関係にもとづいて「類比的に」把握される。「このようにして、名称は神と被造物について類比（analogia）に従って、すなわち比例に従って語られる」[*42]。それゆえ、神のさまざまな名称の根底には、第一原因のもつ――その先行性においては到達しえない――完全性の充実に対する、有限者にとって構成的な関係が働いている。「神と被造物に関して語られることは何であれ、それが神――したがって原理にして原因であり、そこにおいて事物のすべての完全性が卓越的に先在するところ――に対する被造物の関係が存することに従って語られる」[*43]。

(三) 完全性と神の名称

第一にして普遍的な根拠についての有限的存在者による表現には、有限的存在者は、その完全性が限定されているがゆえに、先行するより高次の純粋な完全性へと向けて自己自身を本質的に相対化し、それゆえに自らの根源である純粋な完全性から自身を事後的に共に構成するということが含まれている。したがって純粋な完全性の原因としての存在論的な先行性[*44]は、すでに第一根拠の卓越性と内容的優越性、および一切の有限者とその依存性とを「超える」ことを意味している。「神は自身のうちに被造物のすべての完全性を、あたかも端的にかつ普遍的に完全であるもののようにあらかじめ有している。それゆえいかなる被造物も、……結果があのものの形相に対して弱まり、しかしその何らかの類似を得ている卓越した原理のようなものとして、神を表現しているのである」[*45]。

こうした実在的な類似関係――「被造物は実在的に、神自身に関連する」[*46]――は、有限的存在者の「表現」としての内的本質をなすため、有限者そのものの形相ないし完全性に関して、表出されてはいるがそれ自体として有限者に限定されない完全性それ自体の純粋な形態[*47]と、この有限者におけるその実現の様式（「被造物が神的完全性を分有する不完全な様態」[*48]）のあいだには明らかに相違が存在する。完全性の有限な実現の様式が、完全性の概念のうちに含まれ、共に言表されているかどうかという点に応じて、ある概念（たとえば「石」あるいは「物質的力」）は、有限的領域に制限され、せいぜいのところ比喩的・転義的に神に当てはめられるだけであるのに対して、ある概念（たとえば「存在者」「善」「命あるもの」）は神そのものに帰せられることになる[*49]。それゆえ、純粋な完全性に対する洞察は、有限的存在者の認識ののちに、有限性と無限性に関して中立的な完全性概念を有限的存在者から際立たせる概念的抽象によって獲得されたものではなく、有限的存在者に対する認識そのもののうちにすでに含まれているのである。なぜなら有限的存在者は、純粋な完全性――それにもとづいて有限的存在者自身が存在し、そのものとして可能になっているところ――に対する洞見を、それ自体の限定された完全性のうちに開示しているからである。有限者は根本的に、根拠の分有、および根拠自身の他なるもの（有限者）におけるその現存として自らを示すため、人間の認識は、有限者から出発してその第一の根拠へと遡行することができる。そのため、神認識の推論的な道としての因果性は、ディオニュシオスの神概念においてもまた「第一原因」というかたちで前提となっているが、その因果性は、ただ有限者の本質にとって構成的な分有構造に即してのみ明らかとなるのである。「何ものかが、分有という仕方で何ものかのうちに見出される場合、それはかならず、それ自身において、本質的に適合しているものによって原因づけられているのでなければならない」[*50]。こうして純粋な完全性は、第一にそして本質的に根拠に帰せられるのであり、まさに根拠と同一なのである。なぜなら根拠は、それ自体が再びこの完全性を分有するということがなく、何の制限もなくその完全性を有している以上、それ自体において自存するこの完全性そのもの（たとえば、それ自体で自存する命、存在、善）である以外はありえないからである。

それ自体において自存するものとして、この完全性は実在する有限的存在者からの因果性による推論によって確証されるにしても、その完全性は、神の名称の内実をなしうる純粋な完全性として、すでに有限的存在者において、すなわちそこに現存しながら無限に先行する、有限者の完全性の根拠として、この有限的存在者の完全性というかたちで精神によって観取されている。それというのも、精神によって認識されるのは根源的には、――ディオニュシオスの場合がそうであるように[*51]――依存関係、ないしそれ自体は認識されない本質的に純粋な完全性からの有限的な完全性の流出などではなく、たとえ不完全な仕方ではあっても[*52]、無制約的で純粋な完全性そのものなのである。「〔われわれの知性は、神に帰する〕名称を、その発出そのものを表示するように設定するのではない。たとえば、〈神は生きている〉と言われるとき、その意味は、〈生命は神から発する〉ということではない。それは、事物の根源そのものを表示するためである。それは生命が、もとより知解されたり表示される仕方よりは卓越したかたちではあるが、神において先在している限りのことである」[*53]。こうして、神の名称において意味される完全性は、その最初の担い手である有限者から神へと転義されたものではなく、根源的かつ本来的に、被造物に先立って第一の根源に属するものとして認識されるものである。「このようなあり方の名称が表示するものに関する限りは、固有の仕方で神に適合するものであり、被造物そのものよりも固有の仕方で神にこそ適合しており、神についてより先行するかたちで語られる」[*54]。

第一の根源の純粋で単純な完全性は、ただ有限者から出発して、有限者の完全性の存在論的な次元の高さと透徹性の度合いに応じて認識されうるため、そこでは同時に、「そのものの本質が、われわれが神に関して知解すること、および神の名称によって意味表示するところを超えている」[*55]ことが洞察される。なぜなら「理性は、それが何であるかを知るほどにまで、単純な形相へと突き進むことはできない」[*56]のであり、つまりはその本質をその固有性において把握することはできないからである。人間の精神が神秘神学において「完全に」(*παντελῶς*; penitus, omnino)[*57]未知なるものとしての神に合致するとみなすディオニュシオスの不可知論はここで、認識の不可能性を、完全に適切な本質認識の不可能性へと制限することによって、「いわば知られていないものとの結合」[*58]である類比的認識の主張へと緩和される。こうした解釈によってトマスは、神の認識は確かに有限的存在者から出発する点では、ディオニュシオスと歩みを共にしながら、こうした認識の出発点ないし範例は、その出発点そのものを超出する本質的内容へと知性を導くことができるという理解を提示するのである。「名称による表示に関して、表示のために名称がそれにもとづいて設定されているものと、それを表示するために名称が設定されているものは別物である」[*59]。しかしながら、有限者における出発点は、そのものに内容的に依存しない洞察、たとえば生得観念の想起のきっかけとなるだけでなく、そこに洞察された内容の根源的根拠である。そのことは、神に帰せられる純粋で無制約な完全性は、精神にとってはただ有限的な仕方で、すなわちそれが感覚的存在者において現象する仕方に応じて主題化されるというかたちで、神の名称において示されている。「名称の設定に関する限り、〔名称は〕われわれが先立って認識するもろもろの被造物に対して、より先なる仕方でわれわれによって設定される。それゆえに、〔名称は〕被造物に適合する表示様態を有する」[*60]。

(四)　表示内容と表示様態の区別

神の名称における認識と表示の内容の有限的なあり方は、精神によってその意味された内容そのものから明確に区別される。つまりそれらの有限的なあり方は、主観の側から制限されているがゆえに、それによって意味される完全性にとっては非本質的なものとして、そのものの理解から切り離されるのである。「したがってわれわれが神に帰する名称においては、二つのものが考えられる。すなわち、表示されている完全性そのもの、たとえば善、命、それに類するもの、そして表示様態である。したがって、このようなあり方の名称が表示するものに関しては、神にこそ固有の仕方で適合する。……これに対して、表示様態に関する限り、それらは神に対して固有の仕方で語られているわけではない。それというのも〔それらの名称は〕、被造物に適合する表示様態を有するからである」[*61]。したがって神の名称は、「物体的な状態を、名称の意味そのものにおいてではなく、それが意味する仕方に関して」[*62]包摂する。ここで「意味する仕方」と言われるのは、単に文法的な形式のことではなく[*63]、認識の有限的な出発点に依存している限りは、たとえば純粋な完全性相互の概念的な区別のようなものをも指している。なぜなら、純粋な諸完全性は、複数的であるにもかかわらず、その同一性において同一の第一根拠に属しているものとして認識されるからである。「われわれの知性の多種多様な観念には、こうした観念に従って不完全な仕方で知解されるあらゆる意味において単純な一なるものが対応している」[*64]。こうして「そのすべての概念には、一にして同一の単純なるものが対応することを〔知性は〕認識している」[*65]。

思考と表示の有限的なあり方と名指された内容との区別は、精神による真理認識にとって本質的な「完全な帰還」[*66]――すなわち自らの活動、自らに固有の認識能力の本質、そして第一の所与である感覚的対象による制約への帰還――にもとづいて、精神によって可能となり、精神のすべての認識において自発的に遂行される。「われわれは被造物から始めて神の認識に到達し、そのものから始めて神を名づける以上、われわれが神に帰するもろもろの名称に関しても、その表示様態は、その認識がわれわれと本性を共にする質料的な被造物に適合するところに対応したものである」[*67]。トマスの解釈によれば、意味された内容と表示の仕方についてのこうした区別は、ディオニュシオスにおいてはなされていないため、ディオニュシオスは、肯定的な述語を神について否定し、超越そのもの（「超……」）の表現をもってその代わりとしている。しかしそこではやはり、表示のあり方だけが否定されるべきであり、表示された内容までが否定されるべきだとは言えない。「ディオニュシオスが、このようなもろもろの名称は神に対しては否定されると語っている。それというのも、名称によって表示されるものが、その名称が表示している様態においてではなく、それを超えてさらに卓越した様態において神に適合するからである。したがって、同じ箇所〔『天上位階論』第二章〕でディオニュシオスは、神が〈あらゆる実体と命を超える〉と語っているのである[※68]」。

こうしてトマスにとっては、否定は――ディオニュシオスの場合とは異なり――有限者の内容全体を第一根拠から区別し際立たせることに第一義的に関わるのではなく、存在・思考・表示の有限的な仕方を純粋な完全性から分離し、このようにしてはじめて神からも切り離す役割を果たすため、すでに言及したように、有限者における完全性を根拠づけられたものとして肯定しながら、その有限的様態を否定しなければならないし、さらには、純粋な完全性を第一根拠の存在様式として認識可能にする卓越が第三の活動要素として必要となる。そこで、言葉としては同じ完全性の内実は、認識に対して与えられる有限的存在者そのものに関する述定においては、その完全性をその有限的で正確に規定された実現の仕方とともに表示するのであり、そのため一義的に使用される。しかしその完全性の内実は、有限的なものとしてのそのあり方を否定し卓越することによって、第一根拠へと関連づけられるところから、本質的には同一の、しかし類比によって深められた完全性を、人間の精神によってはそれ以上詳細には規定しえないその根源的な存在様式において意味するのである。「〈知恵ある〉という名称が人間に関して語られる場合、表示されているものにある仕方で境界を画し、それを把握することになる。これに対して、神について語られる場合はそうではなく、表示されているものを、把握されないがままに、そして名称による表示を超えるがままに残すのである」[*69]。こうして人間の精神は、有限的存在者の認識された内容から、その核および基盤として、純粋な完全性を露わにする。その純粋な完全性は、その根源的で無制約的な意味と本質において、本来的かつ実体的、また第一義的・先行的な仕方で第一根拠に帰せられるのである。

このような単純で純粋な完全性の内容は、ただ単に存在論的・認識形而上学的な意味で、有限的存在者とその認識の基盤となるだけではなく、意味内容として、同一の完全性のおのおのの特殊化された概念——すなわち、有限的存在者自体において現実化される、完全性の有限的な実現を表現する概念——の中に構成的な仕方で含まれる。これらの有限的で特殊化されたものの完全性はそれゆえ、純粋な完全性そのものの概念に対して類比関係にあるのである。「いくつかのものについて類比的に語られるすべての名称に関しては、すべてが一なるところへの関係において語られるのでなければならない。この一つのものが、すべての定義のうちに措定されなければならない。……こうした名称は、他のものの定義のうちに措定されるものについてはより先なる仕方で語られ、その他のものについては、この最初のものに、より多くあるいはより少なく近づく序列に従って、後なる仕方において語られるのでなければならない」[*70]。したがって認識は、それ自体として、すなわち存在論的に二次的なもの、つまりわれわれにとって先なるものとしての有限的存在者から始まり、ただそこからのみ開かれるにしても、根本的には、存在論的・因果論的に第一のものは、人間による認識と命名においても、第一に思念されるものである。認識はその第一のものから出発し、有限者へ向けて下降しながら、認識形而上学的かつ論理的・意味論的秩序と存在論的・因果論的秩序とが並行するかたちで実現される。「〔それらの名称は〕神に関しては、被造物に関してより先なる仕方で語られる。それというのも、このような完全性は神から被造物に流れ入るからである」[*71]。存在者をその規定された本質に関して把握する有限的完全性の命名は、根源的な無限の完全性に対する洞察の深淵――すなわち、類比によって開かれはするが、完全には見通すことができず、十分に反省したり規定することのできない深み――のうちに根拠づけられているのである。「述定において、すべての一義的なものは根源的な一へ還元されるが、それは一義的な一ではなく、類比的な一である」[*72]。

さまざまな有限的諸完全性から獲得された神の多様な名称は、同一の第一根拠に対して、その単純な完全性において関係する。「これらのすべて〔名称のこれらの概念〕には、すべての名称によって多様で不完全な仕方で表現される、単純な一なるものが対応する」[*73]。こうして第一根拠は、トマスがこれまでの考察で示したように、ディオニュシオスの場合とは異なり、ただ超越のうちに隠された認識不可能な無底ということではなく[*74]、有限者を通してただ類比的で不完全な仕方ではあっても、本来的にかつ「本質的に」認識される。「こうした名称は神に対してただ因果論的に語られるだけでなく、本質的に語られる」[*75]。それゆえ同時に、神学のうちに見られるように[*76]、神に対して肯定的な陳述を行うことも可能になる。[*77] そのような陳述が「不適切」であるのは、その内容に関してではなく、その「表示様態に従って[*78]」のことなのである。

(五) 神の第一の名称

第一原因がそれ自体として露わとなるなら、それはどのような完全性のもとで根源的かつ第一に認識されるのかという点が問題になる。形而上学的思考の全体構造にとって決定的なこの問いに関しても、論駁すべき議論としてディオニュシオスの主張に対決しなければならないことを、トマスは自覚していた。「ディオニュシオスは『神名論』第三章において、〈善という呼び名こそは、神のあらゆる発出を開示するに足るものである〉と述べている。ただもろもろの事物の普遍的な根源であるということこそ、神に最も適合するものである。それゆえにこの〈善〉という名称こそ、神に最もふさわしい[*79]」。これに対してトマスはまず、「善い」という名称は、ディオニュシオスにおいてそうであるように、神をただ「被造物の善性の原因[*80]」として意味するのではないという点を指摘する。なぜならば、この前提では、「神について語られた〈善〉という名称は、その概念のうちに被造物の善性を含むことになってしまうからである[*81]」。それゆえ「善い」という名称は、実際のところ、神そのものの内的な存在様式としての善性を意味している。「〈神が善い〉と言う場合、その意味は〈神が善性の原因である〉ということではなく、……〈われわれが被造物における善性と言うところのものが、神のうちに先在している〉、しかもより高い仕方で先在しているという意味である。そこから、……むしろ逆に、〔神は〕善であるがゆえに、事物に対して善性を注ぐということが帰結する」[82]。さらに――これは決定的なことだが――「善」というのは、人間のすべての理解の基盤となり、神認識が第一義的に可能になる場なのではなく、むしろ「存在する」ことこそが人間の認識の基盤なのである。「述定において、一切の……ものは、一なる第一のもの……、すなわち、それが存在するものであるというところに還元される」[83]。「善」という概念は、それが原因をその善性にもとづいて根拠づけている限りは、すべての根拠づけの根源を意味してはいるものの、またそのことによってこそ、その概念のうちに前提されている根源それ自体の存在を遡及的に指示している。「〈善〉という名称は、原因である限りにおいての神に関しては、その根源的な名称ではあるが、端的な意味ではそうではない。なぜなら、絶対的な意味での存在こそが、原因に先立って理解されるものだからである」[84]。

「存在」(esse)がすべての認識と名称付与の基盤である以上、「〈あるところの者〉というこの名称が……最もふさわしい神の名称である」[85]。なぜなら、聖書に記される神のこの名称(出エジプト記三・一四)は、単に「何らかの形相を表示しているのではなく、存在そのものを表示している」[86]からであり、しかも、存在そのものの根源的な開示性を曇らせ歪めるようなそれ以上の規定をなんら含んでいないからである。「〔われわれの知性は、〕神について知解することに関してどのような仕方で規定しようとも、神がそれ自体においてあるあり方には及ばない。そこで、ある名称は、その規定が少なければ少ないほど、また一般的で無条件的であればあるほど、われわれによって神は適切に表されることになる」[87]。したがって、「あるところの者」という神の名称は、第一義的には存在そのものを、人間の側からは損なわれていない現存において、その第一根拠における現実そのものの根源的規定として語っているのである。しかもここで「存在（ある）」が動詞として、しかも現在形で語られている限り、それは同時に副次的には、神の存在のあり方としての無制限の現在に言及していることになる。「それ〔あるところの者〕は、現在における存在を意味している。そしてこのことは、神に関して最も固有の仕方で語られる。神の存在は過去や未来を知らないのである」[※88]。しかし、この名称においても、神はその本質に関して観取されることはなく、それ自体としてではあるが、被造物の側から名指されている。なぜなら、被造物において分有された諸完全性のなかでは、「存在そのものが第一のもの」[※89]だからである。

このように詳細に展開された究明においてトマスは、隠れた根源である善を何よりも否定神学的に考察するディオニュシオスを意図的に修正し、その代わりに、積極的な神認識を語る肯定神学を対置する。それは、人間の精神に対する存在の根源的な開示性と分有の形而上学のうちにその根拠を有する。そしてこの分有の形而上学とは、完全性としての形相および因果性というアリストテレス的な概念と、第一原理への本質の類似というプラトン的理解とを結び合わせたものなのである。

三　ニコラウス・クザーヌスにおける「知ある無知」と弁証法的思惟

(一)　クザーヌスとディオニュシオス

盛期スコラ学の神学者たちによるディオニュシオス註解――つまりロバート・グロステスト

（一二三五—四四年）、トマス・ガルスによる註解（一二四一—四四年）、ペトルス・ヒスパヌス（一二〇五以前—七七年、教皇ヨハネス二十一世在位一二七六—歿年）によるもの（一二四六—五〇年）、アルベルトゥス・マグヌスの註解（一二四八年以降）、トマス・アクィナスによる註解（一二六八年）——、およびボナヴェントゥラによるフランシスコ会神学が、ディオニュシオスの神認識の理論をスコラ学的思考の主流へと導入したのち、ディオニュシオスに関する註解は、十四世紀にも繰り返し行われた。その否定神学・神秘神学は、後世の神秘神学の思想——すなわちバルマのフーゴー（一二八九—一三〇四年活動）からマイスター・エックハルトとその学派を経て、ヤン・ファン・ルースブルーク（一二九三—一三八一年）、『不可知の雲』の逸名著者（一三五〇頃—八五年頃活動）、そしてジャン・ジェルソンらの思想を根本的に規定することになった。

　ディオニュシオスの著作は、ルネサンスにおいて、ニコラウス・クザーヌスから十字架のヨハネ（一五四二—九一年）にいたるまで、さらに大きな影響を与えている。その頃までに存在していた四種のラテン語翻訳（ヒルドゥイヌス〔八三二年頃〕、ヨハネス・エリウゲナ〔八六七年頃〕、ヨハネス・サラケヌス〔十二世紀活動、一一六七年頃〕、ロバート・グロステスト〔一二三五年頃〕）に加えて、十六世紀中葉までにさらに五種類の翻訳が現れた。つまり、クザーヌスが主に用いたカマルドリ会総長アンブロージョ・トラヴェルサーリ（一三八六—一四三九年）の優れた翻訳（一四三六年）、またその後もしばしば再刊されたフィチーノ（一四三三—九九年）の翻訳（一四九二年）、さらに十六世紀にはベネディクト会士ヨアキム（ジョアシャン）・ペリオン（一四九九—一五五九／六一年）のもの（一五三六年）、カルトゥジア会のゴデフリドゥス・ティルマン（一五六一年歿）の翻訳（一五四六年）、そしてベネディクト会士バシリウス・ミラニウスのもの（一五五四年）である。一世紀のあいだに、およそ八〇点のラテン語刊本、九点のギリシア語刊本が、おおむねアルプスの北で公刊された。しかも、人文主義者による二〇〇以上の手稿の中にディオニュシオスの文章が見出される。このようなディオニュシオス・ルネサンスの只中で、フィチーノのディオニュシオス註解（一四九〇―九二年）などは広範な影響を与えている。もっとも、ロレンツォ・ヴァッラがディオニュシオスの歴史的同一性に疑義を呈したため、十六世紀には、とりわけプロテスタントの学者のあいだでディオニュシオスの権威は弱まり始めることになった。

ルネサンスの思想家のなかでもクザーヌスは、ディオニュシオスの神秘神学に最も深い影響を受け、その思想を最も創造的に展開した人物である。[*90] その晩年（一四六二年）に、クザーヌス自ら、ディオニュシオスの研究家を自称しているほどである。[*91] クザーヌスにとってディオニュシオスは、「大いなる」[*92]者、あるいは「神学者のなかで最高の者」[*93]、あるいは「すべてに比してより賢明」[*94]な者と呼ばれる。クザーヌスはディオニュシオスのうちにプラトン主義者を認めており、そのため「プラトンとディオニュシオスは互いに相反しておらず、また対立もしていない」[*95]と述べ、対話篇『観察者の指針、すなわち非他なるものについて』では対話者の一人に、プロクロスの『プラトン神学』にも「その言葉と同じことを、同じ表現、同じ仕方で見出した」[*96]ことに、驚きを表明させている。「使徒パウロが同じくディオニュシオスの師である」[*97]ところから、「プロクロスが……ディオニュシオス・アレオパギテスよりも時代的に後の人であるのは確かである」[*98]。しかしながらクザーヌスは、「アンブロシウス〔三三九頃―三九七年〕、アウグスティヌス〔三五四―

四三〇年〕、ヒエロニュムス〔三四七―四一九／二〇年〕がディオニュシオスその人を知らなかった」[*99]ことに対する驚きを隠そうとはしていない。

クザーヌスは、『神秘神学』の註解者たち、すなわち「修道士マクシムス〔証聖者　五八〇―六六二年〕、サン＝ヴィクトルのフーゴー、リンカンのロベルトゥス〔ロバート・グロステスト〕、ヨハネス・スコトゥス〔・エリウゲナ〕、修道院長ヴェルケレンシス〔トマス・ガルス〕と、その著作の最近の註解者たち」[*100]を知っており、トマス・アクィナスの『神名論註解』を読んでいる[*101]。またアルベルトゥス・マグヌスの註解に、「〔クザーヌス〕自身の手によるおびただしい数の欄外註記」[*102]が見られるように、その註解を徹底して読み込んでいる。その一方でクザーヌスは、直接にディオニュシオスの原典に当たっており、そのテクストは、「註解を必要としない。そのテクスト自身が自らを種々の仕方で説き明かしているのである」[*103]とされる。おそらく、一四三八年にクザーヌスはコンスタンティノポリスからディオニュシオスのギリシア語文献を持ち帰っており、また一四三六年に完成したトラヴェルサーリのラテン語翻訳に関しては、その一部を入手したのは一四四三年になってからのことではあるが、それを一四四〇年以前にはすでに知っていた[*104]。一四三一年以降のクザーヌスの最初期の著作では早くもディオニュシオスからの引用がなされている。その数はコンスタンティノポリスへの派遣（一四三八年）以降ますます増加している。『知ある無知』（一四四〇年）以来、クザーヌスがディオニュシオスのすべての著作を知っていたことは確実である。

一四五三年から最後の著作にいたるまで、クザーヌスはディオニュシオスを頻繁に、しかも中心的な問題に関して参照している。とはいえクザーヌスは、自らの根本的洞察を、コンスタンティノポリスからの帰路、地中海の船上で得た啓示の賜物とみなしている。「ギリシアからの帰路の船上で、……光の父からの天上の賜物によって導かれてと、私は信じる——、人間の仕方で知られうる消滅しない諸真理を超越することによって、把握されえないものを、知ある無知において、把握されえない仕方で抱懐するにいたりました」[*105]。この文章の中で、クザーヌスは認識の目的であるところ、すなわち把握されえないものについての「知ある無知」とともに、そこにいたる道、つまり人間にとっての可知的領域を超えた領域への上昇を集約して語っている。

クザーヌスは、このような自身の根本的洞察は、ディオニュシオスによって確証されたにしても、けっしてディオニュシオスから得られたものでないと考えていた。「友よ、私は告白するが、このような考えを受け容れるにいたった際、ディオニュシオスも他の真なる神学者をも知らなかった。にもかかわらず、これらの学識者たちの著作の説くところに素早く向かい、ただ啓示されたものがさまざまに展開されていることをしか見なかった」[*106]。同様に、個々の洞察——たとえば神の名称である「非他なるもの」——に関しても、それはあくまでもクザーヌス自身の独自の洞察にもとづくと主張するのであって、かろうじてディオニュシオスのテクストにその暗示を認めるにとどまっている。「私は〔それを〕いかなるところでも読んだことはないにしても、ディオニュシオスが他の誰よりも近いように思える」[*107]。これらの事情を加味するなら、なるほどクザーヌスはディオニュシオスに共感して、その神論全体を吸収し、程度ははるか劣るがその位階論などにも関心を示している。しかしディオニュシオスの神論が、クザーヌスの認識の理念やその精神論のもとでどのような変容と展開を遂げたかという点は、なおも立ち入った吟味が必要である。

(二) 精神の上昇

クザーヌスは、ディオニュシオスによって強調された神の超越と不可捉性とを最も根本的な仕方で堅持しながら、この不可捉なるものそのものを再び人間精神の働きによって主題化し、思考と言語によってそこへ接近しようとする。その際にクザーヌスは、神との合一への道を、知的領域から情感的領域へと移行させるような措置に断固として反対する。つまりクザーヌスは、カルトゥジア会士アックスバハのヴィンケンティウス（一三八九頃―一四六四年）が、神秘神学を「観想」(contemplatio）の段階に位置づけるジャン・ジェルソンの思想に対抗し、しかもサン＝ヴィクトル学派とフランシスコ会学派を踏まえながら展開したような解釈を頑として斥けるのである。「学知と無知というものは、知性に関わるのであって、意志に関わるのではない」[*108]。こうしてクザーヌスにおいては、神の不可捉性を単に認識の限界として設定するにとどまらず、それを知性的に媒介するという課題が生じるため、知性の自発的な自立的活動は、体系的な意味を獲得することになる。これに対して、トマス学派の神学者ヨハネス・ヴェンク（一四六〇年歿）は、クザーヌスの「知ある無知」の概念を攻撃する際（一四四二―四三年）、知性がアリストテレス的な意味で感覚的認識に常に拘束されている点を強調している。

クザーヌスもまた、知的活動は感覚的認識によって触発されなければならないという理由で、直接的な知的直観を斥けている。「精神の力は、……感覚的なものによって刺激されなければ、それ自体として働くことはできないし、感覚的表象像の媒介がなければ刺激されえない」[*109]。感覚的事物においては、「すべてを生み出した一なる創造的原因」[*110]が「形相因、そしてもちろん作用因、目的因」[*111]として現れており、その「類似（similitudo）は、すべてのものにおいて分有されている」[*112]。しかしクザーヌスにおいて精神は、トマスの場合と異なり、感覚的存在者の本質から因果性にもとづく推論を通して、純粋な完全性である第一原因へと上昇していくようなことはない。なぜなら、クザーヌスは唯名論の影響のもとで本質認識の限界を狭く見積もっているため、「存在者の本質である事物の何性はそれゆえ、その純粋性においては到達されえない」[*113]と考えるからである。人間が事物の本質として捉えるものは、「偶有性から、また行為や形象の多様性から生じるのであり、それらに対しては、区別するにあたって多様な名称を与える。つまり運動が、判別的悟性において名称を付与する」[*114]。

しかしながら、感覚的・合理的認識の唯名論的・憶測的性格は、精神が感覚的現象を精神的内容の比喩や形象と受け取ることをなんら妨げるものではない。「〔ディオニュシオスは〕可感的なものを、知解可能なものの類似ないし像と呼んでいる」[*115]。そこで精神は、感覚的現象の美から、絶対的美の観照へと上昇していくことができる。「われわれは、工芸品から制作者に向かうように、諸形象の偉大さや被造物の美から、無限で把握不可能な美へと向かっていく」[*116]。とりわけ光と焔は、その不変の本質そのものは不可視で、ただ他なるものにおいてのみ可視的となり、すべての他なるものを同化するところから、第一原因を比喩的に表現するのにふさわしいことがわかる。「それゆえ熱は、すべての可燃的なもの、熱がその原因であるところの燃焼しているものに先立っており、一切の感覚的な熱に先立って、まったく見ることもできなければ知ることもできない。それゆえにそれは第一原因の類似である」[*117]。

こうして精神は、このような「象徴神学」への反省において、自ら固有の――憶測的で名称付与的で、美的・価値評価的な――自発性へと立ち還るため、上昇は数学的・幾何学的比喩を借りてさらに先へと進む。すなわち、数は精神から発するものであるため、その法則性は厳密に精神によって観取可能なのである。「数は展開された悟性にほかならない」[*118]。たとえば、多角形を円に変換するように、有限な図形を無限な図形へと外挿的に変換していくことによって、精神は自らの原像に迫る力を発見する。「したがって数の本質は、精神の第一の範型である」[*119]。

数学的認識の段階は、ディオニュシオスにとってもトマスにとっても、神への上昇において本質的な役割を果たすことはないが、神認識についてのクザーヌスの理論にとってはその手引きとなる。そのため、不可捉なるものの認識にいたるには、精神の自己認識を経由していくことになる。なぜなら数学は、人間の精神をその本質において遂行し、表現するものだからである。このような反省的自己把握という主題は、確かにディオニュシオスの新プラトン主義的な精神理解にとってもけっして無縁のものではないが、神の神秘へといわば自己忘却的・脱我的に向かう直線的上昇[*120]においては顧みられることがない。しかしながらクザーヌスにとっては、精神が自らの可能性の根拠をめぐる無知と自身の認識能力の限界を反省的に洞察すること、つまり「知ある無知」は、決定的な課題と転換点になる。精神はこれを転機として、理性的認識を超えて、知的直視にまで超出することが可能になるのである。「師〔クザーヌス〕は……知ある無知がこうして、高い塔のように人を眺望へと高めることに注目するように喚起した」[*121]。

(三)「知ある無知」と否定神学

クザーヌスは「知ある無知」という表現を、ボナヴェントゥラに拠りながら[*122]ディオニュシオスのうちに求めているが、興味深いことに、その表現はディオニュシオスにおいてはそのままのかたちでは見られず、アウグスティヌスが、神認識を自己認識のうちに根拠づける際にこの語をはじめて用いている[*123]。なぜならディオニュシオスにとって、第一根拠の認識は無知を通じて[*124]、無知という仕方で遂行される[*125]のであり、クザーヌスの場合のように、「無知の知」[*126]（scientia ignorationis）、ないし無知に対する反省によって遂行されるわけではないからである。「このこと〔神はすべての存在の存在であり、すべてのもののうちの何ものかではないこと〕を知るのは、知ある無知におけるほかはないと私は確信する」[*127]。知ある無知とは、精神がそれによって自己自身へと向き直り、自らを知と無知とが遂行される場所として把握する形式なのである。「したがって精神が観取するものは何でも、精神は自らのうちに観取する」[*128]。自己自身を注視することによって、無知そのものが、認識不可能なものをめぐる知の一種の形態として露わになる。「彼は、自分自身へと注意を向けなくてはならない……と言っている。そこで……無知のままに昇っていく混乱が確実性であり、また闇が光であり、さらに無知が学知であることを見出すであろう」[*129]。精神が自らの無知そのものを反省することによってはじめて、精神から脱去し隠蔽されるものが、精神を超えたものとして現れる。そしてこのことを通じて、この無知は、対象的な知の欠如様態ではなく、むしろ精神が自らに先行し自らを無限に凌駕する根拠を解明しつつ、そこへと遡行することであるのが明らかになる。このような反省的無知において、第一根拠そのものが、認識不可能なものとして認識され、それによってこの無知が知の高次の形態として理解されるのである。「無知であるがゆえにこそ、崇め祈るのである」[*130]。

第一根拠はその卓越性において認識不可能なものの仕方で精神に対して自らを示すため、その第一根拠は精神を精神自身にとっての真理の洞察へと導く。すなわち第一根拠は、けっして認識の対象としては判定されないが、それでもやはり認識されている以上、認識に先立つ根源と規範として認識されるその限りにおいて、それ自身としては把握不可能なものであると認められるのである。「それゆえ彼〔ディオニュシオス〕は、そのもの〔神〕について、……それは一切の知解に先立っているということのみが知られうると確信している」[*131]。「知ある無知」における精神の自己反省は、それゆえ自己自身の意識論的な内観にとどまるものではなく、精神そのものの根拠へと立ち還り、それによって第一根拠を、精神にとってそのすべての認識に関して根拠と導きになる一なる真理として理解する。「自らが無知であることを知る者こそが、知者とみなされるべきである。また真理なくしては、自らは何ものをも把握できないことを知る者こそが、真理を敬うのである」[*132]。したがって第一根拠に向かう精神の転向は、精神の自己確証に媒介されることで、精神による認識の可能根拠に対する超越論的反省を含んでいる。このような反省の運動において、精神は自らを有限な主観として把握し、かつ強化すると同時に、それが自らを自らの根拠に対して無知という仕方で認識する限り、自己自身を第一根拠から開示された真理の先超越論的＝超越的空間へと超出していくのである。そこで第一根拠は、精神の運動全体を担う「真理のうちにある……という憧憬」[*133]を引き起こす。

それ自体として認識不可能で言表不可能な第一原因に対する超越論的な見通しにおいて、精神はその第一原因へと認識によって接近することを試みる。なぜなら熱望される根拠との一致は、ただ認識という仕方でのみ遂行されうるからである。「汝を知るということが、……汝と合致することである」[*134]。クザーヌスの初期の著作では、おそらくトマスの影響のもとで、「ディオニュシオスに従って、われわれは三重の道で神へと上昇する。……すなわちまず原因によって、……第二に卓出を通じて、……第三に除去によってである」[*135]と述べられている。しかしながら後の著作では、ディオニュシオス自身と同じく、ただ肯定と否定の二つの道のみが語られている[*136]。この場合も、クザーヌスによれば、神は、神によって造られた諸完全性の産出において認識されるのであり、その固有の本質に関して認識されるわけではない。「ディオニュシオスが証言するには、神的なものはただ分有を通して知られる」[*137]。神についての肯定的な諸述語、つまり神の「讃美」[*138]は、これらの有限的な結果にもとづいているため、「たとえ肯定的に求められても、模倣を通じて、ないし覆われたままでしか認識されえないし、けっして露わに認識されることはない」[*139]。しかしながら、「いかなる宗教もその礼拝において、肯定神学によって上昇することが必要である」[*140]ため、こうした肯定的述定は有意味なものではある。とはいえ、肯定神学は有限者の諸完全性から出発するものであるがゆえに、「否定の神学は、他方の肯定神学を補う必要があり、前者を欠くなら神は無限な神として礼拝されないことになる」[*141]。クザーヌスが正しく理解していたように、

「欠如ではなく卓越性であり、意味深い肯定である否定が、肯定よりもいっそう真であると〔ディオニュシオスは〕言っている」[*142]。クザーヌスにとっても否定は、善の形而上学において、根源的原理の超越と隠蔽の表現として、神にふさわしい無知へと導いていく。この無知において、「無限な善性の……最大の神に……接近できるということを、われわれは説明した」[*143]。したがってこの上昇の目的は、端的に善と呼ぶことができる。「神のみが善である。なぜなら善より大なるものは何もないからである」[*144]。しかしながら、超越を遂行する否定がすでに示すように、上昇は──トマスにおけるように──最も普遍的な述語への論理的な遡行ではなく、存在論的に第一にして普遍的な原理への接近である。「善は、そこから一切のものが、その存在に従って普遍的に隔絶しているものであり、知性が固有なものを一般的なるものへと解消することによって達するところではない」[*145]。

神への上昇が否定において極まるのだとするなら、その上昇は空虚へと導くようにも見える。「無限なる神へと上昇する者は、何ものかへ向かうというよりも、むしろ無へ向かっていくように思える」[*146]。それというのも、否定はそれ自体としては超越への積極的な示唆ではなく、クザーヌスにとって、否認という厳密に論理的な意味をもっているからである。「否定〔神学〕は排除を行い、何ものをも定立することがないため、それによって神が露わに見られることはない。というのも〔そこでは〕、神が存在であることよりも、神が存在でないことが見出されるからである」[*147]。それゆえ、否定がもつ純粋に否定的な機能からは、それが超越への道を開くことはないということが帰結する。「私の意見によれば、否定神学をめぐるだけの人々は、かの闇に正しい仕方で歩み入ることがない」[*148]。しかしクザーヌスは、否定がそのただ欠如的な機能にもとづいて、神を命名する最高の道であることが斥けられるという点に、「まったく言表不可能なもの」[*149]の積極的認識の可能性を探っている。「この闇こそが、神における光なのである」[*150]。

精神がただ否定と肯定の操作のみを自在に操りながら、両者のおのおのが不十分であることが証しされるなら、そこにはただ両者を結びつけるという道しか残されていない。まさにこの両者の結合の道こそ、クザーヌスがディオニュシオスの『神秘神学』において、またディオニュシオスの著作の中でもそこにおいてのみ、展開されているとみなしているものである。「実際ディオニュシオスは多くの箇所で、区別を通じて、すなわちわれわれが神に近づくのは肯定的な仕方によってであるか、否定的な仕方によってであるか、そうした区別を通じて神学を教えている。しかし、神秘にして秘義なる神学を可能な限り明らかにしようとしているこの著作において、彼は区別を超えて、結合や合致へ、ないしは、あらゆる剝奪と措定を一面的にでなく直接に超えた最も単純な合一へと飛躍している。そこにおいては、剝奪は措定と、否定は肯定と合致するのである」[*151]。こうして、否定と肯定は超越との関係において流出と還帰をそれぞれ異なった意味でなぞる役割を果たすため、ディオニュシオスは、「否定を肯定に対立したものとみなすことはない」[*152]と考えるのである。これに対してクザーヌスにとっては、肯定と否定のあいだの矛盾こそ、不可避的で思考を不可能にするかたちで知性を挫折させることによって、精神に対して、知ある無知へと向かう道を拓くものである。「私は、そこにおいてあなた〔神〕が露わに見出される場所、そして対立物の一致によって取り囲まれている場所を見出した。そしてその場所は、あなたが住まう楽園の壁であり、その門は悟性の最高の精神が見守っており、それに打ち克つことなくしては、入ることのできないものである」[*153]。そのためクザーヌスは、アルベルトゥス・マグヌスの『神名論註解』への欄外註記において、アルベルトゥスが肯定と否定とを分離している点に異議を唱えている。「アルベルトゥスや、ほとんどの人々は、矛盾を承認することにおいて成り立つ闇に踏み入ることを常に怖れているという点で欠陥がある。それというのも、このような悟性は、〔闇に〕入り込むことを避け、怖れ、闇を遠ざけてしまい、不可視の仕方で見るところにまで達することがないのである」[*154]。否認そのものや、また流出と還帰の対立構造ではなく、論理的矛盾こそ――それが意図的に目標とされる限り――、ただ神学者のみが第一根拠の自己開示によって迫ることのできるような闇を構成するのである。これに対して、アリストテレスから[*155]、その追随者であるヨハネス・ヴェンクにいたるまでの哲学者たちは、対立物そのものを合理的に分離することによって、直視にいたる道を塞いでいる。「かのものこそ、最も神秘なる神学であり、いかなる哲学者もそこへ達することなく、また哲学すべてに共通する原理――すなわち二つの矛盾するものはけっして合致することがないという原理――をもってしては、いかにしても達することのできない、最も神秘なる神学である。そこで神秘神学者にとっては、一切の論拠と知解を超え、のみならず自己を離れつつ、自らを闇へと投げ込むことが必要である。そして、悟性が不可能であると判断すること、すなわち存在することと同時に存在しないことが、いかにして必然そのものであるかを納得するであろう」[*156]。

ディオニュシオスは、第一根拠においてはたとえば「長い」と「短い」といった規定が――両者を分かつ中間項が存在しないために──一致するという意味で、「対立するもの同士の共同」[*157]という表現を用いている。しかしクザーヌスは、このような対立する諸規定を「矛盾するもの」（contradictoria）とみなし、その対立を論理的に融和しえないところにまで先鋭化し、その対立が不可避である限り、それを対象関係と超越関係の両面に関わる人間的悟性の緊張に根差すものとみなしている。こうした対立は、異なったものを同一平面において分離し、互いに対抗させ、こうした対象化へと神をも関係づけるという悟性の根本的機能ゆえに不可避的である。これに対して超越は、それが有限者の根源であるがゆえに、有限者と一致するものではないにしても、他なるものでもない──つまり「非他なるもの」である──という点で有限者から区別される。「いま明らかなように、神学者たちは正しくも、神は一切のなかのいかなるものでもないにしても、一切において一切であると主張した」[*158]。こうして神の諸属性の論理的矛盾は現実的に基礎づけられるが、それは有限者のあいだの関係に固定されているということの点で、ただ「一面的な」[*159]悟性の思考様態を通じてのことである。

理性によって分離されたものが、精神によって「結合や合致……ないしは……最も単純な合一」[*160]を通じて根源的な一性として把握されることにより、精神は有限的な対象性による拘束を突破し、それとともに判別的な処理を行う悟性の規範性を神認識に関して排除していく。矛盾における諸対立項の合致は、それゆえに単に避けがたいものとして受け容れられるのではなく、ただそれのみが精神を多面的な有限性や反省的な領域からそれに先立つ唯一の根拠に向けて超出させうる方法として、積極的に主張される。「われわれの緑柱石〔眼鏡〕がよりはっきりと見せてくれるところによれば、われわれは対立物を二性に先立って、すなわちそれらが二つの反対物である以前に、その結合的根源において見ているのである」[*161]。

㈣ 言表不可能性と神の名称の構造

知性が神に帰すべきと考える諸属性が互いに対立するところから、知性は有限的な概念内容に固定された静態的状態から解き放たれ、設定されたそれぞれの内容を否定によって乗り越え、対立の対を形成する。そして、神そのもの、すなわちもろもろの対立以前の一なるところについては対立が言表しえないがゆえに、知性はさらにその対立を再び廃棄したうえで、自らにとっては神についての適切な述定が不可能であることを洞察し、自らに先行し自らより偉大である神へ向けて自己自身を止揚することになる。「私が知るものは、いかなるものであっても神ではない」[*162]という洞察はこうして、「すべて」と「無」の弁証法によって、「何ものか」を経て「何ものでもなく」へと進み、また「言表可能」から、「言表不可能」と「言表可能とともに言表不可能」を経て、「すべての根底に先立つ単純さそのもの」へ、あるいは「存在」から「無」を経て、「無でもなければ、存在しないのでもなく、存在すると同時に存在しないのでもなく、存在と非存在のすべての原理の源泉にして起源」[*163]という言表へ導き、さらにこの言表自体をいま一度否定され超克されるべきものとして示すのである。

プロクロスの場合のように、言葉を欠いた沈黙のうちに理解を終わらせないようにするために、クザーヌスは神の本質的な言表不可能性にもかかわらず、神の名称の形成のための試みを遂行する。そのような名称は、「人間の視覚を、人間にとって許容される仕方で、言表不可能な神性へと方向づける」[*164]。こうして、クザーヌスによって巧妙に考案された神の名称は、「存在」、「命」、「善性」、「美」など、ディオニュシオスによって挙げられた存在論的な特性からは、類として本質的に区別される。ディオニュシオスによれば、完全性を名指すそれらの名称は、有限者がその原因に類似すると同時に類似していない以上、神について肯定されると同時に否定されなければならない。こうした名称においてはディオニュシオスの場合、肯定と否定の併存の可能性はそれ自体として言表されていないため、人間の精神におけるそれらの位置づけと機能は明確にされていない。

クザーヌスもまた、純粋な諸完全性を表すこれらの名称を用いはするものの、その際には、「一」[*165]といった形式的な名称――たとえば「一であるような、一そのものに先立つ一」[*166]――を優先している。クザーヌスの根本的洞察によりふさわしいのが、「可能現実存在」[*167]（possest）といった名称である。この名称は、内世界的な区別――ここでは、「現実存在」（esse）と「可能」（posse）――の先行的・超越的一致を言い表すものであり、また「非他なるもの」のように、神と世界の一性と差異、あるいは肯定に対立するのではない否定[*168]が、一語のもとに語られている。こうしたすべてに先行し、「諸矛盾の一致」[*169]というすでに言及した概念が、単純な一者――すなわち、「何であれ、存在している存在すべての包含」[*170]として、一切の多性から無限に離れ、それに先立つものとして多性を自らのうちから発出させながらも、他に対して、他なるものとして区別されるものではないところ（「非他なるもの」）へと精神の眼差しを導くのである。この名称は、ヴェンクによる批判とは異なり、矛盾律を否定し、一切の知からその地盤を取り去るようなものではない。「このような対立物の一致から、……知の種子、第一原理の破壊が生じるわけではない。……なぜなら、かの原理は、討議的悟性にとっては第一のものであるが、観取する理性にとってはそうでないからである」[*171]。判別的悟性を超出するこうした超越は、第一原因としての神が現実的なものと可能的なものすべて、したがって一切の対立をも自らのうちに包含しながら、それ自身が矛盾的ではないことによって正当化される。

いかなる有限者にもその反対物が存在するのに対して、神は「非他なるもの」として、何ものとも対立することがない。それゆえ神に対しては、神のみに帰せられる無限性に照らして、「対立物の一致」ないし「非他なるもの」の名称が付される。「合致の闇、すなわち無限のうちにでなければ、誰も神を神秘なる仕方で見ることはできない」[*172]。ところで、クザーヌスが強調し、トマス・アクィナスも承認するように[*173]、神の本質はその無限性にある。この無限性は、まずは否定によって、限界の廃棄として目指される。「否定を通じて、無限に即しての神についての考察がある」[*174]。考えられうる内容すべてを否定することによって、無限者に対しては、有限者からの何らかの合理的に査定しうる比例は存在しないということが明示される。「無限者から有限者への比例が成り立たないのはおのずと明らかである」[*175]。そこですべての有限者は、それぞれ特定の存在様態において、そうした存在様態すべての規範を前提する一方で、こうした規範そのものは不可捉で程度と様態を欠き、無限なものである。「というのも、すべての様態の様態であるかの様態は、すべての様態を超えることなしには達成されないからである」[*176]。

こうして精神は、有限者すべてを通じて無限者を、一切の対立において、対立に先立ちそれを可能にする一性を、またすべての様態のうちでの様態のないものを思考するように強いられ、神の名称においてそれを自らにとっての課題とすることによって、二者択一的な操作的思考、すなわち対立を前提として働く悟性を廃棄し、合理的把握なしに、その把握を超出して、思考不可能なもの、名づけ不可能なものへと、認識をもって向かっていくことができる。こうして、クザーヌスによって定式化された一見すると逆説的な神の名称は、悟性と理性、多なるものの概念と一なるものの直視という境目に立っていることになる。その名称は、クザーヌスの比喩によれば、神が住まい、精神に「露わに[*177]」される楽園の門[*178]を開くが、その精神自身が門の中に入ることはない。精神の眼差しが、その名称によって指し示された方向に従うことによって、精神は神秘神学、ないし無限なるものの暗闇の中での精神的直視へと歩み入るのである。「私には、この神秘神学全体が、絶対的無限そのものに歩み入ることであるように思える。というのは、無限は諸矛盾の一致、すなわち境界なき境界のことを言っているからである[*179]」。その際精神は、ディオニュシオスにおけるように「引き上げられる[*180]」のではなく、むしろ「最も単純な統一……へと向けて、分裂を跳び越える[*181]」。

すべての認識可能なものを可視的にする光そのものを直視しようとする希求によって、精神は不可捉なるものの闇へと跳び込み、そうすることにおいて精神は、自らがその眼差しによって、光あるいはその直視によってすべてを照らし出す方の顔の前に跳び込んでいることを知る。「〔われわれの目は〕見ることのできない光を見ようと求めるがゆえに、それが何ものかを見る限り、それは求めているものではないと知り、それゆえにそれはすべての可知的な光を超えていなければならないことを知るのである。ところでいかなる光をも超えていかなければならない者が立ち入るところのものは、もはやいかなる可視的な光をもそのうちに宿していないことが必然である。そしてこれはいわば、目にとって闇なのである。そして目がこの闇である暗黒のうちにいるとき、自らが闇のうちにいることを知るならば、太陽の観取に近づいたことを知るのである」[*182]。

こうしてクザーヌスは、ディオニュシオスの神秘神学を、無限者に対する、概念把握を欠いた知的直視として理解する（「知性の把握によってではなく、それを超えた直視において」[*183]）。精神そのものは、感覚的直観から始まり、肯定と否定の弁証法的な道を経て、逃げ道のない矛盾にいたると同時にそれを超える、そうした認識能力の遡行的な上昇において、「知ある無知」を手引きに究極的な知的直観へと向かっていく。「聖なる無知は、理性にとっては何ものでもないように見えるものが、不可捉な最大のものであることを私に示してくれる」[*184]。こうしてディオニュシオスの神秘神学は、精神の超越論的・弁証法的な自己貫徹として、悟性的・理性的二重構造において、その乗り越えることのできない根底へと向けて構成される。このような反省的・知性論的転回によって、続く近代の基本的主題、すなわち、理性自身の論理にもとづく理性の自己探求という主題が明確になり始めたと言えるであろう。

註

*1——Cf. R. F. Hathaway, *Hierarchy and the Definition of Order in the Letters of Pseudo-Dionysius*, Den Haag 1969, pp. 31-35.

*2——Beda Venerabilis, *Super Acta Apostolorum expositio* c. 17, PL 92, 981.

*3——Petrus Abaelardus, *Historia calamitatum*, PL 178, 154-155.〔アベラールとエロイーズ『愛の往復書簡』第一書簡、沓掛良彦・横山安由美訳、岩波書店（岩波文庫）、二〇〇九年〕

*4——Eusebius, *Historia ecclesiastica* III, 4, 10〔エウセビオス『教会史』上、秦剛平訳、講談社（講談社学術文庫）、二〇一〇年〕; *ibid.* IV, 23, 3.〔同〕

*5——Gregorius Turonensis, *Historia Francorum* I, 30.〔トゥールのグレゴリウス『歴史十巻（フランク史）』一、兼岩正夫・臺幸夫訳註、東海大学出版会、一九七五年〕

*6——Desiderius Erasmus, *Annotationes* (*in Novum Testamentum*), Paris 1505.

*7——Cf. K. Ruh, *Die mystische Gotteslehre des Dionysius Areopagita*, München 1987, S. 17-49; Ch. Schäfer, *The Philosophy of Dionysius the Areopagite. An Introduction to the Structure and the Content of the Treatise on the* Divine Names, Leiden/Boston 2006, pp. 55-74.

*8——Cf. Y. de Andia, *Henosis. L'Union à Dieu chez Denys l'Aréopagite*, Leiden/New York/Köln 1996, pp. 376-398.

*9——Pseudo-Dionysius Areopagita, *De mystica theologia* [=*MTh*] 2.〔ディオニュシオス・アレオパギテス『神秘神学』今義博訳、上智大学中世思想研究所編訳／監修『中世思想原典集成 精選』一「ギリシア教父・ビザンティン思想」、平凡社、二〇一八年、所収〕

*10——「言葉はその高みから最低の所に下降すると、その下降の程度に従ってその分だけ量が増大したのである。しかし次に、下のほうから上のほうへ昇っていくと、その上昇の度合いに従って言葉は縮小され、その上昇がすべて終わった後はまったく無言となって、言い表せない者と一つになるであろう」:

MTh 3.〔同〕

＊11――*MTh* 5.〔同〕

＊12――*MTh* 1, 3.〔同〕

＊13――*Ibid.*〔同〕

＊14――*MTh* 5.〔同〕

＊15――Cf. P. Rorem, *Pseudo-Dionysius. A Commentary on the Texts and an Introduction to Their Influence*, New York/Oxford 1993, pp. 214-240; J. D. Copp, *Dionysius the Pseudo-Areopagite. Man of Darkness/Man of Light*, Lewiston 2005, pp. 179-254.

＊16――Cf. W. M. Neidl, *Thearchia. Die Frage nach dem Sinn von Gott bei Pseudo-Dionysius Areopagita und Thomas von Aquin*, Regensburg 1976; J. E. M. Andereggen, *La Metafísica de Santo Tomás en la exposición sobre el De Divinis Nominibus de Dionisio Areopagita*, Buenos Aires 1989; F. O'Rourke, *Pseudo-Dionysius and the Metaphysics of Aquinas*, Leiden/New York/Köln 1992, pp. 31-48; P. Kalaitzidis, Theologia: Discours sur Dieu et science théologique chez Denys l'Aréopagite et Thomas d'Aquin, in: Y. de Andia (ed.), *Denys l'Aréopagite et sa postérité en Orient et en Occident*, Paris 1997, pp. 470-487; A. Speer, Lichtkausalität. Zum Verhältnis von dionysischer Lichttheologie und Metaphysik bei Albertus Magnus und Thomas von Aquin, in: T. Boiadjiev [et al.] (Hgg.), *Die Dionysius-Rezeption im Mittelalter*, Turnhout 2000, S. 358-368.

＊17――Thomas Aquinas, *Summa theologiae* [=*S. th.*] I q. 12 a. 13 c.〔トマス・アクィナス『神学大全』一、高田三郎訳、創文社、一九六〇年〕

＊18――*S. th.* I q. 12 a. 13 ad 1.〔同〕

＊19――*S. th.* I q. 12 a. 13 c.〔同〕

＊20――*Ibid.*〔同〕

＊21――*S. th.* I q. 12 a. 12 c.〔同〕
＊22――「〔否定を含む神の名称は〕いかなる意味でも神の実体を表示するものではない」: *S. th.* I q. 13 a. 2 c.〔同〕
＊23――Deus est causa bonitatis: *ibid.*〔同〕
＊24――Cf. *ibid.*〔同〕
＊25――*Ibid.*〔同〕
＊26――*Ibid.*〔同〕
＊27――*S. th.* I q. 13 a. 6 ad 3.〔同〕
＊28――Cf. *S. th.* I q. 13 a. 6 c.〔同〕
＊29――*S. th.* I q. 12 a. 12 c.〔同〕
＊30――*S. th.* I q. 13 a. 1 c.〔同〕
＊31――*S. th.* I q. 13 a. 8 ad 2.〔同〕
＊32――*S. th.* I q. 13 a. 2 c.〔同〕
＊33――*Ibid.*〔同〕
＊34――*Ibid.*〔同〕
＊35――*S. th.* I q. 13 a. 1 c.〔同〕
＊36――*S. th.* I q. 13 a. 3 c.〔同〕
＊37――repraesentare: *S. th.* I q. 13 a. 2 c.〔同〕
＊38――*Ibid.*〔同〕
＊39――*S. th.* I q. 13 a. 9 c.〔同〕
＊40――*S. th.* I q. 13 a. 5 ad 1.〔同〕
＊41――proportio: *S. th.* I q. 13 a. 5 c.〔同〕

＊42——*Ibid.*〔同〕

＊43——*Ibid.*〔同〕

＊44——per prius: *S. th.* I q. 13 a. 6 c.〔同〕

＊45——*S. th.* I q. 13 a. 2 c.〔同〕

＊46——*S. th.* I q. 13 a. 7 c.〔同〕

＊47——Cf. *S. th.* I q. 13 a. 3 ad 1.〔同〕

＊48——*Ibid.*〔同〕

＊49——*Ibid.*〔同〕

＊50——*S. th.* I q. 44 a. 1 c.〔『神学大全』四、日下昭夫訳、一九七三年〕

＊51——*S. th.* I q. 13 a. 2 arg. 2.〔『神学大全』一〕

＊52——*S. th.* I q. 13 a. 2 ad 2.〔同〕

＊53——*Ibid.*〔同〕

＊54——*S. th.* I q. 13 a. 3 c.〔同〕

＊55——*S. th.* I q. 13 a. 1 ad 1.〔同〕

＊56——*S. th.* I q. 12 a. 12 ad 1.〔同〕

＊57——*MTh* 1, 3.〔『神秘神学』〕

＊58——*S. th.* I q. 12 a. 13 ad 1.〔『神学大全』一〕

＊59——in significatione nominum, aliud est quandoque a quo imponitur nomen ad significandum, et id ad quod significandum nomen imponitur: *S. th.* I q. 13 a. 2 ad 2.〔同〕

＊60——*S. th.* I q. 13 a. 6 c.〔同〕

＊61——*S. th.* I q. 13 a. 3 c.〔同〕

＊62——*S. th.* I q. 13 a. 3 ad 3.〔同〕

＊63——Cf. *S. th.* I q. 13 a. 1 ad 3.〔同〕
＊64——*S. th.* I q. 13 a. 4 c.〔同〕
＊65——*S. th.* I q. 13 a. 12 c.〔同〕
＊66——Id., *Quaestiones disputatae de veritate* q. 1 a. 9 c.〔トマス・アクィナス『真理論』上、山本耕平訳、『中世思想原典集成』第Ⅱ期一、二〇一八年〕
＊67——*S. th.* I q. 13 a. 1 ad 2.〔『神学大全』一〕
＊68——*S. th.* I q. 13 a. 3 ad 2.〔同。ディオニュシオスについては『天上位階論』今義博訳、『中世思想原典集成』三「後期ギリシア教父・ビザンティン思想」、一九九四年、所収、三六〇頁参照〕
＊69——*S. th.* I q. 13 a. 5 c.〔『神学大全』一〕
＊70——*S. th.* I q. 13 a. 6 c.〔同〕
＊71——*Ibid.*〔同〕
＊72——*S. th.* I q. 13 a. 5 ad 1.〔同〕
＊73——*S. th.* I q. 13 a. 4 ad 2.〔同〕
＊74——Cf. *S. th.* I q. 13 a. 2 arg. 2.〔同〕
＊75——*S. th.* I q. 13 a. 6 c.〔同〕; cf. *ibid.*, ad 3.〔同〕
＊76——Cf. *S. th.* I q. 13 a. 12 sed contra.〔同〕
＊77——Cf. *S. th.* I q. 13 a. 12 c.〔同〕
＊78——*S. th.* I q. 13 a. 12 ad 1.〔同〕
＊79——*S. th.* I q. 13 a. 11 arg. 2.〔同〕
＊80——*S. th.* I q. 13 a. 6 c.〔同〕
＊81——*Ibid.*〔同〕
＊82——*S. th.* I q. 13 a. 2 c.〔同〕

＊83――*S. th.* I q. 13 a. 5 ad 1.〔同〕

＊84――*S. th.* I q. 13 a. 11 ad 2.〔同〕

＊85――*S. th.* I q. 13 a. 11 c.〔同〕

＊86――*Ibid.*〔同〕

＊87――*Ibid.*〔同〕

＊88――*Ibid.*〔同〕

＊89――*S. th.* I q. 13 a. 11 ad 3.〔同〕

＊90――Cf. D. F. Duclow, Pseudo-Dionysius, John Scottus Eriugena, Nicholas of Cusa. An Approach to the Hermeneutic of the Divine Names, *International Philosophical Quarterly* 12/2 (1972), pp. 260-278; F. M. Watts, Pseudo-Dionysius the Areopagite and Three Renaissance Neoplatonists: Cusanus, Ficino, and Pico on Mind and Cosmos, in: J. Hankins [et al.] (eds.), *Supplementum Festivum. Studies in Honor of P. O. Kristeller*, New York 1987, pp. 284-289; W. J. Hoye, Die Vereinigung mit dem gänzlich Unerkannten nach Bonaventura, Nikolaus von Kues und Thomas von Aquin, in: T. Boiadjiev [et al.] (Hgg.), *op. cit.*, S. 489-497; G. Senger, Die Präferenz für Ps.-Dionysius bei Nicolaus Cusanus und seinem italienischen Umfeld, in: T. Boiadjiev [et al.] (Hgg.), *op. cit.*, S. 519-522; 佐藤直子「クザーヌスによる偽ディオニュシオスの受容――『知ある無知』を中心に」、上智大学哲学科編『哲学科紀要』第二九号、二〇〇三年、四九―七〇頁。

＊91――「あなた〔ニコラウス〕はといえば実際、時間さえあれば神学者ディオニュシオス・アレオパギテスに打ち込んでいる」: Nicolaus Cusanus, *Discretio speculantis seu de non aliud* [=*Non aliud*] 1, *Opera omnia* [=*Op.*] XIII, Leipzig 1944, p. 3.〔クザーヌス『観察者の指針、すなわち非他なるものについて』松山康国訳、『ドイツ神秘主義叢書』七「非他なるもの」、創文社、一九九二年、所収〕

＊92――Id., *De venatione sapientiae* [=*Ven. sap.*] 7, *Op.* XII, Hamburg 1982, p. 18.

＊93——*Non aliud* 14, p. 29.〔「非他なるもの」〕

＊94——*Ven. sap*. 30, p. 85.

＊95——*Non aliud* 22, p. 52.〔「非他なるもの」〕

＊96——*Ibid*., 20, p. 47.〔同〕

＊97——*Ven. sap*. 30, p. 86.

＊98——*Non aliud* 20, p. 47.〔「非他なるもの」〕

＊99——*Cod. cus*. 44, f° 1, nach E. Vansteenberghe, *Le cardinal Nicolas de Cues (1401-1464)*, Paris 1920 (reprint, Frankfurt a. M. 1963), p. 26. n. 5.

＊100——Nicolaus Cusanus, *Apologia doctae ignorantiae* [=*Apologia d. ign*.], *Op*. I, Leipzig 1932, pp. 20-21.

＊101——Cf. *Ven. sap*. 33, p. 94.

＊102——Cf. L. Baur, *Nicolaus Cusanus und Ps. Dionysius im Lichte der Zitate und Randbemerkungen des Cusanus*, Heidelberg 1941, S. 93. この書物では、欄外註記が翻刻されている (S. 93-113)。

＊103——Nicolaus Cusanus, *Ad abbatem Tegernsensem et eius fratres* [=*Ad abbatem*], in: *Beiträge zur Geschichte der Philosophie und Theologie des Mittelalters* XIV, 2-4, Münster 1915, S. 114.

＊104——Cf. L. Baur, *op. cit*., S. 15.

＊105——Nicolaus Cusanus, *De docta ignorantia* [=*Docta ign*.] III, Epistola auctoris ad dominum Iulianum cardinalem, *Op*. I, p. 163.〔クザーヌス『知ある無知』岩崎允胤・大出哲訳、創文社、一九六六年〕

＊106——*Apologia d. ign*., p. 12.

＊107——*Non aliud* 1, p. 5.〔「非他なるもの」〕

＊108——*Ad abbatem*, S. 115.

＊109——Id., *Idiota de mente* 4, *Op*. V, Leipzig 1937, pp. 60-61.

＊110——*Ven. sap*. 7, p. 17.

＊111――*Ibid*., p. 19.

＊112――*Ibid*., p. 17.

＊113――*Docta ign*. I, 3, p. 9.〔『知ある無知』〕

＊114――Id., *De Deo abscondito* [=*Deo absc*.] 4, *Op*. IV, Hamburg 1959, p. 4.〔クザーヌス『隠れたる神についての対話』大出哲訳、『隠れたる神』大出哲・坂本堯訳、創文社、一九七二年、所収〕

＊115――*Non aliud* 14, p. 29〔「非他なるもの」〕; cf. *Ven. sap*. 36, p. 100.

＊116――*Apologia d. ign*., p. 19.

＊117――*Ven. sap*. 39, p. 110.

＊118――Id., *De coniecturis* I, 2, *Op*. III, Hamburg 1972, p. 11.

＊119――*Ibid*. I, 4, p. 14.

＊120――Cf. *MTh* 1, 1.〔『神秘神学』〕

＊121――*Apologia d. ign*., p. 16.

＊122――Cf. Bonaventura, *Commentaria in quatuor libros Sententiarum* II d. 23 a. 2 q. 3, *Op*. II, 546, n. 6.

＊123――「したがってわれわれのうちには、いわば一種の知ある無知（docta ignorantia）、あるいは神の霊によって教えられる無知があり、それがわれわれの無気力を鼓舞する」: Augustinus, *Epistola* CXXX *ad Probam*, c. 15, 28, PL 33, 505.〔『アウグスティヌス著作集』別巻二「書簡集 二」金子晴勇訳、教文館、二〇一三年〕

＊124――Cf. Pseudo-Dionysius Areopagita, *De divinis nominibus* [=*Div. nom*.] VII, 3, PG 3, 872A.〔ディオニュシオス・アレオパギテス『神名論』熊田陽一郎訳、『キリスト教神秘主義著作集』一「ギリシア教父の神秘主義」、教文館、一九九二年、所収〕

＊125――Cf. id., *Epistola 1 ad Gaium*, PG 3, 1065B.〔同『書簡集』月川和雄訳、『中世思想原典集成』三、所収〕

＊126――*Apologia d. ign*., p. 12.

＊127——*Ibid*., p. 17; cf. *ibid*., p. 24.

＊128——Id., *De theologicis complementis* 2, *Op*. X 2a, Hamburg 1994, p. 7.

＊129——*Ad abbatem*, S. 115.

＊130——*Deo absc*. 1, p. 3. 〔『隠れたる神についての対話』〕

＊131——*Non aliud* 14, pp. 29-30. 〔「非他なるもの」〕

＊132——*Deo absc*. 6, p. 5. 〔『隠れたる神についての対話』〕

＊133——*Ibid*. 6, p. 6. 〔同〕

＊134——Id., *De visione dei* [= *Vis. dei*] 19, *Op*. VI, Hamburg 2000, p. 67. 〔クザーヌス『神を観ることについて』八巻和彦訳、岩波書店（岩波文庫）、二〇〇一年〕

＊135——Id., *Sermo* 20: *Nomen eius Jesus*, *Op*. XVI, Hamburg 1977, p. 303. 〔一四三九／四〇年〕

＊136——Cf. *Ven. sap*. 30, p. 85.

＊137——*Ibid*. 18, p. 49.

＊138——laudes: *ibid*., 18, pp. 48-49.

＊139——*Ad abbatem*, S. 114.

＊140——*Docta ign*. I, 26, p. 54. 〔『知ある無知』〕

＊141——*Ibid*. 〔同〕

＊142——*Ven. sap*. 22, p. 62: cf. *Docta ign*. I, 26, p. 54 〔『知ある無知』〕; *ibid*., p. 56. 〔同〕

＊143——*Ibid*. I, 26, p. 56. 〔同〕

＊144——*Non aliud* 23, p. 56 〔「非他なるもの」〕; cf. *ibid*., 24, p. 56. 〔同〕

＊145——bonum, a quo omnia, est universale separatum secundum esse, non id, ad quod intellectus pervenit resolvendo proprium in commune: 欄外註記 265, L. Baur, *op. cit*., S. 102; cf. 同 267, *ibid*., S. 102.

＊146——Id., *De theologicis complementis* 12, p. 63.

＊147――*Ad abbatem*, S. 114.

＊148――*Ibid.*

＊149――*Ven. sap.* 22, p. 62.

＊150――*Apologia d. ign.*, p. 20.

＊151――*Ad abbatem*, S. 114.

＊152――*MTh* 1, 2.〔『神秘神学』〕

＊153――*Vis. dei* 9, p. 39.〔『神を観ることについて』〕

＊154――欄外註記 269, L. Baur, *op. cit.*, S. 102; cf. 同 268, *ibid.*, S. 102; 同 589, *ibid.*, S. 112.

＊155――Cf. 欄外註記 268, *ibid.*, S. 102.

＊156――*Ad abbatem*, S. 114-115.

＊157――*κοινωνίαι τῶν ἐναντίων*: *Div. nom.* IV, 7.〔『神名論』〕

＊158――*Non aliud* 6, p. 14.〔「非他なるもの」〕

＊159――*Ad abbatem*, S. 114.

＊160――*Ibid.*〔＊151参照〕

＊161――Id., *De beryllo* 41, *Op.* XI [editio renovata], Hamburg 1988, p. 47.

＊162――*Deo absc.* 8, p. 6.〔『隠れたる神についての対話』〕

＊163――*Ibid.*, 11, p. 8〔同〕; cf. *ibid.*, 8-11, pp. 6-8.〔同〕

＊164――*Non aliud* 15, p. 38.〔「非他なるもの」〕

＊165――「神的一性は、……一切に先立ち一切を包含するように見える」(illa divina unitas, ..., omnia praevenire complicareque videtur): *De coniecturis* I, 5, *Op.* III, Hamburg 1972, p. 21.

＊166――unum ante ipsum unum, quod est unum: *Non aliud* 15, p. 39〔「非他なるもの」〕; cf. *Ven. sap.* 21, pp. 56-57.

*167——Cf. id., *De possest*〔クザーヌス『可能現実存在』大出哲・八巻和彦訳、国文社、一九八七年〕; *Ven. sap.* 13, pp. 34-38.
*168——「そこにおいてのみ、否定が現実と対立するわけではない」: *Ven. sap.* 14, p. 40.
*169——coincidentiam contradictoriorum: *Apologia d. ign.*, p. 15.
*170——complicatio omnis esse cuiuscumque existentis: *ibid.*, p. 28.
*171——*Ibid.*
*172——*Ibid.*, p. 116.
*173——「第一原因は、それが無限な存在そのものである限り、存在を越えている」: Thomas Aquinas, *In De causis* lect. 6.
*174——*Apologia d. ign.*, pp. 32-33; cf. *Docta ign.* I, 26, pp. 54-56.〔『知ある無知』〕
*175——*Ibid.* I, 3, p. 8〔同〕; cf. *Apologia d. ign.*, p. 18.
*176——*Ibid.*, p. 24.
*177——revelate: *Ad abbatem*, S. 114.
*178——Cf. *Vis. dei* 9, p. 35.〔『神を観ることについて』〕
*179——*Ad abbatem*, S. 115-116.
*180——*MTh* 1, 1.〔『神秘神学』〕
*181——*Ad abbatem*, S. 114.
*182——*Vis. dei* 6, p. 23.〔『神を観ることについて』〕
*183——欄外註記 270, L. Baur, *op. cit.*, S. 102.
*184——*Docta ign.* I, 7, p. 35.〔『知ある無知』〕

第十二章　マルシリオ・フィチーノのプラトン主義と教父思想

――キリスト教哲学の一展望

一　移行期としてのルネサンス

中世から近代への精神史上の転換、それはウィリアム・オッカム（一二八五頃―一三四七年）やジャン・ジェルソン（一三六三―一四二九年）から、フランシス・ベーコン（一五六一―一六二六年）やデカルト（一五九六―一六五〇年）への転換となるが、そうした転換は十四世紀中頃から十六世紀の終わりにかけて、多岐にわたる状況の変化とともに生じている。歴史的に回顧するなら、その経過を人文主義およびルネサンス、また宗教改革とカトリック教会内の刷新運動として要約することができる。それを後押しする種々の潮流にかなりの程度まで共通するのは、中世（末期）のスコラ哲学のもっていた論理的・形而上学的な学術の理念を批判的に排除しようとする傾向である。もとより、大学における哲学から神学に及ぶスコラ学の学統は、十七世紀にいたるまで存続しただけでなく、ルネサンスおよび宗教改革における指導的な思想家たちは、意図的であるかどうかはともかく、その思想を中世から汲んでいるのは否定できない。いずれにせよ、中世の伝統が支配的地位を失ったのは、古代に遡りそこから精神的生命を再生しようとする努力によるものである。新たな時代にあって、世界に開かれはしたが自己理解の支柱をなくした市民たちは、こうした古代再生の努力によって、規範的な精神文化と知的・宗教的欲求とのあいだの乖離が拡がりつつある状況の中で、その両者を架橋しようとしていたのである。

スコラ学の思弁からのこうした離反は、修辞学的伝統の再発見、またそれゆえ古代の言語と文学の美学的側面の新たな評価と並行して進んだため、その視野はスコラ学的に解釈されたアリストテレスを越えて拡張され、新たに発見された古代の著作家や、新しい文学的教養の関心という観点のもとで理解された既知の諸源泉が、人文主義研究に豊かな素材を提供することになる。大学においては十六世紀でもいまだアリストテレス解釈が主流であったが、プラトンの著作およびそれに連なる古代の新プラトン主義の伝統は、それまでになかったほどの幅広い領域で熱烈に受容され、さらにはそこにストア学派の倫理学、および古代の懐疑派の影響が加えられた。この古典古代の言語・文学・哲学の人文主義的な研究と並んで、古代キリスト教信仰の文献が新たな関心を呼び起こしたが、その関心は宗教改革においては聖書の言葉に、霊性の刷新運動においては古代末期のキリスト教的著作家に向けられることになった。規範的源泉である聖書に近いという理由から、教父たちの文献は信仰の真正な解釈として読まれ、また彼らの説教、書簡、伝記はそのキリスト教的な内容に古代の修辞法の古典的美しさを融合させた古典古代の文献として高く評価された。このためルネサンスの思想家たちにおいて、古典古代の思想と聖書的キリスト教思想のあいだの緊張が、古代末期におけるのと同様の仕方で繰り返されたとするなら、ルネサンスの思想家たちははたしてどのような理由から古代あるいは教父文書の受容へと向かったのか、またどのようにしてこの多岐にわたる思想的潮流を調和させたのかという点が問われなければならない。

ペトラルカ（一三〇四―七四年）が南仏ヴァントゥー山登攀（一三三六年）での自然の経験に圧倒されながらも、愛読書であったアウグスティヌス（三五四―四三〇年）の『告白』を読むことで人格の内奥を救われ、『わが秘密』（一三四二／四三年）での自己との対話において、アウグスティヌスその人を自身の宗教的内面からの声として登場させて以来[*1]、ラテン古典におけるキケロ（前一〇六―四三年）やウェルギリウス（前七〇―前一九年）を中心とする「人間の尊厳」（humanitas）に対する探求と、アウグスティヌスに代表される個人的信仰とが、文学的な人文主義において結び合わされ、およそ百年におよぶ緊張に満ちた相互作用が生じた。レオナルド・ブルーニ（一三七〇頃―一四四四年）およびゲオルギオス・トラペズンティオス（一三九五―一四八六年）らによるプラトンのラテン語翻訳、コジモ・デ・メディチ（一三八九―一四六四年）の意向によるフィレンツェのプラトン・アカデミーの設立（一四三九年）、そしてニコラウス・クザーヌス（一四〇一―六四年）の『知ある無知』（一四四〇年）をもって、人文主義は哲学的な思考を展開し、この傾向はマルシリオ・フィチーノ（一四三三―九九年）の著作においてその頂点に達する。この哲学的人文主義の影響はフィレンツェのみならず、全ヨーロッパに広がり、とりわけフランスにもその余波を及ぼすこととなる。フィチーノの著作は、ルネサンスの要となるその位置づけ、さらにはそこでなされたプラトン的伝統と教父思想の結合ゆえに、そうした綜合の試みを促した動因を探る考察を喚起するのである。

二　フィチーノの生涯と著作

フィチーノはフィレンツェの周辺で、ことさら取り上げるべき事件も少なく平穏のうちに一生を送ったため、その生涯を叙述するにしても、若干の経歴を考慮しながら年代順の著作目録を作成する程度の域を出ない。[*2] フィチーノの決定的な伝記は、[*3] フィレンツェの政治家・人文学者ジョヴァンニ・コルシ[*4]（一四七二―一五四七年）の手になるものである。この伝記には「聖人伝のような偏った視点があり」[*5]、フィチーノの業績の叙述については信頼性を欠くことから、[*6] それを参照できるのは、他の早い時期の伝記[*7]、文書[*8]、手稿[*9]およびフィチーノの手紙での言及などと一致している範囲に限られる。それゆえここではただ手短かな概観を示すことで満足しなければならない。[*10]

マルシリオ・フィチーノは一四三三年にフィリーネ・ヴァルダルノで高名な医者ディエティフェチと夫人アレッサンドラのあいだに長男として生まれた。「まだ幼少であった」[*11] フィチーノを、のちのプラトン・アカデミーの主宰者として選んだのはコジモ・デ・メディチであった。コジモはゲミストス・プレトン（一三五五頃―一四五〇年）を「あたかももう一人のプラトンであるかのように」（*Op.*, 1537）崇め、そのプラトン主義に傾倒していた。フィチーノはフィレンツェ大学で、アリストテレスの『ニコマコス倫理学』および『霊魂論』の註解書を著したニッコロ・ティニョージ（一四〇二―七四年）にアリストテレス哲学の手ほどきを受け、アリストテレスの中世的伝統に接し、アヴィセンナ（イブン・シーナー　九八〇―一〇三七年）とアヴェロエス（イブン・ルシュド　一一二六―九八年）を始めとするアラビア語圏の註解にも触れることになる。フィチーノは学生時代からキケロ、マクロビウス（四世紀後半―五世紀前半）、アプレイウス（一二五頃―一七〇年以降）、アウグスティヌスおよびカルキディウス（四〇〇年頃活動）などのラテン著作家を手掛かりに（Corsi, IV）、集中的にプラトンの思想的遺産に取り組んだが、その際にはプラトンをアリストテレスと対立させて理解するようなことはしなかった。「誰もが知っているように、私は若年の頃から神のごときプラトンに付き従っていた」[*12]。そうして二三歳にして（一四五六年）大著『プラトン綱要』を著した（ただし現存せず）。この初期著作ではプラトンの哲学が包括的に展開されていたと考えられるが、フィレンツェの大司教、ドミニコ会の学識ある倫理神学者アントニヌス（一三八九―一四五九年、在位一四四六―歿年）はおそらくこの著作を読んだうえ、正統信仰の戒めとしてトマス・アクィナス（一二二四／二五―七四年）の研究を勧めた。フィチーノはこの勧めを尊重したように思われる。

フィレンツェ大学では医学を修め、それと同時に彼にとって医学と不可分であった占星術を習得したと思われる。フィチーノは一四五六年からギリシア語を習い始め、一四六三年には「ヘルメス文書」（Corpus Hermeticum）の『ポイマンドレス』のラテン語訳『ピマンデル』を完成している（一四七〇年公刊）。また一四六八年までにプラトンのすべての対話篇を翻訳し、一四六九年にはプラトンの『饗宴』の註釈として、幾度も版を重ねて広く読まれた『愛について』を著している。これは、愛について熟考することで深い憂鬱から解放されるようにとの友人の勧めに応じて編まれたものである。続いて彼は一四七四年までに一八巻からなる体系的な大著『プラトン神学——魂の不死性について』を仕上げ、のちに一四八二年の印刷に向けてその改訂作業を行っている。一四七三年に司祭に叙階されたことを契機として——彼はやがてフィレンツェ司教座聖堂参事会員に任ぜられるのであるが——、その年彼は護教書『キリスト教について』を著している。なるほど、キリスト教神学という主題は、この著作を始めとする後年の著作において、初期の著作以上に集中して取り扱われているとはいえ、同書が精神的・宗教的危機から生まれたもので、それを機に彼が古代の非キリスト教的著作家たちからキリスト教へと立場を変えたという見解には根拠がない[*13]。

一四八四年から九二年にかけていくつかの小さな論考ののち、プラトン、ポルフュリオス（二三四頃—三〇五年頃）、プロクロス（四一〇／一二—四八五年）などが翻訳・註釈されているが、一四八九年には医学、占星術を扱う『生命について』の三巻も著され、そこにおける彼の魔術解釈が原因でいくつかの衝突が引き起こされた。キリスト教的新プラトン主義に接近したフィチーノは、一四九〇年から九二年にかけて、「キリスト教的なものを大いに勧奨しつつ、プラトン的な原則に一切矛盾することはない[*14]」という理由で、ディオニュシオス・アレオパギテス（五〇〇年頃）の『神秘神学』および『神名論』を翻訳・註釈した。一四九五年には哲学的に重要な意義をもつ一二巻からなる書簡集を、翌一四九六年にはプラトンのさらなる註解書を公刊するとともに、一四九四年にはイアンブリコス（二五〇頃—三二五年頃）と他の新プラトン主義的著作の翻訳を刊行し、その後パウロの「ローマの信徒への手紙」の註解に取り組んだが一四九九年の死にいたるまでそれは完了しなかった。[*15]

完成度が高く、正確かつ優雅な文体をもったフィチーノのラテン語訳によって、プラトンの全著作およびプラトン主義の古代的伝統がはじめてルネサンスと近代に導入された。またそれと並んで、同様にラテン語によるフィチーノの註解書と体系的著作によって、それまで知られていたすべての思想的源泉を網羅したプラトン主義的伝統の一貫した解釈が提示されることになった。プラトン・アカデミーはフィチーノによって創設され、また彼が生涯この集団の精神的支柱であり続けたことから、学問的に徹底したフィチーノの一連の著作は、このグループで論じられた主題群とその精神を反映しているものと思われる。このアカデミーは、メディチ家の力によって創設されるとともに、その支援を受け、また一四六二年にコジモ・デ・メディチによってカレッジ(Careggi)の別邸を贈られたことからすれば、非公式で私的な交友を越えたものではあるが、それでも十六世紀になって設立されるような組織的に整備された学術研究機関《アカデミー》のようなものではなく、むしろ、フィチーノを囲んで学識者や詩人たちが研究と談話を行う知的な共同体であり、その意味でプラトンのアカデメイアの再現として理解されるべきものであった。公開講座は教会で催され、プラトン、プロティノス(二〇五頃―二七〇年)、あるいはパウロについてのものであったが、講座と並んで哲学的対話や演説、講義や朗読、そして祝宴――たとえばプラトンの誕生を祝う日に――も行われ、さらには来訪者との思想的交流が育まれるばかりか、フィレンツェの枠をはるかに越えた密度の高い書簡の交換もなされた。[*16]

フィチーノは憂鬱な気質の持ち主であり、その健康状態は常に虚弱であったが、それを補ってあまりあるほどの知的関心の広がりによって、その文学的・音楽的才能――彼は竪琴を弾いた――および芸術理解を統合し、その愛すべき人柄と聡明な判断力によって、それぞれに活動する卓越した思想家たちを結集し、当時のフィレンツェの精神生活全体に決定的な影響を及ぼした。そのなかには、ロレンツォ・デ・メディチ（一四四九―九二年。フィチーノは彼の指導教師）、レオン・バッティスタ・アルベルティ（一四〇四―七二年）、アンジェロ・ポリツィアーノ（一四五四―九四年）、クリストフォロ・ランディーノ（一四二四―九八年）、ピコ・デッラ・ミランドラ（一四六三―九四年）らが数えられる。フィチーノの容貌および人柄については、さまざまな言い伝えを通じて以下のように報告されている。この痩せ型で小柄な男は、話しぶりはいくらか遠慮がちであり、風変わりで禁欲的で質素な生活を送り、節度ある日々の日課と菜食を貫いたが、ただ葡萄酒だけは厳選されたものを好んだ、と。政治的主題にはほとんど関心を示さず、人付き合いにおいては柔和で、愉快で、さらに若者たちとの親しい会話では熱中して多弁になったが、一人になると深い孤独に襲われたと言われる。

三　キリスト教的プラトン主義――フィチーノの著作の基本的論点

フィチーノの思想は古代のすべての源泉から糧を得ており、特定の時代に限定されることのない膨大な知識を誇っているが、とりわけプラトンと新プラトン主義の哲学がその思想の中核をなしているのは明らかである。広い意味で理解されたこのプラトン主義の伝統は、ガンのヘンリクス（一二九三年歿）やヨハネス・ドゥンス・スコトゥス（一二六五／六六―一三〇八年）たちのようなスコラ学の著作家たちさえをもそのうちに数え入れることができるものの（Corsi, IV）、やはりプラトン自身の著作がその規範にして中心となっているのは間違いない。プラトンを優先する理由について、フィチーノは明確な説明を与えているが、その選択は慎重な考察の結果というよりも、むしろその起源は彼の学生時代に受けたゲミストス・プレトンの影響にまで遡る深い共感に求められる。プレトンは、フェラーラ・フィレンツェの東西教会の統一公会議（一四三八―四五年）においてギリシア教会の代表を務め、その地で一四三九年に人文主義者たちのために『プラトンとアリストテレスの区別について』という文書を著している。

プレトンのプラトン主義は、彼のミストラス滞在中（一四三一―三六年）の弟子で、のちに枢機卿となったベッサリオン（一四〇三―七二年）によって引き継がれた。ベッサリオンは一四三八年から三九年にかけてこの公会議にビザンツ側の司教たちの代表として参加したが、一四三九年にはカトリック教会に改宗し、一四四三年にローマに移り住んで以後は、周囲にローマの知識人たちを集め、ある種の「アカデミー」を主宰した。プレトンとベッサリオンのプラトン主義に対して、強固なアリストテレス主義を代表したのはギリシア人、ゲオルギオス・トラペズンティオスである。彼はヴィチェンツァとヴェローナでギリシア語を教え、教父たち（アレクサンドレイアのキュリロス〔三七〇／八〇―四四四年〕、カイサレイアのエウセビオス〔二六三／六五頃―三三九／四〇年〕、バシレイオス〔三三〇頃―三七九年〕、ナジアンゾスのグレゴリオス〔三二五／三〇―三九〇年頃〕、ヨアンネス・クリュソストモス〔三四〇／五〇―四〇七年〕）、さらにプラトンとアリストテレスのいくつかの著作を翻訳していた。このゲオルギオスの論難に対してベッサリオンは、『プラトンを誹謗する者に対して』なる四巻の文書で応答している。この著作はその強烈な影響によって、ヨーロッパにおいてプラトンを救出する役割を果たした。一四六九年にこの文書を読み、深い感銘を受けたのがフィチーノであり、彼は同じ年のうちに主著『プラトン神学』の下書きを始める。同書は「ルネサンスの〈神学大全〉、またフィレンツェ人文主義の最も深く、最も優れた表出」[*17]と呼ばれることとなる。

この『プラトン神学』をロレンツォ・デ・メディチに捧げる際の献呈書簡（一四七四年）という重要な文書において、フィチーノはプラトンを取り上げる動機を説明し、同時に彼のプラトン理解の主要な主題を提示している。この書簡の中でプラトンは、「哲学者たちの父プラトン」、「われらのプラトン」、「天のごときプラトン」[*18]と呼ばれる。そのプラトンに対しては、一切の思惟が、「洞窟の比喩」におけるように、第一の根源にして目的である神への精神の関係から開示される。プラトンは「視力が太陽の光に対して関わるように、すべての精神は神へと関わり、精神は神の光なしには何も認識しえないことを理解したがゆえに、人間の精神がすべてを神から賜ったように、すべてを神へと関連づけることを正当にも正しく敬虔なことだと判断した」[*19]。理性と意志を並行するものとして捉えるフィチーノの特徴的な考えによれば、プラトンの道徳哲学が主張するように「精神がついにより明るくなり、神的光を知覚し神を崇敬するためには、精神が浄化されるべきである」[*20]のと同様に、理論的探究においては「われわれは最終的に諸原因の原因自体に達し、そこに見出される原因を崇敬するためにこそ、原因は探られるべきである[*21]」としている。フィチーノにとってプラトンは、哲学と生の統一の模範であり、この「知ある敬虔」(docta pietas) という、まさにルネサンスの哲学的思惟の基本理念とも合致する目標に向かってフィチーノは邁進する。「われわれのプラトンは他の者たちを敬虔の勤めに関してただ戒めただけでなく、彼自身が実際に最も優れた模範となっている[*22]」。プラトンの哲学はそれゆえ内容に関しては、神の観想を目的とした神学であり、そこにこそフィチーノ固有の思想の指導理念を認めることができる[*23]。「彼の教えはすべての民族において神学と呼ばれている。なぜなら倫理的なもの、弁証論的なもの、数学的なもの、自然学的なものなど何であれ、それらを最高の敬虔をもって、神に関する観想と崇敬へと還元することなしには彼は何も扱うことがないからである[*24]」。

フィチーノの解釈によれば、神中心的なこの根本モティーフは、プラトンの思惟においては、精神形而上学的に、それゆえ人間論的に展開されている。それというのも人間精神は、鏡のように神に向けられており、神によって刻印されているからである。「彼〔プラトン〕は精神を鏡のようなものであり、その中には神の顔の像が容易に反映していると考えていた。それゆえ霊魂は個別的な痕跡を通して神自身を熱心に追求するならば、魂においてどこにでもその現れを発見するのである[*25]」。精神と神との対応によって「人間の神的尊厳」というルネサンスの中心的モティーフとともに、精神の反省的自己関係が基礎づけられるのであるが、そこにおいてはソクラテス＝アウグスティヌス的な自己認識という主題が、反省する主観と精神の超越論的自己根拠づけという近代のモティーフへと移行させられている。「あの神託（汝を知れ）が何よりも勧告していたのは、神を知ろうと望むなら誰もが、まず自分自身を知ればよい、ということだと理解する」[*26]。プラトン思想の深層にまでいたる分析を通して、フィチーノは相互に有機的に絡み合う二つの焦点を見出している。すなわち神学的なモティーフは人間中心性を存在論的に根拠づける一方で、その精神形而上学的かつ人間論的なモティーフによって、神中心性へと向かう認識理論上の通路が拓かれるのである。「それゆえ、誰であれプラトンの著作を（私はもうだいぶ前からラテン語に翻訳したが）注意深く読むならば、確かにすべてを、しかしそのすべてのなかで特に二つの最も大事なこと、つまり認識された神に対する敬虔な尊敬と、諸精神の神性を見出すだろう。この二つにおいて事物のすべての理解、また生活の全面的な導き、また全面的な幸福が成立している」[*27]。

主著の標題と主題は、以上のようなかたちで説明されたことになる。「ところで私は、……他のものに優って二つのことに熱心に尽力したのであり、そのために本著作全体を〈プラトン神学——魂の不死性について〉と題すべきだと判断した」[*28]。人間の精神に対して真理の全体が開示されているのであれば、人間は哲学的な思惟において、精神の自己認識を介して一切の被造存在の認識、そして自らの原像としての神に対する精神の認識への道を拓き、それによって人間は、自身の超越への関係にもとづいて自らを存在者全体の中心として理解することができる。「これを著した主な意図は、特に被造的精神の神性自体において、あたかもすべてのものの鏡という媒介におけるかのように、創造者自身の業を観察するとともに、精神を観想し尊敬することであった」[*29]。こうしてこの自己認識は自らの真理性を、ただ神への崇敬に満たされた自己関係を通じてのみ実現するのである以上、徹底した哲学的思惟は宗教的な神崇敬へと導かれる。したがって神に対する崇敬は、神の本質によって要求されるのと同様に、「人間の尊厳」（humana res）のためにも必要とされるものなのである。「これを何よりも全能の神が命じている。これを人間の尊厳が全面的に要求している」[*30]。人間を神の崇敬へと導こうとするこのような取り組みにおいて、フィチーノはプラトンに同意する。「天のごときプラトンはその昔、自分の者たち〔弟子たち〕のために神の霊感のもとで容易にこのようにした。そしてわれわれ自身もプラトンにならって、しかも神の助力に信頼して、同じことを自分の者たちのために、この骨の折れる著作で企てたのである」[*31]。

フィチーノが『プラトン神学』の目的設定について語っていることは、彼の著作すべてに当てはまる。それというのも彼の全著作は、アウグスティヌスの場合と同様に、神と魂という二つの極の周りをめぐり[*32]、政治思想などプラトンのその他の論点にはほとんど関心を払っていないからである。そこにはまず、古代末期の新プラトン主義におけるプラトン理解のもつ傾向が反映していると考えることができる。「アリストテレスとプラトンは不可分でありながら、しかしプラトンの教えは盲目の精神に光を与え、傷んだ心をそっと浄めるための唯一の妙薬であり続けた」[*33]。しかし、『プラトン神学』の副題にあるように、そこでは人間精神が魂として、特にその不死性を念頭に主題化されている以上、その論述には同時代のパドヴァ大学を牙城としたアヴェロエス的なアリストテレス主義に由来する動機を見ることができるであろう。「逍遥派《ペリパトス》によって占められたほとんどの全世界は主に二つの派に分かれている。つまりアレクサンドロス派とアヴェロエス派である。前者はわれわれの知性が可死的であると考え、後者は知性は単一であると主張している。しかし双方は同様に宗教性のすべてを根本的に排除してしまう」[*34]。フィチーノが辛辣に批判するのはこのアリストテレス主義者たちの不十分なアリストテレス理解である（cf. *Op*., 655）。スコラ学以後のアリストテレス主義は十五世紀イタリアにおいて二つの学派へと展開したが、その双方は、人間の魂の不死性を拒否する点で共通していた。アレクサンドロス派は、アフロディシアスのアレクサンドロス（一九八―二〇九年頃活動）を継承して、知性の可死性を支持している。それというのも彼らは、知性は魂の一部であり、また魂は身体の形相である以上、身体とともに消滅せざるをえないと考えたからである。それに対してアヴェロエス派は、繰り返された異端宣告（一二七〇、七七年）にもかかわらず、知性の単一性と不死性を唱えた。ただし彼らの言う知性とは超個人的な知性であり、個としての人間に固有のものではない[*35]。ともあれ、のちにピエトロ・ポンポナッツィ（一四六二―一五二五年）によって支持されるこの二つの主張は、一五一三年一二月一九日に第五回ラテラノ公会議で、神学と哲学とでは相互に矛盾する真理が両立可能であるとするいわゆる「二重真理説」とともに弾劾された[*36]。

フィチーノ自身はこれら二つの学派の主張を、個人の魂の不死性の理論に融合的に結合していた。「われわれはいくつかに分散したプラトン派の真理と逍遥《ペリパトス》派の真理を、解釈者としてこのように一つに集めたい。われわれはアヴェロエスから受容的知性が不死的であることを採用する。アレクサンドロスからは受容的諸知性がわれわれの霊魂に自然本性的に授けられた何らかの能力であり、魂の数と同じ数だけあることを採用し、人間たちの魂が不滅であることを帰結しよう。そしてこれは〔新〕プラトン派、キリスト教徒たち、またアラブ人の神学者たちの、古《いにしえ》の逍遥《ペリパトス》派に最も適した結論である」[*37]。フィチーノは『プラトン神学』で、人間の個的な魂の不死性の証明を目的にしてプラトンの論証に取り組み、長大な第一五巻をもってアヴェロエス主義への反論に充てている[*38]。同じことに関してフィチーノは「われわれと同じプラトン主義者」、「自分の友なる哲学者」[*39]ピコ・デッラ・ミランドラに宛てた手紙でも、「ある人たちにはエピクロス〔前三四一―二七〇年〕の不信仰を捨てて、またいかなるアヴェロエス的な学説も無効とみなし、われわれのプラトンの魂と神についての敬虔な教えに従うようにと納得させた」[*40]と祝辞を述べている。

フィチーノは自らのプラトン主義の受容が、キリスト教の教えに対するプラトン主義の近さによって裏づけられているものとみなし、とりわけ個人の尊厳を存在論的に基礎づけるには不可欠のものである神認識の可能性と霊魂の不死性への問いに関しては、プラトン主義を拠りどころにしている。そのためフィチーノは書簡の中で、「プラトンの理論がキリスト教の教説にいかに類似しているか」[*41]を語っている。しかしながらプラトンを受容したこの決断はきわめて根深いものであり、護教的意図による単なる方法的選択を越えたものであったと推察できる。むしろフィチーノは、自らが常に忠誠を尽くしたキリスト教および教会の教えと、自らをプラトンに導いた哲学的洞察とのあいだに幸運な一致を見出していた。それゆえフィチーノは、理性と信仰のこの調和を、哲学史的背景にもとづいたうえで、体系的思想によってできうる限り明らかに提示することを自身の生涯の課題とみなしたのである。彼によると、真の哲学者は、自らを哲学史家であるとか、プラトン主義などのある学統の信奉者だとは思わず、神の真理の解釈者であると考えているものである。「それゆえわれわれが神を認め、愛するために、世界全体はいたるところで叫びを上げ、世界と神の解釈者である真の哲学者もまた熱心に証明を行い、またそうするように勧告している」[*42]。

フィチーノは、自らのプラトン解釈がキリスト教的な真理の先行理解に導かれていることを自覚しているばかりか、プラトンをそのように読み解くことが事柄の真理によって正当化されるとも信じていた。「私は……キリスト教的真理に最も類似しているプラトン自身の模写を表現しようと決心した」[*43]。しかしながらキリスト教的真理に方向づけられたこの解釈は、プラトンになんら損失を与えるものではなく、プラトンを彼の最も深い意図のうちに開花させるものである。夥しい魚が捕獲されるという福音書の挿話に言及しながらフィチーノは、「プラトン的理拠」（Platonica ratio）を漁網に喩えて、「プラトン的理拠は、もしキリスト教的真理のもとに正しく牽引されるなら、はち切れることなく満たされつつ完全なままに残る」[*44]と考えている。それゆえフィチーノは、キリスト教徒ではなかった新プラトン主義者たちが、プラトンを理解する際にキリスト教の信仰箇条にきわめて近くにまで接近しているのは、彼らが「ヨハネによる福音書」を読み、プラトンをキリスト教的な光のうちに理解したためだと確信していた。「実際、プラトン学派の人々は神のごときプラトンを解釈するために、キリスト者たちの神的光を利用した」[*45]。なるほど古代の哲学者たちからはキリスト教の意味で完全な教義を期待することはできない。「キリストの到来に先行した彼ら〔古代の著者たち〕には、まずキリスト教的な事柄を最高度にまで要求すべきではない」[*46]。しかしフィチーノの見解によれば、信仰と理性はその基礎においてまた全体にわたって照応するということが哲学史によって証示されている。哲学史の事実的な進行が示しているように、哲学的思惟の展開は、キリスト教的な真理に向かって進んでいるのであり、その行程は、「一人ひとりの才能に応じてすべての人を自らのほうへと驚くべき仕方で引き戻すことを望んでいる神の摂理なしに[*47]」実現されたことはない。

フィチーノによれば、哲学はその固有の本質からして宗教に接近する。それというのも、哲学的に思惟する精神は、根拠と原因への問いを通じて最高の原因にいたり、またこの最高の原因は、一切の秩序の起源として賢明な摂理のうちに世界と人間を導くものである以上、最終的に宗教の対象と一致するからである。「真に哲学する者の努めは以下のこと以外ではありえない。すなわち、諸部分また宇宙全体の個々の根拠と原因を常に考察し教えること、ついで物事の根拠と原因自体を指摘することにおいて、ついにすべてのものの最高の根拠と原因にまで達し、さらに他の者たちを可能な限り自分自身とともにより上のものへと導くこと、そして世界がどれほどの知恵によって支配されているかを示すと同時に、人類に対してどれほど目的に適った仕方で導かれるかを摂理に適った確実な理拠にもとづいて証明することとである[*48]」。万有の構造の再遂行と、人間精神にとって本質的な超越関係の根本遂行として、プラトンが言うように、「哲学は……低次のものから高次のものへ、闇から光への精神の上昇であり、その哲学の始原は神の精神による促しであり、……その目的は最高善の所有にして、その最終的な成果は人間に対する正しい指導である[*49]」。人間精神はこの哲学的な上昇を通して、自身の浄福の原理に達し、やがてその原理へと変容するにいたる。「哲学のおかげで精神は、いつかいわば神になることも実現できようというものである[*50]」。こうして人間の神への接近、あるいはいわば「神化」が、哲学することの最高の目的であることが示される。「そこで哲学の贈り物として、魂はただ幸福になるだけではなく、むしろこう言ってよければ、神となるとき、何らかの仕方で至福そのものとなる。そこでは死すべき者のすべての事象、技術、仕事が消え、すべてのうちに唯一残るのは哲学のみである。そこでは真の至福は真の哲学以外の何ものでもない」[*51]。哲学者が人間を真理へと、つまり神認識へ、そして浄福へと導く限り、そこにはある宗教的課題が人間に固有のものとして与えられる。「それゆえ哲学者はわれわれを神に対する観想へと高める限りでは、知恵者と呼ばれ、また神の善への愛へと燃え上がらせる限りでは、敬虔で宗教心溢れる者と呼ばれるべきである」[*52]。フィチーノは、ただ『キリスト教について』のように明らかに宗教的な著作においてだけではなく、哲学的な思惟そのものにおいて、自らの課題を本質的に宗教的なものと理解している。「古代への追随者マルシリウス〔フィチーノ〕は、あなたが求めているあの一つの宗教書においてのみではなく、実際そのすべての書物においても、精神の力に応じて、哲学的なもろもろの事柄に常に宗教的なものを結び合わせているのである」[*53]。

敬虔な宗教性と比べて、哲学の営みは、純粋に知性的で、それゆえ理解を普遍的に可能にするという点で利点をもっている。したがって哲学的思惟は、才能はあるが信仰のない知識人に、信仰への道を開くことを可能にする。「人々の鋭く、何かしら哲学的な才能は、哲学以外の何らかの養分によって、いつか完全な宗教へと引きつけられ、徐々にそこへと導かれるなどと思うべきではない」[*54]。知識人たちはそれゆえ特に「プラトン的理拠」（cf. *Op.*, 78; 930）を通して「あたかも何らかの中庸の道を通してであるかのように、最終的にキリスト教的敬虔にいたる」[*55]と言われる。それは歴史的には「かつて、プラトン派以外の哲学者がキリスト教を受け容れたことなど、あなたは読んだことがない」[*56]ということによって裏づけられる。その主要な証人はディオニュシオス・アレオパギテスである。「それらの古代人のあと、プラトン派の人で、ついでキリスト教徒となったディオニュシオス・アレオパギテスは、同じことを自らの種々の書物において幅広く議論している」[*57]。フィチーノは、そのような道を拓く先駆者となる使命が、神の摂理によって自らに与えられていることを痛感している。「私はこう信じており、それは空虚な信念でもない。つまり神の摂理は次のことを決定した。神法の権威だけでは容易に譲らない多くの人々の誤った精神が、少なくとも宗教をかくも支持するプラトン派の論証に賛同するようになること。そして、哲学研究を聖なる宗教からあまりにも不敬虔に切り離す人々は、ある者が知恵への愛ゆえに知恵そのものに対する尊敬から離れ、あるいは真なる知解のために正しい意志から逸れたのと同じように間違いを犯したことを、いつか認めるであろう」[*58]。

キリスト教信仰とプラトン的理性が互いに並行関係に置かれ、また調和するとみなされるがゆえに、フィチーノの思惟を「キリスト教的プラトン主義」と呼ぶとするなら、そこからは自ずと、それら双方の区別、あるいは双方の原理の優劣についての問いが生じる。キリスト教信仰と哲学的思惟をその内容について同等なものとして並べるなら、それは啓蒙主義の意味における自然本性的な理性宗教に繋がることになる。フィチーノが宗教に関して、賛意をもって「自然な」、また「共通の」[*59]という言葉を用いている以上、なおさらその印象が強まることだろう。フィチーノは両者の区別を、アウグスティヌスとともに、哲学的思惟がただ人間理性にのみ依拠するのに対して、キリスト教の真理が権威によって保証されていることのうちに見ている。「アウレリウス・アウグスティヌスは、われわれが二重の道で、つまり権威と理性によって真理へと導かれると書いている。さらにまた、自分がキリストの権威をすべてに対して優先し、それに最も適合する考え方をただプラトン学派の人たちのもとにのみ見出し、彼らのもとから「ヨハネ福音書」序言のほとんど全体が拾い集められうるともある」[*60]。それゆえ信仰内容はフィチーノによって、哲学的理性が自らを測るための無条件的な基準とみなされる。そのため神学も、その明確な教義が福音にもとづいている限り、曖昧で誤謬に陥りかねない哲学に対して優位をもっている。「なるほどすでに聖なる福音の至福なる想起は、哲学的な迂回路を捨て、キリスト教の神学者たちの示す最短の小径を取って幸福を求めるようにと、われわれを励ましていると思われる」[*61]。しかし哲学はその諸理拠によって、神学的真理に基盤を与え、それを明らかにすることができる。フィチーノは『ソクラテス的なものによるキリスト教的なものの裏づけ』[*62]なる書簡で、キリスト教的な信仰と理性の関係を、キリストとソクラテスの関係と類比的なものとして描写する。ソクラテスはその生涯と死のうちに、「何らかの暗示によってキリストを救いの創始者として――言うなれば――予示した」[*63]というのである。ここでフィチーノは、「ソクラテスを〔キリストの〕擁護者というよりも、いわばライヴァルとみなしている」[*64]といって非難するであろう反対者に対して、抗議している。ソクラテスと古代プラトン主義は、キリストとその教えに反するものではなく、むしろそれを弁護するものなのである。

　プラトンを後ろ楯としてキリスト教的な真理を裏づけるために、フィチーノは特にプロティノスによるプラトン解釈を援用する一方で、たとえば『パイドロス』のまったく独立した解釈を展開させる場合もある。その解釈は、キリスト自身に言及することなしに、旧約聖書におけるキリストの救済史的予表をプラトンの対話篇と関連づけて比較することで、直接に引き出される。「フィチーノは、巧みにもキリスト教――とりわけ注目すべきは、堕罪、受肉、贖いというその三大教義――とまったく互換的な解釈に辿りつく」[*65]。その場合フィチーノは、体系化を意図するところから、文章の字義通りの意味から読み取れるのとは別のところに重点を置いたことを、虚心に認めていた。そのためにフィチーノは、古代プラトン主義の知性主義的傾向を、アウグスティヌスとディオニュシオス・アレオパギテスに拠りながら、人間精神のもつ感情と意志の活動を強調することによって補填しているのである[*66]。仲裁的ではあるが、根本においては確固としたフィチーノのキリスト教的な思惟形態は、プラトン主義の非キリスト教著作家たちを、三位一体というキリスト教の中心的奥義の認識への途上にあるものとして見る考えにおいて顕著である。

『哲学を讃美する演説』(*Op.*, 757-759)という初期の書簡において、神の三重的な徴表――「実存し、知り、作用することの原理」[*67]など――について、エジプト人たちから発し、アラブ人たちを経て、ギリシア人たち――ピュタゴラス(前五八〇頃―五〇〇年頃)、ヘラクレイトス(前五五〇頃―四八〇年頃)、プラトン、そしてイアンブリコスやプロクロスに及ぶ「古代神学」の流れを、ポワティエのヒラリウス(三一五頃―三六七年)およびアウグスティヌスにおけるキリスト教的三位一体神学にいたる発展系列のうちに位置づけたうえで、アウグスティヌスに賛同して以下のように言う。「そのほかに古《いにしえ》の哲学者たちによってはじめて導入された神のこれらの三つの名称のうちには、キリスト教的三一性が何らかの仕方で含まれている。そしてプラトンによって考案され、区別された哲学の三つの種類は、そのすべての部分においてこの三一的本性に対応する」[*68]。「そこからは、哲学がそのすべての部分において、哲学の教えと神学の教えとの完全な対応を導き出している。フィチーノはここから、哲学がそのすべての部分において、（言うなれば）全体的で完全な神性に適合し、父と子と聖霊の力と知恵と善性のある全面的で絶対的な（それがわれわれに許されている限り）像（imago）を含んでいることが十分に理解可能である」[*69]。

そしてフィチーノは、プラトンの『饗宴』でディオティマに霊感を与えた霊と、キリスト教の聖霊とを同一視している（cf. *Op.*, 1238-1239）。しかし他方でフィチーノは、三位一体を思わせる思想が新プラトン主義のうちに見出せるにしても、それは新プラトン主義者たちが「ヨハネ福音書」やディオニュシオス・アレオパギテスの文書に触れたためだと推測し、三位一体の教義はあくまでもキリスト教に由来するものであるといった主張を堅持する。「私はヌメニオス〔二世紀末―三世紀初頭〕、フィロン〔前二五／二〇頃―後四五／五〇年頃〕、プロティノス、イアンブリコス、プロクロスなどの主な神秘的命題がヨハネ、パウロ、ヒエロテオス、ディオニュシオス・アレオパギテスから受け取ったものであることを確実に見出した。というのも、彼らが神の精神、また天使たちについて、さらに神学と関係ある他のことについて優れたことを言っているそのすべては、明らかに彼らから受け取ったものだからである」[*70]。

プロティノス自身さえも、たとえどれほど思惟と生涯において三位一体に近づいていたとしても、三位一体本来の認識には達してはいない。「プロティノスはたびたび使徒ヨハネとパウロの神秘的命題に言及しているが、それにもかかわらず三位一体の神秘に到達したというより、むしろそれを探求し、力の限り模倣したのだと思われる」[*71]。また、ウラヌス―サトゥルヌス―ユピテルといった古代神話の三神群の系統も、三位一体に無造作に適用することはできない[*72]。専門家としての所見が求められた際には、キリスト教外部の古代著作家たちにおいては三位一体を見出すことはできない旨を結論として明言している。「それゆえ、キリスト教の三位一体の秘密は、プラトンの書物自体のうちにはまったく存在しないということを、私はためらうことなく主張する。しかし意味としてではなく、言葉としてなら、何らかの仕方でそれに似たものはある。より類似した真なるものはキリストののちに活躍した彼〔プラトン〕の継承者のうちにある」[*73]。

フィチーノは「プラトン的理拠」のうちに、キリスト教に完全に到達するのではないにしても、そこへと導く「中間の道」[*74]を認めている。そこでフィチーノは、高次の自然倫理とそれに即した哲学的一神論のうちで一生を送った非キリスト者に対して、救済に達する可能性という点で、中間的な位置を与えることを試みている。それが「中間的」であるというのは、完全な救済にとっては、キリストの恩寵が何よりも欠かせない前提だからである。「ピュタゴラス、ソクラテス、プラトン、また唯一なる神の他の崇敬者は、最高の生き方を体現し、モーセあるいは自然法的な規律に従ったこうした崇敬者は地獄行きを逃れたが、キリストの至高の恩寵なしには、至高のものにふさわしくなることはできず、それゆえある中間的な領域に送られ、辺獄《リンブス》で救い主であるメシアの到来について……確かな知らせを受けた」[*75]。

フィチーノの著作においては、神認識、あるいは神における浄福な完成を求める人間の自然的要求といった哲学的論述が前面に出ることで、罪および超自然的恩寵（cf. *Op.*, 411)、キリストと信仰による救いといった主題は、ほとんどその陰に隠れてしまうが、それでも先の引用から窺えるように、それらの宗教的主題は、哲学的認識が展開される際の基本的な枠組みとなっている。「アリストテレスによれば信仰は知識の基盤であり、プラトン学派の人々が証明するように、われわれは信仰のみによって神に近づくのである」[*76]。こうしてフィチーノは、神学的基本公理――たとえばここでは信仰のみによる義化――が、キリスト教以前の哲学者たちにおいてすでに知られていたことを示すことによって、それらの基本公理が人間すべてにとって普遍的な意義をもつことを確認しようとしているのである。

四　教父たちを介しての古代への通路

(一)　哲学史の再構成

プラトン哲学の優位を根拠づけ、そうして聖書的な啓示との平行関係を要請するために、フィチーノはプラトン哲学がきわめて古い由来をもつ点を強調する。フィチーノにとってプラトン主義はただ他の諸思潮のなかの一つなのではない。プラトン主義は起源的な哲学、あるいは哲学的神学であって、それは確かにプラトンにおいてその頂点に達しはしたが、その実、まさにモーセに発する啓示とほぼ同程度に古くからのものである（cf. *Op.*, 1836)。もとより哲学は、その合理性如何によって信憑性が定まるものではあるが、そこにさらに、年代の古さという、先の啓示の権威にも比されうる外的な権威が付け加えられる。フィチーノはこの「古代人の哲学」（phiosophia veterum）ないし「古代神学」（prisca theologia）の始まりをメルクリウス〔ヘルメス〕・トリスメギストス（Mercurius [=Hermes] Trismegistos）に見ている。というのも、現在でこそ「ヘルメス文書」は古代末期のグノーシス主義による折衷的な捏造物とみなされているが、フィチーノは、ラクタンティウス（二五〇頃―三二五年頃）やアウグスティヌス[*77]（cf. *Op.*, 1836）とともに、それを初期エジプト思想と同時代のものと考えているからである。魔術、占星術、医学、そして神学にもわたるこの文書の翻訳は、フィチーノによって『ピマンデル』と題されて一四七〇年公刊されている。これはフィチーノの作品のなかでも最も広く読まれ、また近代の錬金術と秘教秘儀に大きな影響を与えたものである。

その序文では、メルクリウス〔ヘルメス〕について次のように記されている。「彼は、哲学者たちのなかで最初の者であり、自らを自然学的また数学的なものから神的なものの観想へと向けた。……それゆえ神学の創始者と呼ばれた。彼に従ったオルフェウスは古代神学の第二の役割を獲得した。オルフェウスの聖なるものを伝授されたアグラオフェモス（Aglaophemos）が弟子となり、ピュタゴラスが神学に関して彼の弟子となり、彼にはさらにフィロラオス〔前四七五年頃活動〕が従い、彼がわれわれの神的プラトンの教師となる。それゆえ古代神学はまったく一つのものであり、ある驚嘆すべき秩序で六人の神学者から一つの一貫した学派として結集され、メルクリウスに発し、神のごときプラトンによって徹底的に完成された[*78]」。プラトン以後アカデメイアは六つの枝に分かれ（cf. *Op.*, 386）、ようやくプロティノスにおいてこの古《いにしえ》の知恵は、プラトンがプロティノスを自身の子と認めることができるほどの概念的明晰さに達した（cf. *Op.*, 1548）。「神的諸神秘を数学的な数字と形態、さらに詩的な創作物によって覆い隠すことは神学者たちの古い習慣であった。ついにプロティノスが神学からこれらの覆いを取り除いた。ポルフュリオスとプロクロスが証言しているように、彼だけがはじめて古の人の秘密を神的な仕方で見抜いたのだ」[*79]。プロティノスは、キリスト者アンモニオス・サッカス（一七五頃―二四二年頃）の学徒にしてオリゲネス（一八五頃―二五四年頃）の友人でもあったところから、キリスト教の影響下にあった。「プロティノスの精神がキリスト教の法からまったく関係のないものではなかったことを、次のことからわれわれは推察できる。すなわち、彼はキリスト教徒であったアンモニオスの常なる弟子であったし、最もキリスト教的なオリゲネスの生涯の友人として、オリゲネスおよびヘルメニオス（Hermenios）とともにアンモニオスの教えからけっして離れまいと決意し、その約束を守ったと言われることから、それがわかるのである」[*80]。

フィチーノが中世において純粋にプラトン的な伝統と認めるのは、彼自身が翻訳したミカエル・プセロス（一〇一八―八一年以降頃）を始めとして、アヴィケブロン（イブン・ガビロル 一〇二一／二二―五四／五八／七〇年）やファーラービー（八七〇頃―九五〇年）およびアヴィセンナらのユダヤ人およびアラブ人、さらにガンのヘンリクス、ドゥンス・スコトゥスなどのスコラ学者たちである。さらにフィチーノは、ゲミストス・プレトン（cf. *Op.*, 327）、ベッサリオン（cf. *Op.*, 616-617; 899）、ピコ・デッラ・ミランドラ（cf. *Op.*, 1537）、そしてクザーヌス（cf. *Op.*, 899）を、自身と同時代におけるプラトン主義の再興と見ている。しかしながらフィチーノが自分に固有の課題にして責務と考えたのは、（プラトン主義的）伝統全体[*81]の翻訳・註解を行い、その思想を体系的に発展させることによって、プラトン[*82]と古代のアカデメイアの再興[*83]に対して、その確かな基盤を整えることであった（cf. *Op.*, 948）。

(二)　源流としてのスコラ学と教父思想

フィチーノはこのプラトン的な哲学的思惟の系列のうちに自らをしっかりと位置づけたうえで、この系列をきわめて包括的な意味で理解することによって、異質の思考形態をもつとも思われるトマス・アクィナスなどの思想をさえも、深層の共通性を見抜く自身の思考法にもとづいて吸収することができた[*84]。フィチーノにおいては、アヴィセンナ（七二回）やアヴェロエス（五四回）が頻繁に言及されているのに対して、ラテン中世の思想家は総じて散発的に言及されるにとどまっている[*85]。アラブ人に近い背景をもつライムンドゥス・ルルス（一二三二／三三―一三一五／一六年）は幾度か（一二回）触れられているものの、他の重要な思想家たち、たとえばペトルス・アベラルドゥス（一〇七九―一一四二年）、ボナヴェントゥラ（一二一七／二一―七四年）あるいはウィリアム・オッカムなどは全著作の中で一度も挙げられていない。何回か挙げられているのは、ドゥンス・スコトゥス（七回）、ソールズベリーのヨハネス（一一一五／二〇頃―八〇年、六回）、アルベルトゥス・マグヌス（一一九三／一二〇〇―八〇年、五回）、ガンのヘンリクス（二回）であり、ただ一度のみ挙げられるのは、アエギディウス・ロマヌス（一二四三頃―一三一六年）、カンタベリーのアンセルムス（一〇三三／三四―一一〇九年）、ヨハネス・ブリダヌス（ジャン・ビュリダン一二九二―一三六三年）、コンシュのギヨーム（一〇九〇頃―一一五四年頃）である。それに対して、「キリスト教の神学者たち」という総括的な名称は、かなり頻繁に（およそ一〇〇回）言及されている。この引用の仕方は、無知によるというよりも、むしろルネサンスの時代精神に従って、古代を優位に置き、ラテン中世の位置を後退させようとする護教的戦略を背景にしているものと推定される。注目すべき例外は、トマス・アクィナス（二四回）である。トマスは常に賛意をもって引用されており、『対異教徒大全』、『運命について』（*De fato* 偽書）、『自然の隠れた業について』、『黄金の鎖』そして『神名論註解』が参照されている。「われらのプラトン」という言い回しと同様に、「われらのトマス」という言い方がしばしばなされており（七回）、トマスを「キリスト教神学の輝き」（四回）、「神学におけるわれらの道標」（三回）とも呼んでいる。[※86] [※87] 自身の正統性を弁明する狙いが見え隠れするこのような明示的な言及もさることながら、その著作においてトマスの『対異教徒大全』から長文の引用、あるいはわずかに書き替えられた引用がなされており、しかも――ルネサンス期に無記名の引用は珍しくはないにしても――その引用にトマスの名が挙げられていないというのは興味深いことである。彼の主著『プラトン神学』だけでも、一〇行以上にわたるそのような引用が九六箇所指摘され、そのいくつかには意図的に古代の著作家が偽名として当てられている。[※88] 後期の著作「ロマ書」註解（『パウロ書簡註解』）も、全面的にトマスの同書の註解（『ロマ書註解』）に依拠している。[※89] また、若い頃大司教アントニヌスによって与えられた勧めに従って、フィチーノはトマスの『対異教徒大全』を、この著作に限っては幾度も読み返して熱心に検討し、時にはある頁全体を書き写しているほどである。[※90] こうした点から、フィチーノのプラトン主義が、神認識と人間の神探求という問い、存在形而上学および精神形而上学、さらに被造物の形而上学的構造に関して、トマスの思索から深い影響を受けていることは疑いようもない。

フィチーノの同時代にあって、プラトン的な主題を思弁的に徹底して深めていく同種の試みは、多くの点でニコラウス・クザーヌスにも見出され、そこではトマス・アクィナスの受容までもが類似しているため、フィチーノに対するクザーヌスからの影響の有無も問題となるところである。フィチーノはクザーヌスのことを一度、プラトン主義者として言及しており（cf. *Op.*, 899）、クザーヌスの数学的思弁を知っていたことも確実である。しかしフィチーノがクザーヌスのテクストそのものを読んでいたというのは憶測の域を出ず、それもフィチーノの晩年に関してかろうじて想定されるにすぎない。両者のあいだには、「無限と有限はけっして比例しない」[*91]など、類似の命題が若干見られるものの、それらはもともと盛期スコラ学に由来するものであり、フィチーノの哲学的神学および精神理論がクザーヌスからその着想を汲んでいるとみなせるほど、両者の思想的対応関係は十分なものではない。むしろ二人の哲学者が同一の源泉に依拠しているところから、両者の哲学的着想には類縁性が生じたものと見るべきであろう。[*92]

中世思想家についての控えめな態度に比べると、数多くの教父たちが頻繁に言及されているのは、注目に値する。名指されるのは、アンブロシウス（三三九頃―三九七年、七回）、アタナシオス（二九五頃―三七三年、八回）、アウグスティヌス（七〇回以上）、バシレイオス（五回）、ボエティウス（四八〇頃―五二四年頃、一五回）、アレクサンドレイアのクレメンス（一五〇頃―二一五年以前、六回)、ローマのクレメンス (九六/九八年頃活動、六回)、キュプリアヌス (二〇〇/一〇―二五八年、一回)、キュリロス (一回)、アレクサンドレイアのディデュモス (三一三頃―三九八年頃、二回)、ディオニュシオス・アレオパギテス (八〇回以上)、エウセビオス (二〇回)、フィルミクス・マテルヌス (三六〇年以降歿、四回)、ナジアンゾスのグレゴリオス (七回)、ヒエロニュムス (三四七―四一九/二〇年、一四回)、ヒラリウス (二回)、アンティオケイアのイグナティオス (一一〇年頃歿、四回)、ダマスコスのヨアンネス (六五〇頃―七五〇年頃、二回)、エイレナイオス (一三〇/四〇―二〇〇年頃、一回)、セビリャのイシドルス (五六〇頃―六三六年、一回)、ユスティノス (一〇〇頃―一六五年頃、七回)、ラクタンティウス (八回)、大教皇レオ (四〇〇頃―四六一年、在位四四〇―歿年、二回)、ネストリオス (三八一頃―四五一年以降、一回)、オリゲネス (五二回)、ポリュカルポス (一五六年歿、二回)、シュネシオス (三七〇頃―四一三年、二二回)、テルトゥリアヌス (一六〇以前―二二〇年以降、一三回)、ウィクトリヌス (二八一/九一―三六五/八六年、一回) などであり、さらには初期キリスト教の殉教者の名が列挙されている箇所が存在する。ギリシア教父のなかでは、フィチーノは、アテナゴラス (一七七年活動)、シュネシオス、ディオニュシオス・アレオパギテスらを翻訳している。このように教父たちに遡ることに関して、フィチーノはフィレンツェ・ルネサンスで教父霊性を再興した知識人、アンブロージョ・トラヴェルサーリ (一三八六―一四三九年) に従っており、彼の翻訳を熟知してもいた。ゲオルギオス・トラペズンティオスに反対するベッサリオンの著作『プラトンを誹謗する者に対して』――フィチーノも歓迎している著作――にも、トマスからの引用 (五四回) のほかに、アウグスティヌス (二九回)、ディオニュシオス・アレオパギテス（二一回）、ボエティウス（六回）、バシレイオス（四回）など、教父たちへの参照が数多く見出される。

アウグスティヌスおよびディオニュシオス・アレオパギテスからはたびたび引用がなされていることから、この教父たちがフィチーノにとって特に重要であったことが推測される。それゆえここではアウグスティヌスを手始めとして、フィチーノの思想において教父たちが果たした役割を明らかにしよう。

(三) アウグスティヌスの精神論の継承

アウグスティヌスについてフィチーノは、トマスについてと同様に、「われらのアウグスティヌス」、「神的才能の人」、「あの最も神的なわれらの指導者」、「われらの指導者にして教師」と語り、ヒラリウスともども「ラテン神学者の筆頭」とみなしている。[*93] フィチーノがアウグスティヌスの著作のなかで引用しているのは、『告白』、『神の国』、『エンキリディオン』、『アカデミア派駁論』、『八三問題集』、『ソリロクイア』、『魂の不滅』、『魂の偉大』、『音楽論』、『真の宗教について』、『自由意思論』、『三位一体論』であり、[*94] その選択からはフィチーノが哲学的またプラトン主義的着想のある著作をとりわけ好んでいたことが見て取れる。そしてフィチーノの霊魂論からは、彼がアウグスティヌスの『魂とその起源』、『死者のための配慮』、『二つの魂について――マニ教徒駁論』、『創世記逐語註解』を知っていたことが窺える。フィチーノはトマスについてと同様に、アウグスティヌスからも長文の引用を行っており、そこには逐語的に忠実なものもあれば、自由に書き換えられているものもあるが、いずれにしても多くの場合アウグスティヌスの名が出典として挙げられてはいない。さらに『プラトン神学』にいたっては、その第一二巻の第五―七章がアウグスティヌスからの引用でほぼ埋め尽くされている。

アウグスティヌスに関しては、その具体的な学説内容以上に重要なのは、この最高の神学的権威が「知恵者にして聖なる人」、「ただ神のみに語る……敬虔な人」、「祈っているアウレリウス」、「優れたプラトン主義者」であること[*95]、すなわちプラトン主義を完全に体現しており、その生涯と思想を通してプラトン主義とキリスト教、そして理性と信仰の統一を真にキリスト教的に可能なものとして示しているという点である。「ラテン人のなかで彼〔アウグスティヌス〕ほど正確にプラトン的な偉大さを知恵によって、雄弁によって、証言した人はいない[*96]」。フィチーノが強調するところによれば、アウグスティヌスは、プラトン主義の学説とそのキリスト教への親近性について、共感を籠めて繰り返し語っている。「アウグスティヌスは『アカデミア派駁論』において、……理拠にもとづいて議論すべきであれば、プラトン主義者たちにおいてはキリスト教徒の聖なる書物に矛盾しないものが見出されると語っている。……それゆえアウグスティヌスは『真の宗教について』という書物において、わずかな変化を加えるならば、プラトン主義者たちはキリスト教徒になるだろうと証言している。また『告白』において「ヨハネ福音書」序言のほとんどをプラトン派の人々のうちに見出したと述べている。……そこから、彼がプラトン学派の人々を他の哲学者に対して優先した理由は、プラトン学派の人々が神的事柄と人間的事柄に関して、他の哲学者たちよりもまったく正しく理解したからだと言っている[*97]」。

アウグスティヌスが、彼自身の証言によれば、プラトン主義の文書を通して信仰に達したということが、フィチーノにとっては、プラトン主義がキリスト教的な真理へ方向づける内的な可能性をもっていることを示唆しているのであり、またそうした展開こそ、フィチーノが同時代のプラトン主義に期待したものにほかならない。「かつてプラトン主義者であり、すでにキリスト教信仰について熟考していたアウレリウス・アウグスティヌスは、〔新〕プラトン主義者の書物に出会い、キリスト教的なものがその模倣を通して彼らによって証明されていることを知ったとき、神に感謝してキリスト教的なものを受け容れるところにますます向かっていった[*98]」。アウグスティヌスは彼の生涯においてプラトン主義からキリスト教に突き進んだだけではなく、キリスト教徒になってからも、プラトン主義を自身の信仰についての思索を導くものと思い定めていたのである。「異論の余地なく、わずかな変更だけでプラトン主義者たちはキリスト教徒になるということを〔アウグスティヌスは〕認めている。数ある哲学者すべてのなかから彼らを選んだというのは、彼らが神的事柄について他の哲学者よりも正しく理解している程度に応じて、彼らを他の人々より優先することは不公正ではないと思われたからである[*99]」。

その著作の権威によって裏打ちされたアウグスティヌスのこの選択は、フィチーノの模範となり、そこからフィチーノは「プラトン的理拠」の選択を自らの哲学的思索の基本構造として根拠づけている。「それゆえに私はまず聖アウグスティヌスの権威によって引きつけられ、それからキリスト教徒における多くの聖なる人々の証言によって次のことを確信するようになった。私が哲学すべきであるとき、私は主にアカデミア派において哲学するのが労するに値することであり、さらに、プラトンの教えがモーセまたはキリスト教の神法に対する関係は、月が太陽に対するようなものであるので、私はプラトンの学説がより広く輝きわたるようにと、プラトンのすべての著作をギリシア語からラテン語に翻訳した。またこの新しい光を見ても目が眩むことのないように、一八篇の註解書を書いたのである」[*100]。このテクストが示しているように、フィチーノにとっては、プラトン主義的伝統に属す著作の翻訳ばかりか、彼自身の哲学的思惟への決断、つまりプラトンおよびプラトン主義の著作に対するキリスト教的解釈としての『プラトン神学』の執筆の決断、そしてさらに教父たち（「キリスト教徒における多くの聖なる人々」）の研究もまた、このアウグスティヌスとの出会いにもとづいているのである。

アウグスティヌスという先例のおかげで、フィチーノは、キリスト者でありながら、あえて前キリスト教的古代の哲学的思惟をその広がりと深さのままに受容し、継承・発展させる方向に踏み出すことができた。こうして、古典古代に遡ろうとするフィチーノの試みは、アウグスティヌスによって開かれるとともに、プラトン的な思想をもった教父たちによって、その全体において正当化された。『プラトン神学』の献呈の辞が、キリスト教的プラトン主義体系の推進者としてのアウグスティヌスへの信頼を証している。「私はすでに以前、アウレリウスの権威を信頼し、……キリスト教的真理に最も類似しているプラトン自身の模写を表現しようと決心した」[*101]。「そこであたかもプラトンが復興された（renascetur）ような」[*102]と言われるフィレンツェの哲学的ルネサンスが、フィチーノをもって幕を開けたとするなら、その起源はフィチーノによるアウグスティヌスと教父たちの発見にあるということになる。

アウグスティヌスが「プラトンによって据えられ、より優れた基礎に依拠しながら、そのようなさまざまな議論を組み立てた[*103]」のと同じく、フィチーノもまたプラトン主義者たちを自らの基礎にしようとする。フィチーノにとってアウグスティヌスは、キリスト教とプラトン主義の結合の成功例であるばかりでなく、内容的にも範とすべき拠りどころにして主導的な規範──「教師であるとともに保護者[*104]」──であった。「私は最近、われわれのアウグスティヌスによる『告白』の中に至福のこの定義を読み取ったが、その神的足跡をこそ、私はできる限り、幾度も繰り返し辿っているのである[*105]」。そのためフィチーノは、──イデア論の理解などがその一例だが──アウグスティヌスがプラトンの理論を確証するところから、しばしばアウグスティヌスを介してプラトンを理解しようとしている。「人間の魂は自らの創始者から、諸事物の観念によって刻印されて降下するが、これらの観念によっては諸事物の実体を十分には把握することができない。このことはプラトンも自分自身の説としてたびたび主張し、またアウグスティヌスは最大に注意してそれを証明したと思われる。それゆえアウグスティヌスの足跡を辿って、また上記の学説の確証に努めることにしよう[*106]」。こうしてアウグスティヌスはプラトン解釈の鍵となる。すなわちある解釈がプラトンの根源的意図に忠実であるか、またそれが、プラトンにおいてはまだ隠されている潜在的な意味にふさわしい展開をもたらすかという二重の意味で、試金石の役割を果たしているのである。

それゆえフィチーノが教父たちのうちに探し求めているのは、キリスト教的に理解されたプラトン主義、あるいはプラトン主義的に理解されたキリスト教であることとなる。フィチーノが特定の教父を引用する頻度はこの選択の基準を反映している。頂点にあるのはプラトン的思想を継承する神学者アウグスティヌスであり、さらにディオニュシオス・アレオパギテスであり、オリゲネスである。「私は喜んでディオニュシオス・アレオパギテス、オリゲネス、そしてアウレリウス・アウグスティヌスという最も優れたプラトン主義者たちに付き従う」[*107]。次に多く引用される教父には「われわれのプラトン主義者」[*108]シュネシオス、「最高の哲学者」[*109]ボエティウス、そしてラクタンティウスたちがいる。彼らは新プラトン主義において専門的な哲学者であるが、それに対してエウセビオス、および翻訳者ヒエロニュムスは古典古代史またはキリスト教史の源泉資料として用いられている。

フィチーノの哲学において、なるほど多様な思潮が一つにまとめられるが、なかでもアウグスティヌスからの影響は、フィチーノが「ルネサンス最大のアウグスティヌス主義者」[*110]と呼ばれるほどまで大きなものであった。『神と魂のあいだの神学的対話』(*Op.*, 609-611)および『神への神学的祈禱』(*Op.*, 665-666)などの小部の霊的著作においては、考えの運び方とともに文体までもアウグスティヌスのスタイルに同化されている。フィチーノの著作においてその体系全体の構築に関わる諸主題のうち、アウグスティヌスに遡る、あるいは彼から決定的な刻印を受けたものは、主要な主題を列挙するだけでも多大な紙幅を要するほどである[*111]。ここでは、フィチーノにおけるそうしたアウグスティヌス的主題のなかで、特徴的なものを挙げるにとどめよう。

神論と霊魂論に関わるフィチーノの二極的な原則の中には、彼の主著『プラトン神学——魂の不死性について』の標題が示すように、「神と魂を知ることを欲する」[*112]という『ソリロクイア』

のアウグスティヌスの言葉の痕跡が示される。まずルネサンスに典型的な主題として、神（cf. *Op.*, 189-190）および無限なもの（cf. *Op.*, 325; 411）に向かう魂の自然本性的希求が挙げられる。そして真理における浄福への自然本性的希求（cf. *Op.*, 730-731）、あらゆる真理と善性の起源としての神に向かう努力（cf. *Op.*, 56-57）、および光の比喩、神認識に関するそれらの肯定的要素と並んで、有限的思惟形式からの浄化という否定的要素（cf. *Op.*, 1212）、神の精神内の理念にもとづく創造、質料の本質、種子的理拠、欠如（defectus）としての悪、人間以外の霊および悪霊の理論、神の包括的な摂理などが論じられる。さらに直接に神に由来する霊魂の起源、フィチーノの基本指針である魂の精神性と不死性（cf. *Op.*, 1430）、そして神における――さらに神による（cf. *Op.*, 761）――魂の自己認識（cf. *Op.*, 747）、真理自体に対する精神の喜び、精神の内面性、空間と時間からの霊魂の隔絶性、精神における永遠の真理の現存（cf. *Op.*, 258-259; 263-264）、そして神による精神の本質および認識の形成（cf. *Op.*, 267; 275）、内的教師による照明、精神に構成的なものとしての諸理念（cf. *Op.*, 245; 1223）、知性と意志の平行構造――ただしそこで意志と愛は単なる認識の上位に位置する――（cf. *Op.*, 272-273）、精神の自由の根拠づけ、愛の圧倒的威力、神にもとづく人間同士のプラトン的愛（cf. *Op.*, 279-280）といった主題が扱われる。またそこには、身体と霊魂の関係と、身体の諸部分における霊魂の全的現存（cf. *Op.*, 176-178）、感覚認識における霊魂の側からの活動的性質（cf. *Op.*, 178; 998）、要するに、彼の哲学的な霊魂論および認識論の主要部分がアウグスティヌスから受け継がれたものなのである。最後に、愛の対象としての美、美の本質と調和としての芸術（cf. *Op.*, 812）と音楽論への論及にもその影響を見出すことができる。[*113]

(四) ディオニュシオスの形而上学の受容

フィチーノが神と人間との関係を霊魂の活動的な自発性を出発点として、そこから人文主義的・人間中心主義的な観点に向かう際には、アウグスティヌスがその導き手となったのに対して、フィチーノがアウグスティヌスについで多く引用しているディオニュシオス・アレオパギテスの思惟は、むしろ一者と善の宇宙論的形而上学によって支えられている。[*114]「宇宙の始原自体はより適切な呼称では、一者ないし善と命名されるべきである」。[*115]

すでにフィチーノの時代、つまり十五世紀の五〇年代頃、人文主義者ロレンツォ・ヴァッラ（一四〇六―五七年）はディオニュシオス文書の内容分析を元に、アレオパゴスの市参事会員にして使徒パウロの弟子（使徒言行録一七・三四参照）であると自身の著作の中で自称しているディオニュシオスに関して、その身元に対する疑義を表明している。そしてローマではベッサリオンとのあいだでそれについて論争を行っていた。[*116] フィチーノはそのような歴史上の疑義にはまったく影響されることなく、使徒の直接の弟子にして（「使徒たちとともにキリストの十字架を担う」[*117]）殉教者であるこの人物に高い権威を認め、この自称ディオニュシオスがポリュカルポス（cf. *Op*., 13; 29; 853）あるいは福音書記者ヨハネ（cf. *Op*., 451）に宛てた書簡――キリストの死の際に日食を見たことを報告する書簡――を無批判に引用している。フィチーノはディオニュシオス文書と新プラトン主義の著作、ことにプロティノス（cf. *Op*., 1799）およびプロクロス（cf. *Op*., 1689）

とのあいだの細部にいたるまでの一致を認めたが、現代の研究に反して、その依存関係については逆の解釈に達している。すなわち、ディオニュシオスは古代の「プラトン主義者たち」の終わりに位置するものではなく、キリストの時代にパウロの手紙やヨハネの福音書によって生じた精神史的な変革ののち、彼の師と称されるヒエロテオス（cf. *Op*., 1050）とともに新プラトン主義の起源となり、またプラトンの著作にまとめられたキリスト教以前の古代神学が、プロティノスにおいて詩的な神話や寓意から脱皮した理論的形態を取るにいたる（cf. *Op*., 1032）発展の出発点となったというのが、フィチーノの理解であった。

「ゾロアスター〔前八世紀頃〕、メルクリウス〔ヘルメス〕、オルフェウス、アグラオフェモス、ピュタゴラスが一致していた異邦人の古代神学の全体は、われわれのプラトンの著作に含まれる。プラトンはもろもろの書簡の中で、これらの秘義は多くの世紀の後でついに人々に明らかになるだろうと予言している。それはその通りになった。というのもフィロンとヌメニオスの時代に古《いにしえ》の神学者たちの精神はようやくプラトンの書物を理解し始めたのだが、それは使徒たちと使徒たちの弟子の説教と書物のすぐ後のことである。……私はヌメニオス、フィロン、プロティノス、イアンブリコス、プロクロスの重大な秘義は、ヨハネ、パウロ、ヒエロテオス、ディオニュシオス・アレオパギテスから受け取ったものであるということを確認した。というのも、彼らが神の精神、また天使たちについて、さらに神学と関係ある他のことについて語る優れたものは、明らかに彼らから受け取ったからである」[*118]。「（思うに）アンモニオス〔・サッカス〕、またエウノミオスに思想的起源をもつのである。それゆえ後代のプラトン主義者たちはディオニュシオスに思想的起源をもつのである。

〔三三五頃―三九四年頃〕、あるいは彼ら以前の人々はディオニュシオスの書物を読んだのだ。……そうしてディオニュシオスの真にプラトン的な火花がプロティノスとイアンブリコスに投げ込まれ、そこからあれほどの大きな炎が点火した」[*119]。

このような哲学史的に重要な位置づけを背景とすれば、フィチーノがディオニュシオス（およびその師とされるヒエロテオス）に与えた尊称は理解されうる。「プラトン主義者たちの哲学者のなかで至上の人」、「それらの書物がすべての知恵に満ちているプラトン主義者」、「最高の哲学者」、「キリスト教神学者たちのなかで最も知恵に満ちた人」、「始めにプラトン主義者、のちにキリスト教徒」、「哲学者」、「疑う余地もなくプラトン主義者の最高の人」、「プラトン主義者たちの頂点」、「プラトン主義者の第一の者」、「プラトン主義的かつキリスト教的神学者」、「プラトン的教えの頂点、キリスト教的神学の柱」、「プラトン主義者たちのはるかに最高の者たるわれらのディオニュシオス」、「『パルメニデス』の勤勉な尊奉者」、「本書〔『パルメニデス』〕の最高の信奉者」、「神学者」といった数々の尊称がそれである[*120]。それゆえフィチーノにとっては、ディオニュシオスこそが、アウグスティヌスにもまして、プラトン主義哲学者そのものだったのである。「ディオニュシオス・アレオパギテスのものはすべてプラトン主義的であり、アウグスティヌスのものの多くもそうである」[*121]。

ディオニュシオスはその哲学的思索をキリスト教的な真理の光のもとで展開しているため、彼がたいていの場合――とりわけプラトンの『パルメニデス』における神論に関して――従っているプラトンその人をさえも凌駕する。「ディオニュシオスをあたかも敬虔な哲学者としてのプラトンの後継者であると宣言することがあるにしても、彼をプラトン主義的学説の頂点としてだけではなく、キリスト教的真理の新しい光のために、プラトン自身より上位に置くべきだと判断することになる」[*122]。フィチーノは概してプラトン主義的思想形態と自身の思想との同質性を感じているが、それはディオニュシオスの思惟に対して最高に妥当する。「確かに私としては、プラトン主義的な教えのほかにいかなるかたちの学問にも満足できないのであり、この〔学問の〕かたちはどこよりもディオニュシオスにおいて尊敬されるべきである。私は実にプラトンを、イアンブリコスにおいて愛し、プロティノスにおいて驚嘆し、ディオニュシオスにおいて崇敬する」[*123]。

フィチーノはトラヴェルサーリ訳のディオニュシオスに満足せず、のちに（一四九〇—九二年）自身で『神秘神学』および『神名論』を翻訳・註釈している[*124]。フィチーノがアルベルトゥス・マグヌスの註釈（cf. *Op.*, 1224）を引用することでわかるように、逐語的な註釈はすでに多くあったため、フィチーノは「われわれは包括的に、つまりプラトン的な意味で解釈することに努めた」と述べ、この著作のプラトン的な内容に関心を集中させている。「今これを言葉のままに註解することは賢いことではない。アレオパゴスの中でアカデミア学派の香りが最も強くするところを、さらに少し鋭く探求し、プラトン主義者たちの筆頭であるディオニュシオスの最も美しい庭で、プラトン主義的な花を楽しむことが勧められる」[*125]。

フィチーノは、ディオニュシオスの名が葡萄酒と悦楽的恍惚の神ディオニュソスと似ていることを理由に、言葉遊びで両者を関連づけたうえで、讃歌のように謎めいたディオニュシオスの用語法と、精神的恍惚の理論との調和を示唆している。「なかば自然な愛によって、なかば神の促しによって、知解の自然な限界を乗り越えて、愛された神へと奇跡的に変容されるとき、古《いにしえ》の神学者たちはそれをディオニュソス神の神性の徴だと考え、プラトン主義者たちは離存する諸精神の脱魂と恍惚と理解する。そこで新しい神酒の一献、また消しがたい喜び――そう呼んでよいとするなら――に陶酔し、祝祭を挙げる。このディオニュソス的な生酒に、私たちのディオニュシオスはいたるところで陶酔し、歓喜している。彼は謎を流れ出させ、酒神讃歌《ディテュランボス》を歌い上げる」[*126]。このような文章を言語的に自由の利かないラテン語で再構成するためには、「われわれにはまったく神的な狂乱が必要である」。しかしながら、ディオニュシオス著作のこのような昂揚した基調は、理論的認識に優る情念的な神探求の優位にもとづいている。「ディオニュシオス・アレオパギテスは……神的な光を求め、それを知解でよりも、意志の灼熱の感情で調べ尽くし、祈り求めている」[*127]。愛をともなった恍惚の存在論的な基礎は、第一原理の超越、すなわち知性自身に対する一者の超越のうちにある。「実際、プラトンもそれを裏づけているように、宇宙の始原自体がどれほど卓越した知性よりも優れているかを、彼は世の礎《いしずえ》であるパウロから学んだ」[*128]。この愛の優位はすでにディオニュシオスの師で、「第三天にまでにも引き上げられた」[*129]パウロによって強調されていた。「彼は神愛を異論なしに、〔他の〕幾重にも神的な賜物より上に置いた」[*130]。

一者の無制約的な超越に対する根本洞察にもとづいて、フィチーノがディオニュシオスを典拠としている学説は理解可能になる。「それゆえプラトンが考えているように、またディオニュシオス・アレオパギテスが確証しているように、一自体がすべてを超えている。一自体は神の最も優れた名称であることは双方で評価されている」[*131]。一は存在者より高位に位置するとされるが

(cf. *Op*., 1154; 1167; 1761)、それは存在者には無が、そして一には存在者の数多性が対応させられるからである(cf. *Op*., 1016)。超越論的な一性は、人間精神のうちに一切の存在者の理解の原理として内在しており、「顕在的に神的単純性の像である」[*132]。超越的一者あるいは「神的一性」[*133]は「しかし、やはり他の一切の規定に先行する善以外のものではない(cf. *Op*., 1173; 1212)。「しかしプロティノスとプロクロスは一自体と善を存在の上に……位置づけている。……そして彼らはこの論証をディオニュシオス・アレオパギテスから受け取っているように思われる」[*134]。

ところで善にはどのような完全さも付け加えられえないため、第一原理としての善には、さらなる完全性としての善の自己認識を帰属させることはできない(cf. *Op*., 1729; 1166-1167)。それゆえこの純粋な一性は「すべてを互いに統合し合う」[*135]ものであり、自身を自分自身と統一し、この統一された自己差異化のうちで三一的に構造化される(cf. *Op*., 1766)。善の本質には、自身を分け与え、自身を第三者としての愛のうちに自らの他者へと関わらせ、また他者としての自分自身に関わることが含まれている限り、この同じ三重性が善からも生じることとなる(cf. *Op*., 1238)。「神の無限な善さは、彼が自分の中に子孫なしに残ることを許さなかった」[*136]。善の溢れ出す自己譲与は、太陽にも喩えられ(cf. *Op*., 944; 965; 971; 1232)、創造をも根拠づける。ただしそれは自然的原理としてではなく、自由意思による愛としてである。「神は自分に対する神愛、つまりディオニュシオスが言っているように、自らの善性を拡大し、あるいは譲与すべき善さへの愛によって、一切を創造した。しかし愛は意志において成立する」[*137]。善に根拠づけられたものは、善い仕方で現存することを要求し、それゆえひたすら自己保持の根拠としての源泉へと向かうのであり、「すべてがそれぞれの仕方で神への類似を求めていると言うディオニュシオス・アレオパギテスの権威によってそれは明らかである」[*138]。

愛の成し遂げる、この低きへと向かう創造的かつ保持的な降下、および高きへと向かう努力によって（cf. *Op*., 1328-1329）、善の本質から、あらゆるものを一つに包括する愛の循環が生ずる。「愛は善が善から善へと循環する円である。愛は善から生まれて、善に還るために必然的に善い」[*139]。愛の自発的な自己展開は必然的に、理念の知的要素の媒介のもとに遂行され、それはアリストテレスによる批判にも揺らぐことがない。「しかし実際にイデアをこのように認めるべきであること、そしてこのようにプラトンによって認められたことを、キリスト教の神学者たちとディオニュシオス・アレオパギテス……は証明している。それゆえ逍遙《ペリパトス》派の人たちがプラトンの偉大さに対して戦うことは無益である」[*140]。そのように善からは、理解可能な仕方で分割された諸精神の位階秩序《ヒエラルキア》が存在の諸階梯として生じる。「同じディオニュシオス・アレオパギテスが考えたとおり、神的諸精神の三つの位階制があり、それらのいずれも三つの階級をもっている」[*141]。この位階的階梯に対応して、保護の天使（cf. *Op*., 1342）および悪霊（cf. *Op*., 1755）の理論が展開する。というのもそこでは悪霊はその精神性に鑑みて取り扱われるからである[*142]。世界の中の悪はしかし、「ものの様態の欠陥にほかならないと、（私が思うに）ディオニュシオスに従ったプロクロスが、アレオパギテスを説明している」[*143]。一者の超越と善の創造的自己譲与によって規定されたこのような世界秩序から、神認識のあり方が生じる。超越自体はただ否定を介してのみ主題化されうるが（cf. *Op*., 1212）、ただそれだけでは認識不可能という闇のうちにとどまり、フィチーノがトマスの観点から批判的に指摘しているように、本質認識を求める自然本性的努力は満たされることがない。「同じディオニュシオス・アレオパギテスは『神秘神学』において、目が太陽の光の下で眩ませられるように、精神は自然本性的認識の最高段階において、あたかも神に未知なもののように結合されるということを結論として導き証明している。もとより、このような仕方の認識によって自然本性的な希求は満たされない[*144]」。しかし超越的一者に関わる限り、否定は無を目指す運動ではない。否定はより高いものに向かう（cf. *Op.*, 1187）。「しかし、われわれがディオニュシオスとともにもたびたび言うことで、われわれに明らかなのは、神に関する否定的述定は欠如ではなく、卓越を意味するということである[*145]」。

善はその自己譲与のゆえに、たとえば「生命」のように肯定的に述語づけられるものが「まったく神の本性自体を意味するのではない[*146]」にしても、その結果によって、すなわち「形相的というよりも、むしろいわばある因果的な命名によって[*147]」呼ばれうる（cf. *Op.*, 1212）。神の本質はそれゆえ、個々の知性にとっては把握不可能であり、ただ「……を超えて」という指示によって目指されうるものにとどまり、愛の神秘的恍惚はその超越のうちで充足を求める（cf. *Op.*, 1013）。それでも人間には「われわれに与えられた無限の善の寛大な活動を通して[*148]」、神を受容・受動しつつ経験することが許される可能性があり、そこにフィチーノは、神の恵み深い影響による高次の神認識の起源を暗示している。そのためフィチーノは、自らのディオニュシオス註釈の根本目的を次のように説明する。「どのような仕方で、意志のうちに点火された神的愛が知性を、ただ神を享受する最高の統一へと連れて行くのか、それをわれわれはディオニュシオスへの註解で説明したのである」[*149]。

他の教父たちからのフィチーノの引用は――せいぜい悪霊論、魔術、占星術についての問いに関してオリゲネスを挙げることを除けば――まったく断片的であり、彼の体系的思想にも、また彼の哲学史構築にも寄与してはいない。フィチーノの思想において、トマス・アクィナス、アウグスティヌス、ディオニュシオス・アレオパギテスの思想が取り入れられているところから、その体系的一貫性に疑問が生じないわけではないが、それでもやはりフィチーノが、プラトン主義的思想を受け継ぐ教父たちを再発見することによって、古典古代とキリスト教を、両者に共通する関心に照らして通観するために有効な歴史的展望を開いたのは確かなのである[*150]。

註

＊1――ペトラルカの精神的発展におけるアウグスティヌスの役割に関しては以下を参照。P. O. Kristeller, Augustine and the Early Renaissance (*Review of Religion* 8 [1944], pp. 339-358), in: id., *Studies in Renaissance Thought and Letters* [=*Studies*], Roma 1956, pp. 361-363.

＊2――Cf. *The Letters of Marsilio Ficino*, vol. I, London 1975, Introduction, p. 19.

＊3――その初期の版は以下のもの。H. J. Hak, *Marsilio Ficino*, Amsterdam 1934, pp. 178-181（以下 Corsi と記して、章番号を付した [Giovanni Corsi, *Vita Marsilii Ficini*]). その後の版は、R. Marcel, *Marsile Ficin* (*1433-1499*), Paris 1958, pp. 679-691. 後期の版の英訳は以下のもの。*The Letters of Marsilio Ficino*, vol. III, London 1981, pp. 135-153.

＊4——Cf. P. O. Kristeller, Un uomo di stato e umanista fiorentino: Giovanni Corsi, in: id., *Studies*, pp. 175-190.

＊5——M. J. B. Allen, *Icastes: Marsilio Ficino's Interpretation of Plato's Sophist*, Berkeley/Los Angeles/Oxford 1989, p. 33.

＊6——Cf. P. O. Kristeller, Per la biografia di Marsilio Ficino, in; id., *Studies*, pp. 191-211.

＊7——Cf. *Vita secunda*, in: R. Marcel, *op. cit.*, pp. 690-730; Piero Caponsacchi, Sommario della vita di Marsilio Ficino, in: R. Marcel, *op. cit.*, pp. 731-734; P. O. Kristeller, Marsilio Ficino and his work after five hundred years, Appendix IX, in: *Marsilio Ficino e il ritorno di Platone. Studi e documenti* I, a cura di G. C. Garfagnini, Firenze 1986, pp. 181-182.

＊8——Cf. P. O. Kristeller, Marsilio Ficino and his work after five hundred years, Appendix VIII: Chronologica, in: *ibid.*, pp. 171-180.

＊9——Cf. M. J. B. Allen, *The Platonism of Marsilio Ficino. A Study of his Phaedrus. Commentary, Its Sources and Genesis*, Berkeley/Los Angeles/London 1984, p. 228.

＊10——この後の記述については以下を参照。P. O. Kristeller, *Renaissance Thought and the Arts. Collected Essays*, Princeton (1964), 1990, pp. 89-101; *The Letters of Marsilio Ficino*, vol. I, pp. 19-24.

＊11——*Op.*, 1537. 以下引用は、フィチーノの全集 (Marsilio Ficino, *Opera omnia*, Henricus Petrus, Basilea 1576) による。再版は以下のもの。Mario Sancipriano (ed.), *Opera Omnia* [=*Op.*], Torino, 1962. 引用には頁番号を付す。同全集は二巻からなるが、頁番号は通し番号となっている。同書への補遺は以下を参照。P. O. Kristeller (ed.), *Supplementum Ficinianum* I, Firenze 1937, pp. 5-105; *ibid.* II, Firenze 1937, pp. 1-189. フィチーノ著作の翻訳に関しては以下を参照。G. C. Garfagnini (a cura di), *Marsilio Ficino e il ritorno di Platone. Studi e documenti* II, Firenze 1986, pp. 163-170.

＊12——*Op.*, 618.

＊13――Cf. P. O. Kristeller, Per la biografia di Marsilio Ficino, pp. 202-205.
＊14――Corsi, XIII.
＊15――歴史的註釈を付したフィチーノの著作目録は以下を参照。P. O. Kristeller (ed.), *Supplementum Ficinianum* I, pp. LXXVII-CLXVII. 著作の伝承も同書に詳しい(*ibid.*, pp. CLXVIII-CLXXXI)。
＊16――フィチーノ宛の書簡については以下を参照。P. O. Kristeller (ed.), *Supplementum Ficinianum* II, pp. 193-318.
＊17――R. Marcel, *op. cit.*, p. 678.
＊18――*Op.*, 78.
＊19――*Ibid.*
＊20――*Ibid.*
＊21――*Ibid.*
＊22――*Ibid.*
＊23――「フィチーノの哲学的学説の中心的関心は、観想的生、つまり神を究極的に直観し所有することへと向けられた、われわれの知性と意志の内的な追求にある」: P. O. Kristeller, *Studies*, p. 27.
＊24――*Op.*, 78.
＊25――*Ibid.*
＊26――*Ibid.*
＊27――*Ibid.*
＊28――*Ibid.*
＊29――*Ibid.*
＊30――*Ibid.*
＊31――*Ibid.*

＊32——「霊魂と神という二つの概念がフィチーノ形而上学の二つの焦点をなす……と考えるならば、われわれはこの事態を、両概念が実体的に考えられた観想の主観と客観以外のものではないと理解することができる」（P. O. Kristeller, *Die Philosophie des Marsilio Ficino*, Frankfurt am Main 1972, S. 334）。

＊33——R. Marcel, *op. cit.*, p. 640; cf. A. B. Collins, *The Secular is Sacred. Platonism and Thomism in Marsilio Ficino's Platonic Theology*, The Hague 1974, p. 3; G. Saitta, *Marsilio Ficino e la Filosofia dell'Umanesimo*, Bologna 1954, p. 18; J. Monfasani, Marsilio Ficino and the Plato-Aristotle Controversy, in: M. J. B. Allen, V. Rees with M. Davies (eds.), *Marsilio Ficino: His Theology, His Philosophy, His Legacy*, Leiden/Boston/Köln 2002, pp. 179-202.

＊34——*Op.*, 1537.

＊35——Cf. P. O. Kristeller, Paduan Averroism and Alexandrism in the Light of Recent Studies, in: *Aristotelismo Padovano e Filosofia Aristotelica* (Atti del XIII Congresso Internazionale di Filosofia IX), Firenze 1960, pp. 147-155.

＊36——Cf. Denziger-Schönmetzer, *Enchiridion symbolorum definitionum et declarationum de rebus fidei et morum*, ed. 34, Barcinone etc. 1967, nn. 1440-1441.〔H・デンツィンガー編／A・シェーンメッツァー増補改訂『カトリック教会文書資料集改訂版』A・ジンマーマン監修、浜寛五郎訳、エンデルレ書店、一九八二年、所収〕

＊37——*Op.*, 367.

＊38——Cf. P. O. Kristeller, *Die Philosophie des Marsilio Ficino*, S. 331.

＊39——conplatonicum nostrum: *Op.*, 1537; Conphilosopho suo: *Op.*, 930.

＊40——*Op.*, 930.

＊41——*Op.*, 956.

＊42——*Op.*, 853; cf. 763.

＊43——*Op*., 78.
＊44——*Op*., 930; cf. 78.
＊45——*Op*., 25.
＊46——*Op*., 871.
＊47——*Ibid*.
＊48——*Op*., 853.
＊49——*Op*., 763.
＊50——*Op*., 670.
＊51——*Ibid*.
＊52——*Op*., 854.
＊53——*Ibid*.
＊54——*Op*., 871.
＊55——*Op*., 930.
＊56——*Ibid*.
＊57——*Op*., 758.
＊58——*Op*., 78; cf. 855.
＊59——naturalis; communis: *Op*., 474; cf. 2; 324.
＊60——*Op*., 855.
＊61——*Op*., 410.
＊62——*Op*., 868. それとほぼ同一のテクスト（Marsilius Ficinus, *Epistolae*, Venezia 1493）に英訳を付したものが以下に所収。M. J. B. Allen, *Synoptic Art. Marsilio Ficino on the History of Platonic Interpretation*, Firenze 1998, pp. 209-212.

＊63——*Op.*, 868.

＊64——*Ibid.*

＊65——M. J. B. Allen, *The Platonism of Marsilio Ficino*, p. 257; cf. id., *Marsilio Ficino and the Phaedran Charioteer. Introduction, Texts, Translations*, Berkeley/Los Angeles/London 1981, p. 36.

＊66——Cf. *ibid.*, p. 90.

＊67——*Op.*, 758.

＊68——*Ibid.*

＊69——*Ibid.*

＊70——*Op.*, 25; cf. 956.

＊71——*Op.*, 1770.

＊72——Cf. M. J. B. Allen, *Nuptial Arithmetic. Marsilio Ficino's Commentary of the Fatal Number in Book VIII of Plato's Republic*, Berkeley/Los Angeles/London 1994, p. 137.

＊73——*Op.*, 956. Cf. J. Lauster, *Die Erlösungslehre Marsilio Ficinos*, Berlin/New York 1998, S. 97; M. J. B. Allen, Marsilio Ficino on Plato, the Neoplatonists and the Christian Doctrine of the Trinity, in: id., *Plato's Third Eye. Studies in Marsilio Ficino's Metaphysics and its Sources*, Aldershot 1995, ch. IX.

＊74——「実際、「プラトンの見解に従う」いわば中間の道によって、ついにはキリスト教の信仰が結実するだろう」: *Op.*, 930.

＊75——*Op.*, 806.

＊76——*Op.*, 77.

＊77——Cf. R. Marcel, *op. cit.*, pp. 613-614.

＊78——*Op.*, 1836; cf. 386; 871; 1223; 1537.

＊79——*Op.*, 871.

*80——*Op.*, 1773

*81——Cf. J. Klutstein, *Marsilio Ficino et la théologie ancienne. Oracles Chaldaïques, Hymnes Orphiques, Hymnes de Proclus*, Firenze 1987, pp. 1-2; M. J. B. Allen, *Synoptic Art*, pp. XIII-XIV. なおフィチーノのギリシア語の蔵書の著作家目録については、P. Laurens (ed., trl.), Marsile Ficin, *Commentaire sur Le Banquet de Platon, De l'Amour, Commentarium in Convivium Platonis, De Amore*, Paris 2002, pp. LXXI-LXXXIX を参照。

*82——in suscitando Platone: *Op.*, 918; cf. 1537.

*83——antiquam Academiam resurgentem: *Op.*, 909.

*84——Cf. Marsilio Ficino, *Traktate zur Platonischen Philosophie*, übers. von E. Blum, P. R. Blum und Th. Leinkauf, Berlin 1993, S. 223; M. J. B. Allen, *The Platonism of Marsilio Ficino*, pp. 228-229.

*85——フィチーノの著作で言及される著作家の全リストは以下を参照。P. O. Kristeller, *Il pensiero filosofico di Marsilio Ficino*, Firenze 1988, pp. 479-491.

*86——Thomas noster; Christianae splendor Theologiae; dux in Theologia noster.

*87——Cf. P. O. Kristeller, *Studies*, pp. 39-40; R. Marcel, *op. cit.*, p. 646.

*88——トマスの引用に関しては以下を参照。A. B. Collins, *The Secular is Sacred*, pp. 114-215; なお、トマスから引用された形而上学的な主題に関する内容分析も同書を参照。*Ibid.*, pp. 1-113.

*89——Cf. W. Dress, *Die Mystik des Marsilio Ficino*, Berlin/Leipzig 1929, S. 151-216.

*90——Cf. R. Marcel, *op. cit.*, pp. 676-677. 「実際にフィチーノは通常考えられているよりはるかにトマスに近い」: *ibid.*, p. 668.

*91——infiniti ad finitum nulla est proportio.

*92——Cf. T. Albertini, *Marsilio Ficino. Das Problem der Vermittlung von Denken und Welt in einer Metaphysik der Einfachheit*, München 1997, S. 251-256; G. Saitta, *op. cit.*, p. 68; P. O. Kristeller, *Studies*,

p. 36.

＊93——Augustinus noster: *Op.*, 176; cf. 731, 758, 822; divino vir ingenio: *Op.*, 258; divinissimo illo ... nostro duce: *Op.*, 724; dux et magister noster: *Op.*, 747; inter Latinos Theologos principes: *Op.*, 758.

＊94——Cf. R. Marcel, *op. cit.*, p. 645; P. O. Kristeller, *Il pensiero filosofico di Marsilio Ficino*, pp. 479-491.

＊95——vir sapiens simul atque sanctus: *Op.*, 909; pium hominem ... cum Deo solo loquentem: *Op.*, 841; cf. 842; orantem Aurelium: *Op.*, 910; Platonicus bonus: *Op.*, 998.

＊96——*Op.*, 258.

＊97——*Op.*, 769; cf. 855.

＊98——*Op.*, 256.

＊99——*Op.*, 855.

＊100——*Ibid.*

＊101——*Op.*, 78.

＊102——*Op.*, 1537.

＊103——*Op.*, 258.

＊104——*Op.*, 909.

＊105——*Op.*, 730-731〔「この定義」にあたる前文は「いかに〔至福を〕探し求めたとしても、およそ死すべき者たる人間は、死すべき者として誰ひとりそれを見出すことはない」〕; cf. 282.

＊106——*Op.*, 275.

＊107——*Op.*, 147.

＊108——Platonicus noster: *Op.*, 1293; cf. 898; 1684; 1690; 1968.

＊109——philosophus summus: *Op.*, 724.

＊110——P. O. Kristeller, *Studies*, p. 370.

＊111——Cf. *ibid*., pp. 368-371; E. Garin, S. Agostino e Marsilio Ficino, *Bolletino Storico Agostiniano* 16 (1940), pp. 41-47; A. Tarabochia Canavero, S. Agostino nella Teologia Platonica di Marsilio Ficino, *Rivista di filosofia neo-scolastica* 70 (1978), pp. 626-646.

＊112——Deum et animam scire cupio: *Soliloquia* I, 2.〔アウグスティヌス『ソリロキア〈独白〉』清水正照訳、『アウグスティヌス著作集』一、教文館、一九七九年、所収〕

＊113——Cf. W. Beierwaltes, *Marsilio Ficinos Theorie des Schönen im Kontext des Platonismus*, Heidelberg 1980, S. 28-50; U. Oehlig, *Die philosophische Begründung der Kunst bei Ficino*, Stuttgart 1992, S. 51-83; 103ff.; A. Chastel, *Marsile Ficin et l'Art*, Genève 1975, pp. 57-117〔A・シャステル『ルネサンス精神の古層——フィチーノと芸術』桂芳樹訳、平凡社、一九八九年、一〇七—二一二頁〕; W. R. Bowen, Ficino's Analysis of Musical Harmonia, in: K. Eisenbichler, O. Z. Pugliese (eds.), *Ficino and Renaissance Neoplatonism*, Ottawa 1986, pp. 17-27.

＊114——Cf. P. M. Watts, Pseudo-Dionysius the Areopagite and Three Renaissance Neoplatonists: Cusanus, Ficino and Pico on Mind and Cosmos, in: J. Hankins [et al.] (eds.), *Supplementum Festivum. Studies in Honor of P. O. Kristeller*, New York 1987, pp. 279-298; S. Toussaint, L'influence de Ficin à Paris et le Pseudo-Denys des humanistes, *Bruniana et Campanelliana* 5 (1999), pp. 381-414; C. Vasoli, L'"Un-Bien" dans le commentaire de Ficin à la *Mystica Theologia* du Pseudo-Denys, in: P. Magnard (dir.), *Marsil Ficin. Les Platonismes à la Renaissance*, Paris 2001, pp. 181-193.

＊115——*Op*., 1024-1025.

＊116——Cl. J. Monfasani, Pseudo-Dionysius the Areopagite in Mid-Quattrocento Rome, in: *Supplementum Festivum*, pp. 189-219.

＊117——*Op*., 70.

＊118——*Op*., 25.

＊119——*Op.*, 925; cf. 956.

＊120——Philosophos Platonicorum excellentissimos: *Op.*, 55; Platonici, quorum scripta omni sapientia plena sunt: *Op.*, 71; Philosophi summi: *Op.*, 478; Christianorum Theologorum sapientissimi: *Op.*, 613; Platonicus, primo, ac deinde Christianus: *Op.*, 758; philosophi: *Op.*, 853; Platonicorum procul dubio summus: *Op.*, 920; Platonicorum culmen: *Op.*, 960; Platonicorum primus: *Op.*, 965; Platonicum Christianumque Theologum: *Op.*, 1013; Platonicae disciplinae culmen, et Christianae Theologiae columen: *Op.*, 1013; Dionysii nostri Platonicorum facile principis: *Op.*, 1024; sedulus Parmenidis observator: *Op.*, 1167; libri huius [scl. *Parmenidis*] summus adstipulator: *Op.*, 1189; Theologus: *Op.*, 1310.

＊121——*Op.*, 899.

＊122——*Op.*, 1024.

＊123——*Op.*, 925.

＊124——Cf. *Supplementum Ficinianum* I, pp. CXV-CXVI.

＊125——*Op.*, 1024.

＊126——*Op.*, 1013.

＊127——*Ibid.*

＊128——*Ibid.*

＊129——raptus ad tertium coelum: *Op.*, 437; 二コリント一二・二参照。

＊130——*Op.*, 1365.

＊131——*Op.*, 1352.

＊132——*Op.*, 1532; cf. 1762.

＊133——divina unitas: *Op.*, 378.

＊134——*Op.*, 270.

＊135――*Op.*, 378.

＊136――*Op.*, 1239.

＊137――*Op.*, 488.

＊138――*Op.*, 1239.

＊139――*Op.*, 1324; cf. 469.

＊140――*Op.*, 1223.

＊141――*Op.*, 19; cf. 89; 485; 956.

＊142――「新プラトン主義における悪霊の位階はキリスト教における天使のそれと同じものと考えられる」(D. P. Walker, *Spiritual and Demonic Magic. From Ficino to Campanella*, London 1958; reprint Nendeln 1976, p. 47.〔D・P・ウォーカー『ルネサンスの魔術思想――フィチーノからカンパネッラへ』田口清一訳、平凡社、一九九三年、五七頁〕

＊143――*Op.*, 1689.

＊144――*Op.*, 411; cf. 437.

＊145――*Op.*, 1168.

＊146――*Op.*, 1190; cf. 1799.

＊147――*Op.*, 1161.

＊148――*Op.*, 1532.

＊149――*Op.*, 1426.

＊150――研究文献の目録は以下を参照。P. O. Kristeller, *Il pensiero filosofico di Marsilio Ficino*, pp. 441-476; *Marsilio Ficino e il ritorno di Platone* I, pp. 50-81.

解題　理性の歴史——超越論哲学と否定神学

村井則夫

中世と歴史

中世という歴史的時代の発見にも変遷史があり、歴史理解もまたそれ自身の歴史をもつ。史学的な意味での中世は、ダンテやペトラルカから、ルネサンス人文主義者が、新たな時代と古代とに挟まれた漠然として従属的な「中間の時季」（medium tempus; media tempora）とみなした期間を、独立した文化圏である「中間の時代」（medium aevum）として扱い始めた十七世紀のケラリウスなどによって、ヨーロッパ史の三区分説とともに徐々に形成されていった。しかしそれでもやはり、「中世」は多くの場合、あくまでも「中間」の期間という、「近代」の揺籃期とみなされ、近代自身の自己理解や自己正統化という問題意識のもとで理解されてきたのは否めない。ようやく十九世紀以降、ドイツ・ロマン主義によるロマンス文学研究などを奔《はし》りとしながら、文献学や古文書学などの実証的な人文諸学の成立によって学問的な基盤が確立されることで、中世に対して新たな照明が当てられるようになる。たとえば法制史の分野ではイギリスのF・メイトランド（『イギリス法制史』一八九五年）、文化史ではJ・ホイジンガ（『中世の秋』一九一九年）、歴史学ではドイツ中世主義に立つE・カントーロヴィチ（『皇帝フリードリヒ二世』一九二七年）、経済史の領域でのH・ピレンヌ（『中世都市』一九二七年）、M・ブロック（『封建社会』一九三九／四〇年）、キリスト教的中世文化史ではCh・ドウソン（『ヨーロッパの形成』一九三二年）、中世文学史についてE・R・クルツィウス（『ヨーロッパ文学とラテン中世』一九四八年）など、各分野で創造的な中世の復権や再定義を果たそうとする魅力的な研究者・思想家たちが現れる（M・F・キャンター『中世の発見』一九九一年、参照）。そして現代における中世哲学の展開という点では、スコラ学の全体像を提示したM・グラープマン（『スコラ学の方法と歴史』一九〇九／一一年）、トマス・アクィナスの思想を中心に中世哲学を考察し、近代思想との関連を示したE・ジルソン（『中世哲学の精神』一九三二年）の果たした役割はとりわけ大きなものがある。

時代区分や「時代《エポック》」という捉え方ですら、あらかじめ特定の歴史観を前提しているのであり、ある時代の正統性もまた歴史において構築されていく（J・ル＝ゴフ『時代区分は本当に必要か？』二〇一四年、参照）。こうして、歴史自体の歴史性といった事情を考慮するなら、ここにはすでに、歴史という事象とその認識についての困難な哲学的問題が提起されることになる。歴史とは事実として生起した出来事の単純な累積ではない。歴史を意味のある繋がりと理解し、さまざまな時代区分を設けて歴史の意味づけを行う際には、当然それに先立って、歴史全体や時代に対する解釈者側の特定の関心や反省的眼差しが働いていなければならない。「すべての歴史は現代史である」（B・クローチェ）と言われる所以である。しかも歴史の解釈者は、けっして現代の特定の視点に固定されたものではなく、その視点自体も流動的に変化し、歴史的な影響を受けながら歴史のなかで形成される。「歴史家が研究する過去とは、死んだ過去ではなく、ある意味で現在においても今なお生きている過去なのである」（R・G・コリングウッド『歴史の観念』一九四五年）。「伝統」と呼ばれるものも、客観的に存在する因果関係でもなければ、一方向的に継承される連続体でもない。伝統や歴史は、単一の声部に貫かれた線形的な単声音楽《モノフォニー》ではなく、複数の旋律が輻輳《ふくそう》し絡み合い、複雑な対位法に揺らぐ多声音楽《ポリフォニー》をなしているのである。

歴史の問題

歴史という現象一般の錯綜した問題は、とりわけ十九世紀後半から二十世紀の現代哲学において先鋭化された。新カント学派の学問論や、W・ディルタイによる精神科学のみならず、E・フッサールの現象学、M・ハイデガーの存在論によって大幅に拡張されたその問題意識は、H＝G・ガダマーによって展開された哲学的解釈学によって理論的に掘り下げられ、歴史を捉える際に引き起こされるさまざまな難問は、「解釈学的循環」や「地平融合」といった現代哲学の用語によって定式化されるにいたる（H＝G・ガダマー『真理と方法』一九六〇年）。その点では、歴史に関する哲学的議論は二十世紀の思想的状況において自覚的に展開されたのは確かであるが、その一方で、現代の哲学的解釈学はその起源に遡れば、古代・中世の解釈学・修辞学の現代的復権にして哲学的普遍化であったのも紛れもない事実である（H＝G・ガダマー「修辞学と解釈学」一九七六年、『全集』第二巻、所収）。そして意味と伝承の理論としての解釈学が、とりわけキリスト教思想・聖書解釈学と深い繋がりをもつことを考慮するなら、歴史がはらむ迷宮的な謎は、中世哲学および中世思想史を主題とする本書にとっても、避けて通ることのできない問題である。まさしくキリスト教的中世こそ、ヘブライズム（ユダヤ的伝統）とヘレニズム（ギリシア的伝統）の葛藤と融合のなか、キリスト教による創造論や終末論という壮大な思想によって独自の歴史意識を形成し、歴史や時代という問題にとりわけ鋭敏な感覚をもっていたからである。そのため中世においては、救済史という仕方で終末から見られた逆遠近法的な歴史（アウグスティヌス『神の国』）や、三位一体と歴史を重ねる特異な歴史構造論（フィオーレのヨアキム）などによって、歴史哲学・歴史神学という思考が醸成された。ガダマーが言うように、「キリストの誕生によって古代の歴史意識のうちに現れた時代経験、すなわち〈絶対的時代〉の経験」こそ、「概念史的観点から見て、絶対的な時代転換の経験と言うべきもの」であり、「この新たな繫がりの経験、およびキリスト教の救済の教えとともに、歴史は新たな意味で歴史として発見された」のである（H＝G・ガダマー「歴史の連続性と実存の瞬間」一九六五年、『全集』第二巻、所収。K・リーゼンフーバー「歴史哲学と歴史理解」、『近代哲学の根本問題』所収、参照）。

古代・中世における伝統や権威は、歴史を単線的な連鎖として整理しがちな近代以降の歴史表象とはいちじるしく異なった様相を帯びている。古代のプラトン・アリストテレス的伝統すらが、中世にあっては幾重にも絡み合い、時に断絶し、時に復興する紆余曲折を経ながらキリスト教と関わり合う。旧約聖書時代の預言者・賢者が同じ歴史的地平のなかで語られ、ヘルメス・トリスメギストスといった伝説上の神話的形象がその伝統に参入し、異教的な神々や叡智者の系譜を呼び込んでくる。それらは古代エジプトに起源をもつ「古代神学」と呼ばれる神話的伝承として思想を牽引し、実証的な歴史年代の前後関係を攪乱し、繚乱渾然たる光景を形成する。聖書読解にあたっては、新約聖書こそが聖書の「原型」であり、それに先立つ旧約聖書は新約聖書の模像にして予表にすぎないとする「予型論」が、歴史意識をより交錯したものとする。さらに文献の歴史的伝承という点においても、否定神学の源流にして、トマス・アクィナスを含めキリスト教神学に多大な影響を与えたディオニュシオス・アレオパギテスは、現代では五〇〇年頃の人物とされるが、パウロの弟子の名を自称したところから、中世では（疑念はあったものの）聖書時代に生きた権威とみなされていた。またアリストテレスの著作としてスコラ学に広く受容された『原因論』や『アリストテレスの神学』は、実際は新プラトン主義に由来するものである。現代から見れば、偽名・偽書や時代錯誤《アナクロニズム》と難じられるような事態が、中世思想の歴史感覚のなかでは「正統性」と受け止められる。近代の幕開けとされるルネサンスにおける「復興」すら、こうした中世的歴史観に即した錯綜した時代感覚を背景としていた（本書第十二章「マルシリオ・フィチーノのプラトン主義と教父思想」）。近代の単調な進歩史観ではおよそ手に負えないほど、重畳する複数の歴史が網の目のように絡み合うのが、中世の「伝統」と呼ばれるものにほかならない。

思弁と歴史

「中世哲学史」という問題は、中世的伝統の多層的な歴史的・思想的現実と、歴史了解一般の反省的・解釈学的解明という問題意識が重なったときに、哲学的にきわめて魅力的な領域となる。本書の著者K・リーゼンフーバーはまさしく、中世に関する卓抜な思想史的・精神史的見識と、思考の根源的次元に関わる哲学的考察とが交わる稀有にして魅力的な視座に立っている。それというのも、中世哲学、とりわけトマス・アクィナス研究（学位論文『善に向けての自由の超越――トマス・アクィナスの人間論・形而上学における意志の問題』一九七一年）によって学問的経歴を開始した著者は、中世哲学全般の専門的研究者として精力的な活動を続けたが、それと同時に、活況を呈していた同時代のドイツ哲学の成果をも自家薬籠中のものとして、近代・現代哲学に関しても常に旺盛に思考を展開していたからである。ミュンヘン大学では、ハイデガーの衣鉢を継ぐ現象学者M・ミュラーに師事し、超越論哲学の継承者H・クリングスらが編集した『哲学根本概念概説』（一九七三年）に、当時の第一線の研究者たちと並んで執筆者に名を連ねている。また、概念史・解釈学を体現する二十世紀最大規模の哲学事典であるJ・リッター編の『哲学概念史辞典』（一九七一―二〇〇七年）でも項目を担当するなど、著者の哲学的素養が、現象学・解釈学・超越論哲学といったドイツ哲学の本流に根差していることが窺える。そのため本書収録の諸論考においても、中世を考察する歴史的関心と、現代哲学を糧とする先鋭な思考が相互に共鳴し合い、客観的な祖述にはとどまらない徹底した思索が繰り広げられている。

二十世紀ドイツ哲学を理論的な背景とした著者の哲学史解釈は、歴史的思考が巻き込まれざるをえない解釈学的状況に対してきわめて自覚的であった。解釈学・現象学・言語哲学・ドイツ観念論・西田哲学などを主題とした論文集『近代哲学の根本問題』では、歴史意識の成立史や歴史叙述の問題、歴史の客観性や主観の関与についての解釈学的な思考が展開されている。歴史という現象においては、主観と客観を簡単には区別することのできない領域が形成される。著者がガダマーの哲学的解釈学に即して述べるように、歴史的事実とは、「実はすでに解釈者の自己了解によって媒介されたもの」であり、「歴史認識の〈客観性〉とは、主観性からの独立を指すのではなく、むしろ事実と観察者の二つの意味地平が双方に適切な仕方で交差する形態を意味する」（K・リーゼンフーバー「歴史哲学と歴史理解」、『近代哲学の根本問題』所収）。歴史においては「事実の固い核」（E・H・カー）は存在しないのであり、事象と解釈とは常に互いに分離不可能である。むしろ事象と解釈との積極的な相互関係こそが歴史という現象を作りなし、歴史解釈はそれ自身が再び歴史に編み込まれることで、新たな意味を生み出していく。哲学的思考もまたこうした意味の歴史性に参入し、歴史への関与のなかでそれ自身のあり方を反省的に展開する。そして哲学が——著者が常に強調するように——根本的には存在をめぐる根源的な思索だとするなら、哲学を遂行する理性や理解もまた、歴史のなかで自らを実現しつつ、存在についての自らの思考を歴史的に反省することになる。「思索が存在に属し、また存在は思索において認識されるものである以上、哲学的思索の歴史は、理解における存在の意味の解明であると同時に、存在による理解自身の自己解明でもあるだろう」（K・リーゼンフーバー「初期スコラ学における〈理性〉の問題」、『中世における理性と霊性』所収）。

哲学的思弁と歴史的反省は、中世哲学を主題にした本書においては、いつでも相即不離に結びついているが、それは体系的哲学にもとづいて歴史を理性の自己展開として演繹するもの（ヘーゲル主義）でもなければ、歴史の相対性のうちに理性の普遍性を解体するもの（ポストモダン的相対主義）でもない。思弁性と歴史性、意味の歴史性と循環といった事態は、本書の諸論考のなかで歴史上の個々の思想が詳細に検討されることによって、思考のうちで確かに経験される。そこでは思想が歴史として経験され、さらなる哲学的思考を喚起する。あくまでも肝要なのは、（著者の師M・ミュラーの言葉を借りれば）「歴史的・反省的自己意識が、諸解釈の解釈として歴史学的考察《ヒストーリク》であること」、すなわち諸思想の歴史的・反省的把握の経験、いわば歴史的思想の「超越論的経験」であると言えるだろう（M・ミュラー『経験と歴史』一九七一年、参照）。

理性の歴史

本書においては――論文の精選集《アンソロジー》という形態も相俟って――中世哲学の多面的な様相が、時系列に沿った通史的な物語ではなく、古代からの哲学的伝統や文化的状況を背景に、さまざまな学統や宗派・教説などが多様に関連し合う錯綜体として示されることになった。そうした具体的分析のなかで、哲学的思考は、その歴史性を自らの本質的契機としながら、思考自身の成り立ちを自身のさまざまな歴史的形態を通じて明らかにしていく。理性が自らを歴史的に相対化しつつ、歴史のなかで自らの成立を語りだすという反省的・超越論的思考こそ、本書の全体に行き渡っている構想なのである。

理性自身の歴史的解明、およびその具体的叙述という課題は、著者にとって常に一貫した問題意識であったと思われる。『中世における理性と霊性』所収の論考「初期スコラ学における〈理性〉の問題」には、古代哲学から現代哲学にいたる展望に即して、そのプログラムを鮮やかに示した一節がある。著者の哲学的思考の視線が、狭義の中世哲学にとどまらず、近代哲学を経て現代哲学までを伸びやかに見通していることを示している一文である。

ギリシアにおけるヌースやロゴスの理論を出発点として、教父における神的ロゴスや後のアラブ哲学における能動知性・可能知性の理論からの影響をも取り入れた、古代末期から中世にかけての「知性」と「理性」の理解、次いで近世における個的自我《エゴ》の理論や、超越論的意識と絶対知の思想にまで及ぶその展開、さらには二十世紀における解釈学・現象学・言語哲学においてなされたような、ドイツ観念論的な思弁的理性の前提を問い直す運動に至るまで、その歴史の底流を成すのは、思索の自己理解とその哲学的営為をめぐる考察なのである。

近代理性の系譜を辿るこうした展望は、本書では第四章「中世における自己認識の展開」のなかで集中的に叙述される。古くはヘラクレイトスの「ロゴス」論に始まり、プラトン・アリストテレスにおける「ヌース」、とりわけその自己知の課題（「汝自身を知れ」）についての洞察、そして「ヨハネによる福音書」における創造の「ロゴス」の思想（「初めに言葉ありき」）など、きわめて振幅の大きな観念が、理性や知性の大元に広大な裾野として広がっている。そして古代ギリシアの知性理解に由来するロゴス論が、ユダヤ教神学者フィロンやギリシア教父ユスティノス、クレメンスなどによって、ユダヤ教・キリスト教のうちに取り入れられたときに、神の知性と人間の知性の関係、ロゴスをめぐる絶対性と有限性の問題、原像と似像の関わりなど、神学的・哲学的に根本的な問題が提起される。そのため古代末期のこの時期にこそ、神学的関心と理性の自己理解とが結びついて独自の展開が緒に就いたという点で、あるひとつの思想的運動、つまり

（本書が扱う意味での）広義の「中世哲学」が起動したと考えられる。ヘレニズム期にはストア学派が、宇宙論的思考と人間論的・倫理学的考察を融合させるかたちでロゴス論を推し進めたが、知性と理性をめぐる理論を人間の内面性と超越性の緊張関係として鮮烈に描き出したのは、自身の生をもって信仰と理性の問題を体現したアウグスティヌスである。「私に最も近接したもの」という仕方で人間の自己意識をその遂行面において捉え、「私の内奥よりもさらに内にあり、私にとって至高なるところをさらに超えている」という表現によって自己の内的超越を自覚的に提示したアウグスティヌスは、三位一体論をモデルに理性の構造についての思弁を展開することで、精神の超越論的・存在論的理論――著者の好む言い方では「精神形而上学」――を打ち立てた。

「知解を求める信仰」という定型句に示される信仰の理性的理解は、十一世紀にアンセルムスを先駆けとするスコラ学によって軌道に乗る一方、十二世紀のシトー会学派、サン＝ヴィクトル学派などの修道院霊性によって深められ、神認識と自己認識が交わる次元が探求される。たとえば、クレルヴォーのベルナルドゥスは「愛による理性的精神の謙遜」を通じて、「神との類似化」に向かうことを訴え、サン＝ヴィクトルのフーゴーは、精神の自己集中と自己忘却を通じて、理性の自己離脱と神への自己超越が同時に生起することを主張する。その一方で、同じ十二世紀において、イスラーム思想を介してアリストテレス哲学がラテン世界に再導入されることで、知性や精神をめぐる思想状況は一変する。いわゆるラテン・アヴェロエス主義によるアリストテレス解釈が、可能知性と能動知性の議論、および知性単一説といったかたちで、ラテン世界のキリスト教理解に論争を引き起こし、人間知性の有限性と無限性の問題や、究極の至福直観の可能性をめぐって根本的な態度決定を迫ることとなった。そのなかから、能動知性の創造性を強調するフライベルクのディートリヒは、思弁的理性の無限性を強調し、能動知性そのものを存在の自己顕現の場と理解するが、これは十九世紀のドイツ観念論において実現された思弁的体系を予感させるものでもある。これに対して中世末期には、こうしたドミニコ会の思弁的思考と並んで、フランシスコ会を中心に主意主義の傾向が強まり、意識の能動的な活動性が強調される。その動向のなかで、認識の内面的活動そのものが、存在認識とは切り離して理解されることによって、純粋で直接的な再帰的自己認識——デカルトの「われ思う《コギト》」やカントの「統覚」に相当するもの——が取り出されることになる（本書第四章「中世における自己認識の展開」）。こうした意識論・知性論は、近代の意識哲学やドイツ観念論を経て、二十世紀の超越論的現象学において全面的に開花する。より正確には、中世哲学における魂論・理性論は、現代から遡って見ることで初めてその真価が顕在化するのであり、本書での著者の考察は、そうした現代哲学の知見を背景に、中世哲学のあり方をより鮮明に描き出すものと言えるだろう。

学問的理性の展開

信仰に対して知的理解を求める姿勢、つまり「知解を求める信仰」というスコラ学の方針の大元は、ラテン教父からさらにギリシア教父にまで遡る。たとえばオリゲネスにおいても、「啓示の内容」と「その理由の探求」、つまり「信仰の領域」と「神学の領域」が区別されるように、理性の自立した働きはすでに確保されている。したがって、グラープマンも言うように、理性的探求という「本来的意味でのスコラ学の本質は、古代キリスト教文献のなかに、程度の差はあれはっきり存在する」(M・グラープマン『スコラ学の方法と歴史』)のである。本書の中世観においても、理性の自己理解の展開と並行して、理性の具体的実現としての「学知」の理念が、キリスト教を根幹とする中世哲学の大きな特徴となっている。「学問」という自立・独立した思考法は、古代ユダヤ教の文化圏では成立を見ることがなく、シリアを介してアリストテレスを受容したイスラーム世界でも十二世紀以降は衰退し、ギリシア語文献を継続して活用しえたビザンツ世界でも独自の発展を遂げることはなかったのを思うと、「学問」とはけっして理性の自明の帰結ではなく、それ自体が歴史的・地域的な特質をもっているものと考えられる(K・リーゼンフーバー「古代・中世キリスト教思想と学問の成立(講演録)」、『クラウス・リーゼンフーバー小著作集IV 思惟の歴史』所収、参照)。

ヨーロッパ中世における学問の発展的成立は、本書では自由学芸の展開に関わる諸論考に明確に現れている。とりわけ、「中世ヨーロッパの教師」と呼ばれたボエティウスに関しては、その伝承過程の詳細が周到に論述されている(本書第五章「ボエティウスの伝統」)。ギリシア語文化からラテン語文化へと切り替わる文化的危機の時代にあって、ボエティウスが古代の学知の源流であるアリストテレスの論理学書を多数ラテン語訳し、ギリシア語原文では伝わることのなかったエウクレイデス『原論』の抜粋を翻訳することで、十二世紀にこれらの文献がイスラーム世界から再びもたらされるまで、中世の学問は致命的な損失を埋めることができたのである。それに加えて、のちに「自由学芸」として総合される七部門のうち、数学的「四科」については、「量」

一般についての理論的考察にもとづいて、「算術・幾何学・音楽・天文学」という秩序を、連続量・離散量、静止量・運動量といった区別をもとに構築したことは、学問の組織性・体系性という思考のみならず、数一般についての理論的理解に対しても大きな貢献を果たすものであった。付言するなら、近代初頭のデカルトさえも、この連続量と離散量の統合という問題枠のなかで初めて「解析幾何学」という着想に辿り着いたことを思えば、その広大な歴史的射程を窺い知ることができるだろう。

古代・中世における学問の継承は、ベネディクト会に代表される修道院、あるいはその付属学校を主たる担い手としている。ボエティウスの伝統もまた、後継のカッシオドルスによる修道院にして研究施設であるウィウァリウムを通して引き継がれ、文献収集や写本作成など、学知継承の土台を築いていく。その後の展開として本書で扱われるところでは、十二世紀においてはサン＝ヴィクトル学派のフーゴーが、古代のマルティアヌス・カペラに由来する七自由学芸を基礎として、学問研究の手引書である『学習論《ディダスカリコン》』において理性による学問の編成を行うとともに、学問的思考そのものの霊的意味を明らかにしていった（本書第七章「サン＝ヴィクトルのフーゴーにおける学問体系」）。聖書解釈に専心する「霊的読書」（lectio divina）を介してこそ、知恵の探求と徳の実践が豊かに実現されるものとみなすフーゴーは、「〈読解の研究〉（studium legendi）をひとつの新しい思想として提示した」のであり、彼にとってテクスト・書物こそ、知恵の刈り取りのための豊饒な「ぶどう畑」であり、人格的完成の「楽園」であった（I・イリイチ『テクストのぶどう畑で』一九九三年、参照）。そして七自由学芸の蓄積は、フーゴーの『学習論』の系譜を引き継いで、ボーヴェのウィンケンティウスの『大きな鏡』などの百科全書的著作によって集大成されていった（K・リーゼンフーバー「ボーヴェのウィンケンティウスにおける教養理解」、『中世哲学の源流』所収、参照）。

十一世紀頃より盛んになった大学の設立に際しても、自由学芸は神学・医学・法学の専門学部の予備部門である学芸学部において着実な地位を占めることになる。それと並行して、理論的・学問的認識の要求の高まりとともに、シャルトル学派などを中心に、具体的な自然観察が推し進められ、自然界についての学問的考察が緻密化していく。もとより自然学を主とする学問の拡張に際しても、キリスト教的・プラトン主義的自然理解がその基盤となっているため、創造論の哲学的解明が主要な課題とみなされる。自然現象および自然全体の考究においては、「創世記」の読解という聖書解釈（字義的解釈、あるいは寓意的解釈）や、ボエティウス的な数論的思考が共存し、神学的な創造思想と抽象的な理論的考察が豊かに展開される。十二世紀以降は、事実的な自然学的知見が増大し、しかもイスラーム圏を通してのアリストテレス自然学の復権など、中世の自然学はますます多様化し複雑化していく。もとよりそこには、創造論の根本的理解や範型としてのイデアの思想、根源的同一者と被造的多数者といった基本的枠組みは常に堅持されている。そのため、被造物とその創造者のあいだには絶対的な差異があるにもかかわらず、その両者がその懸隔を越えていかに関わり合うのか、また人間の理性はそれ自体が有限な被造物であるにもかかわらず、いかにして自然を介して超越的な創造主を理解しうるのか——こうした問いは、中世の自然理解の基本的なモティーフであり続けるのである（本書第三章「被造物としての自然」）。

超越論的思考の展開

理性の再帰的自己認識、学知の自立、および自然ないし対象一般の認識という問題群は、哲学的には、超越論的思考と呼ばれるものに収斂する。ただし、本書での「超越論的」という語は、カントが定義した「経験の可能の制約」という認識論的・論理学的枠組みを超えて、理性そのものの内的特質およびその根源に遡及する思考を意味している。理性は、認識や実践という活動を通して世界や現象と関わりながら、同時に当の関係そのものを反省的に捉えるといった再帰的な構造をもっている。その反省は対象的・静態的なものではなく、あくまでも理性が活動する姿をその動態のまま、しかもその根源から捉えるものでなければならない。そして理性の「根源」は理性自身が恣意的に構成しうるものではない以上、理性は常に自己自身をその根源へ向けて超出することを要請される。そのような作動・反省・超越といった理性の活動的・開放的なあり方を表現するために、著者は複合的意味での「遂行」（Vollzug）あるいは「自己遂行」（Selbstvollzug）という用語を——時に後期フィヒテの発生論的な超越論哲学、あるいは二十世紀の後期フッサールの超越論的・発生論的現象学に近い問題意識に即して——繰り返し用いている。著者にとっては、理性ないし意識が、世界のみならず自己自身を根源的に把握し、しかもその把握する働きそのものをさらに再帰的に明らかにするといった動態的反省こそが、根本的な意味で「超越論的」の名に値するものであったものと思われる。

このような広義の超越論的思考は、古代末期においてアウグスティヌスが、魂の内的活動を

「知解・意志・記憶」の三一的相互関係によって構造化して示すと同時に、魂の内的超越の理解を徹底したとき、その思想に伏在していたとも言えるだろう。アウグスティヌスにおいては、対象的認識から自己認識への転換がなされ、さらに自己認識の根底へと迫る運動が、魂の諸契機の相互的な自己再帰的関係とともに示されるからである。超出的で反省的な自己認識という点で、これはまさしく著者の理解する超越論的思考を典型的に表すものと言えるだろう。こうした方向性は、アンセルムスが、純粋に理性のみによって神の存在証明を試みる過程で、いっそう顕著に実現される。アンセルムスは『プロスロギオン』において、「神」の名称の使用すら控えつつ、神の本質的定義のみによってその存在の必然性を導き出そうとすることで、理性の反省的・活動的本質を露わにするからである。

存在論的・本体論的証明と呼ばれるアンセルムスの論証は、形式論理学的な演繹ではなく、理性自身の反省的自己把握を通して、理性をその自己超越へと導くかたちで進行する。神の定義からその存在を導き出すアンセルムスの証明は、単なる推論というより、その定義を把握する理性自身が辿る道筋を反映し、反省の段階が高まるさまを叙述している点で、理性の自己実演《パフォーマンス》のような性格をもっている。「それよりも偉大なものは何も考えられえない何ものか」という定義にもとづくその証明は、理性によって把握された意味内容から、理性の内部と外部との区別を経て、理性の自己理解を通して存在把握にまでいたる反省の段階的上昇を辿る。思考の内部でのみ捉えられた意味内容が、理性に対する存在の自己露呈という真理へと転換していくこの運動こそ、「超越論的反省」と呼ばれるものにほかならない。しかもアンセルムスの場合、こうした思考の運動は、すでに当の定義そのもののうちに言語的にも明瞭に刻印されている。なぜなら、「それよりも偉大なものは何も考えられえない何ものか」という神の定義のうちには、「考える」という思考の働きを中心に、「何ものか」という未規定の主題をめぐって、「それよりも」という比較級、そして「考えられえない」という否定形によって、比較による跳躍と否定による限界づけが示され、最終的に当の「何ものか」が存在に結びつけられるからである（K・リーゼンノーバー「存在への精神の自己超越——カンタベリのアンセルムスの『プロスロギオン』第二章にそくして」、『中世における自由と超越』所収、参照）。

こうしてアンセルムスにおいては、理性自身の超越論的反省によって、存在に対する理性の開放性が提示される。のちにカントは『純粋理性批判』の超越論的弁証論において、この証明に疑念を呈し、「存在（「ある」）は実質的《レアール》な述語ではない」という有名な反論を行うことになる。しかしながらこの反論は逆に、理性の自己把握を存在の露呈と結びつけるアンセルムスとは異なり、カントにおける「存在」理解が「真理」の開示から切り離されていることを示すものでもある。したがって理性の限界づけは、カントにおいては境界画定としての「批判」を意味するのに対して、アンセルムスにおいては理性の自己克服を通して開かれる「信仰」の裏づけとなっている。アンセルムスの証明では、神の定義の内容は、理性を対象的な意味を超えた次元に導き、「真理」を介して「存在」を、そして「考えられうるよりも大きな何ものか」としての「超越」を指し示すである（本書第六章「信仰と理性」）。

超越論的理性と思弁的理性

カントの批判哲学においては、アンセルムスが証明しようとした神は、「純粋理性の理想」とみなされ、思念内容としての「理念」――アンセルムスの文脈では、「単に考えられたにすぎない最高存在」――へと制限される。哲学史的に補足するなら、ヘーゲルはこれに対して、アンセルムスの証明のうちに積極的な契機を見て取り、主観的に思念されただけの概念が客観的存在へ移行する過程を含むものと理解している。つまりヘーゲルはそこに、有限な主観性を止揚する思弁的・弁証法的運動の端緒を見ているのである（ヘーゲル『ハイデルベルク・エンツュクロペディー』第一四〇節、一八一七年）。「存在論的証明」に対するこのような評価の違いのうちには、批判的な超越論的理性が創造的な思弁的理性へと展開する動きが現れている。こうした超越論的・思弁的な課題は、本書の文脈で言えば、十三世紀以降、論争の火種ともなった能動知性論の主題と平行しているとも考えられるだろう。なぜなら能動知性論の論争では、知性的認識に関してその可能根拠が問われるとともに、究極的で原理的な現実把握・自己把握の可能性が「至福直観」の問題として取り上げられ、知性そのものの成立根拠があらためて論じられるからである。

能動知性および可能知性をめぐる議論は、もともとはアリストテレス『霊魂論』における不滅の離存的魂への言及（第二巻第一章）、および「可能態にある知性」と「能動態にある知性」の区別（第三巻第四章）に由来し、その本文の曖昧な規定をイスラームの註釈者たちが解釈することで成立したものである。アリストテレスの宇宙論と新プラトン主義的な流出論を基盤とするその思想においては、「思惟の思惟」が宇宙の頂点とされ、諸天体の動力となる諸知性体の位階的秩序のなかで、能動知性はその最下層に位置づけられる。そして人間の知性的認識は、能動知性の力によって、ただし人間の知性である可能知性のうちで実現されるものとみなされる。しかも可能知性は永遠であるが可能的であるため、人間全体にとって数としては単一であり、それ自体においては内容をもたないがゆえに、同じく永遠の世界を必要とする。こうした知性単一説と世界の永遠性の説に代表される思想は、西方ではラテン・アヴェロエス主義として禁令の対象ともなる一方で、知性の活動や本質についての多様で思弁的な思考を触発することになった。

能動知性・可能知性の位置づけについて、盛期スコラ学において、トマス・アクィナスとアルベルトゥス・マグヌスは弟子と師の関係にありながら、二つの異なった方向を代表している。トマスの場合に能動知性は、感覚が受け取る個別的形象を抽象して、可知的形象を形成する自発的な知性の働きと考えられている。人間の認識能力は、先天的な認識内容をもたないため、世界の対象を可能的に志向するにすぎないという意味で可能知性なのであり、その認識活動を支え現実態化する能力として能動理性を必要とする。つまりトマスにおいて能動知性は、人間の知的認識がどのように成立するかといった認識論的な関心のなかで、認識の可能根拠という面から考察されており、それ自体が究極的・全体的現実に対する至福直観——ドイツ観念論風に言うなら、知性における主体と客観の一致としての「知的直観」——をもたらすというようには考えられていない。

これに対して、師のアルベルトゥスによれば、知性的認識は根本的には第一原因の認識であるため、高次の原因性へ向かう内的で自発的な自己超越を本質としている。能動知性は自らの根源への超出と還帰にもとづいて知性的認識を可能にすると同時に、経験的な対象認識を通して可能知性と結合し(「獲得的知性」)、自己自身を内容とする自己認識を実現する。すなわち、アルベルトゥスにおいて知性認識は、反省に先立つ遂行的な自己把握にもとづき、認識それ自身の根源へと遡行することで、自己の完成である至福を見出すのである。トマスとは異なったこうした能動知性論は、アルベルトゥスからドミニコ会の後継者たちへと継承されている。フライベルクのディートリヒは、能動知性の内的な自己超越の性格をアウグスティヌスの「精神の秘所」と重ね合わせることで、能動知性を存在認識の根源とみなし(K・リーゼンフーバー「フライベルクのディートリヒの知性論」、『中世における理性と霊性』所収、参照)、マイスター・エックハルトは、精神の自己放棄である「離脱」において知性の存在と遂行が一致することで、知性が本来の自己同一性を回復し、自己自身を内的に構成するといった神秘思想的・超越論的知性論を展開するにいたる(本書第九章「知性論と神秘思想」)。

能動知性論のこうした積極的な展開は、知性に対する理解を拡張するばかりか、哲学的な基本概念の捉え方にも変化をもたらした。まずそれは、十二世紀以来の普遍論争に対するひとつの解答とみなすことができる。なぜなら、知性が把握する普遍的本質に関しては、普遍論争では、「事物の前の普遍」と「事物の後の普遍」という区別がなされるが、能動知性が事物の存在の創造的理解だとするなら、それは同時に神的でイデア的な「事物の前の普遍」の把握であり、その具体的・経験的実現が、可能知性による「事物の後の普遍」に相当するとも考えられるからである。さらには、フライベルクのディートリヒ、そしてグリュンディヒのエックハルトにおいて能動知性の理解が徹底されることによって、「実体」概念にも大きな変化が生じることになった。

能動知性がその本質において知性の遂行である点にもとづいて、当の知性の活動そのものが「実体」と呼ばれることによって、実体概念が、完結した自存性や、属性に対する基体という伝統的な意味を離れ、動態的《デュナミス》な自己遂行へと移行し、そこに「主体」や「自己意識」の新たな理解が誕生することになるのである。こうした動向は、「基体《ヒュポケイメノン》」（下に置かれたもの）のラテン語訳subiectumが、担い手や基盤の意味での「事物」の側から、能動的な自己意識としての「主観」へと読み替えられていく経緯とも即応するものだが、著者はそこからさらに踏み込んで、能動知性論の実体理解のうちに、ヘーゲルの「実体＝主体」論（『精神現象学』序、一八〇七年）の先取りを見て取っている（K・リーゼンフーバー「主体概念の成立――中世のスコラ学と神秘思想における自己意識の構造」、『クラウス・リーゼンフーバー小著作集Ⅳ　思惟の歴史』所収、参照）。

一般的な哲学史では簡単な言及にとどめられがちな能動知性論を哲学的に精緻に読み解き、ドイツ観念論や現代哲学をも視野に収めながら、近代の主体性の誕生を辿るこうした論述は、まさしく著者の思想史的・哲学的考察の本領と言えるものだろう。現代フランスにおいても中世哲学の泰斗A・ド・リベラが、M・フーコーを踏まえながら、「主体の考古学」のプロジェクトに着手し（A・ド・リベラ『主体の考古学』一「主体の誕生」二〇〇七年、二「同一性の探求」二〇〇八年、三「二重の革命」二〇一四年、講義『近代的主体の発明』二〇一五年）、一方でフライベルクのディートリヒのフランス語訳選集（『フライベルクのディートリヒ選集』二〇〇八年、二〇一二年）が進行している状況にあって、この論点はますます刺激的で豊かな展望を開くことが期待される。

否定神学と像の思想

能動知性論においては、知性は現実全体の根源となるところへと自己の内部を通して超出していくことで、主体と対象の構成がその根底に遡って探求される。知性が知性自身の根源へと遡及していったとき、その第一の原理はどのように思考され、表現されるか——その問いを徹底して深めていくものとして著者が重視するのが、知性の限界と超越を主題とするもうひとつの伝統、すなわち「否定神学」の系譜である。『神秘神学』、『神名論』など、ディオニュシオス・アレオパギテスが著したとされる「ディオニュシオス文書」は、その成立に関する歴史的事実などは一切知られないまま、その思考の根源性ゆえに多くの思想家たちの関心を引きつけ、中世から初期ルネサンスにいたるまで、多数の翻訳・註解を生み出し広範に継承された。そのなかでも著者は、哲学的な論点を対比的に明確にするため、ディオニュシオスに深く影響を受けたトマス・アクィナスとクザーヌスとを併せて対照している（本書第十一章「否定神学・類比・弁証法」）。

ディオニュシオスの『神秘神学』の根本にあるのが、「一切を超える原因」としての「神」についての認識とその述定、つまり「神の名」をめぐる認識論的・言語論的問題である。それは同時に神の内実をいかに規定するかという神学的に根本的な問いでもある。知性による認識は、「存在」「一」「善」などの普遍的な意味内容を把握しうるが、それを神の名称とした場合、それらがいかに究極的な意味で理解されたにしても、神を有限な知性の内容に限定することは避けられない。そもそも第一原因たる神はいかなる有限な内容をももたないため、有限的認識を元にしたあらゆる肯定的概念や言述は廃棄されなければならない。なぜなら、神が第一原因である以上、その原因に起因するあらゆる有限者、およびそれに由来する名辞は、第一原因の内実を完全に反映することはできないからである。そのため知性の認識は、有限な存在者の肯定的内容から出発するにしても、第一原因の認識のためには、そうした「肯定の道」を逆に辿り、あらゆる有限的規定の除去である「否定の道」に向かわなくてはならない。したがって否定神学において、肯定と否定は単なる論理的な対立項ではなく、知性が自らの有限性を洞察し、それを超えていく運動を意味している。否定神学は最終的に、有限的・被造的規定の領域でのみ働く肯定と否定の対立を失効させ、いかなる述定によっても捉えられない純粋な完全性へと高められ、一切の認識を凌駕する闇にいたる。

ディオニュシオスの否定神学に対して、トマス・アクィナスは浩瀚な註解書『神名論註解』を著すなど、その問題設定に強い共感を示しているが、最も原理的な論点に関してはそこから距離を置いている。ディオニュシオスが否定神学を、精神が存在者の有限性を乗り越える根源への帰還運動と理解したのに対して、トマスは存在論的により包括的な視点から、より卓越した意味での肯定の意味を強調し、肯定神学の新たな意味づけを行おうとするのである。トマスにおいては、第一原因という神の捉え方のうちに、被造物に対する根拠づけ、被造物との決定的な区別、卓越的な意味での超越という三契機を見て取り、ディオニュシオス的な「浄化・照明・合一」の思考をなぞりながらも、とりわけ卓越的な超越を重視することによって、有限者と第一原因の関係を独自の仕方で考察する。有限的存在者は、それが第一原因に根拠をもつ限り、第一原因を不完全にではあっても映し出し、認識を第一原因へと導いていく。その点で有限的存在者は、第一原因の「類似」あるいは「表現」として認識される。有限的存在者は、第一原因にして第一の範型である根源を、自らに先行する卓越性を保持しながら、類比的な仕方で「分有」している。したがって有限的存在者とその認識は、その「類似」を介して対象的存在者の根源を指し示し、根源自体をあくまでも自存し卓越した次元として露わにするのである。こうしてトマスにおいては、「存在の類比《アナロギア・エンティス》」の思想にもとづいて、否定に解消しえない「卓越」のあり方が示されることになった。つまりトマスは、形相的な完全性の度合いとしての「類比」を活用しながら、そこに原因性の理解を織り込むことで、アリストテレス的な原因論とプラトンの分有論・イデア論との統合を果たそうとしたのである。ここにおいて有限な存在者は、第一原因によって根拠づけられた有限な完全性ではあっても、それ自体として純粋な完全性の「像」となる。この像の思想はトマスにおいて、「神の似像《イマーゴ・デイ》」としての人間の理解によってさらに展開され、「人格」の倫理学を形成することになる（本書第八章「人格の理性的自己形成」）。

ディオニュシオスの否定神学を踏まえながらも、初期ルネサンスのクザーヌスはトマスと異なり、感覚的認識から因果律を辿って原因へと遡行するのではなく、知性的認識のあり方を根底から問い直す方途をさらに徹底させていく。つまりクザーヌスは、ディオニュシオスによって提起された否定の根源的働きを、精神の根底に具わる自己超越的な動態と理解するのである。「知ある無知」というその用語に端的に示されているように、有限的な知は、自らの限界を反省的に洞察し、究極的根源の認識不可能性を自覚することによって、自らの知を挫折させ、有限的領域を突破していく。ここにおいて肯定と否定は、ディオニュシオスの場合のように相互に合一するというよりも、むしろ互いに矛盾を引き起こすことで知に飛躍をもたらすものとなっている。「対立物の一致」と呼ばれるそうした根源的矛盾を象徴的に表す手立てとして、クザーヌスは、「無限な半径をもつ円」が「直線」に一致するといった数学的モデルを活用している。このようなパラドクスの思考を先鋭化するなかで、肯定と否定、そしてその相互の矛盾をすら超越する純粋な完全性は、あらゆる有限性の痕跡を脱した名称で名指されることになる。「対立物の一致」の洞察にもとづいて提起されるその名称が、「可能現実存在」、「非他なるもの」、あるいは『可能自体』といったものである。これらの名称は、知性の認識構造や言語使用の構造に根差しつつ、その有限な使用を根源へ向けて相対化することによって、知性の有限性を超出する積極的なあり方を示すものとなっている（本書第十章「神認識における否定と直視」）。

こうして本書では、理性の自己解明という方向と呼応しながら、理性が自らの有限性を自覚し突破する否定神学の積極的な意義が論じられている。「否定神学」の思想は、二十世紀後半以降の現代哲学においても注目され、特に「脱構築」の思考、あるいは「現象学の神学的転回」と呼ばれる動向において、後期ハイデガーの「顕現せざるものの現象学」を考慮しながら、言表不可能性や認識不可能性という否定性をめぐる主題が論じられる際に、その思考の反響が明確に現れている（J＝L・マリオン『存在なき神』一九八二年、J・デリダ『名を救う』一九九三年、など）。また美術理論や図像学においても、視覚の現象学の観点から、不可視性や聖像破壊《イコノクラスム》の問題とともに否定神学的な思考に関心が寄せられている（G・ディディ＝ユベルマン『フラ・アンジェリコ——神秘神学と絵画表現』一九九〇年、G・ベーム『いかにイメージは意味をつくるか——呈示の力』（邦訳

『図像の哲学』〕二〇〇七年)。それぞれの思想の性格に相違はあるにせよ、現前の形而上学を批判する文脈においても、現象学において神を主題化する場合や、現象の根本性格である「視ること」の問題を問い直す際にも、思考や現象にとっての不在や否定という契機が決定的となる。そうした思想状況を考慮するなら、否定神学に関する本書での議論はさらなる展開と活性化の可能性を秘めていると言えるだろう。

もとより哲学が根源の認識を目指すものであるなら、認識の可能条件や限界といった問題は、哲学自身にとって本質的な事象となる。そのため、否定神学が提起する課題は、哲学的思考を根本まで突き詰めようとする限り、理性がどうしても直面せざるをえない壁となる。しかし、ここで理性が突き当たる限界は同時に、理性の極限的な自己反省を喚起し、それによって理性自身の様相を転換させるものでもある。ディオニュシオスの「闇」、トマスにおける「類比」にもとづく「像」の思想、クザーヌスの弁証法的な「無知の知」などが、否定の先にある究極的次元へ向けて、理性のあり方を変容させる。そして、自らの認識の限界を洞察し、その有限性を突破しようとする否定神学の目指すところはまた、理性の自己反省の徹底である超越論哲学が最終的に目撃する地点とも重なるだろう。なぜなら、超越論哲学の思考においても、思考は自らの有限性を見据えつつ、その根源へ向けて自らの自立性を否定しながら、自身を根源の「像」として相対化していくからである(J・G・フィヒテ『知識学』一八〇四年、K・リーゼンフーバー「フィヒテと現象学——フィヒテ思想(一八〇四—〇六年)における現象概念について」、『近代哲学の根本問題』所収、参照)。こうして根源と否定という契機を媒介として、超越論哲学と否定神学が交差し合う領域、理性が反省を通して自己の根底へ向けて超出していく運動こそ、本書が鮮やかに開いて見せてくれる哲学的光景ではないだろうか。

K・リーゼンフーバー主要著作一覧

Existenzerfahrung und Religion, Mainz, Matthias-Grünewald Verlag 1968;（ポルトガル語訳 *Experiência existencial e religião*, São Paulo, Ed. Loyola 1972.

Die Transzendenz der Freiheit zum Guten: der Wille in der Anthropologie und Metaphysik des Thomas von Aquin, München, Berchmannskolleg Verlag 1971.

Maria: im theologischen Verständnis von Karl Barth und Karl Rahner (Quaestiones disputatae 60), Freiburg, Herder 1973.

『超越体験』（自費出版）、一九八二年

『中世における自由と超越——人間論と形而上学の接点を求めて』創文社、一九八八年

『西洋古代中世哲学史』放送大学教育振興会、一九九一年（放送大学教材、改訂版一九九五年）

『内なる生命』聖母の騎士社（聖母文庫）、一九九五年（『内なる生命——霊的生活への導き』自費出版、一九九三年）

『中世哲学の源流』創文社、一九九五年

『われらの父よ——「主の祈り」を生きるために』教文館、一九九六年（『主の祈り』自費出版、一九八七年）

『西洋古代・中世哲学史』平凡社（平凡社ライブラリー）、二〇〇〇年（『西洋古代中世哲学史』〔放送大学教育振興会、一九九一年〕改訂新版）
『中世思想史』平凡社（平凡社ライブラリー）、二〇〇三年（『中世思想原典集成』各巻〔一―二〇〕栞、一九九二―二〇〇二年。『中世思想原典集成』別巻『中世思想史――総索引』平凡社、二〇〇二年。韓国語訳、The Open Books、二〇〇七年）
『知解を求める信仰』ドン・ボスコ社、二〇〇四年／聖母の騎士社、二〇一六年
『超越に貫かれた人間――宗教哲学の基礎づけ』創文社、二〇〇四年
『中世における理性と霊性』知泉書館、二〇〇八年
『近代哲学の根本問題』知泉書館、二〇一四年
『クラウス・リーゼンフーバー小著作集』全六巻、知泉書館
I「超越体験――宗教論」、二〇一五年
II「真理と神秘――聖書の黙想」、二〇一五年
III「信仰と幸い――キリスト教の本質」、二〇一五年
IV「思惟の歴史――哲学・神学的小論」、二〇一五年
V「自己の解明――根源への問いと坐禅による実践」、二〇一五年
VI「キリストの現存の経験」、二〇二一年
『禅とキリスト教――クラウス・リーゼンフーバー提唱集』知泉書館、二〇二二年
ほか

編訳者あとがき

本書は、K・リーゼンフーバー『中世哲学の源流』(創文社)、同『中世における理性と霊性』(知泉書館)に収録された論考を中心に編集し、さらに著者の単行本未収録の一篇(第四章)を加えたものである。編集方針に関しては「序にかえて」にて概略を述べたので、ここでは、著者と訳者の個人的関係も含め、本書の成立の経緯を記しておきたい。

リーゼンフーバー先生(一九三八年、ドイツ、フランクフルト生まれ)――訳者にとっては学生時代より哲学の教えを仰いだ恩師である――は、ミュンヘン大学で学位取得ののち、一九六七年にイエズス会宣教師として来日し、司牧活動に当たる一方、四十年にわたって上智大学で哲学の教鞭を執られた(その活動全般については、自身が半生を回顧した以下のものを参照。「宣教師としての歩み」、『クラウス・リーゼンフーバー小著作集VI――キリストの現存の経験』所収)。文学部哲学科の教員としては、「形而上学」、「宗教哲学」といった講義、また「中世哲学発達史」などの中世哲学関連の授業を担当し、ドイツ語文献講読では、近現代のドイツ哲学を主題に、第一級の原典がテクストとなった。大学院の講読でも、現代の現象学・解釈学・言語哲学、そしてドイツ観念論を中心に、ハイデガー、ガダマー、フィヒテ、ヴィトゲンシュタインなどの著作が扱われた。

該博な思想史的知見にもとづくその哲学的読解はまさに圧巻で目の覚めるようなものであり、ドイツ的な思弁的思考の底力を目の当たりにする思いであった。

さらに大学での教育活動のかたわら、上智大学中世思想研究所の所長を三十年にわたって務め、『中世研究』(創文社／知泉書館)、『教育思想史』(東洋館出版社)、『キリスト教史』(講談社／平凡社)、『中世思想原典集成』(平凡社)、『キリスト教神秘思想史』(同)など、数々の大規模な叢書・シリーズの企画・監修・編纂に当たり、中世思想・キリスト教の研究や普及に大きな貢献を果たしている。また、日本哲学会・中世哲学会を始めとする学会活動や著述活動も盛んに展開し、その成果が、『中世における自由と超越』、『中世哲学の源流』、『中世における理性と霊性』、『近代哲学の根本問題』などの浩瀚な著作群にまとまっていった。

本書の翻訳としての性格についても若干述べておくべきだろう。それというのも、本書は一般的な外国語原書の翻訳書とは成り立ちが少々異なっているためである。訳者が上智大学哲学科に入学して教えを受け始めた一九八〇年頃には、リーゼンフーバー先生はすでに巧みな日本語を操り、日常生活のみならず、大学の授業や学会の発表や講演、教会での活動など、すべての活動を日本語で行われていた。穏やかな微笑みを絶やさないその語りぶりは、説得力があり、たいへんに魅力的であった。しかし、学術論文に関しては、一貫してドイツ語で執筆し、その翻訳を同僚教員や助手・大学院生などに依頼するというやり方を採られていた。本書からわかるように、その論考はきわめて精緻で密度の濃いものであり、これを日本語で書き下ろすのはやはり容易ではなかったものと想像される。また高い完成度を求める完璧主義ゆえに、日本語のネイティヴの協力者を必要としたのかもしれない。そうした経緯によって、(『中世哲学の源流』の共訳者の一人、故・矢玉俊彦氏など)多くの関係者がその翻訳に関わるなか、ある時期よりおよそ二十年にわたり、訳者が主に翻訳を任され、中世思想研究所の出版活動にも参加することになった。

翻訳に際しては、ドイツ語で書き下ろされた完成原稿を受け取り、訳者が日本語訳した翻訳原稿を先生と逐一検討するというやり方が毎回の習慣であった。先生自身が日本語の語感をも十分に理解されていたため、訳文の語学的な問題のみならず、日本語の措辞なども含め、数多くの指摘を受けながら、相当な時間をかけていわば共同で最終原稿を練り上げていった。そのため訳文は当初のドイツ語原稿から逸脱しているところもあり、しかも原稿自体もほとんどはタイプライター版であるため、厳密な意味で翻訳の底本となった原語の刊行物は基本的に存在しない。それぞれの日本語訳が、原著者自身が細部まで丁寧に目を通して正式認定《オーソライズ》を経たオリジナルということになるだろう。それらの論考を単行本にまとめる際にも、最終的な推敲を兼ねて校訂・編集作業を共同して行ってきた。

今回は、二〇二二年に逝去されたリーゼンフーバー先生の業績をあらためて紹介すべく、訳者が関係した翻訳のなかから代表的な論考を選出し、精選集としてまとめた次第である。前述の経緯もあるため、本書の編集にあたっては、わずかな修正や統一を除いて、単行書所収の論考はその収録テクスト、単行書未収録の一篇は学会誌掲載のテクストを元にして、その本文を尊重している(ただし、註でのラテン語原文の挿入は割愛し、ラテン語のみでの典拠文は翻訳に替えるなど、註の書式には編集を加えたことをお断りしておく)。本書の企画については、その立案当初より、現・

上智大学中世思想研究所所長の佐藤直子氏に相談に乗っていただいた。同じくリーゼンフーバー先生を師として、薫陶を受けられた佐藤氏からは、論文の選定、目次の構成にわたって貴重なご意見を頂戴することができた。また本書の編集実務に関しては、『中世思想原典集成』全巻などの作業を担当された編集者・中村鐵太郎氏に助力をお願いできたのも幸いであった。各種データの確認に始まり、註の編集・索引作成など、膨大な作業を担当していただき、訳者を助けてくださったことに感謝したい。本企画の意味を十分に理解され、刊行にいたるまで尽力いただいた平凡社の編集者・竹内涼子氏にも謝意を表したい。そして何よりも、リーゼンフーバー先生の圧倒的な業績にあらためて敬意を表するとともに、その学恩に深甚の感謝を捧げたい。高度の哲学的思考を凝縮した思索の結晶体とも言うべき本書が、中世哲学のみならず、哲学全般に関心を抱く読者の刺激となることを願ってやまない。

出典一覧（初出情報を含む）

第一部　中世思想の構造

第一章　ラテン教父の思考様式と系譜
『中世における理性と霊性』知泉書館、二〇〇八年、所収
初出：『パトリスティカ――教父研究』第三号（一九九六年）／上智大学中世思想研究所編訳・監修『中世思想原典集成』第四巻「初期ラテン教父」総序、平凡社、一九九九年

第二章　ラテン中世における教父神学の遺産
『中世哲学の源流』創文社、一九九五年、所収
初出：昭和六一年度科学研究費補助金研究成果報告書『中世修道院文化における教父思想の伝統』一九八七年／上智大学中世思想研究所編『中世における古代の伝統』創文社、一九九五年
第三章　被造物としての自然――教父時代および中世における創造論
『中世哲学の源流』所収
初出：国際コロキウム「中世哲学における自然概念」（一九九四年一一月一七日　於・早稲田大学）講演原稿
第四章　中世における自己認識の展開――近代思想の歴史的源泉をめぐって
初出：上智大学哲学会『哲学論集』第三八号（二〇〇九年）

第二部　中世の思想家たち
第五章　ボエティウスの伝統――プラトン主義とアリストテレス論理学の中世への継承
『中世哲学の源流』所収（初出）／上智大学中世思想研究所編『中世における古代の伝統』創文社、一九九五年、に同時収録
第六章　信仰と理性――カンタベリーのアンセルムスにおける神認識の構造
『中世における理性と霊性』所収

初出：中世哲学会編『中世思想研究』第四四号（二〇〇二年）／創立二〇周年記念誌編集委員会『アガペへの道』、二〇〇二年

第七章　サン＝ヴィクトルのフーゴーにおける学問体系

『中世哲学の源流』所収（初出）／上智大学中世思想研究所編『中世の学問観』創文社、一九九五年、に同時収録

第八章　人格の理性的自己形成――トマス・アクィナスの倫理学の存在論的・人間論的構造

『中世における理性と霊性』所収

初出：上智大学中世思想研究所編『トマス・アクィナスの倫理思想』創文社、一九九九年

第九章　知性論と神秘思想――十三・十四世紀スコラ学の問題設定

『中世哲学の源流』所収

初出：中世哲学会第四三回大会（一九九四年一一月一九日　於・東京大学）講演原稿

第十章　神認識における否定と直視――クザーヌスにおける神の探求をめぐって

『中世における理性と霊性』所収

初出：平成一二年度科学研究費補助金研究成果報告書、二〇〇一年／八巻和彦・矢内義顕編『境界に立つクザーヌス』知泉書館、二〇〇二年

第十一章　否定神学・類比・弁証法――ディオニュシオス、トマス、クザーヌスにおける言語の限界と超越の言表可能性

『中世における理性と霊性』所収

初出：『思想』第一〇〇六号（二〇〇八年第二号）、岩波書店

第十二章　マルシリオ・フィチーノのプラトン主義と教父思想――キリスト教哲学の一展望

『中世における理性と霊性』所収

初出：『カトリック研究』第七六号（二〇〇七年）（初出時：鈴木伸国訳）

ルイ6世 Louis VI　281
ルカヌス Marcus Annaeus Lucanus　64, 68
ルクレティウス Titus Lucretius Carus　42
ルースブルーク，ヤン・ファン Jan van Ruusbroek　559
ルフィヌス（アクイレイアの） Tyrannius Rufinus　40, 43, 64
ルプス（フェリエールの） Servatus Lupus; Lupus Ferrariensis　213, 240
『霊魂論』（アリストテレス） *De anima*　172, 347, 394, 397, 592
『霊魂論（大）註解』（アヴェロエス） *Commentarium magnum in Aristotelis De anima libros*　397, 429
『霊魂論第三巻註解』（ブラバンのシゲルス） *Quaestiones in tertium De anima*　172, 401-403
『霊的対話集』（カッシアヌス） *Conlationes*　49, 50, 61
霊的読書　58, 61, 69, 74, 295
レオ1世（大教皇） Leo I　48, 51, 52, 618
レギーノ（プリュムの） Regino Prumiensis　220
レミギウス（オーセールの） Remigius Autissiodorensis　206, 220, 235, 241, 242, 293
ロスヴィータ（ガンダースハイムの） Roswitha von Gandersheim　69, 213
ロスケリヌス（コンピエーニュの） Roscelinus Compendiensis　229
ロドリゴ・デ・アリアーガ Rodrigo de Arriaga　189
ロベルトゥス（ムランの） Robertus Melodunensis　56
『ロマ書註解』（アベラルドゥス） *Commenatria in Epistolam Pauli ad Romanos*　162
『ロマ書註解』（トマス・アクィナス） *Lectura super Epistolam ad Romanos*　616
ロラード派　478
ローレヴィンク，ヴェルナー Werner Rolevinck　285
論理学（旧）　202, 227, 229-232;（新）　230, 231

ワ行

『わが災厄の記』（アベラルドゥス） *Historia calamitatum*　162
『わが秘密』（ペトラルカ） *Secretum meum*　591
『和声論教程』（サンタマンのフクバルド） *De harmonica institutione*　220
『和声論教程』（プリュムのレギーノ） *De harmonica institutione*　220

ヨアンネス（スキュトポリスの） Iohannes Scholastikos　537
ヨアンネス（ダマスコスの） Ioannes; Johannes Damascenus　74, 319, 537, 618
ヨアンネス・クリュソストモス Ioannes Chrysostomos　74, 155, 598
『四つの精神的訓練についての独語』（ボナヴェントゥラ） *Soliloquium de quatuor mentalibus exercitiis*　170
予定論　48, 49
ヨハネ（十字架の） Juan de la Cruz　559
ヨハネス（カストルの） Johannes Castellensis　170
ヨハネス（ソールズベリーの） Johannes Saresberiensis; John of Salisbury　214, 231, 615
ヨハネス・エリウゲナ → エリウゲナ
ヨハネス・サラケヌス Johannes Sarracenus　559
ヨハネス・デ・ムリス Johannes de Muris　217, 221
ヨハネス・ブリダヌス（ジャン・ビュリダン） Johannes Buridanus; Jean Buridan　184, 230, 615
『ヨハネ福音書講解』（アウグスティヌス） *In Johannis Evangelium tractatus*　47
『ヨハネ福音書註解』（エリウゲナ） *Commentarius in Evangelium Johannis*　235
ヨルダヌス（ネモーレの） Jordanus de Nemore　216

ラ行

ライムンドゥス・ルルス Raimundus Lullus; Ramón Llull　392, 615
ラクタンティウス Lactantius　24, 30-32, 613, 618, 624
ラテン・アヴェロエス主義　106-109, 172, 173, 176, 178, 354, 392, 394-421, 449, 601, 602
ラトラムヌス（コルビーの） Ratramnus de Corbie　235
ラバヌス・マウルス Hrabanus Maurus　219, 287, 288
ラン学派　56, 60
ランディーノ，クリストフォロ Cristoforo Landino　596
ランフランクス（カンタベリーの） Lanfrancus Cantuariensis　229, 276-278
リウィウス Titus Livius　62
リカルドゥス（クリュニーの；ポワティエの） Richardus Cluniacensis; Richardus Pictaviensis　284
リカルドゥス（サン＝ヴィクトルの） Richardus de Sancto Victore　168, 171, 282, 284, 338
リシェール（サン＝ルミの） Richer de Saint-Remi (de Reims)　228
『倫理学あるいは汝自身を知れ』（アベラルドゥス） *Ethica sive Scito te ipsum*　162, 307

マネゴルト（ラウテンバハの） Manegold von Lautenbach 242
マリウス・ウィクトリヌス Caius Marius Victorinus 23, 37, 38, 224
マルキオン Markion 30
マルクス・アウレリウス Marcus Aurelius 151
マルティアヌス・カペラ Martianus Capella 56, 210, 217, 286
マルティヌス（トゥールの） Martinus Turonensis 43, 44, 50
『聖マルティヌス伝』（スルピキウス・セウェルス） *Vita sancti Martini* 44
ミカエル・プセロス Michael Psellos 614
『未完の創世記逐語註解』（アウグスティヌス） *De Genesi ad litteram imperfectus liber* 90
ミラニウス，バシリウス Basilius Millanius 560
『無知の書について』（ヨハネス・ヴェンク） *De ignota litteratura* 478
ムニエ，エマニュエル Emmanuel Mounier 331
メア，ジョン John Mair 187
『命題集』（ペトルス・ロンバルドゥス） *Sententiae* 56, 76, 523
『命題集三巻』（セビリャのイシドルス） *Libri tres sententiarum* 55
『命題集註解』（トマス・アクィナス） *Scriptum super libros Sententiarum* 345, 412
『命題論』（アリストテレス） *De interpretatione* 56, 225, 227, 231
『命題論註解』（アンモニオス） *In librum Peri hermeneias Aristotelis recordatio* 232
『命題論註解（第二公刊本）』（ボエティウス） *Commentarii in librum Aristotelis Peri hermeneias*, editio secunda 203, 226-228
『メタロギコン』（ソールズベリーのヨハネス） *Metalogicon* 214, 231
メディチ，コジモ・デ Cosimo de' Medici 591, 592, 595
メディチ，ロレンツォ・デ Lorenzo de' Medici 596, 598
メトディオス（オリュンポスの） Methodios 41
モーセス・マイモニデス Moses Maimonides; Môsheh ben Maimôn 541
『モノロギオン』（カンタベリーのアンセルムス） *Monologion* 160, 260-278
モンタノス（派） Montanos 25

ヤ行

ヤコブス（ヴェネツィアの） Jacobus Veneticus Grecus 231
ヤコブス（メッツの） Jacobus Mettensis 116, 178
唯名論 183, 187, 188, 524, 564
ユウェナリス Decimus Iunius Iuvenalis 64, 68, 162
ユウェンクス Juvencus 34, 64
ユスティノス Ioustinos; Justinus Martyr 85, 86, 390, 618

ボーヴォ（コルヴァイの；2世）Bovo (II) von Corvey 241
ボエティウス Anicius Manlius Severinus Boethius 56, 68, 72, 95, 100, 102, 158, 161, 202-256, 286, 293, 297, 337, 523, 617, 624
ボエティウス（ダキアの）Boethius de Dacia 107, 394
『ボエティウス三位一体論註解』（トマス・アクィナス）*Super Boetium De Trinitate* 215
ポッシディウス Possidius 44
ボナヴェントゥラ Bonaventura 75, 107, 109-112, 115, 170-172, 216, 284, 392-394, 538, 539, 559, 566, 615
ボニファティウス Bonifatius 65
ホノラトゥス（レランスの；アルルの）Honoratus 50
ホメロス Homeros 68
ホラティウス Quintus Horatius Flaccus 42, 62, 68
ポリツィアーノ，アンジェロ Angelo Poliziano 596
ポリュカルポス（スミュルナの）Polykarpos 618, 626
ホルコット，ロバート Robert Holcot 187
ホルダー，アルフレッド Alfred Holder 233
『ポルフュリウス・イサゴーゲー註解（第一公刊本）』（ボエティウス）*In Isagogen Porphyrii commenta*, editio prima 202, 224
『ポルフュリウス・イサゴーゲー註解（第二公刊本）』（ボエティウス）*In Isagogen Porphyrii commenta*, editio secunda 224, 227, 229
『ポルフュリウス註釈（イングレディエンティブス）』（アベラルドゥス）*Glossae super Porphyrium* ; *Logica 'Ingredientibus'* 230
『ポルフュリウス註釈（ノストロルム・ペティティオニ・ソキオルム）』（アベラルドゥス）*Glossulae super Porphyrium* ; *Logica 'Nostrorum petitioni sociorum'* 230
ポルフュリオス Porphyrios 31, 37, 56, 152, 155, 203, 207, 224, 229, 232, 594, 614

マ行

マイスター・エックハルト → エックハルト
マイモニデス → モーセス・マイモニデス
マカリオス（エジプトの）Makarios 74
マクシミアヌス Maximianus 68, 206
マクシモス（証聖者）Maximos Homologetes; Maximus Confessor 93, 480, 561
マクシモス・プラヌーデス Maximos Planoudes 242
マクロビウス Macrobius 162, 593
『マタイ福音書註解』（ヒラリウス）*(Commentarius) In Matthaeum* 36
マニ教 46, 47, 73, 90

ペトルス・ダミアニ Petrus Damiani 241
ペトルス・タルタレトゥス Petrus Ta[r]taretus 187
ペトルス・デ・トラビブス Petrus de Trabibus 393
ペトルス・ヒスパヌス（教皇ヨハネス21世）Petrus Hispanus; Johannes XXI 559
ペトルス・ヨハニス・オリヴィ Petrus Johannis Olivi 180
ペトルス・ロンバルドゥス Petrus Lombardus 56, 523
ベネディクトゥス12世（教皇）Benedictus XII 509
ベネディクトゥス（アニアーヌの）Benedictus Anianensis 59, 69
ベネディクトゥス（ヌルシアの）Benedictus de Nursia 50, 270
『聖ベネディクトゥス修道規則（戒律）』（ヌルシアのベネディクトゥス）*Regula sancti Benedicti*; *Regula* 58, 63, 69, 71, 73, 162, 270
ベネディクト会 57, 170
ペラギウス（派）Pelagius 34, 43-46
ヘラクレイトス Herakleitos 390, 609
ペリオン，ヨアキム（ジョアシャン）Joachim Périon 559
『ペリフュセオン（自然について）』（エリウゲナ）*Periphyseon* 93, 235
ペルシウス Aulus Persius Flaccus 68
ベルトルト（モースブルクの）Berthold von Moosburg 421
ベルナルドゥス（クレルヴォーの）Bernardus Claraevallensis 73, 162, 171, 237, 280, 283, 284, 538
ベルナルドゥス・シルウェストリス Bernardus Silvestris 99, 240, 288
『ヘルマスの牧者』*Pastor Hermae* 23, 85
ヘルマン（ライヒェナウの）Hermann von Reichenau 220
ヘルメス・トリスメギストス Hermes Trismegistos 419, 613
ヘルメス文書 Corpus Hermeticum 151, 593, 613
『弁証論』（アベラルドゥス）*Dialectica* 230
『弁証論』（ガルランドゥス・コンポティスタ）*Dialectica* 229
『弁証論』（ランフランクス）*Dialectica* 229
『弁証論について』（アルクイヌス）*De dialectica* 227
『弁明の詩』（コモディアヌス）*Carmen apologeticum* 41
『弁明論』（アテナイのアリステイデス）*Apologia* 16
ヘンリクス（ガンの）Henricus Gandavensis 181, 182, 392, 597, 614, 615
ヘンリクス（セッティメロの）Henricus Septimellensis 240
『ボイス』（チョーサー訳『哲学の慰め』）*Boece* 244
『ポイマンドレス』（ヘルメス文書）*Poimandres* 593, 613
法 360, 361, 364, 365; 新しい法 369; 永遠法 363, 364, 367, 369, 370; 自然法 100, 300, 317, 358-369

プリスキアヌス Priscianus 66, 68, 229
プリスキリアヌス（アビラの；派）Priscillianus 34
フルゲンティウス（ルスペの）Fulgentius Ruspensis 55
プルタルコス Ploutarchos 151
プルデンティウス Aurelius Prudentius Clemens 42, 43, 68
ブルーニ，レオナルド Leonardo Bruni 591
プロクロス Proklos 152, 421, 479, 480, 524, 527, 529, 560, 573, 594, 609, 610, 614, 626, 627, 631
プロコピオス Prokopios 204
プロスペル（アクイタニアの）Prosper Tiro Aquitanus 49, 55
『プロスロギオン』（アンセルムス）*Proslogion* 160, 260-278
プロティノス Plotinos 37, 47, 152, 155, 164, 413, 524, 525, 595, 608, 610, 613, 614, 626, 627, 631
フワーリズミー Abū Ja'fal Muḥammad ibn Mūsā al-Khwārizmī 209
『文献学《フィロロギア》とメルクリウスの結婚』→ フィロロギア
『分析論後書』（アリストテレス）*Analytica posteriora* 225, 231
『分析論前書』（アリストテレス）*Analytica priora* 225, 226, 230, 231
『分析論前書註解』（ボエティウス）*Priora analytica Aristotelis* 226
フンベルトゥス（ローマンスの）Humbertus de Romanis 284
『文法学』（アルクイヌス）*Grammatica* 212, 240
『文法学』（サン＝ヴィクトルのフーゴー）*De grammatica* 283
ヘイメリクス（カンポの）Heymericus de Campo 441, 480
ヘイリクス（オーセールの）Heiricus Altissiodorensis 235
ベギン；ベガルド 439-441, 478
『ヘクサエメロン（創造の六日間）』（バシレイオス）*Homiliae in Hexaemeron* 89
ヘーゲル，ゲオルク・ヴィルヘルム・フリードリヒ G. W. F. Hegel 257, 391, 426
ベーコン，フランシス Francis Bacon 589
ベーコン，ロジャー Roger Bacon 106, 216
ベーダ・ウェネラビリス Beda Venerabilis 63, 64, 66, 68, 219, 526
ペーター・フォン・カストル Peter von Kastl 243
ベッサリオン Basileios Bessarion; Johannes Bessarion 597, 598, 614, 626
ペトラルカ Francesco Petrarca 187, 591
ペトルス（コンポステラの）Petrus Compostellanus 240
ペトルス・アベラルドゥス Petrus Abaelardus; Pierre Abélard 98, 101, 162, 204, 230, 236, 280, 281, 307, 526, 615
ペトルス・コメストル Petrus Comestor 282

フィルミクス・マテルヌス Julius Firmicus Maternus 618
フィロラオス Philolaos 613
『文献学《フィロロギア》とメルクリウスの結婚』(マルティアヌス・カペラ) *De nuptiis Philologiae et Mercurii* 56, 210
フィロン(アレクサンドレイアの) Philon 39, 153, 155, 390, 610, 627
フェリクス(ノラの) Felix Nolanus 42
『不可知の雲』の逸名著者 559
『福音』(ユウェンクス) *Evangeliorum libri quattuor* 34
フクバルド(サンタマンの) Hucbald de Saint-Amand 220, 228, 240
フーゴー(サン=ヴィクトルの) Hugo de Sancto Victore 66, 74, 98, 101, 109, 165, 214, 236, 280-316, 480, 538, 561
フーゴー(サン=シェルの) Hugo de Sancto Caro; Hugh de Saint-Cher 236
フーゴー(バルマの) Hugo de Balma 559
『プシュコマキア(魂の争い)』(プルデンティウス) *Psychomachia* 42
『二つの魂について——マニ教徒駁論』(アウグスティヌス) *De duabus animabus contra Manichaeos* 619
フッサール, エトムント Edmund Husserl 449
プトレマイオス Klaudios Ptolemaios 217, 223
普遍論争 57, 72, 227-229, 280
フメリ, コンラート Konrad Humery 243
プラウトゥス Titus Maccius Plautus 68
『プラエファティオ(序言)』(プルデンティウス) *Praefatio* 42
ブラドワディン, トマス Thomas Bradwardine 217
プラトン(主義) Platon 18, 31, 68, 86, 97-104, 110, 112, 146, 149, 155, 188, 202-256, 290, 394, 411, 524, 525, 532, 558, 560, 589-635
プラトン・アカデミー(フィレンツェ) 591, 595
『プラトン綱要』(フィチーノ) *Institutiones Platonicae* 593
『プラトン神学』(プロクロス) *In Platonis theologiam libri sex* 480, 560, 620, 622
『プラトン神学——魂の不死性について』(フィチーノ) *Theologia Platonica, de immortalitate animorum* 594, 598, 601, 603, 616
『プラトン・ティマイオス註解』(コンシュのギヨーム) *Glosae super Timaeum Platonem* 100
『プラトンとアリストテレスの区別について』(ゲミストス・プレトン) *Περὶ ὧν Ἀλιστοτελῆς πρὸς Πλάτωνα διαφέρεται* 597
『プラトンを誹謗する者に対して』(ベッサリオン) *In calumniatorem Platonis* 598, 618
フランシスコ会(学派) 75, 107, 180, 284, 444, 559, 563

ハイモ（オーセールの） Haimo Altissiodorensis 235
ハインリヒ（ランゲンシュタインの） Heinrich von Langenstein 116
パウリヌス（ノラの） Paulinus Nolanus 42, 43
パウリヌス（ミラノの） Paulinus Mediolanensis 44
『パウロ書簡註解』（フィチーノ） *Commentarium in epistolas Pauli* 616
パコミオス Pachomios 40, 74
バシレイオス（アンキュラの） Basileios 36
（大）バシレイオス（カイサレイアの） Basileios 39, 67, 74, 89, 154, 155, 597, 617
『八三問題集』（アウグスティヌス） *De diversis quaestionibus LXXXIII* 619
パトリキウス Patricius; Patrick 50
パライオロゴス・ルネサンス 242
『薔薇物語』（ジャン・ド・マン） *Roman de la Rose* 244
バーリー，ウォルター Walter Burley 230
バルデリクス（ブルゲイユの） Baldericus Burgulianus 240
『パルメニデス』（プラトン） *Parmenides* 628
半ペラギウス主義 48, 51
ポンポナッツィ，ピエトロ Pietro Pomponazzi 602
ピエール・ダイイ Pierre d'Ailly 187
ヒエロクレス Hierokles 30
ヒエロニュムス Hieronymus 22, 30, 39-43, 46, 61, 63, 66, 68, 561, 618, 624
ピコ・デッラ・ミランドラ，ジョヴァンニ Giovanni Pico della Mirandola 187, 596, 603, 614
ヒッポリュトス（ローマの；対立教皇） Hippolytos 23
否定神学 159, 479, 495, 508, 523-588
『ピマンデル』→『ポイマンドレス』
ピュタゴラス（学派） Pythagoras 100, 212, 217, 223, 297, 609
ビュリダン，ジャン → ヨハネス・ブリダヌス
ヒラリウス（ポワティエの） Hilarius Pictaviensis 35-38, 41, 609, 618
ヒルデベルトゥス（ラヴァルダンの） Hildebertus Laverdinensis 281
ヒルドゥイヌス Hilduinus 526, 538, 559
『比例論』（ブラドワディン） *Tractatus de proportionibus* 217
ヒンクマルス（ランスの） Hincmarus Remensis 234
ファウストゥス（リエの） Faustus Reiensis 51
ファーラービー Abū Naṣr al-Fārābī; Alfarabius 396, 614
フアン・デ・ルゴ Juan de Lugo 189
フィチーノ，マルシリオ Marsilio Ficino 559, 560, 589-644
フィヒテ，ヨハン・ゴットリープ J. G. Fichte 320, 391, 426, 501

ドミニクス・グンディサリヌス Dominicus Gundissalinus 397
ドミニコ会(学派) 71, 75, 177-180, 285, 421, 439-442
トラペズンティオス, ゲオルギオス Georgios Trapezountios 591, 597, 618
トラヴェルサーリ, アンブロージョ Anbrogio Traversari 480, 559, 561, 618, 629
『トロイラスとクリセイド』(チョーサー) *Troilus and Criseyde* 244

ナ行

『〈汝自身を知れ〉および魂の不死性について』(プルタルコス; 現存せず) 151
ニクラス・フォン・ヴィーレ Niklas von Wyle 243
ニコマコス(ゲラサの) Nikomachos 209, 217, 224
『ニコマコス倫理学』(アリストテレス) *Ethica Nicomachea* 318, 592
ニコラウス(パリの) Nicolaus Parisiensis 232
ニコラウス・クザーヌス Nicolaus Cusanus 187, 474-524, 526, 539, 558-577, 591, 614, 617
ニコラウス・トリヴェト Nicolaus Trivet; Trevet 243
二重真理説 108, 602
ニーチェ, フリードリヒ Friedrich Nietzsche 257
『人間創造論』(ニュッサのグレゴリオス) *De opificio hominis* 159
『忍耐の賜物について』(キュプリアヌス) *De bono patientiae* 29
ヌメニオス(アパメイアの) Noumenios 610, 627
ネストリオス Nestrios 618
ネロ帝 Nero Claudius Caesar 37
『ノアの神秘的箱船について』(サン=ヴィクトルのフーゴー) *De arca Noe mystica* 283
『ノアの道徳的箱船について』(サン=ヴィクトルのフーゴー) *De arca Noe morali* 283
ノウァティアヌス(対立教皇) Novatianus 23, 29-30, 36
『農地計測論』(エウクレイデス) *Corpus agrimensorum* 222
能動知性 106, 175-178, 393-452
『能動知性と可能知性について』(グリュンディヒのエックハルト) *Von der wirkenden und möglichen Vernunft* 435
ノートケル三世 Notker III Labeo; Teutonicus 228, 235, 242

ハ行

『背教者について』(キュプリアヌス) *De lapsis* 28
『パイドロス』(プラトン) *Phaedrus* 609

523, 529
ティルマン，ゴデフリドゥス Godefridus Tilman 559
テオドゥルフス（オルレアンの） Theodulfus Aurelianensis 66
テオドシウス大帝（1世） Theodosius I 33
テオドリクス；テオドリック（東ゴート王） Theodoricus; Theodoric 204, 205, 221, 223
テオフィロス（アンティオケイアの） Theophilos 87
デカルト，ルネ René Descartes 184, 188, 391, 589
デキウス帝 Gaius Messius Quintus Decius 28, 29, 30, 37, 526
『哲学』（コンシュのギヨーム）→『宇宙〔世界〕の哲学』
『哲学についてのディンディムスの摘要』（サン＝ヴィクトルのフーゴー） *Epitome Dindimi in philosophiam* 283
『哲学の慰め』（ボエティウス） *De consolatione Phiosophiae* 72, 206-208, 228, 233, 238-244, 293
『哲学を讃美する演説』（フィチーノ書簡） *Oratio de laudibus philosophiae* 609
『デ・ヘブドマディブス』（ボエティウス） *De hebdomadibus* 236, 238
テミスティオス Themistios 22, 400, 445
『デメトリアスへの手紙』（ペラギウス） *Epistula ad Demetriadem* 45
テルトゥリアヌス Quintus Septimius Florens Tertullianus 22, 24-27, 29, 36, 41, 618
テレンティウス Publius Terentius Afer 42, 68, 69
『天上位階論』（ディオニュシオス・アレオパギテス） *De coelesti hierarchia* 74, 525, 553
ドイツ観念論 448, 449
ドイツ神秘思想 180, 392, 421, 442, 443, 445, 451
ドゥンス・スコトゥス，ヨハネス Johannes Duns Scotus 181-185, 392, 444, 597, 614, 615
『読書法』（アイメリクス） *Ars lectoria* 67
ドナトゥス（カルタゴの；派） Donatus 34, 46
ドナトゥス（文法学者） Aelius Donatus 66, 68
『トピカ』（アリストテレス） *Topica* 225, 231
『トピカ』（キケロ） *Topica* 204, 225
トマス・アクィナス Thomas Aquinas 21, 75, 104, 107, 112-115, 172-178, 215, 217, 236, 237, 243, 285, 317-389, 392, 394, 401-403, 407-413, 423, 443-448, 451, 478, 480, 523, 524, 535, 539-559, 564, 575, 593, 616
トマス・ガルス Thomas Gallus; Thomas de Sancto Victore 282, 480, 538, 559, 561

『魂の不滅』（アウグスティヌス）*De immortalitate animae*　619
ダマスキオス Damaskios　527
ダマスス１世（教皇）Damasus I　23
ダンテ Dante Alighieri　204, 285
タンピエ，エティエンヌ Étienne Tempier　107, 354, 394, 395, 401
『知ある無知』（クザーヌス）*De docta ignorantia*　478, 480, 561, 591
『知ある無知の弁明』（クザーヌス）*Apologia doctae ignorantiae*　478
『知恵の狩猟』（クザーヌス）*De venatione sapientiae*　475
『知識学』（フィヒテ）*Wissenschaftslehre*　501
『知性的魂論』（ブラバンのシゲルス）*Tractatus de anima intellectiva*　402-404
『知性の単一性について――アヴェロエス主義者たちに対する論駁』（トマス・アクィナス）*De unitate intellectus contra Averroistas*　172, 401
『知性論』（ブラバンのシゲルス？）*De intellectu*　402, 406
チャットン，ウォルター Walter Chatton　185, 186
超越論（的）　145, 158, 177, 266-268, 271, 369, 391, 392, 426, 428, 430, 432, 439, 442, 445-451, 483, 504, 567, 568, 577, 599
チョーサー，ジョフリー Geoffrey Chaucer　244
『著名者列伝』（スエトニウス）*De viris illustribus*　40
『著名者列伝』（ヒエロニュムス）*De viris illustribus*　27, 37, 40
『四福音書和合《ディアテッサロン》』（タティアノス）*Diatessaron*　70
ティエリ（シャルトルの）Thierry de Chartres　95, 98-100, 102, 111, 222, 236, 280
ディオクレティアヌス帝 Gaius Aurelius Valerius Diocletianus　24, 30, 32
『ディオニュシウス天上位階論註解』（サン＝ヴィクトルのフーゴー）*Commenatria in Hierarchiam coelestem S. Dionysii Areopagitae*　283
（偽）ディオニュシオス・アレオパギテス Dionysios Areopagites　67, 74, 75, 93, 106, 109, 155, 283, 284, 325, 367, 477, 480, 491, 492, 498, 509, 523-577, 594, 607-610, 618, 624-634
『定言的三段論法について』（ボエティウス）*De syllogismo categorico*　226, 230
『定言的三段論法入門』（ボエティウス）*Introductio ad syllogismos categoricos*　226
『貞操の賜物について』（ノウァティアヌス）*De bono pudicitiae*　29
『ディダスカリコン（学習論）――読解の研究について』（サン＝ヴィクトルのフーゴー）*Didascalicon de studio legendi*　66, 165, 214, 283-308
ディデュモス（アレクサンドレイアの；盲目の）Didymos　39, 40, 618
ディートリヒ（フライベルクの）Dietrich von Freiberg　178, 392, 421-430, 434, 435, 440-443, 447
ティニョージ，ニッコロ Niccolò Tignosi　592
『ティマイオス』（プラトン）*Timaeus*　68, 86, 99, 101, 110, 112, 242, 288, 290, 492,

524, 599, 600, 617
『聖俗文献綱要』（カッシオドルス）*Institutiones divinarum et saecularium litterarum* 56, 58, 222, 286
『聖なる不可分な三位一体の信仰について』（アルクイヌス）*De fide sanctae et individuae Trinitatis* 227
セウェロス（アンティオケイア総主教）Severos 527
『説教集』（アウグスティヌス）*Sermones* 47
セドゥリウス Sedulius 68
セネカ Lucius Annaeus Seneca 151, 155
セルギウス Sergius 68
『全民族への招きについて』（プロスペル）*De vocatione omnium gentium* 49
ゾイゼ, ハインリヒ Heinrich Seuse 179, 180
『創世記逐語註解』（アウグスティヌス）*De Genesi ad litteram* 90, 428, 619
『創世記註解——マニ教徒駁論』（アウグスティヌス）*De Genesi contra Manichaeos* 90
ソクラテス Sokrates 84, 149, 304, 525, 599, 608, 611
ソクラテス・スコラスティコス Sokrates Scholastikos 30
『ソクラテス的なものによるキリスト教的なものの裏づけ』（フィチーノ書簡）*Confirmatio Christianorum per Socratica* 608
ソフィスト 286, 305
『ソリロクイア』（アウグスティヌス）*Soliloquia* 222, 619, 624
『ソリロクイウム』（ボナヴェントゥラ）→『四つの精神的訓練についての独語』

タ行

『対異教徒大全』（トマス・アクィナス）*Summa contra gentiles* 616
対神徳 329
『対話録』（スルピキウス・セウェルス）*Diaogi* 44
ダヴィド（ディナンの）David de Dinant 104
タウラー, ヨハネス Johannes Tauler 179
タティアノス Tatianos 70, 86
『魂とその起源』（アウグスティヌス）*De anima et eius origine* 619
『魂について』（テルトゥリアヌス）*De anima* 26
『魂の偉大』（アウグスティヌス）*De quantitate animae* 222, 619
『魂の神への道程』（ボナヴェントゥラ）*Itinerarium mentis in Deum* 171
『魂の至福について』（偽アヴェロエス）*De animae beatitudine* 398
『魂の手付け金についての独語録』（サン＝ヴィクトルのフーゴー）*Soliloquium de arrha animae* 282

『省察』（デカルト） *Meditationes de prima philosophia*　188
『書簡集』（ヒエロニュムス） *Epistulae*　40
『新音楽論』 *Alia musica*　219
『神学大全』（トマス・アクィナス） *Summa theologiae*　173, 307-389, 540
「神学論文集」（ボエティウス） *Opuscula sacra*　234-238
『神曲』（ダンテ） *Divina Commedia*　204, 285
『神的教理』（ラクタンティウス） *Divinae institutiones*　31
『真の宗教について』（アウグスティヌス） *De vera religione*　369, 619, 620
『神秘神学』（ジャン・ジェルソン） *De mystica theologia*　477
『神秘神学』（ディオニュシオス・アレオパギテス） *De mystica theologia*　479, 498, 525, 527-543, 561, 570, 594, 629, 633
新プラトン主義　31, 37, 47, 90, 93, 100, 104, 109, 150-156, 171, 174, 177, 178, 203, 230, 232, 237-244, 326, 396, 408, 410, 420, 431, 446, 452, 480, 509, 524, 529, 590, 594, 596, 601, 604, 610, 621, 624, 626, 627
シンプリキアヌス Simplicianus　38
シンプリキオス Simplikios　232
人文主義（ルネサンス）　146, 223, 233, 244, 560, 589-591, 597, 598, 626
『神名論』（ディオニュシオス・アレオパギテス） *De divinis nominibus*　525, 536, 539, 556, 594, 629
『神名論註解』（アルベルトゥス・マグヌス） *Super Dionysium De divinis nominibus*　571
『神名論註解』（トマス・アクィナス） *In librum beati Dionysii De divinis nominibus*　539, 540, 561, 616
『真理論』（トマス・アクィナス） *Quaestiones disputatae de veritate*　173, 176, 353
枢要徳　39, 329
スエトニウス *Gaius Suetonius Tranquillus*　40, 44
『スキリウム人の殉教』 *Acta Scillitanorum*　22, 24
スコラ学　16, 53, 56, 59, 70-77, 147, 162, 202, 227, 233, 237, 280, 283, 308, 559, 589, 590, 602
スタティウス Statius　68
ステファヌス１世（教皇） Stephanus I　23
ストア主義（学派）　26, 32, 45, 84, 150-153, 156, 157, 188, 215, 233, 239, 303, 358, 390, 511, 590
スルピキウス・セウェルス Sulpicius Severus　43, 44
『聖職者の教育について』 *De institutione clericorum*　287
聖書註解 → グロッサ
精神形而上学（的）　153, 158, 173, 174, 179, 187, 391, 423, 430, 435, 439, 443, 481,

三位一体論　20, 25, 30, 38, 48, 51, 55, 228, 609-611
『三位一体論』(アウグスティヌス) *De Trinitate*　48, 185, 187, 228, 347, 619
『三位一体論』(ノウァティアヌス) *De Trinitate*　23, 29, 30
『三位一体論』(ヒラリウス) *De Trinitate*　37
『三位一体論』(ボエティウス) *De Trinitate; Quomodo Trinitas unus Deus ac non tres Dii*　235, 238
シェーラー, マックス Max Scheler　331
ジェルソン, ジャン Jean Gerson　477, 539, 559, 563, 589
四科　56, 61, 64, 65, 95, 99, 206-224, 281, 284, 288, 305, 656
詞華集　21, 55, 61, 69, 70
シゲルス(ブラバンの) Sigerus de Brabantia　107, 172, 392, 394, 401-406, 420, 446
『死者のための配慮』(アウグスティヌス) *De cura pro mortuis gerenda*　619
『自然学』(アリストテレス) *Physica*　149
『自然の隠れた業について』(トマス・アクィナス) *De occultis operibus naturae*　616
『自然の嘆きについて』(アラヌス・アブ・インスリス) *De planctu Naturae*　100
七自由学芸　37, 56, 68, 208, 212, 235, 240-242, 286, 288, 305-307, 656-658
『自伝』(ハインリヒ・ゾイゼ) *Vita*　180
シトー会(学派)　58, 71, 161, 162, 170, 280, 281, 287
『詩編講解』(ヒラリウス) *Tractatus super Psalmos*　36
『詩編註解』(アウグスティヌス) *Enarrationes in Psalmos*　61
『思弁的音楽』(ヨハネス・デ・ムリス) *Musica speculativa*　221
シャルトル学派　72, 97-103, 109, 207, 214, 230, 236, 242, 280, 288-290
ジャン・ド・マン Jean de Meun　243, 244
『自由意思論』(アウグスティヌス) *De libero arbitrio*　619
宗教改革　49, 146, 589
『(聖アウグスティヌス)修道規則』 *Regula (sancti Augustini)*　47, 51, 281
『修道女のための戒律』(アルルのカエサリウス) *Statuta sanctarum virginum*　51
修道制　49-52
『十二使徒の教え(ディダケー)』 *Didache*　85
『一〇のカテゴリーについて』(テミスティオス) *De decem categoriis*　227
シュジェ(サン=ドニの) Suger de Saint-Denis　538
修道院神学(霊性; 神秘主義)　53-83, 95-98, 109, 154, 161, 162, 280, 281, 308
シュネシオス(キュレネの) Synesios　618, 624
『主の祈りについて』(キュプリアヌス) *De dominica oratione*　28
『殉教者たちへ』(テルトゥリアヌス) *Ad martyras*　26

『綱要』（クザーヌス）*Compendium* 475
『告白』（アウグスティヌス）*Confessiones* 47, 73, 90, 92, 591, 619, 620, 623
『語源』（セビリャのイシドルス）*Etymologiae* 56, 286
『コスモグラフィア（世界形状誌）』（ベルナルドゥス・シルウェストリス）*Cosmographia* (*De mundi universitate*) 99
古代神学 609, 613, 627
ゴットシャルク（ザクセンまたはオルベの）Gottschalk der Sachse; Godescalcus Orbacensis 234
『言《ことば》の受肉に関する書簡』（アンセルムス）*Epistola de incarnatione Verbi* 264
ゴドフロワ（サン＝ヴィクトルの）Godfroy de Saint-Victor 282
『この世の空しさについて』（サン＝ヴィクトルのフーゴー）*De vanitate mundi* 283, 292
コモディアヌス Commodianus 41
コルシ，ジョヴァンニ Giovanni Corsi 592
コルネリウス（教皇）Cornelius 23
コルンバヌス Columbanus 63
コンスタンティウス２世 Flavius Julius Constantius II 35, 36
コンスタンティヌス帝（１世）Constantinus I 32, 33
『コンスタンティノポリスのフラウィアヌスへの手紙（レオのトムス）』（レオ１世）*Epistula 28 ad Flavianum Constantinopolitanum*; *Tomus Leonis* 51

サ行

『再考録』（アウグスティヌス）*Retractationes* 47
サクロボスコ，ヨハネス・デ Johannes de Sacrobosco 216
サベリオス（派）Sabellios 36
『さまざまなトピカについて』（ボエティウス）*De topica differentiis* 226, 231, 232
サムエル・タイウス（サラゴサの）Samuel Tajus; Tagus 55
サルスティウス Gaius Sallustius Crispus 62, 68
サン＝ヴィクトル学派 72, 161, 165, 170, 207, 280-316, 538, 539, 563
三学 37, 56, 61-65, 70, 99, 208, 210, 214, 281, 288, 305
『讃歌』（ヒラリウス）*Hymni* 37
『讃歌』（マリウス・ウィクトリヌス）*Hymni* 37
『算術教程』（ボエティウス）*De institutione arithmetica* 100, 206, 209, 212-217, 221-224
『算術原理』（ネモーレのヨルダヌス）*De elementis arithmetice artis* 216
『算術入門』（ゲラサのニコマコス）*Arithmetica introductio* 209
『算術論』（ヨハネス・デ・ムリス）*De arithmetica* 217

グアルテルス（モルターニュの）Gualterus Mauretania　283
グイド（アレッツォの；グイド・ダレッツォ）Guido d'Arezzo　220
グイレルムス（アラゴンの）Guillelmus de Aragonia　243
グイレルムス（トッコの）Guillemus de Tocco　318
グイレルムス（ムールベケの）Guillelmus de Moerbeka　232
クインティリアヌス Marcus Fabius Quintilianus　34, 286
クザーヌス → ニコラウス・クザーヌス
グノーシス主義　17, 30, 86, 89, 151-154, 258, 613
『区分について』（ボエティウス）*De divisione*　226, 230, 232
クラウディアヌス・マメルトゥス Claudianus Mamertus　55
『グラティアヌス教令集』*Decretum Gratiani*　76
クラレンバルドゥス（アラスの）Clarenbaldus Atrebatensis　236, 237
クリスプス Gaius Flavius Julius Crispus　32
クリュシッポス Chrysippos　150
クリュニー修道院　58, 59
クレイソーン，ウィリアム William Crathorn　183
グレゴリウス1世（大教皇）Gregorius I (Magnus)　55, 61, 63, 64, 66, 68, 74, 284
グレゴリウス7世（教皇）Gregorius VII　60
グレゴリウス（トゥールの）Gregorius Turonensis　526
グレゴリオス（ナジアンゾスの）Gregorios　34, 64, 67, 155, 597, 618
グレゴリオス（ニュッサの）Gregorios　89, 154, 155, 159, 164, 535
クレメンス（アレクサンドレイアの）Titus Flavius Clemens　41, 154, 617
クレメンス（ローマの）Clemens Romanus　618
『クレメンスの第一の書簡』*Epistola ad Corinthios I*　85
グロステスト，ロバート Robert Grosseteste　106, 216, 243, 480, 539, 558, 561
『行間註解（グロッサ・インテルリネアリス）』*Glossa interlinearis*　362
『標準的註解（グロッサ・オルディナリア）』*Glossa ordinaria*　60, 76, 366
『形而上学』（アリストテレス）*Metaphysica*　478
ゲミストス・プレトン，ゲオルギオス Georgios Gemistos Plethon　592, 597, 614
ゲルベルトゥス（オーリヤックの；教皇シルウェステル2世）Gerbertus Aurilia-censis; Silvester II　213, 220-223, 228
『原因論』*Liber de causis*　104, 153, 177, 346
『原因論註解』（ブラバンのシゲルス）*Quaestiones super Librum de causis*　402, 403, 405
肯定神学　494, 495, 535, 558, 568, 667
『皇帝列伝』（スエトニウス）*De vita Caesarum*　44
『幸福論』（ブラバンのシゲルス）*Libellus de felicitate*　402, 406

『観想とその種類について』(サン＝ヴィクトルのフーゴー) *De contemplatione et eius speciebus* 283
『カンタベリー物語』(チョーサー) *The Canterbury Tales* 244
カント，イマヌエル Immanuel Kant 257, 265, 276, 322, 358, 391, 439, 499
カンパヌス (ノヴァーラの) Campanus; Campo da Novara 223
『幾何学』／『幾何学一』／『幾何学二』(ボエティウス) *Geometria* / *Geometria I* / *Geometria II* 206, 221-223
『幾何学原論』(エウクレイデス) *Elementa* 221, 222
『幾何学の実際』(サン＝ヴィクトルのフーゴー) *Practica geometriae* 283
キケロ，マルクス・トゥリウス Marcus Tullius Cicero 31, 37, 39, 47, 68, 151, 155, 204, 225, 286, 299, 591, 593
『キケロ・トピカ註解』(ボエティウス) *In Ciceronis Topica* 226, 230
『詭弁論駁論』(アリストテレス) *Sophistici elenchi* 225, 231
『救世主《ヘーリアント》』 *Heliand* 70
キュプリアヌス Thascius Caecilus Cyprianus 22, 24, 27-30, 36, 618
キュプリアヌス (スペインの司祭) Cyprianus Gallus 34
キュリロス (アレクサンドレイアの) Kyrillos 597, 618
『教役者の職務について』(アンブロシウス) *De officiis ministrorum* 38, 39, 317
『饗宴』(プラトン) *Convivium* 593, 610
『教会位階論』(ディオニュシオス・アレオパギテス) *De ecclesiastica hierarchia* 525
『共住修道制規約および罪源の八つの矯正について』(カッシアヌス) *De institutis coenobiorum et de octo principalium vitiorum remediis* 50
教父思想 (ギリシア／ラテン) 16-52, 53-77, 84-93, 153-162, 260, 264, 281, 286, 287, 317, 390, 524, 612-634
ギヨーム (オーセールの) Guillaume d'Auxerre 236, 242
ギヨーム (コンシュの) Guillaume de Conches 97-101, 243, 280, 288, 616
ギヨーム (サン＝ティエリの) Guillaume de Saint-Thierry 98, 164
ギヨーム (シャンポーの) Guillaume de Champeaux 281, 282
『キリスト教信仰の秘跡について』(サン＝ヴィクトルのフーゴー) *De sacramentis christianae fidei* 283
『キリスト教について』(フィチーノ) *De christiana religione* 594, 606
『キリスト教の教え』(アウグスティヌス) *De doctrina christiana* 58, 286
キリスト論：仮現説 30; 相似本質説 36; 単性説 51; 同一本質説 (ニカイア信条) 35-37, 51, 55; 養子説 30; 様態論 30
キルウォードビー，ロバート Robert Kilwardby 178, 232
ギルベルトゥス・ポレタヌス Gilbertus Porretanus 237
グアルテルス (サン＝ヴィクトルの) Gualterus de Sancto Victore 282

恩寵論　47-52, 370

カ行

ガウニロ Gaunilo　275
カエサリウス（アルルの）Caesarius Arelatensis　50, 51
カエレスティウス Caelestius　45
『雅歌註解』（オリゲネス）*Commentarium in Canticum Canticorum*　61
『仮言的三段論法について』（ボエティウス）*De hypotheticis syllogismis*　226, 230
ガザーリー（アルガゼル）Abū Ḥāmid al-Ghazālī; Algazel　105
学校　59-62; 司教座聖堂付属学校　60, 65, 72, 75, 282; 修道院学校　59-61, 64, 65, 161, 235
カッシアヌス Johannes Cassianus　49, 50, 61
カッシオドルス Flavius Magnus Aurelius Cassiodorus　56, 58, 65, 205, 206, 217, 219, 222, 223, 233, 286
『カテゴリー論』（アリストテレス）*Categoriae*　56, 225, 227, 231
『カテゴリー論註解』（シンプリキオス）*In Praedicamenta Aristotelis*　232
『カテゴリー論註解』（ボエティウス）*In Categorias Aristotelis*　227, 228
カトー Cato Catunculus　68
『カトリック教会の一致について』（キュプリアヌス）*De ecclesiae catholicae unitate*　28, 29
可能知性　178, 393-452
『神と魂のあいだの神学的対話』（フィチーノ）*Dialogus inter Deum et animam Theologicus*　624
『神の怒りについて』（ラクタンティウス）*De ira Dei*　32
『神の国』（アウグスティヌス）*De civitate Dei*　90, 619
『神の探求について』（クザーヌス）*De quaerendo Deum*　474
『神の直視について〔神を観ることについて〕』（クザーヌス）*De visione Dei*　509
『神はなぜ人間となったか』（アンセルムス）*Cur Deus homo*　263-265
『神への神学的祈禱』（フィチーノ）*Oratio ad Deum Theoogica*　624
『歌謡』（ノラのパウリヌス）*Carmina*　43
カール大帝（シャルルマーニュ）Karl I der Große; Charlemagne　65, 227, 240
カール禿頭王（2世）Karl II der Kahle　67, 213
カルキディウス Calcidius　68, 99, 214, 593
カルトゥジア会　170
ガルランドゥス・コンポティスタ Garlandus Compotista　229
カロリング・ルネサンス　54, 59, 60, 64-70, 93-95, 205-207, 212, 213, 219, 239-241, 285, 287

『宇宙〔世界〕の哲学』(コンシュのギヨーム) *Philosophia mundi* 97
ウルガタ聖書 40, 66
ウルタード・デ・メンドーサ，ペドロ Pedro Hurtado de Mendoza 188
ウルリヒ(シュトラスブルクの) Ulrich von Straßburg 421
『エイサゴーゲー』(ポルフュリオス) *Isagoge*; *In Aristotelis Categorias commentarium* 56, 224, 227, 229
エイレナイオス Eirenaios 87, 618
エウアグリオス・ポンティコス Euagrios Pontikos 50, 74
エウクレイデス Eukleides 221-224
エウセビオス(カイサレイアの) Eusebios 40, 526, 597, 618, 624
エウテュケス Eutyches 51
エウノミオス(カッパドキアの) Eunomios 627
(マイスター・)エックハルト Meister Eckhart 95, 113, 117-148, 179, 392, 421, 430-438, 440, 478, 480, 499, 539, 559
エックハルト(グリュンディヒの) Eckhart von Gründig 435-439, 441, 451
エピクテトス Epiktetos 151
エピクロス Epikouros 32, 603
エフライム(シリアの) Ephraim; Ephraem Syrus 74
エラスムス，デシデリウス Desiderius Erasmus 77, 244, 527
エリウゲナ Johannes Eriugena; Johannes Scottus 67, 74, 93-95, 102, 111, 159, 235, 240, 480, 492, 538, 559, 561
『エンキリディオン』(アウグスティヌス) *Enchiridion* 619
エンニウス Quintus Ennius 68
オウィディウス Publius Ovidius Naso 42, 62, 68
『黄金の鎖』(トマス・アクィナス) *Catena aurea* 616
『大きな鏡』(ボーヴェのウィンケンティウス) *Speculum maius* 56, 215, 284
オスベルトゥス(サン＝ヴィクトルの) Osbertus de Sancto Victore 284
オッカム，ウィリアム William Ockham 116, 117, 184-187, 230, 233, 392, 589, 615
オットー3世 Otto III 213
オリゲネス Origenes 25, 36, 39, 40, 45, 61, 67, 68, 74, 87, 88, 92, 154, 155, 164, 529, 614, 618, 624, 634
オロシウス Orosius 62
『音楽教程』(ボエティウス) *De institutione musica* 206, 217, 221
『音楽理論』(偽ベーダ・ウェネラビリス) *Musica theorica* 219
『音楽論』(アウグスティヌス) *De musica* 217, 619
『音楽論』(ライヒェナウのヘルマン) *De musica* 220

アントニヌス（フィレンツェの） Antoninus　593, 616
アンドレアス（サン＝ヴィクトルの） Andreas de Sacto Victore　282
アンブロシウス（ミラノの） Ambrosius Mediolanensis　21, 23, 33, 38, 39, 41, 43, 50, 66, 68, 155, 317, 479, 560, 617
『聖アンブロシウス伝』（ミラノのパウリヌス） *Vita sancti Ambrosii*　44
アンモニオス Ammonios Hermeiou　232
アンモニオス・サッカス Ammonios Sakkas　614, 627
イアンブリコス Iamblichos　594, 609, 610, 627
イエズス会（学派）　188
イグナティオス（アンティオケイアの） Ignatios　27, 618
イシドルス（セビリャの） Isidorus Hispalensis　55, 56, 64, 66, 217, 218, 286, 618
イソクラテス Isokrates　285
『一弦琴について』（ライヒェナウのヘルマン） *De monochordo*　220
1270年の非難宣言／1277年の禁令（パリ大学）→ ラテン・アヴェロエス主義
『一にして三ではない神性について』（ヒンクマルス） *De una et non trina Deitate*　234
『生命について』（フィチーノ） *De vita*　594
『祈りの方法について』（サン＝ヴィクトルのフーゴー） *De modo orandi*　283
イブン・ガビロル → アヴィケブロン
イブン・シーナー → アヴィセンナ
イブン・ルシュド → アヴェロエス
『異邦人への駁論』（アルノビウス） *Adversus nationes*　30, 31
『イーリアス』（ホメロス） *Ilias*　68
『イングランド国民の教会史』（ベーダ・ウェネラビリス） *Historia ecclesiastica gentis Anglorum*　64
ヴァッラ，ロレンツォ Lorenzo Valla　233, 244, 480, 526, 560, 626
ヴァルター（シュパイアーの） Walther von Speyer　240
ウァレリアヌス帝 Publius Licinius Valerianus　30
ウァロ Marcus Terentius Varro　68, 210, 286
ウィクトリヌス Caius Marius Victorinus　618
ウィンケンティウス（アックスバハの） Vincentius de Aggsbach　477, 563
ウィンケンティウス（ボーヴェの） Vincentius Bellovacensis; Vincent de Beauvais　56, 215, 284
ウィンケンティウス（レランスの） Vincentius Lirinensis　49
ウェルギリウス Publius Vergilius Maro　34, 42, 63, 64, 68, 591
ヴェンク，ヨハネス Johannes Wenck　478, 479, 563, 571, 575
ウォルトン，ジョン John Walton　244

アテナゴラス（アテナイの） Athenagoras 618
アデラード（バースの） Adelard of Bath 223, 240
アプレイウス Lucius Apuleius 593
『アポテオシス（キリスト頌歌）』（プルデンティウス） *Liber Apotheosis* 42
アラトル Arator 68
アラヌス・アブ・インスリス Alanus ab Insulis; Alain de Lille 100, 240, 335
アラビア数字 209, 223
アラリック Alaric 45
アリステイデス（アテナイの） Aristeides 20, 85, 86
アリストテレス Aristoteles 37, 56, 72, 76, 84, 95, 103-110, 112, 115, 145, 149, 161, 170-182, 202-256, 286, 318, 346, 348, 358, 390, 394, 397, 400, 405, 407, 410, 411, 417, 420, 423, 478, 498, 523, 525, 539, 558, 571, 590, 593, 597, 601, 602, 632
『アリストテレスの神学』 *Theologia Aristotelis* 104
アルガゼル → ガザーリー
『アルキビアデスＩ』（偽プラトン） *Alcibiades I* 151, 154
アルキュタス（タレントゥムの） Archytas 208
アルクイヌス Alcuinus 60, 65, 66, 204, 212, 219, 227, 228, 234, 239, 287
『アルゴリスムス』（サクロボスコ） *Algorismus* 216
アルノビウス（シッカの） Arnobius 24, 30, 31
アルファラビウス → ファーラービー
アルフレッド（大王） Alfred the Great 241, 242
アル・フワーリズミー → フワーリズミー
アルベルティ，レオン・バッティスタ Leon Battista Alberti 596
アルベルトゥス（ザクセンの） Albertus de Saxonia 187
アルベルトゥス・マグヌス Albertus Magnus 75, 107, 172, 178, 216, 232, 392, 402, 403, 407, 411-421, 435, 436, 445, 448, 451, 478, 480, 539, 559, 561, 571, 615, 629
アレイオス（主義） Areios 33-38, 46, 205
アレクサンデル（ヘールズの） Alexander de Hales 236
アレクサンドレイア学派 153
アレクサンドロス（アフロディシアスの） Alexandros 601, 602
アンセルムス（カンタベリーの） Anselmus Cantuariensis 73, 95-97, 109, 160, 229, 234, 257-280, 284, 615
アンセルムス（ベザーテの） Anselmus; Anselmo di Besate 240
『アンティクラウディアヌス』（アラヌス・アブ・インスリス） *Anticlaudianus* 100
アントニオス Antonios 74
『アントニオス伝』（アタナシオス） *Vita Antonii* 41, 43, 44

索引

本文から人名・書名の固有名を中心に若干の事項を採った

ア行

『哀歌』(マクシミアヌス) *Elegiae* 206
アイソポス Aisopos 68
『愛について』(フィチーノ) *In Convivium Platonis de amore commentarium* 593
アイメリクス Aimericus 67
アインハルト Einhard 213
アウィアヌス Avianus 68
アヴィケブロン(イブン・ガビロル) Avicebron; Ibn Gabirol; Solomon ben Jehudah 614
アヴィセンナ(イブン・シーナー) Avicenna; Ibn Sīnā 100, 104-106, 339, 394, 396, 419, 593, 614, 615
アヴェロエス(イブン・ルシュド) Averroes; Ibn Rushd 100, 104, 105, 172, 348, 394-402, 405, 407, 412, 443, 593, 601-603, 615
アウグスティヌス Aurelius Augustinus 19, 21, 22-35, 38, 40, 43-52, 55, 61-64, 66, 68, 72-74, 89-93, 95, 102, 106, 109, 114, 156-158, 160-162, 171, 174, 178-187, 207, 217, 228, 234, 277, 281, 284, 286, 326, 346-350, 369, 391, 392, 413, 421, 423, 428, 430, 438, 440, 443, 447, 523, 560, 566, 591, 593, 608, 609, 613, 617-626
『聖アウグスティヌス修道規則』→『修道規則』
『アウグスティヌス伝』(ポッシディウス) *Vita Augustini* 44
アウソニウス Decimus Magnus Ausonius 43
アウレリアヌス(レオメの) Aurelianus Reomensis 219
アエギディウス・ロマヌス Aegidius Romanus 238, 392, 615
『アカデミア派駁論』(アウグスティヌス) *Contra Academicos* 619, 620
アカルドゥス(サン=ヴィクトルの) Achardus de Sancto Victore 282
『悪論』(トマス・アクィナス) *De malo* 353
アゴスティーノ・ニフォ Agostino Nifo 401, 402, 406, 420
アタナシオス(アレクサンドレイアの) Athanasios 35, 36, 41, 67, 617
アダム(サン=ヴィクトルの) Adam de Sancto Victore 282
アダム・デ・ヴォデハム Adam de Wodeham 185
アダルボルト(ユトレヒトの) Adalbold 241
アッボ(フルーリ修道院長) Abbo 228

[著者]

クラウス・リーゼンフーバー（Klaus Riesenhuber 1938-2022）

1938年、ドイツ、フランクフルトに生まれる。1958年にイエズス会に入会、1962年ベルヒマンス哲学院を修了後、ミュンヘン大学に学び、1967年にトマス・アクィナス研究で学位を取得（1971年公刊）。同年来日し、1969年に上智大学文学部専任講師に着任。1971年に司祭叙階。1974年に上智大学文学部助教授、同年より上智大学中世思想研究所所長を務める（-2004年）。1981年上智大学文学部教授（-2009年）。神学博士（上智大学　1989年）。2009年上智大学名誉教授。中世哲学を中心として、近現代の哲学についても幅広く活動を展開し、中世思想研究所を通して、『中世思想原典集成』（平凡社）を始めとする多数の大型出版企画を実現した。ドイツ哲学の伝統に棹差しながら、中世哲学研究を通じて、存在論・形而上学について思索を深めていった。1990年以降「秋川神冥窟」（坐禅道場）主任。放送大学、東京大学、九州大学、慶應義塾大学、早稲田大学など、数々の大学でも哲学の教鞭を執る。2022年歿。主著に、*Die Transzendenz der Freiheit zum Guten: der Wille in der Anthropologie und Metaphysik des Thomas von Aquin*, München 1971、『中世における自由と超越』、『中世哲学の源流』（以上、創文社）、『中世における理性と霊性』、『近代哲学の根本問題』、『クラウス・リーゼンフーバー小著作集』（全6巻、以上、知泉書館）などがある。

[編訳者]

村井則夫（むらい・のりお）

1962年生。上智大学大学院哲学研究科博士後期課程満期修了。博士（哲学）。明星大学人文学部教授（2013-17年）、中央大学文学部教授（2017-22年）。著書に『人文学の可能性――言語・歴史・形象』『解体と遡行――ハイデガーと形而上学の歴史』『ニーチェ――仮象の文献学』（以上、知泉書館）、『ニーチェ――ツァラトゥストラの謎』（中央公論新社）。訳書にブルーメンベルク『メタファー学のパラダイム』『われわれが生きている現実』『近代の正統性 III』（以上、法政大学出版局）、ベーム『図像の哲学』（共訳、同）、ニーチェ『偶像の黄昏』『喜ばしき知恵』（以上、河出書房新社）、トラバント『人文主義の言語思想』（共訳、岩波書店）、同『フンボルトの言語思想』、リーゼンフーバー『中世思想史』、ブルーメンベルク『真理のメタファーとしての光／コペルニクス的宇宙における人間の位置づけ』（以上、平凡社）ほか。

平凡社ライブラリー 962

中世哲学《ちゆうせいてつがく》の射程《しやてい》 ラテン教父《きようふ》からフィチーノまで

発行日…………2024年3月5日　初版第1刷

著者……………クラウス・リーゼンフーバー
編訳者…………村井則夫
発行者…………下中順平
発行所…………株式会社平凡社
〒101-0051　東京都千代田区神田神保町3-29
電話　(03)3230-6573[営業]
ホームページ　https://www.heibonsha.co.jp/

印刷・製本……中央精版印刷株式会社
ＤＴＰ…………平凡社制作
装幀……………中垣信夫

ISBN978-4-582-76962-3
